KB000032

차트 신의 한수

지은이 김영웅

인하대학교 회계학과 졸업
前 한화생명(주) 근무
前 한화손해사정(주) 근무
前 워렌파트너스(주) 대표이사
前 X사, T사, H사, HTV 라이브전문가, 최우수 전문가 다수 선정

現 워렌증권에듀 평생교육원(교육청 등록 제971호) 원장
現 워렌투자 클리닉센터 센터장
現 워렌NEWS 인터넷신문사(등록번호 : 서울, 아 54059호) 대표

저서
《어이, 김과장 주식 투자 이젠 배워서 하자!》
《워렌 버핏을 꿈꾸며 : 주식 투자 실전편》

기타 경력
매일경제TV 〈매거진 투데이〉, SBS Biz 〈트렌드 스페셜〉,
SBS CNBC 〈생생경제 정보톡톡〉 방송 출연
매일경제신문, 한국경제신문, 조선일보, 중앙일보, 동아일보 5대 일간지 기사 다수 게재

유튜브 출연
〈달란트투자(구독자 65.3만)〉, 〈웅달책방(구독자 42.5만)〉,
〈머니맵(구독자 23.8만)〉, 〈부자티비(구독자 27.7만)〉 정기 출연

홈페이지 : https://warrenedu.kr
전화번호 : 02-783-0995
유튜브 채널 : 워렌TV
E-mail : warrenpt@naver.com

지은이 김범

건국대학교 경제학과 졸업
前 보험연수원 근무
前 AIG생명보험 근무
前 알리안츠생명 근무
現 워렌증권에듀 평생교육원 교수

기타 자격
제4종 손해사정사, LOMA FLMI 정회원, 펀드투자권유대행인, 증권투자권유대행인

차트
매수와 매도의
절묘한 타이밍을 찾는다!
신의 한수
| 김영웅·김범 지음 |

영어를 배우려면 가장 먼저 알파벳을 외웁니다. 그것을 외우지 않으면 영어를 쓸 수 없고, 읽을 수도 없기 때문입니다. 그런데 알파벳을 다 외운다고 영어를 잘하는 것은 아닙니다. 이것처럼 주식 투자를 잘하려면 먼저 차트를 읽을 수 있어야 합니다.
주식 투자에서 차트는, 버스는 버스 정류장에서 타고 내리고, 전철은 승강장에서 타고 내리듯 주식을 매수할 정류장과 매도할 정류장을 알려주는 것입니다. 따라서 주식 투자에서 성공하려면 차트는 반드시 제대로 읽을 수 있어야 합니다.

차트는 캔들, 이동평균선, 거래량 3요소로 이루어져 있습니다. 이것을 종합적으로 분석하면, 성공확률이 높은 매수 포인트와 적절한 매도 포인트를 잡을 수 있습니다.

시중에 나와 있는 차트 책은 2010년 이전 차트가 실린 것이 대부분입니다. 당시에는 상·하한가가 15%였고, 또한 크고 작은 작전세력들이 판치던 복마전 같은 때였습니다.
하지만 2015년 6월 15일부터 상·하한가를 기존 15%에서 30%로 변경해 운용 중입니다. 금융감독원의 시장 감시제도가 2010년 이전보다 더욱 발달해 시장을 어지럽히던 작전세력들도 많이 사라졌습니다. 분식회계로 인한 손실 발생 시 소액주주들이 빈번하게 소송을 제기해 기업이나 회계법인들도 더욱 엄격하게 회계감사를 진행하고 있습니다.

이렇게 주식 시장 상황이 이전과는 완전히 달라졌으니, 현재 시장 상황에 맞는 차트 책이 필요하다는 생각으로 워렌증권학원 김범 교수와 오랫동안 준비해 이 책을 출간하게 되었습니다.

이 책의 제목을 '차트 신의 한 수'라고 한 것은 차트에서 여러 가지 매수와 매도 타이밍 중에서 가장 성공확률이 높은 자리를 찾는 것은 바둑에서 판세를 뒤집는 절묘한 수인 '신의 한 수'를 두는 것에 갈다는 의미입니다. 이 책을 처음부터 끝까지 정독한다면 누구나 '신의 한 수' 자리를 찾을 수 있게 하는 바램으로 작명했습니다.
다시 한 번 강조하면, 차트는 캔들, 이동평균선, 거래량 3요소로 이루어져 있습니다. 이 3요소가 어우러져 뭔가를 나타내는데 그것을 분석하는 것이 차트 분석입니다. 차트 분석 기법은 일정한 패턴을 읽고, 추세선을 그어 일정 기간 반복적인 흐름이나 방향성을 예측하여 향후 주가의 방향을 예측하는 것으로 주식 투자에서 가장 기본적인 영역입니다.

차트의 중요성을 강조하는 자칭 '차티스트'들은 차트 속에 기본적 분석에서 보는 안정성뿐만 아니라 매출액과 영업이익 등 성장성조차도 차트에 다 녹아 있다고 주장하고 있습니다.

기본적 차트 분석에서 볼린저 밴드, 스토캐스틱, DMI, MACD, OBV 등 주요 보조지표를 추가하면 차트의 향후 흐름을 예측하는 데 정확도가 더 높아질 수 있습니다.

하지만 본인을 '차트쟁이'라고 칭하던 기술적 분석가들의 대부분이 차트를 맹신해서 곤란해지는 경우가 많았습니다.

기술적 분석의 한계점은 차트 안에는 과거의 형태가 미래에 반복된다고 믿는 데서 출발했기 때문에 미래에 대한 성장성과 인간의 기대감을 충분히 담고 있지 않다는 점에 있습니다. 하지만 그런데도 차트를 정확하게 읽어내는 힘은 매우 중요합니다.

알파벳을 모르고 영어를 배울 수 없듯이 차트를 볼 줄 모르면 매수와 매도 타이밍을 제대로 찾을 수 없습니다. 제가 지은 책들의 공통점은 어려운 이야기를 가급적 쉽게 설명해서 2~3회 정독하면 누구나 수준 높은 실력을 갖출 수 있다는 점입니다.

그런 점에서 이번 《차트 신의 한 수》도 그동안 상·하한가가 15%에서 30%로 변경된 2015년 6월 이후를 제대로 반영된 차트 책이 없어 고생하고 계신 수많은 개인 투자자께 올바른 기술적 분석의 지평을 새로 열고자 이 책을 출간하게 되었습니다. 이 책으로 조금이라도 더 안정적이고, 수익성 높은 투자를 하실 수 있기를 바랍니다.

김영웅

제가 주식 투자를 시작한 것은 20년 전으로 기억합니다. 대학을 졸업하고 직장생활을 시작한 곳이 금융회사였고, 당시 많은 선배가 주식 투자를 주먹구구식으로 하고 있었기 때문에 저도 자연스럽게 주식 투자를 시작하게 되었습니다.

처음 시작할 때 적은 금액으로 했지만, 매수하는 족족 수익이 나며 초심자의 행운이 제게도 찾아왔습니다. 당시는 중국경제의 성장 덕분에 우리나라 증시가 연일 상승하던 대세 상승장이었으니, 얼마나 좋았겠습니까? 현대증권의 모 회장이 "달리는 말에 올라타라!"라고 외쳤던 바로 그 시기였습니다.
그러나 영원할 것 같았던 상승장은 2007년 11월 말부터 세계금융위기가 시작되며 곤두박질치기 시작했습니다. 2011년 개봉한 세계금융위기 직전 하룻밤을 다룬 J.C. 챈더(J.C. Chandor) 감독의 <마진콜 : 24시간, 조작된 진실> 영화에서 제레미 아이언스(Jeremy Irons)가 연기한 '존 털드' 회장이 "음악은 멈추기 일보 직전이고, 음악이 멈추게 되면 자본주의 역사상 최악의 결말을…"이라고 말하는 장면이 나오는데 당시 기분은 딱 그랬습니다.

당시 직전 몇 년간 주식 투자로 벌었던 수익은 한순간에 물거품이 되었습니다. 2,000포인트를 넘겼던 코스피가 1,500포인트를 지나 1,000포인트가 깨질 때는 정말 힘들었던 시기였습니다.
그 후 증시는 어느 정도 회복되어 안정을 찾았지만, 저는 그전처럼 수익이 나지 않았습니다. 원장님 말씀처럼 시장이 벌어준 수익이었던 것입니다.

그런데 동종업계 다른 회사에 평소 가깝게 따르던 선배님께서 어느 날 갑자기 회사를 그만두고 오랫동안 준비했다며 '전업 투자자'로 나서는 것을 보고 충격을 받았습니다. 그 선배님이 바로 워렌증권학원 김영웅 원장님입니다.

그때부터 저도 본격적으로 주식 공부를 시작하게 되었습니다. 수시로 원장님이 계시는 오피스텔로 찾아가 수많은 밤을 함께 불태웠던 기억이 새록새록 납니다. 그 후 다들 알다시피 원장님께서 금융의 중심가 여의도에 '워렌증권학원'을 설립하면서 저도 줄곧 함께하고 있습니다.

원장님께서 시중에 있는 차트 책은 2010년 이전 차트가 실린 책으로 현재는 맞지 않는다고 하면서 저에게 《차트 신의 한 수》를 함께 쓰자고 했을 때 1초도 망설이지 않고 "네"라고 대답했습니다. 그런데 막상 책을 완성하는 데는 생각보다 오랜 시간이 걸렸습니다. 원장님과 저는 주식을 잘 모르는 초보자들도 책의 내용을 최대한 이해하기 쉽게 만들기 위해 많은 고민을 했습니다.

오래전부터 주식을 해본 사람이라면 많이 들어본 주식 시장에 떠도는 이야기들이 있습니다.

"난 여러 번 깡통 차가면서 비싼 수업료 내고 여기까지 왔어."
"익절매는 언제나 옳다."
"무릎에 사서 뉴스에 팔아라."
"모두가 삼성전자 외칠 때 꼭지다."

이런 말 중 특히 자신은 여러 번 깡통을 차가며 비싼 수업료를 내고 여기까지 왔다며 자신의 성공을 돋보이게 하려는 자칭 고수들의 이야기를 들으면서 이런 고민을 했습니다. '주식을 처음 시작하는 분들이 어떻게 하면 저런 비싼 수업료를 내지 않고, 주식 시장이라는 무림에서 살아남을 수 있을까?', '주식 투자를 편안하고 안전하게 배울 수 없을까?'라고 말입니다.

개인 투자자들은 우연히 주변 사람들의 말을 듣고 주식을 사거나, 증권방송에 나오는 전문가들의 말을 듣고 사거나, 공통점은 주식을 배우지 않고 먼저 사기부터 합니다.
2020년 코로나19를 겪으면서 저금리 시대를 맞아 시장에 뿌려진 유동성으로 증시가 연일 상승할 때 너도나도 '동학개미운동'에 동참했습니다. 이때 이미 많이 오른 삼성전자를 8~9만 원대에 산 초보 투자자들의 한숨 소리가 아직도 들리고 있습니다.

최근처럼 2차전지 관련 종목들이 연일 신고가를 경신하면서 주변에서 너도나도 돈을 벌었다고 하니 FOMO(Fear Of Missing Out, 좋은 기회를 놓칠까 봐 걱정되고 불안한 마음)에 빠져 주식을 시작한 사람들도 있을 것입니다.

이런 분들이 안타까워 원장님과 저는 주식 시장에 평생 살아남기 위해서는 개인 투자자들이 최소한의 공부를 해야 한다고 생각했습니다. 주식을 사야 할 자리, 팔아야 할 자리 정도는 알아야 하며, 이 모든 것을 개인 투자자들이 꼭 알았으면 하는 바람에서 진정성을 갖고 최선을 다해 《차트 신의 한 수》를 집필하게 되었습니다.

이 책은 차트 내용을 기반으로 한 기술적 분석에 상당 부분 집중되어 있지만, 십여 년간 주식 시장을 경험하면서 단순히 차트의 해석만을 보고 집필한 것이 아닙니다. 매일매일 변화하는 주식 시장의 흐름과 그 안에 녹아 있는 주식의 복잡미묘한 심리의 해석까지 포함해서 기록했습니다. 따라서 읽으시는 모든 분이 내용의 이해는 물론이고 그동안 내가 왜 주식 시장에서 계속 수익을 내지 못하고, 손실을 보게 되었는지 아실 수 있을 거라고 자신합니다. 급하지 않게 천천히 읽어보시면서 내공을 쌓아 보시길 권유해드립니다.

함께 출간하느라 고생해주신 김영웅 원장님께 항상 감사드리며, 매일매일 변화하는 주식 시장에서 여전히 승리하고 있으신 점, 존경합니다. 또한, 항상 하는 일에 응원을 아끼지 않는 사랑하는 배우자와 아들 건과 준에게도 고마움을 표합니다.

김범

주식 투자에서 가장 어려운 부분이 '언제 사야 하는지?' 또는 '언제 팔아야 하는지?'를 아는 것입니다. 개인 투자자들이 가장 어려워하는 매수와 매도 타이밍을 알려면 차트를 제대로 해석할 수 있어야 합니다.

언어를 익히려면 그 언어의 문자를 반드시 외워야 하듯이 주식 투자를 잘하려면 반드시 차트를 해석할 수 있어야 합니다. 그런데 현재 나와 있는 차트 책이 2010년 이전에 차트가 수록되어 있고, 당시 유행하던 매매기법 위주로 설명된 책이 대부분입니다. 2015년 6월 상·하한가 30%로 바뀐 이후부터 현재까지는 맞지 않는 차트 책들입니다.
따라서 오랜 시간 주식 시장에서 함께한 김범 교수와 함께 독자 여러분께 제대로 된 차트 책을 선물하고자 수년간에 걸쳐 《차트 신의 한 수》를 완성했습니다.

《차트 신의 한 수》는 처음 1장은 '차트 기본'으로 초보자를 위해 차트에 대한 기본적인 내용 위주로 구성했습니다. 혹자는 보조지표만으로 중수 이상 또는 고수라고 우기는 사람들도 있는데, 세상에 이미 다 알려진 기법으로 고수가 될 수는 없습니다. 그렇지만 시중에 널리 알려져 쓰이고 있는 것들은 반드시 알아야 합니다.

'제1장 차트 기본'은 이미 세상에 알려져 널리 쓰이고 있는 기본적인 이론들을 초보자들을 위해 상세히 설명했습니다. 캔들, 거래량, 이동평균선, 추세선, 반전일, 갭, 패턴, 그랜빌의 법칙, 엘리어트 파동, 그리고 각종 보조지표입니다.
예를 들어 캔들을 설명하자면 이전에 시중에 나온 차트 책처럼 캔들 형태만 소개하지 않고, 그 형태가 의미하는 숨겨진 뜻을 풀어서 쉽게 전달하기 위해 노력했습니다.

'상승전환형 캔들의 형태 분석'에서 주가가 연일 하락하다 어느 날 망치형 캔들이 출현했다면, 저가에서 끌어올린 보이지 않지만 존재했던 숨겨진 양봉의 의미를 설명하고자 했습니다. 차트를 해석하는 데 거래량도 가장 중요한 차트 요소 중 하나입니다. 거래량은 캔들의 위치가 저점일 때 거래량의 증감에 따라 해석이 달라집니다. 캔들의 위치가 박스권을 돌파할 때 또는 급등하다 기간조정 또는 가격조정으로 쉴 때, 거래량 증감에 따라 주가의 방향을 예측할 수 있습니다.

보조지표 역시 시중에 있는 모든 보조지표를 다 넣지 않고 꼭 필요한 것들만 7가지로 추려서 기본에서 활용까지 자세히 설명했습니다. 이처럼 '제1장 차트 기본'은 시중에 알려진 내용을 재해석해 실전에 활용하면 도움이 될 수 있도록 상세히 다루었습니다.

'제2장 차트 해석'부터는 차트를 제대로 해석해 매수할 때와 매도할 때를 판단하는 능력을 길러주는 부분입니다. 주가의 생로병사의 예를 들면 주가는 도입기, 상승기, 성숙기, 과열기, 분열기를 거치면서 일생을 마치고 또 일정 기간이 지나 새로운 일생을 시작하게 됩니다. 2020년 동학개미운동이 한창일 때 시장을 주도했던 삼성전자, 주식 분할 전 세계 1위 배터리기업인 LG화학, 코로나19 진단키트를 만드는 씨젠, 그리고 당시 코로나19 치료제 판매에 열을 올리던 셀트리온헬스케어를 예로 들어 주가의 생로병사를 자세히 설명했습니다. 최근 사례이고 독자분들 중에 이 종목들을 보유 중인 분들도 있을 테니 좀 더 실감이 나실 것으로 생각됩니다.

'제3장 차트 고급' 편에서는 실전에 곧바로 쓸 수 있는 안전한 매수 자리와 매도 자리 등에 대해 자세히 설명했습니다. 이 부분에서는 그동안 시중에 알려지지 않은 우리만의 특별한 기법들도 다수 수록했습니다.

주식 투자를 위한 차트 공부에서 《차트 신의 한 수》 하나만 처음부터 끝까지 이해한다면 주식 투자에 부족함이 없게 하려고 노력했습니다. 충분한 내용을 넣으려고 애를 썼지만, 지면 관계상 미처 넣지 못한 내용도 있어 아쉬운 부분도 있습니다.

주식 투자에서 중요한 것은 글로벌 시황과 업황, 해당 기업의 잠

재력과 성장성 등을 찾아내는 기업 분석 그리고 매수와 매도 포인트를 알려주는 차트가 있습니다. 이 중에서 차트의 중요도는 30% 미만으로 보고 있습니다. 따라서 이 책을 너무 맹신해 무리하게 투자하는 우는 범하지 말기를 당부드립니다. 이 책을 보시면서 아낌없이 조언과 격려를 보내주신다면 더욱더 발전하는 밑거름으로 삼겠습니다. 또한, 여러분들의 비판과 지적을 겸허히 받아들이고, 부족한 부분이 있다면 적극적으로 고쳐나가겠습니다.

김영웅, 김범

목차

책을 펴내며 _ 김영웅 5
책을 펴내며 _ 김범 7
프롤로그 11

PART 01 차트 기본

❶ 캔들 19
❷ 거래량 43
❸ 이동평균선 59
❹ 추세선 79
❺ 반전일, 반전율 101
❻ 갭 115
❼ 패턴 121
❽ 그랜빌의 매매 법칙 141
❾ 엘리어트 파동 147
❿ 보조지표 151

PART 02 차트 해석

❶ 주가 생로병사 185
❷ 고점 징후 포착 193
❸ 오랜 횡보 후 대량거래 장대양봉 201
❹ 이탈가 설정하기 207
❺ 원샷원킬 추가 매수 223
❻ 가격조정과 기간조정 227
❼ 하락추세 전환 233

PART 03 차트 고급

❶ 바닥권 탈출 매수 243
❷ 20일 이동평균선 돌파 눌림목 매수(구렁이 패턴) 251
❸ 플랫폼 돌파 매수 259
❹ 상승 후 음봉횡보 매수 269
❺ 대량거래를 통한 매집 275
❻ 호재 후 긴 윗꼬리 매매 295
❼ 악재 후 긴 아래꼬리 매매 307
❽ 고점 대량거래 매도신호 317
❾ 고점 장대음봉 매도신호 325
❿ 저점 대량거래 매수신호 329
⓫ 주식 투자 성공 vs 실패 337

PART 01
차트 기본

1. 캔들 2. 거래량 3. 이동평균선 4. 추세선 5. 반전일, 반전율
6. 갭 7. 패턴 8. 그랜빌의 매매 법칙 9. 엘리어트 파동 10. 보조지표

1

캔들 신의 한 수

차트 3요소 | 차트의 3요소 캔들, 이동평균선, 거래량 | 상승전환형 캔들의 형태 분석
하락전환형 캔들의 형태 분석 | 반전형 캔들 | 고점 거래량 동반 역망치형 | 상투권의 윗꼬리 양봉
하락 / 상승전환형 캔들의 형태 분석 | 신뢰도 높은 상승지속형 / 하락지속형 캔들 | 바닥권의 적삼병 | 상투권의 흑삼병
희망을 주며 물량을 던지는 하락형 | 고점 거래량 동반 장대음봉 | 급등주에서 고점 장대음봉
신뢰도 높은 상승지속형 / 하락지속형 캔들 | 신뢰도 높은 상승지속형 캔들

차트 3요소

차트를 기술적으로 상세히 분석하기 위해서는 차트 3요소인 캔들, 이동평균선, 거래량을 종합적으로 살펴봐야 합니다. 궁극적으로는 3요소를 종합적으로 분석해서 현재 차트가 어떤 것을 알려주려 하는지 의미를 해석할 수 있어야 합니다.

차트 분석은 차트의 3요소를 각각 보는 것이 아니라 동시에 보면서 종합적으로 분석해야 합니다. 여기서는 그중에 가장 중요한 캔들에 대해, 캔들의 형태와 위치에 따라 의미하는 것이 무엇인지 해석하는 방법을 깊이 있게 다루도록 하겠습니다.

캔들의 형태와 위치에 따라 향후 주가의 방향을 정확히 예측하는 것이 핵심입니다. 동일한 모양의 캔들이더라도 위치에 따라 상승하는 중에 또는 고점에서 출현했을 때와 하락하던 중에 또는 바닥에서 출현했을 때는 완전히 다르게 해석됩니다. 하지만 소폭 상승 또는 하락 중일 때와 횡보 중일 때 그 의미는 반감되거나 의미가 없을 수도 있습니다.

단순히 암기하기보다는 왜 그런지 이유를 정확히 이해하는 것이 매우 중요합니다. 무조건 암기만 해서는 살짝 다른 형태, 또는 완전히 다른 형태일 때 응용하기 어렵습니다. 따라서 몇 번이고 반복해서 봐서 의미를 완전히 이해하는 노력을 기울이시기를 권합니다.

차트의 3요소 캔들, 이동평균선, 거래량

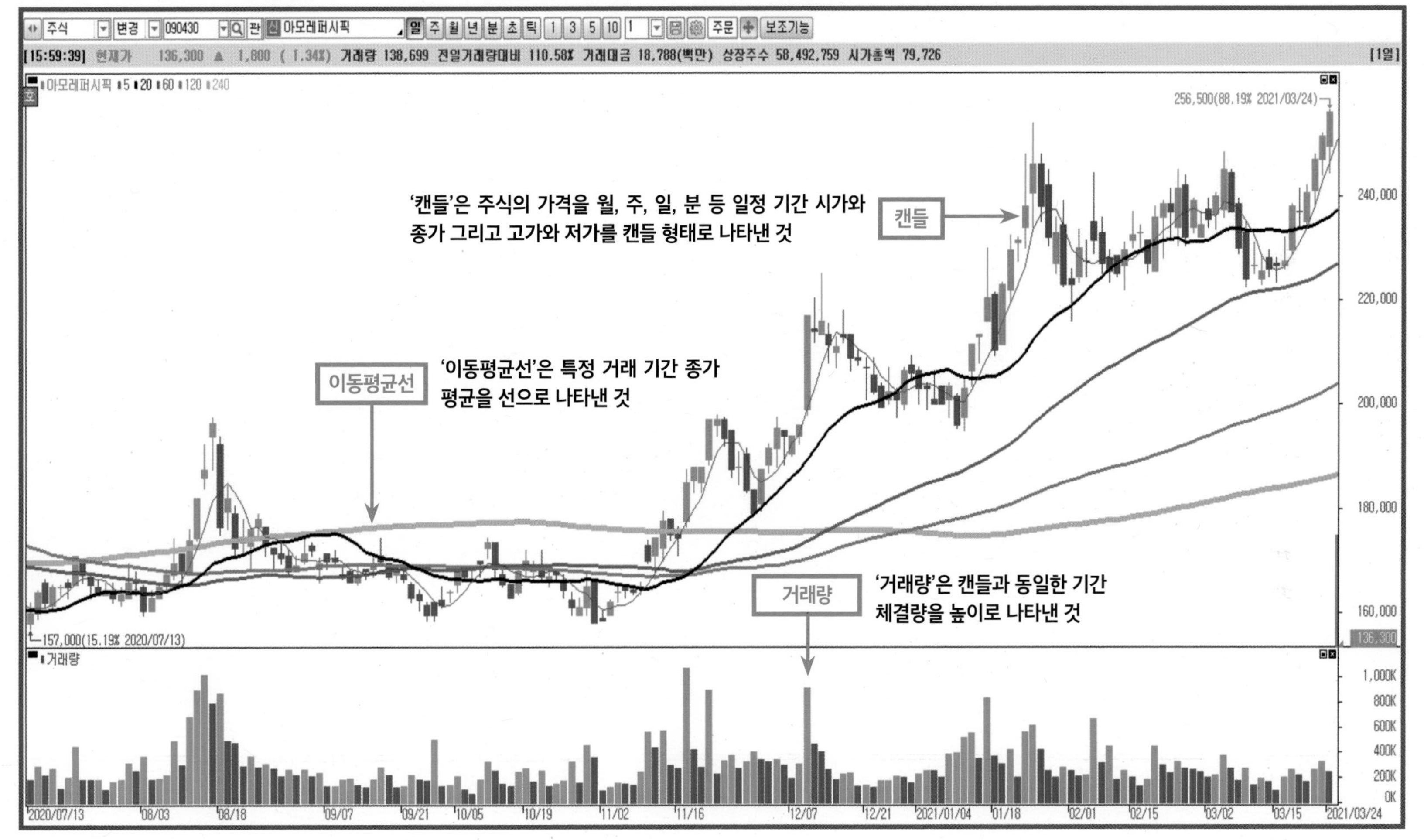

[15:59:39] 현재가 136,300 ▲ 1,800 (1.34%) 거래량 138,699 전일거래량대비 110.58% 거래대금 18,788(백만) 상장주수 58,492,759 시가총액 79,726
아모레퍼시픽 5 20 60 120 240
256,500(88.19% 2021/03/24)
157,000(15.19% 2020/07/13)
'캔들'은 주식의 가격을 월, 주, 일, 분 등 일정 기간 시가와 종가 그리고 고가와 저가를 캔들 형태로 나타낸 것
캔들
이동평균선
'이동평균선'은 특정 거래 기간 종가 평균을 선으로 나타낸 것
거래량
'거래량'은 캔들과 동일한 기간 체결량을 높이로 나타낸 것

상승전환형 캔들의 형태 분석

상승전환형 캔들의 전제는 여러 날 하락하던 중에 다음과 같은 형태의 상승전환 캔들이 출현했을 때, 상승으로 전환할 가능성이 높다는 점입니다. 그 이유에 대해 자세히 알아보겠습니다.

상승전환형 캔들	형태	설명
장대양봉 1형		주가가 연일 하락하던 중에 어느 날 하락하는 에너지를 극복하는 강한 상승 에너지로 큰 양봉이 만들어졌을 때, 주가는 상승으로 전환할 가능성이 높아집니다. 상승전환형 캔들은 다음과 같이 몇 가지 형태가 있습니다. 첫째, 장대양봉 1형처럼 직전일 음봉의 종가보다 위에서 시가를 시작해서 전일 시가보다 위에서 끝나는 형태가 있습니다. 둘째, 장대양봉 2형처럼 직전일 음봉의 종가보다 아래에서 시가를 시작해서 전일 시가보다 위에서 끝나는 형태가 있습니다. 셋째, 장대양봉 3형처럼 직전일 음봉의 종가보다 아래에서 시가를 시작해서 전일 시가보다 아래이지만, 전일 음봉의 몸통의 절반 위에서 끝나는 형태가 있습니다. 어떤 형태이든 강하게 하락하는데, 에너지를 거스르는 반대 방향으로 큰 에너지가 작용하는 상승에너지의 장대양봉이 출현할 경우 하락하던 주가는 상승으로 전환할 가능성이 매우 큽니다. 간혹 장대양봉을 만들고 하루 이틀 더 약세를 보이다 다시 반등하는 경우도 있습니다.
장대양봉 2형		
장대양봉 3형		

상승전환형 캔들의 형태 분석

상승전환형 캔들의 전제는 여러 날 하락하던 중에 다음과 같은 형태의 상승전환 캔들이 출현했을 때, 상승으로 전환할 가능성이 높다는 점입니다. 그 이유에 대해 자세히 알아보겠습니다.

상승전환형 캔들	형태 1	형태 2	설명
망치형			연일 하락하던 주가가 망치형이든, 역망치형이든 하락하는 에너지에 강하게 반발하는 상승에너지가 작용하는 형태의 캔들이 출현하면, 주가는 하락에서 상승으로 전환될 확률이 높아집니다.
역망치형			

상승전환형 캔들의 형태 분석

상승전환형 캔들의 전제는 여러 날 하락하던 중에 다음과 같은 형태의 상승전환 캔들이 출현했을 때, 상승으로 전환할 가능성이 높다는 점입니다. 그 이유에 대해 자세히 알아보겠습니다.

상승전환형 캔들	형태 1	형태 2	설명
망치형			연일 하락하던 주가가 망치형이든, 역망치형이든 하락하는 에너지에 강하게 반발하는 상승에너지가 작용하는 형태의 캔들이 출현하면, 주가는 하락에서 상승으로 전환될 확률이 높아집니다. 형태 2 망치형에서 (보이지는 않지만) 장중에 장대음봉이 출현했지만, 강한 상승에너지로, (보이지 않지만) 하락에너지를 극복하는 강한 양봉으로 마감했습니다. 형태 2 역망치형에서는 상승폭을 다 반납하고 마감했습니다. 장중에는 강한 상승에너지가 작용한 장대양봉이 출현했지만, 상승폭을 반납한 후 마감했습니다. 주가가 연일 하락하는데, 하락에너지를 거스르는 상승에너지가 작용한다면, 이럴 경우 상승으로 전환될 확률이 높습니다
역망치형			

하락전환형 캔들의 형태 분석

하락전환형 캔들의 전제는 여러 날 상승하던 중에 다음과 같은 형태의 하락전환 캔들이 출현했을 때, 하락으로 전환할 가능성이 높다는 점입니다. 그 이유에 대해 자세히 알아보겠습니다.

하락전환형 캔들	형태	설명
장대음봉 1형		주가가 연일 상승하던 중, 어느 날에 상승하는 에너지를 압도하는 강한 하락에너지로 큰 음봉이 만들어진다면 주가는 하락으로 전환할 가능성이 높아집니다. 하락전환 캔들에는 다음과 같이 몇 가지 형태가 있습니다. 첫째, 장대음봉 1형처럼 직전일 양봉의 종가보다 위에서 시가를 시작해서 전일 시가보다 위지만, 전일 양봉의 몸통 절반 아래에서 끝나는 형태입니다. 둘째, 장대음봉 2형처럼 직전일 양봉의 종가보다 위에서 시가를 시작해 전일 시가보다 아래에서 끝나는 형태입니다. 셋째, 장대음봉 3형처럼 직전일 양봉의 종가보다 아래에서 시가를 시작해 전일 시가보다 아래에서 끝나는 형태입니다. 어떤 형태이든 강하게 상승하는 에너지를 거스르는 반대 방향으로 큰 에너지가 작용하는 하락에너지의 장대음봉이 출현하면 상승하던 주가는 하락을 전환될 가능성이 매우 큽니다. 간혹 장대음봉을 만들고 하루 이틀 더 강세를 보이다, 다시 반락하는 경우도 있습니다.
장대음봉 2형		
장대음봉 3형		

하락전환형 캔들의 형태 분석

하락전환형 캔들의 전제는 여러 날 상승하던 중에 다음과 같은 형태의 하락전환 캔들이 출현했을 때, 하락으로 전환할 가능성이 높다는 점입니다. 그 이유에 대해 자세히 알아보겠습니다.

하락전환형 캔들	형태 1	형태 2	설명
교수형	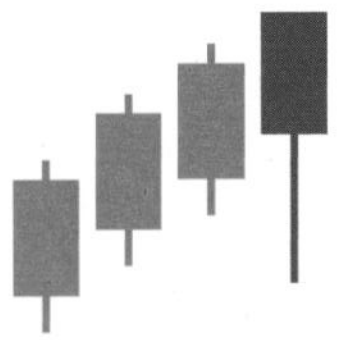	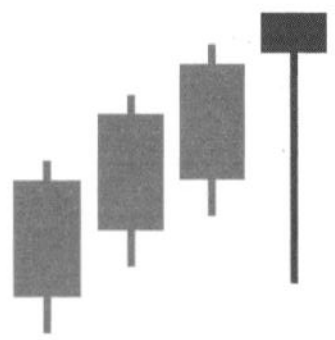	연일 상승하던 주가가 교수형이든, 유성형이든 상승하는 에너지에 강하게 반발하는 하락에너지가 작용하는 형태의 캔들이 출현하면, 주가는 상승에서 하락으로 전환될 가능성이 커집니다.
유성형	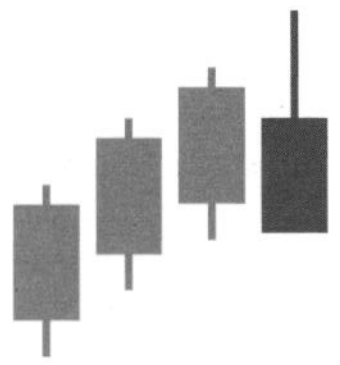	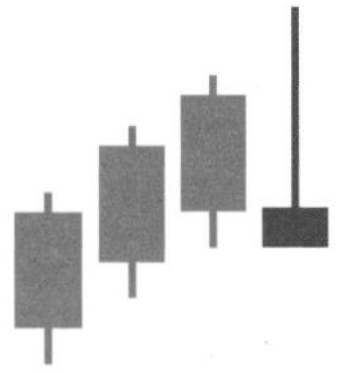	

하락전환형 캔들의 형태 분석

하락전환형 캔들의 전제는 여러 날 상승하던 중에 다음과 같은 형태의 하락전환 캔들이 출현했을 때, 하락으로 전환할 가능성이 높다는 점입니다. 그 이유에 대해 자세히 알아보겠습니다.

<table>
<tr><th>하락전환형 캔들</th><th>형태 1</th><th>형태 2</th><th>설명</th></tr>
<tr><td>교수형</td><td></td><td></td><td rowspan="2">연일 상승하던 주가가 교수형이든, 유성형이든 상승하는 에너지에 강하게 반발하는 하락에너지가 작용하는 형태의 캔들이 출현하면, 주가는 상승에서 하락으로 전환될 가능성이 커집니다.

형태 2 교수형을 보면 (보이지는 않지만) 장중에 상승에너지를 억누르는 장대음봉이 생겼지만 반등해서 장중 하락폭을 대부분 만회하고 하락 마감했습니다.

형태 2 유성형을 보면 장중에 강한 양봉이 출현했지만, (보이지는 않지만) 하락에너지가 작용해서 상승폭을 다 반납하고 마감했습니다.

주가가 연일 상승하는데 상승에너지를 거스르는 하락에너지가 작용하면, 이럴 경우 하락으로 전환될 확률이 높습니다.</td></tr>
<tr><td>유성형</td><td></td><td></td></tr>
</table>

반전형 캔들

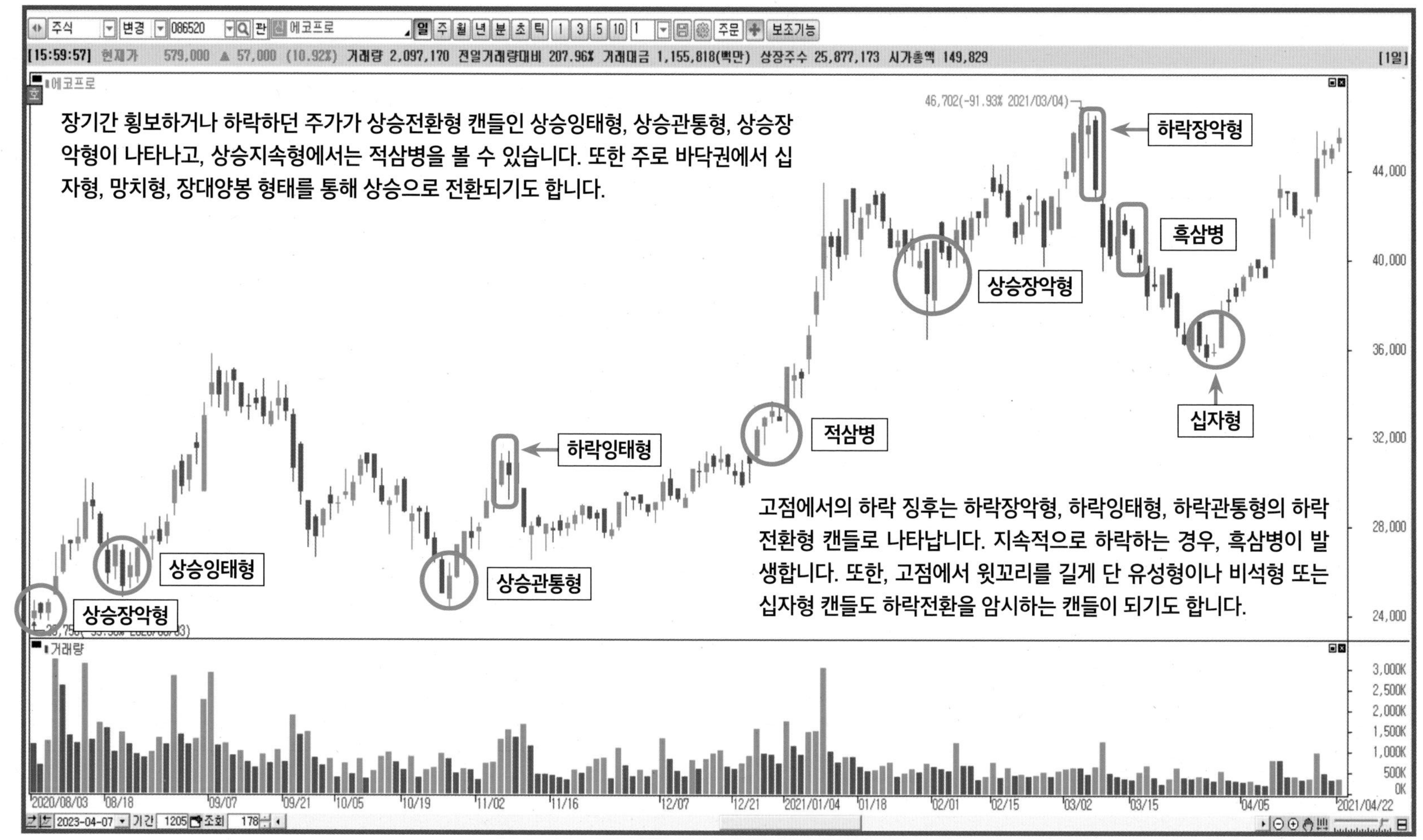
장기간 횡보하거나 하락하던 주가가 상승전환형 캔들인 상승잉태형, 상승관통형, 상승장악형이 나타나고, 상승지속형에서는 적삼병을 볼 수 있습니다. 또한 주로 바닥권에서 십자형, 망치형, 장대양봉 형태를 통해 상승으로 전환되기도 합니다.
고점에서의 하락 징후는 하락장악형, 하락잉태형, 하락관통형의 하락전환형 캔들로 나타납니다. 지속적으로 하락하는 경우, 흑삼병이 발생합니다. 또한, 고점에서 윗꼬리를 길게 단 유성형이나 비석형 또는 십자형 캔들도 하락전환을 암시하는 캔들이 되기도 합니다.
상승장악형
상승잉태형
상승관통형
하락잉태형
적삼병
상승장악형
하락장악형
흑삼병
십자형
086520
에코프로
[15:59:57] 현재가 579,000 ▲ 57,000 (10.92%) 거래량 2,097,170 전일거래량대비 207.96% 거래대금 1,155,818(백만) 상장주수 25,877,173 시가총액 149,829
46,702(-91.93% 2021/03/04)
44,000
40,000
36,000
32,000
28,000
24,000
거래량
3,000K
2,500K
2,000K
1,500K
1,000K
500K
0K
2020/08/03
2021/01/04
2021/04/22

고점 거래량 동반 역망치형

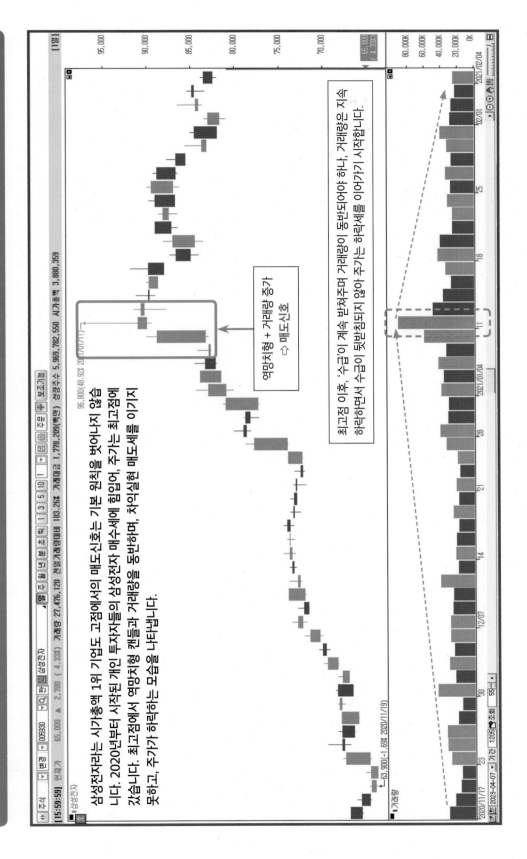

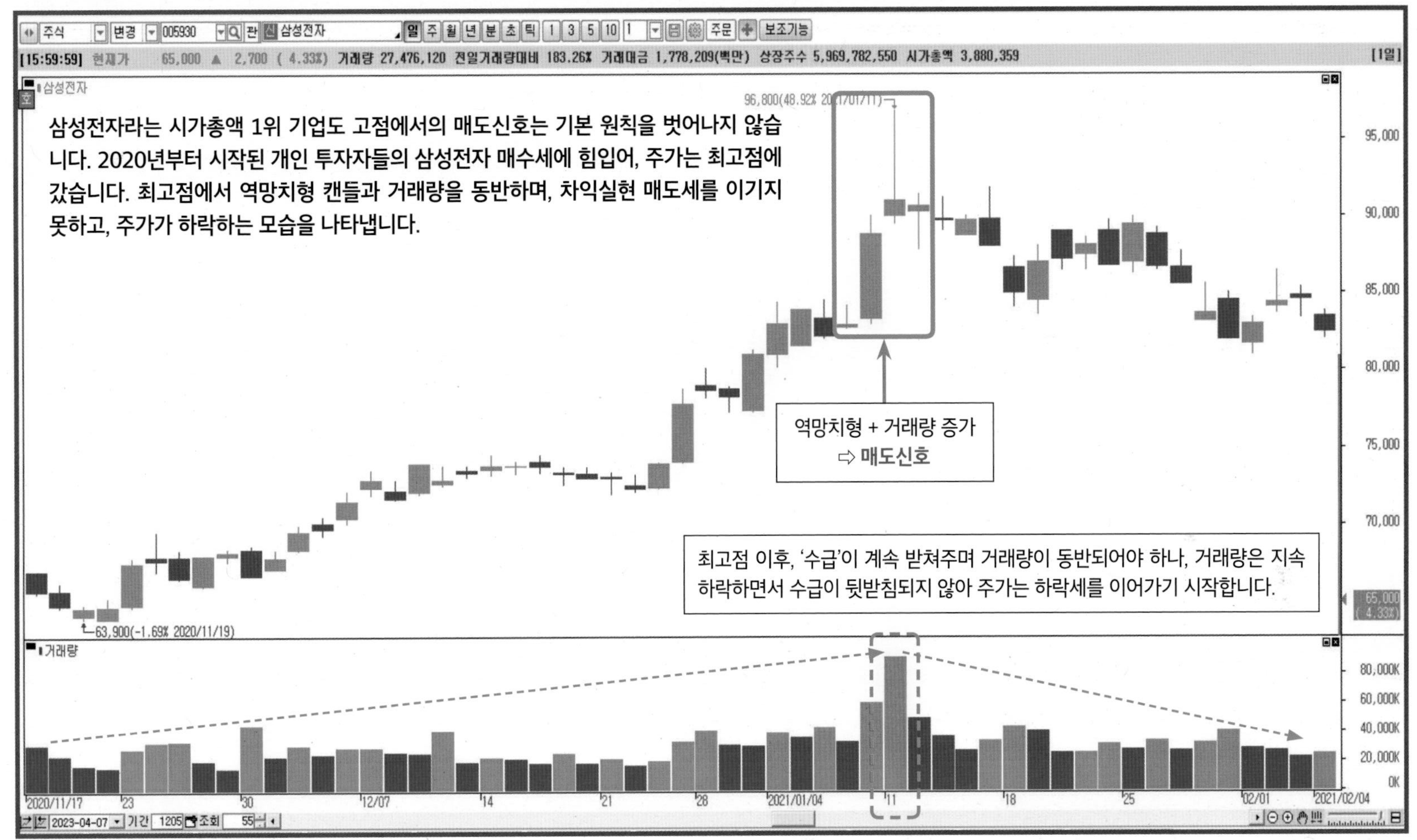
주식
변경
005930
삼성전자
보조기능
[15:59:59] 현재가 65,000 ▲ 2,700 (4.33%) 거래량 27,476,120 전일거래량대비 183.26% 거래대금 1,778,209(백만) 상장주수 5,969,782,550 시가총액 3,880,359
[1일]
삼성전자
삼성전자라는 시가총액 1위 기업도 고점에서의 매도신호는 기본 원칙을 벗어나지 않습니다. 2020년부터 시작된 개인 투자자들의 삼성전자 매수세에 힘입어, 주가는 최고점에 갔습니다. 최고점에서 역망치형 캔들과 거래량을 동반하며, 차익실현 매도세를 이기지 못하고, 주가가 하락하는 모습을 나타냅니다.
96,800(48.92% 2021/01/11)
역망치형 + 거래량 증가
⇨ 매도신호
최고점 이후, '수급'이 계속 받쳐주며 거래량이 동반되어야 하나, 거래량은 지속 하락하면서 수급이 뒷받침되지 않아 주가는 하락세를 이어가기 시작합니다.
63,900(-1.69% 2020/11/19)
95,000
90,000
85,000
80,000
75,000
70,000
65,000 (4.33%)
거래량
80,000K
60,000K
40,000K
20,000K
0K
2020/11/17
23
30
12/07
14
21
28
2021/01/04
11
18
25
02/01
2021/02/04
2023-04-07
기간 1205
조회 55

상투권의 윗꼬리 양봉

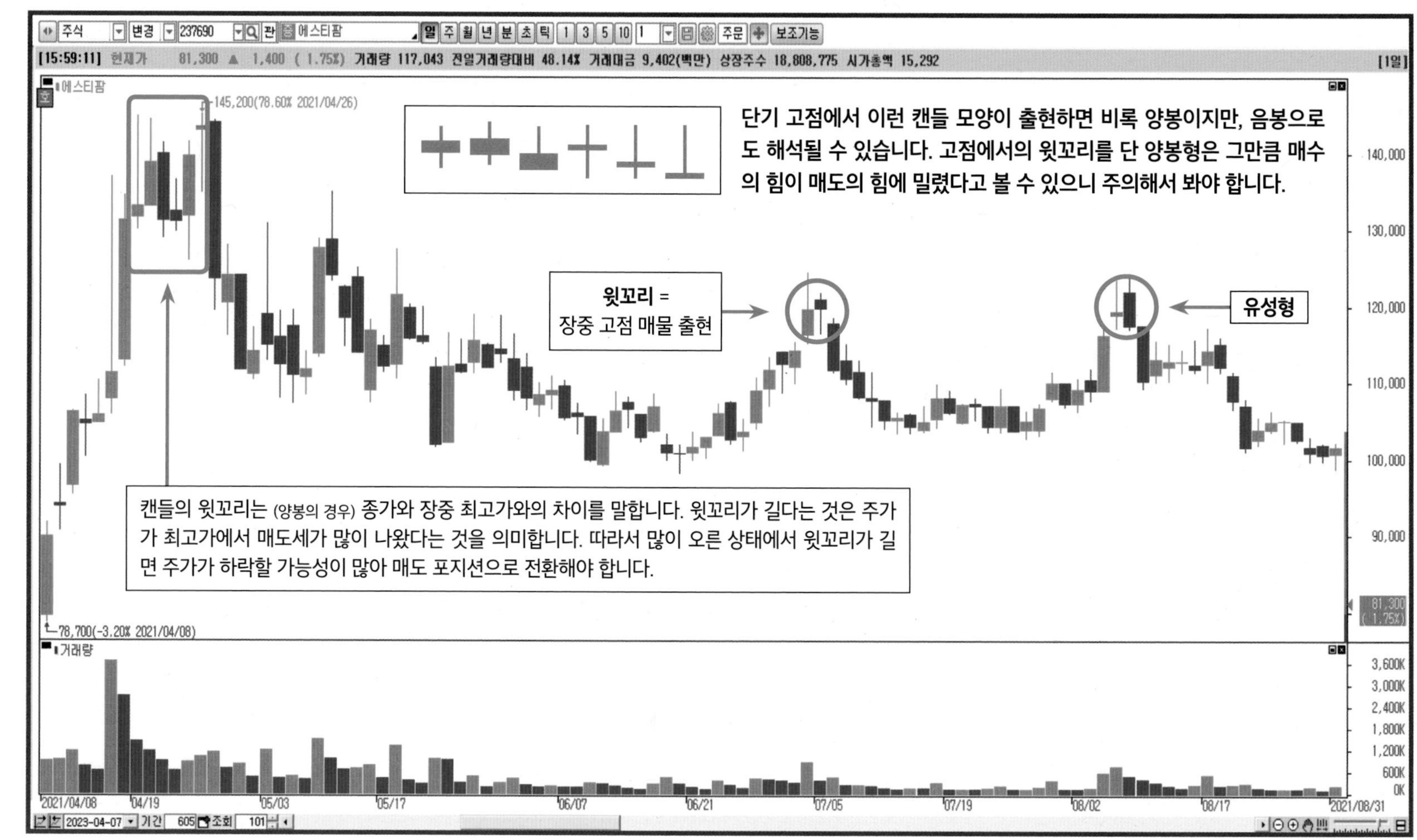
주식 변경 237690 에스티팜 일 주 월 년 분 초 틱 1 3 5 10 1 주문 보조기능
[15:59:11] 현재가 81,300 ▲ 1,400 (1.75%) 거래량 117,043 전일거래량대비 48.14% 거래대금 9,402(백만) 상장주수 18,808,775 시가총액 15,292 [1일]
에스티팜
145,200(78.60% 2021/04/26)
단기 고점에서 이런 캔들 모양이 출현하면 비록 양봉이지만, 음봉으로도 해석될 수 있습니다. 고점에서의 윗꼬리를 단 양봉형은 그만큼 매수의 힘이 매도의 힘에 밀렸다고 볼 수 있으니 주의해서 봐야 합니다.
윗꼬리 =
장중 고점 매물 출현
유성형
캔들의 윗꼬리는 (양봉의 경우) 종가와 장중 최고가와의 차이를 말합니다. 윗꼬리가 길다는 것은 주가가 최고가에서 매도세가 많이 나왔다는 것을 의미합니다. 따라서 많이 오른 상태에서 윗꼬리가 길면 주가가 하락할 가능성이 많아 매도 포지션으로 전환해야 합니다.
78,700(-3.20% 2021/04/08)
140,000
130,000
120,000
110,000
100,000
90,000
81,300
(1.75%)
거래량
3,600K
3,000K
2,400K
1,800K
1,200K
600K
0K
2021/04/08
04/19
05/03
05/17
06/07
06/21
07/05
07/19
08/02
08/17
2021/08/31
2023-04-07 기간 605 조회 101

하락 / 상승전환형 캔들의 형태 분석

하락전환형 캔들의 전제조건은 여러 날 상승하던 중에 다음과 같은 형태의 하락전환 캔들이 출현했을 때, 하락으로 전환할 가능성이 높다는 점입니다. 상승전환형 캔들의 전제조건은 여러 날 하락하던 중에 다음과 같은 형태의 상승전환 캔들이 출현했을 때, 상승으로 전환할 가능성이 높다는 점입니다. 그 이유에 대해 자세히 알아보겠습니다.

구분	도지형	잠자리형	비석형	설명
하락전환형				여러 날 상승하던 중에 매수세와 매도세가 비등한 도지형이 나왔든, 장중 하락하다 시가를 회복하며 마감한 잠자리형이 나왔든, 장중 상승하다 상승폭을 다 반납한 비석형이 나왔든, 이 모두 상승하던 중에 하락에너지가 장중에 강하게 나왔으므로 하락으로 전환될 가능성이 높아졌습니다.
상승전환형				여러 날 하락하던 중에 매수세와 매도세가 비등한 도지형이 나왔든, 장중 하락하다 시가를 회복하며 마감한 잠자리형이 나왔든, 장중 상승하다 상승폭을 다 반납한 비석형이 나왔든, 이 모두 하락하던 중에 상승에너지가 장중에 강하게 나왔으므로 상승으로 전환될 가능성이 높아졌습니다.

하락 / 상승전환형 캔들의 형태 분석

하락전환형 캔들의 전제조건은 여러 날 상승하던 중에 다음과 같은 형태의 하락전환 캔들이 출현했을 때, 하락으로 전환할 가능성이 높다는 점입니다. 상승전환형 캔들의 전제조건은 여러 날 하락하던 중에 다음과 같은 형태의 상승전환 캔들이 출현했을 때, 상승으로 전환할 가능성이 높다는 점입니다. 그 이유에 대해 자세히 알아보겠습니다.

구분	도지형	잠자리형	비석형	설명
하락전환형	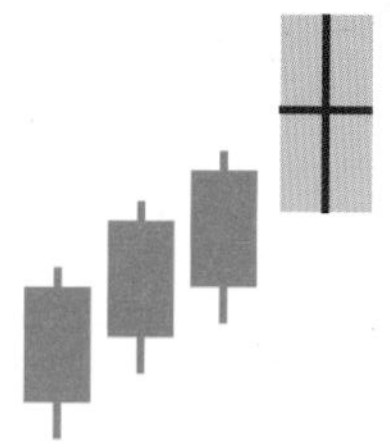	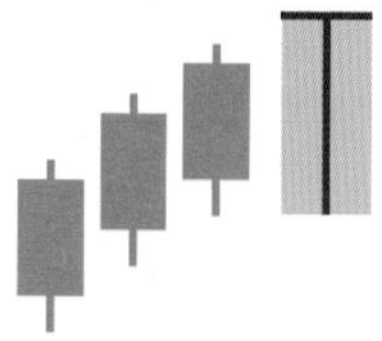	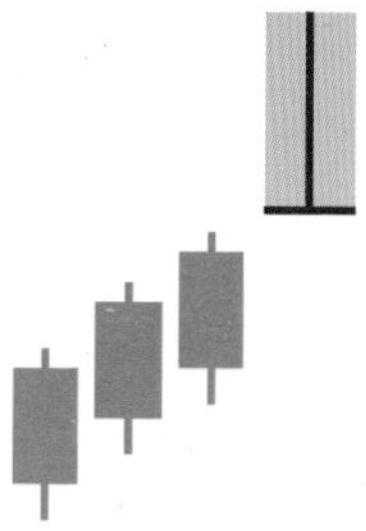	주가는 연일 상승하는 중에 도지형이든, 잠자리형이든, 비석형이든, 장중에 옆 그림처럼 한때 음봉이 나왔을 것입니다. 그것은 상승에너지를 강하게 거스르는 하락에너지가 출현한 것을 의미합니다. 이럴 경우 하락전환될 가능성이 높습니다.
상승전환형	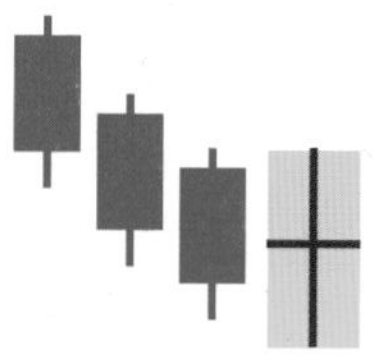	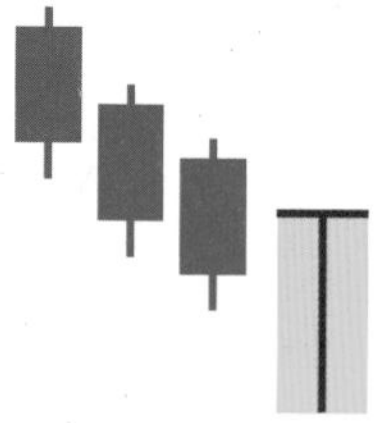	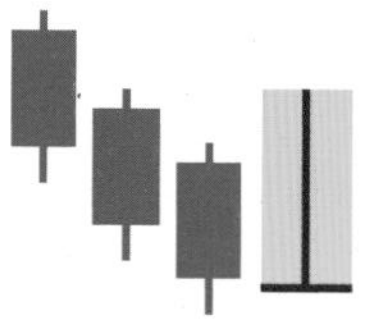	주가는 연일 하락하는 중에 도지형이든, 잠자리형이든, 비석형이든, 장중에 옆 그림처럼 한때 양봉이 나왔을 것입니다. 그것은 하락에너지를 강하게 거스르는 상승에너지가 출현한 것을 의미합니다. 이럴 경우 상승전환될 가능성이 높습니다.

하락 / 상승전환형 캔들의 형태 분석

하락전환형 캔들의 전제조건은 여러 날 상승하던 중에 다음과 같은 형태의 하락전환 캔들이 출현했을 때, 하락으로 전환할 가능성이 높다는 점입니다. 상승전환형 캔들의 전제조건은 여러 날 하락하던 중에 다음과 같은 형태의 상승전환 캔들이 출현했을 때, 상승으로 전환할 가능성이 높다는 점입니다. 그 이유에 대해 자세히 알아보겠습니다.

구분	샛별형	석별형	설명
형태			수일간 상승하던 주가에 갭이 뜬 짧은 음봉에 다음 날 전일 종가보다 아래에서 마감하는 석별형 캔들의 경우, 연이어 출현한 음봉 두 개를 하나로 합치면 하락전환형인 관통형 캔들의 형태가 됩니다. 이 경우 상승에너지에 반발하는 강한 하락에너지가 작용한 것이므로 하락할 가능성이 커집니다.
형태			수일간 하락하던 주가에 갭이 뜬 짧은 양봉에 다음 날 전일 종가보다 위에서 마감하는 샛별형 캔들의 경우, 연이어 출현한 양봉 두 개를 하나로 합치면 상승전환형인 관통형 캔들의 형태가 됩니다. 이 경우 하락에너지에 반발하는 강한 상승에너지가 작용한 것이므로 상승할 가능성이 커집니다.

신뢰도 높은 상승지속형 / 하락지속형 캔들

먼저 상승지속형 캔들과 하락지속형 캔들은, 캔들 하나나 둘로 이루어진 상승반전형 또는 하락반전형 캔들보다 여러 개의 캔들로 이루어져 신뢰도가 더 높습니다.

하락하던 중에 3일 연속 상승하는 적삼병 출현의 경우와 상승하던 중에 3일 연속 하락하는 흑삼병의 경우, 추가 상승 또는 하락 가능성이 있는 지속형 캔들 형태입니다.

구분	상승지속형	하락지속형	설명
적/흑삼병			상승하던 주가가 전일 종가 아래에서 시작해서 위에서 끝나는 양봉이 3일 연속 출현할 경우 적삼병이라 해서 상승지속형 캔들이라고 합니다. 하락하던 주가가 전일 종가 위에서 시작해서 아래에서 끝나는 음봉이 3일 연속 출현할 경우 흑삼병이라 해서 하락지속형 캔들이라고 합니다. 과거 혼마 무네히사(本間宗久)의 사께다 전법에 나오는 형태입니다.

바닥권의 적삼병

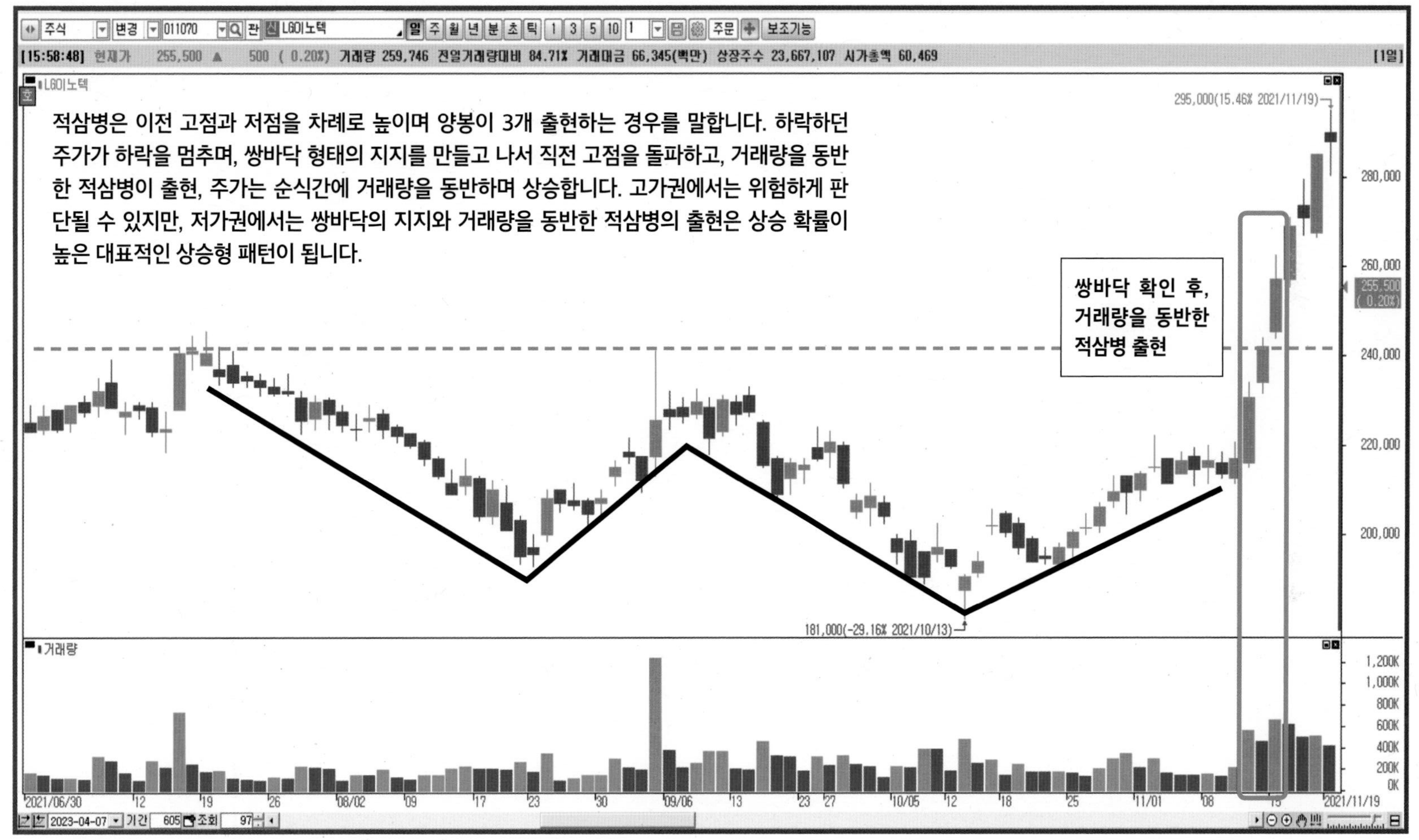

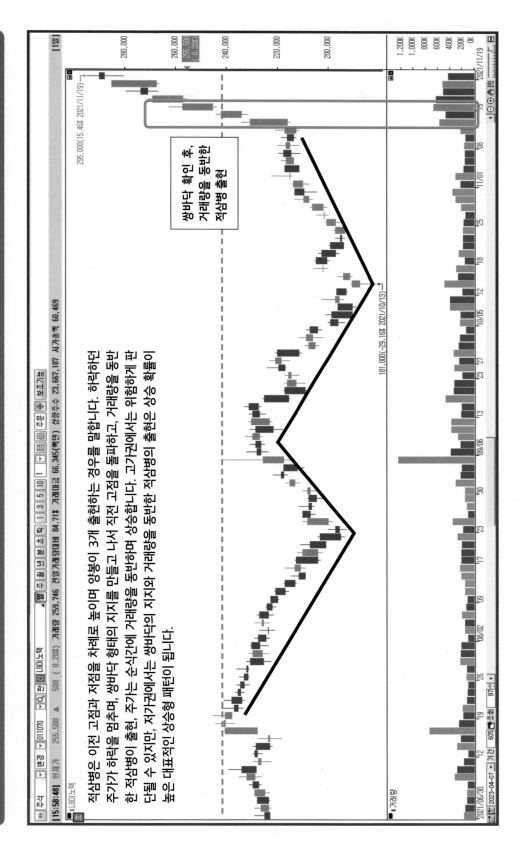

[15:58:48] 현재가 255,500 ▲ 500 (0.20%) 거래량 259,746 전일거래량대비 84.71% 거래대금 66,345(백만) 상장주수 23,667,107 시가총액 60,469
LG이노텍
적삼병은 이전 고점과 저점을 차례로 높이며 양봉이 3개 출현하는 경우를 말합니다. 하락하던 주가가 하락을 멈추며, 쌍바닥 형태의 지지를 만들고 나서 직전 고점을 돌파하고, 거래량을 동반한 적삼병이 출현, 주가는 순식간에 거래량을 동반하며 상승합니다. 고가권에서는 위험하게 판단될 수 있지만, 저가권에서는 쌍바닥의 지지와 거래량을 동반한 적삼병의 출현은 상승 확률이 높은 대표적인 상승형 패턴이 됩니다.
295,000(15.46% 2021/11/19)
쌍바닥 확인 후,
거래량을 동반한
적삼병 출현
181,000(-29.16% 2021/10/13)
거래량
2021/06/30
2021/11/19

상투권의 흑삼병

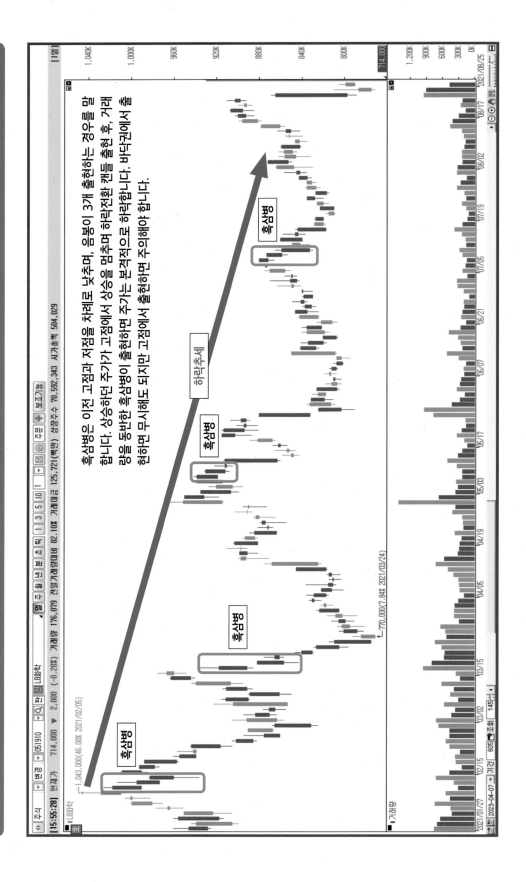

주식
변경
051910
LG화학
일 주 월 년 분 초 틱 1 3 5 10
주문
보조기능
[15:55:28] 현재가 714,000 ▼ 2,000 (-0.28%) 거래량 176,079 전일거래량대비 82.10% 거래대금 125,721(백만) 상장주수 70,592,343 시가총액 504,029
[1일]
LG화학
1,043,000(46.08% 2021/02/05)
770,000(7.84% 2021/03/24)
흑삼병은 이전 고점과 저점을 차례로 낮추며, 음봉이 3개 출현하는 경우를 말합니다. 상승하던 주가가 고점에서 상승을 멈추며 하락전환 캔들 출현 후, 거래량을 동반한 흑삼병이 출현하면 주가는 본격적으로 하락합니다. 바닥권에서 출현하면 무시해도 되지만 고점에서 출현하면 주의해야 합니다.
흑삼병
흑삼병
흑삼병
흑삼병
하락추세
1,040K
1,000K
960K
920K
880K
840K
800K
714,000
거래량
1,200K
900K
600K
300K
0K
2021/01/27
02/15
03/02
03/15
04/05
04/19
05/03
05/17
06/07
06/21
07/05
07/19
08/02
08/17
2021/08/25
2023-04-07
기간
605
조회
145

희망을 주며 물량을 던지는 하락형

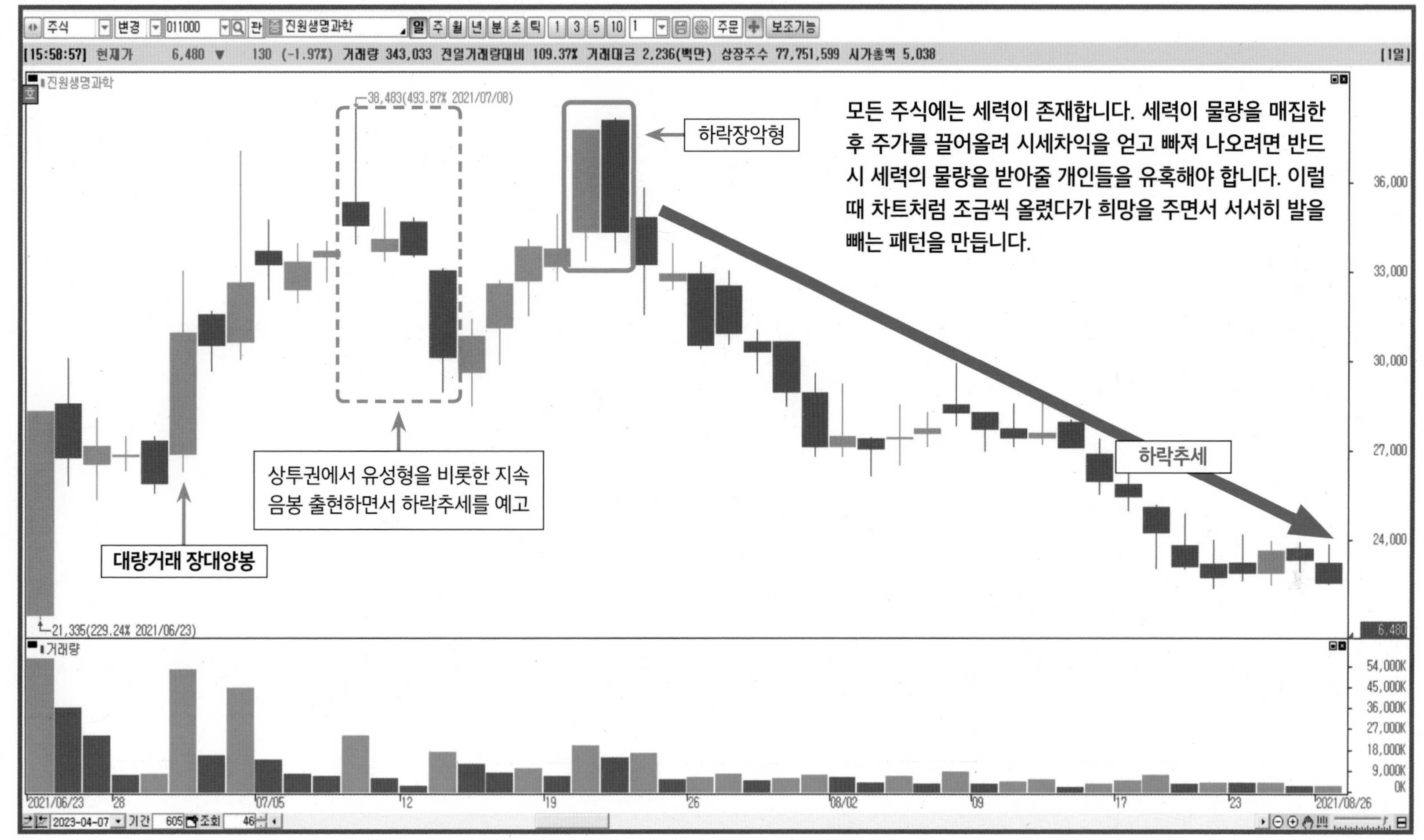

[15:58:57] 현재가 6,480 ▼ 130 (-1.97%) 거래량 343,033 전일거래량대비 109.37% 거래대금 2,236(백만) 상장주수 77,751,599 시가총액 5,038
진원생명과학
38,483(493.87% 2021/07/08)
하락장악형
모든 주식에는 세력이 존재합니다. 세력이 물량을 매집한 후 주가를 끌어올려 시세차익을 얻고 빠져 나오려면 반드시 세력의 물량을 받아줄 개인들을 유혹해야 합니다. 이럴 때 차트처럼 조금씩 올렸다가 희망을 주면서 서서히 발을 빼는 패턴을 만듭니다.
상투권에서 유성형을 비롯한 지속 음봉 출현하면서 하락추세를 예고
하락추세
대량거래 장대양봉
21,335(229.24% 2021/06/23)
거래량

고점 거래량 동반 장대음봉

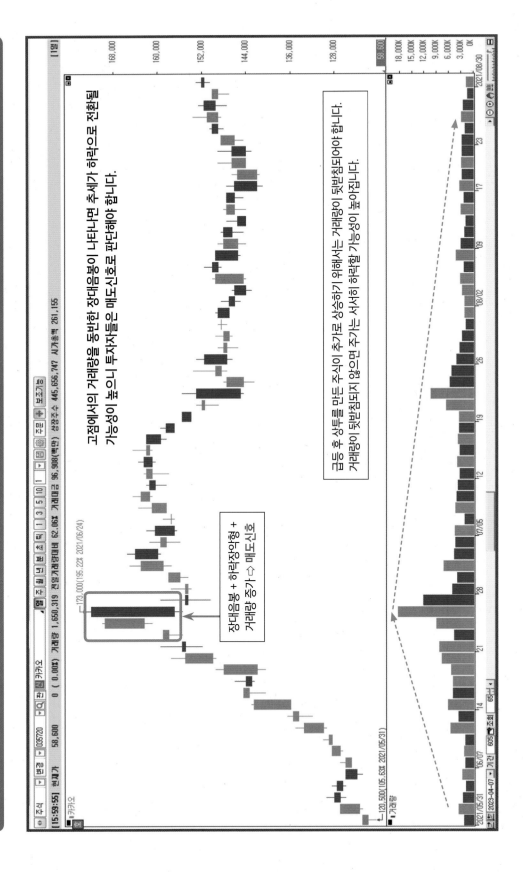

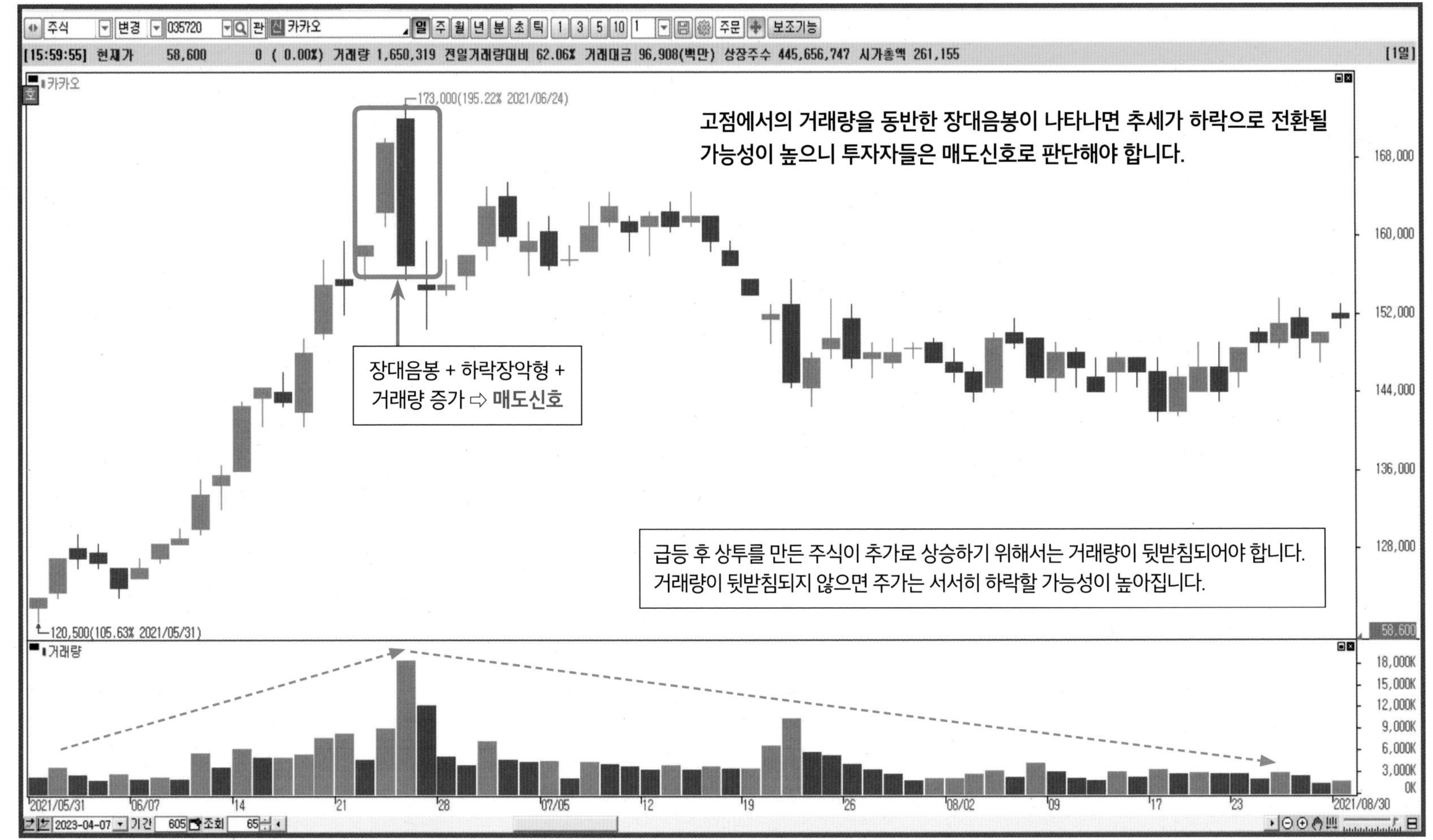
주식 변경 035720 카카오 일 주 월 년 분 초 틱 1 3 5 10 1 주문 보조기능
[15:59:55] 현재가 58,600 0 (0.00%) 거래량 1,650,319 전일거래량대비 62.06% 거래대금 96,908(백만) 상장주수 445,656,747 시가총액 261,155 [1일]
카카오
173,000(195.22% 2021/06/24)
고점에서의 거래량을 동반한 장대음봉이 나타나면 추세가 하락으로 전환될 가능성이 높으니 투자자들은 매도신호로 판단해야 합니다.
장대음봉 + 하락장악형 + 거래량 증가 ⇨ 매도신호
급등 후 상투를 만든 주식이 추가로 상승하기 위해서는 거래량이 뒷받침되어야 합니다. 거래량이 뒷받침되지 않으면 주가는 서서히 하락할 가능성이 높아집니다.
120,500(105.63% 2021/05/31)
168,000
160,000
152,000
144,000
136,000
128,000
58,600
거래량
18,000K
15,000K
12,000K
9,000K
6,000K
3,000K
0K
2021/05/31
06/07
14
21
28
07/05
12
19
26
08/02
09
17
23
2021/08/30
2023-04-07 기간 605 조회 65

급등주에서 고점 장대음봉

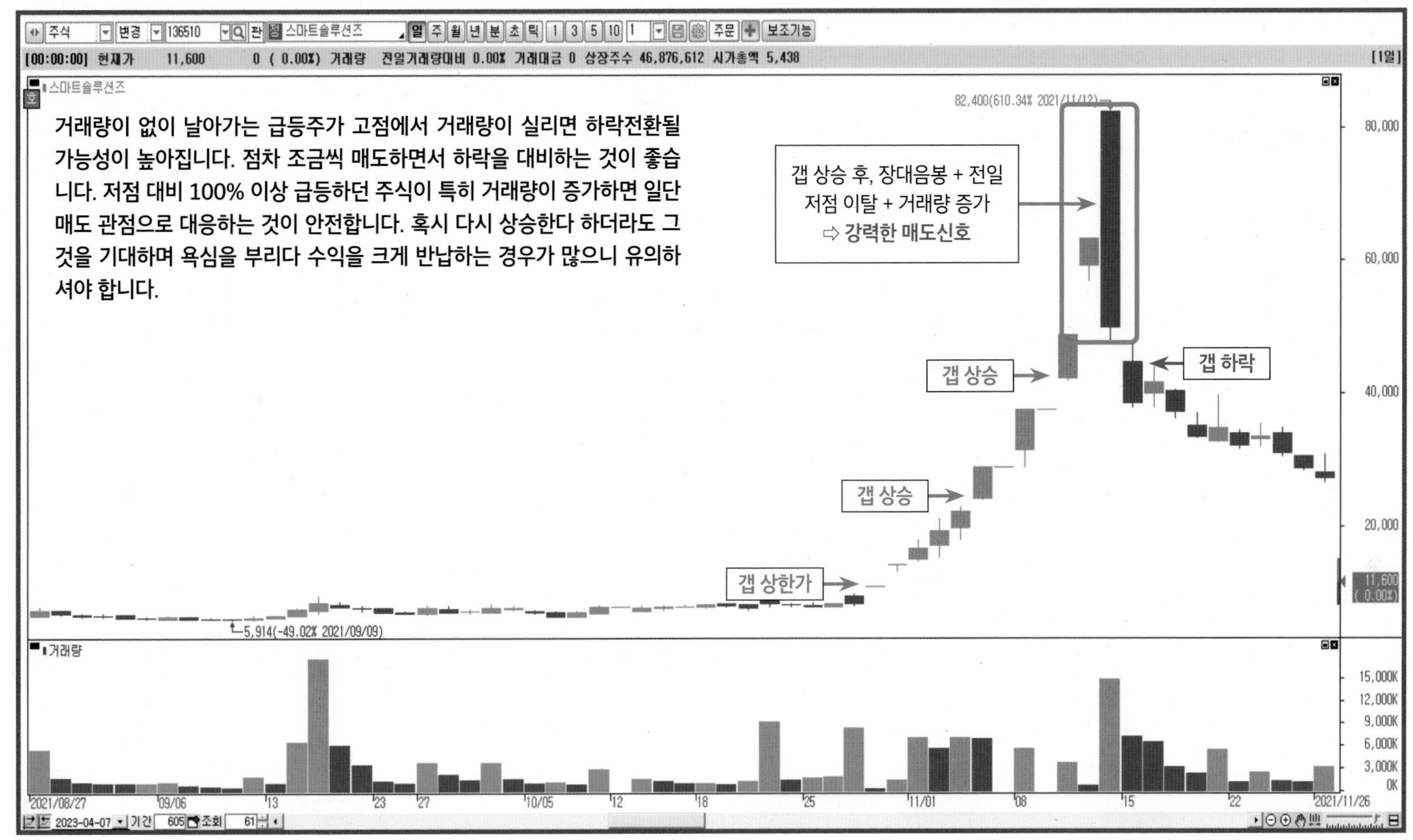
주식
변경
136510
스마트솔루션즈
보조기능
[00:00:00] 현재가 11,600 0 (0.00%) 거래량 전일거래량대비 0.00% 거래대금 0 상장주수 46,876,612 시가총액 5,438
[1일]
스마트솔루션즈
82,400(610.34% 2021/11/12)
갭 상승 후, 장대음봉 + 전일
저점 이탈 + 거래량 증가
⇨ 강력한 매도신호
갭 상승
갭 하락
갭 상승
갭 상한가
5,914(-49.02% 2021/09/09)
80,000
60,000
40,000
20,000
11,600
(0.00%)
거래량
15,000K
12,000K
9,000K
6,000K
3,000K
0K
2021/08/27
09/06
13
23
27
10/05
12
18
25
11/01
08
15
22
2021/11/26
2023-04-07
기간
605
조회
61

거래량이 없이 날아가는 급등주가 고점에서 거래량이 실리면 하락전환될 가능성이 높아집니다. 점차 조금씩 매도하면서 하락을 대비하는 것이 좋습니다. 저점 대비 100% 이상 급등하던 주식이 특히 거래량이 증가하면 일단 매도 관점으로 대응하는 것이 안전합니다. 혹시 다시 상승한다 하더라도 그것을 기대하며 욕심을 부리다 수익을 크게 반납하는 경우가 많으니 유의하셔야 합니다.

신뢰도 높은 상승지속형 / 하락지속형 캔들

먼저 상승지속형 캔들과 하락지속형 캔들은, 캔들 하나나 둘로 이루어진 상승반전형 또는 하락반전형 캔들보다 여러 개의 캔들로 이루어져 신뢰도가 더 높습니다.

상승지속형 캔들의 경우 상승 중에 장대양봉을 3~4일간 음봉으로 하락하면서 상승폭을 까먹습니다. 그러고 나서 갑자기 장대양봉이 나오고 며칠 낙폭을 한 번에 복구하면서, 직전 장대양봉의 종가를 넘어설 때 상승이 지속될 가능성이 높습니다.

하락지속형 캔들의 경우 하락 중에 장대음봉을 3~4일간 양봉이 나오면서 상승해 하락폭을 만회했는데 갑자기 장대음봉이 나오면서 며칠 반등폭을 한 번에 다 까먹습니다. 직전 장대음봉의 종가를 이탈할 때 하락이 지속될 가능성이 높습니다.

상승지속형		하락지속형	
	좌측 장대양봉이 출현 후 3~4일간 상승폭을 반납하는 음봉이 출현하다 갑자기 직전 양봉을 돌파하는 장대양봉이 출현할 경우 신뢰도 높은 상승지속형 캔들입니다.	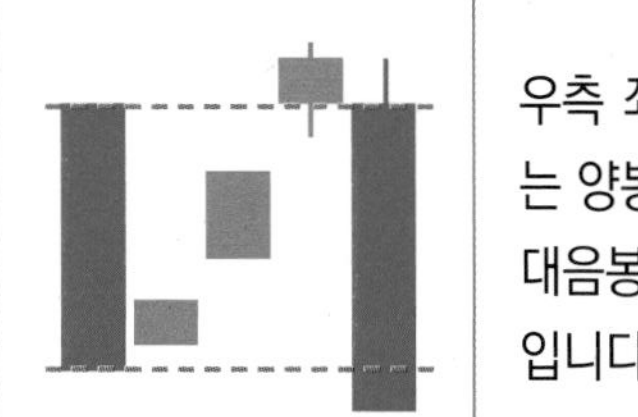	우측 좌대음봉이 출현 후 3~4일간 하락폭을 회복하는 양봉이 출현하다 갑자기 직전 음봉을 하회하는 장대음봉이 출현할 경우 신뢰도 높은 하락지속형 캔들입니다.

신뢰도 높은 상승지속형 캔들

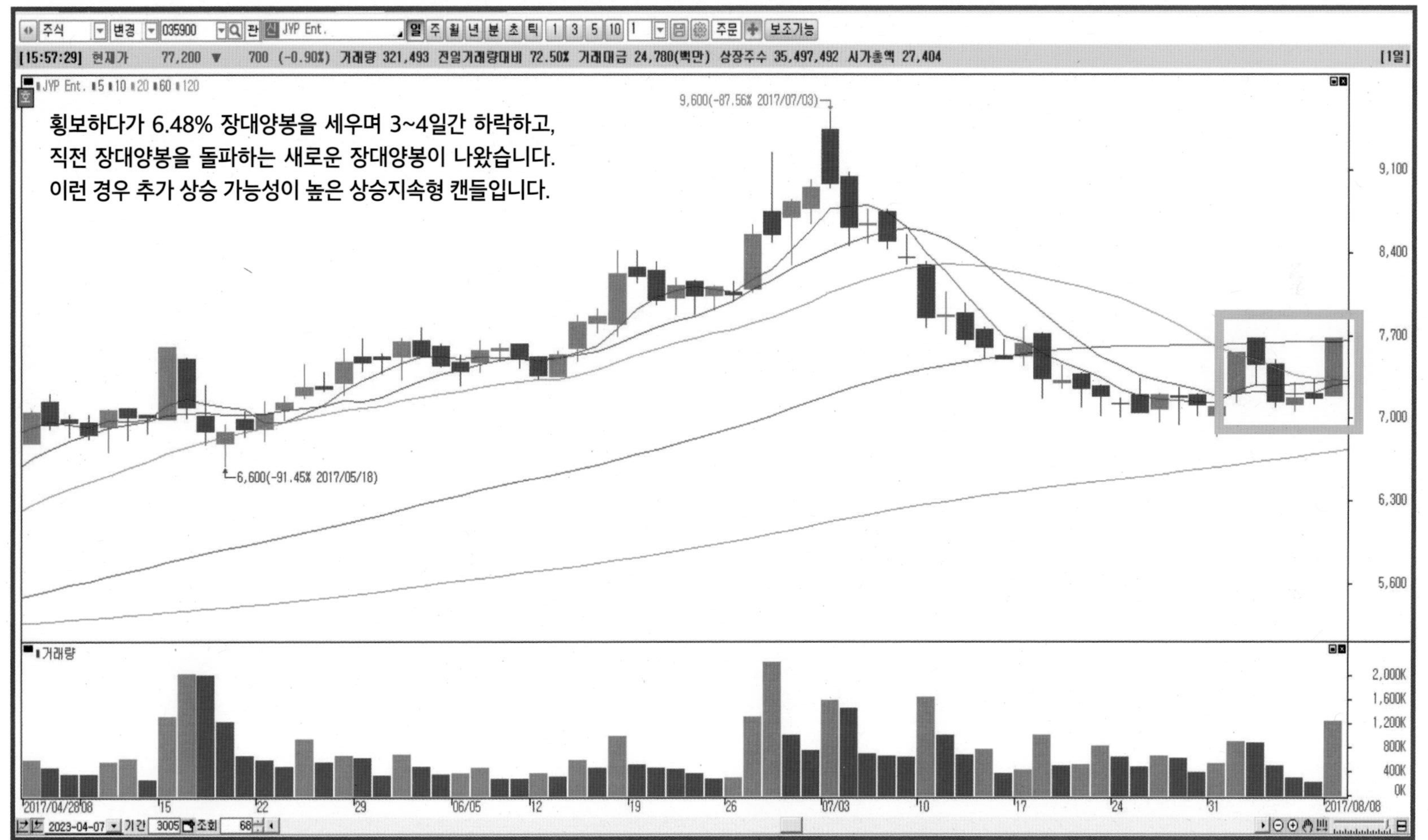

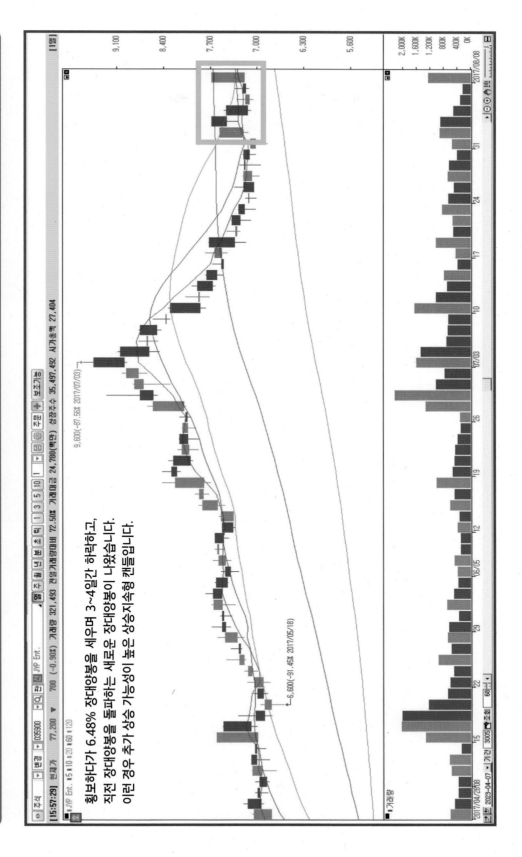

주식 변경 035900 JYP Ent. 일 주 월 년 분 초 틱 1 3 5 10 1 주문 보조기능
[15:57:29] 현재가 77,200 ▼ 700 (-0.90%) 거래량 321,493 전일거래량대비 72.50% 거래대금 24,780(백만) 상장주수 35,497,492 시가총액 27,404 [1일]
JYP Ent. 5 10 20 60 120
횡보하다가 6.48% 장대양봉을 세우며 3~4일간 하락하고,
직전 장대양봉을 돌파하는 새로운 장대양봉이 나왔습니다.
이런 경우 추가 상승 가능성이 높은 상승지속형 캔들입니다.
9,600(-87.56% 2017/07/03)
6,600(-91.45% 2017/05/18)
9,100
8,400
7,700
7,000
6,300
5,600
거래량
2,000K
1,600K
1,200K
800K
400K
0K
2017/04/28
08
15
22
29
06/05
12
19
26
07/03
10
17
24
31
2017/08/08
2023-04-07 기간 3005 조회 68

신뢰도 높은 상승지속형 캔들

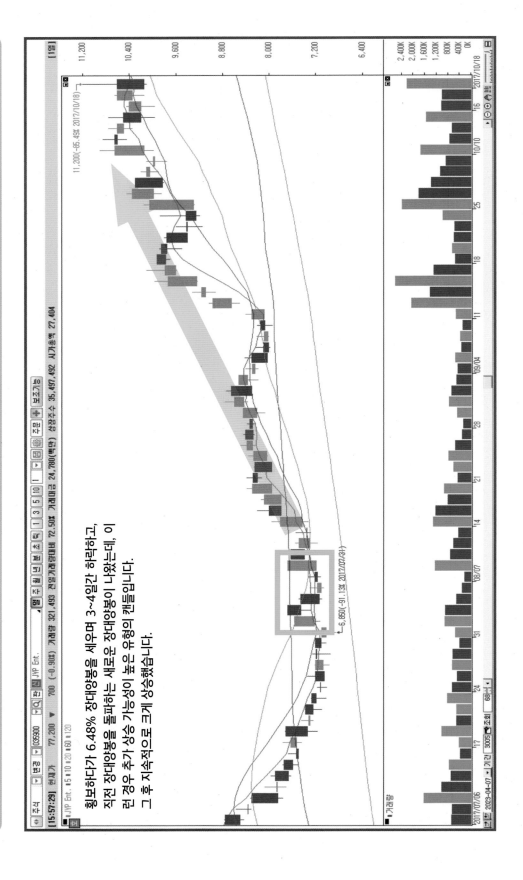

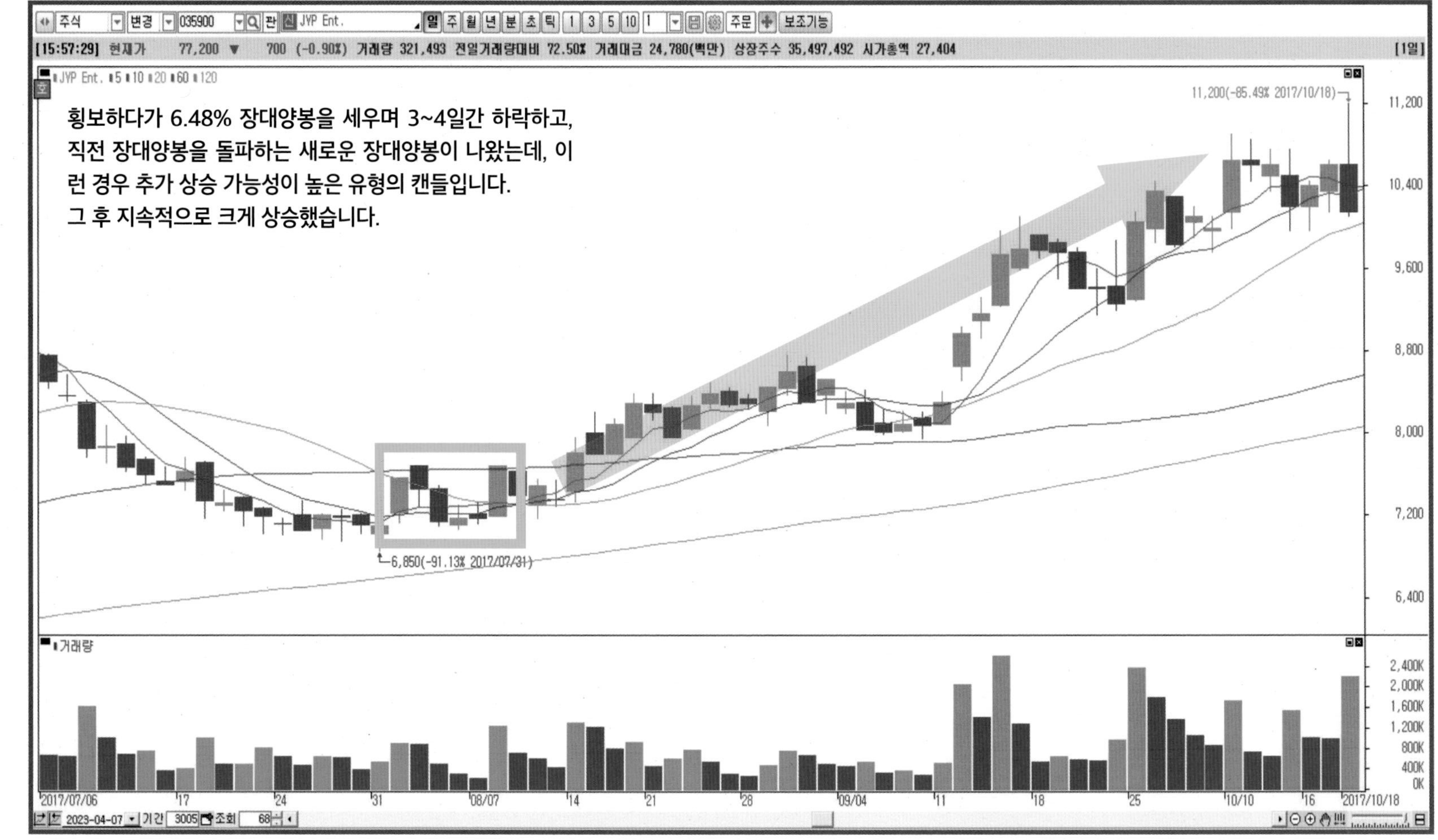
주식 변경 035900 JYP Ent. 일 주 월 년 분 초 틱 1 3 5 10 1 주문 보조기능
[15:57:29] 현재가 77,200 ▼ 700 (-0.90%) 거래량 321,493 전일거래량대비 72.50% 거래대금 24,780(백만) 상장주수 35,497,492 시가총액 27,404 [1일]
JYP Ent. 5 10 20 60 120
횡보하다가 6.48% 장대양봉을 세우며 3~4일간 하락하고,
직전 장대양봉을 돌파하는 새로운 장대양봉이 나왔는데, 이
런 경우 추가 상승 가능성이 높은 유형의 캔들입니다.
그 후 지속적으로 크게 상승했습니다.
11,200(-85.49% 2017/10/18)
6,850(-91.13% 2017/07/31)
11,200
10,400
9,600
8,800
8,000
7,200
6,400
거래량
2,400K
2,000K
1,600K
1,200K
800K
400K
0K
2017/07/06
17
24
31
08/07
14
21
28
09/04
11
18
25
10/10
16
2017/10/18
2023-04-07 기간 3005 조회 68

2

거래량 신의 한 수

거래량은 체결량이다 | 거래량의 이해 | 거래량은 향후 주가를 예측할 수 있는 선행지표
거래량과 차트 | 상승추세 초입의 거래량 증가 | 주가 상승을 위한 점진적 거래량 상승
불규칙적인 대량거래 | 전고점 돌파 조건 | 대량거래 후 전저점 지지 실패
신규 상장주 투자 주의 1 | 신규 상장주 투자 주의 2 | 하락추세 끝에서 발생하는 대량거래와 장대양봉
거래량과 매물대의 관계 | 거래량 증가를 통한 매물대 돌파

거래량은 체결량이다

"거래량은 체결량이다"라는 말은 너무나 당연한 것입니다. 이를 깨닫게 되면 그때부터 거래량이 제대로 보이기 시작합니다.

주가가 상승할 때는 시장 가격에 파는 사람보다는 시장 가격에 사는 사람이 더 많다는 뜻입니다.
주식을 시장 가격에 산다는 것은 한 호가 더 비싸더라도 빨리 사고 싶다는 것을 의미합니다. 즉, 그만큼 주가의 상승 가능성이 높다고 생각하는 사람들이 많다는 것입니다
주가가 하락할 때는 시장 가격에 사는 사람보다 시장 가격에 파는 사람이 더 많다는 것을 의미합니다.
주식을 시장 가격에 판다는 것은 한 호가 싸더라도 더 빨리 팔고 싶다는 것입니다. 즉, 그만큼 주가의 하락 가능성이 높다고 생각하는 사람이 많다는 뜻입니다.

주가가 계속 상승할 때는 시장 가격으로 매수하려는 사람은 많지만 팔려는 사람이 적어 거래량이 많지 않습니다. 그러다 충분히 상승한 후, 차익실현 물량이 나오기 시작하면서 거래량이 급증하면 그때가 고점인 경우가 많습니다.
물론 상승 모멘텀이 클 경우 차익실현 물량을 다 매수해 거래량 터지면서 추가 상승하는 경우도 간혹 있지만 대부분 이런 경우에는 급등한 후 대량거래가 터지면 고점 징후입니다.

주가가 계속 하락할 때 시장 가격으로 매도하려는 사람은 많지만 사려는 사람이 적어 거래량이 많지 않습니다. 그러다 충분히 하락하면 반발 매수세가 나오면서 거래량이 급증하게 됩니다.
하락의 경우 상승과 달리 악재가 터져 급락하는데 대량거래가 터졌다는 것은 누군가 악재를 무시하고 대량으로 매수한다는 뜻입니다. 이럴 경우 주가는 상승전환하는 경우가 많습니다.
즉, 급등 후 대량거래는 차익실현 욕구 때문에 자연스러운 현상입니다. 하지만 급락 후 대량거래는 부자연스러운 현상입니다.
다시 말해 급등 후 대량거래 시 하락 가능성보다 급락 후 대량거래 시 상승 가능성이 더 크다는 뜻입니다. 이것을 유념하고 차트를 보면 더 쉽게 보일 것입니다.

거래량의 이해

주가 상승은 선행적으로 거래량의 증가를 동반하며, 반대로 하락하는 추세의 주가는 거래량이 점진적으로 감소하는 모습을 나타냅니다. 이는 거래에 참여하는 매수자와 매도자 사이에서 다음과 같은 심리적인 싸움이 발생하기 때문입니다.

주가 상승	기준	주가 하락
점진적으로 증가	**거래량**	점진적으로 하락
조금만 상승해도 이익실현을 위해 팔고자 하는 욕구 증가	**매도자의 심리**	손실구간에 있으므로 팔고자 하는 심리는 점차 줄어 매도 물량을 내놓지 않음.
매도자가 내놓는 높은 호가에도 불구하고 향후 추가 상승의 가능성이 높다고 판단해 추격 매수	**매수자의 심리**	주가가 앞으로 떨어질 거라 생각해 낮은 가격에도 불구하고 쉽게 매수하지 않으려고 함.
전일 저점과 고점을 높여가는 잦은 양봉 출현	**캔들 거래량**	전일 저점과 고점이 점점 낮아지며 잦은 음봉 출현

거래량은 향후 주가를 예측할 수 있는 선행지표

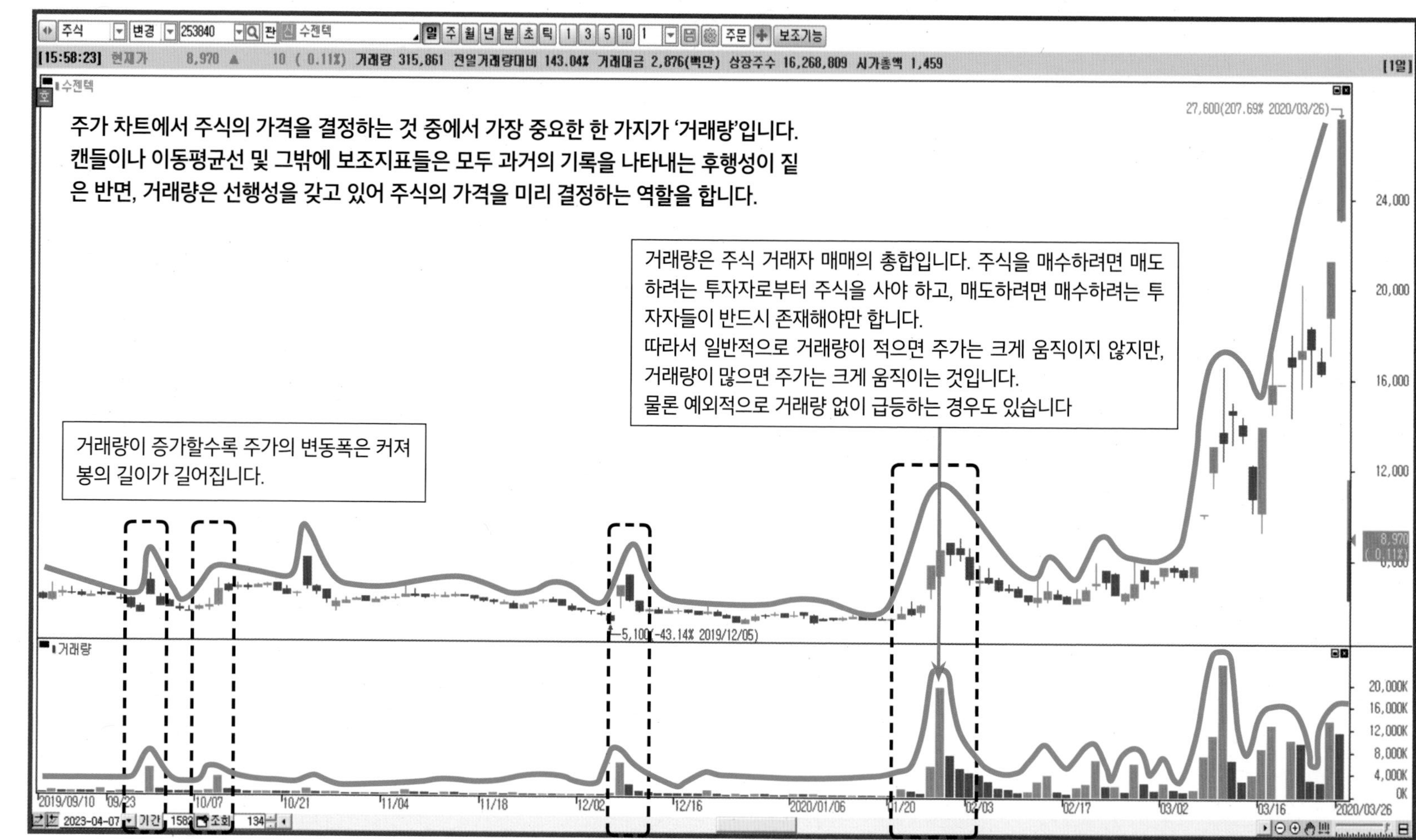

주식 변경 253840 판 신 수젠텍 일 주 월 년 분 초 틱 1 3 5 10 1 주문 보조기능
[15:58:23] 현재가 8,970 ▲ 10 (0.11%) 거래량 315,861 전일거래량대비 143.04% 거래대금 2,876(백만) 상장주수 16,268,809 시가총액 1,459 [1일]
수젠텍
주가 차트에서 주식의 가격을 결정하는 것 중에서 가장 중요한 한 가지가 '거래량'입니다. 캔들이나 이동평균선 및 그밖에 보조지표들은 모두 과거의 기록을 나타내는 후행성이 짙은 반면, 거래량은 선행성을 갖고 있어 주식의 가격을 미리 결정하는 역할을 합니다.
27,600(207.69% 2020/03/26)
24,000
20,000
16,000
12,000
8,970
(0.11%)
거래량은 주식 거래자 매매의 총합입니다. 주식을 매수하려면 매도하려는 투자자로부터 주식을 사야 하고, 매도하려면 매수하려는 투자자들이 반드시 존재해야만 합니다.
따라서 일반적으로 거래량이 적으면 주가는 크게 움직이지 않지만, 거래량이 많으면 주가는 크게 움직이는 것입니다.
물론 예외적으로 거래량 없이 급등하는 경우도 있습니다
거래량이 증가할수록 주가의 변동폭은 커져 봉의 길이가 길어집니다.
5,100(-43.14% 2019/12/05)
거래량
20,000K
16,000K
12,000K
8,000K
4,000K
0K
2019/09/10
09/23
10/07
10/21
11/04
11/18
12/02
12/16
2020/01/06
01/20
02/03
02/17
03/02
03/16
2020/03/26
2023-04-07 기간 1582 조회 134

거래량과 차트

주식 변경 137310 판 신 에스디바이오센서 일 주 월 년 분 초 틱 1 3 5 10 1 주문 보조기능
[15:55:59] 현재가 21,550 ▲ 150 (0.70%) 거래량 181,399 전일거래량대비 60.60% 거래대금 3,893(백만) 상장주수 104,452,353 시가총액 22,509 [1일]
에스디바이오센서
주가는 거래량과 함께 봐야 합니다. 종목을 좋게 생각해서 매수하고자 하는 투자자가 많으면 주가는 상승하고, 매도하고자 하는 투자자가 많을수록 주가는 하락합니다. 보통 바닥권에서 거래량 증가는 상승을 암시하고, 상투권의 거래량 증가는 하락을 암시합니다. 곧 거래량 변화가 주가의 변화를 의미하기 때문입니다. 이런 이유로 거래량이 차트를 만든다고 할 수 있습니다.
바닥권에서 거래량이 증가하는 것은 그만큼 사고자 하는 투자자가 많기 때문이며, 머지않아 주가 상승으로 전환될 가능성이 높습니다.
상투권의 거래량 증가는 차익실현 매물이 출회하기 때문이고, 이 매도 물량을 받아줄 다른 매수자가 없으면 주가는 하락하게 됩니다.
62,700(190.95% 2021/11/29)
40,400(8 .47% 2021/09/10)
59,500
56,000
52,500
49,000
45,500
42,000
21,550
거래량
6,000K
4,000K
2,000K
0K
2021/08/25 30 09/06 13 23 27 10/05 12 18 25 11/01 08 15 22 29 2021/11/30
2023-04-07 기간 432 조회 65

상승추세 초입의 거래량 증가

SK이노베이션
[15:59:04] 현재가 183,500 ▲ 7,300 (4.14%) 거래량 1,709,672 전일거래량대비 193.26% 거래대금 313,181(백만) 상장주수 92,465,564 시가총액 169,674
주가가 방향성 없이 소폭으로 오르고 내릴 때 횡보한다고 말합니다. 이때는 거래량이 매우 적은 것이 일반적입니다. 또한 주가는 이슈가 없으면 매수세가 없고, 작은 매도세에도 주가는 흘러내리는 경우가 정상적입니다. 만약 주가가 흘러내리지 않고 수평에 가깝게 횡보한다면 누군가 주가를 관리하는 것이 분명합니다.
주가가 상승하는 초기에는 거래량이 크게 증가하지 않아도 상승할 수 있습니다. 하지만 일정 수준 이상 상승하려면 반드시 거래량이 증가해야 합니다. 그 이유는 주가가 상승하면 차익실현 물량이 많아지는데, 이 물량을 받아야 상승할 수 있기 때문입니다.
318,500(73.57% 2021/01/11)
상승추세
거래량이 증가 + 저항선 상향돌파 + 장대양봉 ⇨ 매수급소
저항선
주가가 횡보하거나 흘러내릴 때는 거래량이 별로 없고, 주가도 지지부진한 상태입니다.
119,500(-34.88% 2020/11/02)
거래량 증가
300,000
270,000
240,000
210,000
150,000
120,000
5,400K
4,500K
3,600K
2,700K
1,800K
900K
0K
2020/08/07
08/18
09/07
09/21
10/05
10/19
11/02
11/16
12/07
12/21
2021/01/04
01/18
2021/01/28

주가 상승을 위한 점진적 거래량 상승

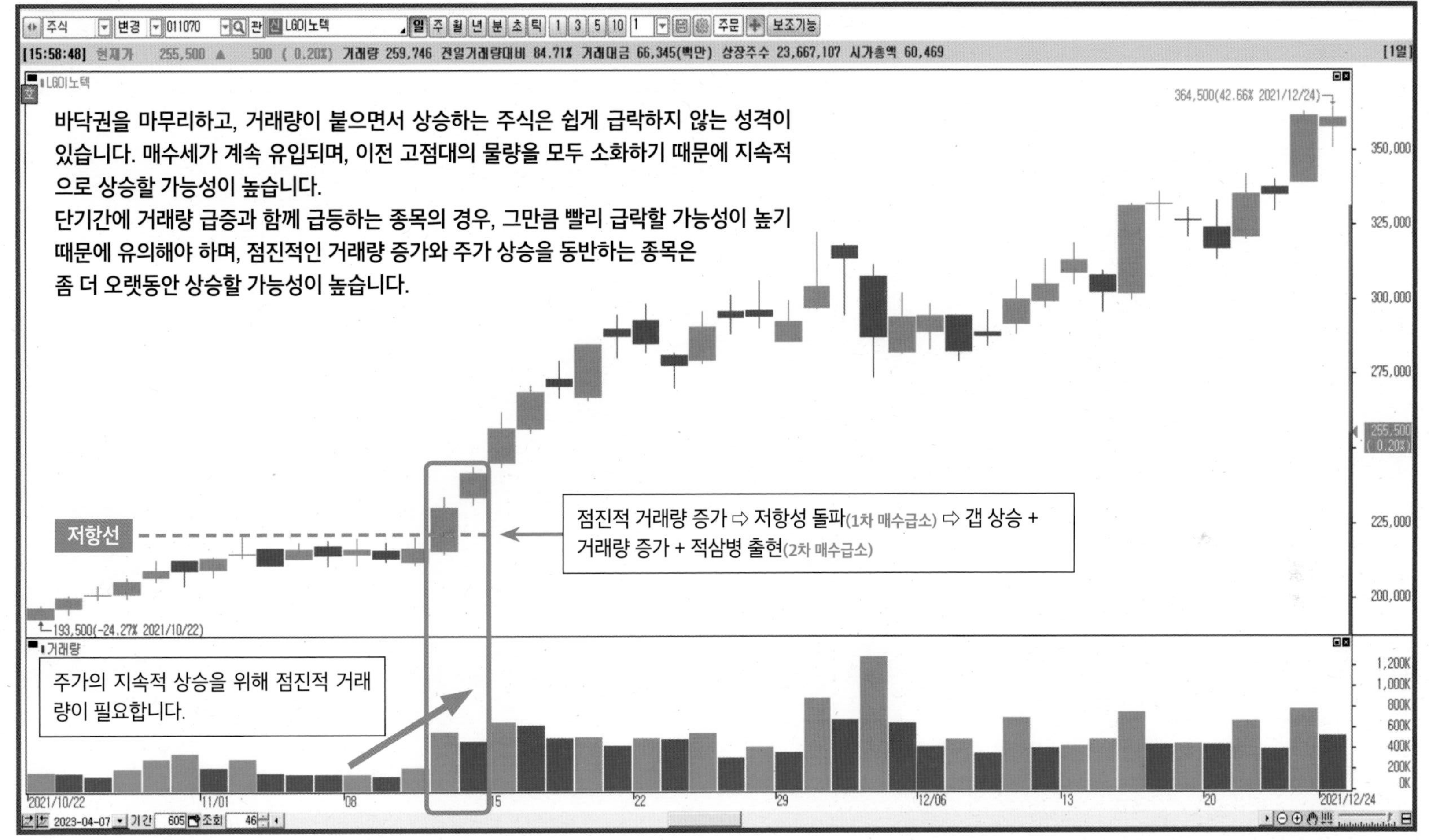

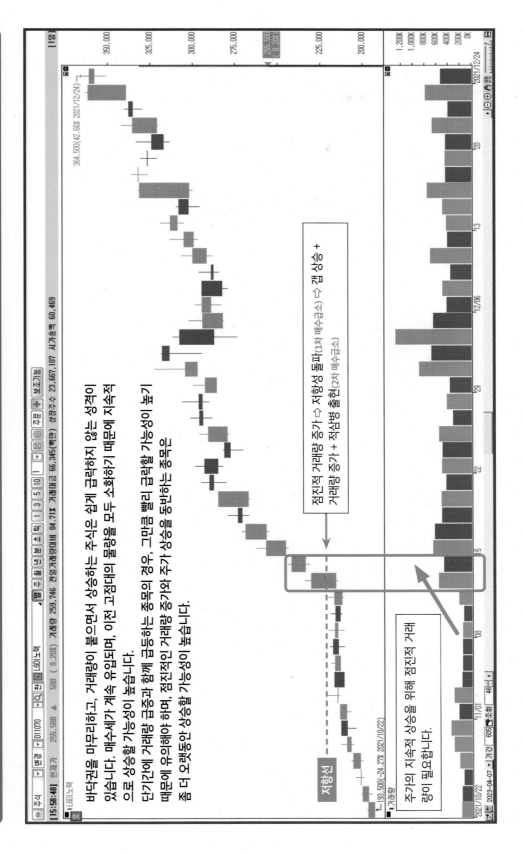

바닥권을 마무리하고, 거래량이 붙으면서 상승하는 주식은 쉽게 급락하지 않는 성격이 있습니다. 매수세가 계속 유입되며, 이전 고점대의 물량을 모두 소화하기 때문에 지속적으로 상승할 가능성이 높습니다.
단기간에 거래량 급증과 함께 급등하는 종목의 경우, 그만큼 빨리 급락할 가능성이 높기 때문에 유의해야 하며, 점진적인 거래량 증가와 주가 상승을 동반하는 종목은 좀 더 오랫동안 상승할 가능성이 높습니다.
저항선
점진적 거래량 증가 ⇨ 저항성 돌파(1차 매수급소) ⇨ 갭 상승 + 거래량 증가 + 적삼병 출현(2차 매수급소)
주가의 지속적 상승을 위해 점진적 거래량이 필요합니다.
[15:58:48] 현재가 255,500 ▲ 500 (0.20%) 거래량 259,746 전일거래량대비 84.71% 거래대금 66,345(백만) 상장주수 23,667,107 시가총액 60,469
LG이노텍
364,500(42.66% 2021/12/24)
193,500(-24.27% 2021/10/22)
거래량
2021/10/22
11/01
08
15
22
29
12/06
13
20
2021/12/24

불규칙적인 대량거래

주식
변경
253840
수젠텍
일 주 월 년 분 초 틱 1 3 5 10
주문
보조기능
[15:58:23] 현재가 8,970 ▲ 10 (0.11%) 거래량 315,861 전일거래량대비 143.04% 거래대금 2,876(백만) 상장주수 16,268,809 시가총액 1,459
[1일]
수젠텍
65,800(633.56% 2020/09/08)
19,950(122.41% 2020/05/06)
63,000
56,000
49,000
42,000
35,000
28,000
21,000
8,970
거래량
12,000K
9,000K
6,000K
3,000K
0K
2020/05/04
05/18
06/01
06/15
07/06
07/20
08/03
08/18
09/07
09/21
10/05
10/19
2020/10/23
2023-04-07
기간 1582
조회 119

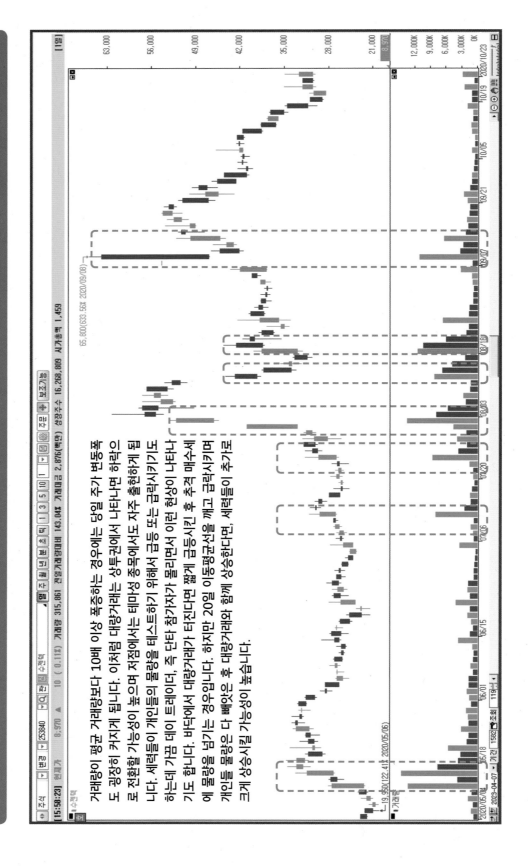

거래량이 평균 거래량보다 10배 이상 폭증하는 경우에는 당일 주가 변동폭도 굉장히 커지게 됩니다. 이처럼 대량거래는 상투권에서 나타나면 하락으로 전환할 가능성이 높으며 저점에서는 테마성 종목에서도 자주 출현하게 됩니다. 세력들이 개인들의 물량을 테스트하기 위해서 급등 또는 급락시키기도 하는데 가끔 데이 트레이더, 즉 단타 참가자가 몰리면서 이런 현상이 나타나기도 합니다. 바닥에서 대량거래가 터진다면 짧게 급등시킨 후 추격 매수세에 물량을 넘기는 경우입니다. 하지만 20일 이동평균선을 깨고 급락시키며 개인들 물량은 다 빼앗은 후 대량거래와 함께 상승한다면, 세력들이 추가로 크게 상승시킬 가능성이 높습니다.

전고점 돌파 조건

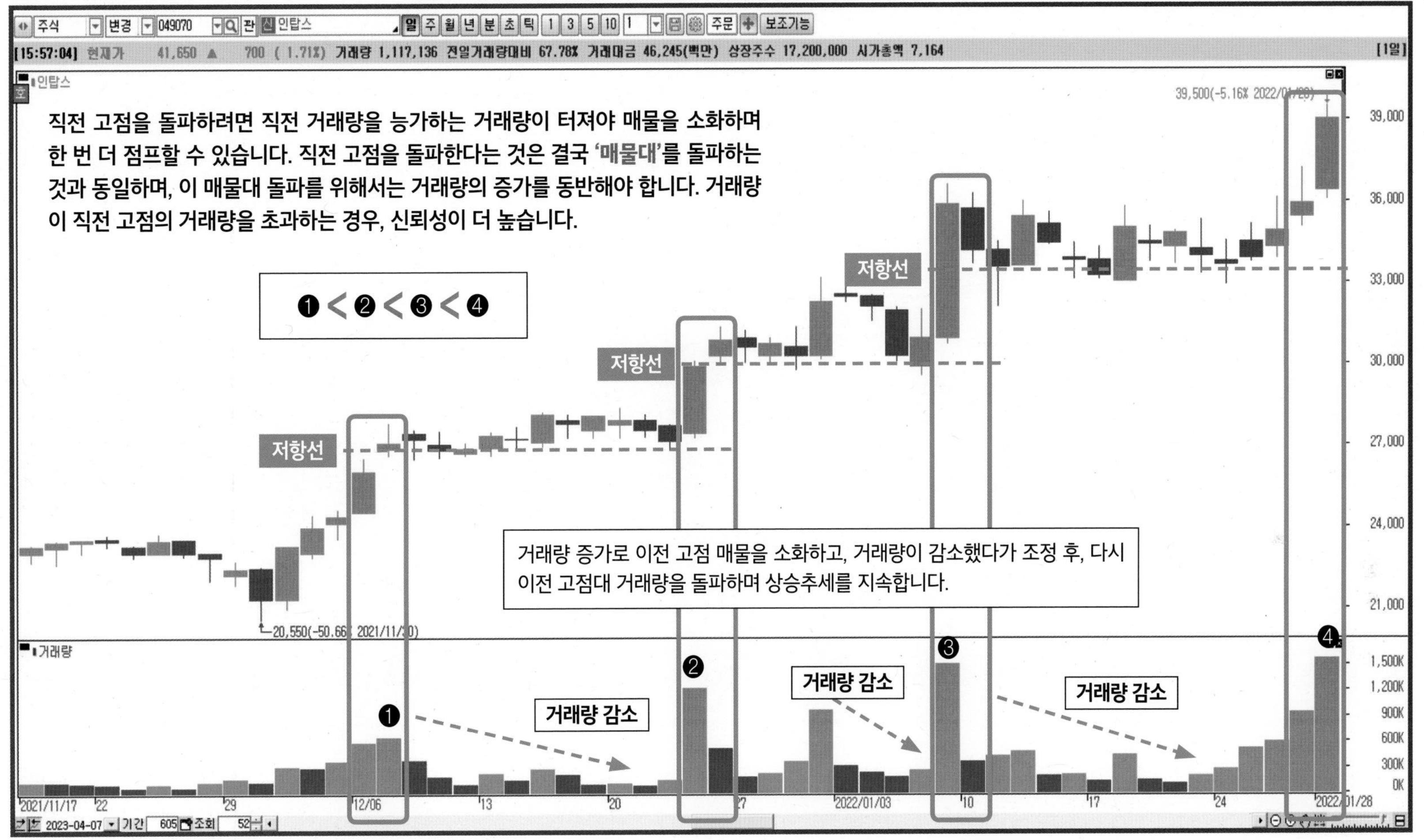

주식 변경 049070 인탑스
일 주 월 년 분 초 틱 1 3 5 10 1 주문 보조기능
[15:57:04] 현재가 41,650 ▲ 700 (1.71%) 거래량 1,117,136 전일거래량대비 67.78% 거래대금 46,245(백만) 상장주수 17,200,000 시가총액 7,164
[1일]
인탑스
직전 고점을 돌파하려면 직전 거래량을 능가하는 거래량이 터져야 매물을 소화하며 한 번 더 점프할 수 있습니다. 직전 고점을 돌파한다는 것은 결국 '매물대'를 돌파하는 것과 동일하며, 이 매물대 돌파를 위해서는 거래량의 증가를 동반해야 합니다. 거래량이 직전 고점의 거래량을 초과하는 경우, 신뢰성이 더 높습니다.
❶ < ❷ < ❸ < ❹
저항선
저항선
저항선
거래량 증가로 이전 고점 매물을 소화하고, 거래량이 감소했다가 조정 후, 다시 이전 고점대 거래량을 돌파하며 상승추세를 지속합니다.
거래량 감소
거래량 감소
거래량 감소
39,500(-5.16% 2022/01/28)
39,000
36,000
33,000
30,000
27,000
24,000
21,000
거래량
1,500K
1,200K
900K
600K
300K
0K
2021/11/17
22
29
12/06
13
20
27
2022/01/03
10
17
24
2022/01/28
2023-04-07 기간 605 조회 52

대량거래 후 전저점 지지 실패

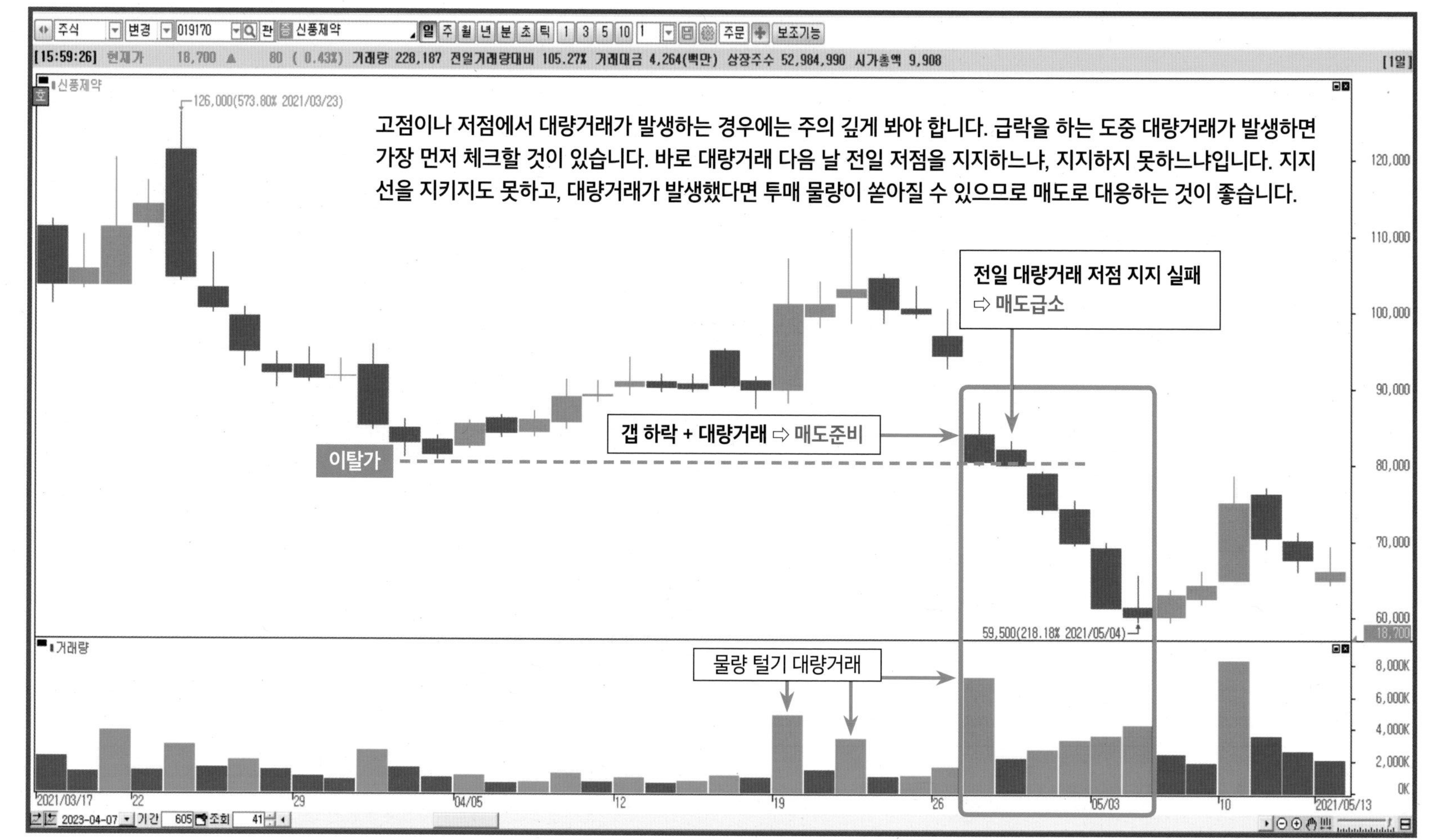

주식 변경 019170 신풍제약
일 주 월 년 분 초 틱 1 3 5 10 1 주문 보조기능
[15:59:26] 현재가 18,700 ▲ 80 (0.43%) 거래량 228,187 전일거래량대비 105.27% 거래대금 4,264(백만) 상장주수 52,984,990 시가총액 9,908 [1일]
신풍제약
126,000(573.80% 2021/03/23)
고점이나 저점에서 대량거래가 발생하는 경우에는 주의 깊게 봐야 합니다. 급락을 하는 도중 대량거래가 발생하면 가장 먼저 체크할 것이 있습니다. 바로 대량거래 다음 날 전일 저점을 지지하느냐, 지지하지 못하느냐입니다. 지지선을 지키지도 못하고, 대량거래가 발생했다면 투매 물량이 쏟아질 수 있으므로 매도로 대응하는 것이 좋습니다.
전일 대량거래 저점 지지 실패
⇨ 매도급소
갭 하락 + 대량거래 ⇨ 매도준비
이탈가
59,500(218.18% 2021/05/04)
120,000
110,000
100,000
90,000
80,000
70,000
60,000
18,700
거래량
물량 털기 대량거래
8,000K
6,000K
4,000K
2,000K
0K
2021/03/17
22
29
04/05
12
19
26
05/03
10
2021/05/13
2023-04-07 기간 605 조회 41

신규 상장주 투자 주의 1

주식을 하면서 주의해야 하는 종목들 중에 신규 상장주로 상장 초기 잠깐 거래량이 발생했다가 이후 점점 거래량이 줄어드는 종목이 있습니다. 신규 상장주는 상장 심사를 위해 실적을 키우는 경우가 많고, 첫날부터 청약 물량이 쏟아집니다. 그후 1개월, 3개월, 6개월 그리고 1년까지 보호예수 물량이 계속 나오므로 상장 초기 섣부른 진입으로 종목에 물리는 경우, 하염없이 하락하는 경우가 많으니 투자에 주의가 필요합니다. 해당 종목이 시황을 받쳐주는 종목이 아니라면 더욱 탈출하기 어려운 상황이 발생합니다.
급락 후, 장기간 횡보하고 있으며, 횡보의 박스권을 돌파하기 위해서는 거래량을 동반한 장대양봉과 매수세가 확인되어야 하나, 해당 종목은 다시 한 번 장대음봉과 함께 하락하는 장기 하락추세를 벗어나지 못하고 있습니다.
이탈가
하락을 동반한 대량거래
거래량 감소
[15:56:59] 현재가 38,200 ▼ 1,100 (-2.80%) 거래량 115,916 전일거래량대비 246.32% 거래대금 4,446(백만) 상장주수 10,013,941 시가총액 3,825
씨앤씨인터내셔널
30,000(-21.47% 2021/09/23)
15,000(-60.73% 2022/01/28)
거래량
2021/09/02
09/13
10/05
10/18
11/01
11/15
12/06
12/20
2022/01/03
01/17
2022/01/28

신규 상장주 투자 주의 2

주식을 하면서 주의해야 하는 종목들 중에 신규 상장주로 상장 초기 잠깐 거래량이 발생했다가 이후 점점 거래량이 줄어드는 종목이 있습니다. 상장 초기 섣부른 진입으로 종목에 물리는 경우, 하염없이 하락하는 경우가 많습니다. 해당 종목이 시황을 받쳐주는 종목이 아니라면 더욱 탈출하기 어려운 상황이 발생합니다. '실리콘투'도 화장품 관련주로 현재 시황과는 맞지 않아 끊임없이 흘러 내립니다.

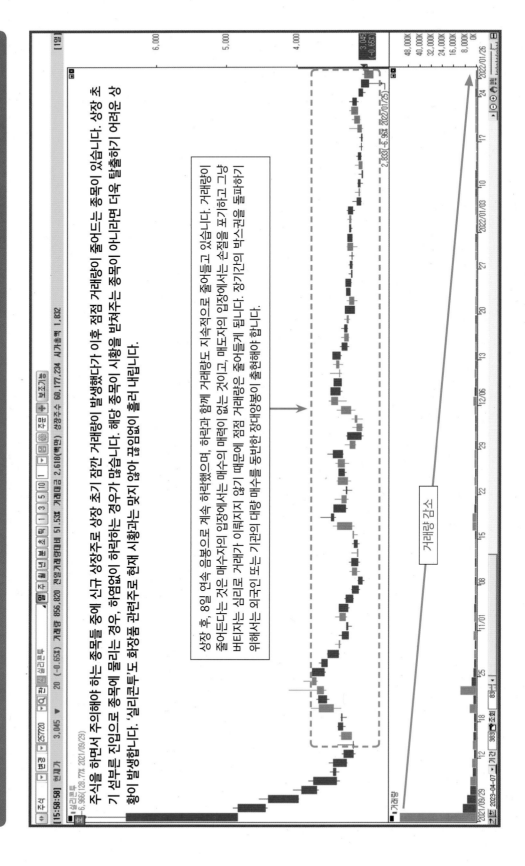

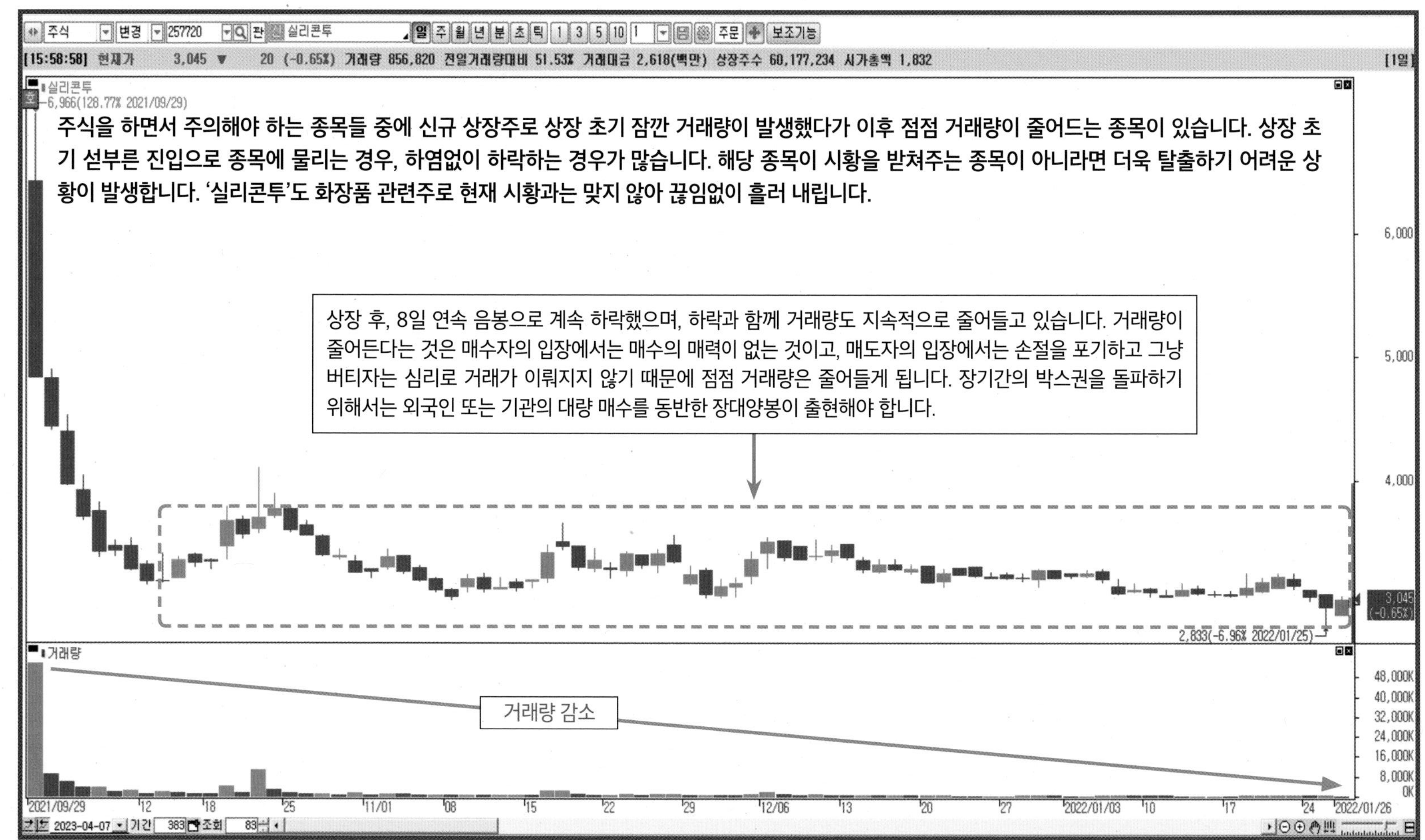
주식 변경 257720 실리콘투
[15:58:58] 현재가 3,045 ▼ 20 (-0.65%) 거래량 856,820 전일거래량대비 51.53% 거래대금 2,618(백만) 상장주수 60,177,234 시가총액 1,832
실리콘투
6,966(128.77% 2021/09/29)
상장 후, 8일 연속 음봉으로 계속 하락했으며, 하락과 함께 거래량도 지속적으로 줄어들고 있습니다. 거래량이 줄어든다는 것은 매수자의 입장에서는 매수의 매력이 없는 것이고, 매도자의 입장에서는 손절을 포기하고 그냥 버티자는 심리로 거래가 이뤄지지 않기 때문에 점점 거래량은 줄어들게 됩니다. 장기간의 박스권을 돌파하기 위해서는 외국인 또는 기관의 대량 매수를 동반한 장대양봉이 출현해야 합니다.
6,000
5,000
4,000
3,045
(-0.65%)
2,833(-6.96% 2022/01/25)
거래량
거래량 감소
48,000K
40,000K
32,000K
24,000K
16,000K
8,000K
0K
2021/09/29
2022/01/26

하락추세 끝에서 발생하는 대량거래와 장대양봉

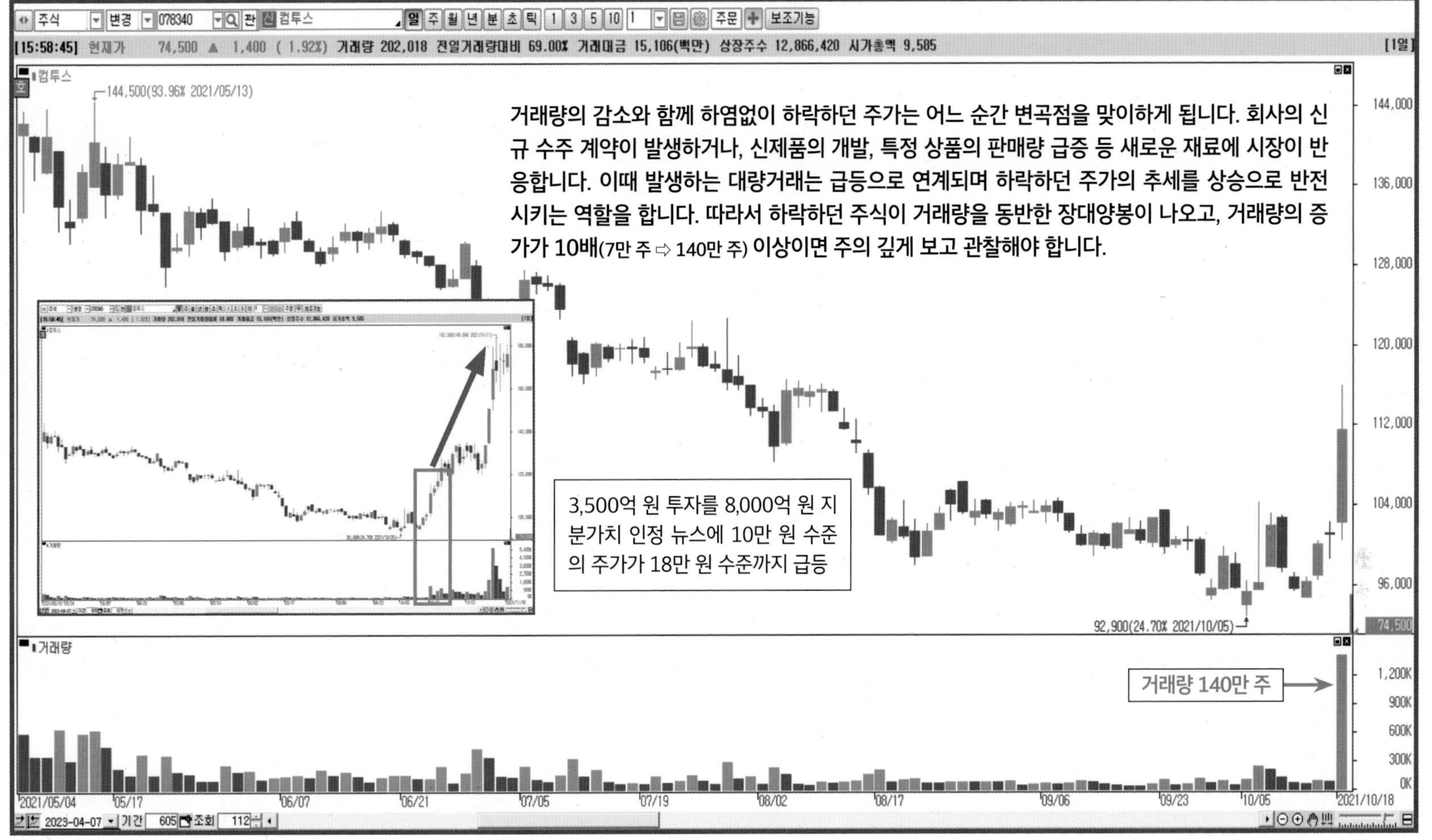

주식 변경 078340 컴투스
[15:58:45] 현재가 74,500 ▲ 1,400 (1.92%) 거래량 202,018 전일거래량대비 69.00% 거래대금 15,106(백만) 상장주수 12,866,420 시가총액 9,585
컴투스
144,500(93.96% 2021/05/13)
거래량의 감소와 함께 하염없이 하락하던 주가는 어느 순간 변곡점을 맞이하게 됩니다. 회사의 신규 수주 계약이 발생하거나, 신제품의 개발, 특정 상품의 판매량 급증 등 새로운 재료에 시장이 반응합니다. 이때 발생하는 대량거래는 급등으로 연계되며 하락하던 주가의 추세를 상승으로 반전시키는 역할을 합니다. 따라서 하락하던 주식이 거래량을 동반한 장대양봉이 나오고, 거래량의 증가가 10배(7만 주 ⇨ 140만 주) 이상이면 주의 깊게 보고 관찰해야 합니다.
3,500억 원 투자를 8,000억 원 지분가치 인정 뉴스에 10만 원 수준의 주가가 18만 원 수준까지 급등
92,900(24.70% 2021/10/05)
거래량
거래량 140만 주
144,000
136,000
128,000
120,000
112,000
104,000
96,000
74,500
1,200K
900K
600K
300K
0K
2021/05/04
05/17
06/07
06/21
07/05
07/19
08/02
08/17
09/06
09/23
10/05
2021/10/18

거래량과 매물대의 관계

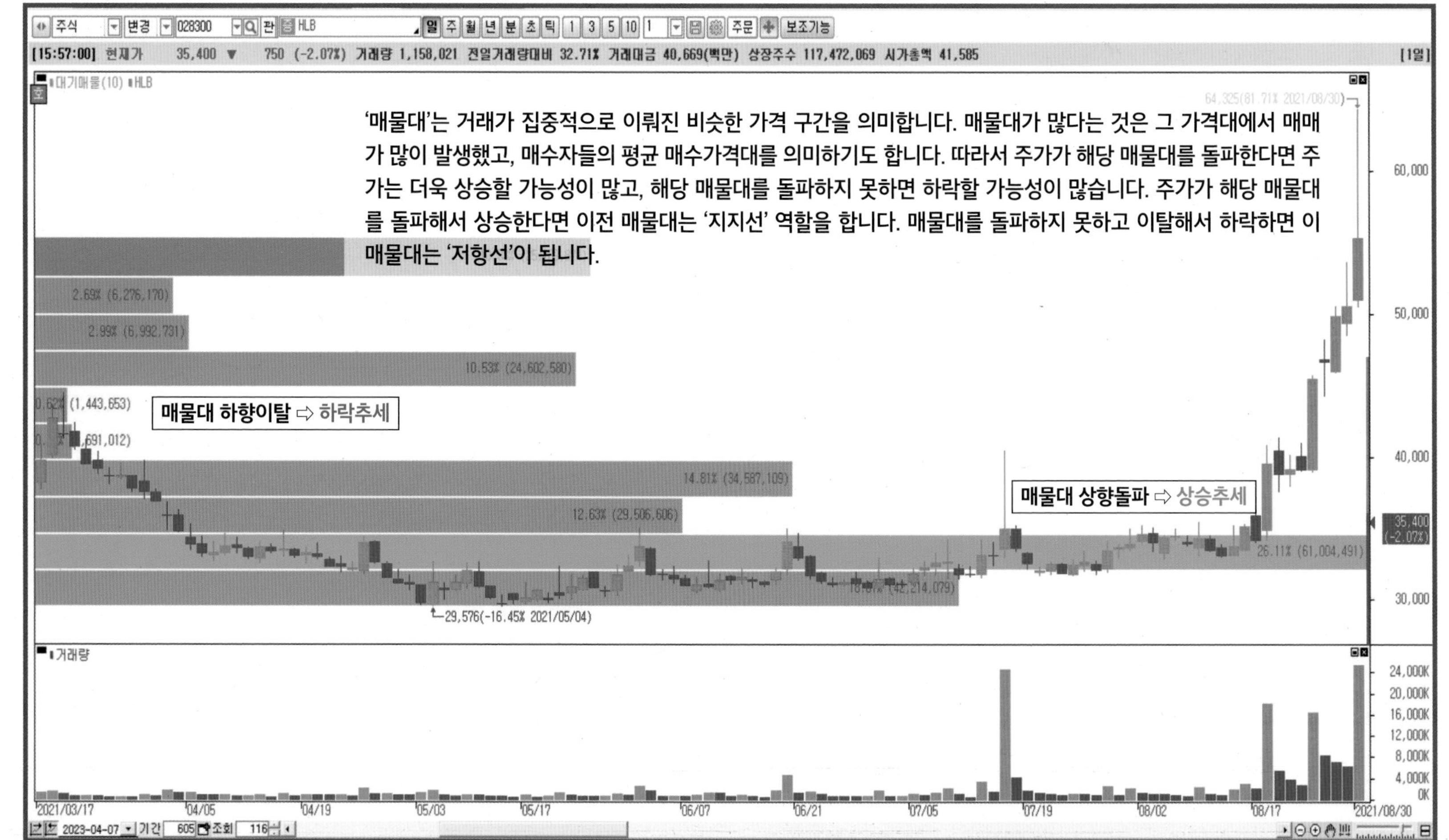
주식 변경 028300 HLB 일 주 월 년 분 초 틱 1 3 5 10 1 주문 보조기능
[15:57:00] 현재가 35,400 ▼ 750 (-2.07%) 거래량 1,158,021 전일거래량대비 32.71% 거래대금 40,669(백만) 상장주수 117,472,069 시가총액 41,585 [1일]
대기매물(10) HLB
'매물대'는 거래가 집중적으로 이뤄진 비슷한 가격 구간을 의미합니다. 매물대가 많다는 것은 그 가격대에서 매매가 많이 발생했고, 매수자들의 평균 매수가격대를 의미하기도 합니다. 따라서 주가가 해당 매물대를 돌파한다면 주가는 더욱 상승할 가능성이 많고, 해당 매물대를 돌파하지 못하면 하락할 가능성이 많습니다. 주가가 해당 매물대를 돌파해서 상승한다면 이전 매물대는 '지지선' 역할을 합니다. 매물대를 돌파하지 못하고 이탈해서 하락하면 이 매물대는 '저항선'이 됩니다.
64,325(81.71% 2021/08/30)
2.69% (6,276,170)
2.99% (6,992,731)
10.53% (24,602,580)
(1,443,653)
691,012)
매물대 하향이탈 ⇨ 하락추세
14.81% (34,587,109)
12.63% (29,506,606)
매물대 상향돌파 ⇨ 상승추세
26.11% (61,004,491)
(42,214,079)
29,576(-16.45% 2021/05/04)
60,000
50,000
40,000
35,400 (-2.07%)
30,000
거래량
24,000K
20,000K
16,000K
12,000K
8,000K
4,000K
0K
2021/03/17
04/05
04/19
05/03
05/17
06/07
06/21
07/05
07/19
08/02
08/17
2021/08/30
2023-04-07 기간 605 조회 116

거래량 증가를 통한 매물대 돌파

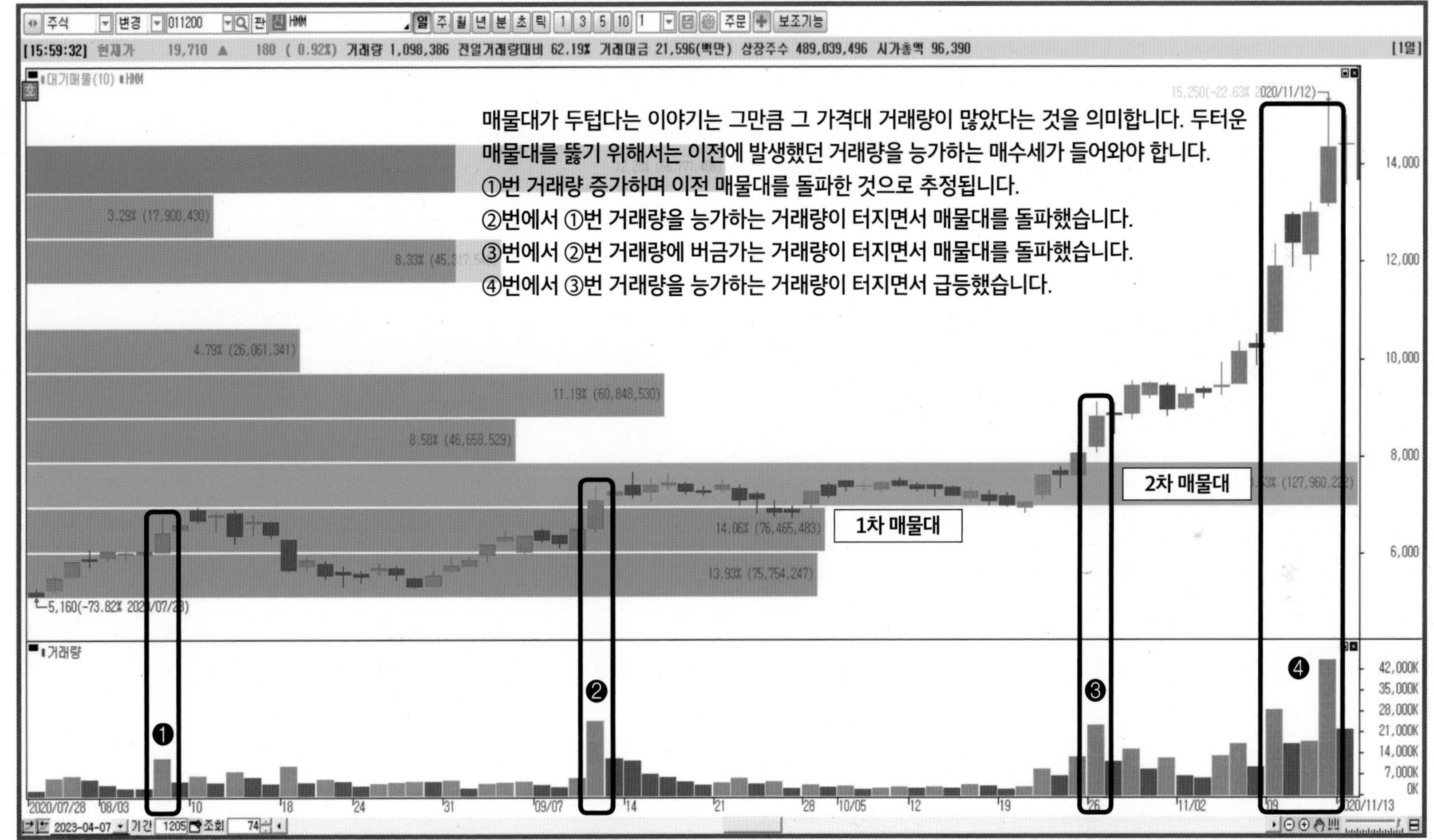

매물대가 두텁다는 이야기는 그만큼 그 가격대 거래량이 많았다는 것을 의미합니다. 두터운 매물대를 뚫기 위해서는 이전에 발생했던 거래량을 능가하는 매수세가 들어와야 합니다.
①번 거래량 증가하며 이전 매물대를 돌파한 것으로 추정됩니다.
②번에서 ①번 거래량을 능가하는 거래량이 터지면서 매물대를 돌파했습니다.
③번에서 ②번 거래량에 버금가는 거래량이 터지면서 매물대를 돌파했습니다.
④번에서 ③번 거래량을 능가하는 거래량이 터지면서 급등했습니다.
1차 매물대
2차 매물대
❶
❷
❸
❹
[15:59:32] 현재가 19,710 ▲ 180 (0.92%) 거래량 1,098,386 전일거래량대비 62.19% 거래대금 21,596(백만) 상장주수 489,039,496 시가총액 96,390
15,250(-22.63% 2020/11/12)
5,160(-73.82% 2020/07/28)
4.79% (26,061,341)
11.19% (60,848,530)
8.58% (46,658,529)
14.06% (76,465,483)
13.93% (75,754,247)
3.29% (17,900,430)
14,000
12,000
10,000
8,000
6,000
42,000K
35,000K
28,000K
21,000K
14,000K
7,000K
0K
2020/07/28
2020/11/13

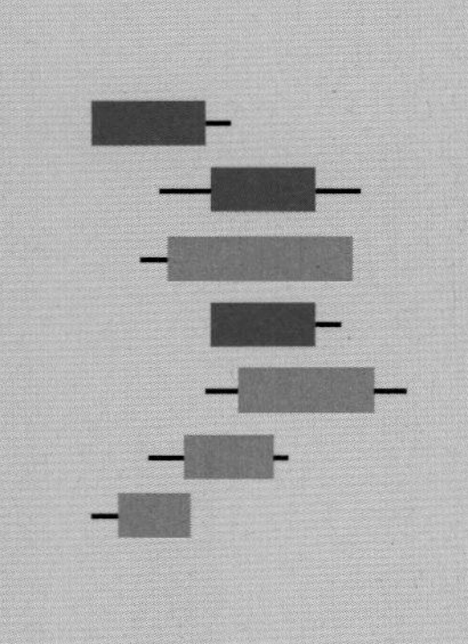

3

이동평균선 신의 한 수

이동평균선의 기본개념 | 이동평균선의 특징 | 개별 이동평균선의 이해 | 이동평균선의 계산 예시
정배열과 역배열 | 이동평균선 설정하기 | 이동평균선으로 보는 대세상승과 대세하락
정배열과 골든크로스(Golden Cross) | 역배열과 데드크로스(Dead Cross) | 하락추세의 힘겨운 단기 이동평균선 반등
상승추세의 고마운 단기 이동평균선 눌림 | 이격도(주가의 급등, 급락) | 이격도를 활용한 매매 포인트
상승추세의 단기 이동평균선을 따르는 매매 전략 | 이동평균선 밀집(수렴) 시점의 매매 포인트
이동평균선 밀집 후 하락하는 경우 | 20일 이동평균선 매매전략 | 20일 이동평균선 추세 매매

이동평균선의 기본개념

일정 기간 이루어진 주가의 연속적인 변화 과정을
특정 기간 종가 평균을 내서 차트에 곡선으로 표시한 것입니다.

불규칙해보일 수 있는 주가의 움직임을
산술적 평균을 이용해서 방향성을 잡습니다.

이동평균선을 보면서 과거의 움직임을 이용해서
미래 주가의 움직임을 예측합니다.

이동평균선의 특징

구분	내용	매매 관점
추세 유지	이동평균선은 특정 기간(5, 20, 60, 120일 등)의 종가 평균가격으로 추세를 지속하려는 경향이 있습니다. 평균가격이 계속적으로 올라간다는 이야기는 결국 주가가 계속 상승한다는 것을 의미합니다.	추세 매매 유효
장단기 기울기 차이	단기 이동평균선(5일 이동평균선) 대비 중장기 이동평균선(20일 또는 60일 이동평균선 등)의 기울기가 상대적으로 완만하며, 이것은 단기 이동평균선보다 더 긴 기간의 평균가격을 나타내므로 천천히 움직이는 것입니다.	정배열, 골든크로스
변동성과 이격조정	단기에 주가가 급등하거나 급락하면 단기 이동평균선(5일 이동평균선)이 중장기 이동평균선(20일 또는 60일 이동평균선 등)과 거리가 멀어지는데 이를 '이격도'라 합니다. 이격도가 커지면 다시 좁혀지려는 회귀 성향을 통해 이격조정이 진행됩니다.	변동성 매매
투자 심리	이동평균선은 세력의 평균 주가이기도 하고, 매물대, 지지선, 저항선 등 투자자들의 다양한 심리가 반영되어 있는 투자 심리선이기도 합니다.	투자 심리 활용

개별 이동평균선의 이해

구분	내용
5일 이동평균선	5거래일 동안 주가의 종가 평균을 5일 이동평균선이라 합니다. 5일 이동평균선은 5거래일 동안의 투자자 심리로 '단기 생명선', '단기 추세선', '단기 심리선'이며, 5거래일 동안 단기적 매매 전략을 수립해 대응할 수 있습니다. 예를 들어 주가가 초 급등할 경우 5일 이동평균선을 이탈할 때 매도신호로 삼기도 합니다.
20일 이동평균선	20거래일 동안 주가의 종가 평균을 20일 이동평균선이라 합니다. 20일 이동평균선은 20거래일 동안의 투자자 심리로 '세력선', '중기 추세선', '중기 심리선'이며, 20거래일 동안 중단기적 매매 전략을 수립해 대응할 수 있습니다. 20일 이동평균선은 세력이 개인 투자자들의 심리를 역이용하는 선이므로 주의가 필요합니다.
60일 이동평균선	60거래일 동안 주가의 종가 평균을 60일 이동평균선이라 합니다. 60일 이동평균선은 60거래일 동안의 투자자 추세 '수급선', '중장기 추세선', '중장기 심리선'이며, 60거래일 동안 중기적 매매 전략을 수립해 대응할 수 있습니다. 60일 이동평균선은 한 개 분기 실적이 반영되어 기관 및 외국인 투자자의 수급 기준이 되기 때문에 수급선이라고 합니다. 즉, 외국인과 기관 펀드매니저들은 분기 실적을 기준으로 매매하기 때문입니다.
120일 이동평균선	120거래일 동안 주가의 종가 평균을 120일 이동평균선이라 합니다. 120일 이동평균선은 120일 동안 투자자의 심리로서 '경기선', '장기 추세선', '장기 심리선'이며, 120거래일 동안 중장기적 매매 전략을 수립해 대응할 수 있습니다. 120일 이동평균선은 반기 실적이 반영되어 산업 전반적으로 반기(6개월) 동안 경기 전망을 할 수 있기 때문에 경기선이며 대형주에 중요한 매매 기준이 됩니다.

이동평균선의 계산 예시

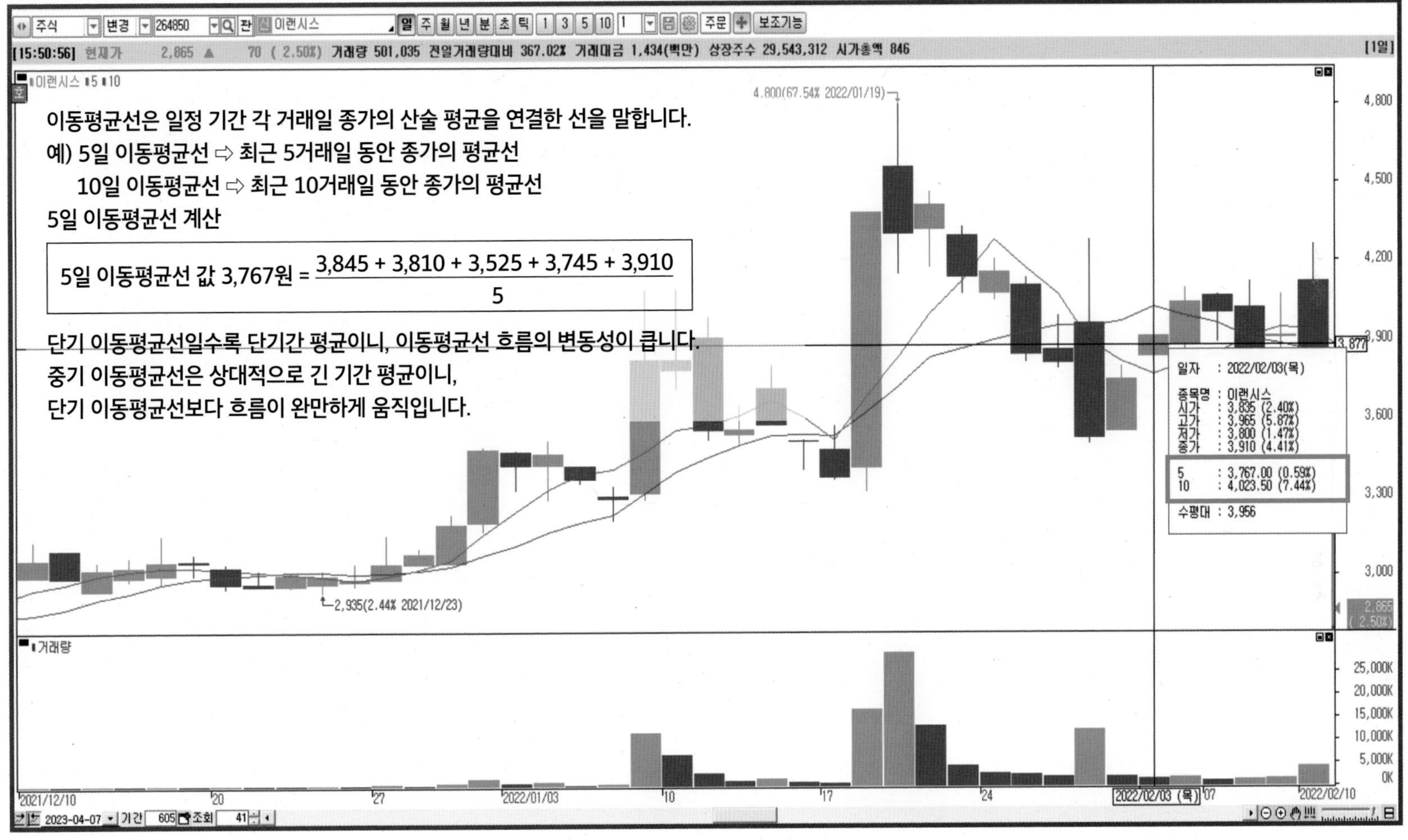

주식 변경 264850 이랜시스 일 주 월 년 분 초 틱 1 3 5 10 주문 보조기능
[15:50:56] 현재가 2,865 ▲ 70 (2.50%) 거래량 501,035 전일거래량대비 367.02% 거래대금 1,434(백만) 상장주수 29,543,312 시가총액 846 [1일]
이랜시스 5 10
4,800(67.54% 2022/01/19)
2,935(2.44% 2021/12/23)
일자 : 2022/02/03(목)
종목명 : 이랜시스
시가 : 3,835 (2.40%)
고가 : 3,965 (5.87%)
저가 : 3,800 (1.47%)
종가 : 3,910 (4.41%)
5 : 3,767.00 (0.59%)
10 : 4,023.50 (7.44%)
수평대 : 3,956
4,800
4,500
4,200
3,900
3,600
3,300
3,000
3,877
2,865 (2.50%)
거래량
25,000K
20,000K
15,000K
10,000K
5,000K
0K
2021/12/10
20
27
2022/01/03
10
17
24
2022/02/03 (목)
07
2022/02/10
2023-04-07 기간 605 조회 41

이동평균선은 일정 기간 각 거래일 종가의 산술 평균을 연결한 선을 말합니다.
예) 5일 이동평균선 ⇨ 최근 5거래일 동안 종가의 평균선
　　10일 이동평균선 ⇨ 최근 10거래일 동안 종가의 평균선
5일 이동평균선 계산

$$5일\ 이동평균선\ 값\ 3,767원 = \frac{3,845 + 3,810 + 3,525 + 3,745 + 3,910}{5}$$

단기 이동평균선일수록 단기간 평균이니, 이동평균선 흐름의 변동성이 큽니다.
중기 이동평균선은 상대적으로 긴 기간 평균이니,
단기 이동평균선보다 흐름이 완만하게 움직입니다.

정배열과 역배열

정배열	구분	역배열
주가가 상승추세에 있어 단기 이동평균선이 중장기 이동평균선 위에서 움직이는 모습으로 추세 매매가 가능합니다.	의미	주가가 하락추세에 있어 단기 이동평균선이 중장기 이동평균선 아래 있는 모습으로 가능하면 매매를 자제합니다.
정배열 중인 주가가 데드크로스가 발생하면 매도준비를 하며, 직전 저점 하향 이탈 시 매도시점으로 잡고 대응해야 합니다.	매수, 매도 포인트	하락추세 중인 주가가 골든크로스가 발생하면 매수 준비를 하고, 직전 고점 돌파, 거래량 급증 등을 체크해 매수 포인트를 잡습니다.
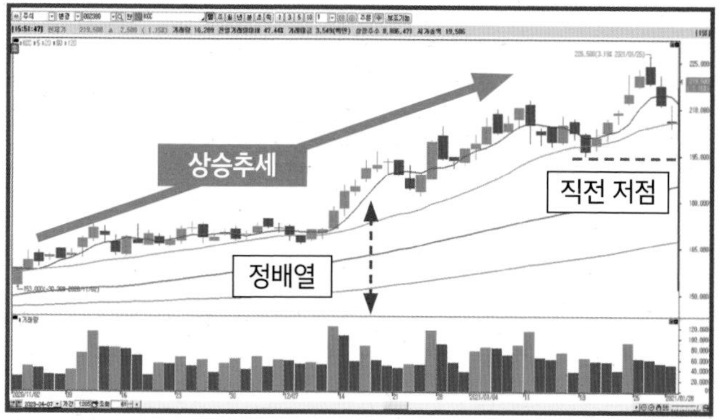 상승추세 / 정배열 / 직전 저점		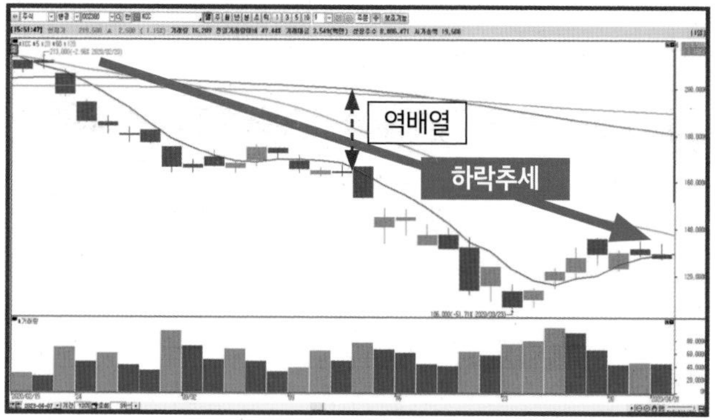 역배열 / 하락추세

이동평균선 설정하기

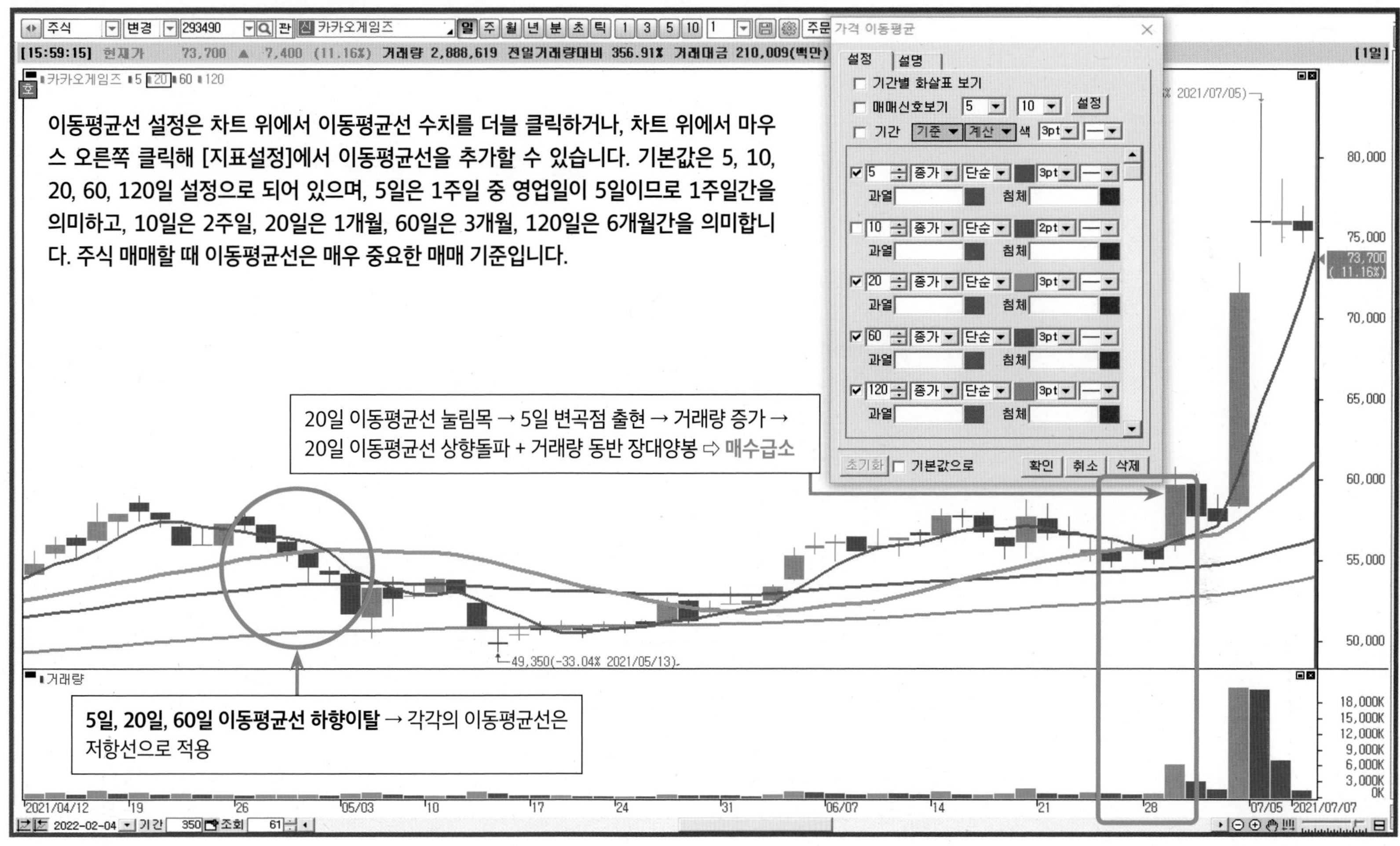

주식
변경
293490
카카오게임즈
[15:59:15] 현재가 73,700 ▲ 7,400 (11.16%) 거래량 2,888,619 전일거래량대비 356.91% 거래대금 210,009(백만)
[1일]
카카오게임즈 5 20 60 120
가격 이동평균
설정
설명
기간별 화살표 보기
매매신호보기
기간
기준
계산
종가
단순
과열
침체
초기화
기본값으로
확인
취소
삭제
20일 이동평균선 눌림목 → 5일 변곡점 출현 → 거래량 증가 →
20일 이동평균선 상향돌파 + 거래량 동반 장대양봉 ⇨ 매수급소
5일, 20일, 60일 이동평균선 하향이탈 → 각각의 이동평균선은
저항선으로 적용
49,350(-33.04% 2021/05/13)
2021/07/05
80,000
75,000
73,700
(11.16%)
70,000
65,000
60,000
55,000
50,000
거래량
18,000K
15,000K
12,000K
9,000K
6,000K
3,000K
0K
2021/04/12
19
26
05/03
10
17
24
31
06/07
14
21
28
07/05
2021/07/07
2022-02-04
기간
350
조회
61

이동평균선 설정은 차트 위에서 이동평균선 수치를 더블 클릭하거나, 차트 위에서 마우스 오른쪽 클릭해 [지표설정]에서 이동평균선을 추가할 수 있습니다. 기본값은 5, 10, 20, 60, 120일 설정으로 되어 있으며, 5일은 1주일 중 영업일이 5일이므로 1주일간을 의미하고, 10일은 2주일, 20일은 1개월, 60일은 3개월, 120일은 6개월간을 의미합니다. 주식 매매할 때 이동평균선은 매우 중요한 매매 기준입니다.

이동평균선으로 보는 대세상승과 대세하락

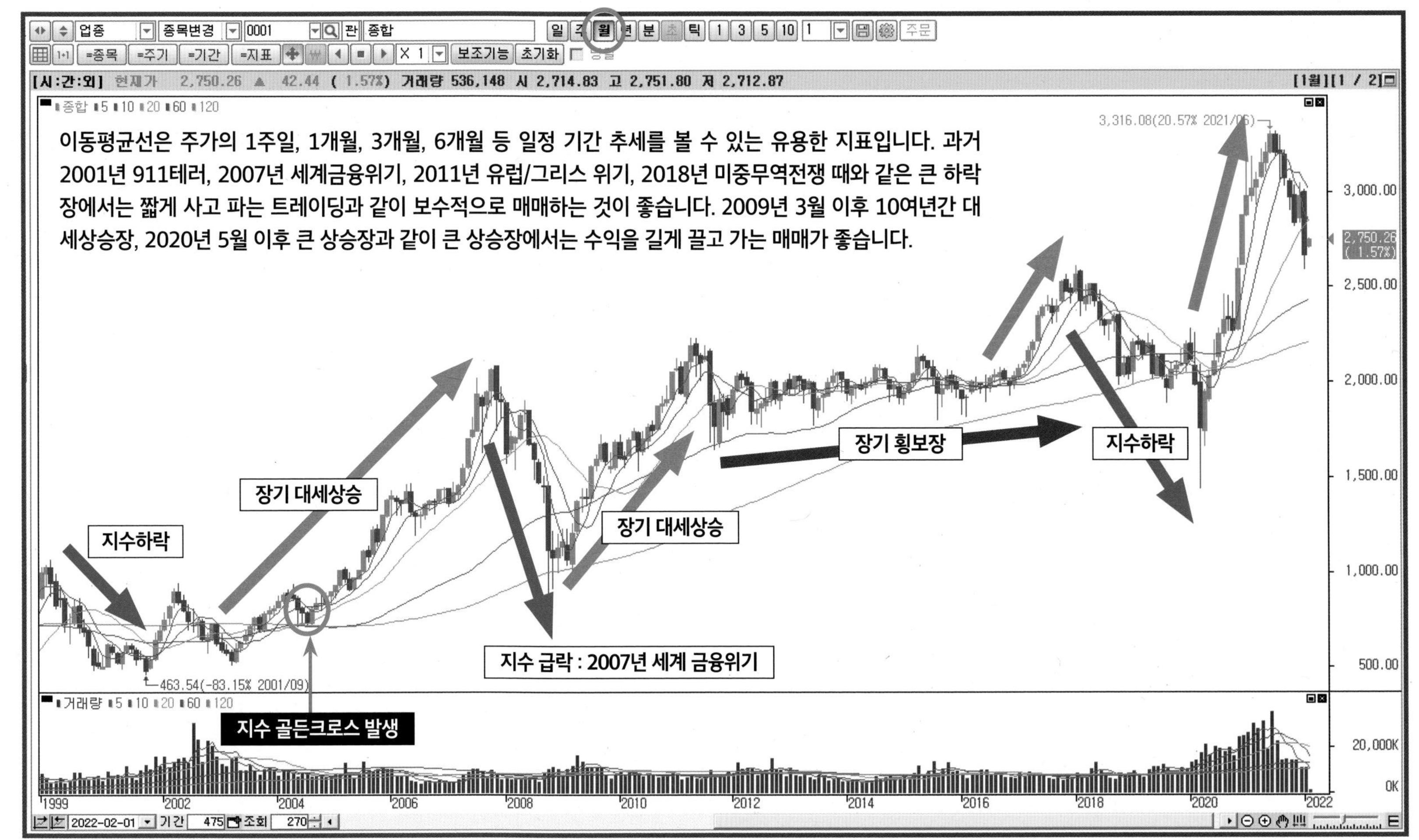

[시:간:외] 현재가 2,750.26 ▲ 42.44 (1.57%) 거래량 536,148 시 2,714.83 고 2,751.80 저 2,712.87
이동평균선은 주가의 1주일, 1개월, 3개월, 6개월 등 일정 기간 추세를 볼 수 있는 유용한 지표입니다. 과거 2001년 911테러, 2007년 세계금융위기, 2011년 유럽/그리스 위기, 2018년 미중무역전쟁 때와 같은 큰 하락장에서는 짧게 사고 파는 트레이딩과 같이 보수적으로 매매하는 것이 좋습니다. 2009년 3월 이후 10여년간 대세상승장, 2020년 5월 이후 큰 상승장과 같이 큰 상승장에서는 수익을 길게 끌고 가는 매매가 좋습니다.
3,316.08(20.57% 2021/06)
463.54(-83.15% 2001/09)
지수하락
장기 대세상승
지수 골든크로스 발생
지수 급락 : 2007년 세계 금융위기
장기 대세상승
장기 횡보장
지수하락

정배열과 골든크로스(Golden Cross)

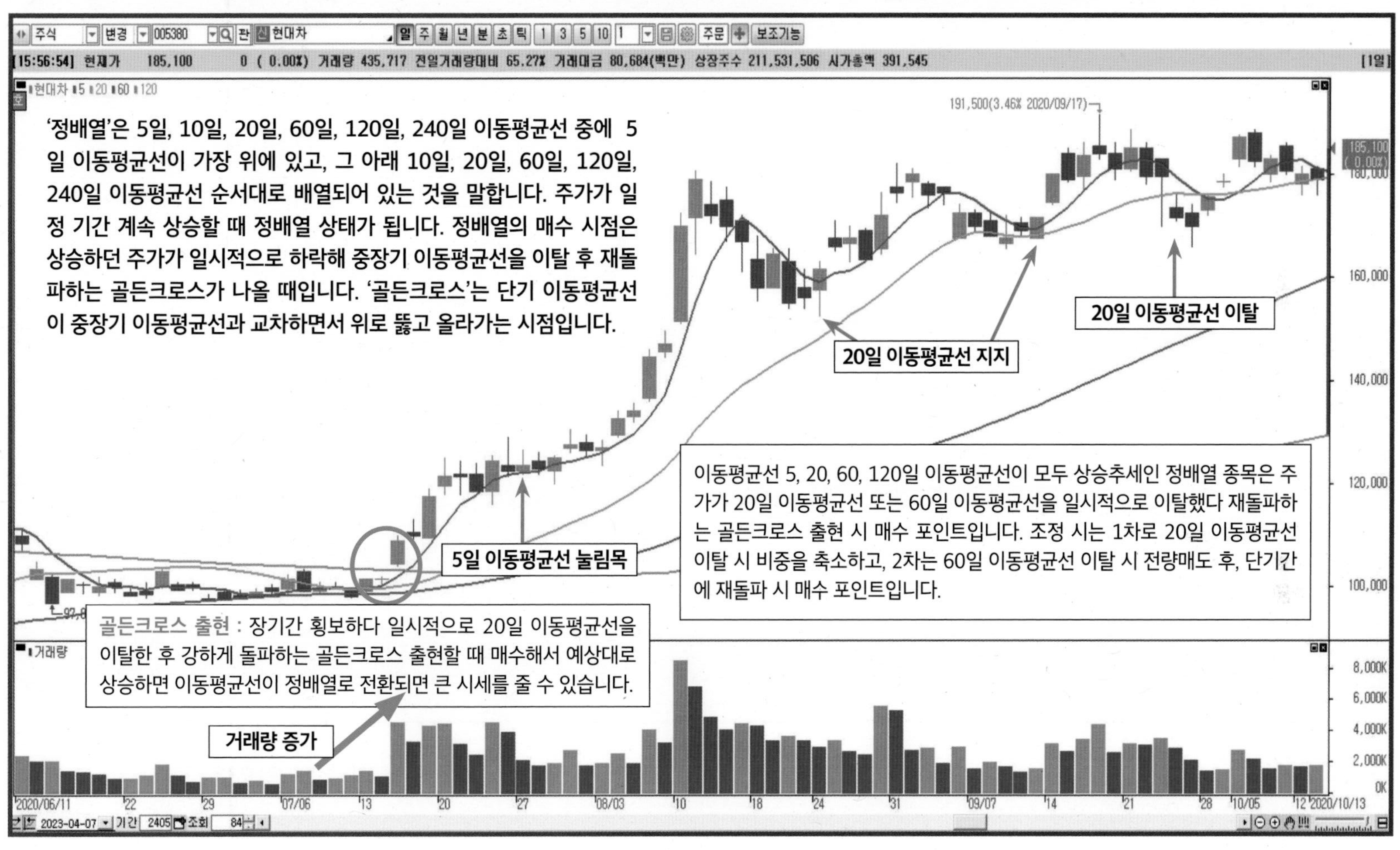
‘정배열’은 5일, 10일, 20일, 60일, 120일, 240일 이동평균선 중에 5일 이동평균선이 가장 위에 있고, 그 아래 10일, 20일, 60일, 120일, 240일 이동평균선 순서대로 배열되어 있는 것을 말합니다. 주가가 일정 기간 계속 상승할 때 정배열 상태가 됩니다. 정배열의 매수 시점은 상승하던 주가가 일시적으로 하락해 중장기 이동평균선을 이탈 후 재돌파하는 골든크로스가 나올 때입니다. ‘골든크로스’는 단기 이동평균선이 중장기 이동평균선과 교차하면서 위로 뚫고 올라가는 시점입니다.
20일 이동평균선 지지
20일 이동평균선 이탈
5일 이동평균선 눌림목
이동평균선 5, 20, 60, 120일 이동평균선이 모두 상승추세인 정배열 종목은 주가가 20일 이동평균선 또는 60일 이동평균선을 일시적으로 이탈했다 재돌파하는 골든크로스 출현 시 매수 포인트입니다. 조정 시는 1차로 20일 이동평균선 이탈 시 비중을 축소하고, 2차는 60일 이동평균선 이탈 시 전량매도 후, 단기간에 재돌파 시 매수 포인트입니다.
골든크로스 출현 : 장기간 횡보하다 일시적으로 20일 이동평균선을 이탈한 후 강하게 돌파하는 골든크로스 출현할 때 매수해서 예상대로 상승하면 이동평균선이 정배열로 전환되면 큰 시세를 줄 수 있습니다.
거래량 증가
191,500(3.46% 2020/09/17)
160,000
140,000
120,000
100,000
8,000K
6,000K
4,000K
2,000K
0K
2020/06/11
2020/10/13

역배열과 데드크로스(Dead Cross)

주식
변경
005490
POSCO홀딩스
열 주 월 년 분 초 틱 1 3 5 10 1
주문
보조기능
[15:58:25] 현재가 369,500 ▲ 7,000 (1.93%) 거래량 1,161,822 전일거래량대비 72.65% 거래대금 426,685(백만) 상장주수 84,571,230 시가총액 312,491
[1일]
POSCO홀딩스 5 20 60 120
379,500(2.71% 2021/09/14)
‘데드크로스’는 골드크로스와 반대 개념으로 주가가 충분히 상승 후 하락할 때 5일, 10일, 20일, 60일, 120일 이동평균선들이 5일 이동평균선이 가장 아래에 위치하는 역순으로 배열될 때를 말합니다. 주가가 일정 기간 이상 계속해서 하락할 때 역배열 상태가 됩니다. 역배열의 매도 시점은 상승하던 주가가 고점에서 하락하기 시작할 때 20일 이동평균선을 이탈할 때 일부 매도하고, 기술적 반등 후 직전 저점을 이탈할 때 전량 매도가 포인트입니다. ‘역배열’은 정배열과 달리 모든 이동평균선이 저항선 역할을 하기 때문에 주가의 하락추세가 쉽게 상승으로 전환되기 어려워 매매를 자제하는 것이 필요합니다.
데드크로스 출현 : 주가가 하락해서 5일, 10일, 20일, 60일, 이동평균선을 이탈하는 데드크로스 출현 시 매도합니다.
20일 이동평균선 저항 → 20일 이동평균선 지지실패 → 하락추세 진행
5일 이동평균선이 추세전환을 시도하지만, 20일 이동평균선에 막혀 계속 밀리는 형국
369,500 (1.93%)
360,000
340,000
320,000
300,000
280,000
260,000
260,000(-29.63% 2021/11/30)
거래량
1,000K
800K
600K
400K
200K
0K
2021/09/14
23
27
10/05
12
18
25
11/01
08
15
22
29
12/06
13
20
27
2021/12/30
2023-04-07
기간
605
조회
73

하락추세의 힘겨운 단기 이동평균선 반등

LG전자 5 20 60 120
168,000(46.98% 2021/07/26)
하락추세가 지속되면 역배열 상태가 됩니다. 주가가 반등하기 위해서는 하락이 지속되어 매도가 더 이상 나오지 않을 만큼 하락한 경우 작은 매수세에도 주가는 서서히 횡보 후 상승으로 반전할 수 있습니다. 또 다른 경우는 추세를 뒤집을 만한 강한 모멘텀이 생겼을 때 강한 매수세와 거래량으로 순식간에 반등으로 추세가 반전할 수 있습니다. 이때 강한 매물이 계속 쏟아져 나와 조금 상승하다 다시 밀리는 경우가 많습니다.
20일 이동평균선 저항
5일 이동평균선 이탈 → 5일 이동평균선 저항 → 60일, 120일 이동평균선 이탈
20일 이동평균선 저항
20일 이동평균선 저항선에 막혀 다시 하락
20일 이동평균선 저항선를 뚫었으나, 60일 이동평균선에 막혀 다시 하락
역배열에서 추세 반전을 위해서는 중기 이동평균선이 횡보하거나 하락추세가 멈춰야 합니다. 단기 이동평균선과 각각 격차를 줄여가며 반등을 준비해야 하며 이때부터 매수 관점에서 관찰해야 합니다.
115,000(0.61% 2021/11/30)
거래량

상승추세의 고마운 단기 이동평균선 눌림

정배열에서 20일 이동평균선(세력선)은 강력한 지지선 역할을 합니다. 눌림목을 주며 계속 상승세를 이어가고, 때론 20일 이동평균선을 이탈한 후, 60일 이동평균선을 지지받고 다시 상승세를 이어가는 경우도 많으니 상승추세의 눌림목은 매수 포인트로 잡기에 좋은 시점입니다.
전고점 돌파 후 거래량이 감소하지만 주가는 고점에서 횡보하며 기간조정을 거치고, 20일 이동평균선 가까워지며 다시 거래량 증가와 함께 상승세를 이어갑니다.
20일 이동평균선 눌림목
20일 이동평균선 눌림목
60일 이동평균선 눌림목
중장기 이동평균선이 상승추세에 있는 경우, 단기적으로 주가가 하락하고 단기(5일) 이동평균선이 하락하는 경우에 조정과 눌림의 시점입니다. 큰 거래량의 변동 없이 단기(5일) 이동평균선이 중기(20일 또는 60일) 이동평균선 아래로 내려오는 경우는 물량 소화(이격조정) 과정입니다. 중장기(60일 또는 120일) 이동평균선은 여전히 상승추세이므로 다시 주가는 상승할 가능성이 큽니다.
거래량 감소 → 증가
[15:59:47] 현재가 89,100 ▲ 5,300 (6.32%) 거래량 10,867,359 전일거래량대비 202.03% 거래대금 959,641(백만) 상장주수 728,002,365 시가총액 648,650
SK하이닉스 5 20 60 120
150,500(68.91% 2021/03/02)
81,200(-8.87% 2020/11/04)
거래량

이격도(주가의 급등, 급락)

주식 변경 051900 LG생활건강
[15:53:50] 현재가 624,000 ▲ 34,000 (5.76%) 거래량 117,379 전일거래량대비 258.64% 거래대금 71,959(백만) 상장주수 15,618,197 시가총액 97,458
LG생활건강 5 20 60 120
1,784,000(185.90% 2021/07/01)
주가는 중기(20일) 이동평균선으로부터 멀어지면 다시 돌아오는 이격조정을 거칩니다. 이때 돌아오려는 성질을 '회귀현상'이라고 합니다. 이런 과정을 거치면서 주가는 오르락내리락을 반복하게 됩니다.
이격도가 작다는 말은 주가의 변동폭이 작고, 매물대 라인에 걸쳐 있다는 것을 의미합니다. 이격도가 크다는 말은 주가가 급등하거나 급락해 변동이 심한 구간에 있다는 것을 의미합니다. 이것은 투자자의 심리가 흥분했거나 불안한 구간이라는 뜻입니다.
평행추세 중심선
이격 과다 : 주가가 단기 급등으로 60일 이동평균선과 멀어져 다시 회귀하려고 준비
중기(20일) 이동평균선을 기준으로 주가가 급등락할 때 중기 이동평균선과 주가의 거리를 '이격도'라고 하는데, 거리가 멀어질 때 이격도가 커진다고 합니다. 급등했을 때는 다시 하락할 가능성이 높아 매도 준비를 하고, 급락했을 때는 다시 반등할 가능성이 높아 매수 타이밍을 노립니다.
1,316,000(110.90% 2021/09/23)
1,750K
1,680K
1,610K
1,540K
1,470K
1,400K
1,330K
624,000
거래량
150,000
120,000
90,000
60,000
30,000
0
2021/04/20
05/03
05/17
06/07
06/21
07/05
07/19
08/02
08/17
09/06
09/23
10/05
2021/10/20
2023-04-07

이격도를 활용한 매매 포인트

주식 변경 034220 LG디스플레이 일 주 월 년 분 초 틱 1 3 5 10 1 주문 보조기능
[15:57:33] 현재가 15,710 ▼ 40 (-0.25%) 거래량 1,149,202 전일거래량대비 97.21% 거래대금 18,084(백만) 상장주수 357,815,700 시가총액 56,213 [1일]
LG디스플레이 5 20 60 120
24,900(58.50% 2022/01/03)
주가가 급락하는 경우, 단기간에 이격이 커지게 됩니다. 급락 후 이격도가 급격히 커진 후 더 이상 커지지 않고, 다음처럼 이중바닥을 만든 후, 5일 이동평균선을 돌파하는 거래량을 동반한 장대양봉이 나왔다면 단기 매수급소로 활용할 수 있습니다.
주가가 상승하다 20일 이동평균선 저항에 막혀 하락할 때 직전 저점 이탈 시 매도
이격율 = 당일 종가 / 당일 이동평균선 ×100
이격율은 당일 종가를 당일 이동평균선으로 나눈 백분율로써 주가와 20일 또는 60일 이동평균선과의 이격율을 통해 매수 시점을 잡는 것으로 활용할 수 있습니다.
이격과대 → 쌍바닥 확인 → 5일 이동평균선 안착 → 거래량 증가 → 20일 이동평균선 상향 돌파 ⇨ 단기 매수급소
17,050(8.53% 21/10/18)
이중바닥
24,000
22,000
20,000
18,000
15,710
거래량
10,000K
8,000K
6,000K
4,000K
2,000K
0K
2021/07/20
08/02
08/17
09/06
09/23
10/05
10/18
11/01
11/15
12/06
12/20
2022/01/03
2023-04-07 기간 605 조회 113

상승추세의 단기 이동평균선을 따르는 매매 전략

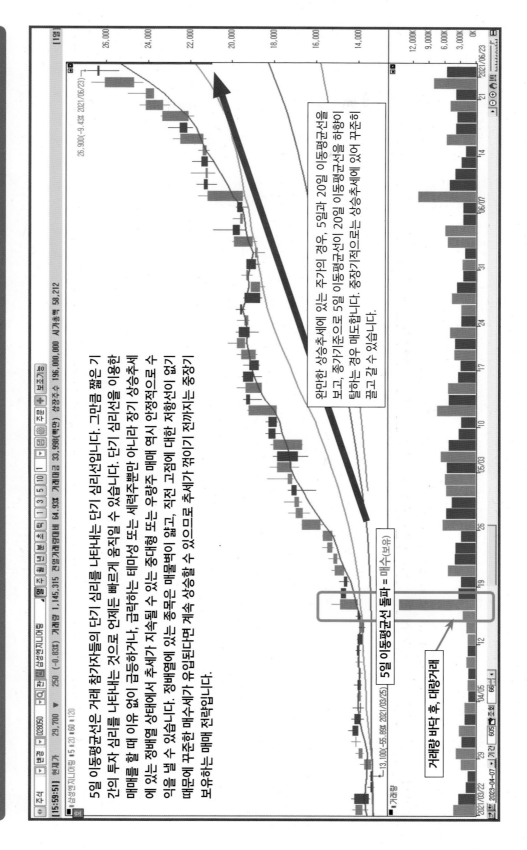

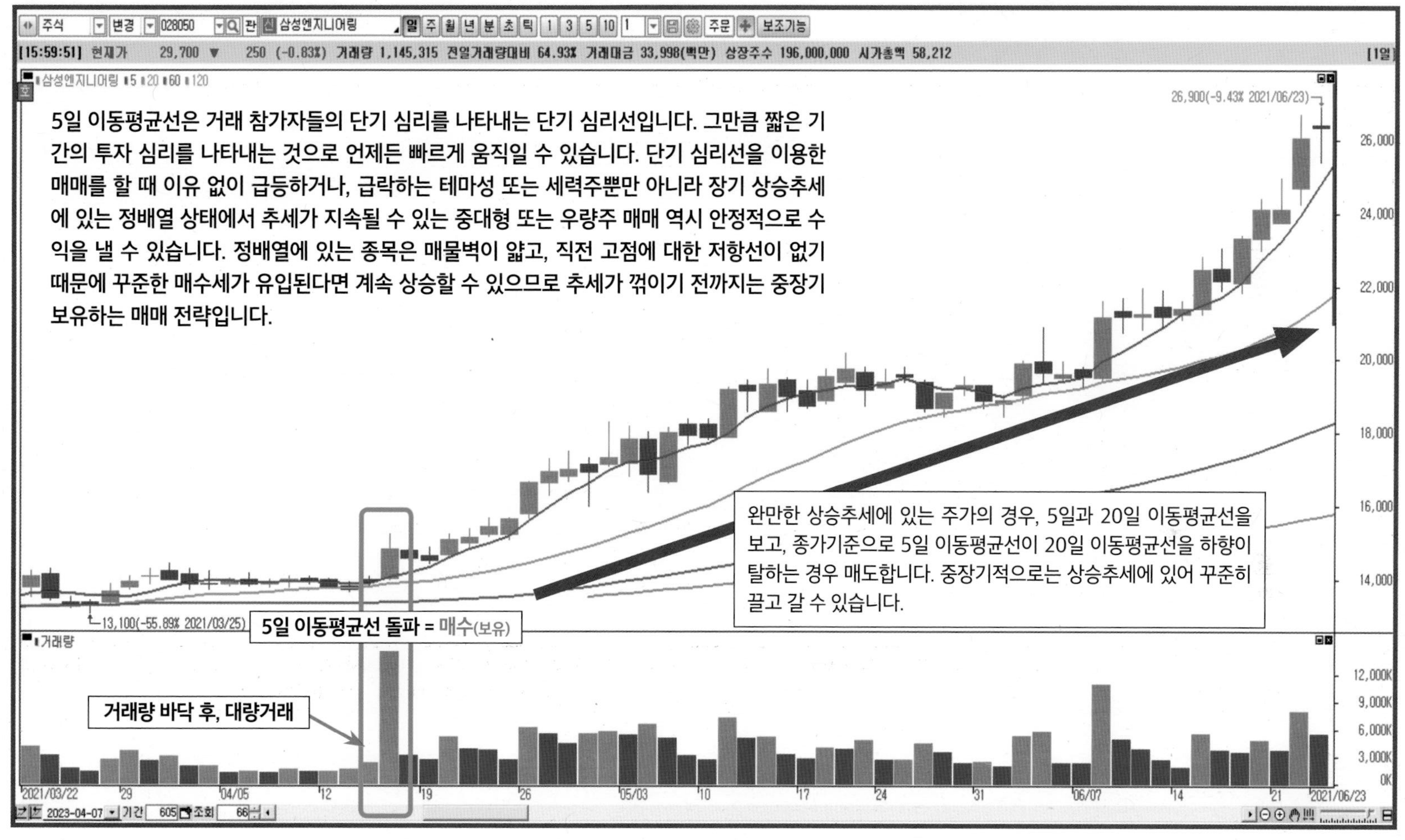
주식 변경 028050 삼성엔지니어링 일 주 월 년 분 초 틱 1 3 5 10 1 주문 보조기능
[15:59:51] 현재가 29,700 ▼ 250 (-0.83%) 거래량 1,145,315 전일거래량대비 64.93% 거래대금 33,998(백만) 상장주수 196,000,000 시가총액 58,212 [1일]
삼성엔지니어링 5 20 60 120
5일 이동평균선은 거래 참가자들의 단기 심리를 나타내는 단기 심리선입니다. 그만큼 짧은 기간의 투자 심리를 나타내는 것으로 언제든 빠르게 움직일 수 있습니다. 단기 심리선을 이용한 매매를 할 때 이유 없이 급등하거나, 급락하는 테마성 또는 세력주뿐만 아니라 장기 상승추세에 있는 정배열 상태에서 추세가 지속될 수 있는 중대형 또는 우량주 매매 역시 안정적으로 수익을 낼 수 있습니다. 정배열에 있는 종목은 매물벽이 얇고, 직전 고점에 대한 저항선이 없기 때문에 꾸준한 매수세가 유입된다면 계속 상승할 수 있으므로 추세가 꺾이기 전까지는 중장기 보유하는 매매 전략입니다.
26,900(-9.43% 2021/06/23)
13,100(-55.89% 2021/03/25)
5일 이동평균선 돌파 = 매수(보유)
완만한 상승추세에 있는 주가의 경우, 5일과 20일 이동평균선을 보고, 종가기준으로 5일 이동평균선이 20일 이동평균선을 하향이탈하는 경우 매도합니다. 중장기적으로는 상승추세에 있어 꾸준히 끌고 갈 수 있습니다.
26,000
24,000
22,000
20,000
18,000
16,000
14,000
거래량
거래량 바닥 후, 대량거래
12,000K
9,000K
6,000K
3,000K
0K
2021/03/22
29
04/05
12
19
26
05/03
10
17
24
31
06/07
14
21
2021/06/23
2023-04-07 기간 605 조회 66

이동평균선 밀집(수렴) 시점의 매매 포인트

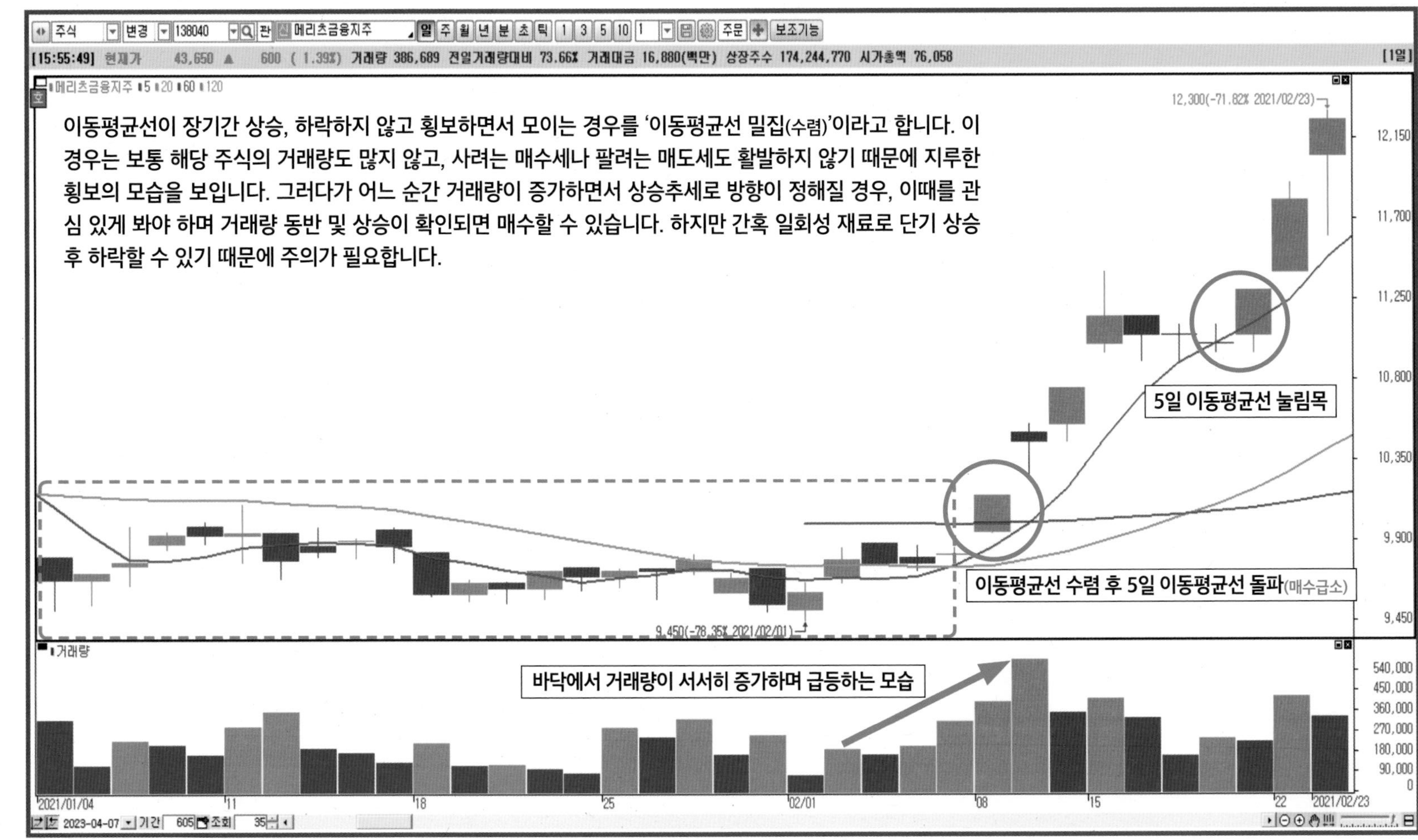
메리츠금융지주 5 20 60 120
이동평균선이 장기간 상승, 하락하지 않고 횡보하면서 모이는 경우를 '이동평균선 밀집(수렴)'이라고 합니다. 이 경우는 보통 해당 주식의 거래량도 많지 않고, 사려는 매수세나 팔려는 매도세도 활발하지 않기 때문에 지루한 횡보의 모습을 보입니다. 그러다가 어느 순간 거래량이 증가하면서 상승추세로 방향이 정해질 경우, 이때를 관심 있게 봐야 하며 거래량 동반 및 상승이 확인되면 매수할 수 있습니다. 하지만 간혹 일회성 재료로 단기 상승 후 하락할 수 있기 때문에 주의가 필요합니다.
12,300(-71.82% 2021/02/23)
5일 이동평균선 눌림목
이동평균선 수렴 후 5일 이동평균선 돌파(매수급소)
9,450(-78.35% 2021/02/01)
거래량
바닥에서 거래량이 서서히 증가하며 급등하는 모습

이동평균선 밀집 후 하락하는 경우

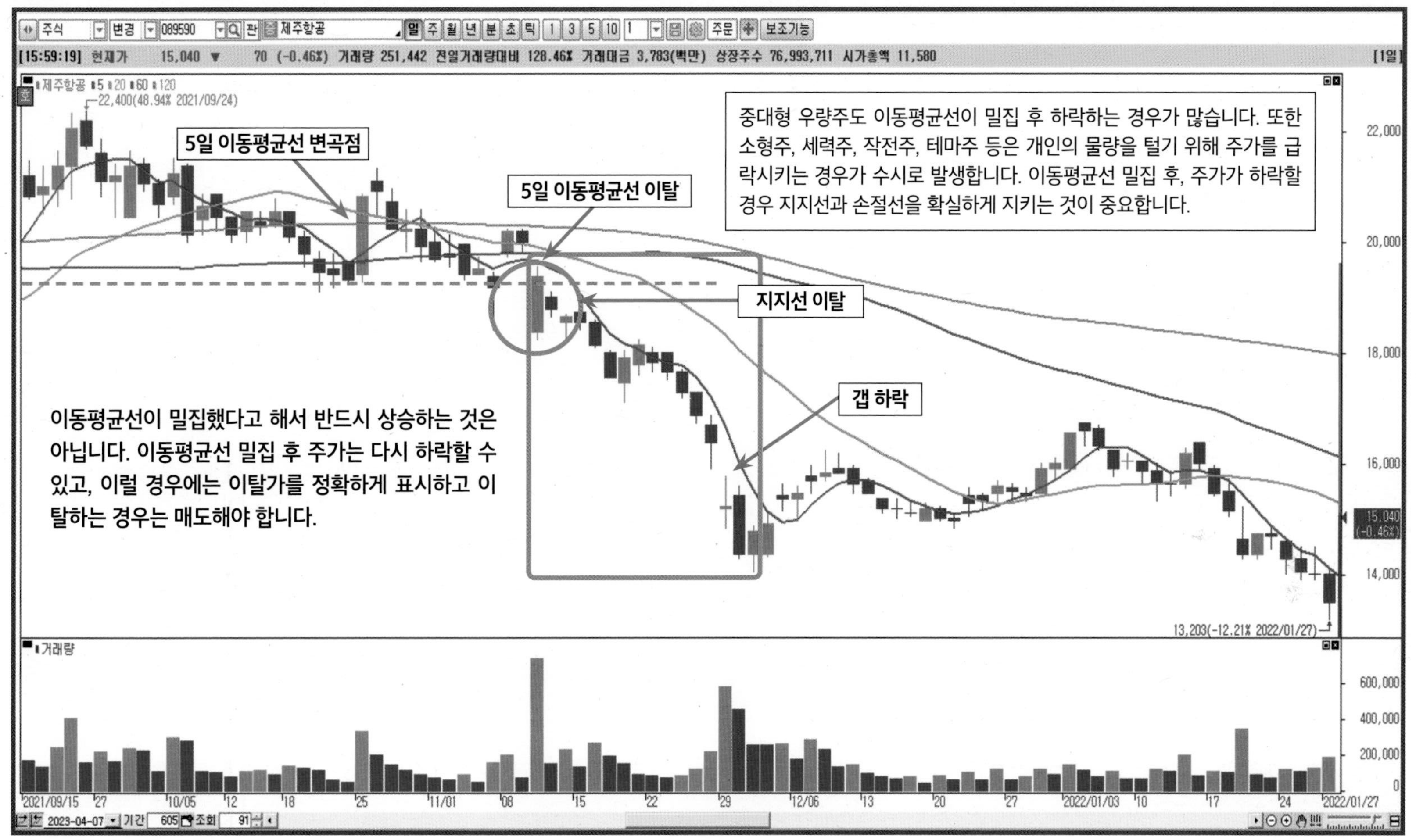

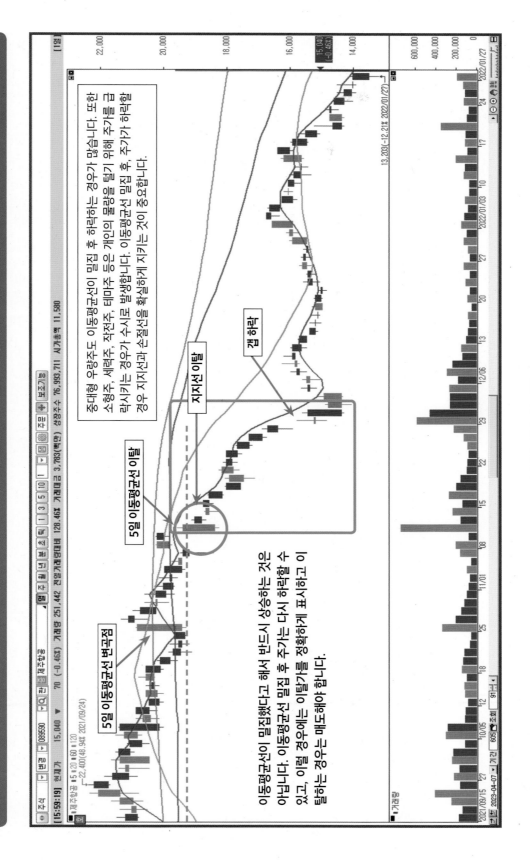

주식 변경 089590 제주항공 일 주 월 년 분 초 틱 1 3 5 10 주문 보조기능
[15:59:19] 현재가 15,040 ▼ 70 (-0.46%) 거래량 251,442 전일거래량대비 128.46% 거래대금 3,783(백만) 상장주수 76,993,711 시가총액 11,580 [1일]
제주항공 5 20 60 120
22,400(48.94% 2021/09/24)
5일 이동평균선 변곡점
5일 이동평균선 이탈
지지선 이탈
갭 하락
중대형 우량주도 이동평균선이 밀집 후 하락하는 경우가 많습니다. 또한 소형주, 세력주, 작전주, 테마주 등은 개인의 물량을 털기 위해 주가를 급락시키는 경우가 수시로 발생합니다. 이동평균선 밀집 후, 주가가 하락할 경우 지지선과 손절선을 확실하게 지키는 것이 중요합니다.
이동평균선이 밀집했다고 해서 반드시 상승하는 것은 아닙니다. 이동평균선 밀집 후 주가는 다시 하락할 수 있고, 이럴 경우에는 이탈가를 정확하게 표시하고 이탈하는 경우는 매도해야 합니다.
22,000
20,000
18,000
16,000
15,040 (-0.46%)
14,000
13,203(-12.21% 2022/01/27)
거래량
600,000
400,000
200,000
0
2021/09/15 27 10/05 12 18 25 11/01 08 15 22 29 12/06 13 20 27 2022/01/03 10 17 24 2022/01/27
2023-04-07 기간 605 조회 91

20일 이동평균선 매매전략

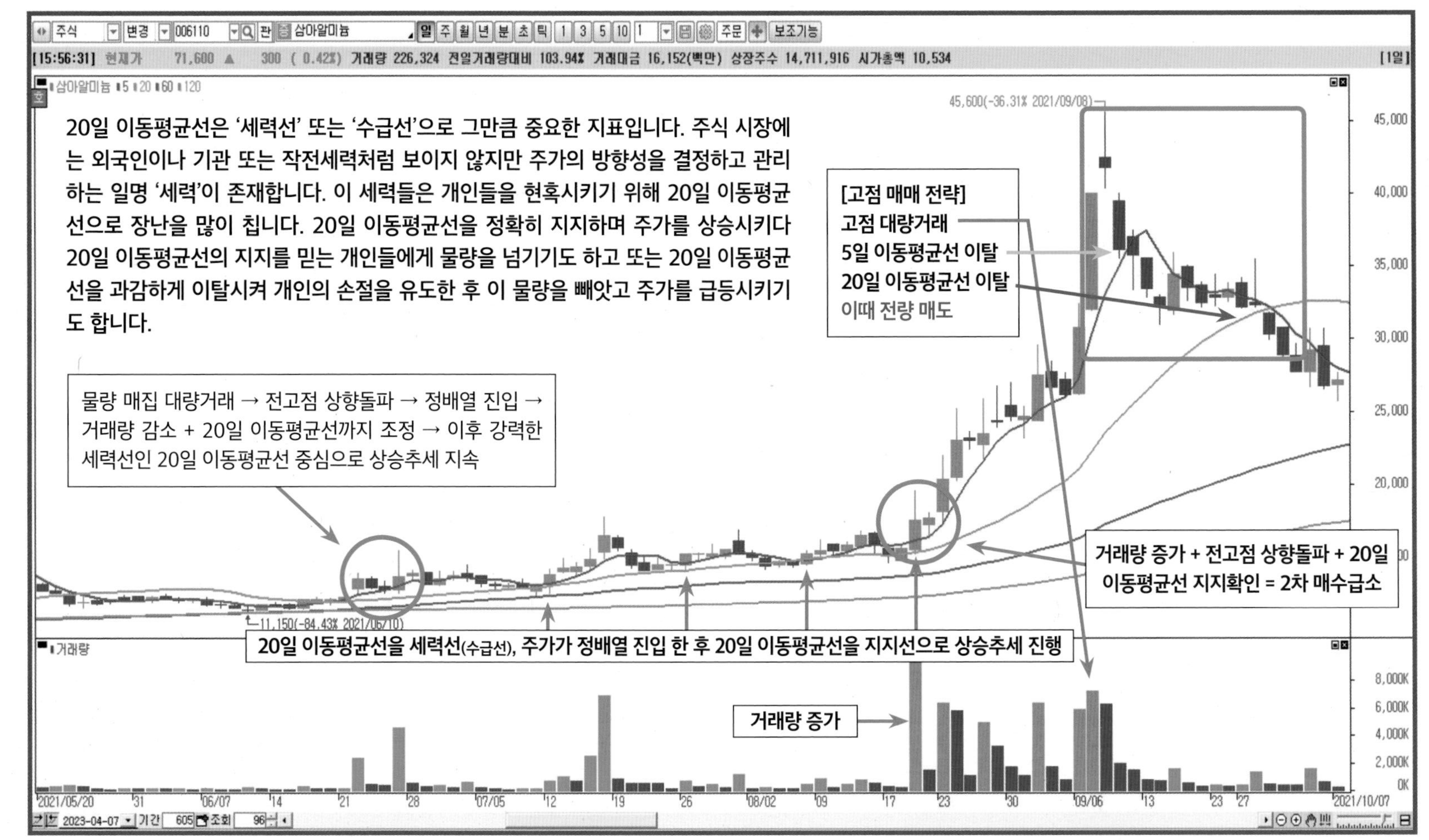

20일 이동평균선은 '세력선' 또는 '수급선'으로 그만큼 중요한 지표입니다. 주식 시장에는 외국인이나 기관 또는 작전세력처럼 보이지 않지만 주가의 방향성을 결정하고 관리하는 일명 '세력'이 존재합니다. 이 세력들은 개인들을 현혹시키기 위해 20일 이동평균선으로 장난을 많이 칩니다. 20일 이동평균선을 정확히 지지하며 주가를 상승시키다 20일 이동평균선의 지지를 믿는 개인들에게 물량을 넘기기도 하고 또는 20일 이동평균선을 과감하게 이탈시켜 개인의 손절을 유도한 후 이 물량을 빼앗고 주가를 급등시키기도 합니다.
물량 매집 대량거래 → 전고점 상향돌파 → 정배열 진입 → 거래량 감소 + 20일 이동평균선까지 조정 → 이후 강력한 세력선인 20일 이동평균선 중심으로 상승추세 지속
[고점 매매 전략]
고점 대량거래
5일 이동평균선 이탈
20일 이동평균선 이탈
이때 전량 매도
거래량 증가 + 전고점 상향돌파 + 20일 이동평균선 지지확인 = 2차 매수급소
20일 이동평균선을 세력선(수급선), 주가가 정배열 진입 한 후 20일 이동평균선을 지지선으로 상승추세 진행
거래량 증가

20일 이동평균선 추세 매매

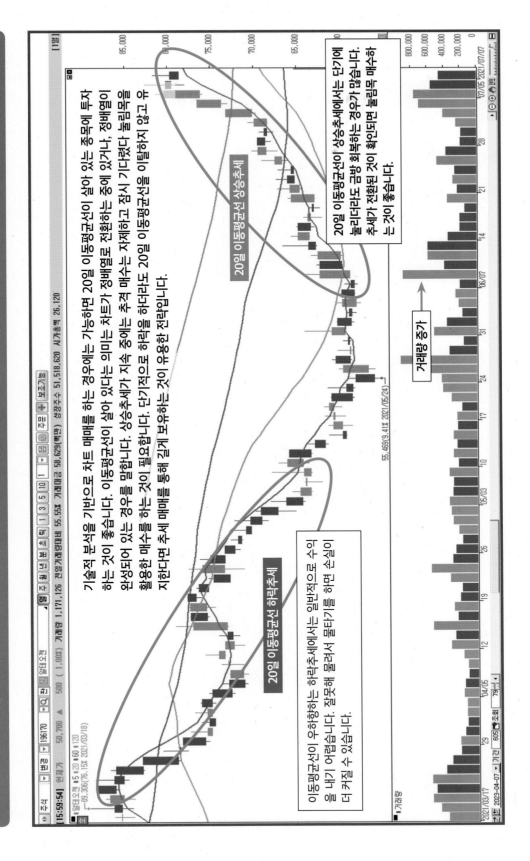

[15:59:54] 현재가 50,700 ▲ 500 (1.00%) 거래량 1,171,126 전일거래량대비 55.55% 거래대금 58,629(백만) 상장주수 51,518,620 시가총액 26,120
알테오젠 5 20 60 120
89,306(76.15% 2021/03/18)
기술적 분석을 기반으로 차트 매매를 하는 경우에는 가능하면 20일 이동평균선이 살아 있는 종목에 투자하는 것이 좋습니다. 이동평균선이 살아 있다는 의미는 차트가 정배열로 전환하는 중에 있거나, 정배열이 완성되어 있는 경우를 말합니다. 상승추세가 지속 중에는 추격 매수는 자제하고 잠시 기다렸다 눌림목을 활용한 매수를 하는 것이 필요합니다. 단기적으로 하락을 하더라도 20일 이동평균선을 이탈하지 않고 유지한다면 추세 매매를 통해 길게 보유하는 것이 유용한 전략입니다.
20일 이동평균선 하락추세
이동평균선이 우하향하는 하락추세에서는 일반적으로 수익을 내기 어렵습니다. 잘못해 물려서 물타기를 하면 손실이 더 커질 수 있습니다.
20일 이동평균선 상승추세
20일 이동평균선이 상승추세에서는 단기에 눌리더라도 금방 회복하는 경우가 많습니다. 추세가 전환된 것이 확인되면 눌림목 매수하는 것이 좋습니다.
55,469(9.41% 2021/05/24)
거래량
거래량 증가
85,000
75,000
70,000
65,000
800,000
600,000
400,000
200,000
2021/03/17
04/05
05/03
06/07
2021/07/07

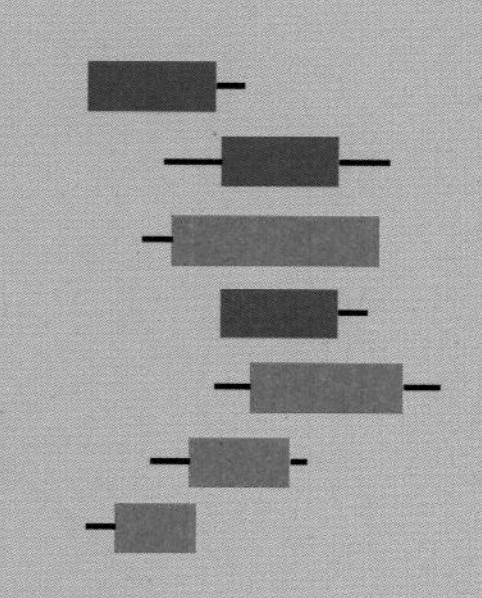

4

추세선 신의 한 수

추세선이란 무엇인가? | 추세선을 정확히 긋는 방법 | 추세 강화와 거래량 변화 | 추세 완화와 거래량 변화
상승추세 매매법 | 하락추세 매매법 | 20일 이동평균선 추세 매매 | 20일 이동평균선 박스권 매매
추세선 돌파 시 매수 | 추세선 이탈 시 매도

추세선이란 무엇인가?

추세선이란 주가가 일정 기간, 일정한 방향으로 움직일 때 적절한 선을 그어서, 추세의 지속과 이탈을 예상하고 주가의 방향을 예측해서 대응전략을 세울 수 있는 선을 말합니다.

주가가 상승하고 있을 때, 추세선의 저점을 연결하면 상승추세선이 됩니다. 주가가 하락하고 있을 때 추세선의 고점을 연결하면 하락추세선이 됩니다.

추세란 특정 종목을 보유하고 있는 투자자들의 심리를 나타내고, 추세선으로 연결할 수 있습니다. 특히 추세선을 정확히 그을 수 있으면, 추세선만으로도 지지와 저항을 찾아 매수와 매도 포인트를 잡을 수 있습니다.

추세선이란 무엇인가?

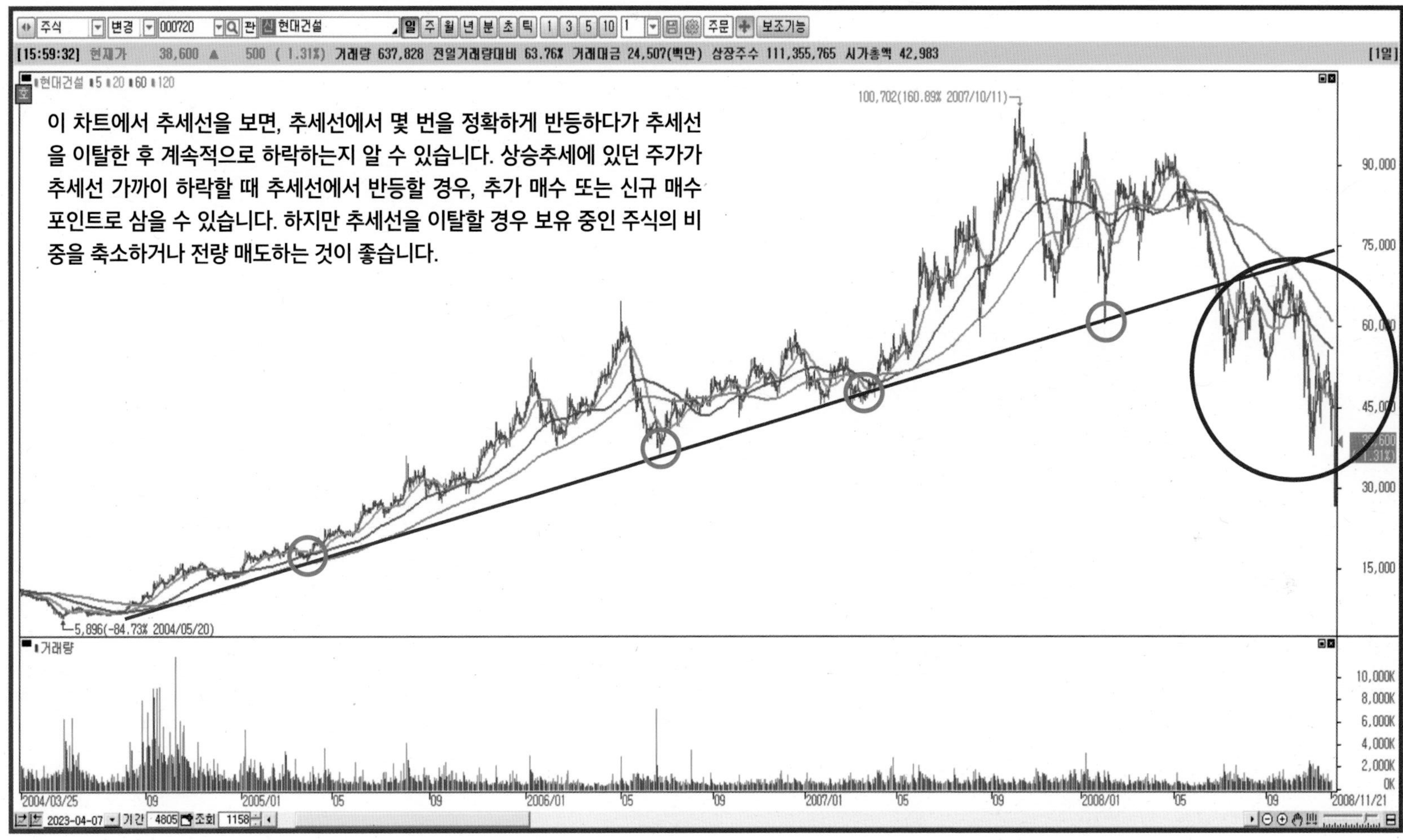
주식 변경 000720 현대건설 일 주 월 년 분 초 틱 1 3 5 10 1 주문 보조기능
[15:59:32] 현재가 38,600 ▲ 500 (1.31%) 거래량 637,828 전일거래량대비 63.76% 거래대금 24,507(백만) 상장주수 111,355,765 시가총액 42,983 [1일]
현대건설 5 20 60 120
100,702(160.89% 2007/10/11)
5,896(-84.73% 2004/05/20)
90,000
75,000
60,000
45,000
30,000
15,000
거래량
10,000K
8,000K
6,000K
4,000K
2,000K
0K
2004/03/25 09 2005/01 05 09 2006/01 05 09 2007/01 05 09 2008/01 05 09 2008/11/21
2023-04-07 기간 4805 조회 1158

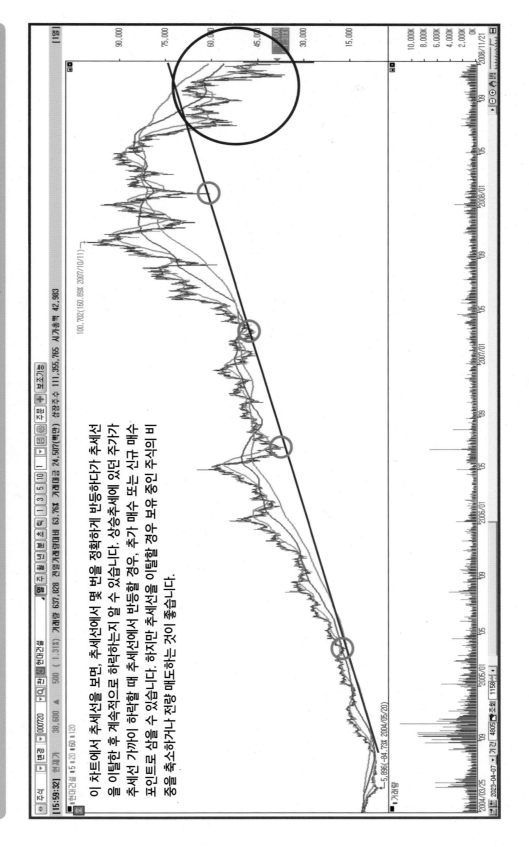

이 차트에서 추세선을 보면, 추세선에서 몇 번을 정확하게 반등하다가 추세선을 이탈한 후 계속적으로 하락하는지 알 수 있습니다. 상승추세에 있던 주가가 추세선 가까이 하락할 때 추세선에서 반등할 경우, 추가 매수 또는 신규 매수 포인트로 삼을 수 있습니다. 하지만 추세선을 이탈할 경우 보유 중인 주식의 비중을 축소하거나 전량 매도하는 것이 좋습니다.

추세선을 정확히 긋는 방법

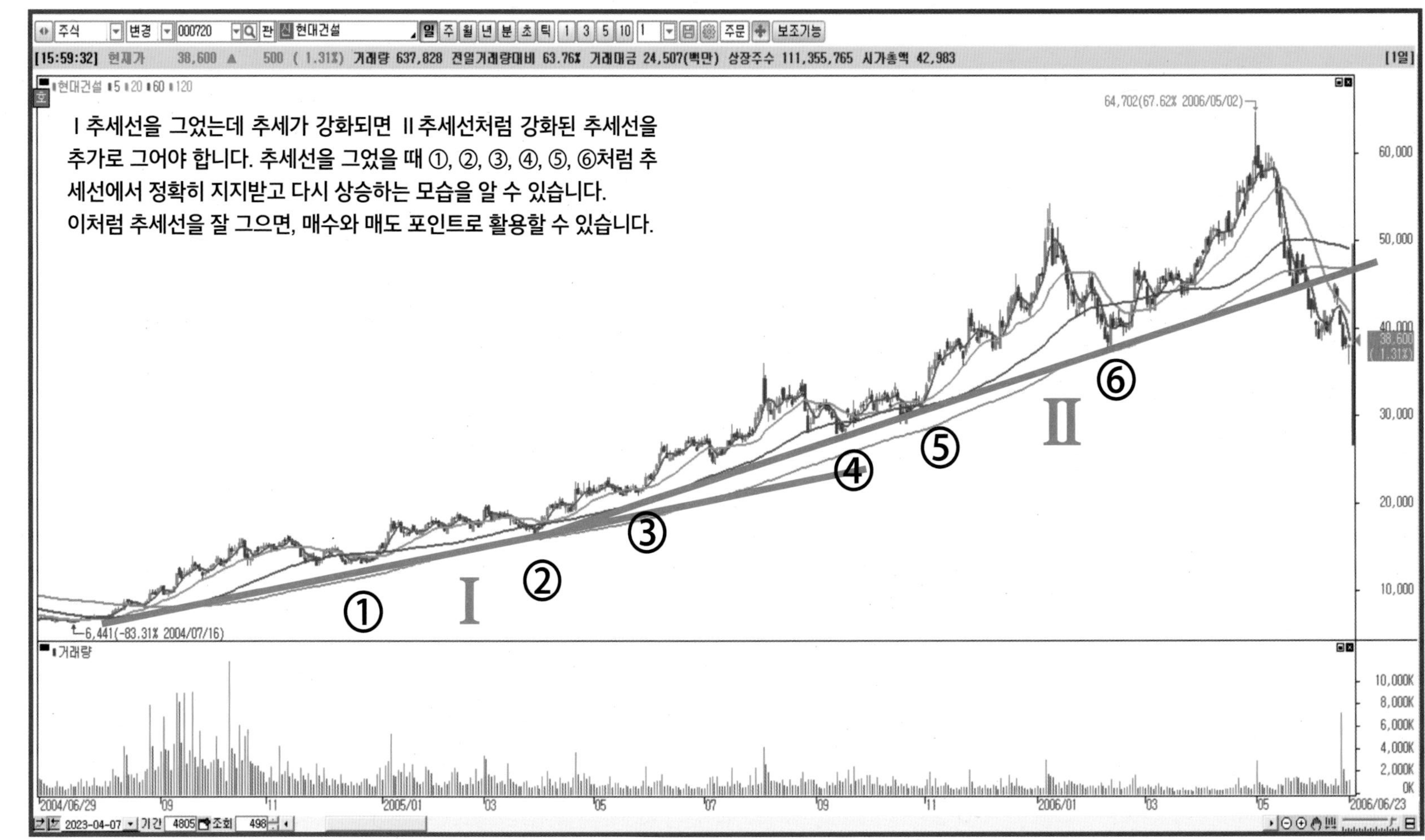

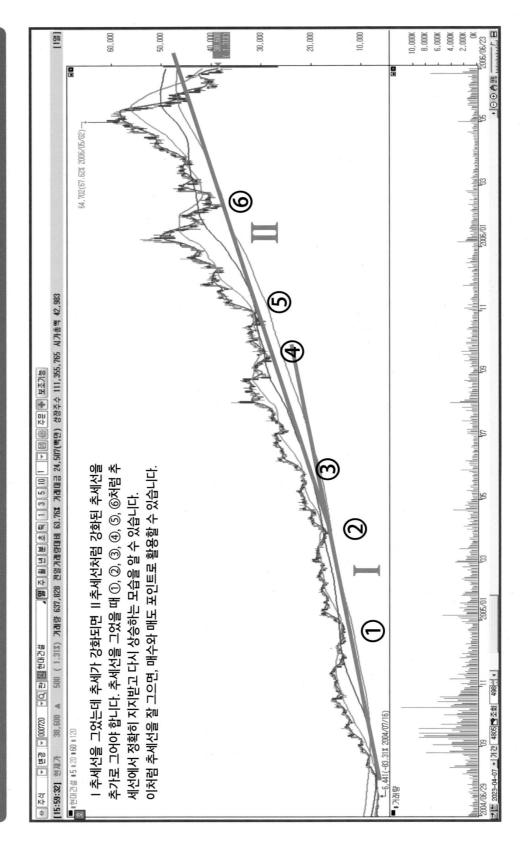

주식 변경 000720 현대건설
[15:59:32] 현재가 38,600 ▲ 500 (1.31%) 거래량 637,828 전일거래량대비 63.76% 거래대금 24,507(백만) 상장주수 111,355,765 시가총액 42,983
[1일]
현대건설 5 20 60 120
Ⅰ추세선을 그었는데 추세가 강화되면 Ⅱ추세선처럼 강화된 추세선을 추가로 그어야 합니다. 추세선을 그었을 때 ①, ②, ③, ④, ⑤, ⑥처럼 추세선에서 정확히 지지받고 다시 상승하는 모습을 알 수 있습니다.
이처럼 추세선을 잘 그으면, 매수와 매도 포인트로 활용할 수 있습니다.
64,702(67.62% 2006/05/02)
6,441(-83.31% 2004/07/16)
Ⅰ
Ⅱ
①
②
③
④
⑤
⑥
60,000
50,000
40,000
30,000
20,000
10,000
거래량
10,000K
8,000K
6,000K
4,000K
2,000K
0K
2004/06/29
2005/01
2006/01
2006/06/23
2023-04-07 기간 4805 조회 498

추세선을 정확히 긋는 방법

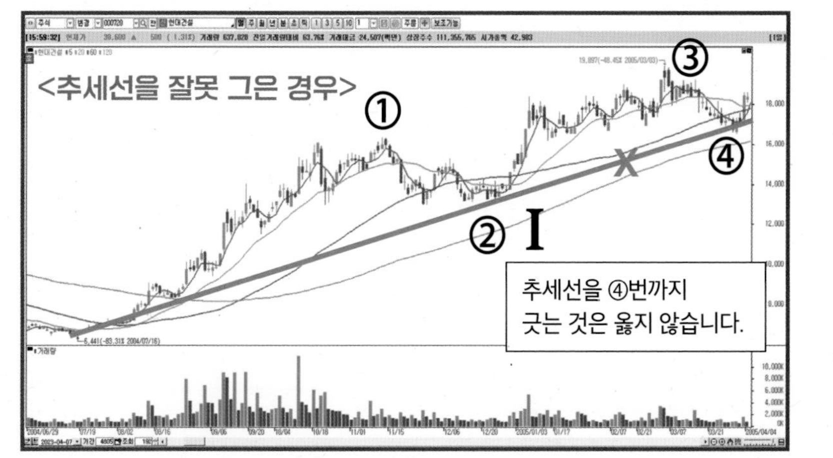

<추세선을 잘못 그은 경우>
①
②
③
④
I
X
추세선을 ④번까지
긋는 것은 옳지 않습니다.

I 번의 추세선의 경우, ④번 위치에서 반등하던 주가가 ③번의 직전 고점을 넘지 않았으니 상승추세가 계속된다고 볼 수 없습니다. 그러므로 추세선을 ④번까지 긋는 것을 잘못된 것입니다. 예를 들어 ④번 부근에서 상승하다 ③번의 고점을 넘지 못하고 하락한다면 하락추세로 전환될 수 있기 때문입니다.

<추세선을 잘 그은 경우>
①
②
③
④
⑤
II
추세선을 ②번까지 긋는 것이
정확하게 추세선을 긋는 방법입니다.

따라서 II 번의 추세선처럼 ②번까지 추세선을 그어야 합니다. 주가가 ⑤번자리가 ①번의 고점을 넘었기 때문에, ②번까지 추세선을 그을 수 있는 것입니다.

추세선을 정확히 긋는 방법

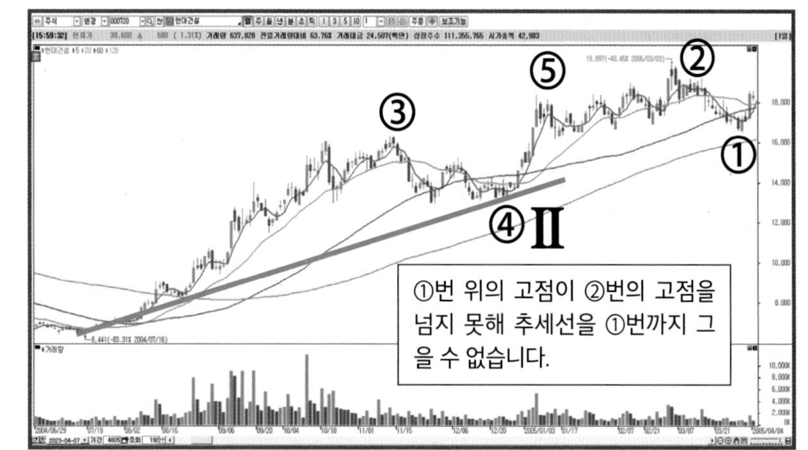
③
⑤
②
①
④Ⅱ
①번 위의 고점이 ②번의 고점을 넘지 못해 추세선을 ①번까지 그을 수 없습니다.

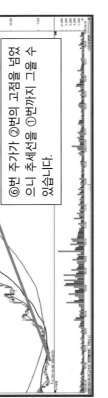

⑥번 주가가 ②번의 고점을 넘었으니 추세선을 ①번까지 그을 수 있습니다.

좌측 차트에서 ②번 고점을 넘지 못했으니 추세선은 ④번까지만 그을 수 있습니다.

우측 차트에서 추세선을 ①번까지 그을 수 있는 것은 ⑥번의 주가가 ②번의 고점을 돌파했기 때문에 이때 비로소 추세선을 ①까지 그을 수 있습니다.

직전 고점을 넘었다는 것은 상승추세가 계속 이어진다는 것을 의미합니다.

추세선을 정확히 긋는 방법

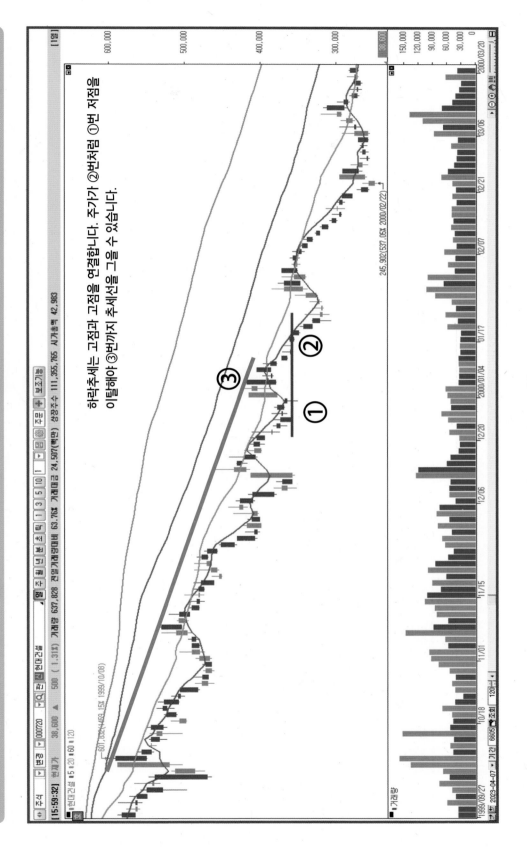

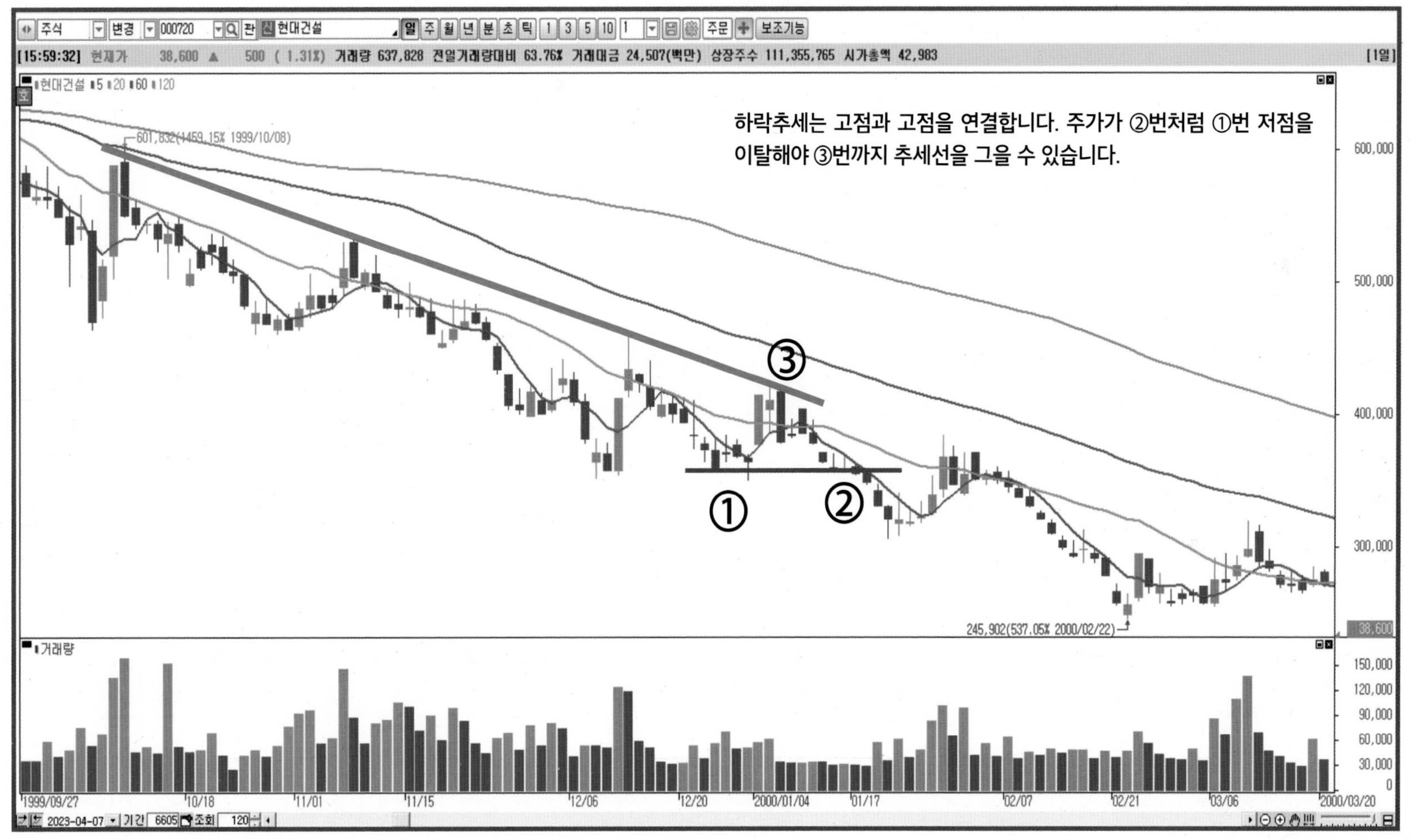
[15:59:32] 현재가 38,600 ▲ 500 (1.31%) 거래량 637,828 전일거래량대비 63.76% 거래대금 24,507(백만) 상장주수 111,355,765 시가총액 42,983
현대건설 5 20 60 120
601,832(1459.15% 1999/10/08)
하락추세는 고점과 고점을 연결합니다. 주가가 ②번처럼 ①번 저점을 이탈해야 ③번까지 추세선을 그을 수 있습니다.
①
②
③
245,902(537.05% 2000/02/22)
600,000
500,000
400,000
300,000
거래량
150,000
120,000
90,000
60,000
30,000
0
1999/09/27
10/18
11/01
11/15
12/06
12/20
2000/01/04
01/17
02/07
02/21
03/06
2000/03/20

추세 강화와 거래량 변화

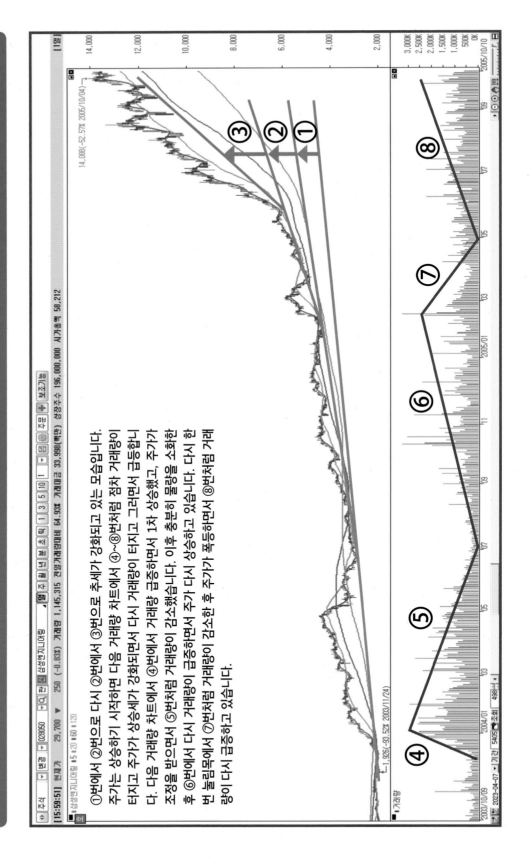

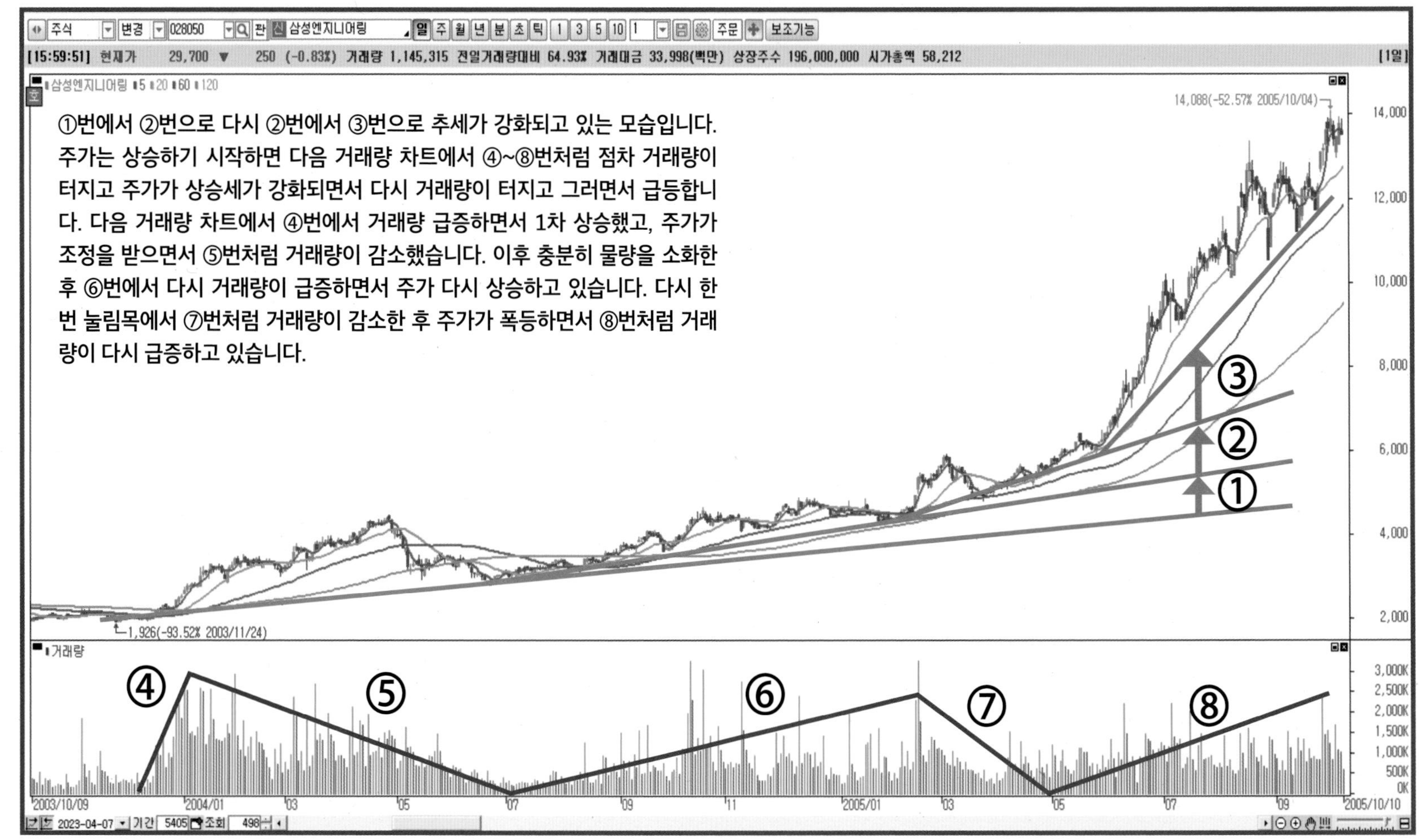
주식 변경 028050 삼성엔지니어링 일 주 월 년 분 초 틱 1 3 5 10 1 주문 보조기능
[15:59:51] 현재가 29,700 ▼ 250 (-0.83%) 거래량 1,145,315 전일거래량대비 64.93% 거래대금 33,998(백만) 상장주수 196,000,000 시가총액 58,212 [1일]
삼성엔지니어링 5 20 60 120
①번에서 ②번으로 다시 ②번에서 ③번으로 추세가 강화되고 있는 모습입니다. 주가는 상승하기 시작하면 다음 거래량 차트에서 ④~⑧번처럼 점차 거래량이 터지고 주가가 상승세가 강화되면서 다시 거래량이 터지고 그러면서 급등합니다. 다음 거래량 차트에서 ④번에서 거래량 급증하면서 1차 상승했고, 주가가 조정을 받으면서 ⑤번처럼 거래량이 감소했습니다. 이후 충분히 물량을 소화한 후 ⑥번에서 다시 거래량이 급증하면서 주가 다시 상승하고 있습니다. 다시 한 번 눌림목에서 ⑦번처럼 거래량이 감소한 후 주가가 폭등하면서 ⑧번처럼 거래량이 다시 급증하고 있습니다.
14,088(-52.57% 2005/10/04)
1,926(-93.52% 2003/11/24)
① ② ③
14,000 12,000 10,000 8,000 6,000 4,000 2,000
거래량
④ ⑤ ⑥ ⑦ ⑧
3,000K 2,500K 2,000K 1,500K 1,000K 500K 0K
2003/10/09 2004/01 03 05 07 09 11 2005/01 03 05 07 09 2005/10/10
2023-04-07 기간 5405 조회 498

추세 완화와 거래량 변화

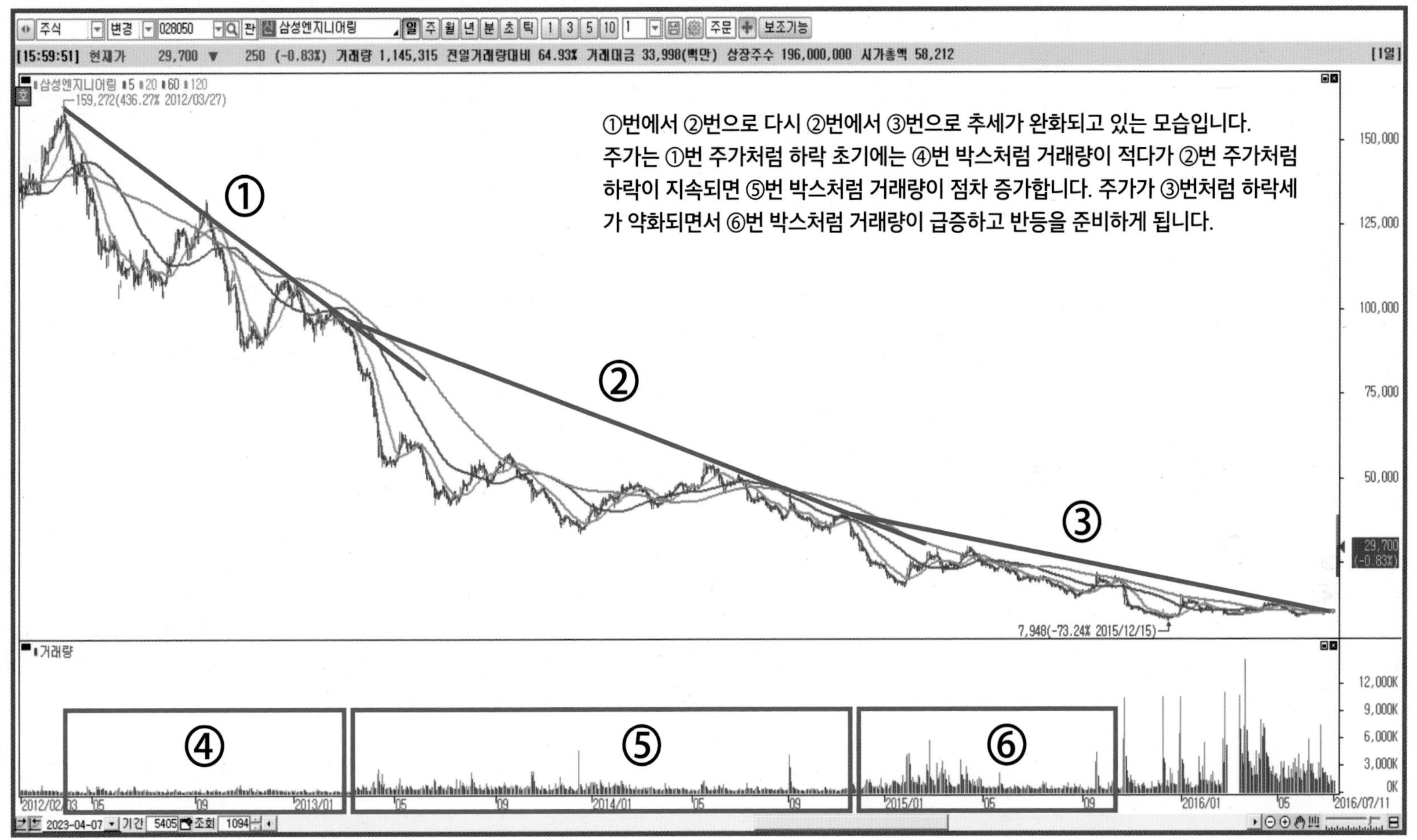

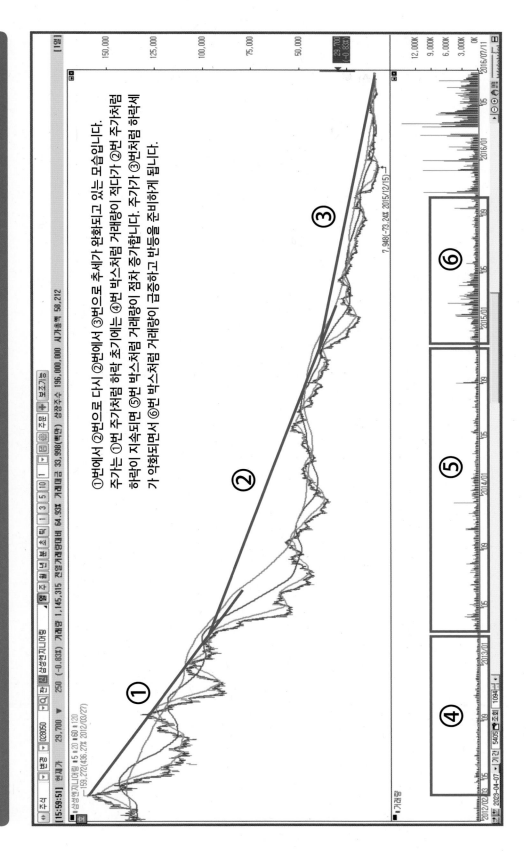

①번에서 ②번으로 다시 ②번에서 ③번으로 추세가 완화되고 있는 모습입니다.
주가는 ①번 주가처럼 하락 초기에는 ④번 박스처럼 거래량이 적다가 ②번 주가처럼 하락이 지속되면 ⑤번 박스처럼 거래량이 점차 증가합니다. 주가가 ③번처럼 하락세가 약화되면서 ⑥번 박스처럼 거래량이 급증하고 반등을 준비하게 됩니다.
①
②
③
④
⑤
⑥
[15:59:51] 현재가 29,700 ▼ 250 (-0.83%) 거래량 1,145,315 전일거래량대비 64.93% 거래대금 33,998(백만) 상장주수 196,000,000 시가총액 58,212
삼성엔지니어링 5 20 60 120
159,272(436.27% 2012/03/27)
7,948(-73.24% 2015/12/15)
거래량
150,000
125,000
100,000
75,000
50,000
29,700 (-0.83%)
12,000K
9,000K
6,000K
3,000K
0K
2012/02
2013/01
2014/01
2015/01
2016/01
2016/07/11

상승추세 매매법

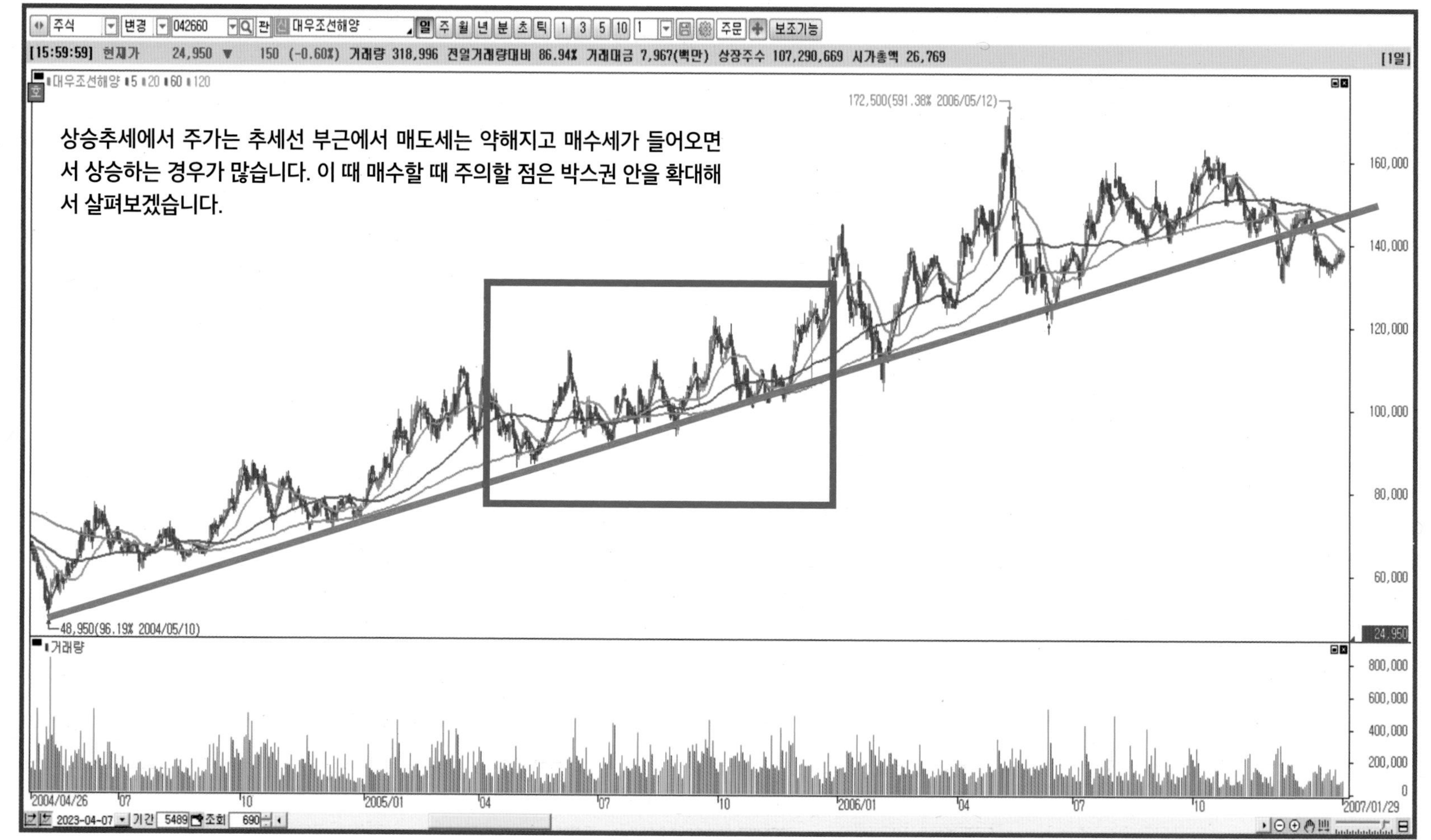

주식 변경 042660 대우조선해양 일 주 월 년 분 초 틱 1 3 5 10 1 주문 보조기능
[15:59:59] 현재가 24,950 ▼ 150 (-0.60%) 거래량 318,996 전일거래량대비 86.94% 거래대금 7,967(백만) 상장주수 107,290,669 시가총액 26,769 [1일]
대우조선해양 5 20 60 120
상승추세에서 주가는 추세선 부근에서 매도세는 약해지고 매수세가 들어오면
서 상승하는 경우가 많습니다. 이 때 매수할 때 주의할 점은 박스권 안을 확대해
서 살펴보겠습니다.
172,500(591.38% 2006/05/12)
48,950(96.19% 2004/05/10)
160,000
140,000
120,000
100,000
80,000
60,000
24,950
거래량
800,000
600,000
400,000
200,000
0
2004/04/26
07
10
2005/01
04
07
10
2006/01
04
07
10
2007/01/29
2023-04-07 기간 5489 조회 690

상승추세 매매법

상승추세 중에 매매할 때는 매수 시 주가가 추세선 부근까지 하락할 때까지 기다렸다가 추세선 부근에서 반등해서 ②번 위치처럼 20일 이동평균선을 돌파할 때 직전 저점인 ①번을 이탈가로 설정합니다. 이렇게 매수하면 손절은 짧고 수익은 길게 끌고 갈 수 있게 됩니다. 만약 보유 중이라면 ③번처럼 20일 이동평균선을 이탈 시, 일부를 매도합니다. 추세선을 완전히 이탈할 경우 매도하지만, 일시적 이탈은 좀 더 여유를 가지고 지켜봐야 합니다. 이때 역시 ④번처럼 20일 이동평균선을 다시 돌파할 때 위에서 매도한 만큼 재매수를 하면 됩니다.

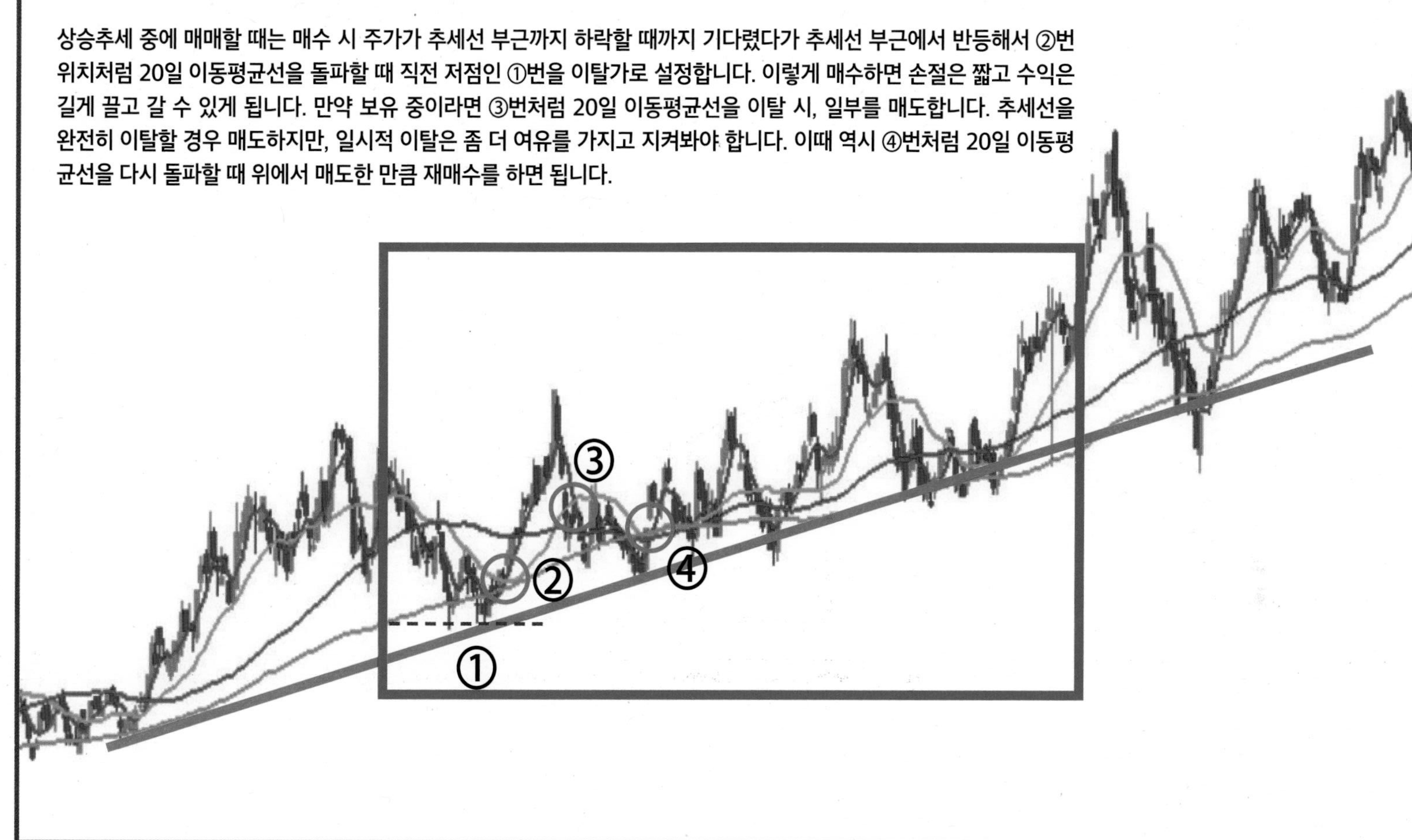
③
②
④
①

하락추세 매매법

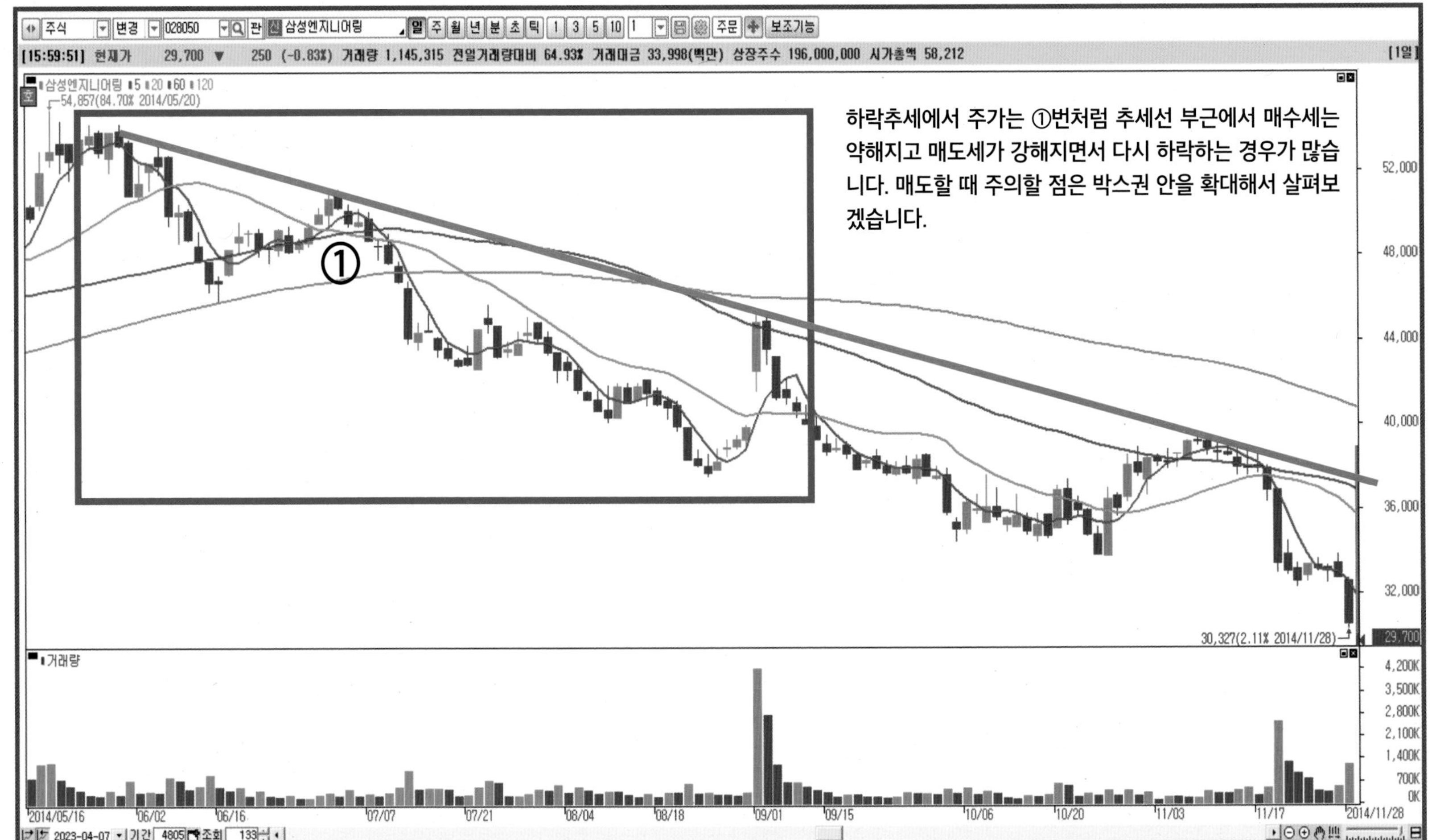

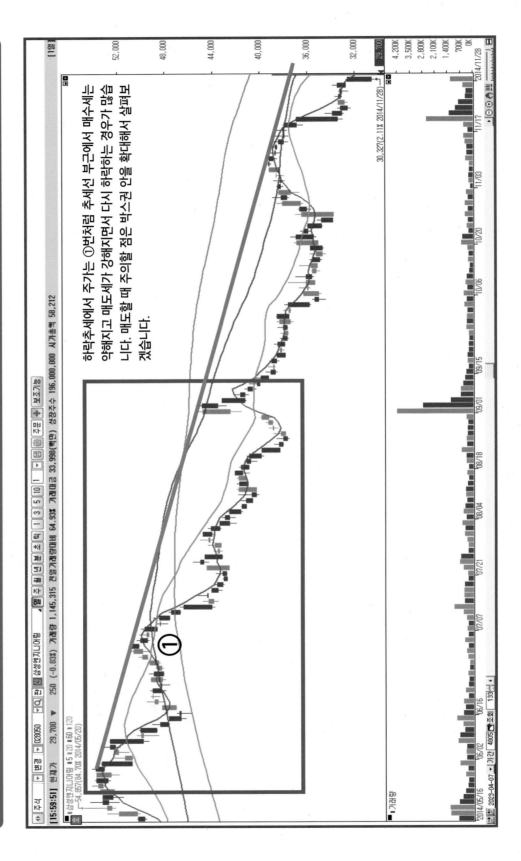

주식 변경 028050 삼성엔지니어링 일 주 월 년 분 초 틱 1 3 5 10 주문 보조기능
[15:59:51] 현재가 29,700 ▼ 250 (-0.83%) 거래량 1,145,315 전일거래량대비 64.93% 거래대금 33,998(백만) 상장주수 196,000,000 시가총액 58,212 [1일]
삼성엔지니어링 5 20 60 120
54,857(84.70% 2014/05/20)
하락추세에서 주가는 ①번처럼 추세선 부근에서 매수세는 약해지고 매도세가 강해지면서 다시 하락하는 경우가 많습니다. 매도할 때 주의할 점은 박스권 안을 확대해서 살펴보겠습니다.
①
52,000
48,000
44,000
40,000
36,000
32,000
29,700
30,327(2.11% 2014/11/28)
거래량
4,200K
3,500K
2,800K
2,100K
1,400K
700K
0K
2014/05/16
06/02
06/16
07/07
07/21
08/04
08/18
09/01
09/15
10/06
10/20
11/03
11/17
2014/11/28
2023-04-07 기간 4805 조회 133

하락추세 매매법

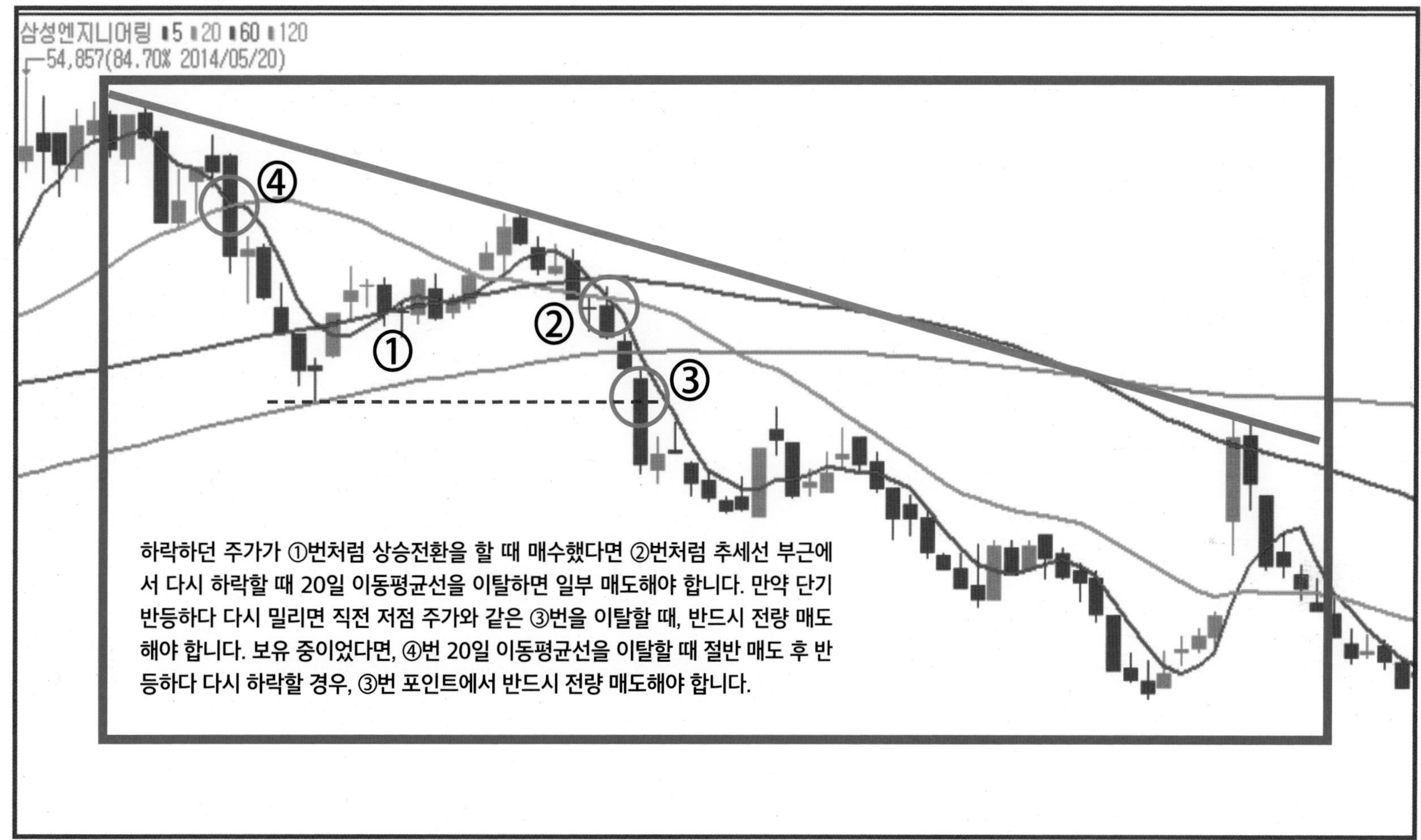
삼성엔지니어링 5 20 60 120
54,857(84.70% 2014/05/20)
④
①
②
③

하락하던 주가가 ①번처럼 상승전환을 할 때 매수했다면 ②번처럼 추세선 부근에서 다시 하락할 때 20일 이동평균선을 이탈하면 일부 매도해야 합니다. 만약 단기 반등하다 다시 밀리면 직전 저점 주가와 같은 ③번을 이탈할 때, 반드시 전량 매도해야 합니다. 보유 중이었다면, ④번 20일 이동평균선을 이탈할 때 절반 매도 후 반등하다 다시 하락할 경우, ③번 포인트에서 반드시 전량 매도해야 합니다.

20일 이동평균선 추세 매매

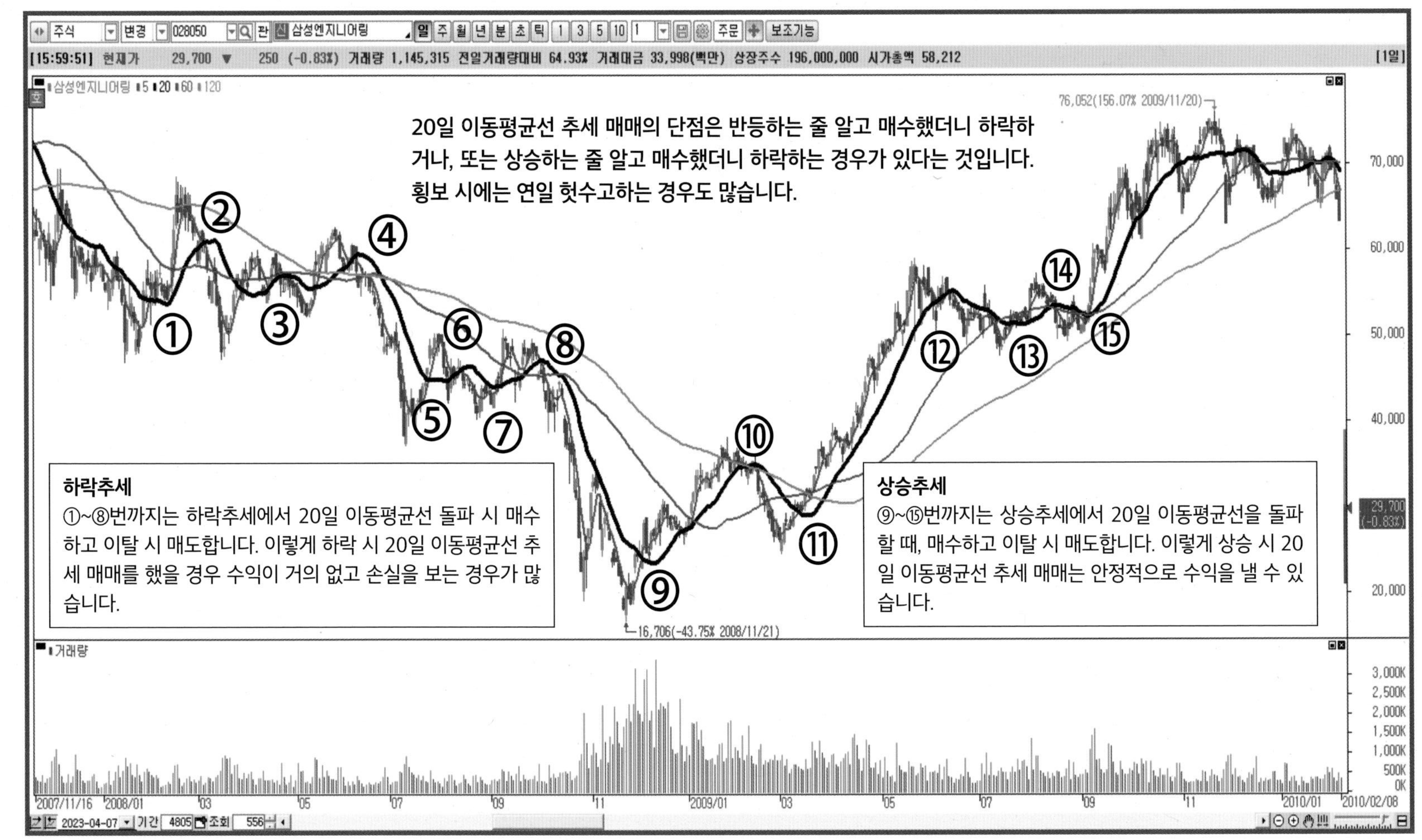

[15:59:51] 현재가 29,700 ▼ 250 (-0.83%) 거래량 1,145,315 전일거래량대비 64.93% 거래대금 33,998(백만) 상장주수 196,000,000 시가총액 58,212
삼성엔지니어링 5 20 60 120
20일 이동평균선 추세 매매의 단점은 반등하는 줄 알고 매수했더니 하락하거나, 또는 상승하는 줄 알고 매수했더니 하락하는 경우가 있다는 것입니다. 횡보 시에는 연일 헛수고하는 경우도 많습니다.
76,052(156.07% 2009/11/20)
16,706(-43.75% 2008/11/21)
①
②
③
④
⑤
⑥
⑦
⑧
⑨
⑩
⑪
⑫
⑬
⑭
⑮
하락추세
①~⑧번까지는 하락추세에서 20일 이동평균선 돌파 시 매수하고 이탈 시 매도합니다. 이렇게 하락 시 20일 이동평균선 추세 매매를 했을 경우 수익이 거의 없고 손실을 보는 경우가 많습니다.
상승추세
⑨~⑮번까지는 상승추세에서 20일 이동평균선을 돌파할 때, 매수하고 이탈 시 매도합니다. 이렇게 상승 시 20일 이동평균선 추세 매매는 안정적으로 수익을 낼 수 있습니다.
70,000
60,000
50,000
40,000
20,000
거래량
3,000K
2,500K
2,000K
1,500K
1,000K
500K
0K
2007/11/16
2008/01
2009/01
2010/01
2010/02/08

20일 이동평균선 박스권 매매

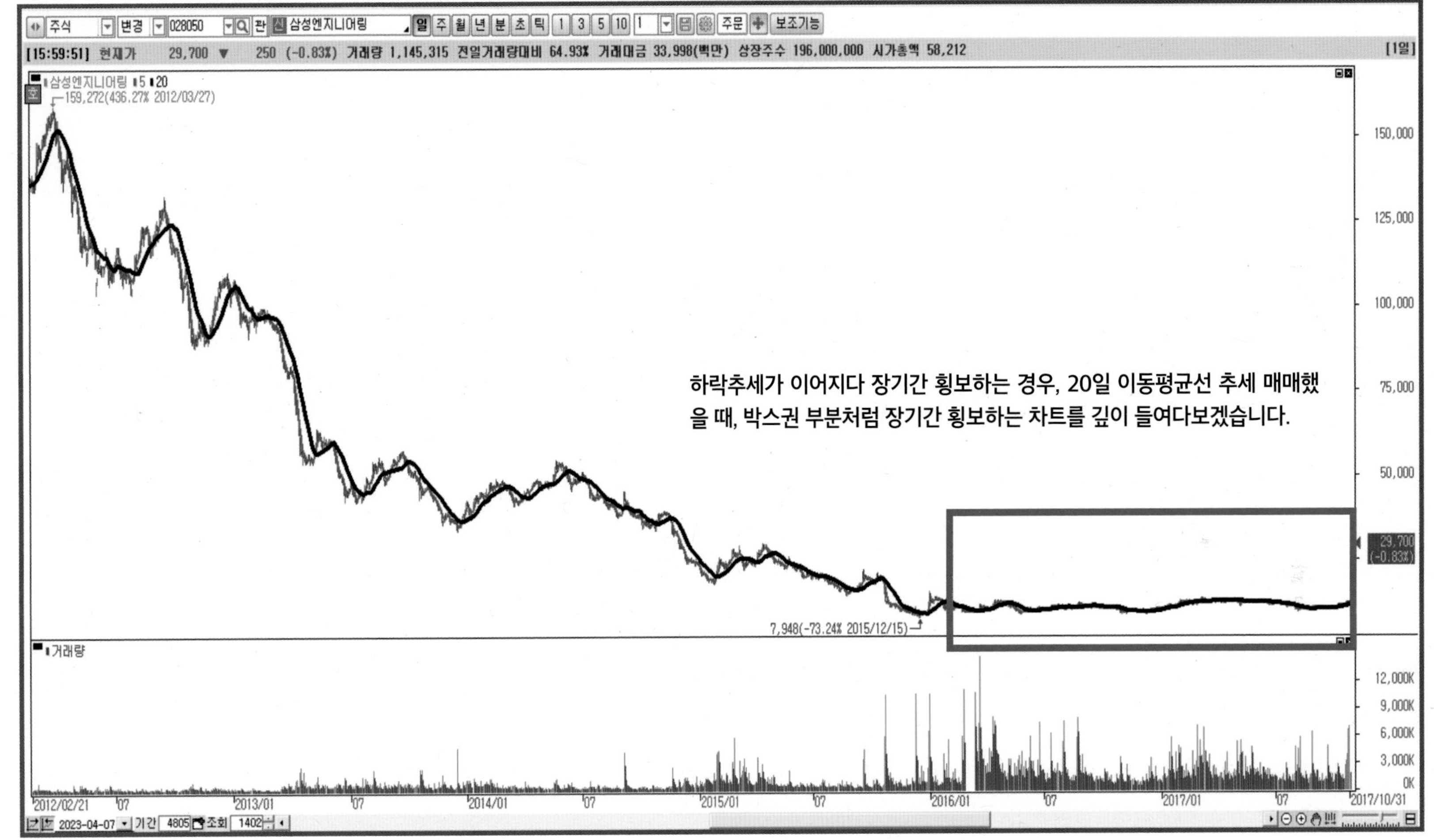

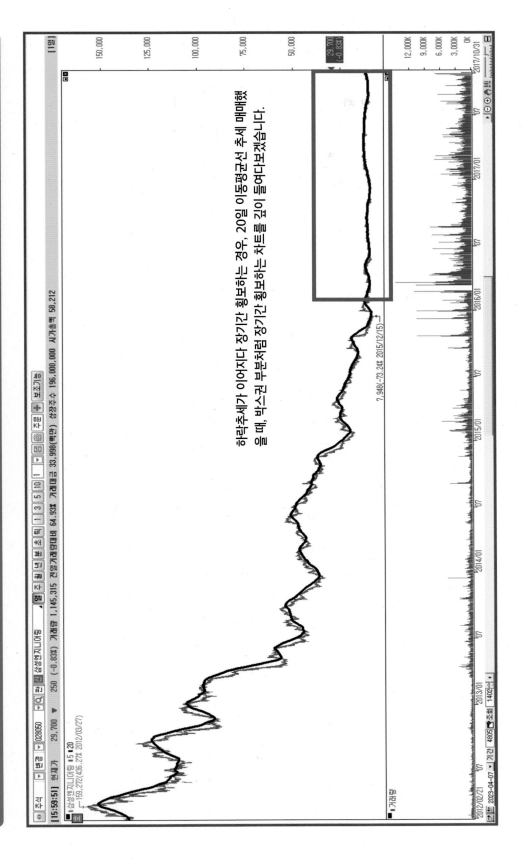

주식 변경 028050 삼성엔지니어링 일 주 월 년 분 초 틱 1 3 5 10 1 주문 보조기능
[15:59:51] 현재가 29,700 ▼ 250 (-0.83%) 거래량 1,145,315 전일거래량대비 64.93% 거래대금 33,998(백만) 상장주수 196,000,000 시가총액 58,212
[1일]
삼성엔지니어링 5 20
159,272(436.27% 2012/03/27)
150,000
125,000
100,000
75,000
50,000
29,700 (-0.83%)
하락추세가 이어지다 장기간 횡보하는 경우, 20일 이동평균선 추세 매매했을 때, 박스권 부분처럼 장기간 횡보하는 차트를 깊이 들여다보겠습니다.
7,948(-73.24% 2015/12/15)
거래량
12,000K
9,000K
6,000K
3,000K
0K
2012/02/21 07 2013/01 07 2014/01 07 2015/01 07 2016/01 07 2017/01 07 2017/10/31
2023-04-07 기간 4805 조회 1402

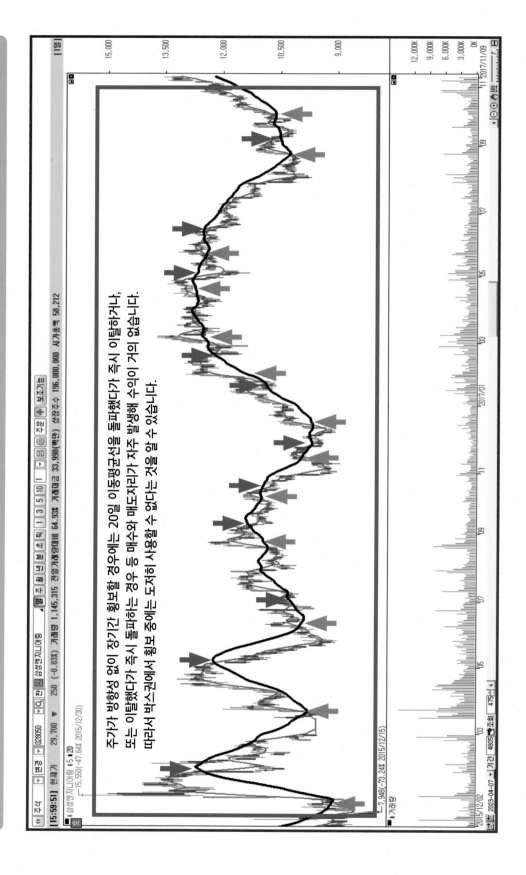

20일 이동평균선 박스권 매매

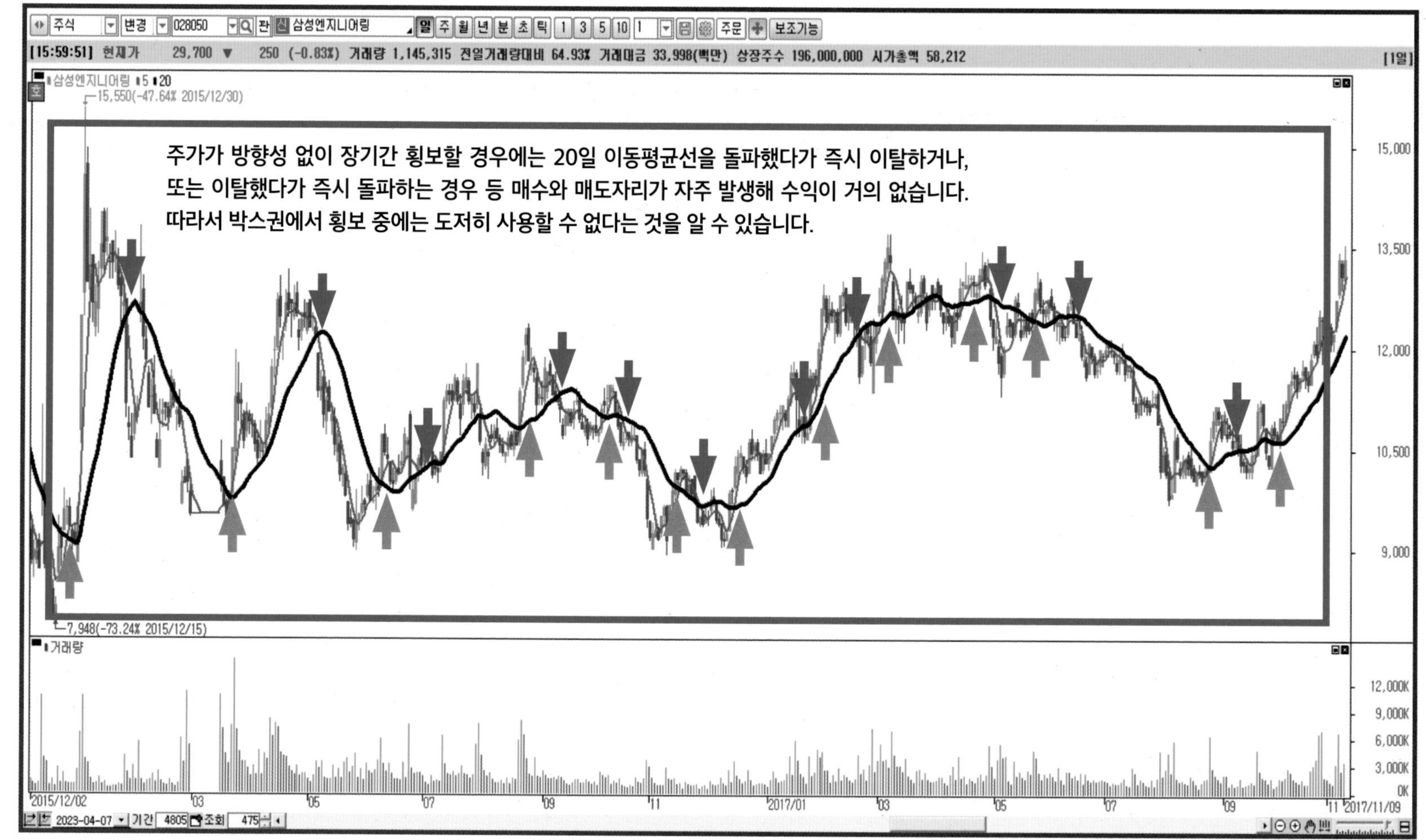
[15:59:51] 현재가 29,700 ▼ 250 (-0.83%) 거래량 1,145,315 전일거래량대비 64.93% 거래대금 33,998(백만) 상장주수 196,000,000 시가총액 58,212
삼성엔지니어링 5 20
15,550(-47.64% 2015/12/30)
7,948(-73.24% 2015/12/15)
주가가 방향성 없이 장기간 횡보할 경우에는 20일 이동평균선을 돌파했다가 즉시 이탈하거나,
또는 이탈했다가 즉시 돌파하는 경우 등 매수와 매도자리가 자주 발생해 수익이 거의 없습니다.
따라서 박스권에서 횡보 중에는 도저히 사용할 수 없다는 것을 알 수 있습니다.
15,000
13,500
12,000
10,500
9,000
거래량
12,000K
9,000K
6,000K
3,000K
0K
2015/12/02
2017/01
2017/11/09

추세선 돌파 시 매수

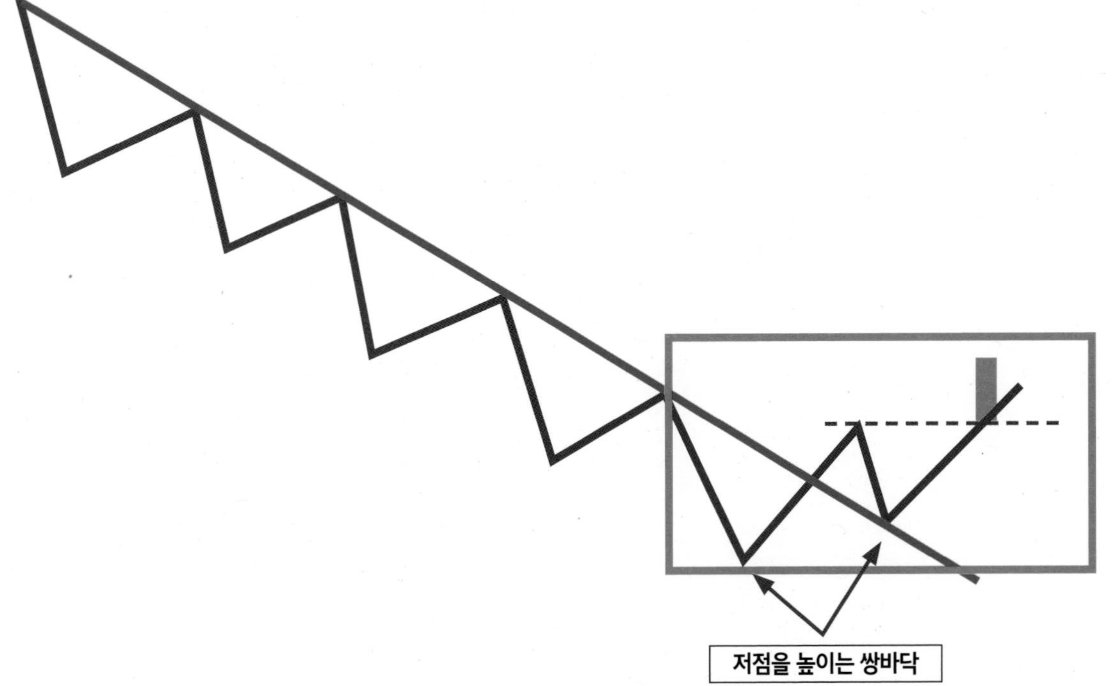
저점을 높이는 쌍바닥

오랫동안 하락하던 주가가 하락추세가 완만해지다 마침내 하락 추세선을 돌파해 매수할 때 중요한 사전 체크 포인트를 말씀드리겠습니다. 반드시 저점을 높이는 쌍바닥을 만들고 추세선을 돌파할 때 매수하면 성공 가능성이 높습니다.

물론 시황을 정확히 안다면 그전에 매수할 수 있지만, 본인이 초보자라면 반드시 쌍바닥을 확인한 후 매수해야 합니다. 그러면 성공 확률이 훨씬 높아질 것입니다.

추세선 돌파 시 매수

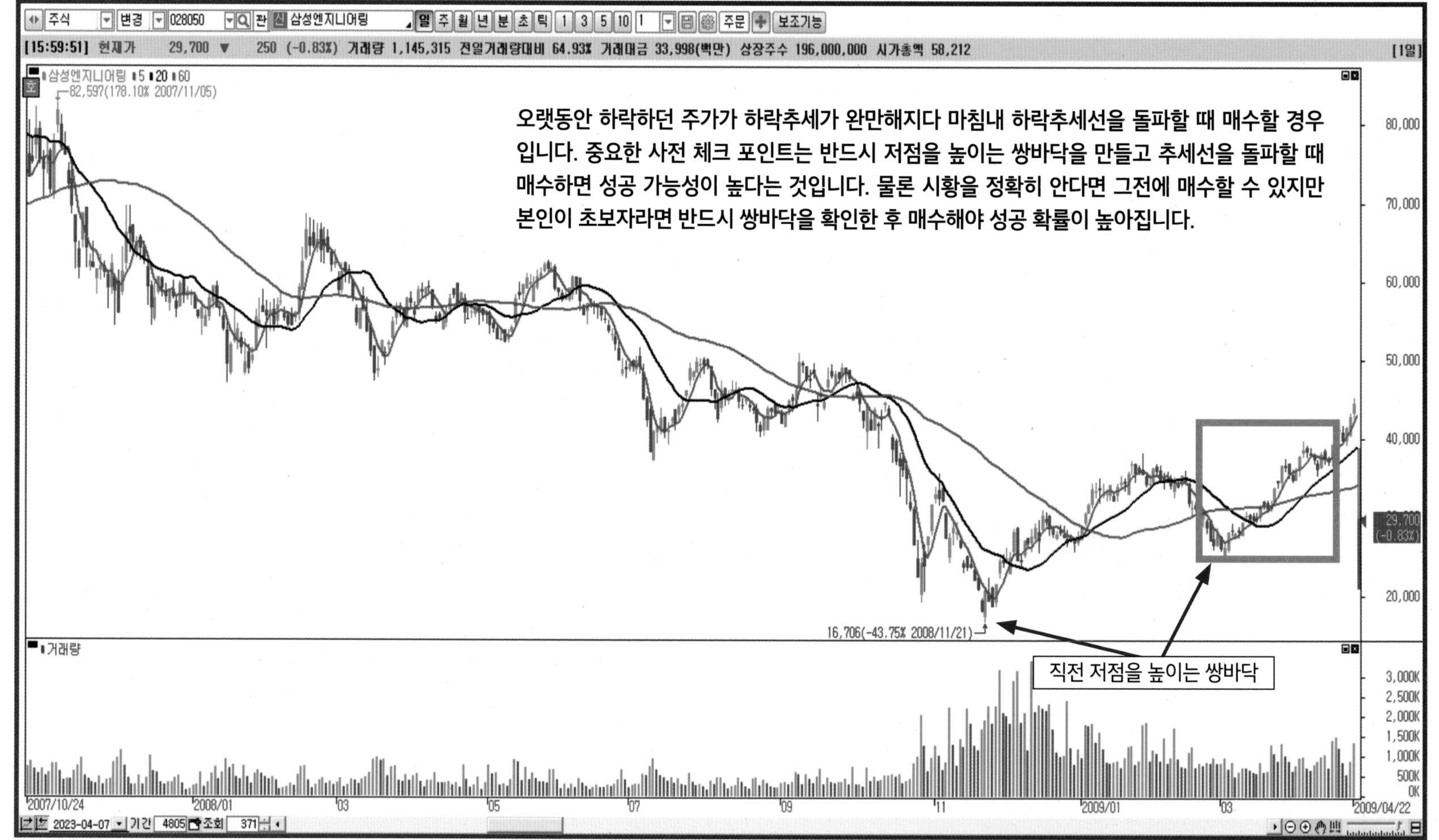

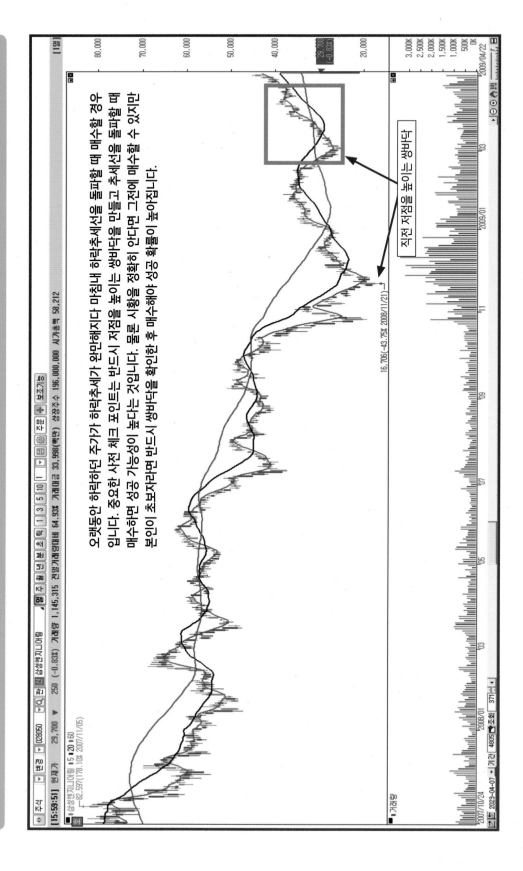

주식 변경 028050 삼성엔지니어링 일 주 월 년 분 초 틱 1 3 5 10 1 주문 보조기능
[15:59:51] 현재가 29,700 ▼ 250 (-0.83%) 거래량 1,145,315 전일거래량대비 64.93% 거래대금 33,998(백만) 상장주수 196,000,000 시가총액 58,212
[1일]
삼성엔지니어링 5 20 60
82,597(178.10% 2007/11/05)
오랫동안 하락하던 주가가 하락추세가 완만해지다 마침내 하락추세선을 돌파할 때 매수할 경우 입니다. 중요한 사전 체크 포인트는 반드시 저점을 높이는 쌍바닥을 만들고 추세선을 돌파할 때 매수하면 성공 가능성이 높다는 것입니다. 물론 시황을 정확히 안다면 그전에 매수할 수 있지만 본인이 초보자라면 반드시 쌍바닥을 확인한 후 매수해야 성공 확률이 높아집니다.
80,000
70,000
60,000
50,000
40,000
29,700 (-0.83%)
20,000
16,706(-43.75% 2008/11/21)
직전 저점을 높이는 쌍바닥
거래량
3,000K
2,500K
2,000K
1,500K
1,000K
500K
0K
2007/10/24
2008/01
03
05
07
09
11
2009/01
03
2009/04/22
2023-04-07 기간 4805 조회 371

추세선 돌파 시 매수

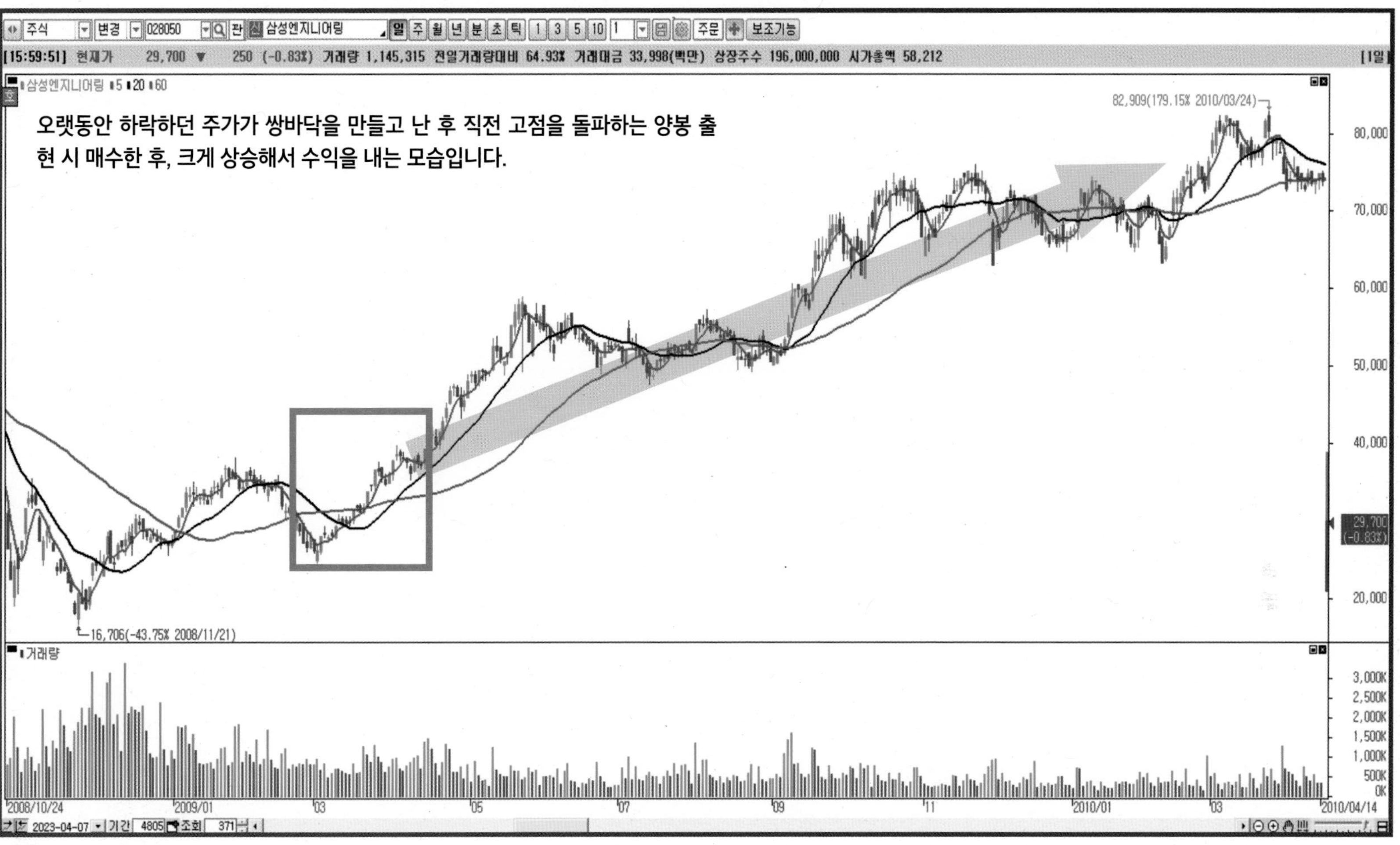

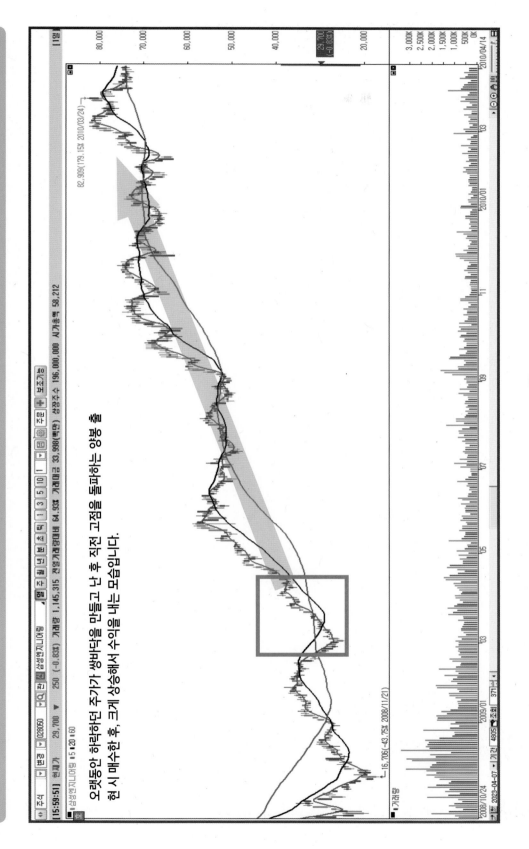

주식 변경 028050 판 삼성엔지니어링 일 주 월 년 분 초 틱 1 3 5 10 1 주문 보조기능
[15:59:51] 현재가 29,700 ▼ 250 (-0.83%) 거래량 1,145,315 전일거래량대비 64.93% 거래대금 33,998(백만) 상장주수 196,000,000 시가총액 58,212
[1일]
삼성엔지니어링 5 20 60
오랫동안 하락하던 주가가 쌍바닥을 만들고 난 후 직전 고점을 돌파하는 양봉 출현 시 매수한 후, 크게 상승해서 수익을 내는 모습입니다.
82,909(179.15% 2010/03/24)
16,706(-43.75% 2008/11/21)
80,000
70,000
60,000
50,000
40,000
29,700 (-0.83%)
20,000
거래량
3,000K
2,500K
2,000K
1,500K
1,000K
500K
0K
2008/10/24
2009/01
03
05
07
09
11
2010/01
03
2010/04/14
2023-04-07 기간 4805 조회 371

추세선 이탈 시 매도

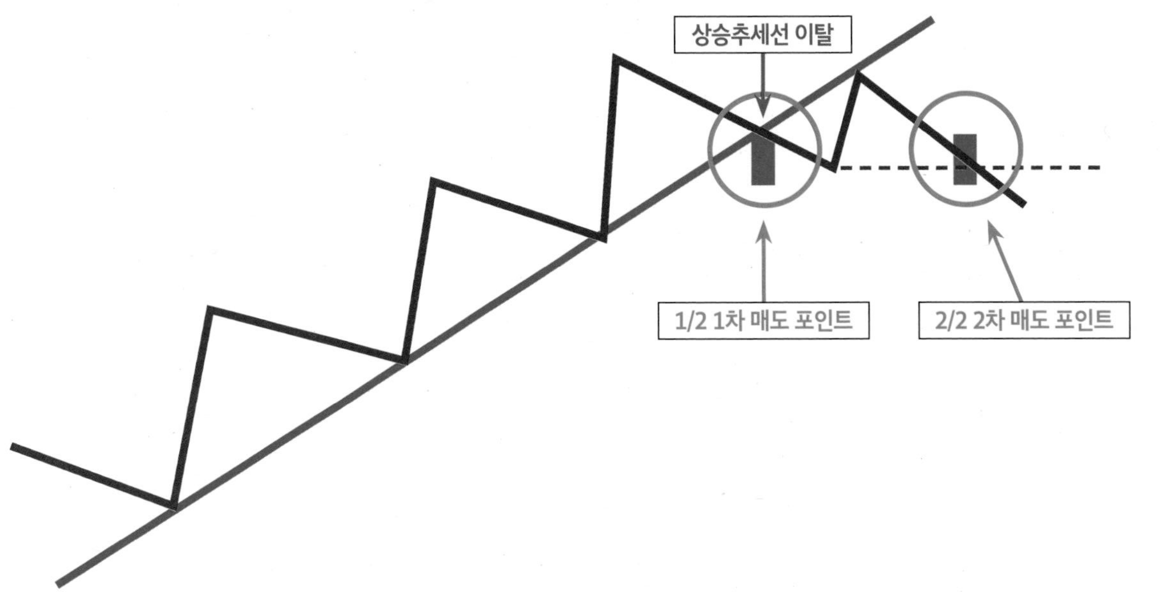
상승추세선 이탈
1/2 1차 매도 포인트
2/2 2차 매도 포인트

오랫동안 상승하던 주가가 상승각도가 완만해지며 힘이 빠집니다.

상승추세선을 이탈할 경우 잠시 기다리면 높은 확률로 기술적 반등이 나옵니다.

이때 직전 고점을 돌파하지 못하고 다시 하락할 경우, 직전 저점을 이탈할 때 반드시 전량 매도해야 합니다.

상승추세선 이탈 후 기술적 반등이 나오지 않는 경우도 간혹 있으니, 이때 1/3정도 비중을 축소하는 것이 좋을 듯합니다.

추세선 이탈 시 매도

주식 변경 028050 삼성엔지니어링
[15:59:51] 현재가 29,700 ▼ 250 (-0.83%) 거래량 1,145,315 전일거래량대비 64.93% 거래대금 33,998(백만) 상장주수 196,000,000 시가총액 58,212
[1일]
삼성엔지니어링 5 20 60
175,168(489.79% 2011/07/22)
59,345(99.81% 2010/05/07)
160,000
140,000
120,000
100,000
80,000
60,000
29,700
거래량
1,500K
1,200K
900K
600K
300K
0K
2010/02/11
05
07
09
11
2011/01
03
05
07
09
11
2012/01/19
2023-04-07 기간 4805 조회 485
상승추세 중에 추세선을 이탈할 때 매도하는 경우입니다. 중요한 사전 체크 포인트는 20일 이동평균선을 이탈하고 기술적 반등이 나올 때, 직전 고점을 돌파하지 못하고 박스 부분처럼 추세선을 이탈한다면 반드시 매도해야 한다는 것입니다.

추세선 이탈 시 매도

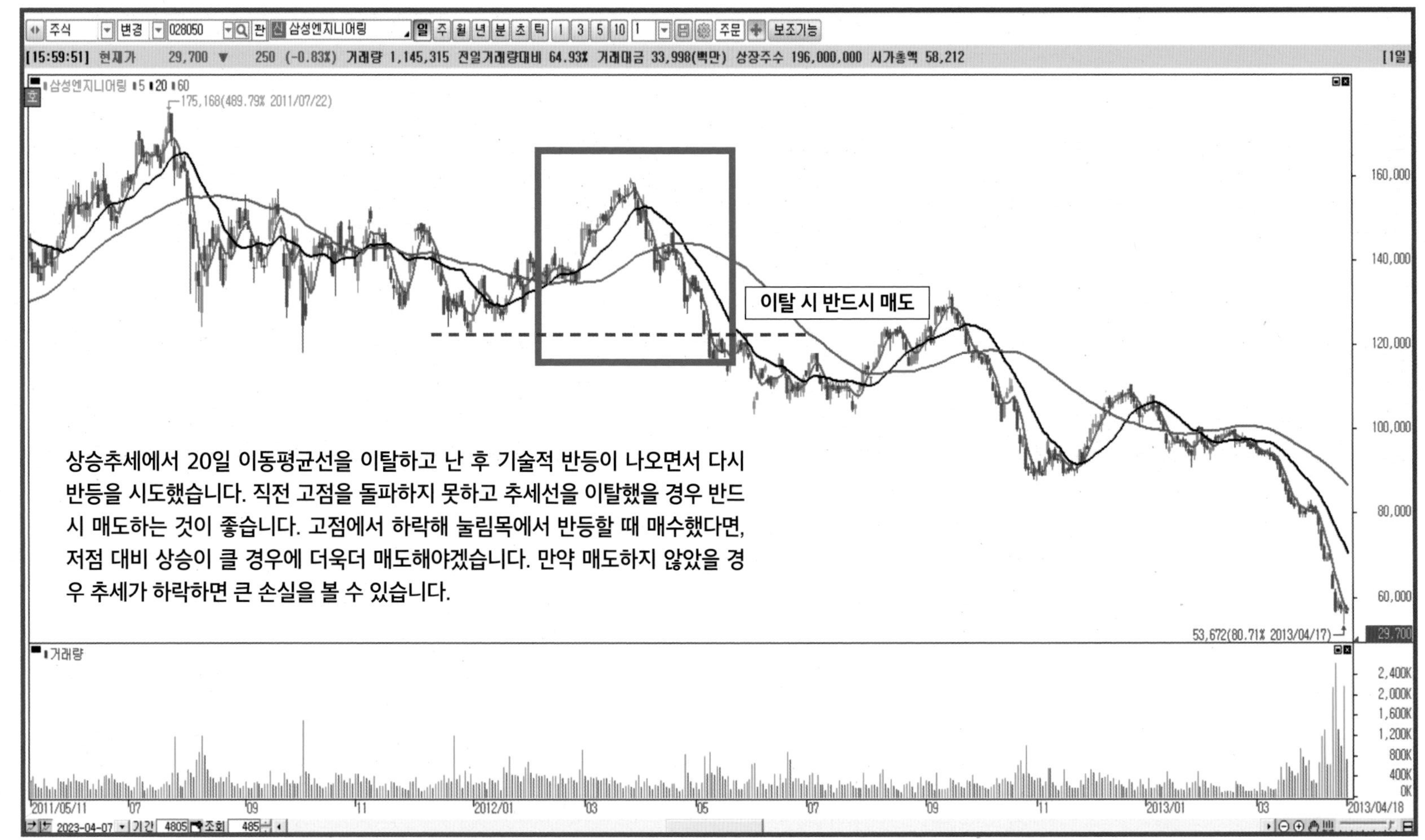
주식 변경 028050 삼성엔지니어링 일 주 월 년 분 초 틱 1 3 5 10 주문 보조기능
[15:59:51] 현재가 29,700 ▼ 250 (-0.83%) 거래량 1,145,315 전일거래량대비 64.93% 거래대금 33,998(백만) 상장주수 196,000,000 시가총액 58,212 [1일]
삼성엔지니어링 5 20 60
175,168(489.79% 2011/07/22)
이탈 시 반드시 매도
상승추세에서 20일 이동평균선을 이탈하고 난 후 기술적 반등이 나오면서 다시 반등을 시도했습니다. 직전 고점을 돌파하지 못하고 추세선을 이탈했을 경우 반드시 매도하는 것이 좋습니다. 고점에서 하락해 눌림목에서 반등할 때 매수했다면, 저점 대비 상승이 클 경우에 더욱더 매도해야겠습니다. 만약 매도하지 않았을 경우 추세가 하락하면 큰 손실을 볼 수 있습니다.
160,000
140,000
120,000
100,000
80,000
60,000
53,672(80.71% 2013/04/17)
29,700
거래량
2,400K
2,000K
1,600K
1,200K
800K
400K
0K
2011/05/11
07
09
11
2012/01
03
05
07
09
11
2013/01
03
2013/04/18
2023-04-07 기간 4805 조회 485

5

반전일, 반전율 신의 한 수

반전일 이해 | 하락 반전일 매매 1 | 하락 반전일 매매 2 | 상승 반전일 매매 1 | 상승 반전일 매매 2
반전율 이해 | 반전율 종류 | 반전율 예시 1 | 반전율 예시 2 | 반전율 예시 3 | 반전율 예시 4
고점 대비 62% 하락 후 반전해 급등하는 차트 | 반전율 예시 5 - 테슬라

반전일 이해

반전일이란?

어느 특정일에 새로운 고가 또는 새로운 저가를 형성한 후 추세가 반대로 바뀌는 것을 '반전일'이라고 합니다.

반전일 발생의 특징

- 많이 상승한 상태에서 대량거래가 터질 경우 하락으로 반전할 가능성이 매우 높습니다. 반대로 많이 하락한 상태에서 대량거래가 터질 경우 상승으로 반전할 가능성 역시 매우 높습니다.
- 하루 이틀 사이에 급격히 발생합니다.
- 대량거래가 터질 때 신뢰도가 높아집니다.
- 많이 상승하거나 많이 하락한 곳에서 나타나야 의미가 있습니다.
- 고점에서 하락 반전은 급격히 일어나지만, 저점에서 상승 반전은 완만히 일어납니다.

하락 반전일 매매 1

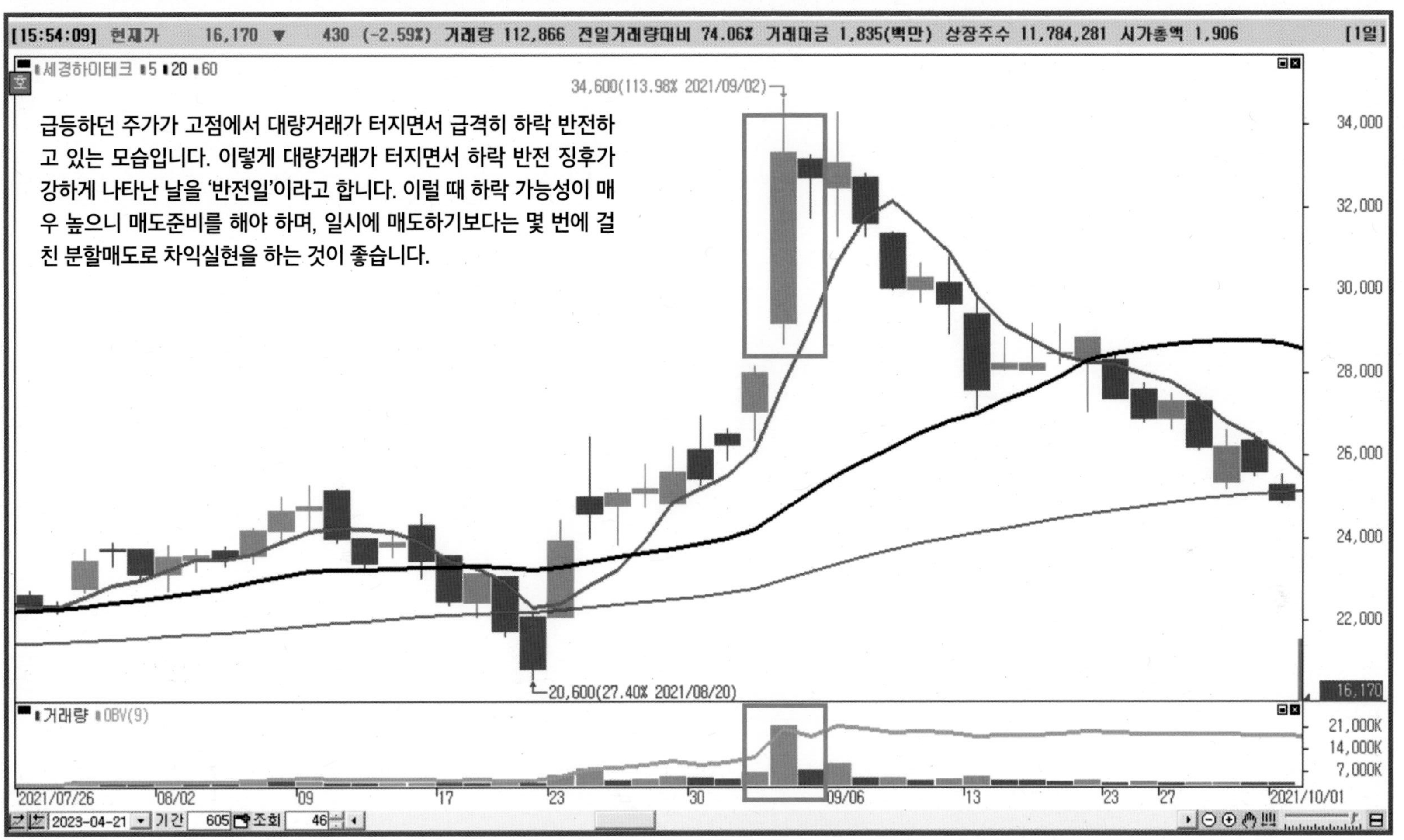
[15:54:09] 현재가 16,170 ▼ 430 (-2.59%) 거래량 112,866 전일거래량대비 74.06% 거래대금 1,835(백만) 상장주수 11,784,281 시가총액 1,906 [1일]
세경하이테크 5 20 60
34,600(113.98% 2021/09/02)
급등하던 주가가 고점에서 대량거래가 터지면서 급격히 하락 반전하고 있는 모습입니다. 이렇게 대량거래가 터지면서 하락 반전 징후가 강하게 나타난 날을 '반전일'이라고 합니다. 이럴 때 하락 가능성이 매우 높으니 매도준비를 해야 하며, 일시에 매도하기보다는 몇 번에 걸친 분할매도로 차익실현을 하는 것이 좋습니다.
34,000
32,000
30,000
28,000
26,000
24,000
22,000
16,170
20,600(27.40% 2021/08/20)
거래량 OBV(9)
21,000K
14,000K
7,000K
2021/07/26
08/02
09
17
23
30
09/06
13
23
27
2021/10/01
2023-04-21 기간 605 조회 46

하락 반전일 매매 2

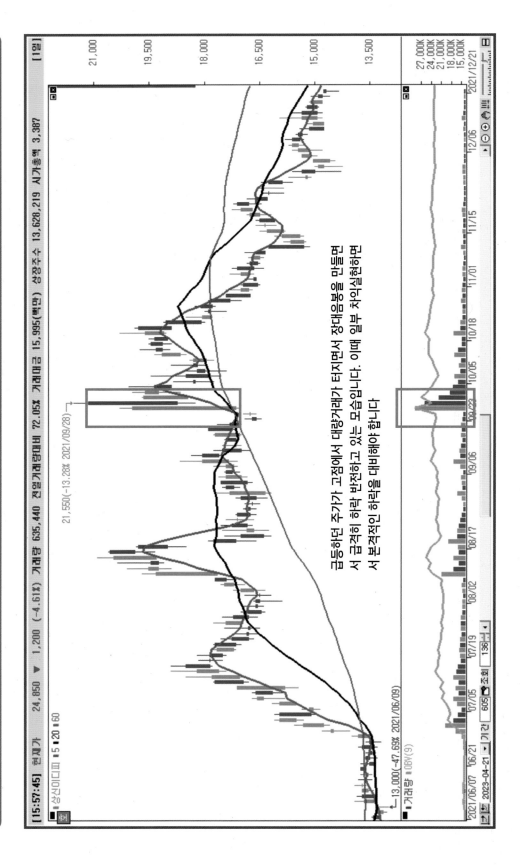

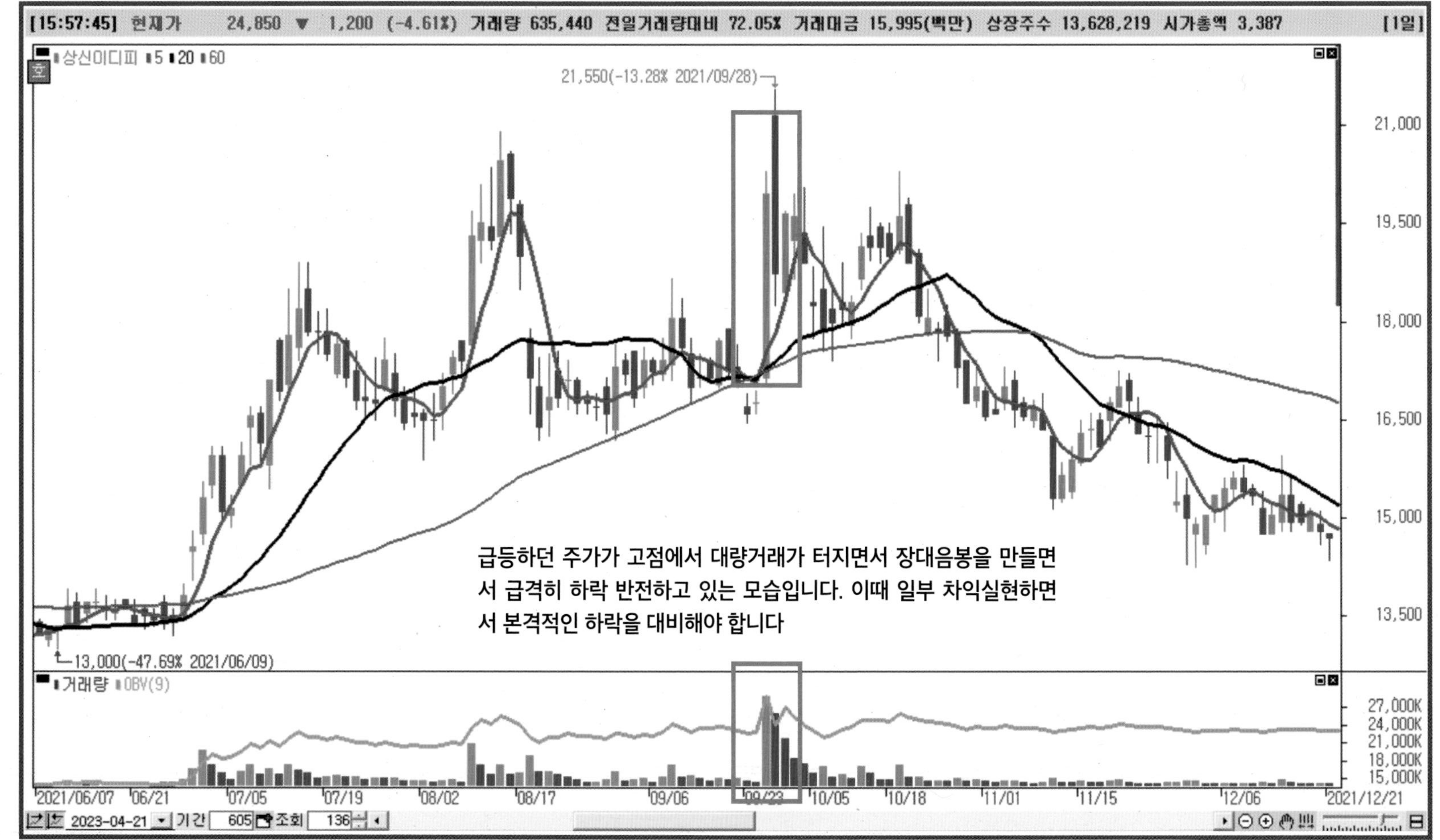
[15:57:45] 현재가 24,850 ▼ 1,200 (-4.61%) 거래량 635,440 전일거래량대비 72.05% 거래대금 15,995(백만) 상장주수 13,628,219 시가총액 3,387 [1일]
상신이디피 5 20 60
21,550(-13.28% 2021/09/28)
13,000(-47.69% 2021/06/09)
21,000
19,500
18,000
16,500
15,000
13,500
거래량 OBV(9)
27,000K
24,000K
21,000K
18,000K
15,000K
2021/06/07 06/21 07/05 07/19 08/02 08/17 09/06 09/23 10/05 10/18 11/01 11/15 12/06 2021/12/21
2023-04-21 기간 605 조회 136
급등하던 주가가 고점에서 대량거래가 터지면서 장대음봉을 만들면
서 급격히 하락 반전하고 있는 모습입니다. 이때 일부 차익실현하면
서 본격적인 하락을 대비해야 합니다

상승 반전일 매매 1

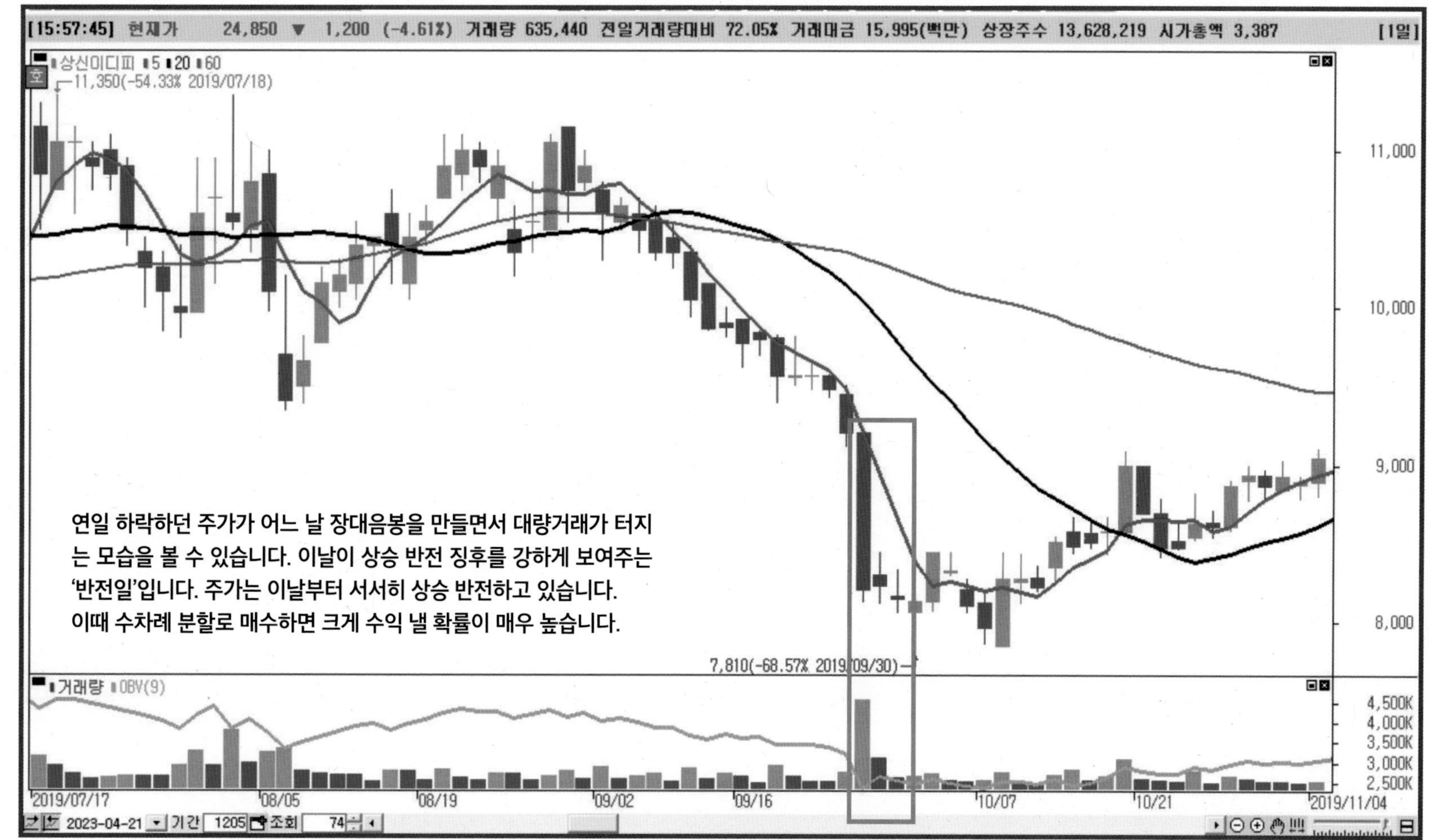

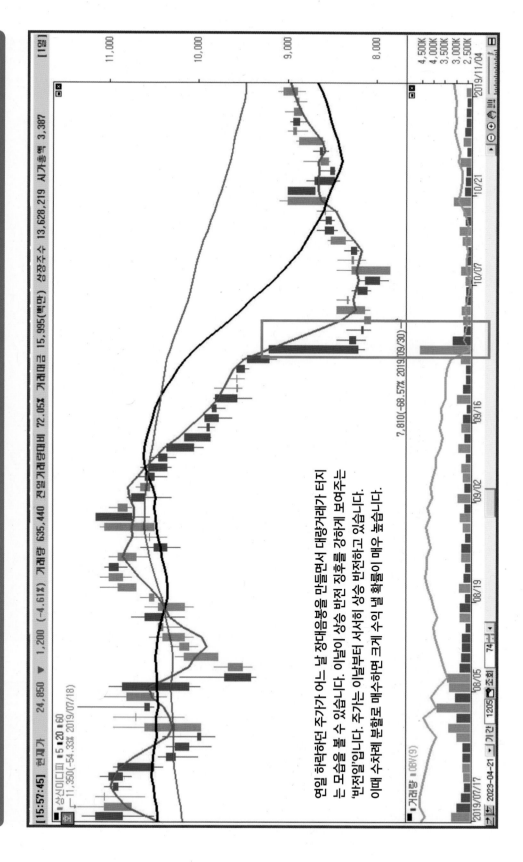

[15:57:45] 현재가 24,850 ▼ 1,200 (-4.61%) 거래량 635,440 전일거래량대비 72.05% 거래대금 15,995(백만) 상장주수 13,628,219 시가총액 3,387 [1일]
상신이디피 5 20 60
11,350(-54.33% 2019/07/18)
11,000
10,000
9,000
8,000
7,810(-68.57% 2019/09/30)
거래량 OBV(9)
4,500K
4,000K
3,500K
3,000K
2,500K
2019/07/17
08/05
08/19
09/02
09/16
10/07
10/21
2019/11/04
2023-04-21 기간 1205 조회 74
연일 하락하던 주가가 어느 날 장대음봉을 만들면서 대량거래가 터지는 모습을 볼 수 있습니다. 이날이 상승 반전 징후를 강하게 보여주는 '반전일'입니다. 주가는 이날부터 서서히 상승 반전하고 있습니다.
이때 수차례 분할로 매수하면 크게 수익 낼 확률이 매우 높습니다.

상승 반전일 매매 2

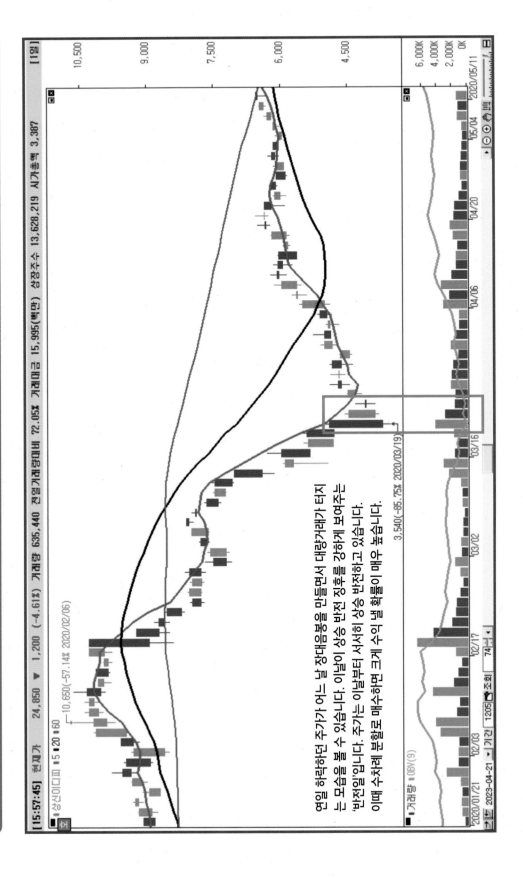

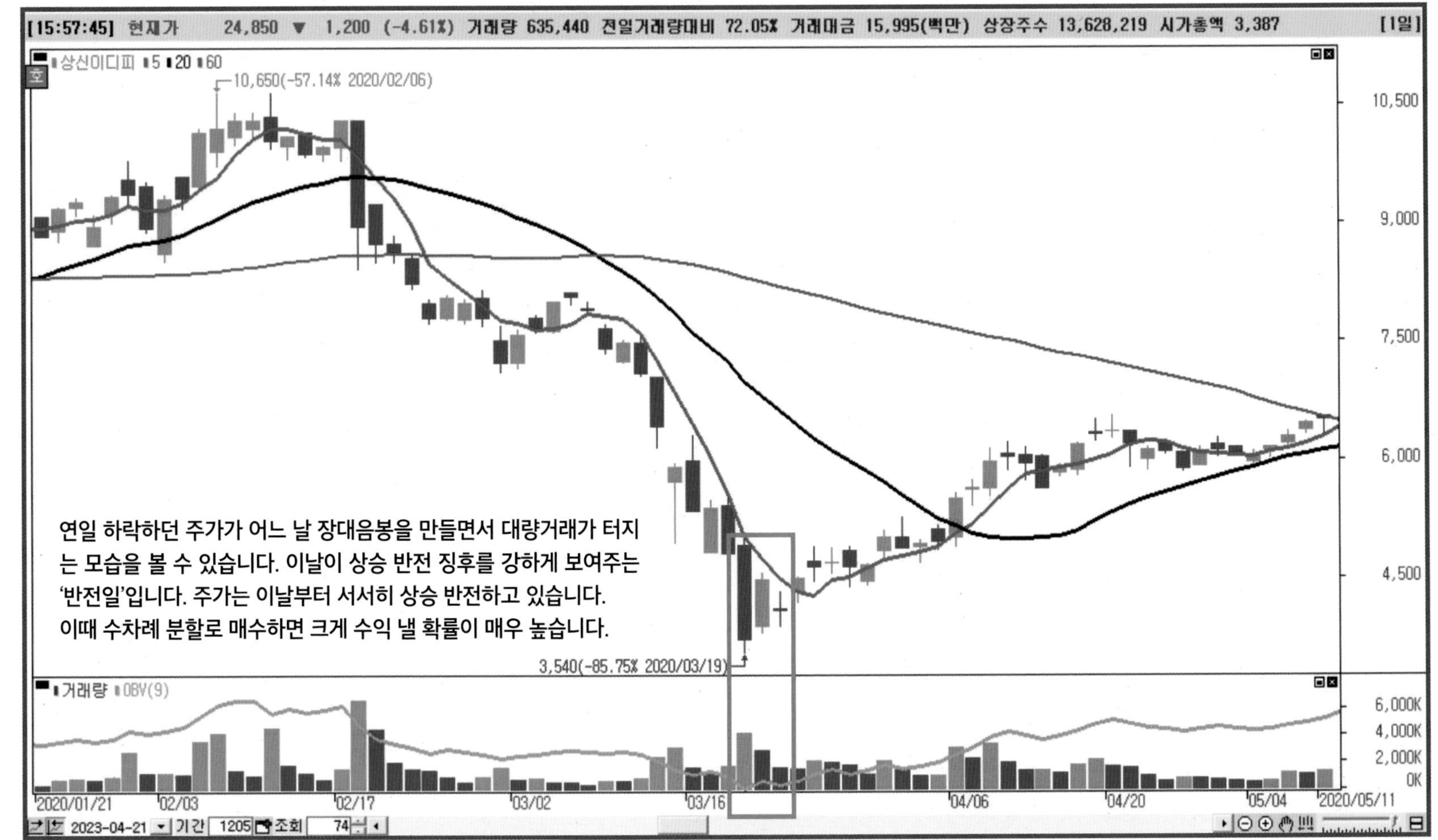
[15:57:45] 현재가 24,850 ▼ 1,200 (-4.61%) 거래량 635,440 전일거래량대비 72.05% 거래대금 15,995(백만) 상장주수 13,628,219 시가총액 3,387 [1일]
상신이디피 5 20 60
10,650(-57.14% 2020/02/06)
10,500
9,000
7,500
6,000
4,500
연일 하락하던 주가가 어느 날 장대음봉을 만들면서 대량거래가 터지는 모습을 볼 수 있습니다. 이날이 상승 반전 징후를 강하게 보여주는 '반전일'입니다. 주가는 이날부터 서서히 상승 반전하고 있습니다.
이때 수차례 분할로 매수하면 크게 수익 낼 확률이 매우 높습니다.
3,540(-85.75% 2020/03/19)
거래량 OBV(9)
6,000K
4,000K
2,000K
0K
2020/01/21
02/03
02/17
03/02
03/16
04/06
04/20
05/04
2020/05/11
2023-04-21 기간 1205 조회 74

반전율 이해

반전은 지속적인 하락에 반발해서 상승에너지 출현 후 상승하는 것을 말합니다. 이를 다른 말로는 풀백(Pull Back)현상이라고도 합니다.

그런데 하락하던 주가가 특정 비율에서 지지선이나 저항선을 형성하는 경향이 있습니다. 주로 33%, 50%, 68%에서 높은 확률로 반등하는 경우가 많은데 이를 반전율이라고 합니다. 하지만 확률이 높은 것이지 반드시 그런 것은 아니므로 맹신하면 안 됩니다. 반전율은 우연이 아니라 투자자의 심리에 좌우되는 것입니다. 어떤 종목의 주가가 상승하다 하락하면, 앞서 제시한 반전율에서 심리적으로 충분히 하락했다고 느끼므로 반발 매수세가 나와서 반등합니다. 그 확률이 높은 지점을 말하는 것입니다.

반전율 종류

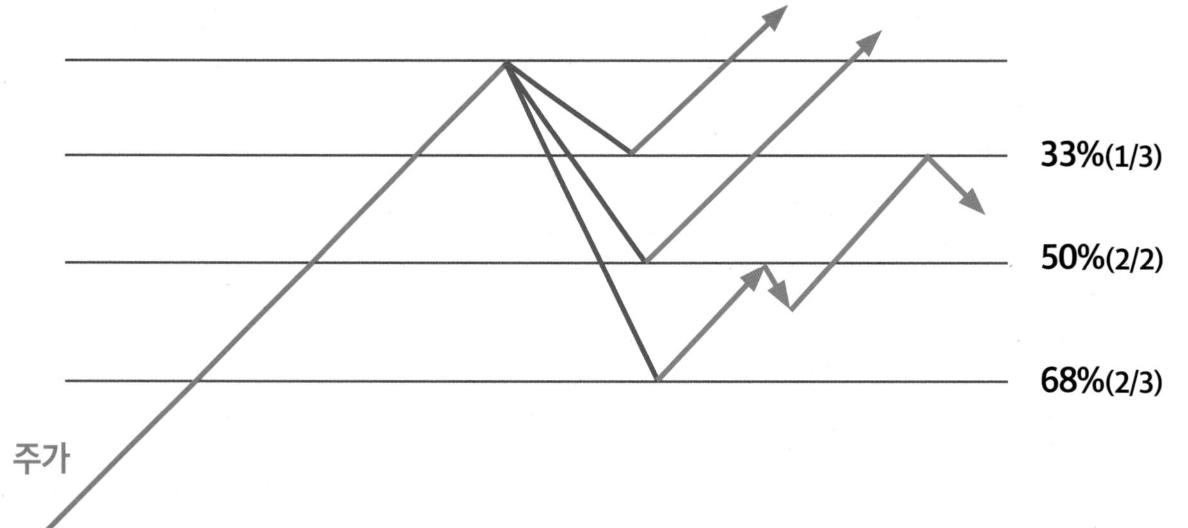
33%(1/3)
50%(2/2)
68%(2/3)
주가

여기서 상승 후 충분히 눌림 후 반등이 나오는 확률이 높은 비율을 '반전율'이라 합니다. '반전율'의 확률은 수치를 너무 맹신하면 안 됩니다. 단지 이 정도 하락이면 반발 매수세가 나올 확률이 높은 지점을 알려주는 데 의의가 있습니다.

반전율 예시 1

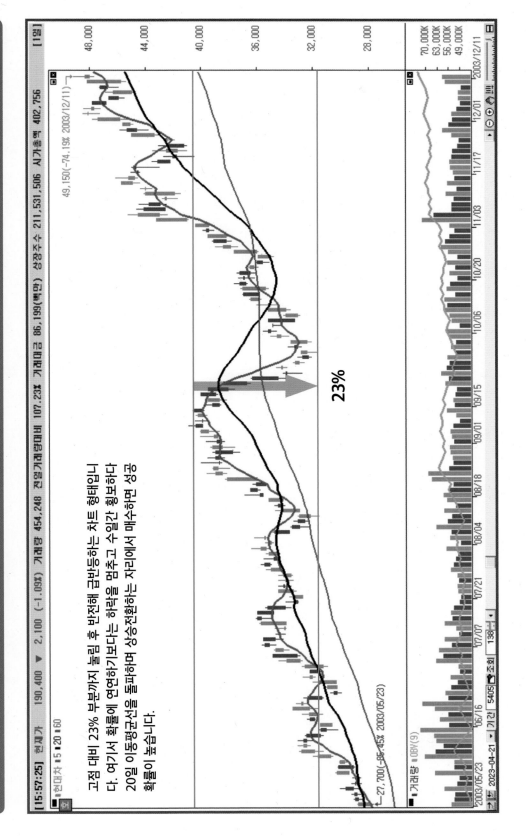

[15:57:25] 현재가 190,400 ▼ 2,100 (-1.09%) 거래량 454,248 전일거래량대비 107.23% 거래대금 86,199(백만) 상장주수 211,531,506 시가총액 402,756 [1일]
현대차 5 20 60
49,150(-74.19% 2003/12/11)
고점 대비 23% 부분까지 눌림 후 반전해 급반등하는 차트 형태입니다. 여기서 확률에 연연하기보다는 하락을 멈추고 수일간 횡보하다 20일 이동평균선을 돌파하며 상승전환하는 자리에서 매수하면 성공 확률이 높습니다.
48,000
44,000
40,000
36,000
32,000
28,000
23%
27,700(-85.45% 2003/05/23)
거래량 OBV(9)
70,000K
63,000K
56,000K
49,000K
2003/05/23
06/16
07/07
07/21
08/04
08/18
09/01
09/15
10/06
10/20
11/03
11/17
12/01
2003/12/11
2023-04-21
기간 5405
조회 138

반전율 예시 2

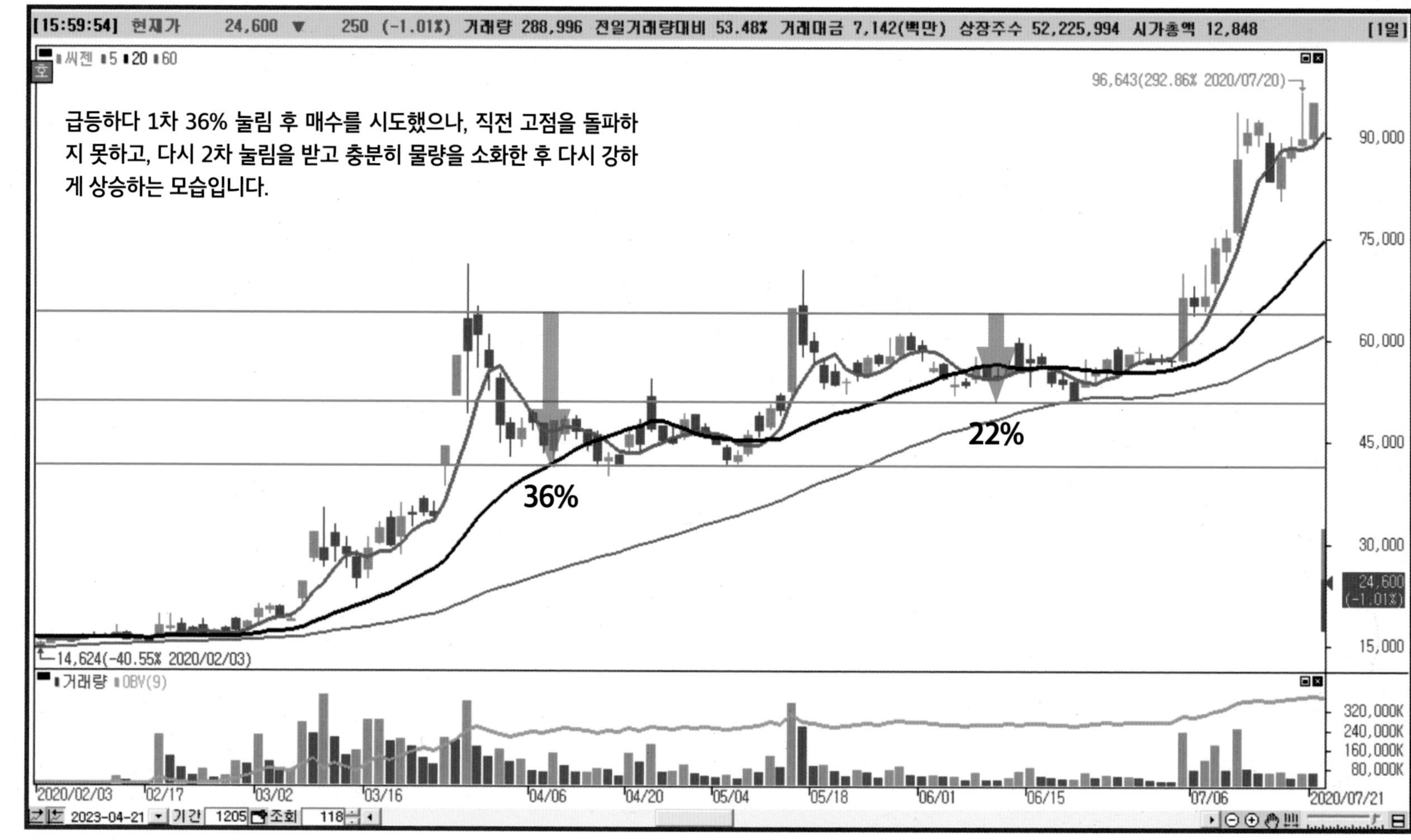
[15:59:54] 현재가 24,600 ▼ 250 (-1.01%) 거래량 288,996 전일거래량대비 53.48% 거래대금 7,142(백만) 상장주수 52,225,994 시가총액 12,848 [1일]
씨젠 5 20 60
급등하다 1차 36% 눌림 후 매수를 시도했으나, 직전 고점을 돌파하지 못하고, 다시 2차 눌림을 받고 충분히 물량을 소화한 후 다시 강하게 상승하는 모습입니다.
96,643(292.86% 2020/07/20)
36%
22%
14,624(-40.55% 2020/02/03)
90,000
75,000
60,000
45,000
30,000
24,600
(-1.01%)
15,000
거래량 OBV(9)
320,000K
240,000K
160,000K
80,000K
2020/02/03
02/17
03/02
03/16
04/06
04/20
05/04
05/18
06/01
06/15
07/06
2020/07/21
2023-04-21 기간 1205 조회 118

반전율 예시 3

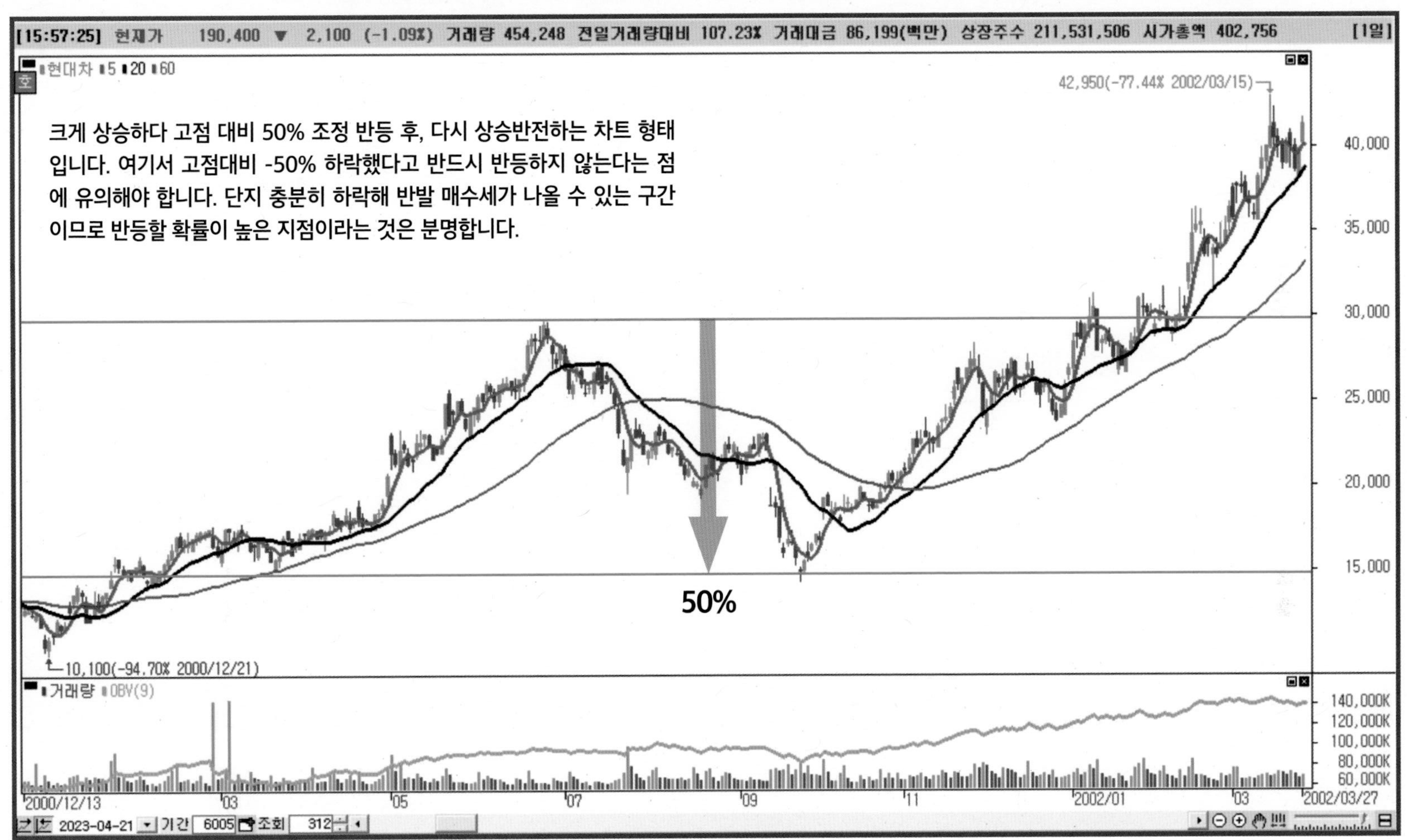
[15:57:25] 현재가 190,400 ▼ 2,100 (-1.09%) 거래량 454,248 전일거래량대비 107.23% 거래대금 86,199(백만) 상장주수 211,531,506 시가총액 402,756 [1일]
현대차 5 20 60
42,950(-77.44% 2002/03/15)
크게 상승하다 고점 대비 50% 조정 반등 후, 다시 상승반전하는 차트 형태입니다. 여기서 고점대비 -50% 하락했다고 반드시 반등하지 않는다는 점에 유의해야 합니다. 단지 충분히 하락해 반발 매수세가 나올 수 있는 구간이므로 반등할 확률이 높은 지점이라는 것은 분명합니다.
50%
40,000
35,000
30,000
25,000
20,000
15,000
10,100(-94.70% 2000/12/21)
거래량 OBV(9)
140,000K
120,000K
100,000K
80,000K
60,000K
2000/12/13
03
05
07
09
11
2002/01
03
2002/03/27
2023-04-21 기간 6005 조회 312

반전율 예시 4

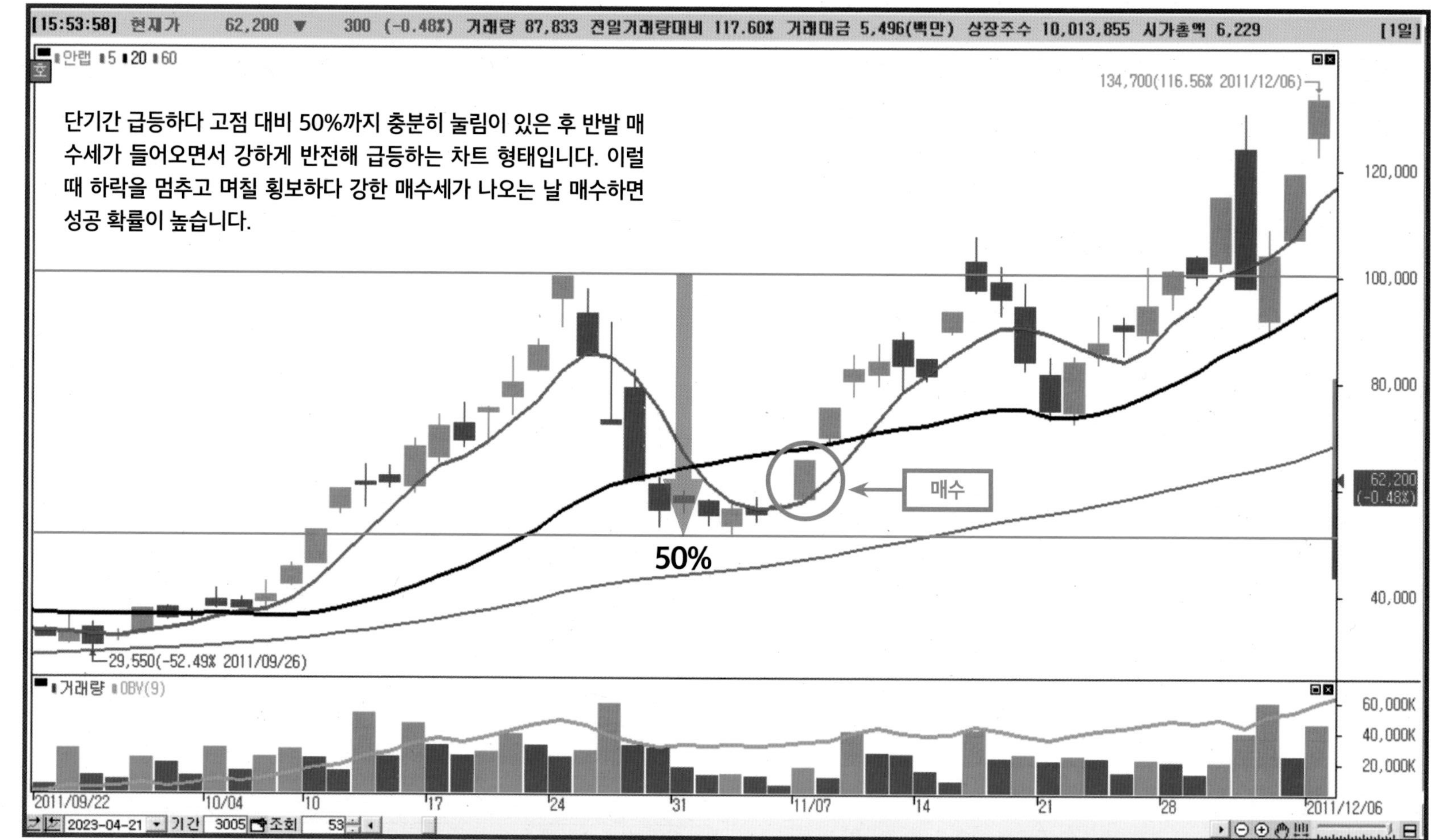
[15:53:58] 현재가 62,200 ▼ 300 (-0.48%) 거래량 87,833 전일거래량대비 117.60% 거래대금 5,496(백만) 상장주수 10,013,855 시가총액 6,229 [1일]
단기간 급등하다 고점 대비 50%까지 충분히 눌림이 있은 후 반발 매수세가 들어오면서 강하게 반전해 급등하는 차트 형태입니다. 이럴 때 하락을 멈추고 며칠 횡보하다 강한 매수세가 나오는 날 매수하면 성공 확률이 높습니다.
134,700(116.56% 2011/12/06)
120,000
100,000
80,000
62,200 (-0.48%)
40,000
50%
매수
29,550(-52.49% 2011/09/26)
거래량 OBV(9)
60,000K
40,000K
20,000K
2011/09/22
10/04
10
17
24
31
11/07
14
21
28
2011/12/06
2023-04-21 기간 3005 조회 53

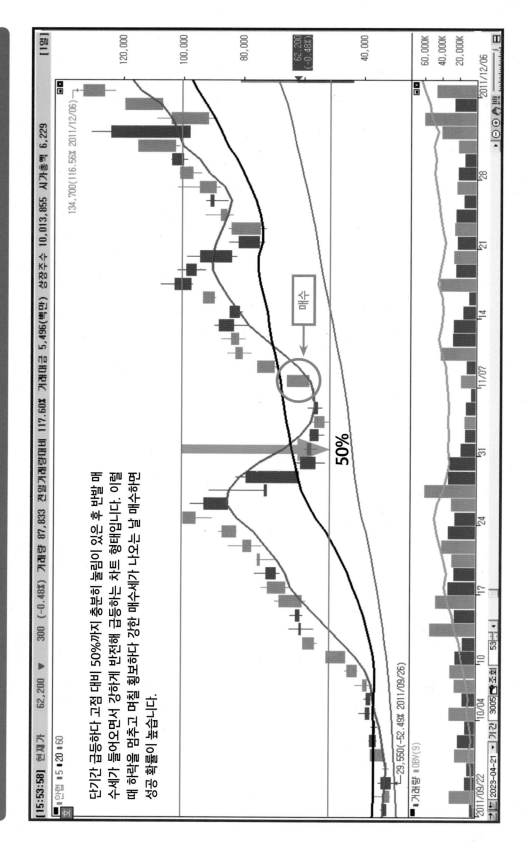

고점 대비 62% 하락 후 반전해 급등하는 차트

2010년 이전 작전주가 판치던 시절에는 10연속 상한가도 많았습니다.

깊은 조정을 받고 다시 상승하는 경우도 많았지만, 금감원과 증권거래소 등 시장 감시 기구 및 시스템이 엄격해진 지금은 작전 세력들도 매우 적고 초급등하는 주식 수도 매우 적습니다.

따라서 고점 대비 60% 하락해서 반전하는 유형은 이제 국내 주식에서는 거의 찾아볼 수 없으며 간혹 있다고 해도 에너지의 반전이라기보다는 급락하던 주식이 우연히 호재 뉴스가 나오면서 재차 상승하는 추세전환의 경우가 대부분입니다.

반전율 예시 5 - 테슬라

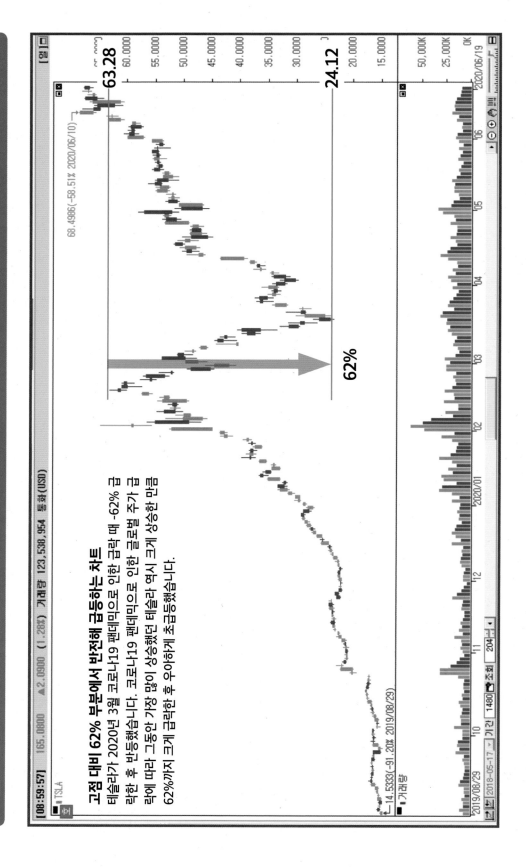

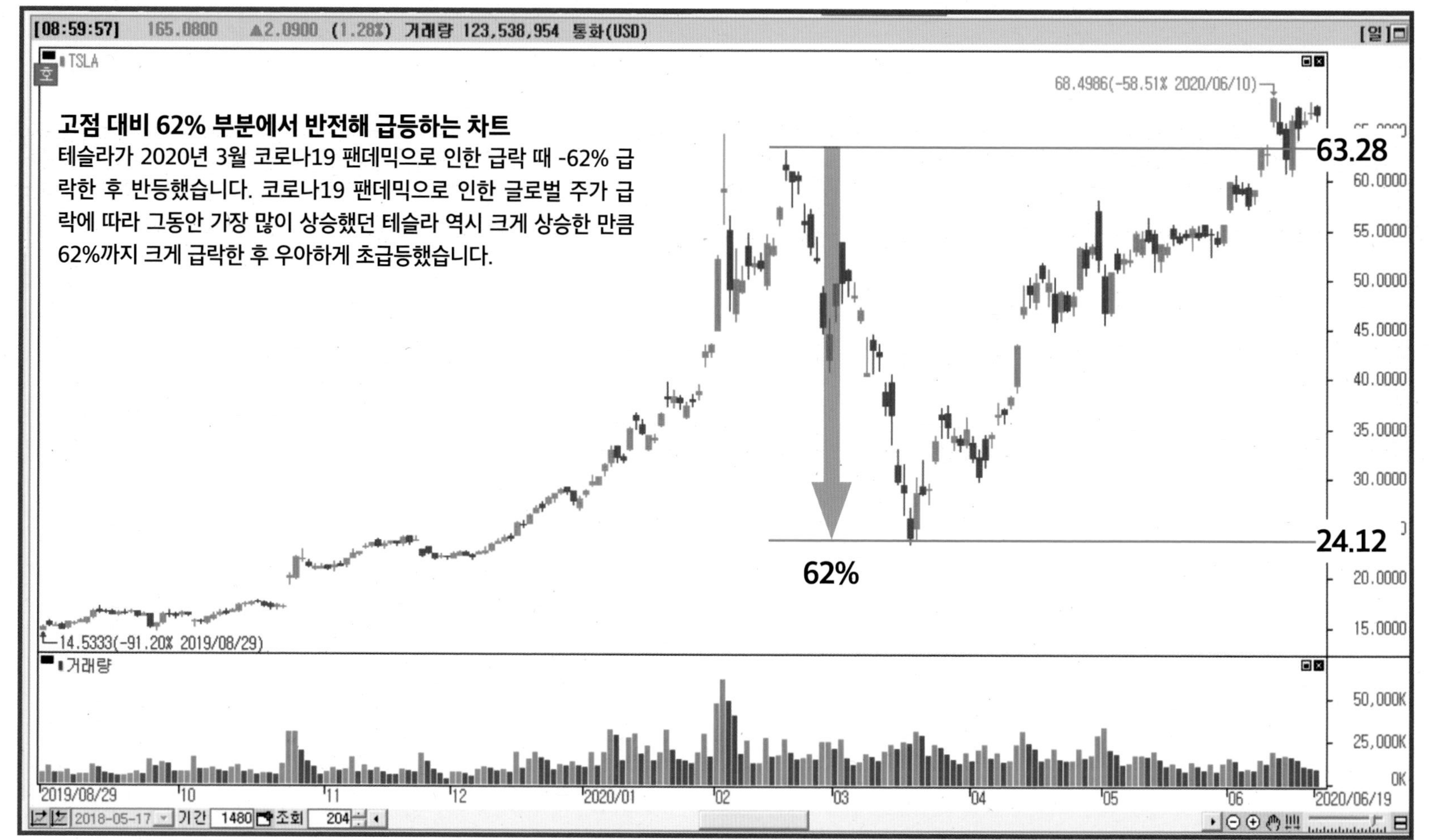
[08:59:57] 165.0800 ▲2.0900 (1.28%) 거래량 123,538,954 통화(USD)
[일]
TSLA
고점 대비 62% 부분에서 반전해 급등하는 차트
테슬라가 2020년 3월 코로나19 팬데믹으로 인한 급락 때 -62% 급락한 후 반등했습니다. 코로나19 팬데믹으로 인한 글로벌 주가 급락에 따라 그동안 가장 많이 상승했던 테슬라 역시 크게 상승한 만큼 62%까지 크게 급락한 후 우아하게 초급등했습니다.
68.4986(-58.51% 2020/06/10)
63.28
24.12
62%
14.5333(-91.20% 2019/08/29)
60.0000
55.0000
50.0000
45.0000
40.0000
35.0000
30.0000
20.0000
15.0000
거래량
50,000K
25,000K
0K
2019/08/29
10
11
12
2020/01
02
03
04
05
06
2020/06/19
2018-05-17
기간 1480
조회 204

6

갭
신의 한 수

갭(Gap)의 이해 | 보통 갭 | 돌파 갭 | 급진 갭 | 소멸 갭

갭(Gap)의 이해

갭이란 주가가 급등락해 나타나는 차트상의 빈 공간을 말합니다. 주가가 급작스런 호재로 전일 고점 대비 높이 떠서 출발해 상승하거나, 급작스런 악재로 전일 저점 대비 낮게 시작하면서 하락하는 경우를 말합니다.

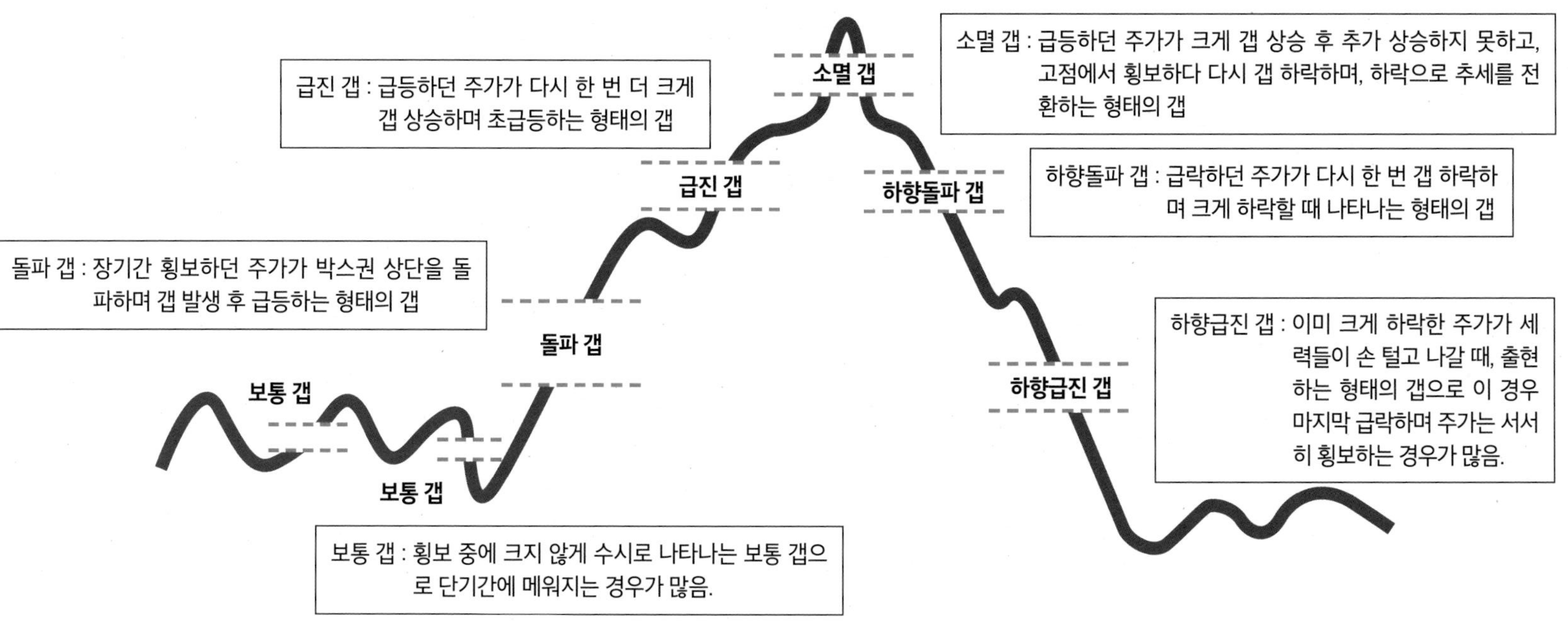
보통 갭
보통 갭
돌파 갭
급진 갭
소멸 갭
하향돌파 갭
하향급진 갭
돌파 갭 : 장기간 횡보하던 주가가 박스권 상단을 돌파하며 갭 발생 후 급등하는 형태의 갭
급진 갭 : 급등하던 주가가 다시 한 번 더 크게 갭 상승하며 초급등하는 형태의 갭
보통 갭 : 횡보 중에 크지 않게 수시로 나타나는 보통 갭으로 단기간에 메워지는 경우가 많음.
소멸 갭 : 급등하던 주가가 크게 갭 상승 후 추가 상승하지 못하고, 고점에서 횡보하다 다시 갭 하락하며, 하락으로 추세를 전환하는 형태의 갭
하향돌파 갭 : 급락하던 주가가 다시 한 번 갭 하락하며 크게 하락할 때 나타나는 형태의 갭
하향급진 갭 : 이미 크게 하락한 주가가 세력들이 손 털고 나갈 때, 출현하는 형태의 갭으로 이 경우 마지막 급락하며 주가는 서서히 횡보하는 경우가 많음.

보통 갭

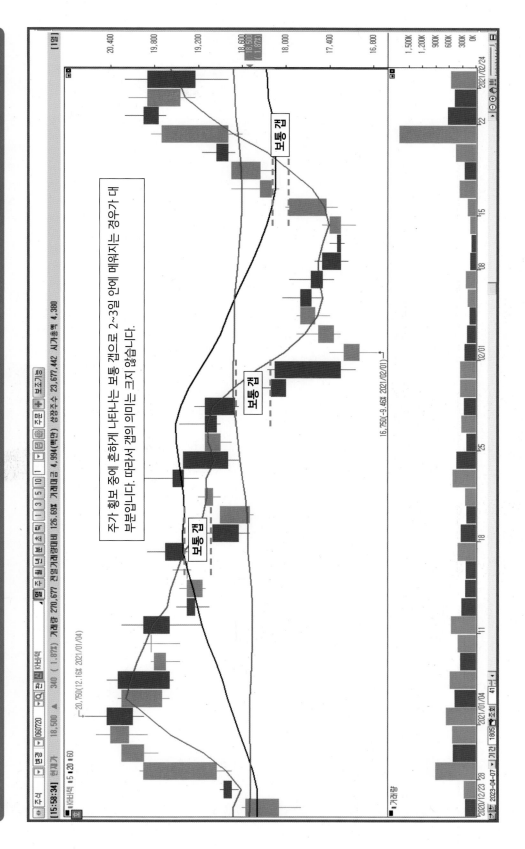

[15:58:34] 현재가 18,500 ▲ 340 (1.87%) 거래량 270,677 전일거래량대비 126.69% 거래대금 4,994(백만) 상장주식수 23,677,442 시가총액 4,380
KH바텍 5 20 60
20,750(12.16% 2021/01/04)
주가 횡보 중에 흔하게 나타나는 보통 갭으로 2~3일 안에 메워지는 경우가 대부분입니다. 따라서 갭의 의미는 크지 않습니다.
보통 갭
보통 갭
보통 갭
16,750(-9.46% 2021/02/01)
거래량
2020/12/23
2021/01/04
2021/02/24

돌파 갭

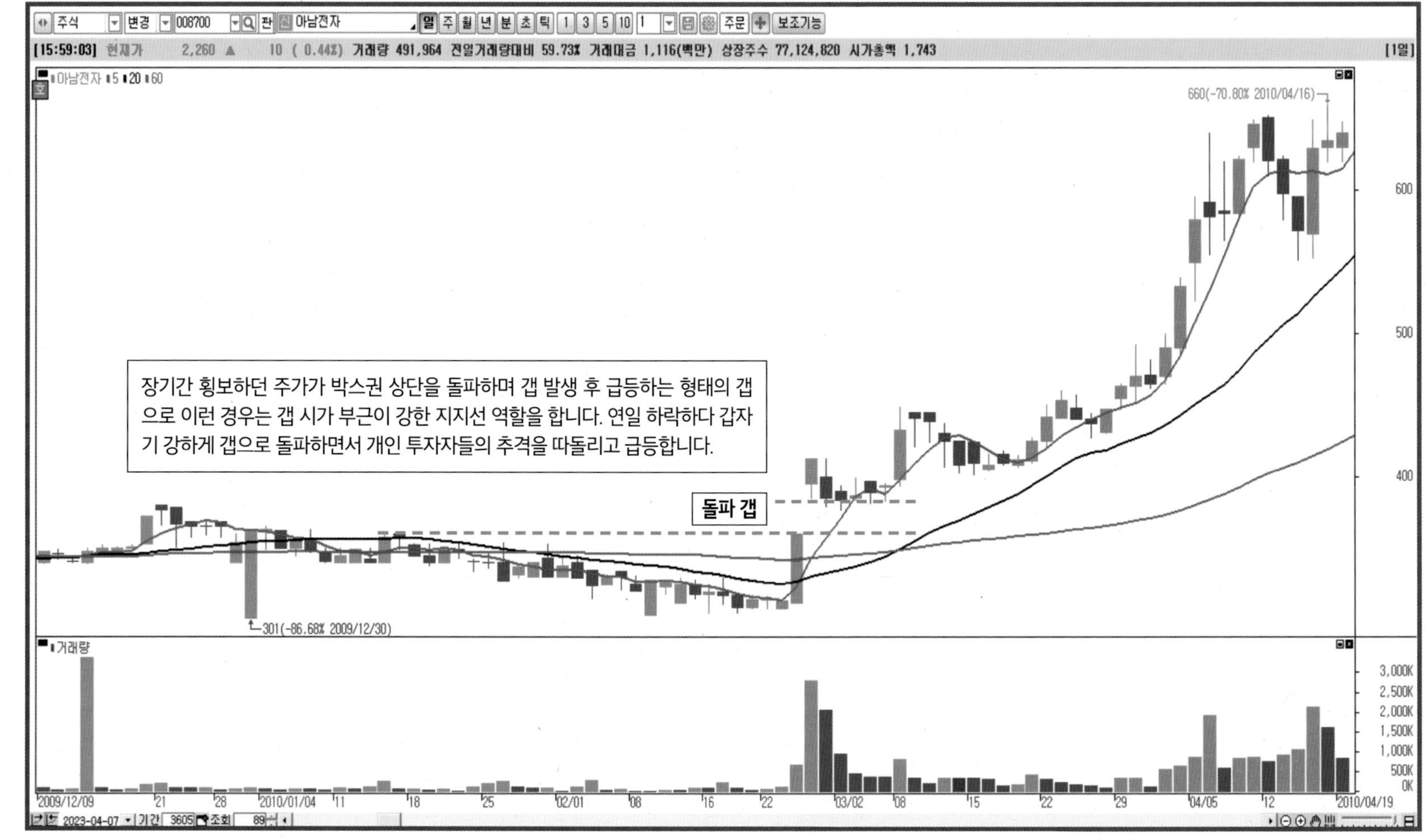

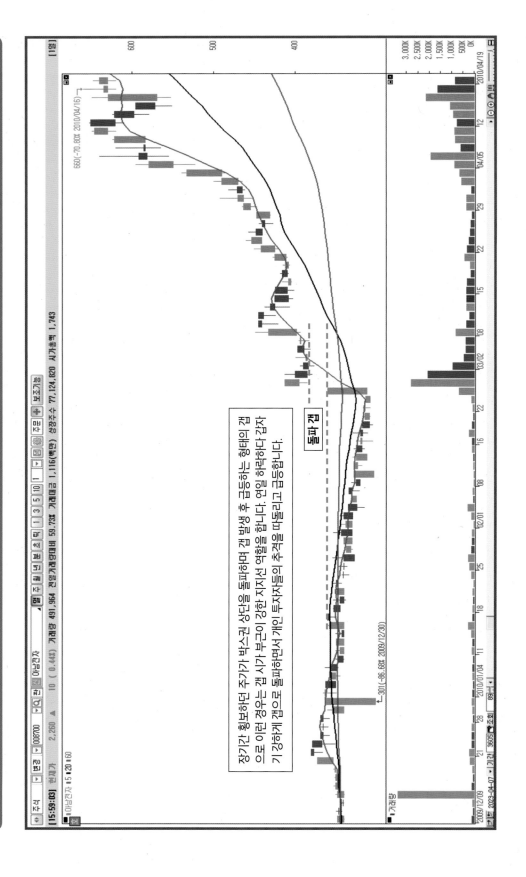

[15:59:03] 현재가 2,260 ▲ 10 (0.44%) 거래량 491,964 전일거래량대비 59.73% 거래대금 1,116(백만) 상장주수 77,124,820 시가총액 1,743
아남전자 5 20 60
660(-70.80% 2010/04/16)
301(-86.68% 2009/12/30)
장기간 횡보하던 주가가 박스권 상단을 돌파하며 갭 발생 후 급등하는 형태의 갭으로 이런 경우는 갭 시가 부근이 강한 지지선 역할을 합니다. 연일 하락하다 갑자기 강하게 갭으로 돌파하면서 개인 투자자들의 추격을 따돌리고 급등합니다.
돌파 갭
거래량

급진 갭

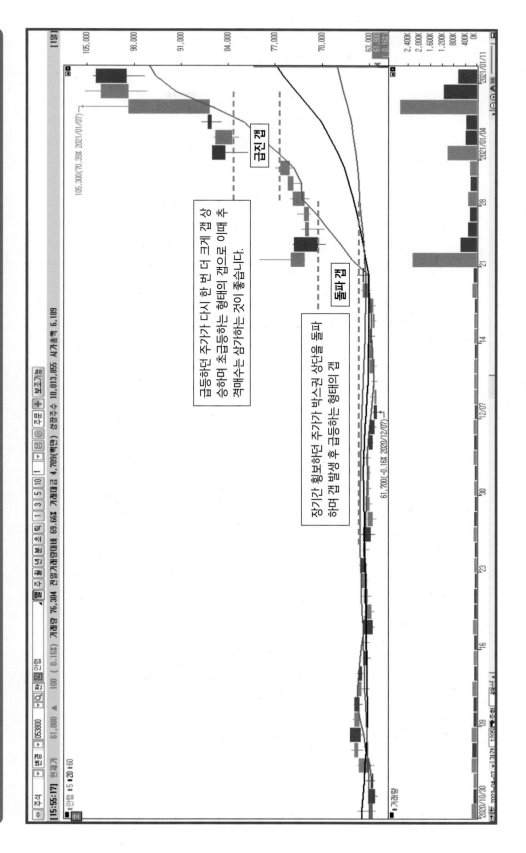

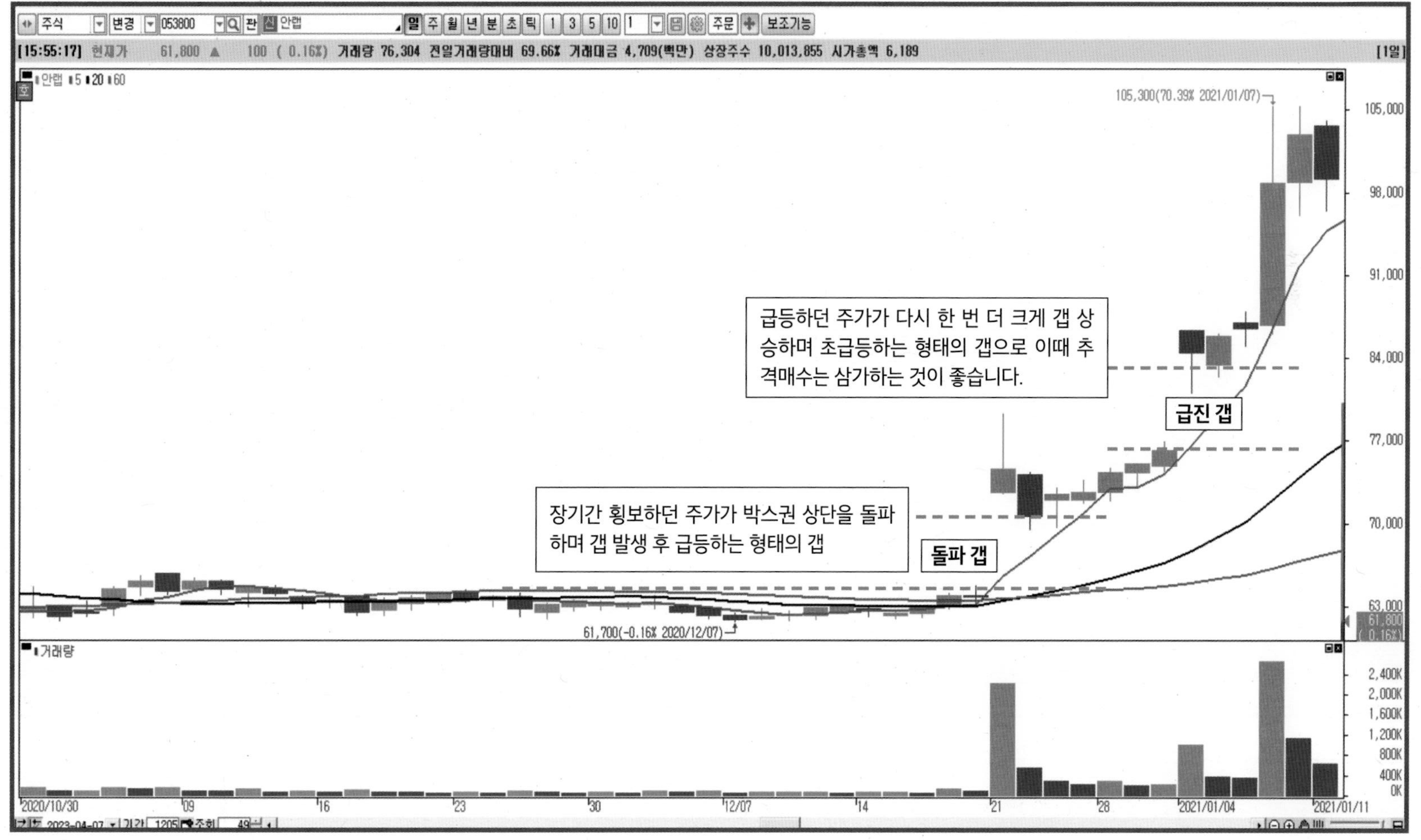
[15:55:17] 현재가 61,800 ▲ 100 (0.16%) 거래량 76,304 전일거래량대비 69.66% 거래대금 4,709(백만) 상장주수 10,013,855 시가총액 6,189
105,300(70.39% 2021/01/07)
급등하던 주가가 다시 한 번 더 크게 갭 상승하며 초급등하는 형태의 갭으로 이때 추격매수는 삼가하는 것이 좋습니다.
급진 갭
장기간 횡보하던 주가가 박스권 상단을 돌파하며 갭 발생 후 급등하는 형태의 갭
돌파 갭
61,700(-0.16% 2020/12/07)
105,000
98,000
91,000
84,000
77,000
70,000
63,000
거래량
2,400K
2,000K
1,600K
1,200K
800K
400K
0K
2020/10/30
09
16
23
30
12/07
14
21
28
2021/01/04
2021/01/11

소멸 갭

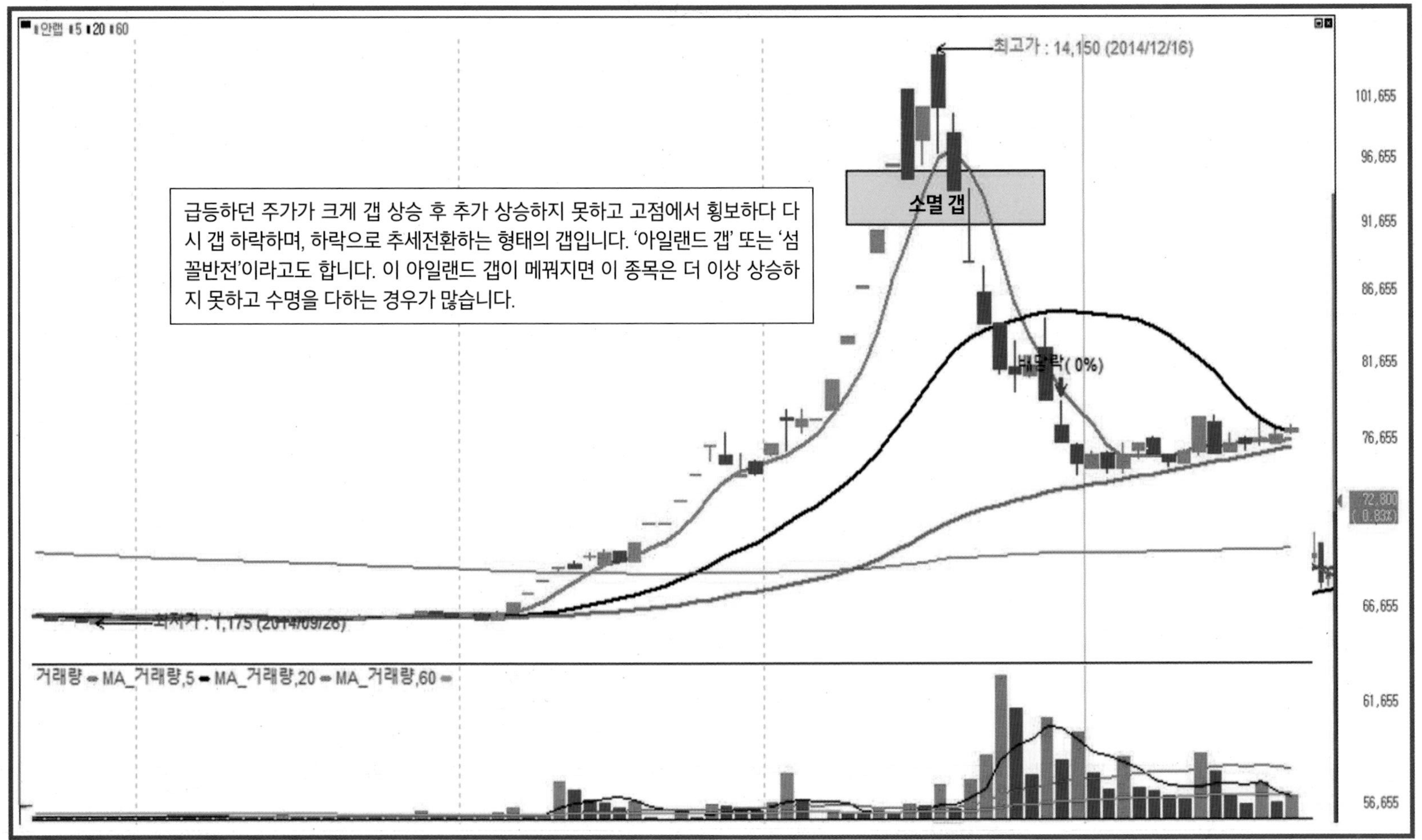

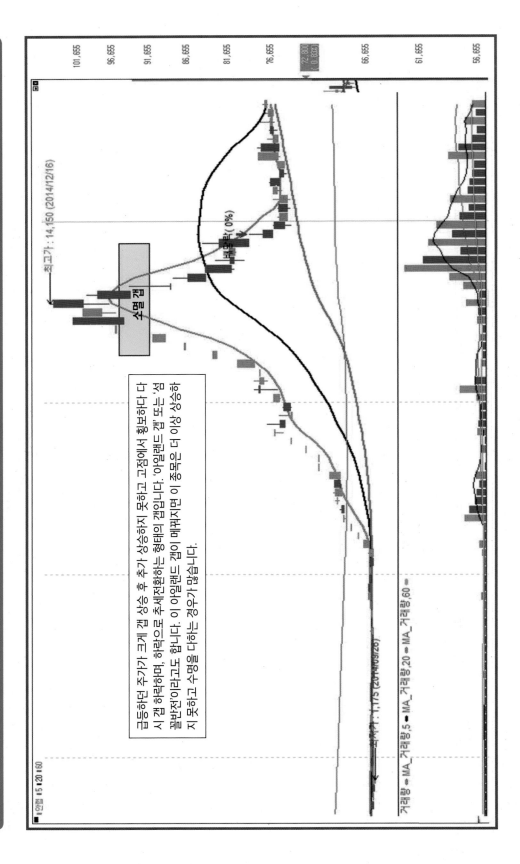

최고가 : 14,150 (2014/12/16)
소멸 갭
급등하던 주가가 크게 갭 상승 후 추가 상승하지 못하고 고점에서 횡보하다 다시 갭 하락하며, 하락으로 추세전환하는 형태의 갭입니다. '아일랜드 갭' 또는 '섬꼴반전'이라고도 합니다. 이 아일랜드 갭이 메꿔지면 이 종목은 더 이상 상승하지 못하고 수명을 다하는 경우가 많습니다.
101,655
96,655
91,655
86,655
81,655
76,655
66,655
61,655
56,655
거래량 MA_거래량,5 MA_거래량,20 MA_거래량,60

7

패턴
신의 한 수

패턴(Pattern)이란? | 반전형 패턴 - 헤드앤숄더형과 이중천정형 | 반전형 패턴 - 확산형
반전형 패턴 - 역헤드앤숄더형과 이중바닥형 | 반전형 패턴 정리 | 지속형 패턴 - 상승 삼각형
지속형 패턴 - 하락 삼각형 | 지속형 패턴 - 대칭삼각형 | 지속형 패턴 정리 - 삼각형, 대칭삼각형 비교
지속형 패턴 - 깃발형, 패넌트형 | 지속형 패턴 정리 - 깃발형, 패넌트형 | 지속형 패턴 - 쐐기형
지속형 패턴 정리 - 쐐기형 | 지속형 패턴 - 직사각형 | 지속형 패턴 정리 - 직사각형 | 기타 패턴

패턴(Pattern)이란?

패턴(Pattern)은 프랑스어 단어 'Patron'에서 온 것으로, 되풀이되는 사건이나 물체의형태를 가리킵니다.
주식 투자에서 추세의 패턴은 상승을 지속하다 하락으로 전환되거나, 반대로 하락을 지속하다 상승으로 전환되는 형태의 '반전형 패턴'이 있습니다.

또한, 기존 추세가 잠시 보합상태에 머무르고 있는 패턴으로 단기 급등이나 급락에 따른 피로감에 쉬어가는 구간 형태인 '지속형 패턴'이 있습니다. 즉, 기존의 추세는 반전형 패턴을 형성하고 나면 기존의 추세와 반대로 움직이게 되고, 지속형 패턴을 형성하고 나면 다시 이전의 움직임과 같은 방향으로 움직이게 됩니다.

반전형 패턴 - 헤드앤숄더형과 이중천정형

하락 반전형 패턴		
형태	내용	차트 모양
헤드앤숄더형 (Head & Shoulder)	상승하던 주가가 고점에서 만들어지는 양어깨와 머리가 있는 형태로, 이런 형태가 만들어지면 크게 하락으로 전환하는 경우가 많습니다 .	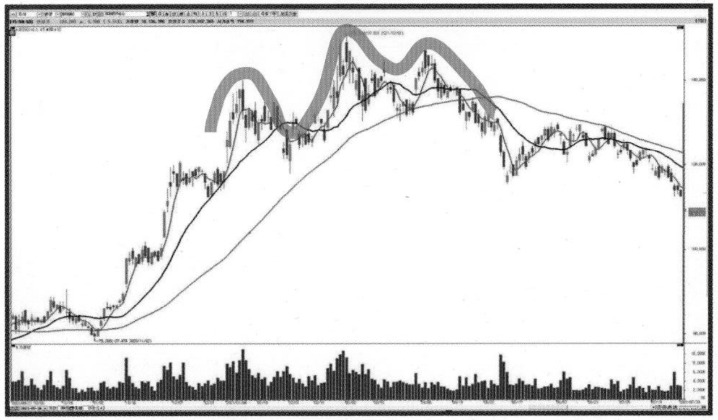
이중천정형 (Double Peak)	상승하던 주가가 고점에서 만들어지는 쌍봉형태로, 고점에서 하락하고 다시 고점까지 상승하다 그 고점을 돌파하지 못하고 다시 하락하는 형태가 만들어지면 크게 하락 전환하는 경우가 많습니다.	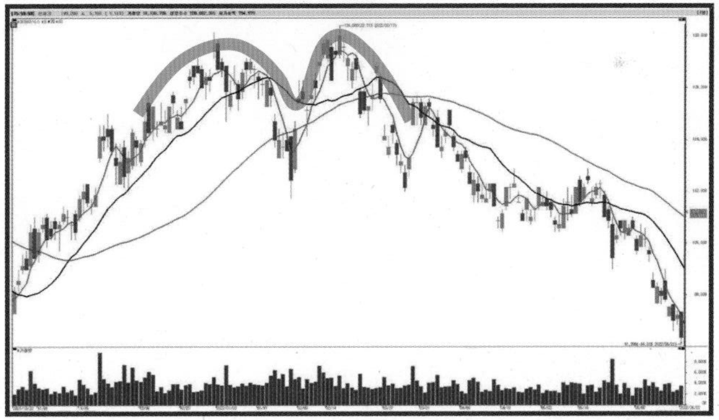

반전형 패턴 - 확산형

하락 반전형 패턴		
형태	내용	차트 모양
확산형	상승하던 주가가 많이 상승한 상태에서 저점은 점점 낮아지고 고점은 점점 높아지는 형태입니다. 그 폭이 점점 커지면 종국에는 크게 하락하는 형태로 전환하는 경우가 많습니다.	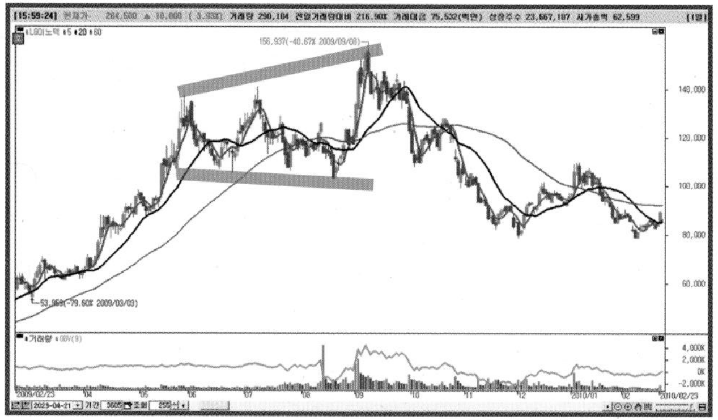

반전형 패턴 - 역헤드앤숄더형과 이중바닥형

상승 반전형 패턴		
형태	내용	차트 모양
역헤드앤숄더형 (Inverted Head & Shoulder)	하락하던 주가가 저점에서 만들어지는 형태로, 헤드앤숄더형 패턴을 뒤집어 놓은 모양입니다. 역헤드앤숄더형라고 부르며, 이런 형태가 만들어지면 상승으로 전환해서 크게 상승하는 경우가 많습니다.	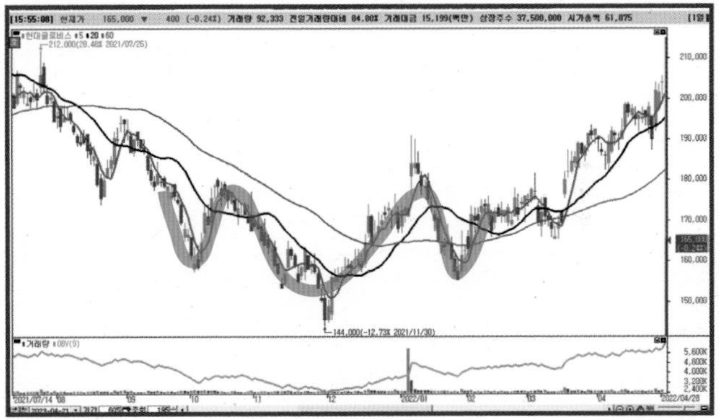
이중바닥형 (Double Bottomed)	하락하던 주가가 저점에서 만들어지는 이중바닥 형태로, 저점에서 상승하다 강한 저항의 힘에 부쳐 하락하다 다시 상승할 때, 이중바닥이 만들어집니다. 이런 형태가 만들어지면, 상승으로 전환해서 크게 상승하는 경우가 많습니다.	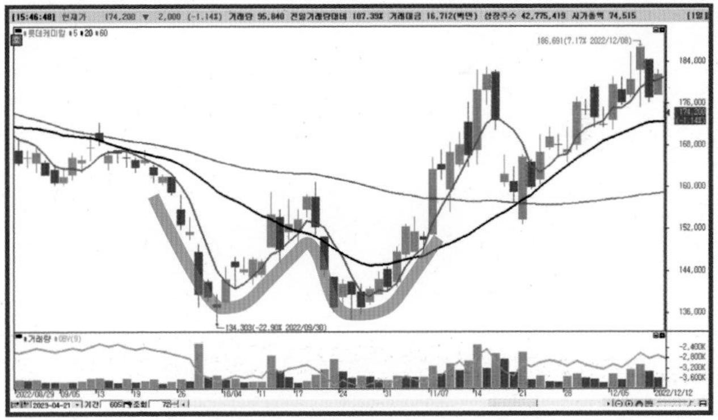

반전형 패턴 정리

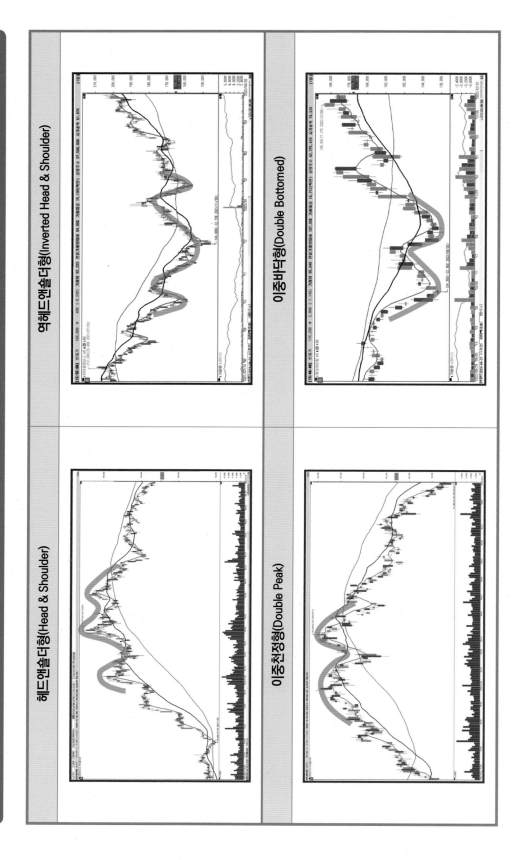

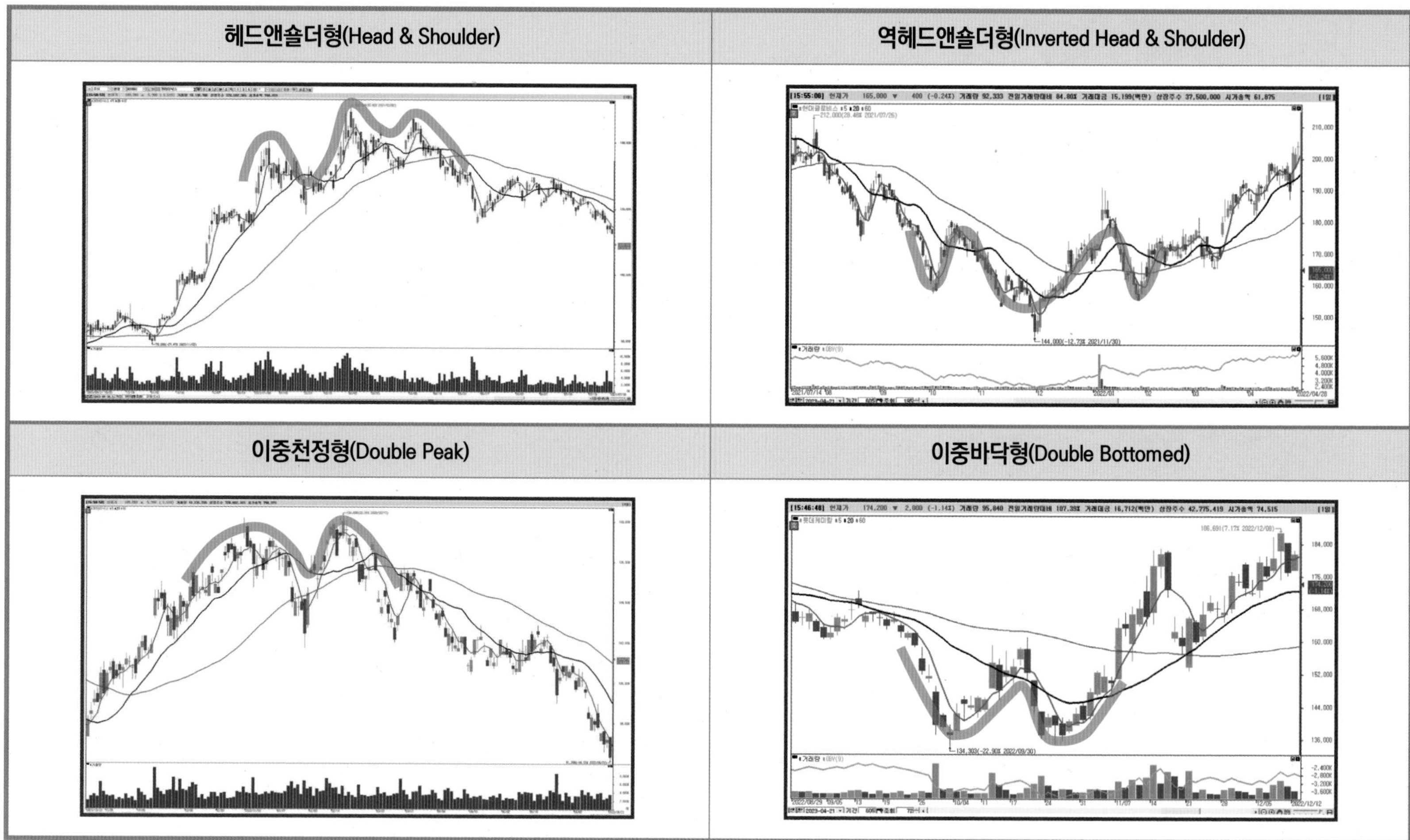
헤드앤숄더형(Head & Shoulder)
역헤드앤숄더형(Inverted Head & Shoulder)
이중천정형(Double Peak)
이중바닥형(Double Bottomed)

반전형 패턴 정리

확산형	
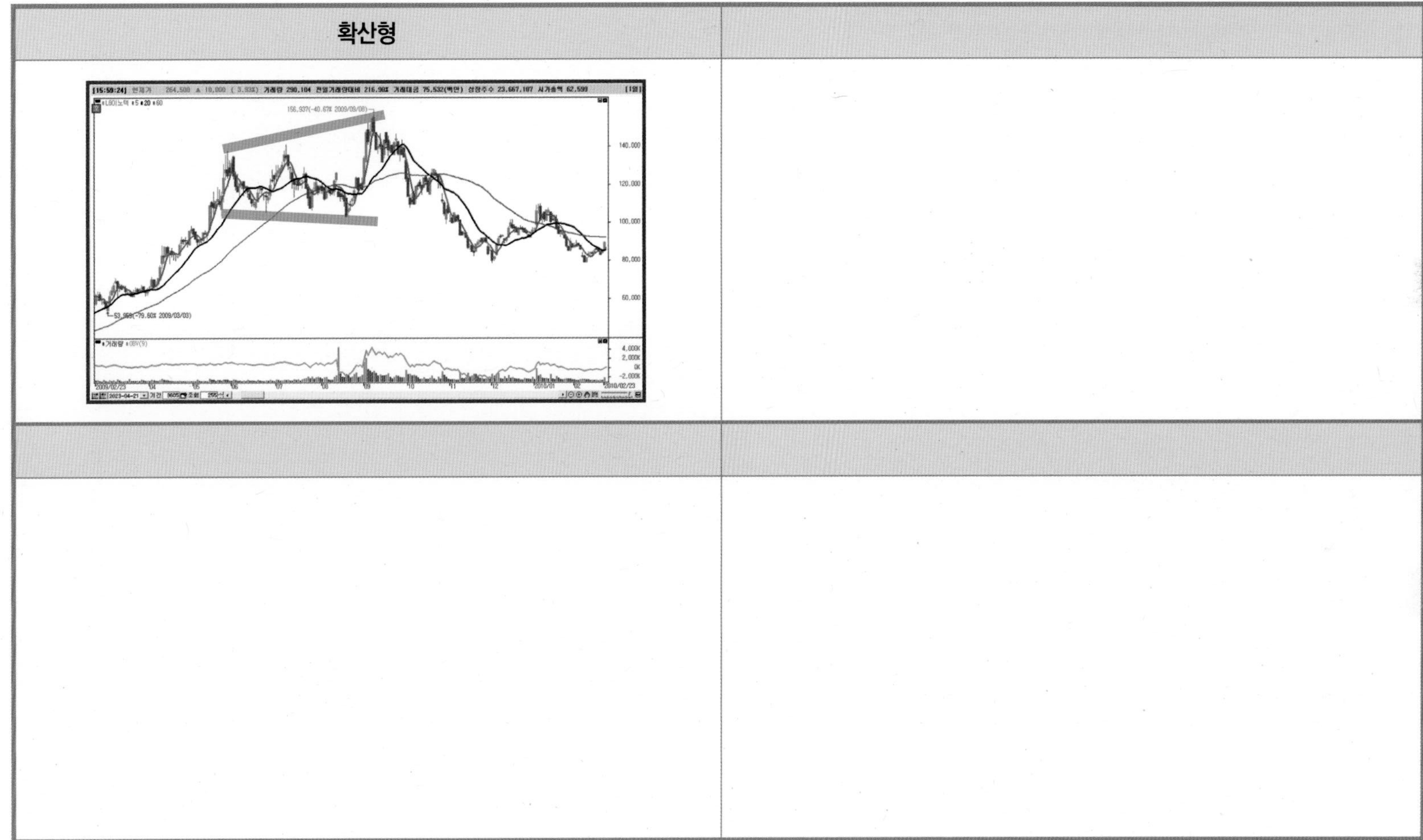	

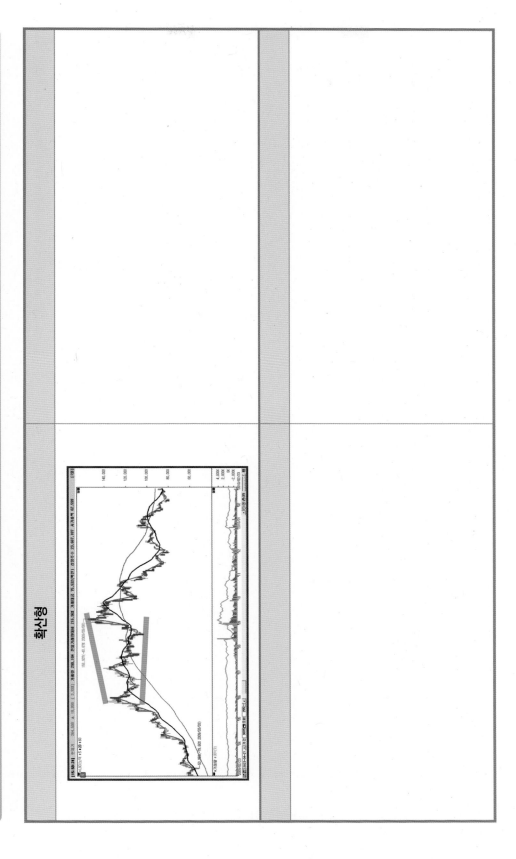

지속형 패턴 - 상승 삼각형

상승추세 지속형 패턴		
형태	내용	차트 모양
상승 삼각형	삼각형은 그래프상 가장 빈번하게 나타나는 지속형 패턴입니다. 상승과 하락을 지속하는 동안 그 등락폭이 점점 줄어들어 전체적인 주가의 움직임이 삼각형 모양을 이루게 됩니다. 삼각형은 최소한 4번 이상의 주가 등락이 있어야 의미가 있습니다. 상승 삼각형은 상승하던 강세장에서 잠시 고점이 일정하고 저항을 받아 밀리지만, 저점은 점점 높이는 형태의 삼각형이 나올 경우 저항선에서 매물 소화가 끝나 돌파하게 되면 크게 상승할 가능성이 커집니다.	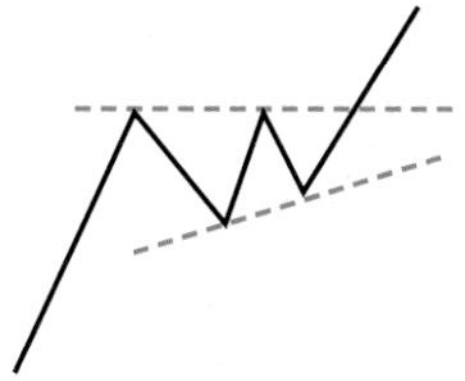 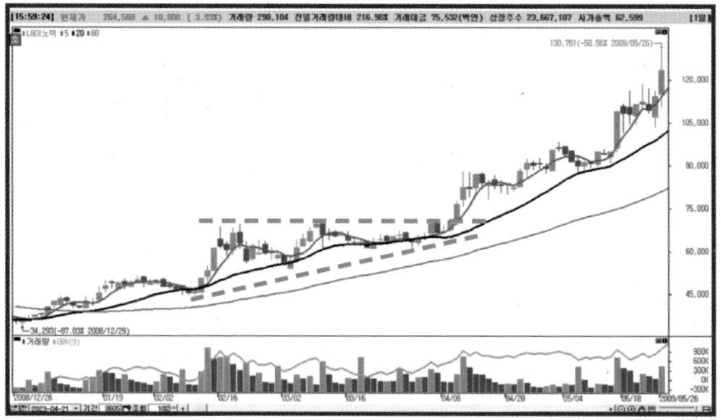

지속형 패턴 - 하락 삼각형

하락추세 지속형 패턴		
형태	내용	차트 모양
하락 삼각형	삼각형은 그래프상 가장 빈번하게 나타나는 지속형 패턴입니다. 상승과 하락을 지속하는 동안 그 등락폭이 점점 줄어들어 전체적인 주가의 움직임이 삼각형 모양을 이루게 됩니다. 삼각형은 최소한 4번 이상의 주가 등락이 있어야 의미가 있습니다. 하락 삼각형은 하락하던 약세장에서 잠시 저점이 일정하게 지지를 받고 고점은 점점 낮아지는 형태의 삼각형으로 매수세가 약해지면 지지선이 결국 뚫리게 되어 크게 하락할 가능성 커집니다.	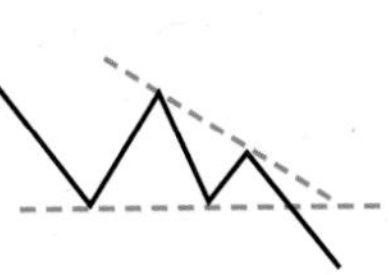 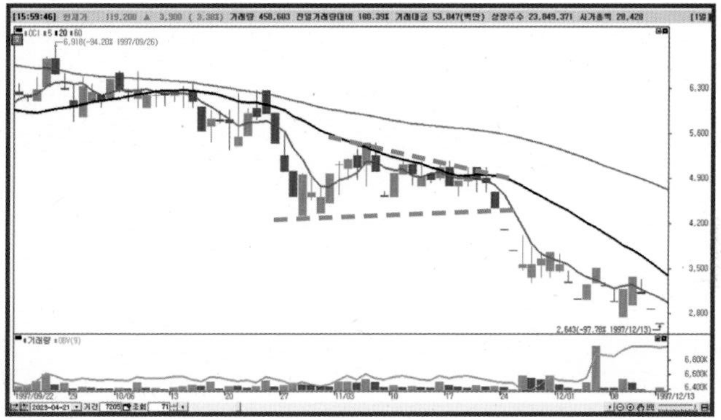

지속형 패턴 - 대칭삼각형

상승추세 지속형 패턴		하락추세 지속형 패턴	
형태	내용	형태	내용
대칭삼각형	대칭삼각형은 강세장에서 나타나면 큰 폭으로 상승할 가능성이 높아지고 약세장에 나타나면 큰 폭으로 하락할 가능성이 높아집니다. 대칭삼각형은 매도세와 매수세가 균형을 이루어 고점도 낮아지고 저점도 높아집니다. 하지만 등락이 점점 좁아지며 결국 기존 추세와 같은 방향으로 크게 진행되게 됩니다.		
상승 대칭삼각형		하락 대칭삼각형	

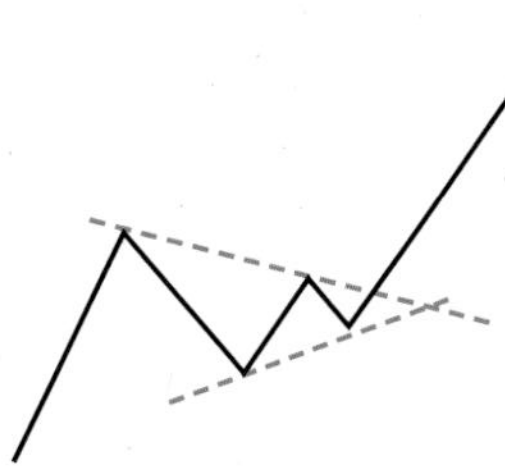

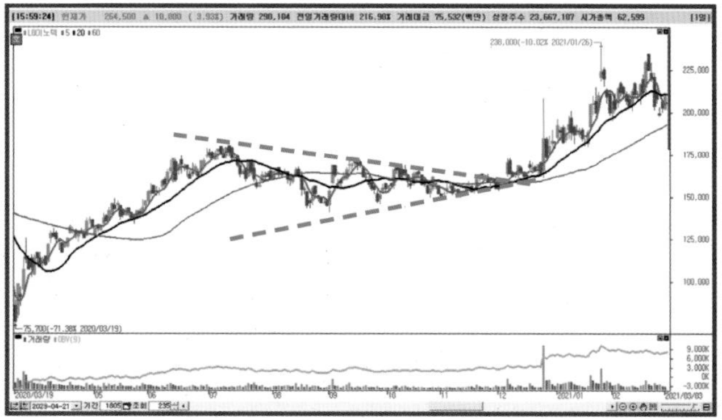

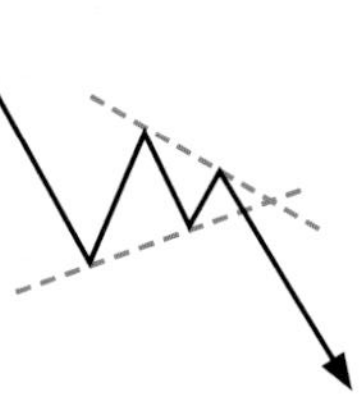

지속형 패턴 정리 - 삼각형, 대칭삼각형 비교

상승 삼각형	상승 대칭삼각형	하락 삼각형	하락 대칭삼각형

지속형 패턴 - 깃발형, 패넌트형

상승추세 지속형 패턴		하락추세 지속형 패턴	
형태	내용	형태	내용
깃발형 패넌트형	깃발형과 패넌트형은 주가가 거의 수직에 가깝게 빠른 속도로 움직인 이후 피로감에 잠시 쉬어가는 국면에서 기존 주가의 움직임에 일시적으로 반발하는 세력들이 등장해 잠시 횡보하는 과정에서 나타납니다. 이때 주가의 움직임은 깃대와 비슷하다고 해서 깃발형 또는 패넌트형이라 합니다.		

지속형 패턴 정리 - 깃발형, 패넌트형

상승 깃발형	상승 패넌트형	하락 깃발형	하락 패넌트형
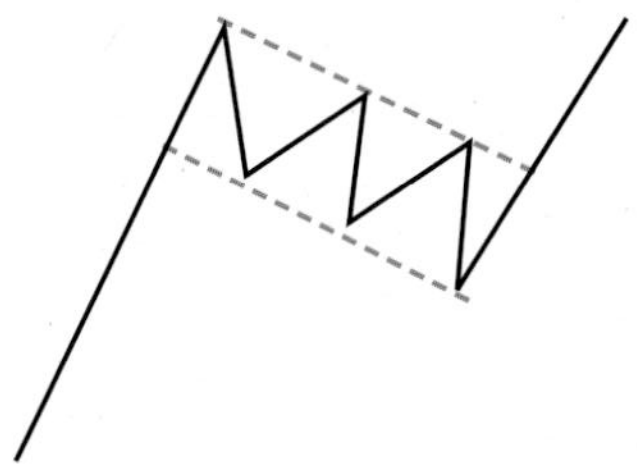	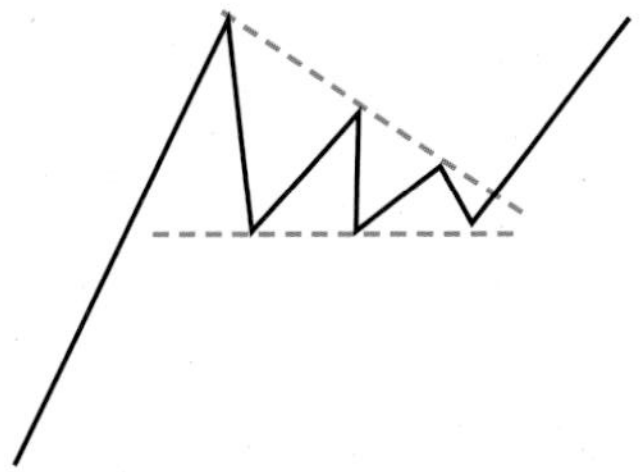	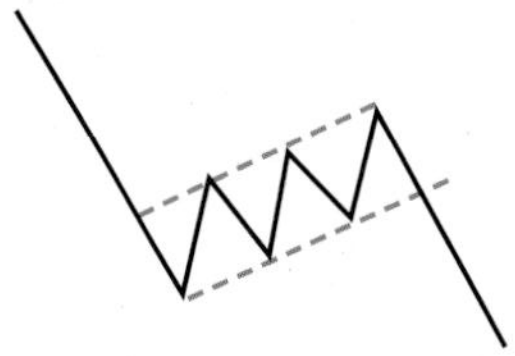	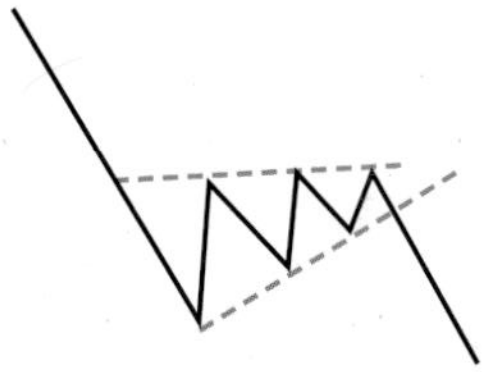
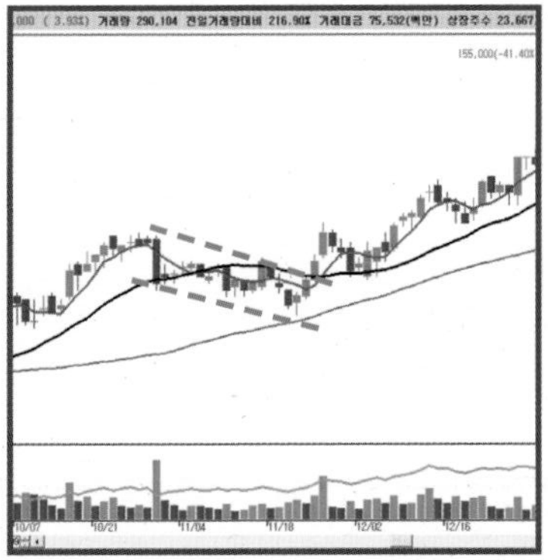	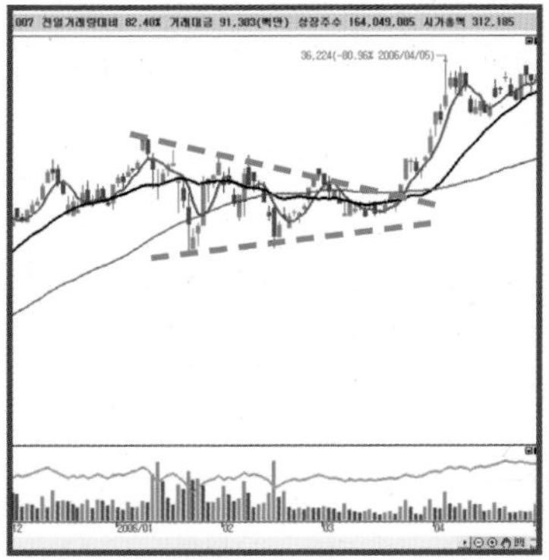	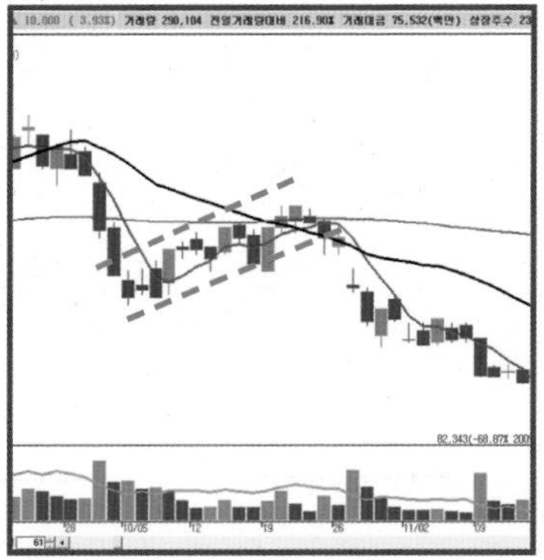	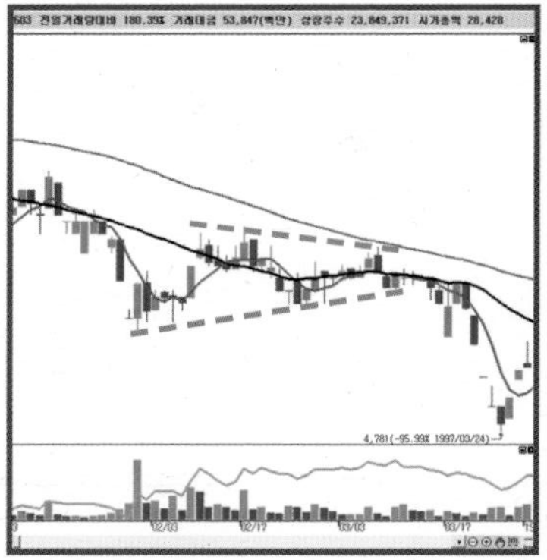

지속형 패턴 - 쐐기형

<table>
<tr><th colspan="2">상승추세 지속형 패턴</th><th colspan="2">하락추세 지속형 패턴</th></tr>
<tr><th>형태</th><th>내용</th><th>형태</th><th>내용</th></tr>
<tr><td>쐐기형</td><td colspan="3">쐐기형은 앞서 설명한 깃발형과 삼각형의 혼합 형태입니다.
쐐기형은 고점을 연결하는 저항선과 저점을 연결하는 지지선이 서로 평행하지 않고 두 선이 점점 좁아집니다.
한 곳으로 모이는 모양으로 평행하는 패넌트형과는 다릅니다.

또한, 대칭삼각형의 경우 두 추세선의 방향이 서로 다르고 상승 삼각형일 때는 상승추세선과 거의 동일한 방향으로 움직입니다. 하락 삼각형의 경우에는 하락추세선과 거의 동일한 방향으로 움직이는데, 쐐기형은 깃발형과 같이 아래위 두 추세선이 모두 같은 방향으로 향하고 있습니다.

하락 쐐기형은 상승추세 이후 조정 과정에서 쐐기형이 만들어진 후 재차 상승하는 상승 지속형 패턴으로 급상승에 대한 경계 심리, 이익 실현, 저가 매수 등으로 저항선의 기울기가 지지선의 기울기보다 더 급하게 하락하며 아래쪽 방향으로 하락형 쐐기가 만들어집니다. 하지만 이 패턴이 완성된 후에는 계속 상승하게 됩니다.

상승 쐐기형은 하락추세 이후 반등 과정에서 상승 쐐기형이 만들어진 후 재차 하락하는 하락 지속형 패턴입니다. 아래 지지선의 기울기가 위 저항선의 기울기보다 급경사를 이루고 있으며 상승 쐐기형이 만들어지지만, 이 패턴이 만들어진 후 계속 하락하게 됩니다.</td></tr>
</table>

지속형 패턴 정리 - 쐐기형

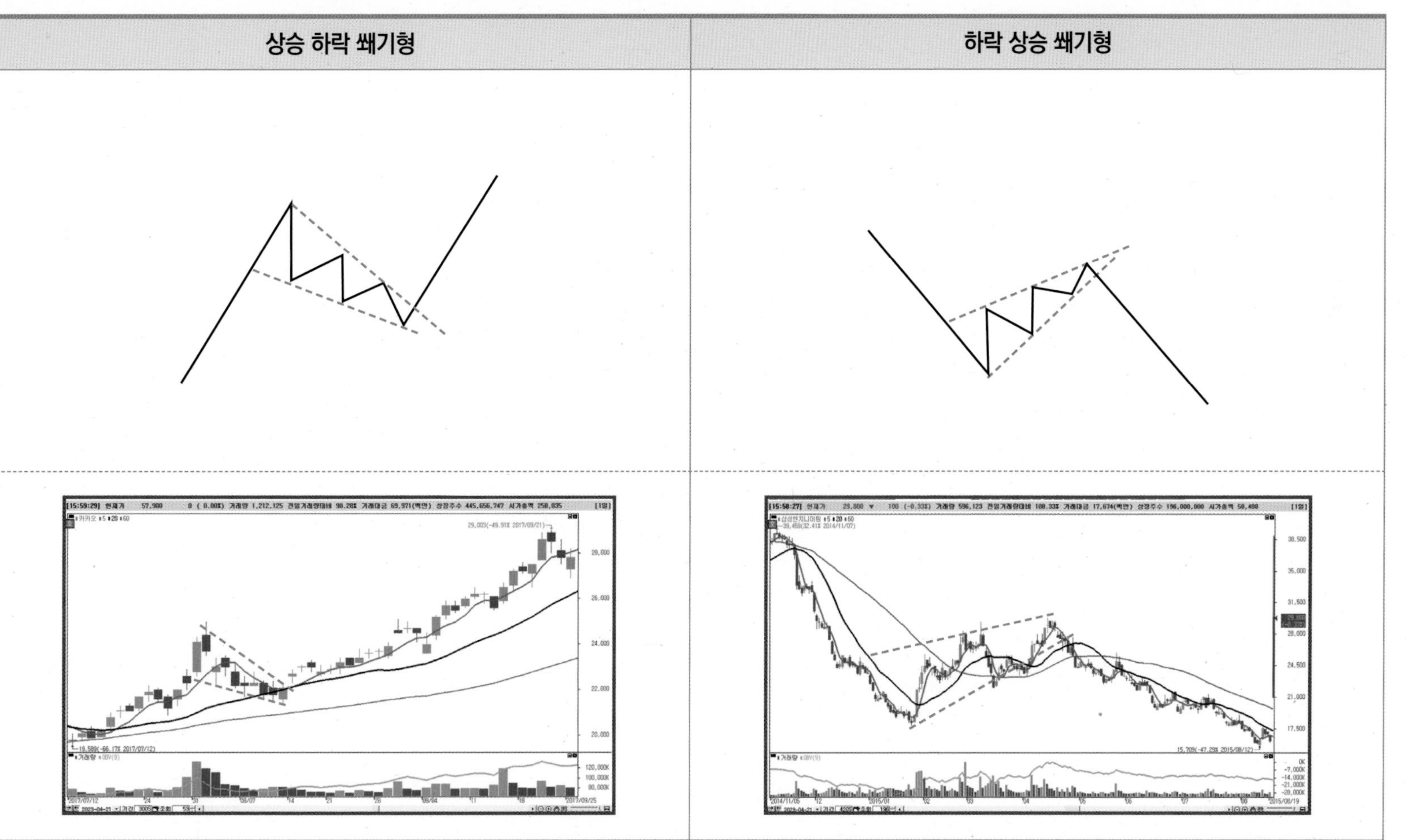

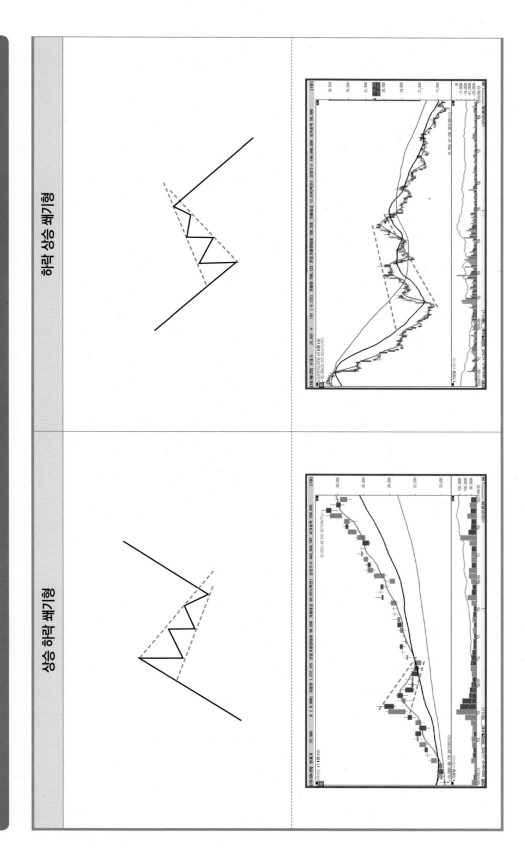

상승 하락 쐐기형
하락 상승 쐐기형

지속형 패턴 - 직사각형

상승추세 지속형 패턴		하락추세 지속형 패턴	
형태	내용	형태	내용
직사각형	직사각형은 매도 세력과 매수 세력이 서로 균형을 이루고 수 주에서 수 개월간 박스권을 만드는 형태입니다. 직사각형이 형성되기 위해서 위 저항선을 그을 수 있는 최소한 두 개의 고점과 아래 지지선을 그을 수 있는 최소 두 개의 저점이 형성되어, 4번 이상 주가의 등락이 있어야 합니다.		

지속형 패턴 정리 - 직사각형

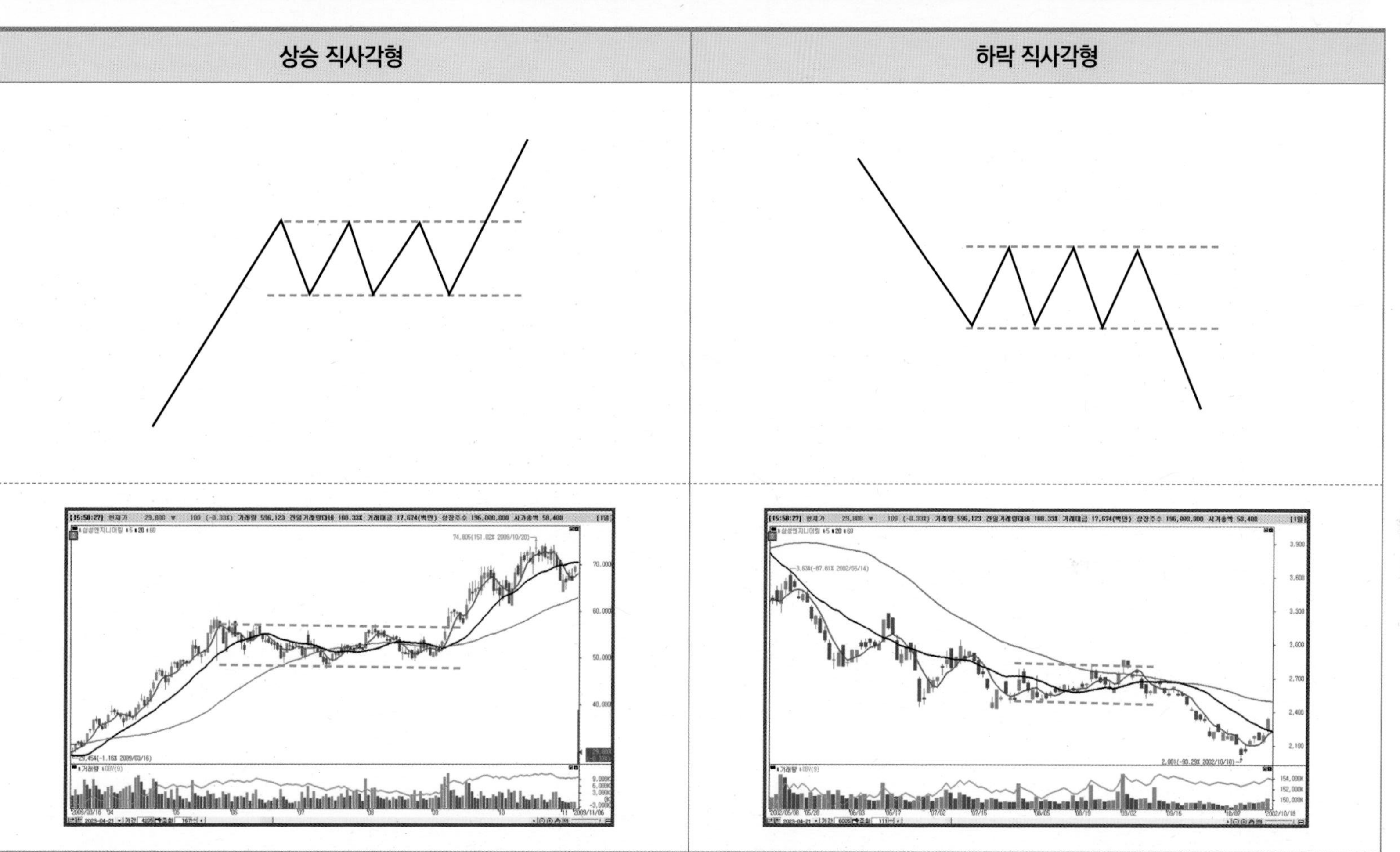

상승 직사각형
하락 직사각형

기타 패턴

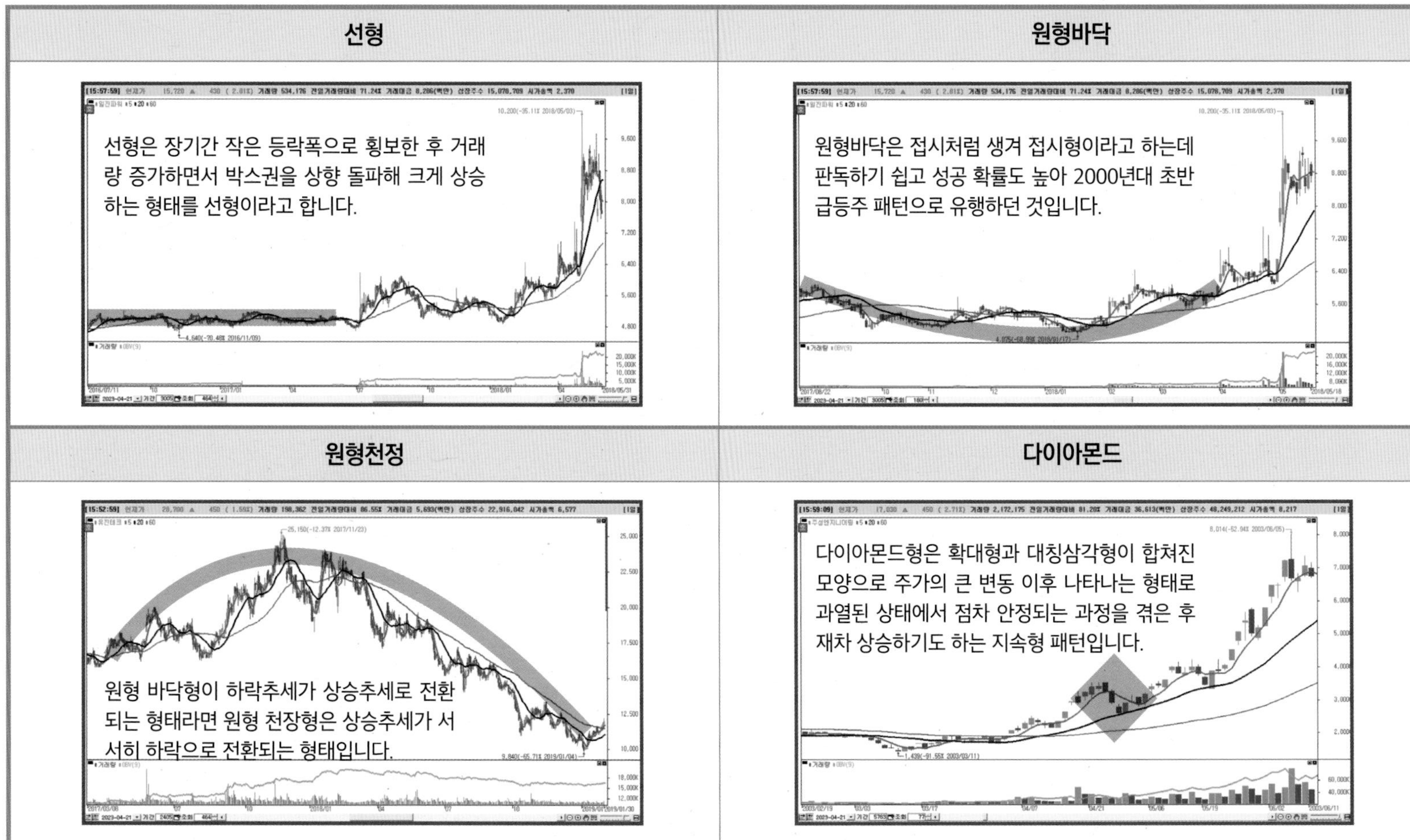
선형
선형은 장기간 작은 등락폭으로 횡보한 후 거래량 증가하면서 박스권을 상향 돌파해 크게 상승하는 형태를 선형이라고 합니다.
원형바닥
원형바닥은 접시처럼 생겨 접시형이라고 하는데 판독하기 쉽고 성공 확률도 높아 2000년대 초반 급등주 패턴으로 유행하던 것입니다.
원형천정
원형 바닥형이 하락추세가 상승추세로 전환되는 형태라면 원형 천장형은 상승추세가 서서히 하락으로 전환되는 형태입니다.
다이아몬드
다이아몬드형은 확대형과 대칭삼각형이 합쳐진 모양으로 주가의 큰 변동 이후 나타나는 형태로 과열된 상태에서 점차 안정되는 과정을 겪은 후 재차 상승하기도 하는 지속형 패턴입니다.

기타 패턴

하늘정원 패턴

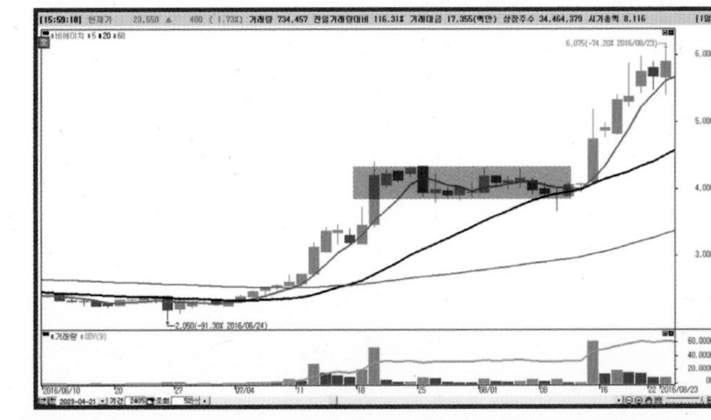

단기 급등 후 횡보하면서 이격조정을 기다리는 유형의 차트가 있습니다. 이것을 제가 '하늘정원 패턴'이라고 작명했습니다. 이격조정이 끝난 후 추가상승 가능성이 높은 유형입니다.

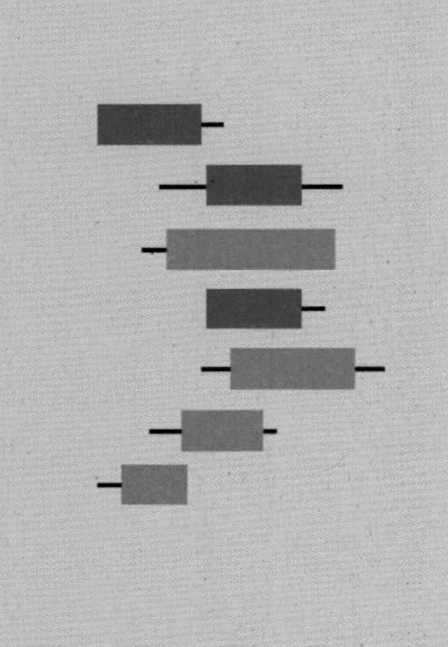

8

그랜빌의 매매 법칙 신의 한 수

그랜빌의 매매 8법칙
그랜빌의 매매 8법칙 - 매수 1, 2법칙 | 그랜빌의 매매 8법칙 - 매수 3, 4법칙
그랜빌의 매매 8법칙 - 매도 1, 2법칙 | 그랜빌의 매매 8법칙 - 매도 3, 4법칙

그랜빌의 매매 8법칙

미국의 주가 분석사, 그랜빌(J.E. Granville)은 주가와 이동평균선의 회귀와 관성의 성질을 이용해 매수와 매도 포인트를 잡는 매수 4법칙과 매도 4법칙으로 매매 8법칙을 만들었습니다.

미국에서는 단기 이동평균선이 60일 이동평균선입니다. 이 단기 이동평균선(60일 이동평균선)과 200일 이동평균선의 매일 주가의 움직임으로 매수와 매도 포인트를 알려줍니다

하지만 우리나라에서 그랜빌의 매매 법칙을 사용할 때는 단기 이동평균선은 5일 이동평균선이고 , 중기 이동평균선은 20일 이동평균선이나 60일 이동평균선을 사용해야 합니다. 그 이유는 우리나라 증시는 미국 증시와 다르게 장기간 상승하는 경우는 드물고, 1개월에서 3개월 단위로 오르내리는 경우가 많기 때문입니다. 그랜빌의 매매 법칙은 다음과 같은 성질을 이용한 매수 4법칙과 매도 4법칙의 매매 법칙입니다.

- 주가와 이동평균선의 관계 분석
- 주가와 이동평균선의 회귀현상
- 주가와 이동평균선의 관성의 법칙
- 200일 이동평균선 기준(단기 매매를 주로 하는 우리나라에서는 20일 또는 60일 이동평균선 기준)

그랜빌의 매매 8법칙 - 매수 1, 2법칙

매수 1법칙	매수 2법칙
중기 이동평균선이 하락하다 횡보하거나 상승으로 전환될 때, 주가가 중기 이동평균선을 상향 돌파할 때 매수신호입니다.	중기 이동평균선이 상승하고 있을 때, 주가가 일시적으로 중기 이동평균선을 이탈해서 하락하다 반등할 때 매수신호입니다.

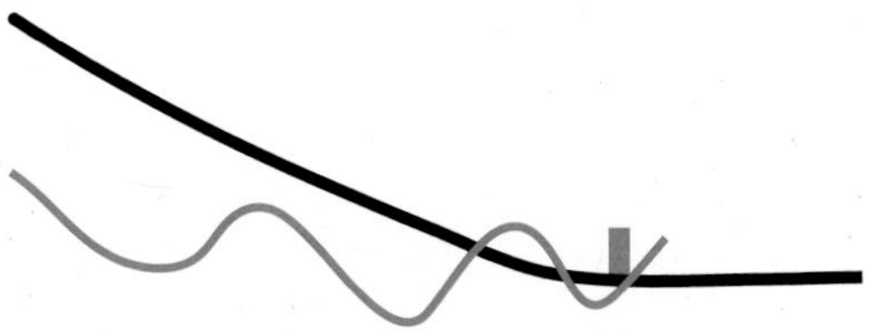

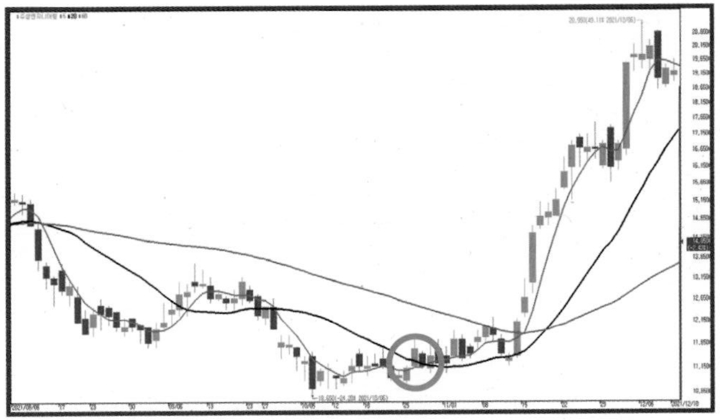

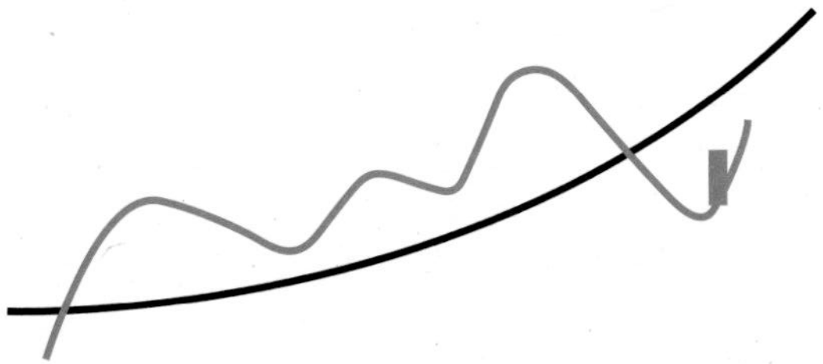

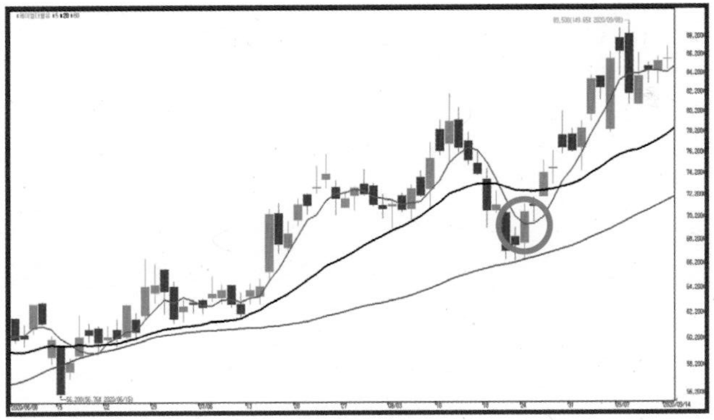

그랜빌의 매매 8법칙 - 매수 3, 4법칙

매수 3법칙	매수 4법칙
중기 이동평균선이 상승하고 있을 때 주가가 하락하며 중기 이동평균선 부근에서 다시 상승할 때 매수신호입니다.	중기 이동평균선이 하락하고 있을 때 주가가 급락해 중기 이동평균선과 크게 이격이 벌어 진후 반등할 때 매수 신호입니다.
	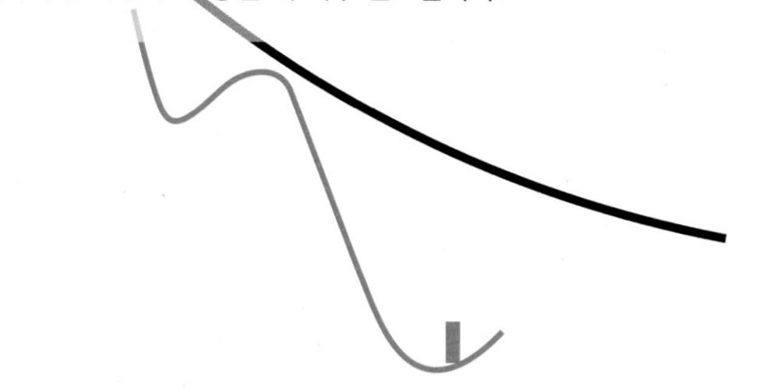
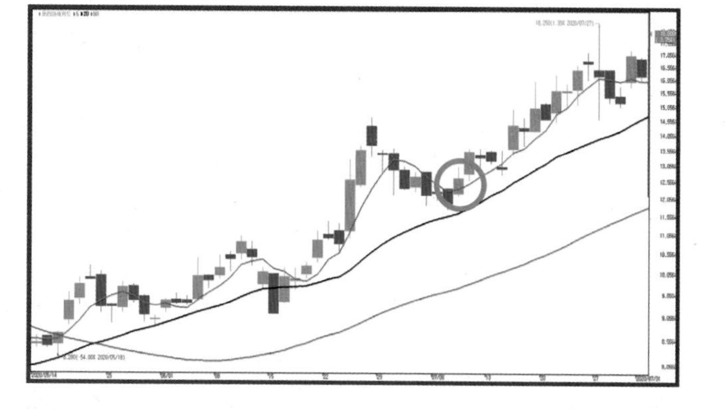	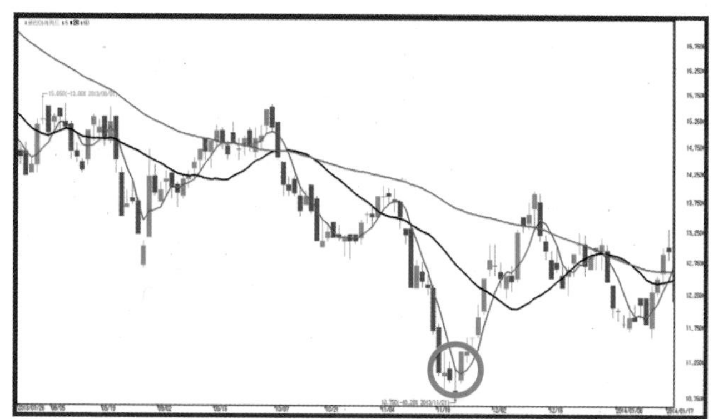

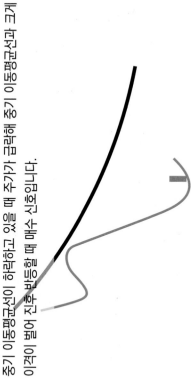

그랜빌의 매매 8법칙 - 매도 1, 2법칙

매도 1법칙	매도 2법칙
중기 이동평균선이 상승하다 횡보나 하락으로 전환할 때, 주가가 중기 이동평균선을 하향 이탈하면 매도신호입니다.	중기 이동평균선이 하락하고 있을 때, 주가가 중기 이동평균선을 일시적으로 상향 돌파하다 하락하면 매도신호입니다.
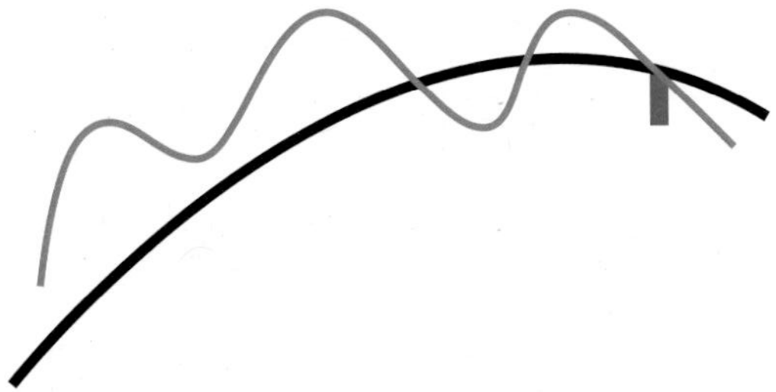	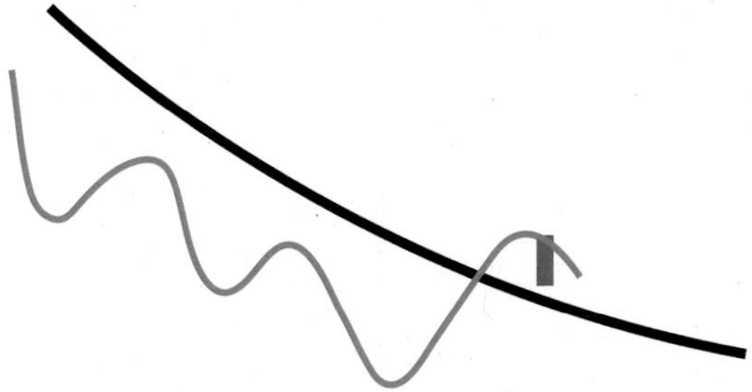
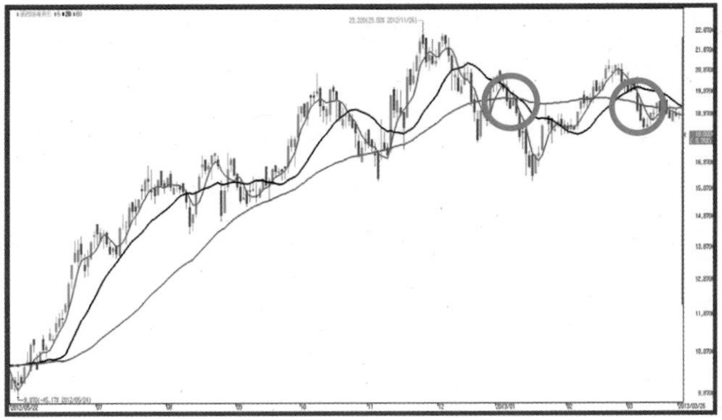	

그랜빌의 매매 8법칙 - 매도 3, 4법칙

매도 3법칙	매도 4법칙
중기 이동평균선이 하락하고 있을 때 주가가 상승하며 중기 이동평균선과 가까워지다 다시 하락 전환하면 매도신호입니다. 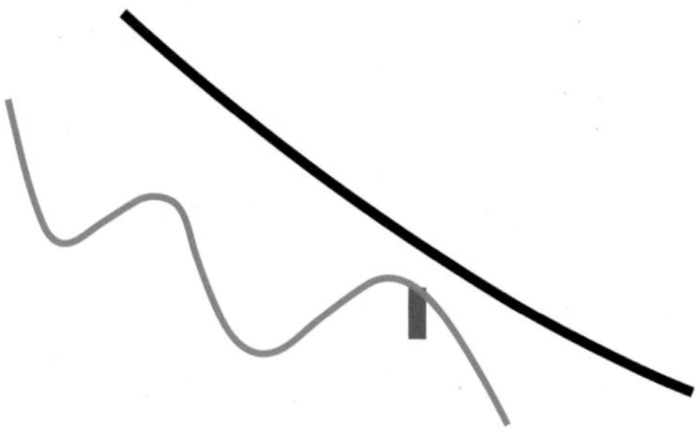 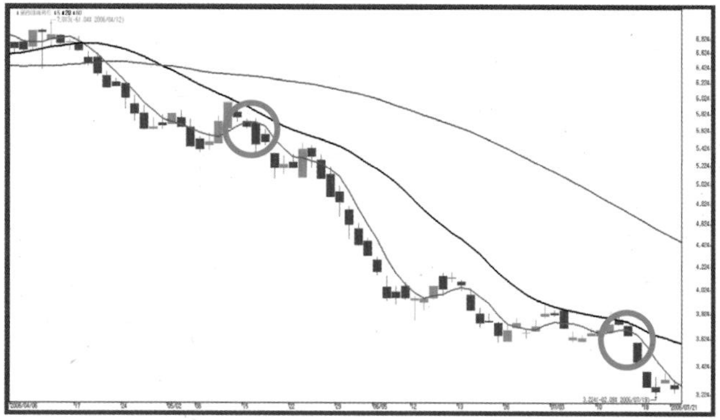	중기 이동평균선이 상승하고 있을 때 주가가 급등해 이격도가 벌어지다 다시 하락하면 매도신호입니다. 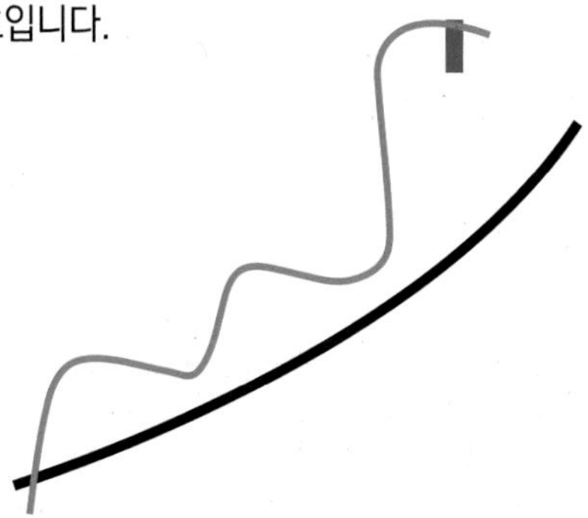 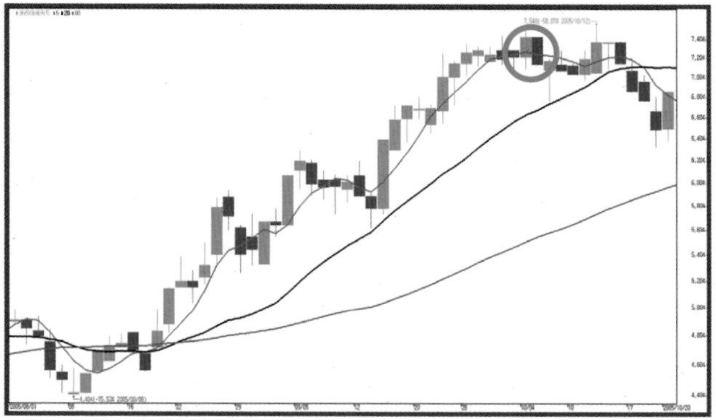

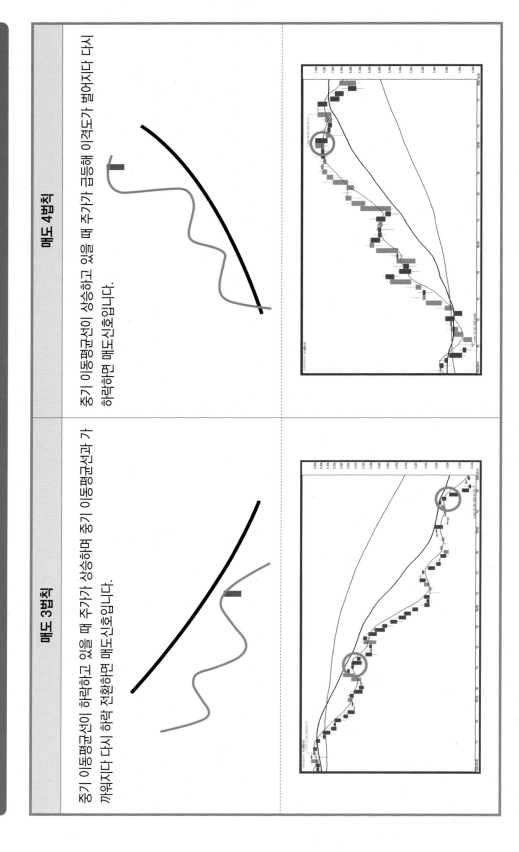

9

엘리어트 파동 신의 한 수

엘리어트 파동이란? | 엘리어트 파동이론

엘리어트 파동이란?

미국의 R. N. 엘리어트(R. N. Elliott)에 의해 1939년 〈파이낸셜 월드〉 지를 통해 '주가는 상승 5파와 하락 3파에 의해 끝없이 반복한다'라는 글이 실렸습니다.

주가의 변화는 대자연의 법칙과 조화를 이루고 있으며 일정한 규칙을 가지고 반복된다고 주장했습니다.

연구 당시 과거 75년 동안의 주가 움직임에 대한 연간, 월간, 주간, 일간, 시간, 그리고 30분 단위의 데이터를 모아 분석해 만들었습니다.

이후 한때 잊혀졌다가 1987년 미국 주식 시장 사상 최대 폭락을 맞은 '블랙먼데이' 직전 다른 모든 시장예측과 달리 대폭락의 가능성을 예고한 토대 이론으로 활용되면서 최고의 예측 도구로 한때 주목을 받게 되었습니다.

엘리어트 파동이론은 원래 뉴욕 다우지수 같은 전체 주가지수의 움직임을 바탕으로 연구되었기 때문에 개별 종목들의 움직임에 적용하면 잘 안 맞는 것으로 알려져 있습니다.

엘리어트 파동이론

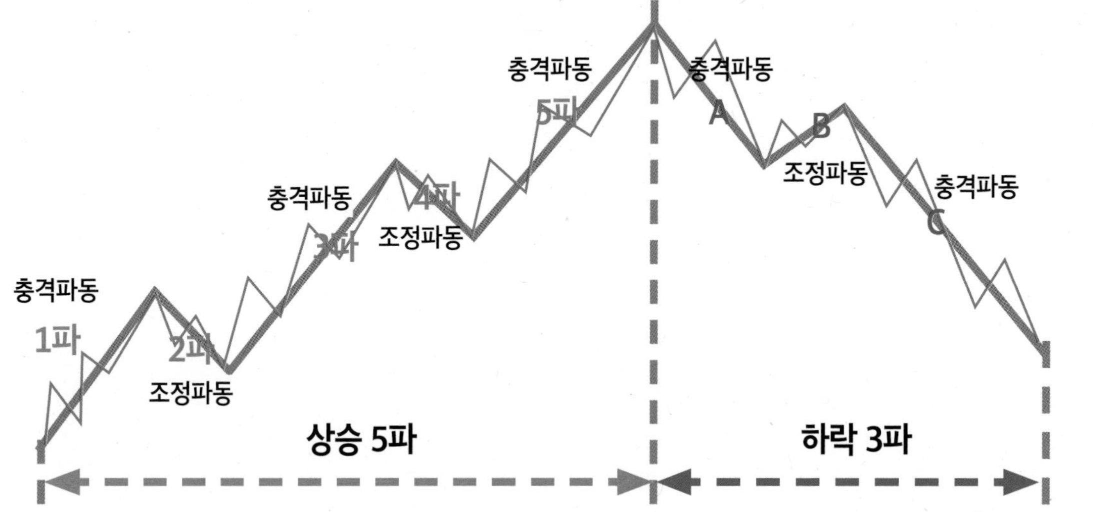

충격파동
1파
조정파동
2파
충격파동
3파
조정파동
4파
충격파동
5파
충격파동
A
B
조정파동
충격파동
C
상승 5파
하락 3파

주가는 연속적인 파동에 의해 상승하고 다시 하락함으로써 상승 5파와 하락 3파의 8개의 파동으로 순환합니다. 충격 파동은 5개 파동으로, 조정 파동은 3개 파동으로 세분되며 다시 8개 파동은 21개의 작은 파동으로 구성됩니다.

상승 5파 : 1파, 3파, 5파는 상승 파동으로 충격 파동이며, 2파, 4파는 하락 파동으로 조정파동입니다.

주가의 진행과 같은 방향으로 움직이는 것은 충격파동이라 부르고 반대로 움직이는 파동은 조정파동이라 부릅니다. 1파~5파까지 상승 국면이 끝나면 A, B, C의 하락국면이 만들어집니다.

개별 종목에는 잘 맞지 않고, 지수에도 추세가 더 길어지거나 더 짧아지는 등 예외가 많아 직접 적용에는 무리가 있습니다. 그러나 지수에는 한때 잘 맞기도 했습니다. 최근에는 관심이 멀어진 이론입니다.

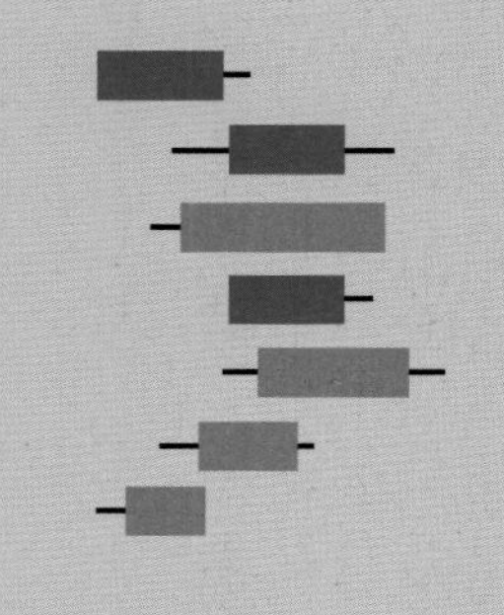

10

보조지표 신의 한 수

보조지표 종류 | MACD 개요 | MACD(Moving Average Convergence & Divergency) 활용
MACD와 오실레이터 | MACD 다이버전스 | DMI와 ADX 이해 | +DM / -DM 값 구하는 산식 | DMI / ADX 해석
스토캐스틱(Stochastics) 이해 | 스토캐스틱 해석 | 스토캐스틱 활용 | 스토캐스틱 활용 예시 | 스토캐스틱 다이버전스 예시
RSI 이해 | RSI 활용 | OBV 이해 | OBV 활용 | OBV 예시 1 | OBV 예시 2 | OBV 예시 3 | OBV 예시 4
CO(Chaikin's Oscillator) 이해 | CO 산출 | CO 활용
볼린저 밴드(Bollinger Band) 이해 | 볼린저 밴드 활용 | 볼린저 밴드 활용 예시

보조지표 종류

추세지표	모멘텀지표	거래량지표	변동성지표	기타
MACD	스토캐스딕(Stochastics)	OBV	볼린저 밴드	일목균형표
MACD Oscillator	RSI	AD Line	엔벨로프	
DMI	ROC	CO		
ADX		VR		
ROC				
MAO				

- 추세지표 : 추세의 방향을 알려주는 지표
- 모멘텀지표 : 현재 가격과 일정기간 이전의 가격 차이 또는 비율
  현재 추세가 속도를 더하고 있는지 혹은 줄어들고 있는지를 알려주는 추세의 가속도를 측정
- 거래량지표 : 현재의 추세나 변동성이 얼마나 강한지를 보여주는 지표, 거래량을 이용해 분석
- 변동성지표 : 현재 가격의 방향이 아닌 변동성을 기준으로 시각화한 지표

MACD 개요

MACD(Moving Average Convergence & Divergency)는 장단기 두 이동평균선 사이의 관계를 보여주는 운동량 지표입니다. 제럴드 아펠(Gerald Appel)에 의해 개발되었습니다.

MACD는 'Convergence & Divergence'의 의미처럼 이동평균선이 모이고, 다시 벌어지는 원리에 착안한 것입니다. 장기 지수이동평균과 단기 지수이동평균의 차이가 가장 크게 벌어질 때를 매매 타이밍으로 한 기법입니다.

따라서 단기 이동평균에서 장기 이동평균을 뺀 값을 MACD라 하며, 이 MACD의 지수이동평균을 '시그널'이라 부릅니다. 이 두 곡선의 교차점을 이용해 매매 시점을 포착합니다.

이때 사용하는 이동평균선은 단순한 이동평균이 아니라 지수이동평균을 사용합니다.

MACD = 단기 지수이동평균 - 장기 지수이동평균
시그널 = n일 동안 MACD 지수이동평균

단기 이동평균선의 경우 12일, 장기 이동평균선의 경우 26일이 이용됩니다. 단기 이동평균선이 장기 이동평균선보다 위쪽에 위치하면 MACD선은 양수가 되고 음수에서 양수로 바뀌는 시점을 주가가 상승하는 신호로 봅니다.
반대로 단기 지수이동평균선이 장기 이동평균선보다 아래쪽에 있으면 MACD선은 음수가 되고 양수에서 음수로 바뀌는 시점을 주가가 하락하는 신호로 봅니다.

MACD(Moving Average Convergence & Divergency) 활용

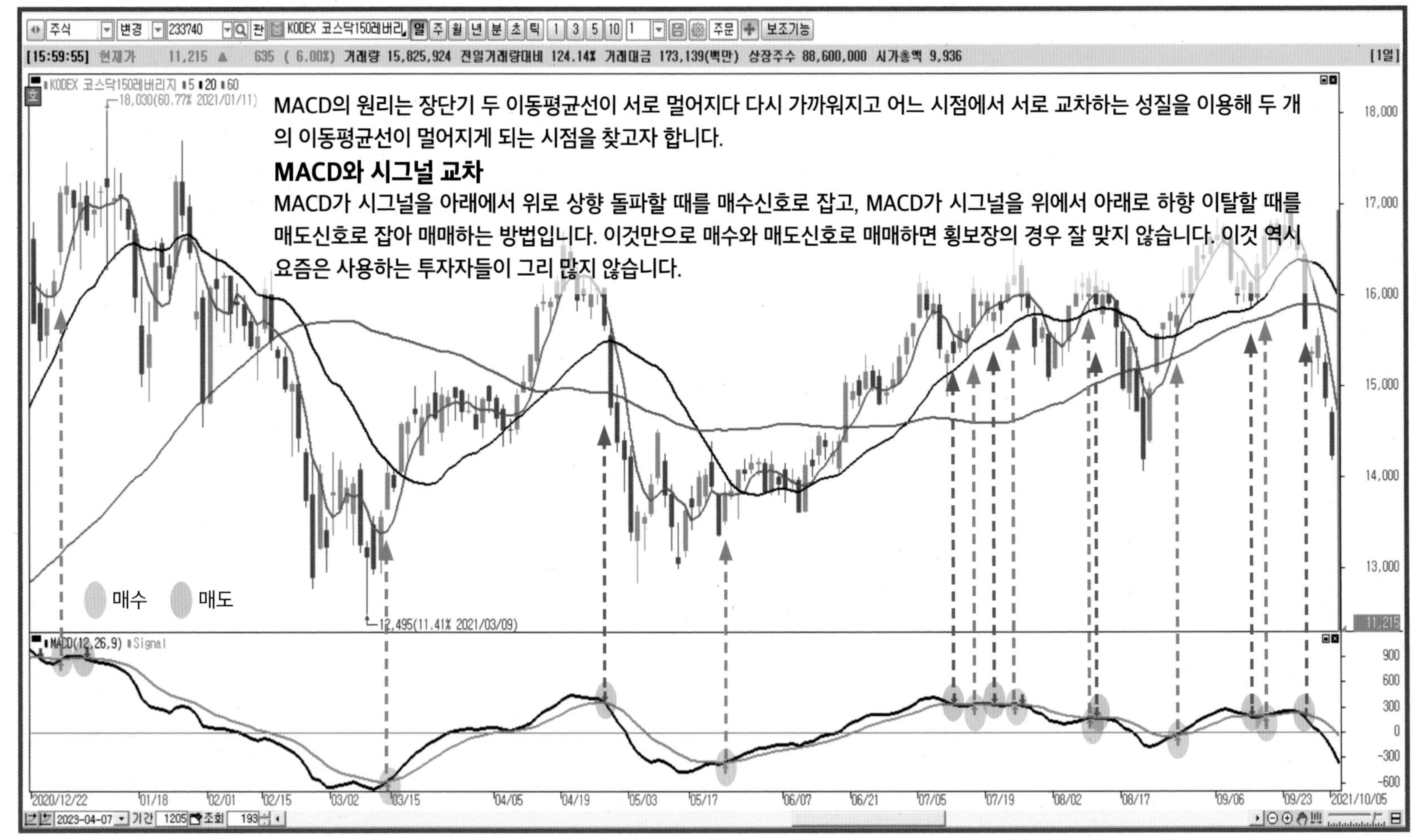
MACD의 원리는 장단기 두 이동평균선이 서로 멀어지다 다시 가까워지고 어느 시점에서 서로 교차하는 성질을 이용해 두 개의 이동평균선이 멀어지게 되는 시점을 찾고자 합니다.
MACD와 시그널 교차
MACD가 시그널을 아래에서 위로 상향 돌파할 때를 매수신호로 잡고, MACD가 시그널을 위에서 아래로 하향 이탈할 때를 매도신호로 잡아 매매하는 방법입니다. 이것만으로 매수와 매도신호로 매매하면 횡보장의 경우 잘 맞지 않습니다. 이것 역시 요즘은 사용하는 투자자들이 그리 많지 않습니다.
매수
매도
KODEX 코스닥150레버리지 5 20 60
18,030(60.77% 2021/01/11)
12,495(11.41% 2021/03/09)
MACD(12,26,9) Signal
[15:59:55] 현재가 11,215 ▲ 635 (6.00%) 거래량 15,825,924 전일거래량대비 124.14% 거래대금 173,139(백만) 상장주식수 88,600,000 시가총액 9,936
18,000
17,000
16,000
15,000
14,000
13,000
900
600
300
0
-300
-600
2020/12/22
01/18
02/01
02/15
03/02
03/15
04/05
04/19
05/03
05/17
06/07
06/21
07/05
07/19
08/02
08/17
09/06
09/23
2021/10/05

MACD와 오실레이터

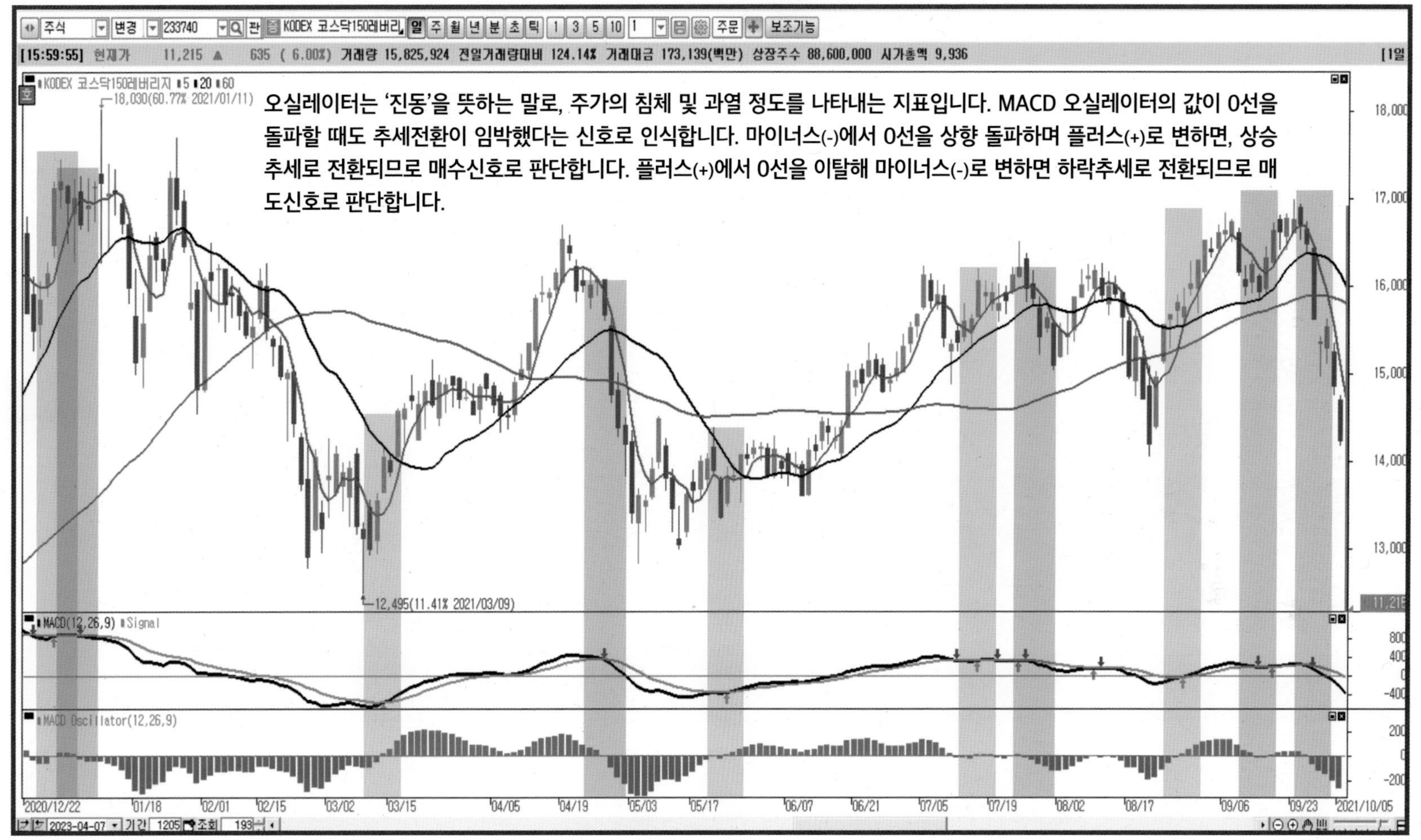

[15:59:55] 현재가 11,215 ▲ 635 (6.00%) 거래량 15,825,924 전일거래량대비 124.14% 거래대금 173,139(백만) 상장주수 88,600,000 시가총액 9,936
KODEX 코스닥150레버리지 5 20 60
18,030(60.77% 2021/01/11)
12,495(11.41% 2021/03/09)
MACD(12,26,9) Signal
MACD Oscillator(12,26,9)
오실레이터는 '진동'을 뜻하는 말로, 주가의 침체 및 과열 정도를 나타내는 지표입니다. MACD 오실레이터의 값이 0선을 돌파할 때도 추세전환이 임박했다는 신호로 인식합니다. 마이너스(-)에서 0선을 상향 돌파하며 플러스(+)로 변하면, 상승추세로 전환되므로 매수신호로 판단합니다. 플러스(+)에서 0선을 이탈해 마이너스(-)로 변하면 하락추세로 전환되므로 매도신호로 판단합니다.

MACD 다이버전스

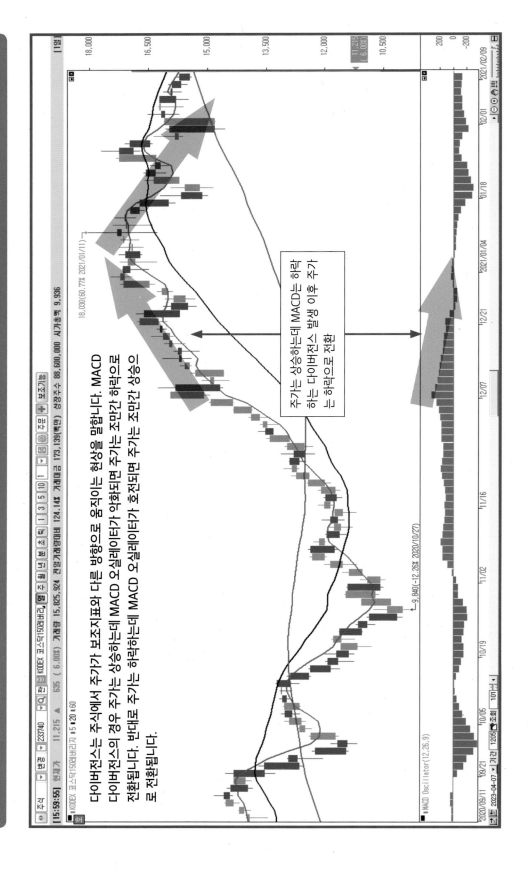

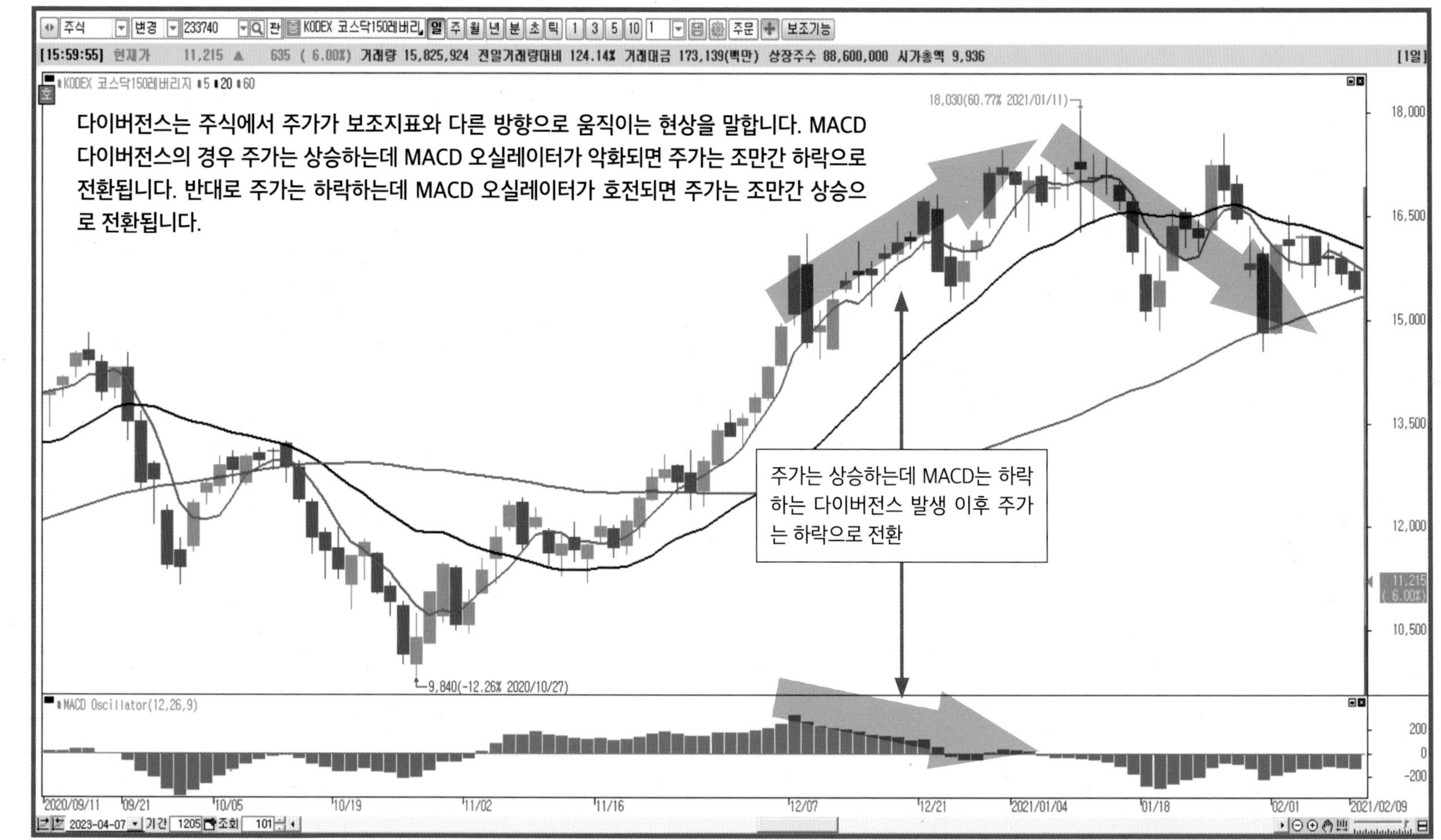
주식 변경 233740 KODEX 코스닥150레버리 일 주 월 년 분 초 틱 1 3 5 10 1 주문 보조기능
[15:59:55] 현재가 11,215 ▲ 635 (6.00%) 거래량 15,825,924 전일거래량대비 124.14% 거래대금 173,139(백만) 상장주수 88,600,000 시가총액 9,936 [1일]
KODEX 코스닥150레버리지 5 20 60
다이버전스는 주식에서 주가가 보조지표와 다른 방향으로 움직이는 현상을 말합니다. MACD 다이버전스의 경우 주가는 상승하는데 MACD 오실레이터가 악화되면 주가는 조만간 하락으로 전환됩니다. 반대로 주가는 하락하는데 MACD 오실레이터가 호전되면 주가는 조만간 상승으로 전환됩니다.
18,030(60.77% 2021/01/11)
9,840(-12.26% 2020/10/27)
주가는 상승하는데 MACD는 하락하는 다이버전스 발생 이후 주가는 하락으로 전환
18,000
16,500
15,000
13,500
12,000
11,215 (6.00%)
10,500
MACD Oscillator(12,26,9)
200
0
-200
2020/09/11 09/21 10/05 10/19 11/02 11/16 12/07 12/21 2021/01/04 01/18 02/01 2021/02/09
2023-04-07 기간 1205 조회 101

MACD 다이버전스

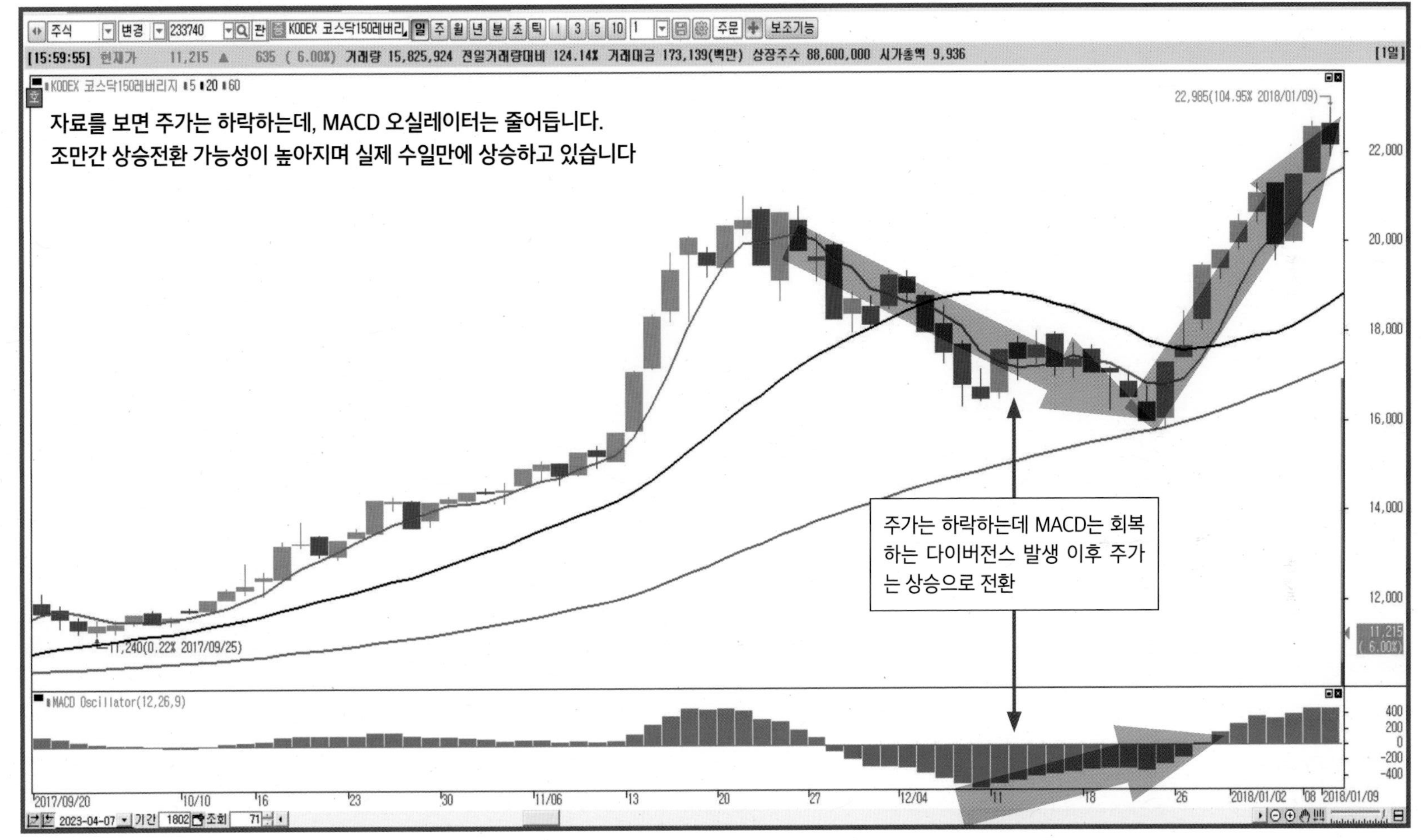
[15:59:55] 현재가 11,215 ▲ 635 (6.00%) 거래량 15,825,924 전일거래량대비 124.14% 거래대금 173,139(백만) 상장주수 88,600,000 시가총액 9,936
KODEX 코스닥150레버리지 5 20 60
자료를 보면 주가는 하락하는데, MACD 오실레이터는 줄어듭니다.
조만간 상승전환 가능성이 높아지며 실제 수일만에 상승하고 있습니다
22,985(104.95% 2018/01/09)
11,240(0.22% 2017/09/25)
주가는 하락하는데 MACD는 회복
하는 다이버전스 발생 이후 주가
는 상승으로 전환
MACD Oscillator(12,26,9)
22,000
20,000
18,000
16,000
14,000
12,000
400
200
0
-200
-400
2017/09/20
10/10
16
23
30
11/06
13
20
27
12/04
11
18
26
2018/01/02
08
2018/01/09

DMI와 ADX 이해

DMI(Directional Movement index)

기술적 지표의 아버지로 불리는 미국의 웰레스 와일더(Welles Wilder)가 1978년 저술한 《기술적 트레이딩의 신개념(New concepts In Technical Trading Systems)》에서 처음 제시한 것으로 DMI는 현재의 시장이 상승추세인지, 하락추세인지 또는 비추세적(횡보) 시장인지 알려주는 데 유용한 지표입니다.
이것은 가장 강력한 지표로 세계 여러 나라에서 많은 사람들이 사용하는 추세 강도를 측정하는 지표로 사랑받고 있습니다.

DMI = +DI와 -DI로 구성되는데 이는 DM과 TR을 이용해 구합니다.

DM = DM은 금일 주가의 고점과 저점의 범위를 전일 주가의 고점과 저점의 범위를 이용해서 산출합니다.
+DM는 주가의 상승, -DM은 주가의 하락을 나타냅니다.

TR = 실제 거래 범위를 나타내는데, 당일 최고점과 전일 종가 중에서 높은 값으로 당일 최저점과 전일 종가 중에서 낮은 값을 차감해서 구합니다. 절대값이 기준이니 주가의 방향과 상관없이 주가의 움직임이 크면 커지고, 횡보하면 작아집니다.

+DI = +DM의 합계를 TR합계로 나눈 백분율
-DI = -DM의 합계를 TR합계로 나눈 백분율

+DI선이 -DI선을 돌파하면 상승추세이므로 매수신호
-DI선이 +DI선을 돌파해 위쪽에 위치하게 되면 하락추세로 매도신호

단, DMI는 복잡하고 명확하지 않아 단독 사용보다는 ADX와 같은 다른 지표들과 병행해서 사용합니다.

+DM / -DM 값 구하는 산식

Case	산출식	
Case 1 당일 고가가 전일 고가보다 높고 당일 저가도 전일 저가보다 높은 경우	+DM = 당일 고가 – 전일 고가	
Case 2 당일 고가는 전일 고가보다 높고 당일 저가는 전일 저가보다 낮은 경우	+DM = 고가의 차 〉 저가의 차 –DM = 고가의 차 〈 저가의 차	
Case 3 당일 고가는 전일 고가보다 낮고 당일 저가는 전일 저가보다 높은 경우	+DM 과 –DM 모두 0보다 작은 상태로 이 경우 '0'의 값을 가집니다.	
Case 4 당일 고가는 전일 고가보다 낮고 당일 저가도 전일 저가보다 낮은 경우	–DM = 당일 저가 – 전일 저가	
Case 5 당일 고가와 전일 고가와 일치하고 당일 저가도 전일 저가와 일치하는 경우	고가와 저가가 일치하므로 값은 '0'	

+DM / -DM 값 구하는 산식

구분	세부내역	
TR	TR은 전일 종가 대비 금일 최고점과 최저점의 차의 절대값 TR= [금일 최고점 – 금일 최저점] ÷ 전일 종가 TR= (b–c) ÷ a	
+DI	+DI = +DM/TR	전일 종가 : 10,000 전일 고점 : 11,000 당일 고점 : 11,500 전일 저점 : 9,000 당일 저점 : 8,500 TR = (11,500–8,500) ÷ 10,000 = 0.3 DM = (11,500–11,000) = 500 DI = 500 ÷ 0.3
-DI	–DI = –DM/TR	
ADX	A = +DI + –DI B = +DI – –DI $DX = \frac{B}{A} \times 100$ ADX는 DX의 14일간 평균 두 지표의 차가 많이 나는 것은 어느 한쪽으로 많이 치우친 것으로 추세가 강한 것입니다.	

DMI / ADX 해석

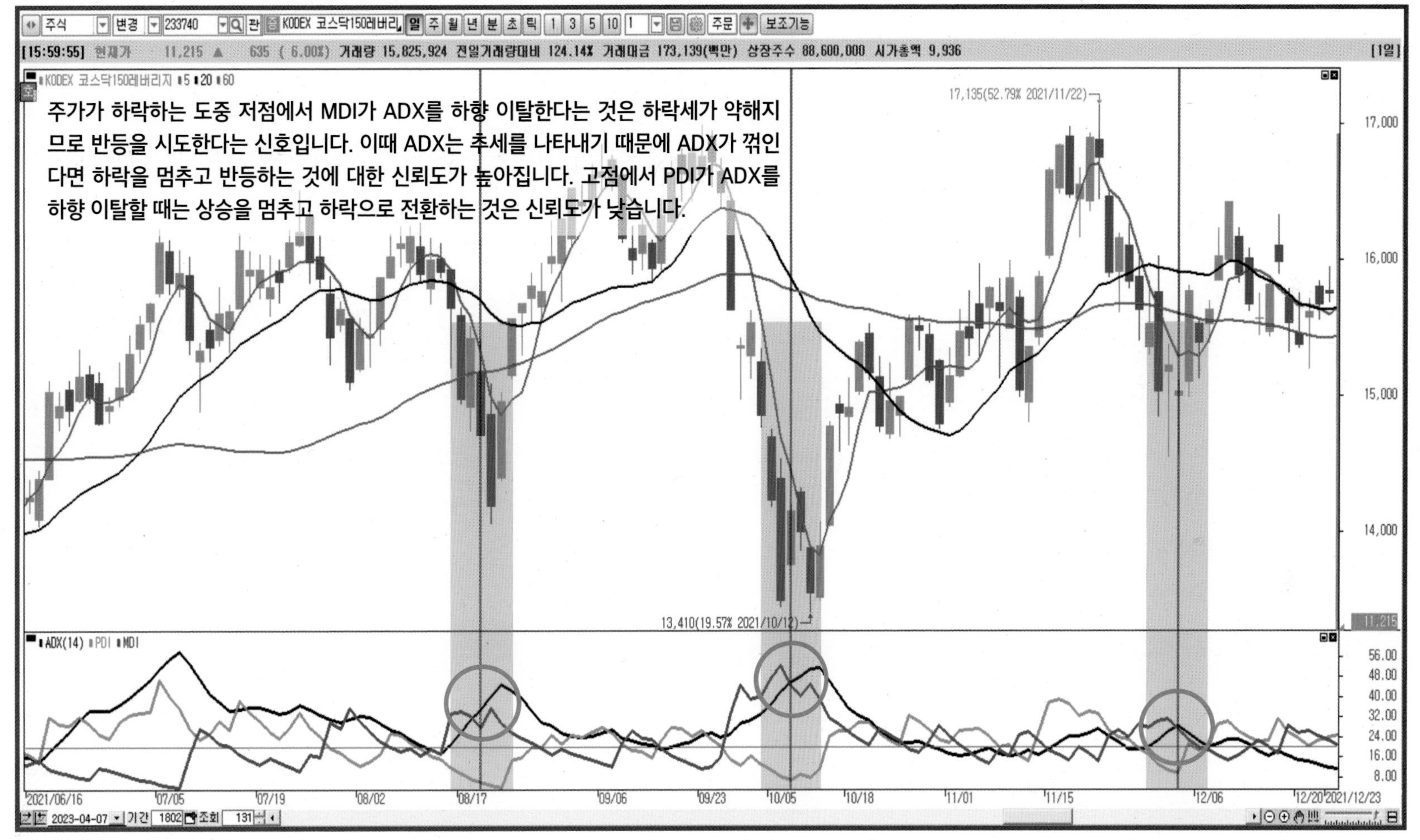
주식 변경 233740 KODEX 코스닥150레버리 일 주 월 년 분 초 틱 1 3 5 10 1 주문 보조기능
[15:59:55] 현재가 11,215 ▲ 635 (6.00%) 거래량 15,825,924 전일거래량대비 124.14% 거래대금 173,139(백만) 상장주수 88,600,000 시가총액 9,936 [1일]
KODEX 코스닥150레버리지 5 20 60
주가가 하락하는 도중 저점에서 MDI가 ADX를 하향 이탈한다는 것은 하락세가 약해지므로 반등을 시도한다는 신호입니다. 이때 ADX는 추세를 나타내기 때문에 ADX가 꺾인다면 하락을 멈추고 반등하는 것에 대한 신뢰도가 높아집니다. 고점에서 PDI가 ADX를 하향 이탈할 때는 상승을 멈추고 하락으로 전환하는 것은 신뢰도가 낮습니다.
17,135(52.79% 2021/11/22)
13,410(19.57% 2021/10/12)
17,000
16,000
15,000
14,000
11,215
ADX(14) PDI MDI
56.00
48.00
40.00
32.00
24.00
16.00
8.00
2021/06/16
07/05
07/19
08/02
08/17
09/06
09/23
10/05
10/18
11/01
11/15
12/06
12/20
2021/12/23
2023-04-07 기간 1802 조회 131

스토캐스틱(Stochastics) 이해

스토캐스틱

스토캐스틱은 현재의 주가가 일정 기간 고점과 저점 사이 어느 수준에 있는지를 관찰하기 위해 백분율로 나타낸 모멘텀 지표의 일종입니다.
주가가 과열 구간에 들어서면 조만간 하락할 것으로 예상할 수 있고, 반대로 주가가 침체 구간에 들어서게 되면 조만간 반등할 것으로 예상해볼 수 있습니다.

이러한 속성을 지표화한 것이 스토캐스틱입니다.

원래는 채권 시장에 사용하기 위해 조지 래인(George Lane)이란 사람이 만든 것으로 주식 시장에 적용해도 효과를 발휘하면서 유명해진 지표입니다.

현재의 주가가 일정한 기간에 형성된 주가의 변동 폭 중에 어느 위치에 있는지를 백분율로 나타낸 지표입니다.
이 지표는 매일 형성되는 주가의 변동 폭 중에서 종가가 어느 위치에서 주로 형성되는지를 보고 시장의 강약을 판단하게 됩니다.

지표가 0에서 100까지 값 중에서 만약 오늘의 종가가 N일 동안 형성된 종가 중에서 최고 수준에 있다면 100에 가까운 값이 됩니다. 반대로 최근 종가가 N일 동안 형성된 종가 중에서 최저 수준에 있다면 0에 가까운 값으로 나타납니다.

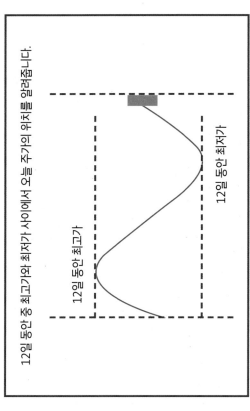

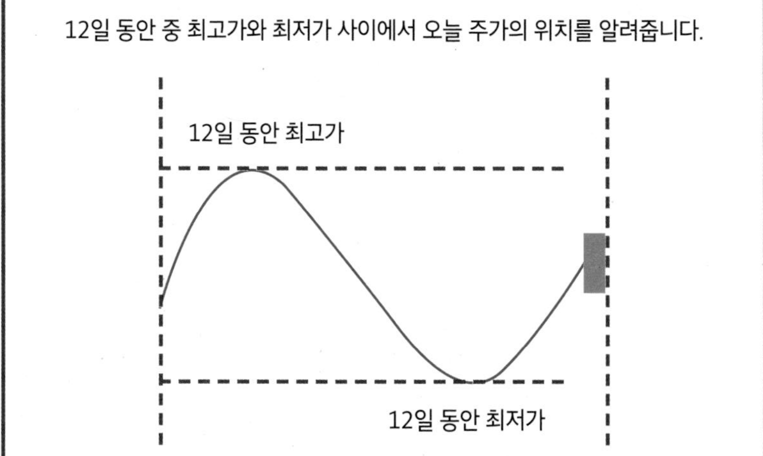
12일 동안 중 최고가와 최저가 사이에서 오늘 주가의 위치를 알려줍니다.
12일 동안 최고가
12일 동안 최저가

스토캐스틱 해석

구분	세부 내용
Fast %K	$\text{Fast \%K} = \frac{(\text{당일 종가} - \text{해당 기간의 최저가}) \times 100}{(\text{해당 기간 최고가} - \text{해당 기간 최저가})} = \frac{\text{N일 동안 최저가에서 얼마나 올랐는지 비율}}{\text{N일 동안의 변동폭}}$ 즉, 일정 기간 변동폭 대비 오늘 주가 위치를 나타냅니다 . %K는 오늘의 종가가 최근 변동폭에서 몇 %의 위치에 있는지를 나타냅니다 . HTS 상 Fast %K의 기간 값은 12일
Fast %D	Fast %D = Fast %K의 3일간의 이동평균
활용	• %K가 20% 미만에서 매수하고 80% 이상에서 매도하는 신호로 사용하면 안 됩니다. 상승추세 : 상승추세에서 상승은 강하고 조정은 약합니다. 따라서 80% 이상 진입했다고 섣불리 매도하면 안 됩니다. 하락추세 : 하락추세에서 하락은 강하고 반등은 약합니다. 따라서 20% 이하 진입했다고 섣불리 매수하면 안 됩니다. • 교차신호 매매 %K선과 %D선이 교차할 때 매매시점 이용 시 주의 단순하게 %K가 %D를 상향돌파 시 매수 , 하향돌파 시 매도신호로 사용하면 안 됩니다. 주가가 상승추세에서 20%아래에서 상향 돌파 시 매수, 80% 위에서 하향 돌파 시 매도신호로 사용하면 성공 확률이 높습니다. 상승하던 주가가 조정 시 20%아래에서 상향돌파 교차신호 시 매수하지 말고 충분히 기다립니다. 50% 이상을 돌파할 때까지 매수하지 말고 대기합니다.

스토캐스틱 활용

구분	세부 내용
활용	• **다이버전스 활용** • 스토캐스틱은 고점에서 다이버전스가 발행하면 고점 징후로 신뢰도가 높습니다. • 주가가 하락하는데 스토캐스틱이 상승하는 것은 하락의 강도가 약화된 것을 의미합니다. • 주가가 상승하는데 스토캐스틱이 하락한다는 것은 상승의 강도가 약화된 것을 의미합니다. • 스토캐스틱은 일정한 구간 안에서 전체 위치를 파악하는 지표입니다. • 중요한 고점신호 %K와 %D가 모두 과열권으로 완전히 진입한 것이 세번째가 되는 시기가 고점인 경우가 많습니다. 스토캐스틱은 저점 매수신호에서 신뢰도가 떨어지고 고점 매도신호에서 신뢰도는 높습니다.

스토캐스틱 활용 예시

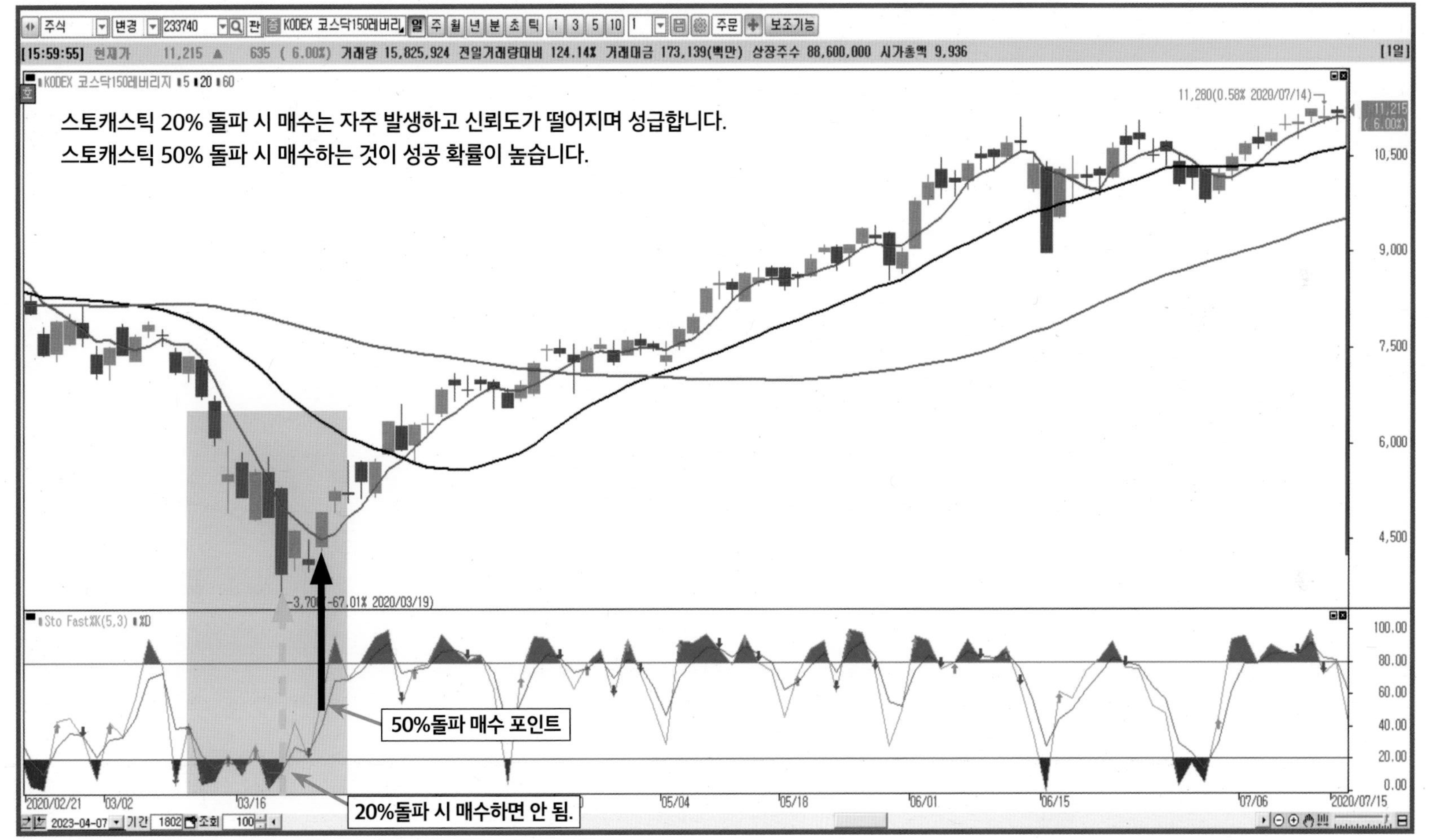

스토캐스틱 20% 돌파 시 매수는 자주 발생하고 신뢰도가 떨어지며 성급합니다.
스토캐스틱 50% 돌파 시 매수하는 것이 성공 확률이 높습니다.
KODEX 코스닥150레버리지 5 20 60
11,280(0.58% 2020/07/14)
-3,700(-67.01% 2020/03/19)
Sto Fast%K(5,3) %D
50%돌파 매수 포인트
20%돌파 시 매수하면 안 됨.
[15:59:55] 현재가 11,215 ▲ 635 (6.00%) 거래량 15,825,924 전일거래량대비 124.14% 거래대금 173,139(백만) 상장주수 88,600,000 시가총액 9,936
10,500
9,000
7,500
6,000
4,500
100.00
80.00
60.00
40.00
20.00
0.00
2020/02/21
03/02
03/16
05/04
05/18
06/01
06/15
07/06
2020/07/15

스토캐스틱 활용 예시

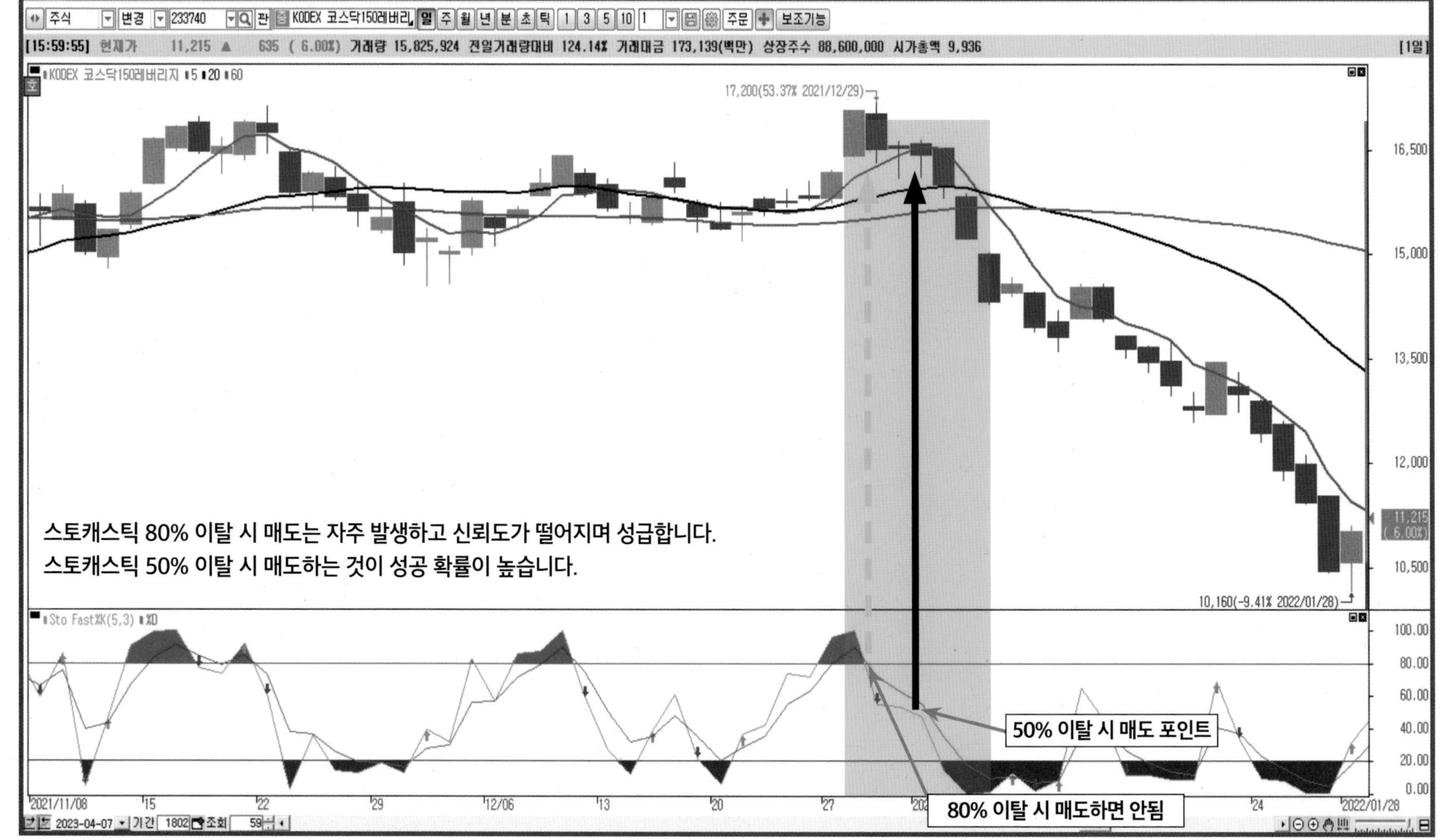
주식 변경 233740 KODEX 코스닥150레버리 일 주 월 년 분 초 틱 1 3 5 10 주문 보조기능
[15:59:55] 현재가 11,215 ▲ 635 (6.00%) 거래량 15,825,924 전일거래량대비 124.14% 거래대금 173,139(백만) 상장주수 88,600,000 시가총액 9,936
KODEX 코스닥150레버리지 5 20 60
17,200(53.37% 2021/12/29)
16,500
15,000
13,500
12,000
11,215 (6.00%)
10,500
10,160(-9.41% 2022/01/28)
스토캐스틱 80% 이탈 시 매도는 자주 발생하고 신뢰도가 떨어지며 성급합니다.
스토캐스틱 50% 이탈 시 매도하는 것이 성공 확률이 높습니다.
Sto Fast%K(5,3) %D
100.00
80.00
60.00
40.00
20.00
0.00
50% 이탈 시 매도 포인트
80% 이탈 시 매도하면 안됨
2021/11/08
15
22
29
12/06
13
20
27
24
2022/01/28
2023-04-07 기간 1802 조회 59

스토캐스틱 다이버전스 예시

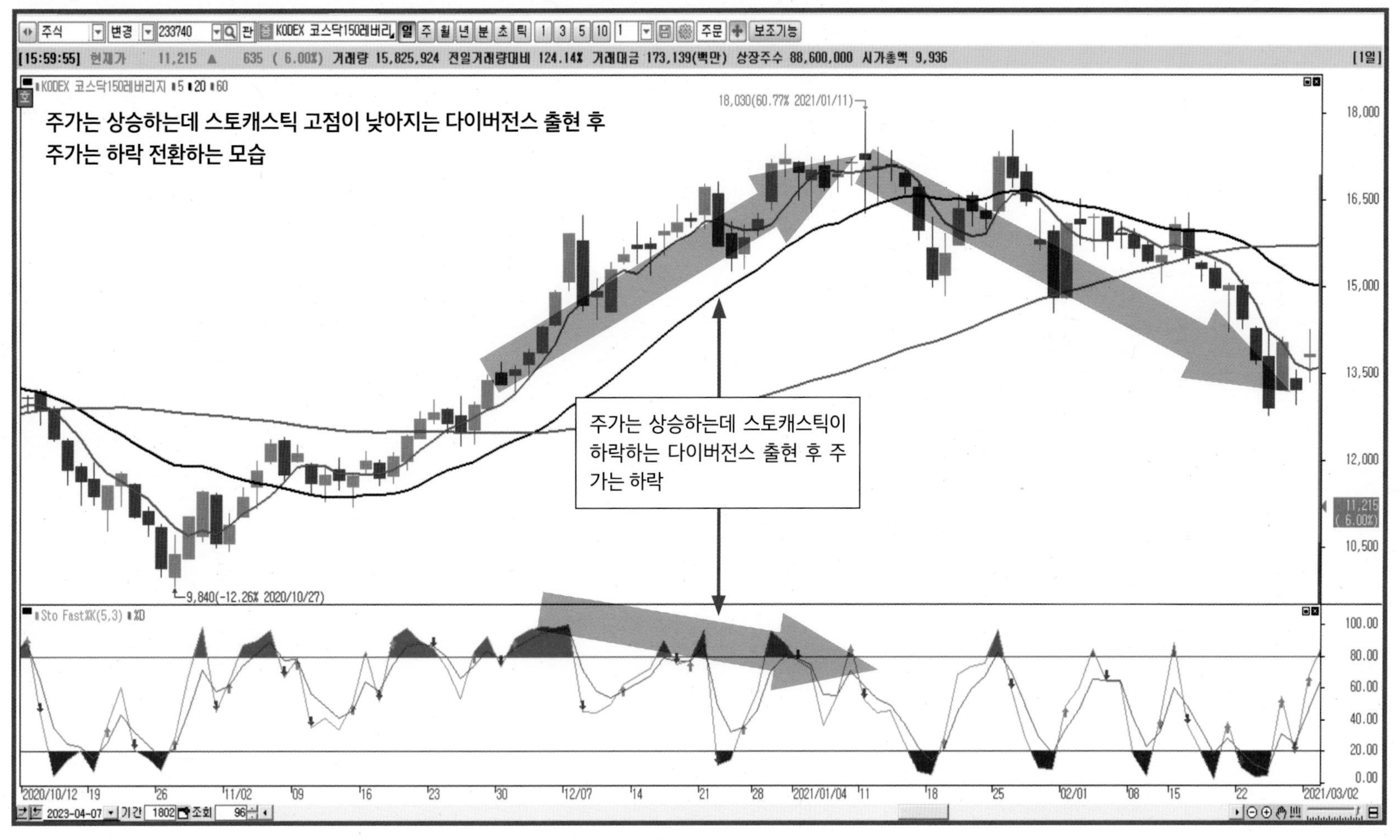
주가는 상승하는데 스토캐스틱 고점이 낮아지는 다이버전스 출현 후
주가는 하락 전환하는 모습
주가는 상승하는데 스토캐스틱이
하락하는 다이버전스 출현 후 주
가는 하락
KODEX 코스닥150레버리지 5 20 60
18,030(60.77% 2021/01/11)
9,840(-12.26% 2020/10/27)
Sto Fast%K(5,3) %D
[15:59:55] 현재가 11,215 ▲ 635 (6.00%) 거래량 15,825,924 전일거래량대비 124.14% 거래대금 173,139(백만) 상장주수 88,600,000 시가총액 9,936
18,000
16,500
15,000
13,500
12,000
10,500
100.00
80.00
60.00
40.00
20.00
0.00
2020/10/12
2021/01/04
2021/03/02

스토캐스틱 다이버전스 예시

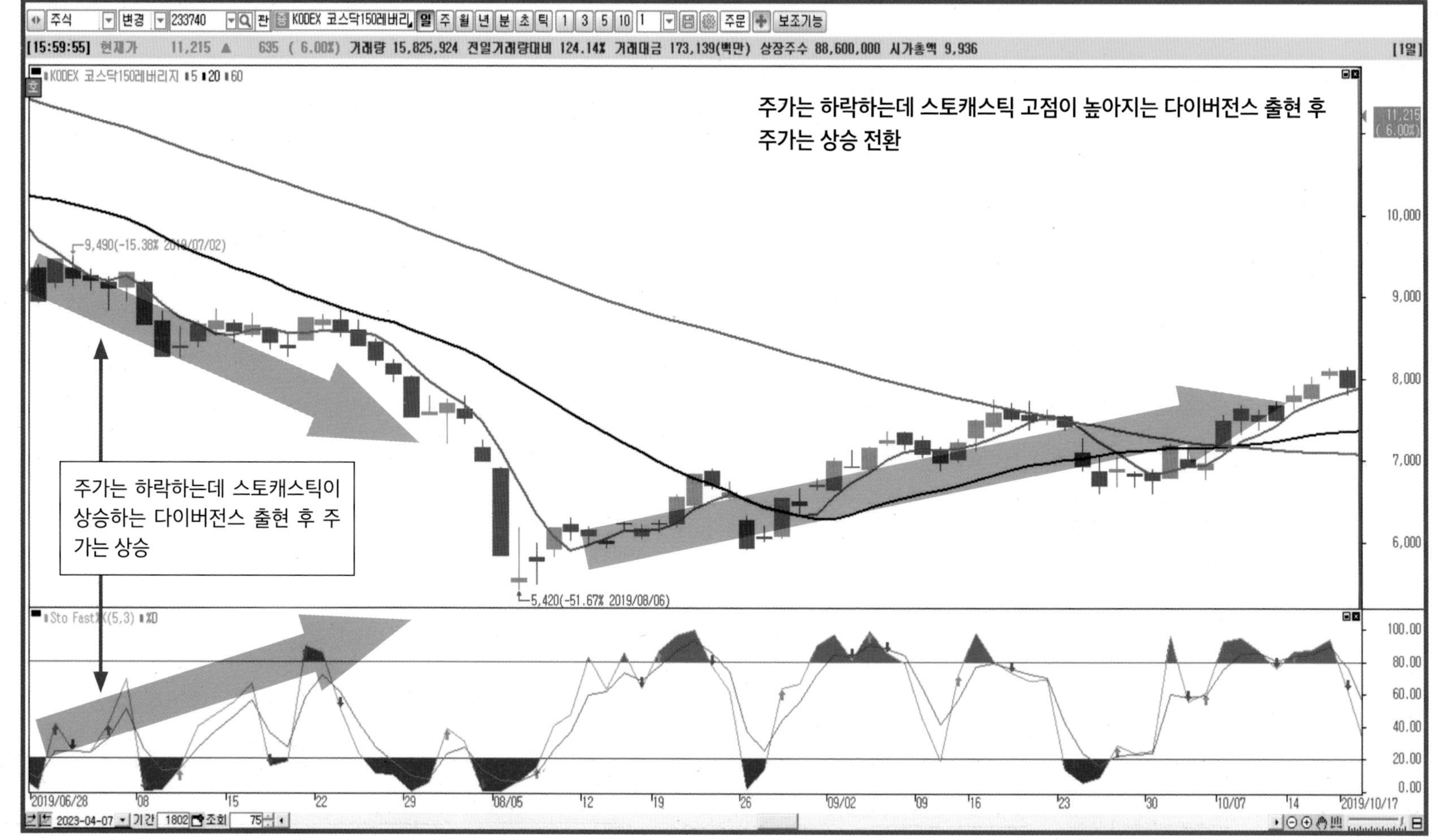
주식 변경 233740 KODEX 코스닥150레버리 일 주 월 년 분 초 틱 1 3 5 10 1 주문 보조기능
[15:59:55] 현재가 11,215 ▲ 635 (6.00%) 거래량 15,825,924 전일거래량대비 124.14% 거래대금 173,139(백만) 상장주수 88,600,000 시가총액 9,936 [1일]
KODEX 코스닥150레버리지 5 20 60
주가는 하락하는데 스토캐스틱 고점이 높아지는 다이버전스 출현 후 주가는 상승 전환
9,490(-15.38% 2019/07/02)
주가는 하락하는데 스토캐스틱이 상승하는 다이버전스 출현 후 주가는 상승
5,420(-51.67% 2019/08/06)
10,000
9,000
8,000
7,000
6,000
100.00
80.00
60.00
40.00
20.00
0.00
2019/06/28
08
15
22
29
08/05
12
19
26
09/02
09
16
23
30
10/07
14
2019/10/17
2023-04-07 기간 1802 조회 75

RSI 이해

RSI(Relative Strength Index)

RSI는 직역하면 상대강도지수란 의미인데, 가격의 상승 압력과 하락 압력 간의 상대적인 강도를 나타냅니다.
1978년 미국의 웰레스 와일더(Welles Wilder. Jr.)가 RSI와 DMI지표를 개발했습니다.

개념 : RSI는 일정 기간 주가가 전일 가격에 비해 상승한 변화량과 하락한 변화량의 평균값을 구해 상승한 변화량이 크면 과매수로, 하락한 변화량이 크면 과매도로 판단합니다.

- 가격이 전일보다 상승한 날의 상승분은 U(Up) 값이라 합니다.
- 가격이 전일보다 하락한 날의 하락분은 D(Down) 값이라 합니다.
- U값과 D값의 평균값을 구해 AU(Average Ups)와 AD(Average Downs)라 합니다.

- AU값을 AU값과 AD값의 합으로 나눈 것을 RS(Relative Strength) 값이라고 합니다.
- RS값이 크다는 것은 일정 기간 하락한 폭보다 상승한 폭이 크다는 것을 의미합니다.
- RSI값 계산

$$RSI = \frac{RS}{1 + RS} \times 100 \quad \text{또는} \quad RSI = \frac{AU}{AU + AD} \times 100$$

기간에 대체로 사용되는 값은 9일, 14~15일, 25~28일 등입니다.

유사한 지표로 스토캐스틱이 있는데, RSI 그래프의 형태는 Fast Stochastic과 비슷합니다.
따라서 RSI보다는 스토캐스틱을 사용하면 됩니다.

RSI 활용

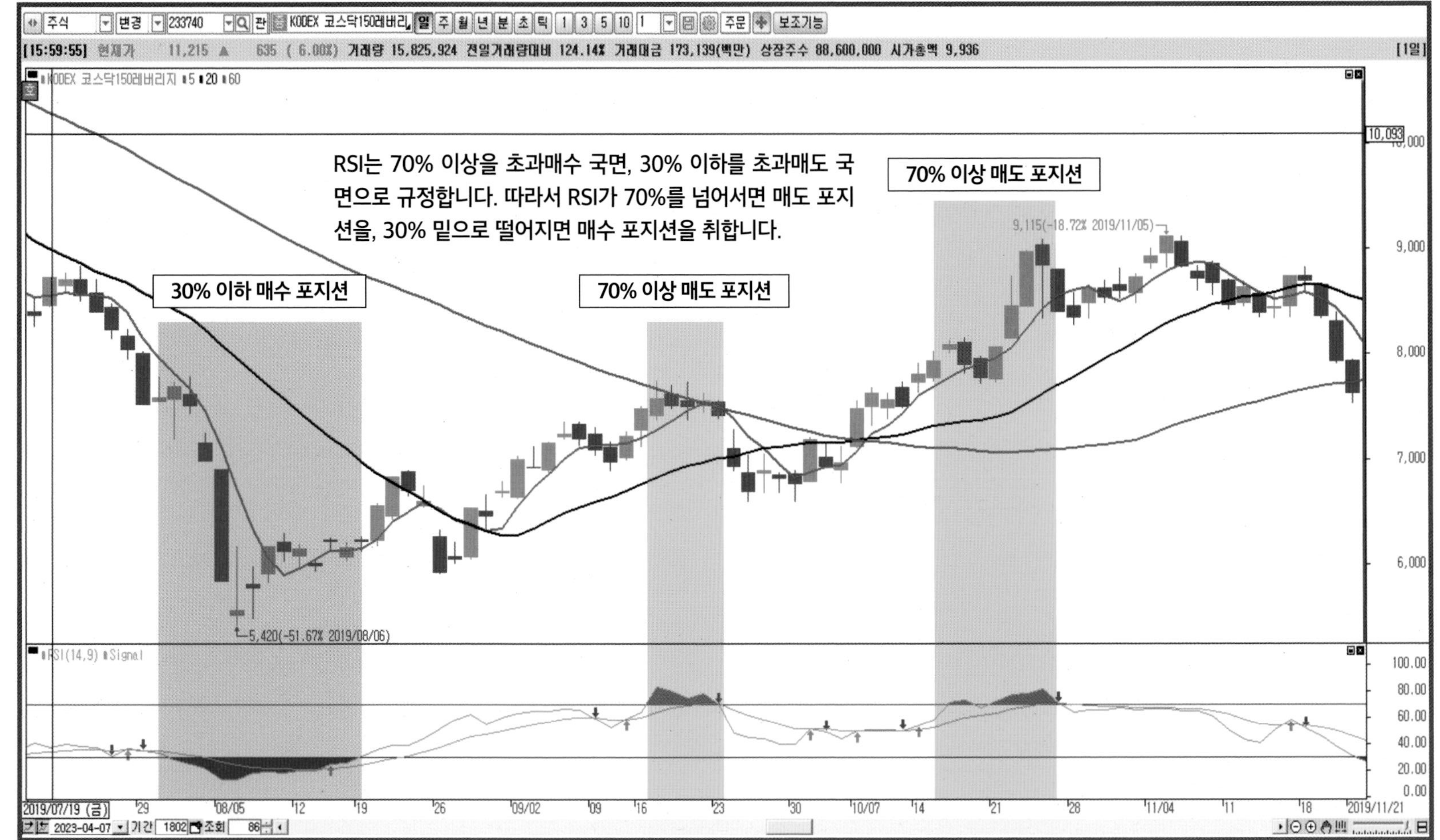

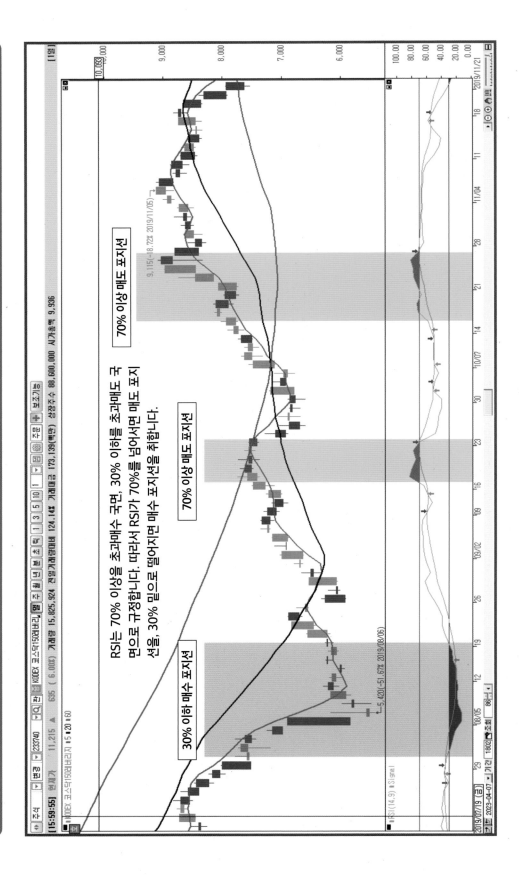

주식 변경 233740 KODEX 코스닥150레버리 일 주 월 년 분 초 틱 1 3 5 10 1 주문 보조기능
[15:59:55] 현재가 11,215 ▲ 635 (6.00%) 거래량 15,825,924 전일거래량대비 124.14% 거래대금 173,139(백만) 상장주수 88,600,000 시가총액 9,936 [1일]
KODEX 코스닥150레버리지 5 20 60
RSI는 70% 이상을 초과매수 국면, 30% 이하를 초과매도 국면으로 규정합니다. 따라서 RSI가 70%를 넘어서면 매도 포지션을, 30% 밑으로 떨어지면 매수 포지션을 취합니다.
30% 이하 매수 포지션
70% 이상 매도 포지션
70% 이상 매도 포지션
9,115(-18.72% 2019/11/05)
5,420(-51.67% 2019/08/06)
10,093
9,000
8,000
7,000
6,000
RSI(14,9) Signal
100.00
80.00
60.00
40.00
20.00
0.00
2019/07/19 (금) 29 08/05 12 19 26 09/02 09 16 23 30 10/07 14 21 28 11/04 11 18 2019/11/21
2023-04-07 기간 1802 조회 86

OBV 이해

OBV(On Balance Volume)

차트에서 가장 중요한 캔들, 이동평균선, 거래량을 차트의 3요소라고 합니다. 이중에서 거래량은 매우 중요합니다.

'거래량은 주가에 선행한다.'
'거래량은 속일 수 없다.'

거래량 분석을 통해 주가를 분석하는 기법인 OBV는 조셉 그렌빌(Joseph Granville)이 개발했습니다.
상승한 날의 거래량을 누계에 더해주고, 하락한 날의 거래량은 누계에서 빼주며 집계한 것을 도표화한 것입니다.

따라서 OBV가 증가하는 것은 누군가 꾸준히 매집 중인 것을 의미하며, OBV가 하락하는 것은 누군가 꾸준히 매도하고 있다는 것을 의미합니다.

OBV지표를 이용하는 목적은 특정 종목에 대해 누군가가 매집하고 있는지 또는 매도하고 있는지를 광범위하게 나타내므로, 이를 분석하면 주가의 변화를 사전에 예측할 수 있습니다

OBV 활용

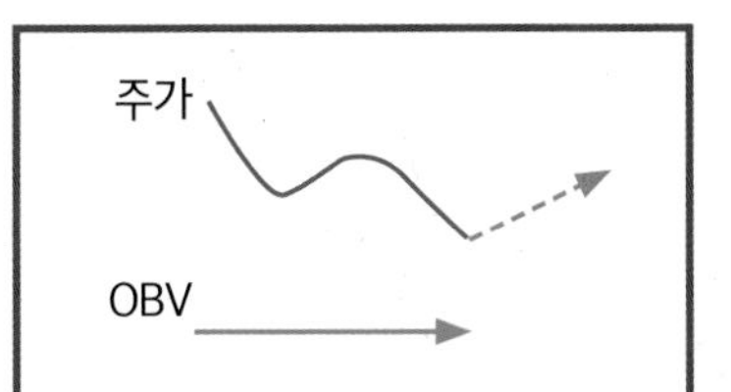
주가
OBV

첫째, 주가는 계속 하락 & OBV는 횡보 = 주가 상승 예상

시장 내부에서 매집 활동이 진행되고 있음을 반영, 주가는 조만간 상승세로 전환될 것으로 예측

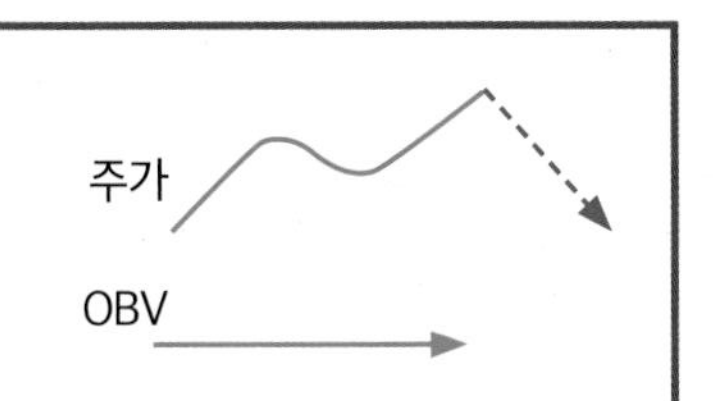
주가
OBV

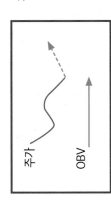

둘째, 주가는 계속 상승 & OBV는 횡보 = 주가 하락 예상

주가 상승에 따라 보유주식을 처분하려는 분산활동이 일어나고 있음을 반영, 주가는 조만간 하락세로 전환 예측

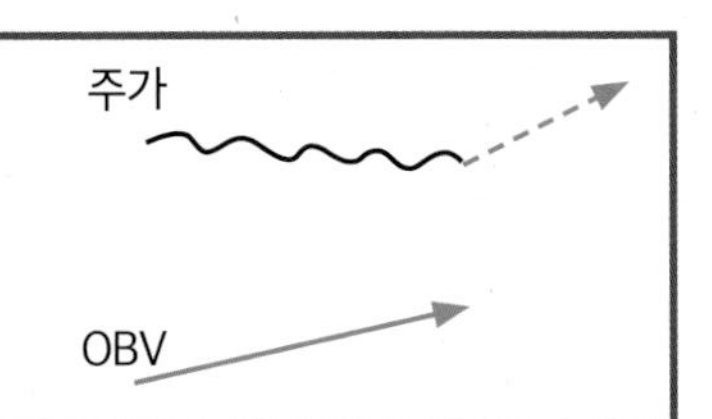
주가
OBV

셋째, 주가가 횡보 & OBV는 상승 = 주가 상승 예상

OBV선이 계속 상승하고 있다면 향후의 강세를 예고하는 것으로 예상

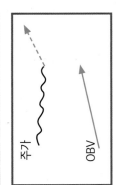

넷째, 주가가 횡보 & OBV는 하락 = 주가 하락 예상

OBV선의 고점이 하락하면 향후의 약세를 예고하는 것으로 판단

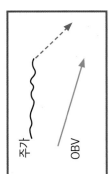

단기 매수 및 매도신호로 볼 수 없으며 중기 추세로만 사용할 것

OBV 예시 1

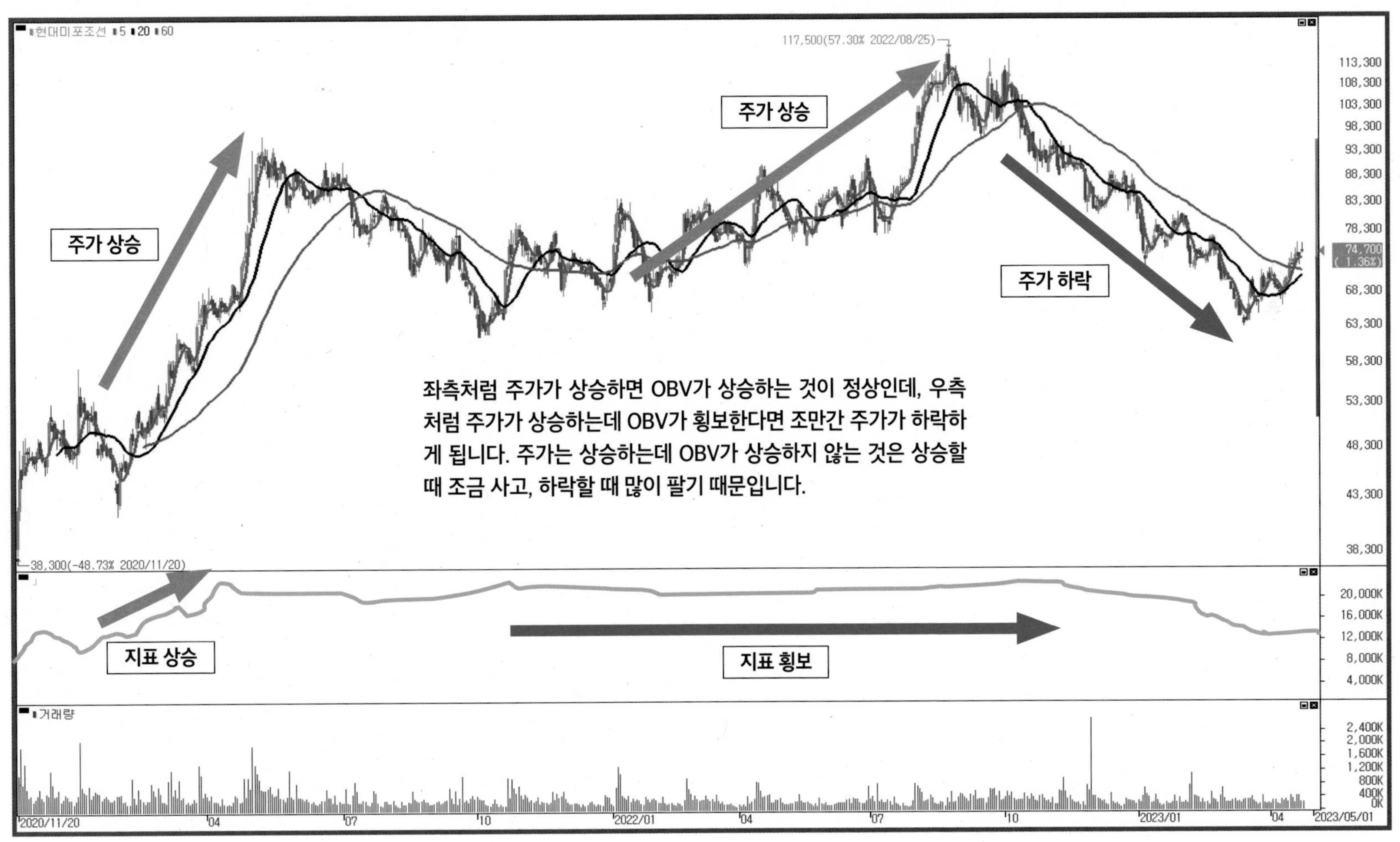
현대미포조선 5 20 60
117,500(57.30% 2022/08/25)
주가 상승
주가 상승
주가 하락
좌측처럼 주가가 상승하면 OBV가 상승하는 것이 정상인데, 우측처럼 주가가 상승하는데 OBV가 횡보한다면 조만간 주가가 하락하게 됩니다. 주가는 상승하는데 OBV가 상승하지 않는 것은 상승할 때 조금 사고, 하락할 때 많이 팔기 때문입니다.
113,300
108,300
103,300
98,300
93,300
88,300
83,300
78,300
74,700
(1.36%)
68,300
63,300
58,300
53,300
48,300
43,300
38,300
38,300(-48.73% 2020/11/20)
지표 상승
지표 횡보
20,000K
16,000K
12,000K
8,000K
4,000K
거래량
2,400K
2,000K
1,600K
1,200K
800K
400K
0K
2020/11/20
04
07
10
2022/01
04
07
10
2023/01
04
2023/05/01

OBV 예시 2

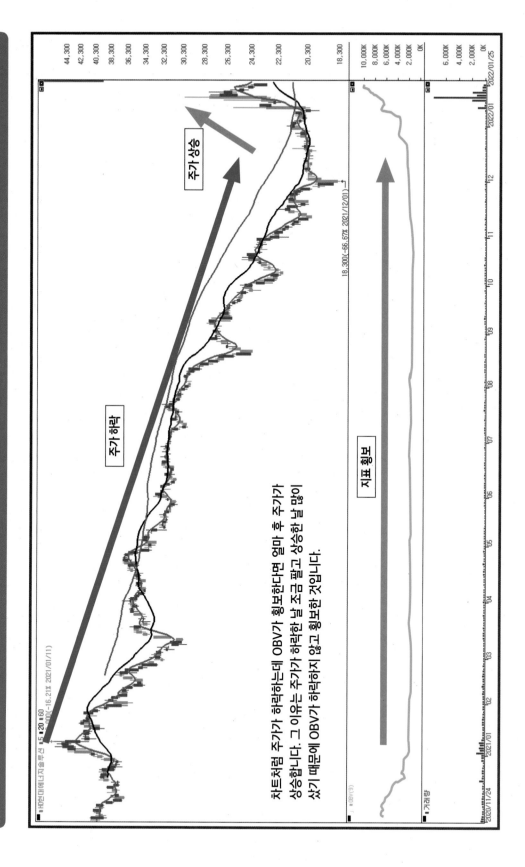

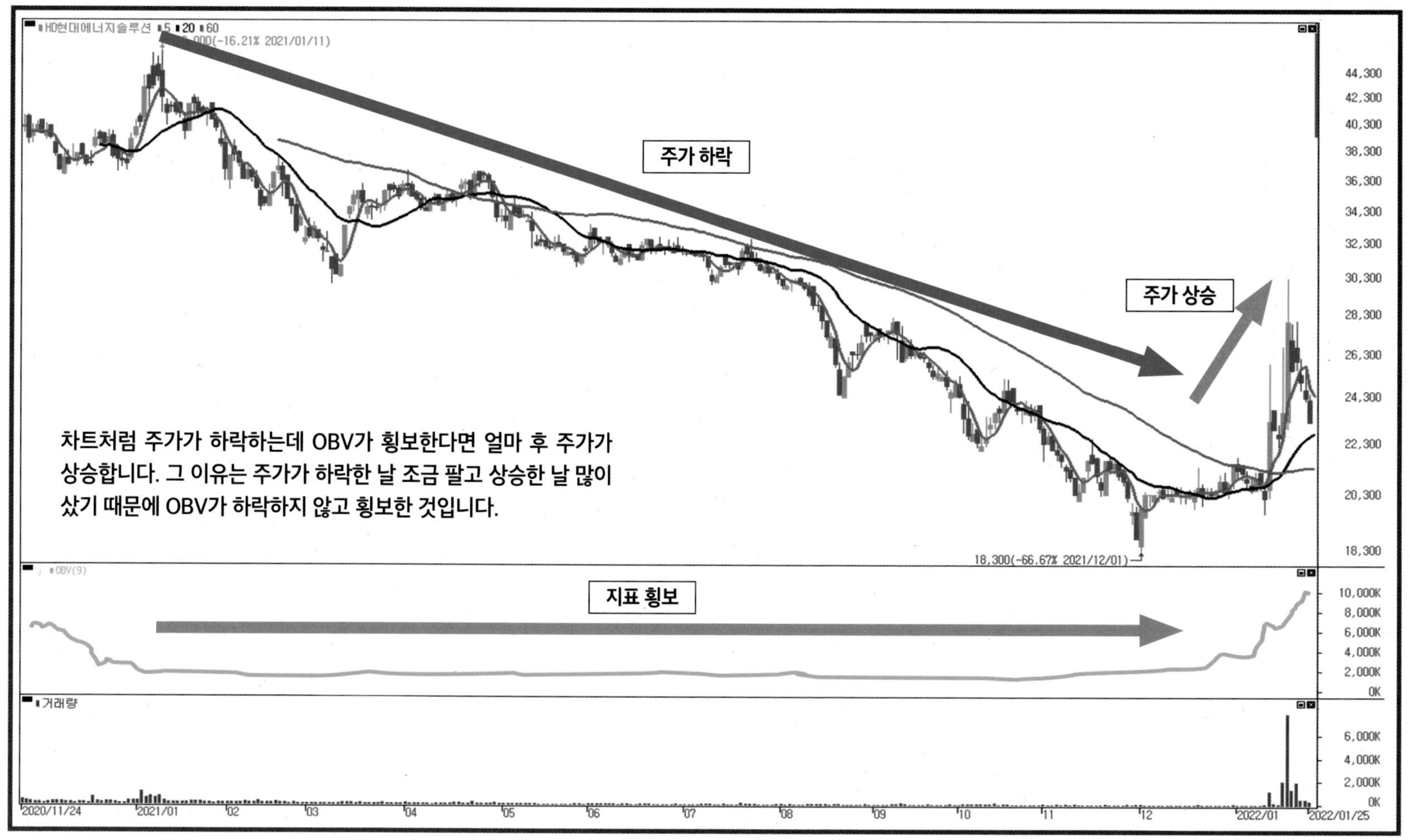
HD현대에너지솔루션 5 20 60
(-16.21% 2021/01/11)
주가 하락
주가 상승
차트처럼 주가가 하락하는데 OBV가 횡보한다면 얼마 후 주가가
상승합니다. 그 이유는 주가가 하락한 날 조금 팔고 상승한 날 많이
샀기 때문에 OBV가 하락하지 않고 횡보한 것입니다.
18,300(-66.67% 2021/12/01)
44,300
42,300
40,300
38,300
36,300
34,300
32,300
30,300
28,300
26,300
24,300
22,300
20,300
18,300
OBV(9)
지표 횡보
10,000K
8,000K
6,000K
4,000K
2,000K
0K
거래량
6,000K
4,000K
2,000K
0K
2020/11/24
2021/01
02
03
04
05
06
07
08
09
10
11
12
2022/01
2022/01/25

OBV 예시 3

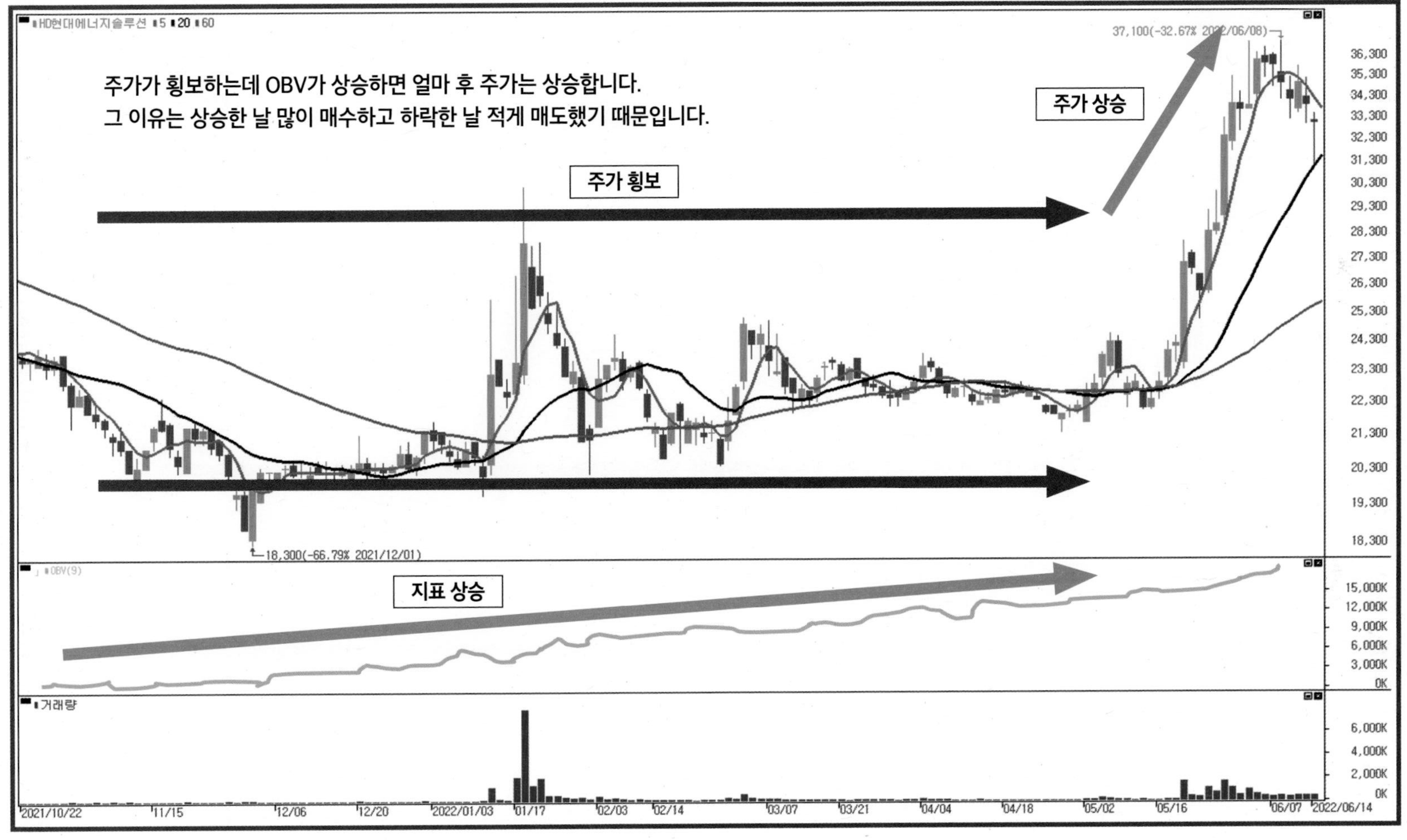

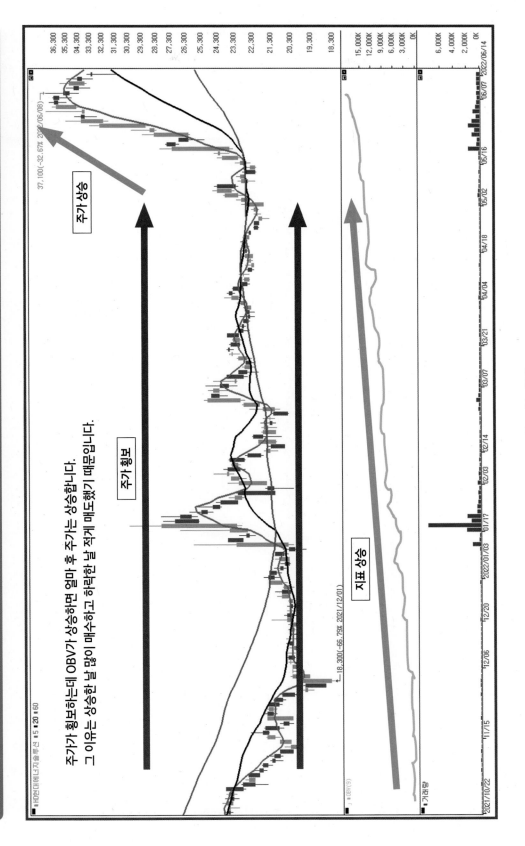

HD현대에너지솔루션 5 20 60
주가가 횡보하는데 OBV가 상승하면 얼마 후 주가는 상승합니다.
그 이유는 상승한 날 많이 매수하고 하락한 날 적게 매도했기 때문입니다.
주가 횡보
주가 상승
37,100(-32.67% 2022/06/08)
18,300(-66.79% 2021/12/01)
36,300
35,300
34,300
33,300
32,300
31,300
30,300
29,300
28,300
27,300
26,300
25,300
24,300
23,300
22,300
21,300
20,300
19,300
18,300
OBV(9)
지표 상승
15,000K
12,000K
9,000K
6,000K
3,000K
0K
거래량
6,000K
4,000K
2,000K
0K
2021/10/22
11/15
12/06
12/20
2022/01/03
01/17
02/03
02/14
03/07
03/21
04/04
04/18
05/02
05/16
06/07
2022/06/14

OBV 예시 4

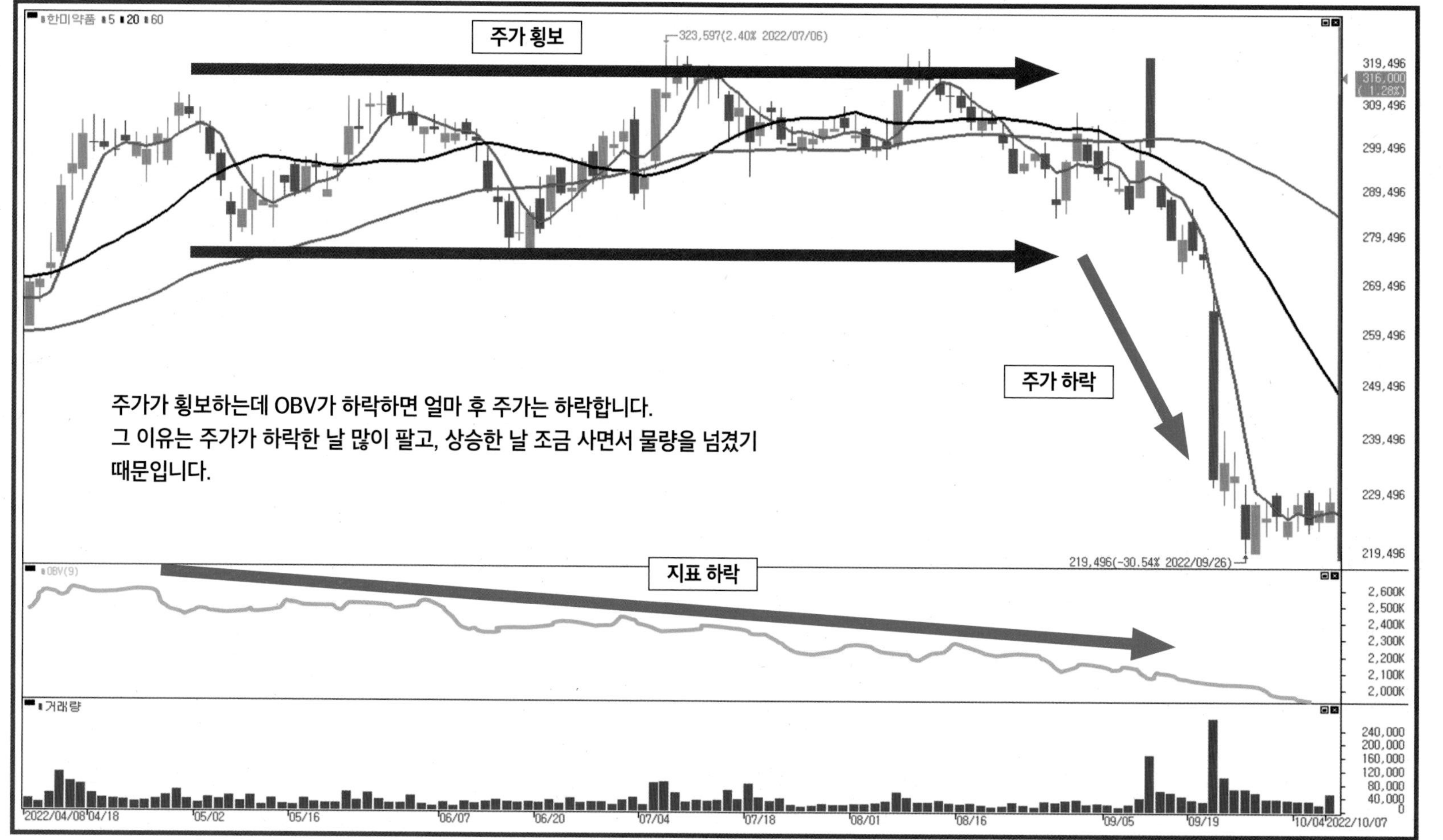

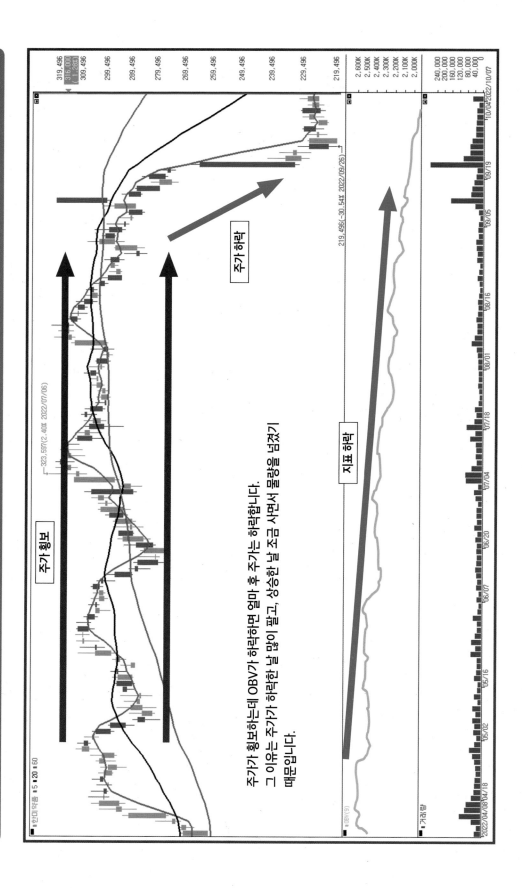

한미약품 5 20 60
주가 횡보
323,597(2.40% 2022/07/06)
주가 하락
주가가 횡보하는데 OBV가 하락하면 얼마 후 주가는 하락합니다.
그 이유는 주가가 하락한 날 많이 팔고, 상승한 날 조금 사면서 물량을 넘겼기
때문입니다.
219,496(-30.54% 2022/09/26)
319,496
316,000
(1.28%)
309,496
299,496
289,496
279,496
269,496
259,496
249,496
239,496
229,496
219,496
OBV(9)
지표 하락
2,600K
2,500K
2,400K
2,300K
2,200K
2,100K
2,000K
거래량
240,000
200,000
160,000
120,000
80,000
40,000
0
2022/04/08
04/18
05/02
05/16
06/07
06/20
07/04
07/18
08/01
08/16
09/05
09/19
10/04
2022/10/07

CO(Chaikin's Oscillator) 이해

CO는 마크 채킨(Mark Chaikin)이란 사람이 1970년대 A/D라인을 활용해 개발했습니다. 거래량 지표인 OBV는 매집과 분산을 나타냅니다. 그런데 다음과 같은 문제점이 있습니다.

OBV는 전일보다 상승한 날의 거래량은 더해주고, 전일보다 하락한 날의 거래량은 빼주는데 만약 갭 하락 후 반등해 양봉이 만들어졌다면 전일 종가보다 낮은 가격에 마감했으니 이날 거래량은 빼줍니다. 갭 하락에서 종일 매집해 끌어올린 매수세가 전일보다 하락했다는 이유로 매집이 아니라 분산으로 취급되어 빼주는 것은 적절하지 않습니다.

반대의 경우도 갭 상승해 종일 하락했으나, 전일 종가보다 높은 가격에서 마감했다면 종일 매도세가 나왔으니 분산이 더 적절합니다. 그러나 전일보다 상승해서 마감했다는 이유로 매집으로 취급되어 더해주는 것도 적절하지 않습니다.

이 문제점을 개선시켜 만든 지표가 A/D Line입니다. A(Accumulation)는 매집이고, D(Distribution)는 분산을 의미합니다. 이 A/D Line 단기 이동평균선을 장기 이동평균선으로 나눈 값으로 만든 것이 CO입니다.

CO 산출

구분	세부 내용
CO (Chaikin's Oscillator)	$\text{A/D Line} = \frac{[ⓐ(\text{종가} - \text{저가}) - ⓑ(\text{고가} - \text{종가})] \times \text{거래량}}{ⓒ(\text{고가} - \text{저가})}$ ⓐ가 아래꼬리 달린 양봉이라면 ⓑ는 ⓐ보다 적을 것이므로 [ⓐ - ⓑ]는 양수 ⓐ가 윗꼬리 달린 음봉이라면 ⓑ는 ⓐ보다 클 것이므로 [ⓐ - ⓑ]는 음수 이것을 당일 변동폭인 ⓒ로 나눈 값이 A/D Line입니다. 당일 주가가 고가에 가깝게 끝나 양봉이면 매집 당일 주가가 저가에 가깝게 끝나 음봉이면 분산 $\text{CO} = \frac{\text{AD Line 단기(5일) 이동평균선}}{\textit{AD Line}\ \text{장기(20일) 이동평균선}}$ CO는 단독으로 다이버전스가 나왔을 때 의미가 있습니다. 단독으로 사용하기보다는 다른 보조지표들과 함께 사용합니다. 한계점은 거래량만으로는 최고점과 최저점을 구분할 수 없다는 한계가 있는 것입니다.

CO 활용

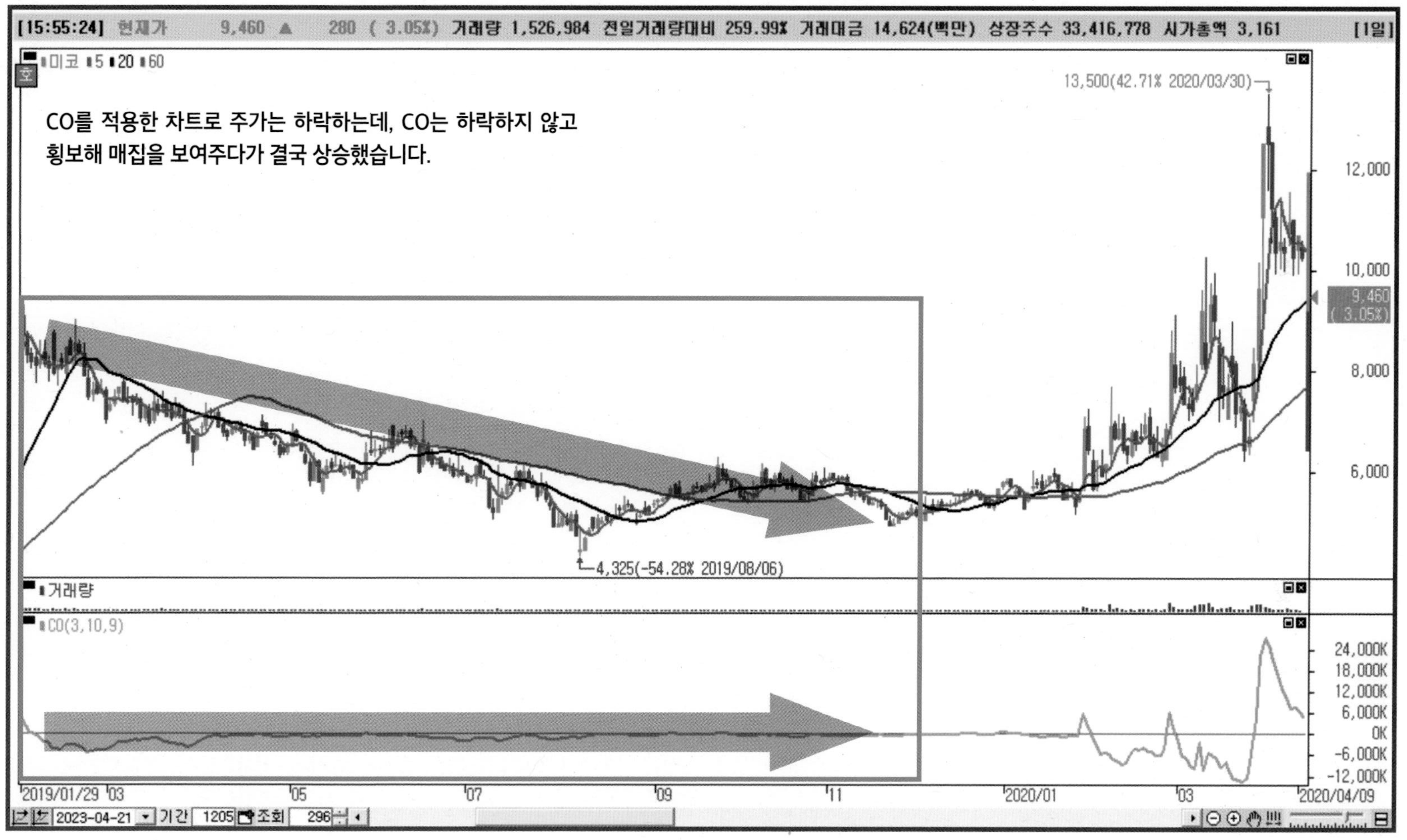

[15:55:24] 현재가 9,460 ▲ 280 (3.05%) 거래량 1,526,984 전일거래량대비 259.99% 거래대금 14,624(백만) 상장주수 33,416,778 시가총액 3,161 [1일]
미코 5 20 60
CO를 적용한 차트로 주가는 하락하는데, CO는 하락하지 않고
횡보해 매집을 보여주다가 결국 상승했습니다.
13,500(42.71% 2020/03/30)
4,325(-54.28% 2019/08/06)
12,000
10,000
9,460
(3.05%)
8,000
6,000
거래량
CO(3,10,9)
24,000K
18,000K
12,000K
6,000K
0K
-6,000K
-12,000K
2019/01/29
03
05
07
09
11
2020/01
03
2020/04/09
2023-04-21
기간
1205
조회
296

볼린저 밴드(Bollinger Band) 이해

볼린저 밴드는 1980년대 초반 존 볼린저(John Bollinger)라는 투자 전문가가 고안한 기술적 분석 방법입니다. 주가의 변동이 표준정규분포 함수에 따른다고 가정했습니다.

주가는 추세 중심선인 이동평균선을 중심으로 표준편차 범위 내에서 등락을 거듭하는 경향이 있다는 것을 전제로 합니다. 이동평균선 위쪽에 상한선, 아래쪽에 하한선을 경계로 등락을 거듭하는 경향이 있다는 것을 이용해서 매수와 매도 포인트를 잡아내는 기법입니다.

주가는 특별한 경우 외에는 볼린저 밴드 상한선과 하한선 안에서 움직일 확률은 95%입니다. 상승추세에 있던 주가가 상한선을 돌파하면 급등세로 이어지고, 하락추세에 있던 주가가 하한선을 이탈하면 급락세로 접어들게 됩니다.

주가가 장기간 횡보하게 되면 이동평균선 밀집구간이 됩니다. 이때 밴드의 상하 폭이 극도로 좁아지게 됩니다. 이 경우 주가가 상승하면 큰 추세를 만들기도 합니다.

볼린저 밴드 활용

볼린저 밴드 추세선

첫 번째, 밴드 자체의 폭이 수축하거나, 확장하는 변동성을 활용합니다.

밴드 자체의 폭이 축소되면서 밀집구간을 거친 후에는 상단 밴드를 돌파할 때 주식을 매수합니다.

하단 밴드에서 하향 이탈할 때 주식을 매도합니다.

두 번째, 상단, 하단 밴드와 지표를 활용하는 추세 추종기법입니다.

주가가 상단 밴드를 돌파하면 주가의 강세가 이어집니다.

주가가 하단 밴드를 이탈하면 주가의 약세가 이어집니다.

세번째, 반전기법으로 복수의 밴드 접촉과 지표를 활용합니다.

주가가 상단 밴드를 돌파하지 못하고 여러 번 건드리면 점진적 약세로 전환될 수 있습니다.

주가가 하단 밴드를 이탈하지 않고 여러 번 건드리면 점진적 강세로 전환될 수 있습니다.

볼린저 밴드 활용 예시

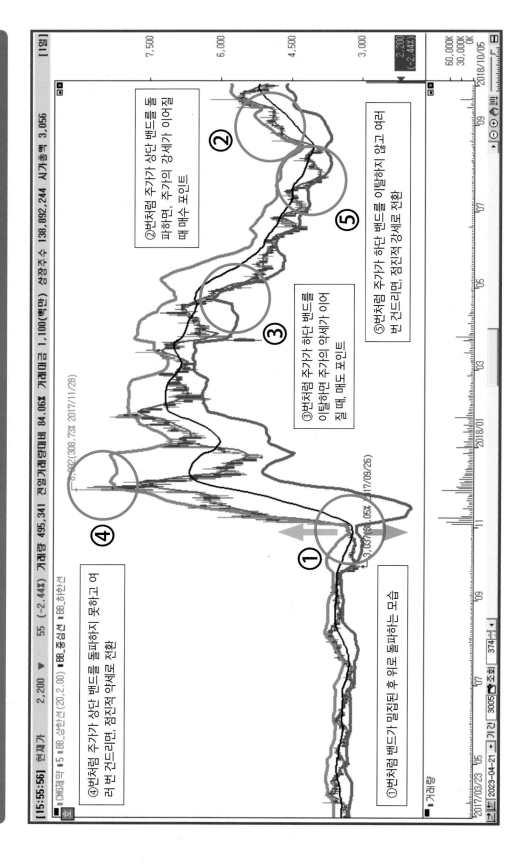

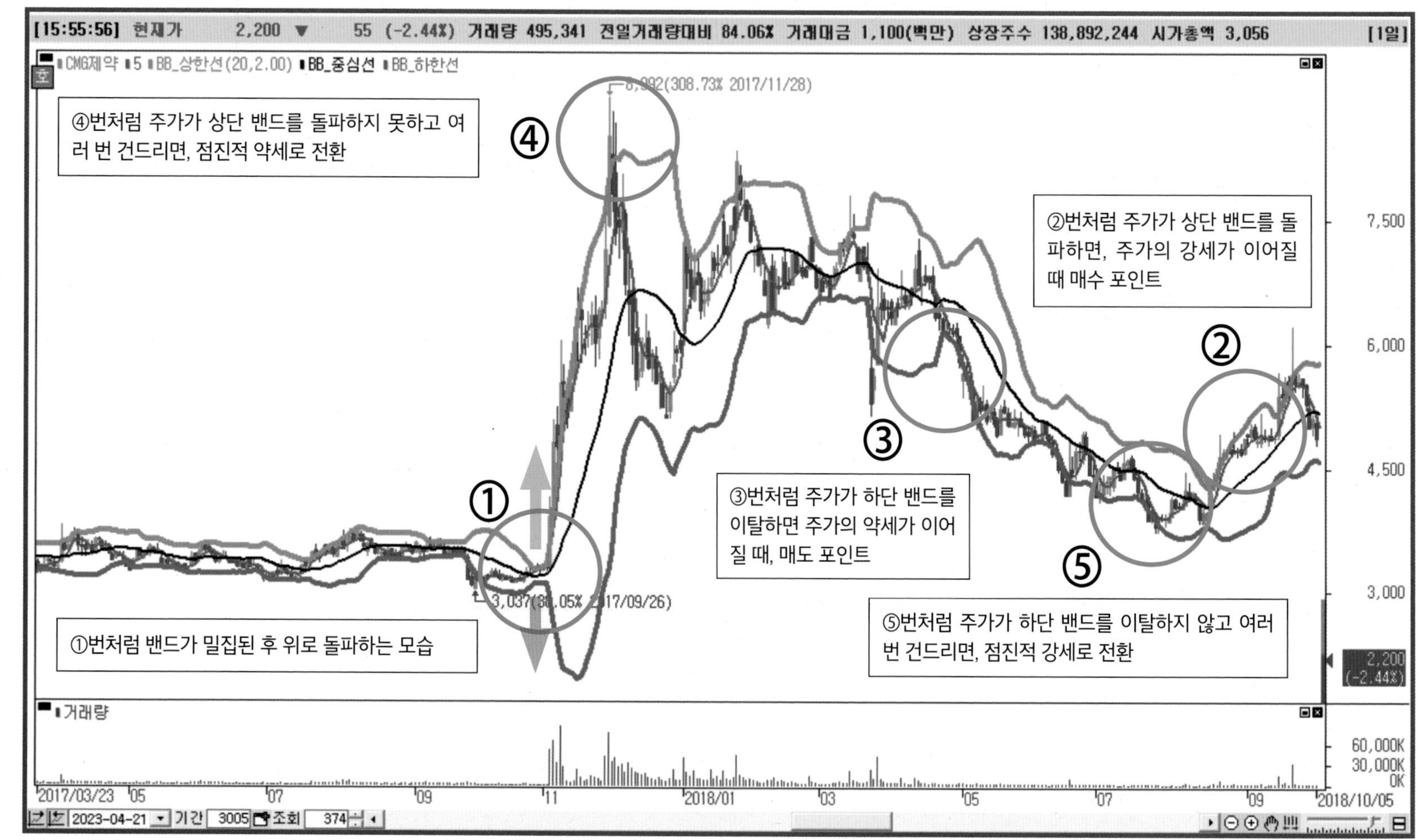
[15:55:56] 현재가 2,200 ▼ 55 (-2.44%) 거래량 495,341 전일거래량대비 84.06% 거래대금 1,100(백만) 상장주수 138,892,244 시가총액 3,056 [1일]
CMG제약 5 BB_상한선(20,2.00) BB_중심선 BB_하한선
④번처럼 주가가 상단 밴드를 돌파하지 못하고 여러 번 건드리면, 점진적 약세로 전환
②번처럼 주가가 상단 밴드를 돌파하면, 주가의 강세가 이어질 때 매수 포인트
③번처럼 주가가 하단 밴드를 이탈하면 주가의 약세가 이어질 때, 매도 포인트
①번처럼 밴드가 밀집된 후 위로 돌파하는 모습
⑤번처럼 주가가 하단 밴드를 이탈하지 않고 여러 번 건드리면, 점진적 강세로 전환
①
②
③
④
⑤
7,500
6,000
4,500
3,000
2,200 (-2.44%)
거래량
60,000K
30,000K
0K
2017/03/23
05
07
09
11
2018/01
03
05
07
09
2018/10/05
2023-04-21 기간 3005 조회 374

PART 02

차트 해석

1. 주가 생로병사 2. 고점 징후 포착
3. 오랜 횡보 후 대량거래 장대양봉 4. 이탈가 설정하기 5. 원샷원킬 추가 매수
6. 가격조정과 기간조정 7. 하락추세 전환

주가 생로병사 신의 한 수

들어가는 말 | 주가 생로병사

삼성전자 주가의 생로병사 | LG화학 주가의 생로병사 | 씨젠 주가의 생로병사 | 셀트리온헬스케어 주가의 생로병사

들어가는 말

주가가 장기간 횡보하거나 하락하다 세력들의 매집이 끝나면 초기에 서서히 상승하다 본격적으로 상승합니다. 마지막 불꽃을 태우고 산화할 때까지 도입기-상승기-성숙기-과열기-분열기를 거칩니다.

기관이나 세력들이 서서히 매집하는 동안 개인 투자자들은 관심이 없는 도입기를 거칩니다. 기관이나 세력들이 본격적으로 매수해서 상승시키면 개인들이 하나 둘씩 매수에 참여하는 상승기가 됩니다. 각종 뉴스가 나오기 시작하면서 세상에 이 종목들이 모르는 사람이 없을 때가 되면 세상 모든 개인 투자자들이 본격적인 매수에 동참하는 성숙기를 지나게 됩니다. 많은 개인 투자자들이 불나방처럼 달려드는 과열기에 기관들과 세력들이 차익실현을 시작합니다.

그 후 정점을 지나고, 각 증권사에서 목표 주가를 한없이 올리고 연일 관련 뉴스가 쏟아집니다. 개인 투자자들은 정말 충성스럽게 열심히 매수하고 있는데 기관들과 세력들은 그때 여유롭게 차익을 실현합니다.

급등해 세상의 주목을 받게 되는 종목들은 대부분 이러한 생로병사를 거치면서 결국은 급락해서 관심 밖으로 사라집니다.

따라서 과열기 이후에 추격 매수하면서 작은 수익에 취해 정신이 몽롱해질 때 정신을 차리고 나면 주가가 크게 하락해 큰 손실을 볼 수 있습니다.

지금부터 이러한 과정을 배워 기관 투자자들과 세력들에게 아까운 재산을 바치지 않기를 바랍니다. 기관들과 세력들이 매집할 때 함께 매집하고, 그들이 차익실현할 때 함께 차익실현하는 성공하는 투자자가 되기를 기원합니다.

주가 생로병사

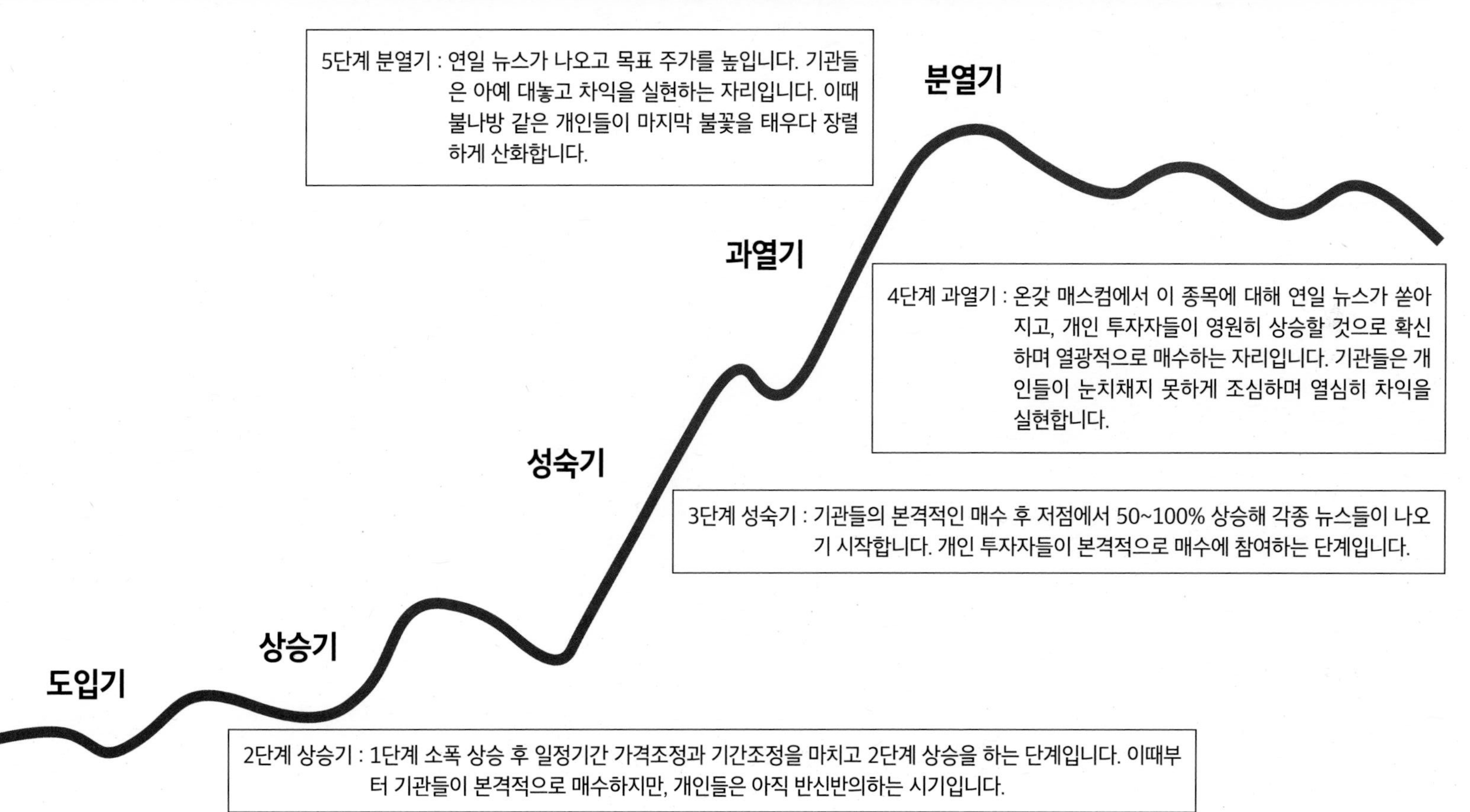
5단계 분열기 : 연일 뉴스가 나오고 목표 주가를 높입니다. 기관들은 아예 대놓고 차익을 실현하는 자리입니다. 이때 불나방 같은 개인들이 마지막 불꽃을 태우다 장렬하게 산화합니다.
분열기
과열기
4단계 과열기 : 온갖 매스컴에서 이 종목에 대해 연일 뉴스가 쏟아지고, 개인 투자자들이 영원히 상승할 것으로 확신하며 열광적으로 매수하는 자리입니다. 기관들은 개인들이 눈치채지 못하게 조심하며 열심히 차익을 실현합니다.
성숙기
3단계 성숙기 : 기관들의 본격적인 매수 후 저점에서 50~100% 상승해 각종 뉴스들이 나오기 시작합니다. 개인 투자자들이 본격적으로 매수에 참여하는 단계입니다.
상승기
도입기
2단계 상승기 : 1단계 소폭 상승 후 일정기간 가격조정과 기간조정을 마치고 2단계 상승을 하는 단계입니다. 이때부터 기관들이 본격적으로 매수하지만, 개인들은 아직 반신반의하는 시기입니다.
1단계 도입기 : 장기간 횡보하며 상승을 준비하던 주가가 상승하기 시작하는 초기 단계입니다. 이때까지는 개인 투자자들이 관심을 가지지 않습니다. 기관이나 투자자산운용사 펀드 매니저들이 열심히 매수하는 시기입니다.

삼성전자 주가의 생로병사

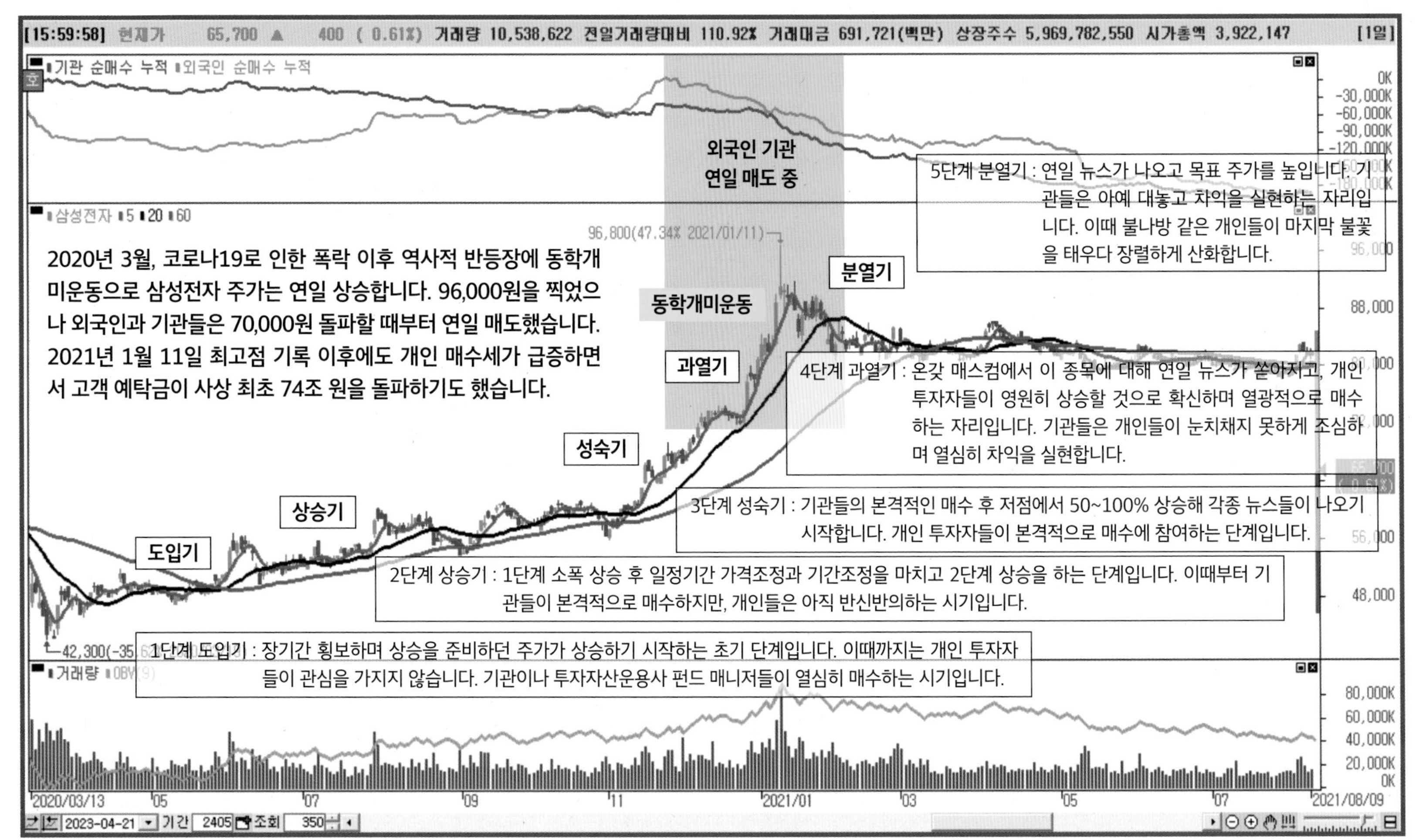
[15:59:58] 현재가 65,700 ▲ 400 (0.61%) 거래량 10,538,622 전일거래량대비 110.92% 거래대금 691,721(백만) 상장주수 5,969,782,550 시가총액 3,922,147 [1일]
기관 순매수 누적 외국인 순매수 누적
외국인 기관
연일 매도 중
삼성전자 5 20 60
96,800(47.34% 2021/01/11)
2020년 3월, 코로나19로 인한 폭락 이후 역사적 반등장에 동학개미운동으로 삼성전자 주가는 연일 상승합니다. 96,000원을 찍었으나 외국인과 기관들은 70,000원 돌파할 때부터 연일 매도했습니다. 2021년 1월 11일 최고점 기록 이후에도 개인 매수세가 급증하면서 고객 예탁금이 사상 최초 74조 원을 돌파하기도 했습니다.
동학개미운동
분열기
과열기
성숙기
상승기
도입기
5단계 분열기 : 연일 뉴스가 나오고 목표 주가를 높입니다. 기관들은 아예 대놓고 차익을 실현하는 자리입니다. 이때 불나방 같은 개인들이 마지막 불꽃을 태우다 장렬하게 산화합니다.
4단계 과열기 : 온갖 매스컴에서 이 종목에 대해 연일 뉴스가 쏟아지고, 개인 투자자들이 영원히 상승할 것으로 확신하며 열광적으로 매수하는 자리입니다. 기관들은 개인들이 눈치채지 못하게 조심하며 열심히 차익을 실현합니다.
3단계 성숙기 : 기관들의 본격적인 매수 후 저점에서 50~100% 상승해 각종 뉴스들이 나오기 시작합니다. 개인 투자자들이 본격적으로 매수에 참여하는 단계입니다.
2단계 상승기 : 1단계 소폭 상승 후 일정기간 가격조정과 기간조정을 마치고 2단계 상승을 하는 단계입니다. 이때부터 기관들이 본격적으로 매수하지만, 개인들은 아직 반신반의하는 시기입니다.
1단계 도입기 : 장기간 횡보하며 상승을 준비하던 주가가 상승하기 시작하는 초기 단계입니다. 이때까지는 개인 투자자들이 관심을 가지지 않습니다. 기관이나 투자자산운용사 펀드 매니저들이 열심히 매수하는 시기입니다.
42,300
88,000
56,000
48,000
거래량
80,000K
60,000K
40,000K
20,000K
0K
2020/03/13
05
07
09
11
2021/01
03
05
07
2021/08/09
2023-04-21 기간 2405 조회 350

LG화학 주가의 생로병사

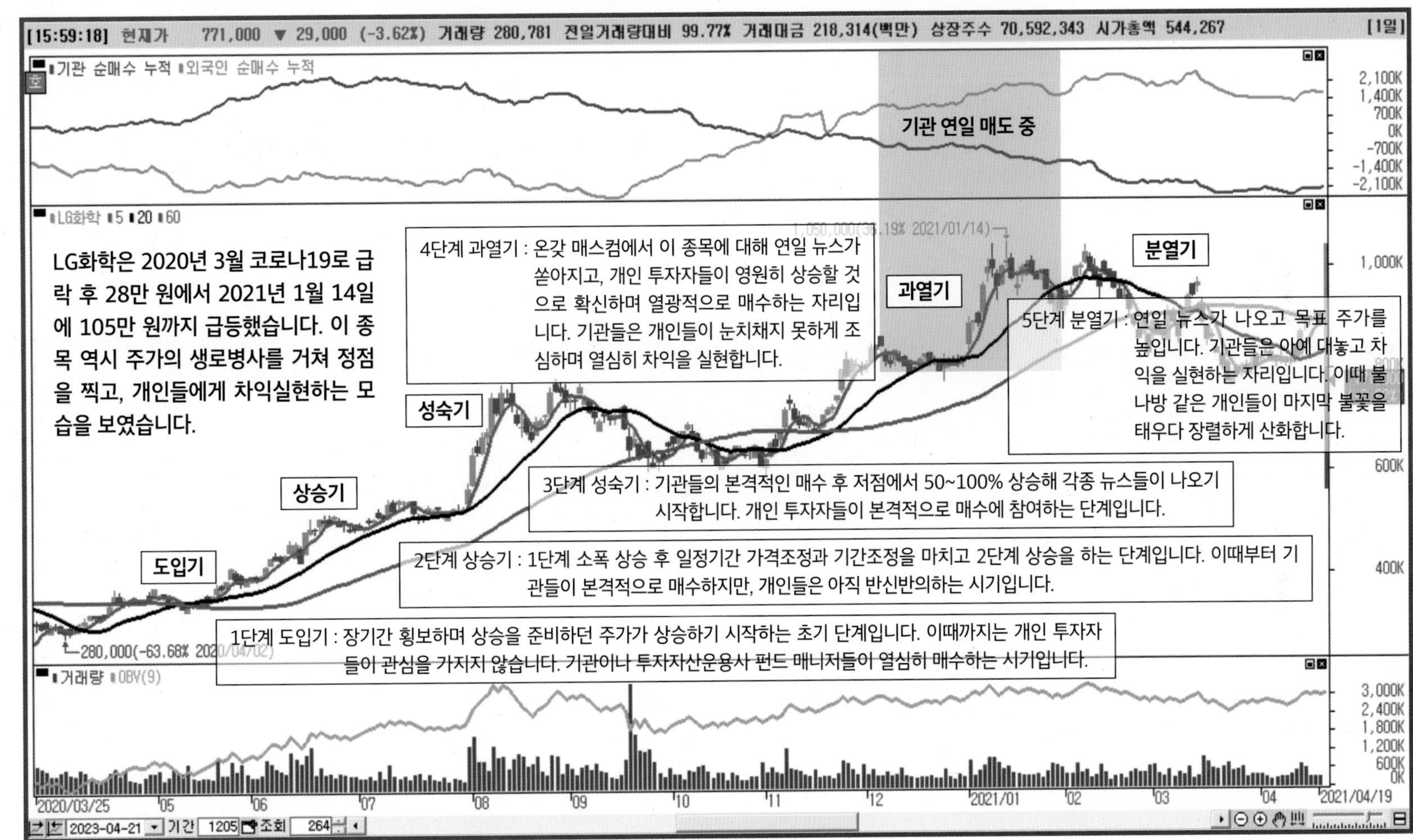

[15:59:18] 현재가 771,000 ▼ 29,000 (-3.62%) 거래량 280,781 전일거래량대비 99.77% 거래대금 218,314(백만) 상장주수 70,592,343 시가총액 544,267 [1일]
기관 순매수 누적 외국인 순매수 누적
기관 연일 매도 중
LG화학 5 20 60
LG화학은 2020년 3월 코로나19로 급락 후 28만 원에서 2021년 1월 14일에 105만 원까지 급등했습니다. 이 종목 역시 주가의 생로병사를 거쳐 정점을 찍고, 개인들에게 차익실현하는 모습을 보였습니다.
4단계 과열기 : 온갖 매스컴에서 이 종목에 대해 연일 뉴스가 쏟아지고, 개인 투자자들이 영원히 상승할 것으로 확신하며 열광적으로 매수하는 자리입니다. 기관들은 개인들이 눈치채지 못하게 조심하며 열심히 차익을 실현합니다.
과열기
분열기
5단계 분열기 : 연일 뉴스가 나오고 목표 주가를 높입니다. 기관들은 아예 대놓고 차익을 실현하는 자리입니다. 이때 불나방 같은 개인들이 마지막 불꽃을 태우다 장렬하게 산화합니다.
성숙기
상승기
3단계 성숙기 : 기관들의 본격적인 매수 후 저점에서 50~100% 상승해 각종 뉴스들이 나오기 시작합니다. 개인 투자자들이 본격적으로 매수에 참여하는 단계입니다.
도입기
2단계 상승기 : 1단계 소폭 상승 후 일정기간 가격조정과 기간조정을 마치고 2단계 상승을 하는 단계입니다. 이때부터 기관들이 본격적으로 매수하지만, 개인들은 아직 반신반의하는 시기입니다.
1단계 도입기 : 장기간 횡보하며 상승을 준비하던 주가가 상승하기 시작하는 초기 단계입니다. 이때까지는 개인 투자자들이 관심을 가지지 않습니다. 기관이나 투자자산운용사 펀드 매니저들이 열심히 매수하는 시기입니다.
280,000(-63.68% 2020/04/02)
거래량 OBV(9)
2020/03/25 05 06 07 08 09 10 11 12 2021/01 02 03 04 2021/04/19
2023-04-21 기간 1205 조회 264

씨젠 주가의 생로병사

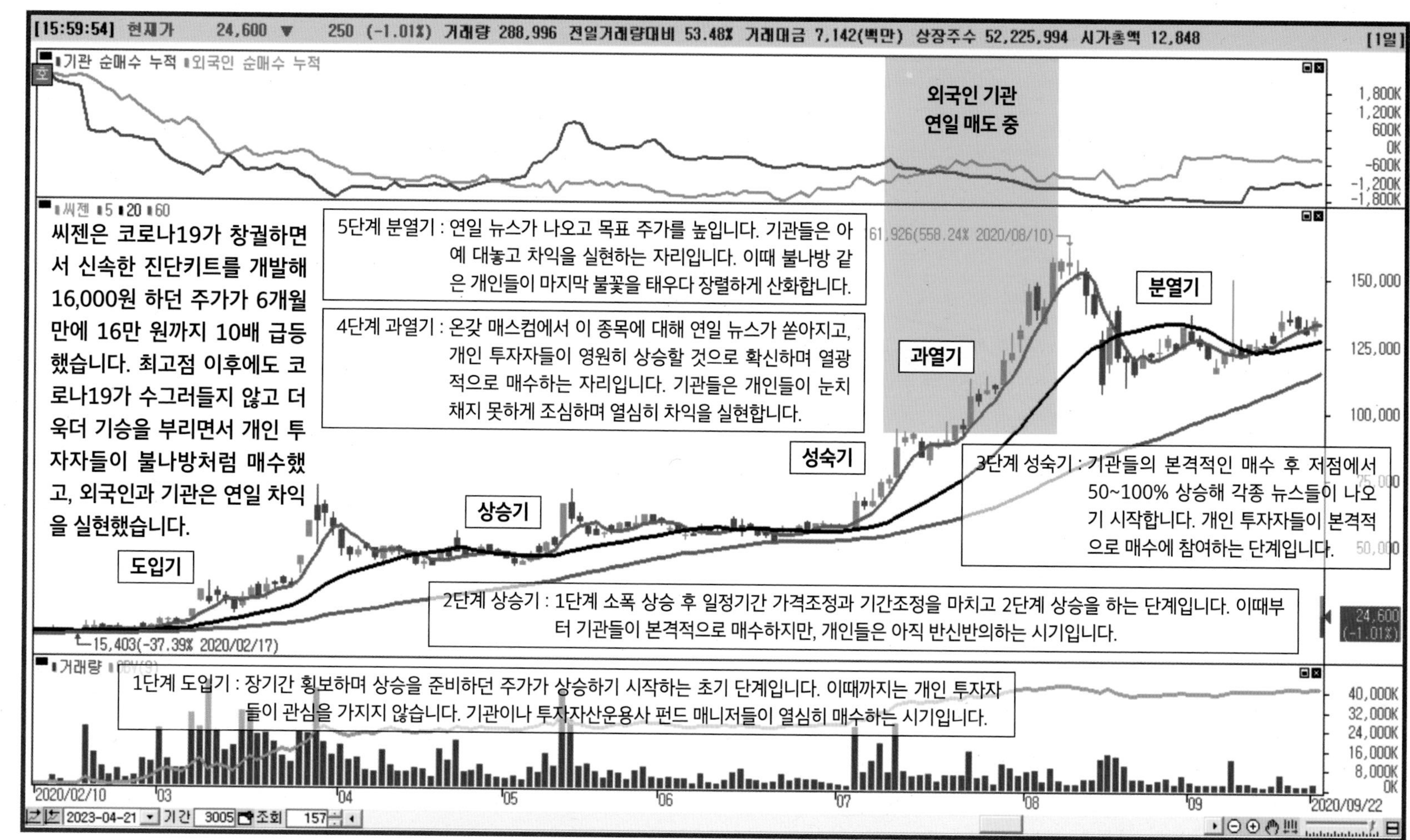
[15:59:54] 현재가 24,600 ▼ 250 (-1.01%) 거래량 288,996 전일거래량대비 53.48% 거래대금 7,142(백만) 상장주수 52,225,994 시가총액 12,848 [1일]
기관 순매수 누적 외국인 순매수 누적
외국인 기관
연일 매도 중
씨젠 5 20 60
씨젠은 코로나19가 창궐하면서 신속한 진단키트를 개발해 16,000원 하던 주가가 6개월 만에 16만 원까지 10배 급등했습니다. 최고점 이후에도 코로나19가 수그러들지 않고 더 욱더 기승을 부리면서 개인 투자자들이 불나방처럼 매수했고, 외국인과 기관은 연일 차익을 실현했습니다.
5단계 분열기 : 연일 뉴스가 나오고 목표 주가를 높입니다. 기관들은 아예 대놓고 차익을 실현하는 자리입니다. 이때 불나방 같은 개인들이 마지막 불꽃을 태우다 장렬하게 산화합니다.
4단계 과열기 : 온갖 매스컴에서 이 종목에 대해 연일 뉴스가 쏟아지고, 개인 투자자들이 영원히 상승할 것으로 확신하며 열광적으로 매수하는 자리입니다. 기관들은 개인들이 눈치채지 못하게 조심하며 열심히 차익을 실현합니다.
61,926(558.24% 2020/08/10)
분열기
과열기
성숙기
상승기
도입기
3단계 성숙기 : 기관들의 본격적인 매수 후 저점에서 50~100% 상승해 각종 뉴스들이 나오기 시작합니다. 개인 투자자들이 본격적으로 매수에 참여하는 단계입니다.
2단계 상승기 : 1단계 소폭 상승 후 일정기간 가격조정과 기간조정을 마치고 2단계 상승을 하는 단계입니다. 이때부터 기관들이 본격적으로 매수하지만, 개인들은 아직 반신반의하는 시기입니다.
15,403(-37.39% 2020/02/17)
거래량
1단계 도입기 : 장기간 횡보하며 상승을 준비하던 주가가 상승하기 시작하는 초기 단계입니다. 이때까지는 개인 투자자들이 관심을 가지지 않습니다. 기관이나 투자자산운용사 펀드 매니저들이 열심히 매수하는 시기입니다.
2020/02/10
2020/09/22

셀트리온헬스케어 주가의 생로병사

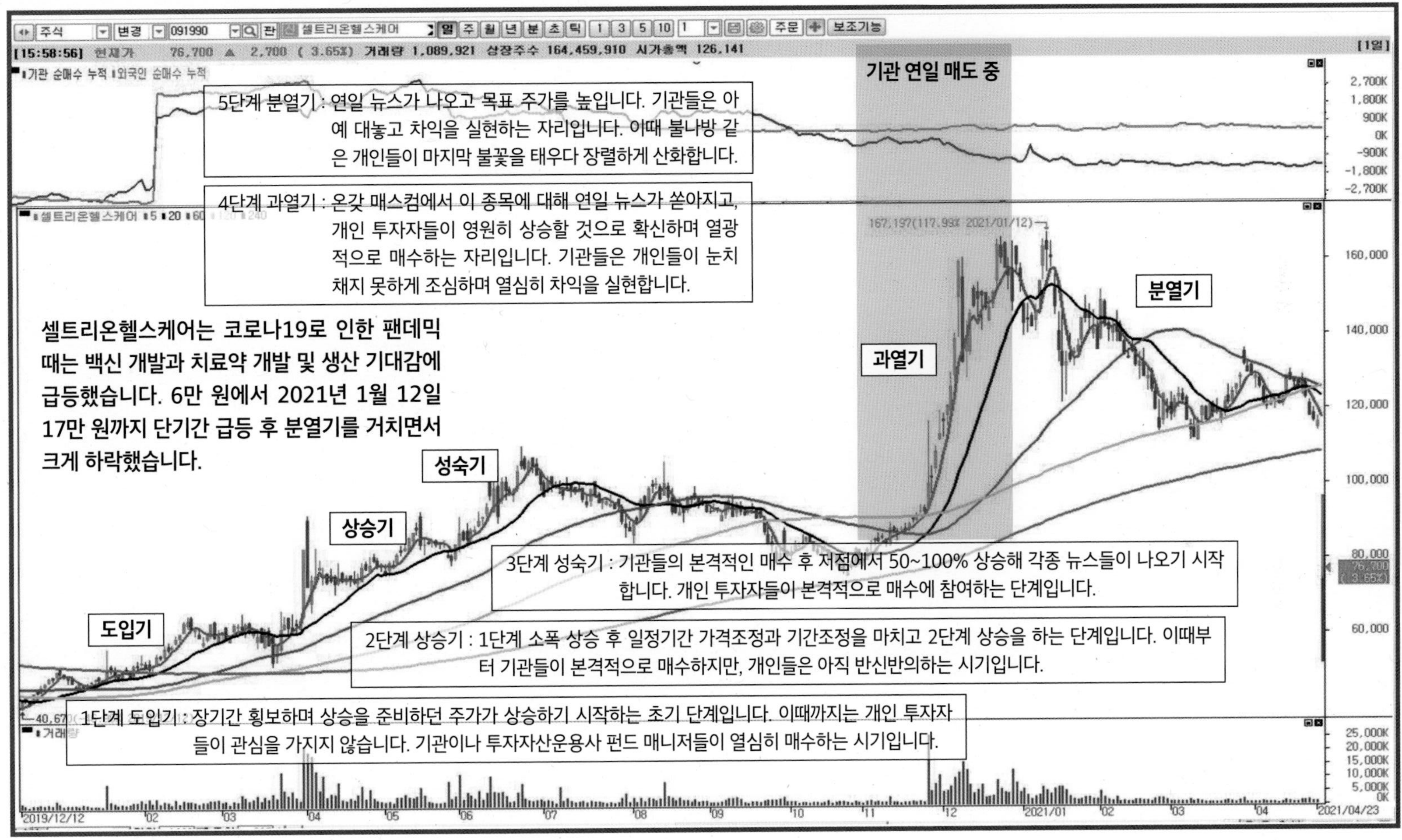

기관 연일 매도 중
5단계 분열기 : 연일 뉴스가 나오고 목표 주가를 높입니다. 기관들은 아예 대놓고 차익을 실현하는 자리입니다. 이때 불나방 같은 개인들이 마지막 불꽃을 태우다 장렬하게 산화합니다.
4단계 과열기 : 온갖 매스컴에서 이 종목에 대해 연일 뉴스가 쏟아지고, 개인 투자자들이 영원히 상승할 것으로 확신하며 열광적으로 매수하는 자리입니다. 기관들은 개인들이 눈치채지 못하게 조심하며 열심히 차익을 실현합니다.
셀트리온헬스케어는 코로나19로 인한 팬데믹 때는 백신 개발과 치료약 개발 및 생산 기대감에 급등했습니다. 6만 원에서 2021년 1월 12일 17만 원까지 단기간 급등 후 분열기를 거치면서 크게 하락했습니다.
분열기
과열기
성숙기
상승기
도입기
3단계 성숙기 : 기관들의 본격적인 매수 후 저점에서 50~100% 상승해 각종 뉴스들이 나오기 시작합니다. 개인 투자자들이 본격적으로 매수에 참여하는 단계입니다.
2단계 상승기 : 1단계 소폭 상승 후 일정기간 가격조정과 기간조정을 마치고 2단계 상승을 하는 단계입니다. 이때부터 기관들이 본격적으로 매수하지만, 개인들은 아직 반신반의하는 시기입니다.
1단계 도입기 : 장기간 횡보하며 상승을 준비하던 주가가 상승하기 시작하는 초기 단계입니다. 이때까지는 개인 투자자들이 관심을 가지지 않습니다. 기관이나 투자자산운용사 펀드 매니저들이 열심히 매수하는 시기입니다.

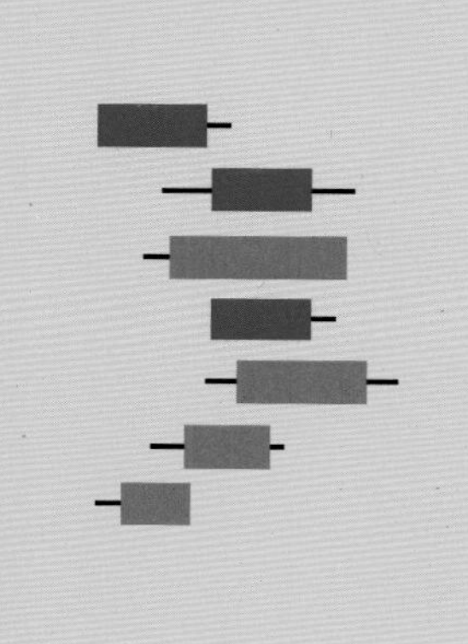

2

고점 징후 포착 신의 한 수

싸게 산 주식 비싸게 파는 법 - 고점 징후 포착 1
싸게 산 주식 비싸게 파는 법 - 고점 징후 포착 2 | 싸게 산 주식 비싸게 파는 법 - 고점 징후 포착 3

싸게 산 주식 비싸게 파는 법 - 고점 징후 포착 1

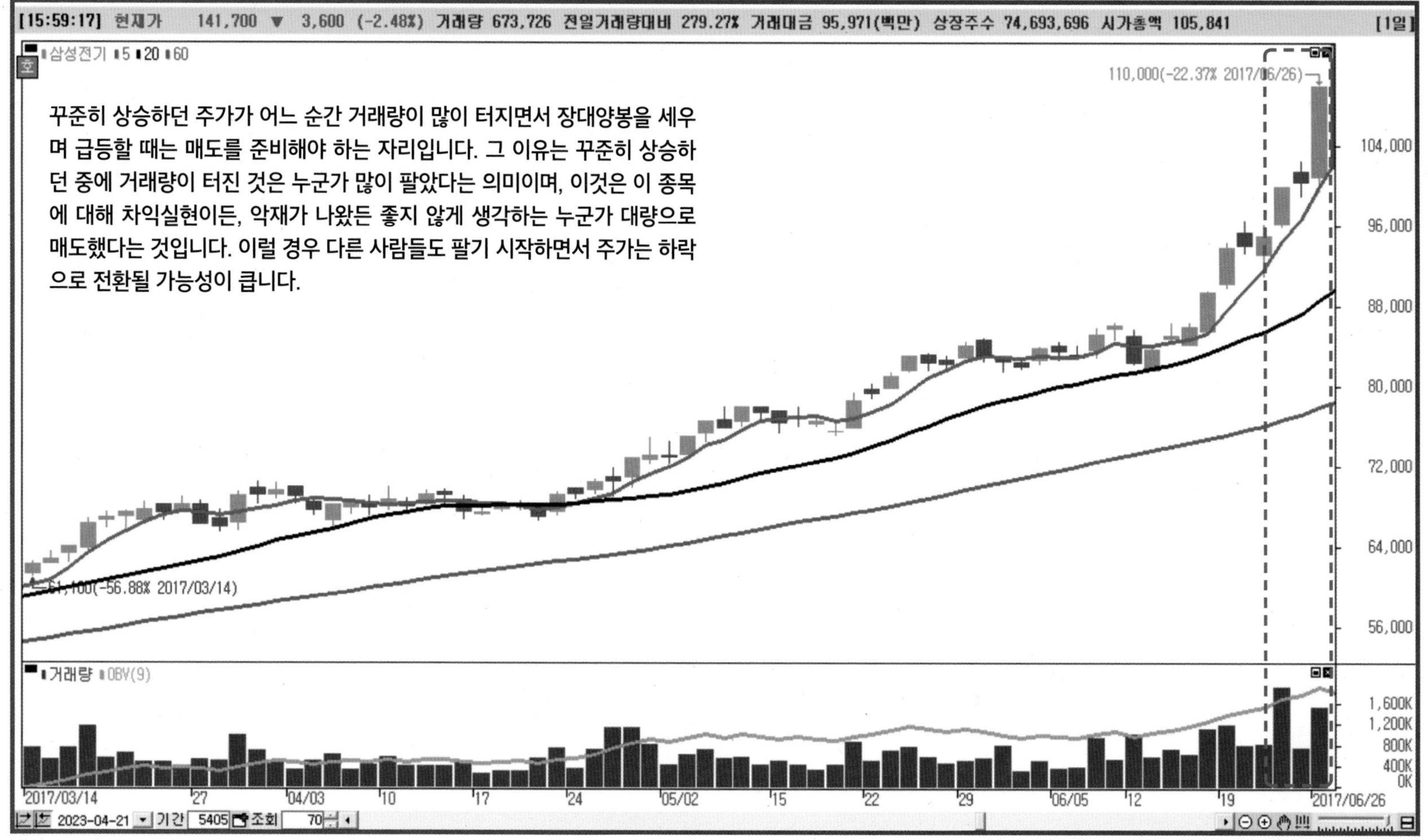
[15:59:17] 현재가 141,700 ▼ 3,600 (-2.48%) 거래량 673,726 전일거래량대비 279.27% 거래대금 95,971(백만) 상장주수 74,693,696 시가총액 105,841 [1일]
삼성전기 5 20 60
꾸준히 상승하던 주가가 어느 순간 거래량이 많이 터지면서 장대양봉을 세우며 급등할 때는 매도를 준비해야 하는 자리입니다. 그 이유는 꾸준히 상승하던 중에 거래량이 터진 것은 누군가 많이 팔았다는 의미이며, 이것은 이 종목에 대해 차익실현이든, 악재가 나왔든 좋지 않게 생각하는 누군가 대량으로 매도했다는 것입니다. 이럴 경우 다른 사람들도 팔기 시작하면서 주가는 하락으로 전환될 가능성이 큽니다.
110,000(-22.37% 2017/06/26)
61,100(-56.88% 2017/03/14)
104,000
96,000
88,000
80,000
72,000
64,000
56,000
거래량 OBV(9)
1,600K
1,200K
800K
400K
0K
2017/03/14
27
04/03
10
17
24
05/02
15
22
29
06/05
12
19
2017/06/26
2023-04-21 기간 5405 조회 70

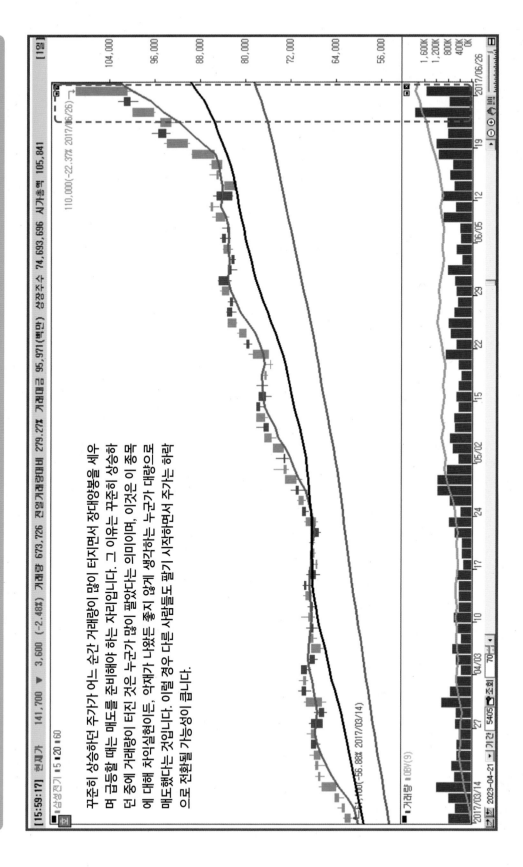

싸게 산 주식 비싸게 파는 법 - 고점 징후 포착 1

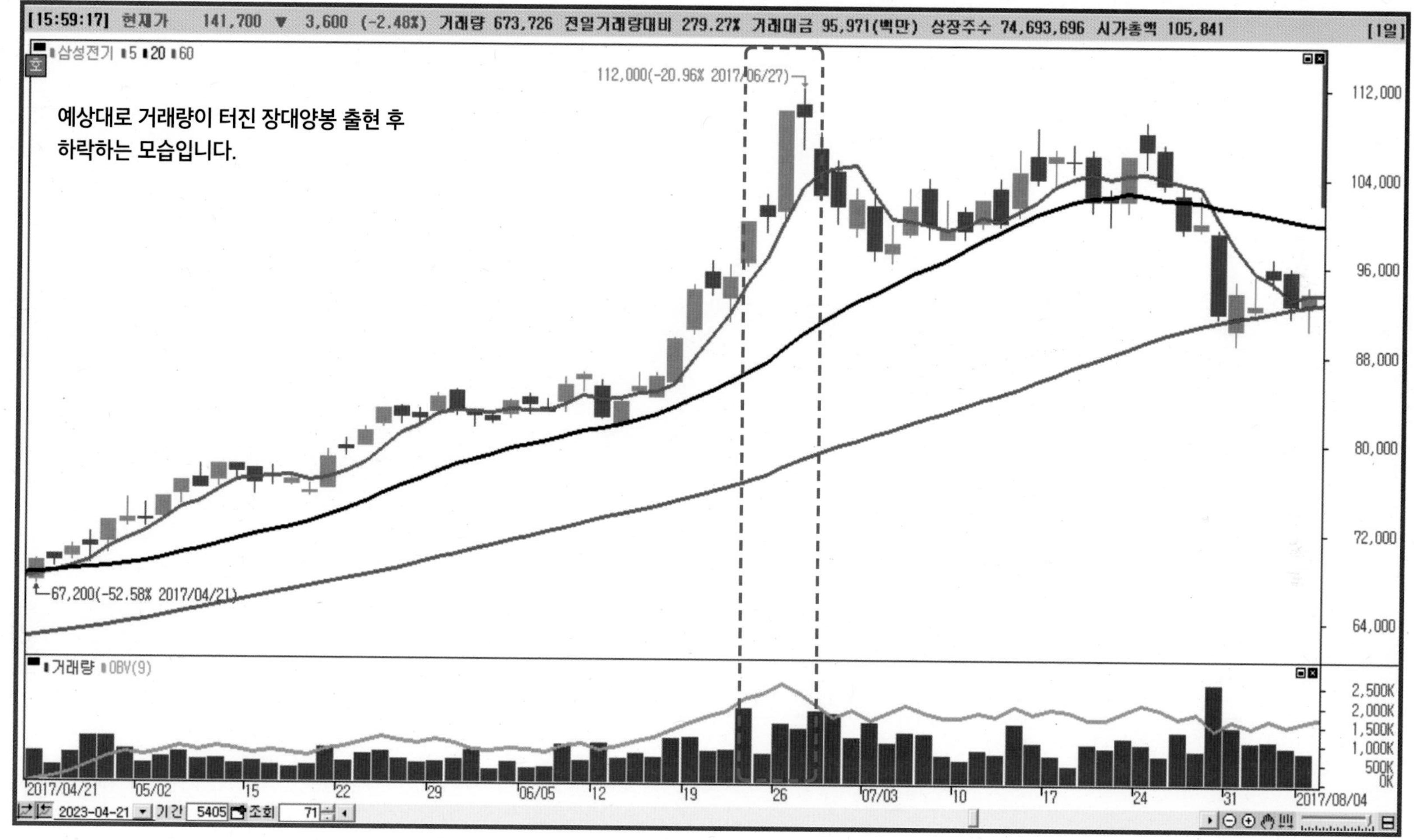
[15:59:17] 현재가 141,700 ▼ 3,600 (-2.48%) 거래량 673,726 전일거래량대비 279.27% 거래대금 95,971(백만) 상장주수 74,693,696 시가총액 105,841 [1일]
삼성전기 5 20 60
112,000(-20.96% 2017/06/27)
67,200(-52.58% 2017/04/21)
예상대로 거래량이 터진 장대양봉 출현 후
하락하는 모습입니다.
112,000
104,000
96,000
88,000
80,000
72,000
64,000
거래량 OBV(9)
2,500K
2,000K
1,500K
1,000K
500K
0K
2017/04/21
05/02
15
22
29
06/05
12
19
26
07/03
10
17
24
31
2017/08/04
2023-04-21 기간 5405 조회 71

싸게 산 주식 비싸게 파는 법 - 고점 징후 포착 2

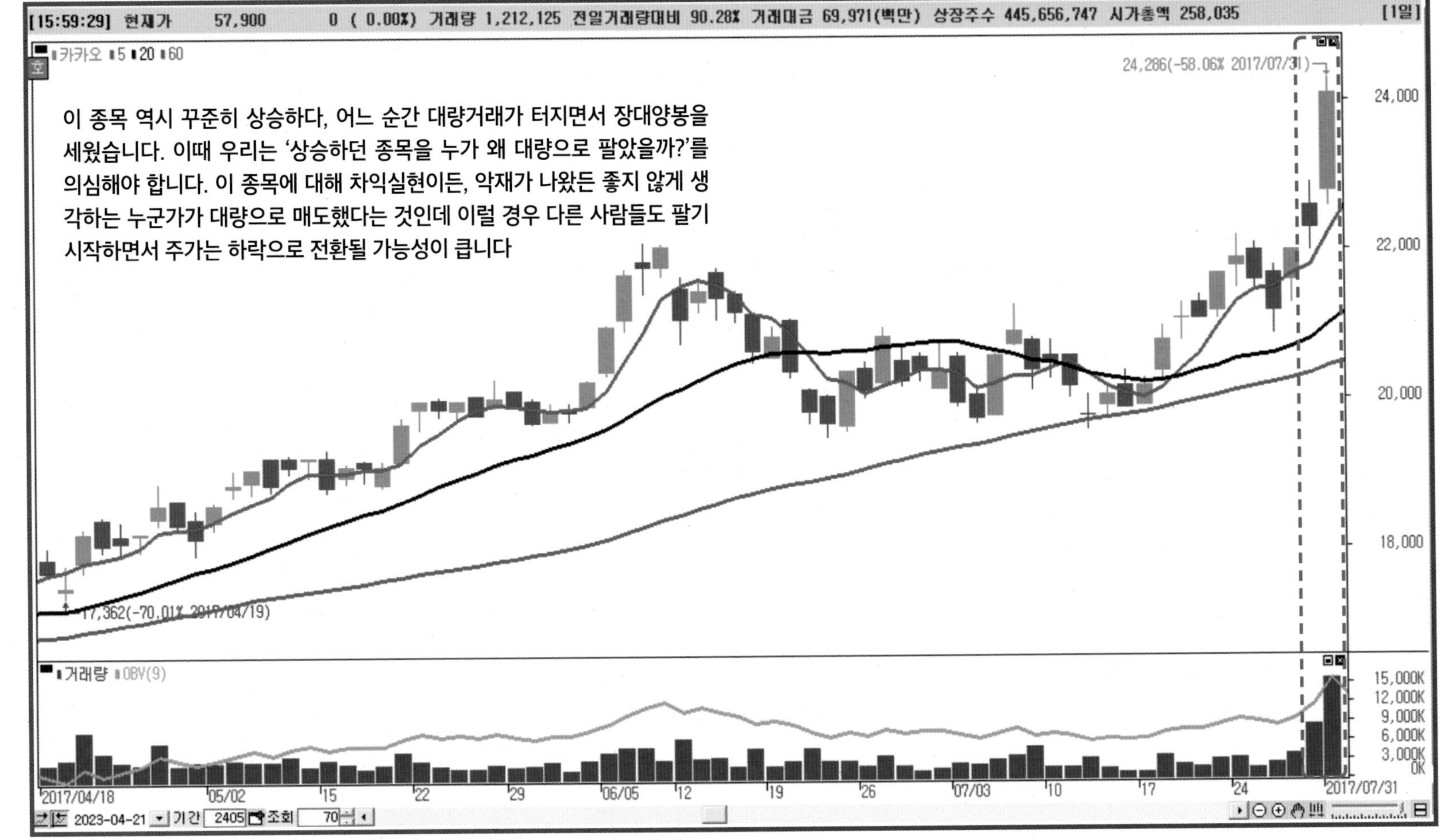

[15:59:29] 현재가 57,900 0 (0.00%) 거래량 1,212,125 전일거래량대비 90.28% 거래대금 69,971(백만) 상장주수 445,656,747 시가총액 258,035 [1일]
카카오 5 20 60
24,286(-58.06% 2017/07/31)
이 종목 역시 꾸준히 상승하다, 어느 순간 대량거래가 터지면서 장대양봉을 세웠습니다. 이때 우리는 '상승하던 종목을 누가 왜 대량으로 팔았을까?'를 의심해야 합니다. 이 종목에 대해 차익실현이든, 악재가 나왔든 좋지 않게 생각하는 누군가가 대량으로 매도했다는 것인데 이럴 경우 다른 사람들도 팔기 시작하면서 주가는 하락으로 전환될 가능성이 큽니다
24,000
22,000
20,000
18,000
17,362(-70.01% 2017/04/19)
거래량 OBV(9)
15,000K
12,000K
9,000K
6,000K
3,000K
0K
2017/04/18
05/02
15
22
29
06/05
12
19
26
07/03
10
17
24
2017/07/31
2023-04-21 기간 2405 조회 70

싸게 산 주식 비싸게 파는 법 - 고점 징후 포착 2

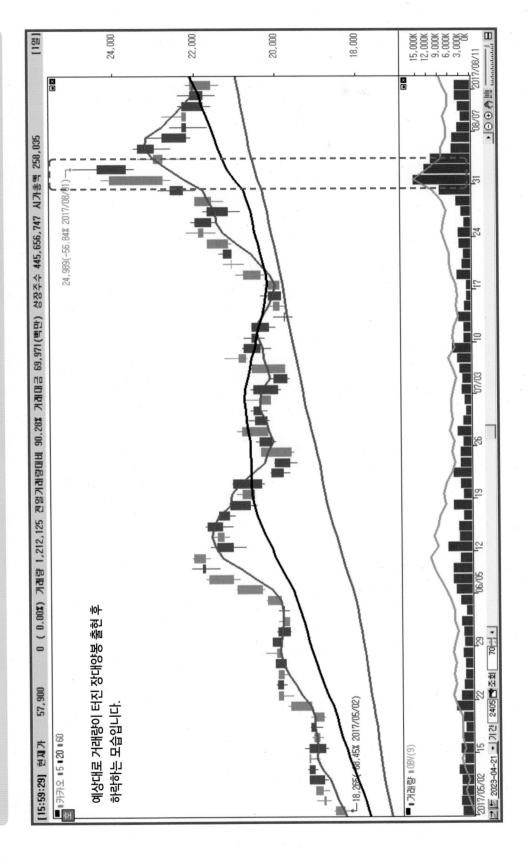

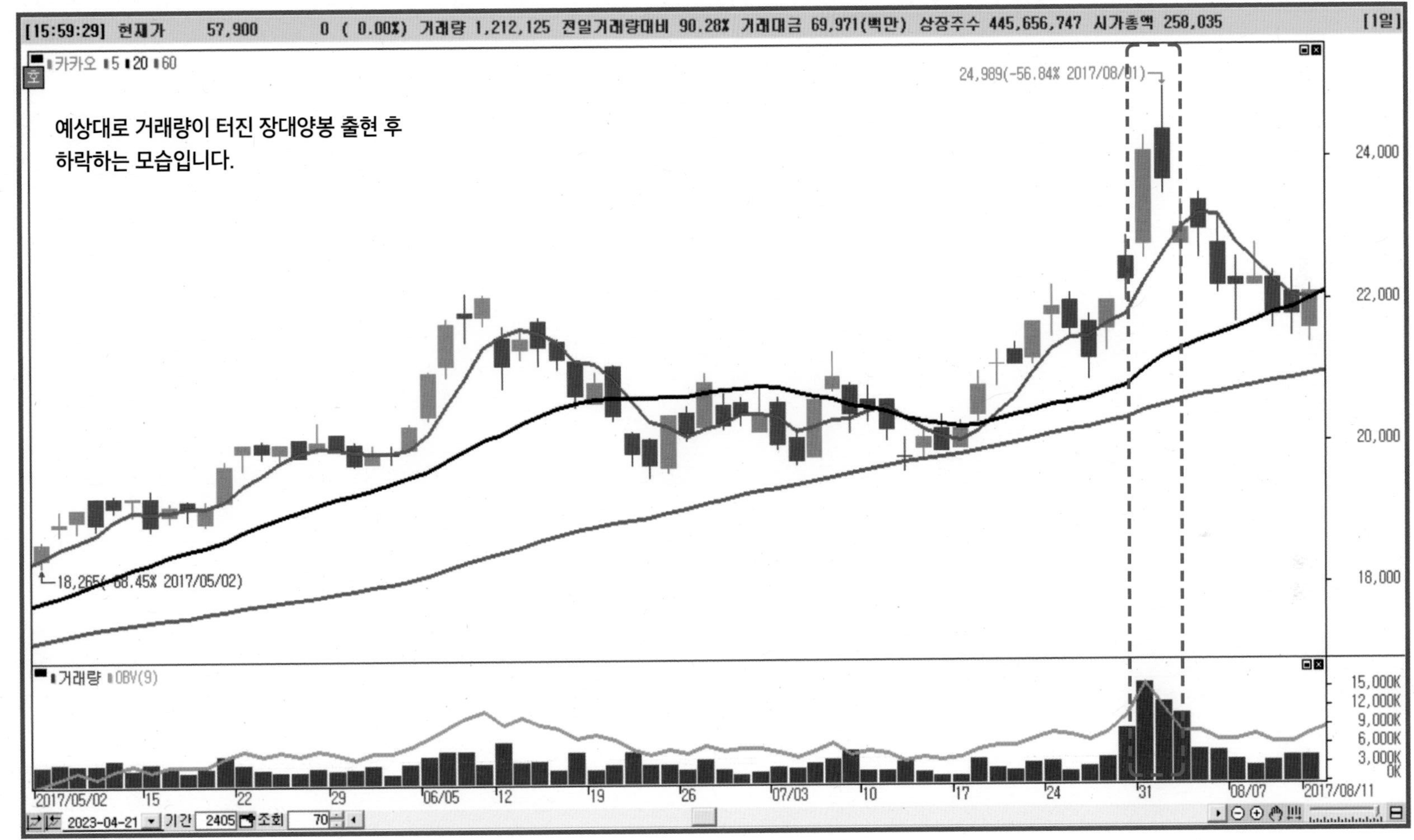
[15:59:29] 현재가 57,900 0 (0.00%) 거래량 1,212,125 전일거래량대비 90.28% 거래대금 69,971(백만) 상장주수 445,656,747 시가총액 258,035 [1일]
카카오 5 20 60
예상대로 거래량이 터진 장대양봉 출현 후
하락하는 모습입니다.
24,989(-56.84% 2017/08/01)
18,265(-68.45% 2017/05/02)
24,000
22,000
20,000
18,000
거래량 OBV(9)
15,000K
12,000K
9,000K
6,000K
3,000K
0K
2017/05/02
15
22
29
06/05
12
19
26
07/03
10
17
24
31
08/07
2017/08/11
2023-04-21 기간 2405 조회 70

싸게 산 주식 비싸게 파는 법 - 고점 징후 포착 3

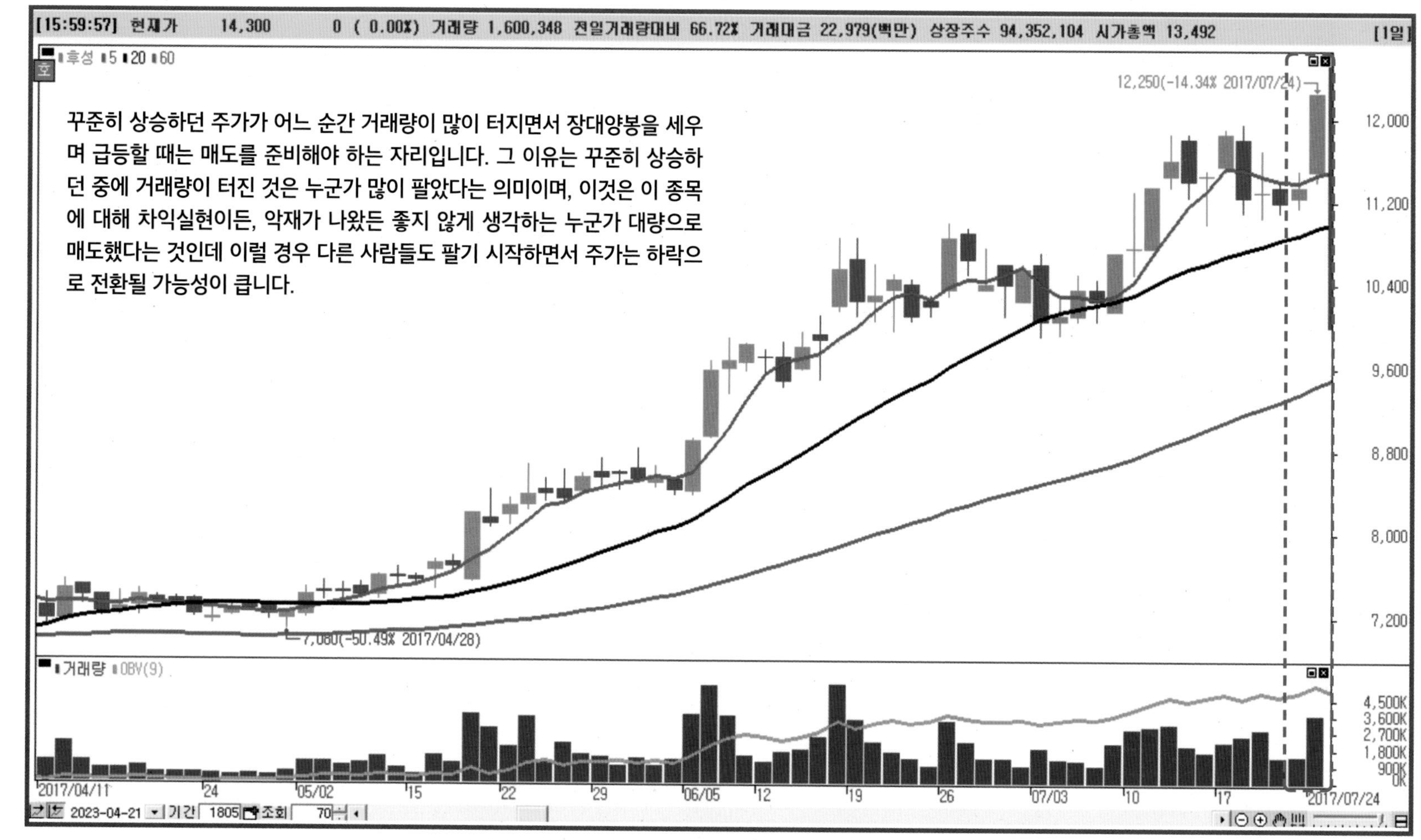
[15:59:57] 현재가 14,300 0 (0.00%) 거래량 1,600,348 전일거래량대비 66.72% 거래대금 22,979(백만) 상장주수 94,352,104 시가총액 13,492
[1일]
후성 5 20 60
12,250(-14.34% 2017/07/24)
7,080(-50.49% 2017/04/28)
12,000
11,200
10,400
9,600
8,800
8,000
7,200
거래량 OBV(9)
4,500K
3,600K
2,700K
1,800K
900K
0K
2017/04/11
24
05/02
15
22
29
06/05
12
19
26
07/03
10
17
2017/07/24
2023-04-21 기간 1805 조회 70

꾸준히 상승하던 주가가 어느 순간 거래량이 많이 터지면서 장대양봉을 세우며 급등할 때는 매도를 준비해야 하는 자리입니다. 그 이유는 꾸준히 상승하던 중에 거래량이 터진 것은 누군가 많이 팔았다는 의미이며, 이것은 이 종목에 대해 차익실현이든, 악재가 나왔든 좋지 않게 생각하는 누군가 대량으로 매도했다는 것인데 이럴 경우 다른 사람들도 팔기 시작하면서 주가는 하락으로 전환될 가능성이 큽니다.

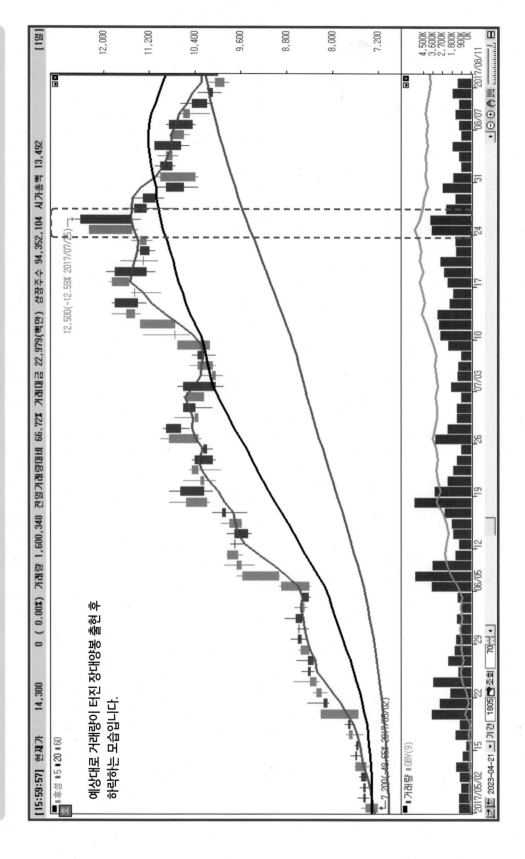

싸게 산 주식 비싸게 파는 법 - 고점 징후 포착 3

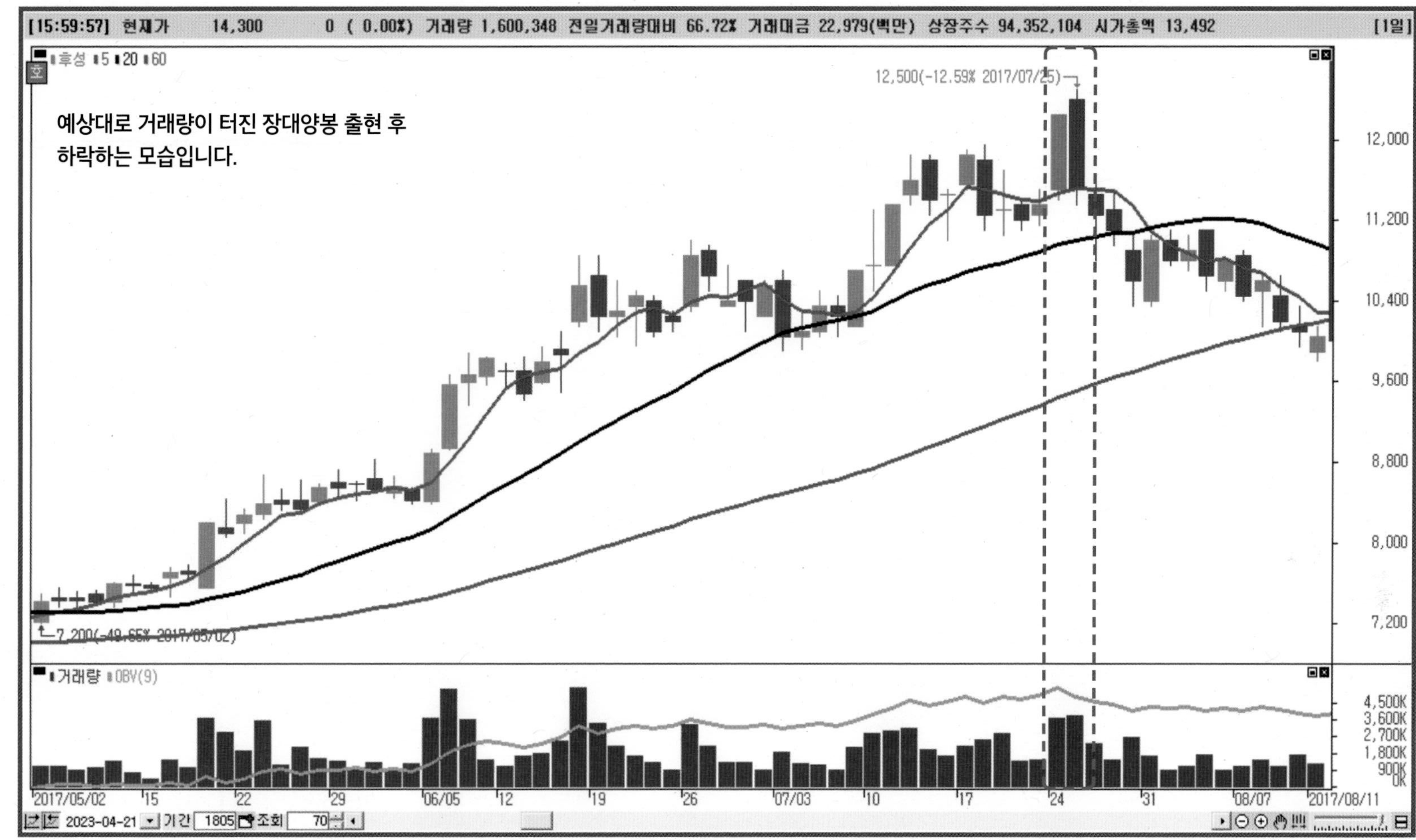

[15:59:57] 현재가 14,300 0 (0.00%) 거래량 1,600,348 전일거래량대비 66.72% 거래대금 22,979(백만) 상장주수 94,352,104 시가총액 13,492 [1일]
후성 5 20 60
12,500(-12.59% 2017/07/25)
예상대로 거래량이 터진 장대양봉 출현 후
하락하는 모습입니다.
12,000
11,200
10,400
9,600
8,800
8,000
7,200
7,200(-49.65% 2017/05/02)
거래량 OBV(9)
4,500K
3,600K
2,700K
1,800K
900K
0K
2017/05/02
15
22
29
06/05
12
19
26
07/03
10
17
24
31
08/07
2017/08/11
2023-04-21 기간 1805 조회 70

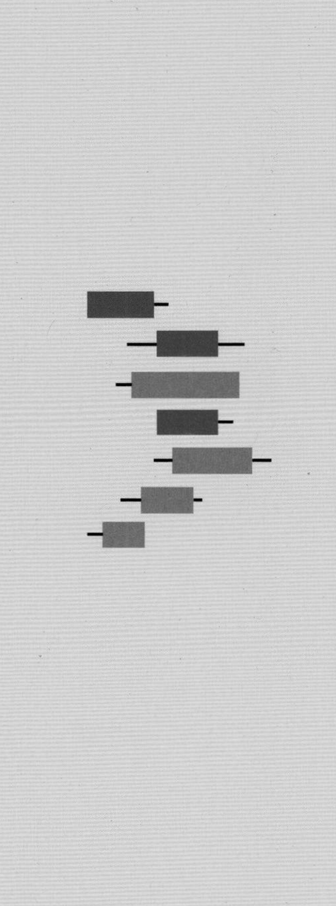

3

오랜 횡보 후 대량거래 장대양봉 신의 한 수

장기 횡보 후 대량거래 장대양봉 차트

장기 횡보 후 대량거래 장대양봉 차트 - 이루온 | 장기 횡보 후 대량거래 장대양봉 차트 - 파미셀

장기 횡보 후 대량거래 장대양봉 차트

장기간 횡보하다 거래량이 늘어나면서 박스권을 돌파하는 장대양봉이 나올 때 시가총액이 3,000억 원 이하 중소형주의 경우에 시장 주도 테마로 엮이지 않은 상태로 6개월~1년 이상 횡보하다가, 거래량이 점차 늘어나며 박스권 상단을 돌파할 때 또는 장대양봉이 나올 때는 과감하게 적은 금액으로 승부를 걸어볼 수도 있습니다.

세력주의 특징

첫째, 시장에 소외된 종목
둘째, 오랫동안 거래량이 거의 없는 종목
셋째, 주가가 오랫동안 횡보하는 경우

이런 경우에 속하던 종목이 어느 날 거래량이 늘어나고 주가가 박스권을 돌파할 때, 잘 따라붙으면 예상 밖으로 큰 수익을 얻을 수도 있습니다.

그 이유는 세력들도 한 번씩 주가를 급등시켜 수익을 챙겨야 하기 때문입니다.
세력들은 여러 가지 유형이 있는데 한때 '부티크'라고 불리던 세력인 주포가 있으며, '두더지'라고 불리는 3~5명 정도의 작은 팀도 있습니다. 이들도 일정기간 내 수익을 챙겨야 하니 작은 돈으로 쉽게 드리블할 수 있는 시가총액이 작은 소외된 종목을 가지고 작전을 합니다. 하지만 이들은 철저하게 개인들을 역이용하니 큰 금액으로 투자하면 큰 손실을 가져올 수 있습니다.

장기 횡보 후 대량거래 장대양봉 차트 - 이루온

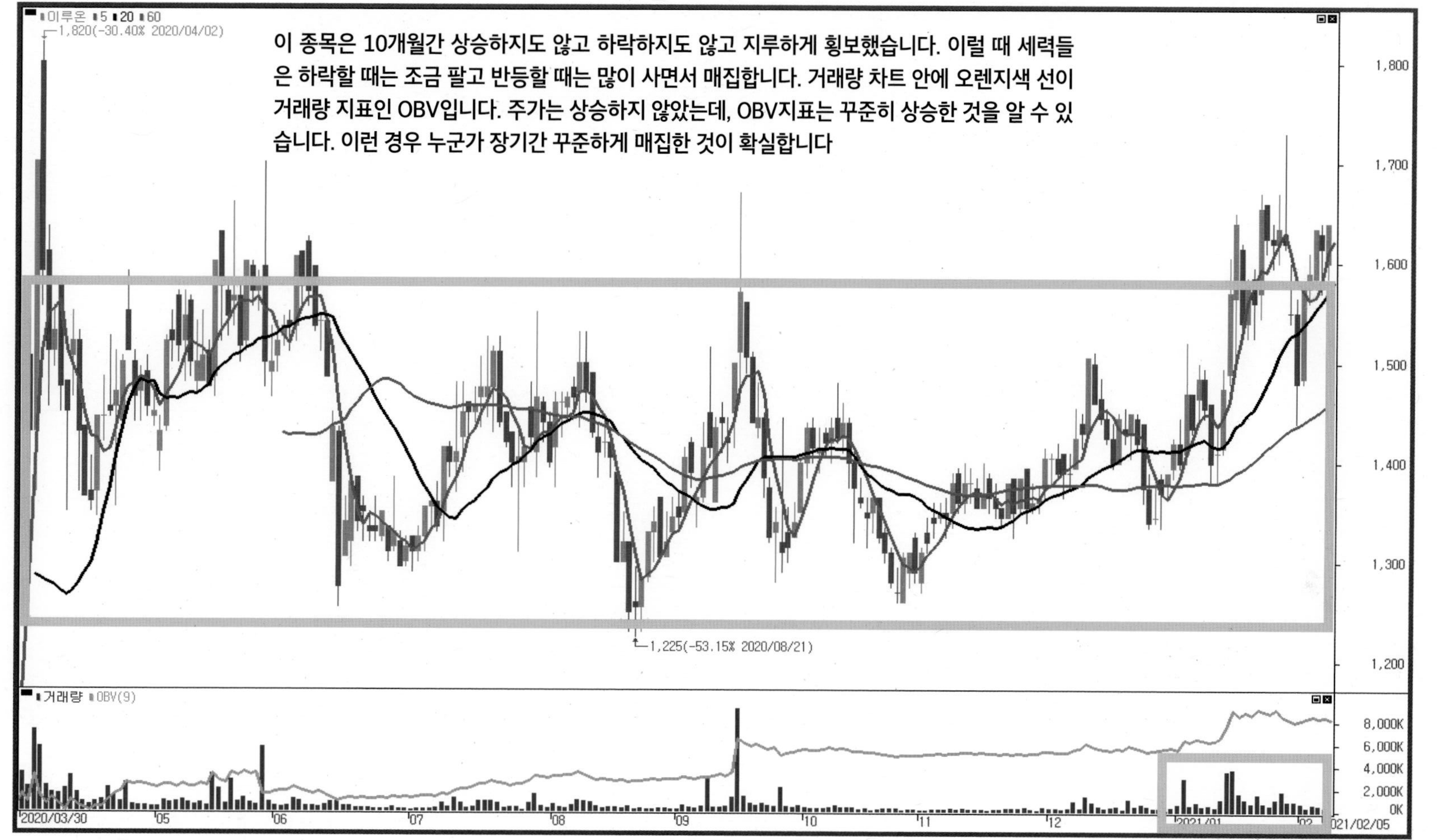

이루온 5 20 60
1,820(-30.40% 2020/04/02)
이 종목은 10개월간 상승하지도 않고 하락하지도 않고 지루하게 횡보했습니다. 이럴 때 세력들은 하락할 때는 조금 팔고 반등할 때는 많이 사면서 매집합니다. 거래량 차트 안에 오렌지색 선이 거래량 지표인 OBV입니다. 주가는 상승하지 않았는데, OBV지표는 꾸준히 상승한 것을 알 수 있습니다. 이런 경우 누군가 장기간 꾸준하게 매집한 것이 확실합니다
1,800
1,700
1,600
1,500
1,400
1,300
1,225(-53.15% 2020/08/21)
1,200
거래량 OBV(9)
8,000K
6,000K
4,000K
2,000K
0K
2020/03/30
05
06
07
08
09
10
11
12
2021/01
02
2021/02/05

장기 횡보 후 대량거래 장대양봉 차트 - 이루온

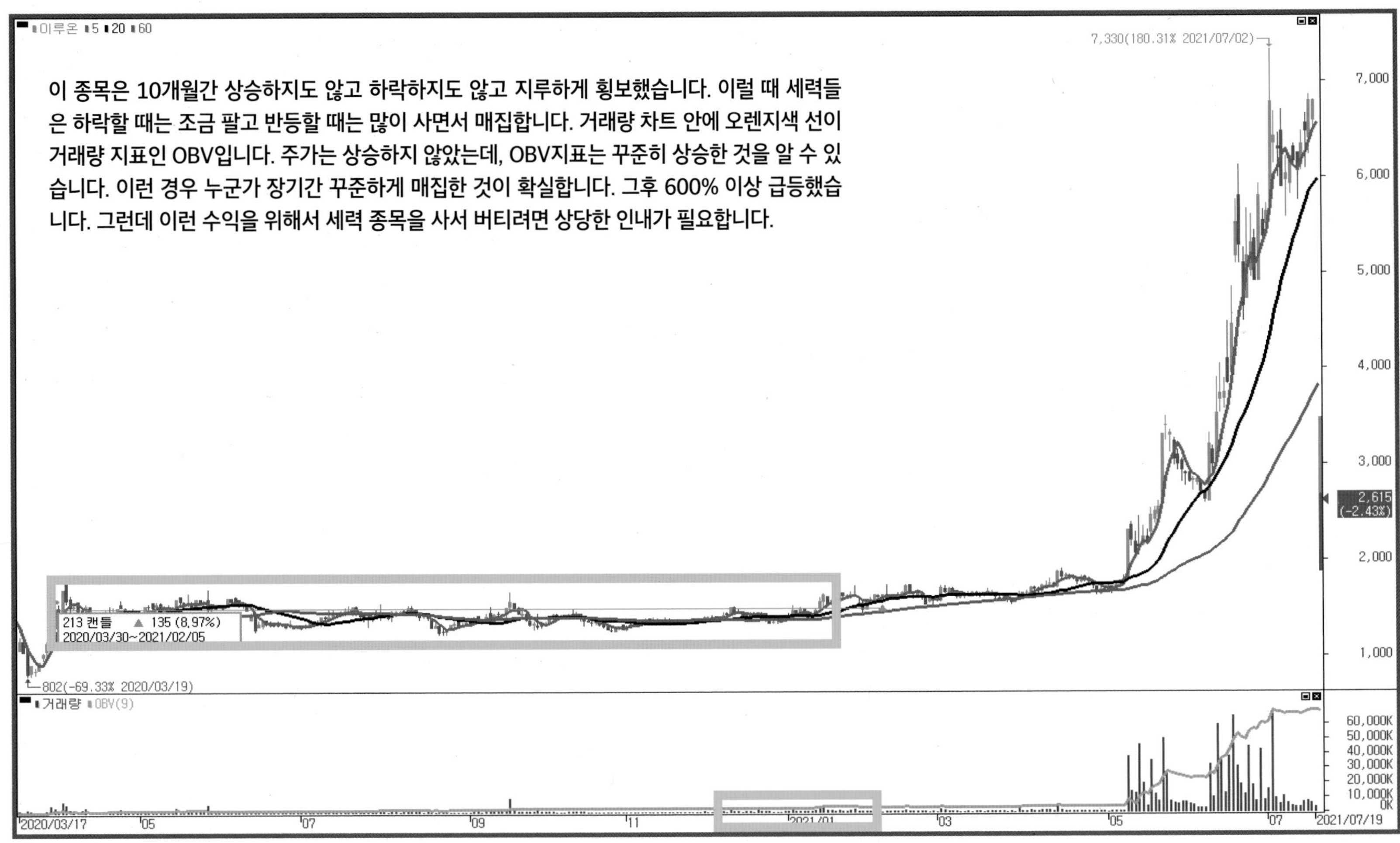
이루온 5 20 60
7,330(180.31% 2021/07/02)
7,000
6,000
5,000
4,000
3,000
2,615
(-2.43%)
2,000
1,000
213 캔들 ▲ 135 (8.97%)
2020/03/30~2021/02/05
802(-69.33% 2020/03/19)
거래량 OBV(9)
60,000K
50,000K
40,000K
30,000K
20,000K
10,000K
0K
2020/03/17
05
07
09
11
2021/01
03
05
07
2021/07/19

이 종목은 10개월간 상승하지도 않고 하락하지도 않고 지루하게 횡보했습니다. 이럴 때 세력들은 하락할 때는 조금 팔고 반등할 때는 많이 사면서 매집합니다. 거래량 차트 안에 오렌지색 선이 거래량 지표인 OBV입니다. 주가는 상승하지 않았는데, OBV지표는 꾸준히 상승한 것을 알 수 있습니다. 이런 경우 누군가 장기간 꾸준하게 매집한 것이 확실합니다. 그후 600% 이상 급등했습니다. 그런데 이런 수익을 위해서 세력 종목을 사서 버티려면 상당한 인내가 필요합니다.

장기 횡보 후 대량거래 장대양봉 차트 - 파미셀

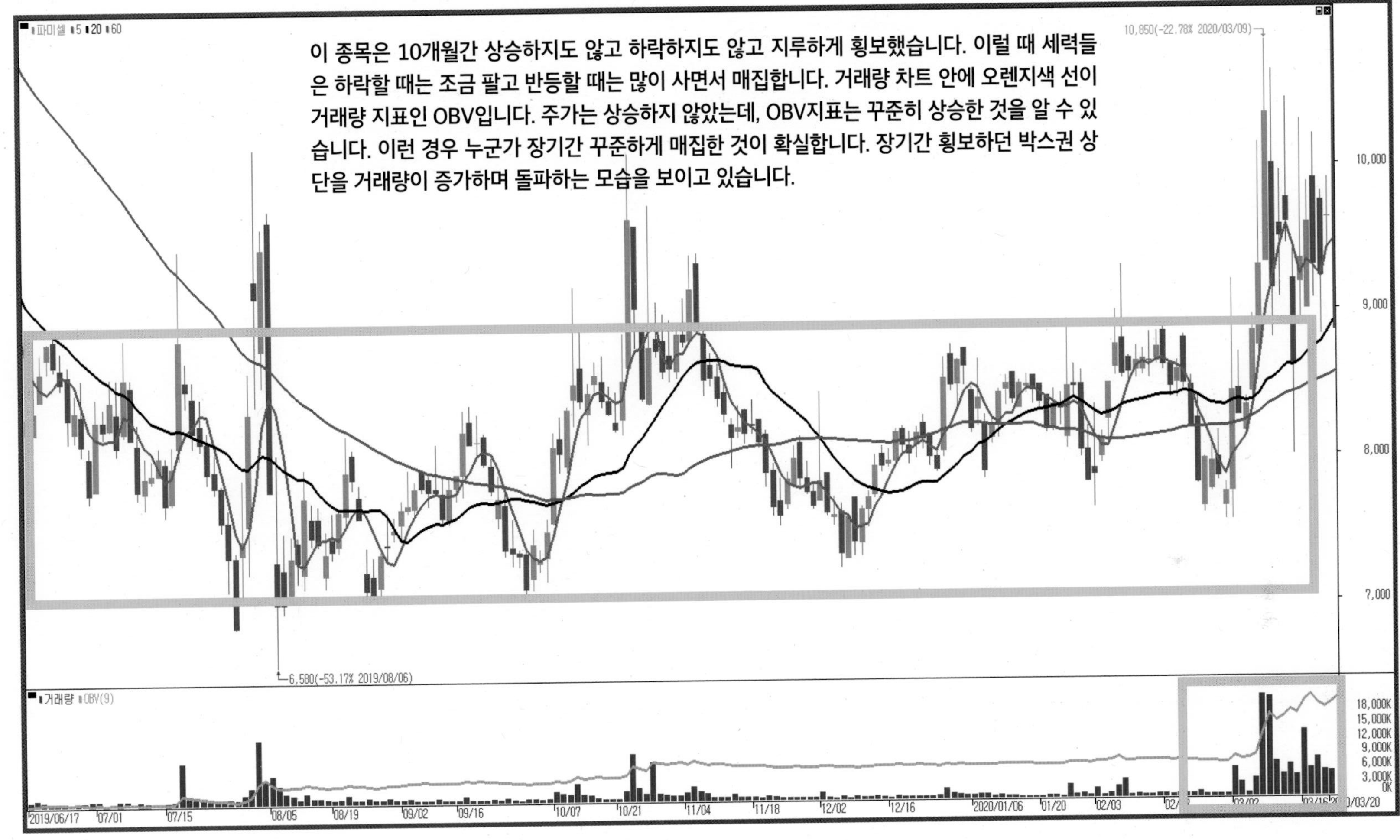

파미셀 5 20 60
10,850(-22.78% 2020/03/09)
6,580(-53.17% 2019/08/06)
10,000
9,000
8,000
7,000
거래량 OBV(9)
18,000K
15,000K
12,000K
9,000K
6,000K
3,000K
0K
2019/06/17
07/01
07/15
08/05
08/19
09/02
09/16
10/07
10/21
11/04
11/18
12/02
12/16
2020/01/06
01/20
02/03
03/20

이 종목은 10개월간 상승하지도 않고 하락하지도 않고 지루하게 횡보했습니다. 이럴 때 세력들은 하락할 때는 조금 팔고 반등할 때는 많이 사면서 매집합니다. 거래량 차트 안에 오렌지색 선이 거래량 지표인 OBV입니다. 주가는 상승하지 않았는데, OBV지표는 꾸준히 상승한 것을 알 수 있습니다. 이런 경우 누군가 장기간 꾸준하게 매집한 것이 확실합니다. 장기간 횡보하던 박스권 상단을 거래량이 증가하며 돌파하는 모습을 보이고 있습니다.

장기 횡보 후 대량거래 장대양봉 차트 - 파미셀

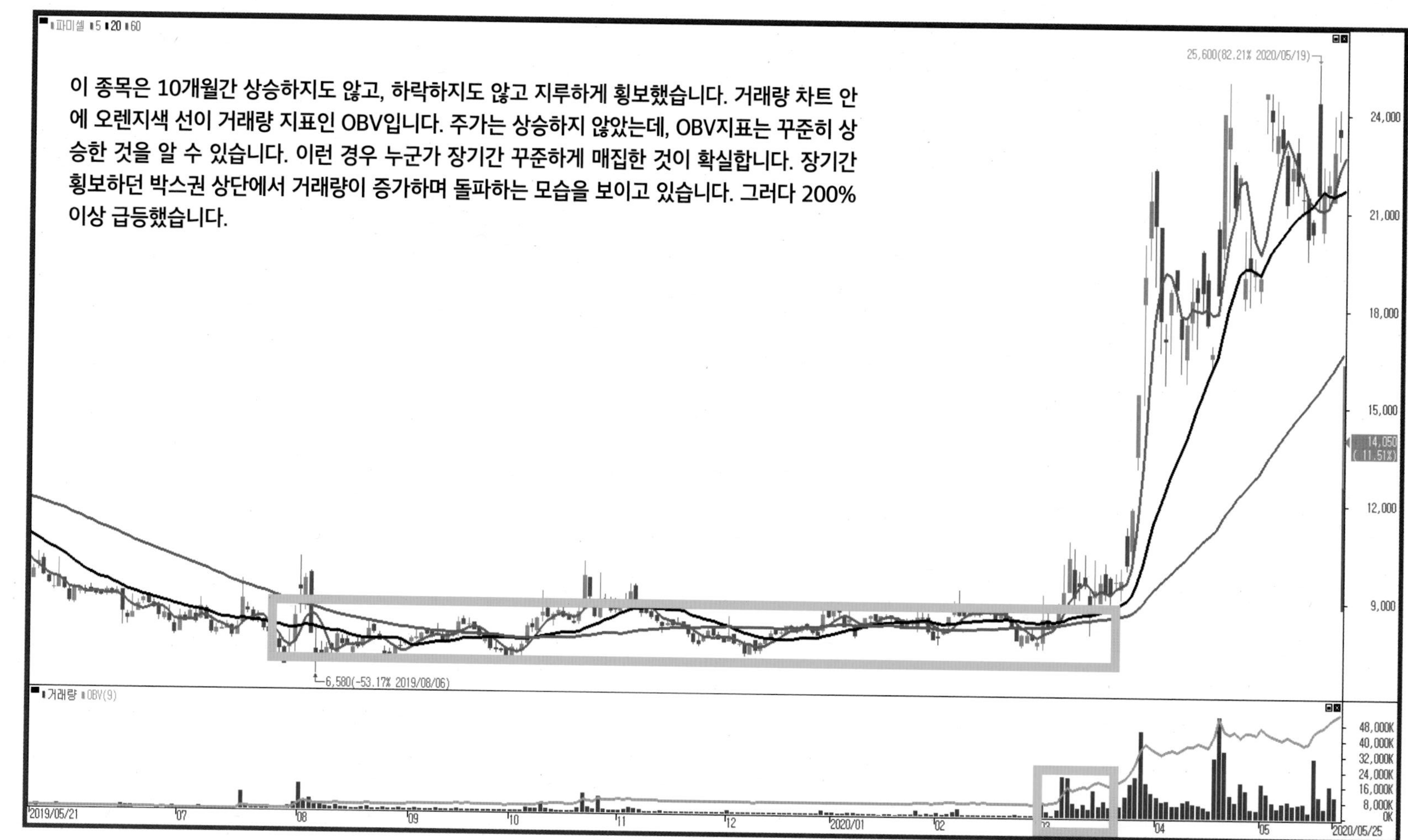
파미셀 5 20 60
25,600(82.21% 2020/05/19)
24,000
21,000
18,000
15,000
14,050
(11.51%)
12,000
9,000
6,580(-53.17% 2019/08/06)
거래량 OBV(9)
48,000K
40,000K
32,000K
24,000K
16,000K
8,000K
0K
2019/05/21
07
08
09
10
11
12
2020/01
02
03
04
05
2020/05/25

이 종목은 10개월간 상승하지도 않고, 하락하지도 않고 지루하게 횡보했습니다. 거래량 차트 안에 오렌지색 선이 거래량 지표인 OBV입니다. 주가는 상승하지 않았는데, OBV지표는 꾸준히 상승한 것을 알 수 있습니다. 이런 경우 누군가 장기간 꾸준하게 매집한 것이 확실합니다. 장기간 횡보하던 박스권 상단에서 거래량이 증가하며 돌파하는 모습을 보이고 있습니다. 그러다 200% 이상 급등했습니다.

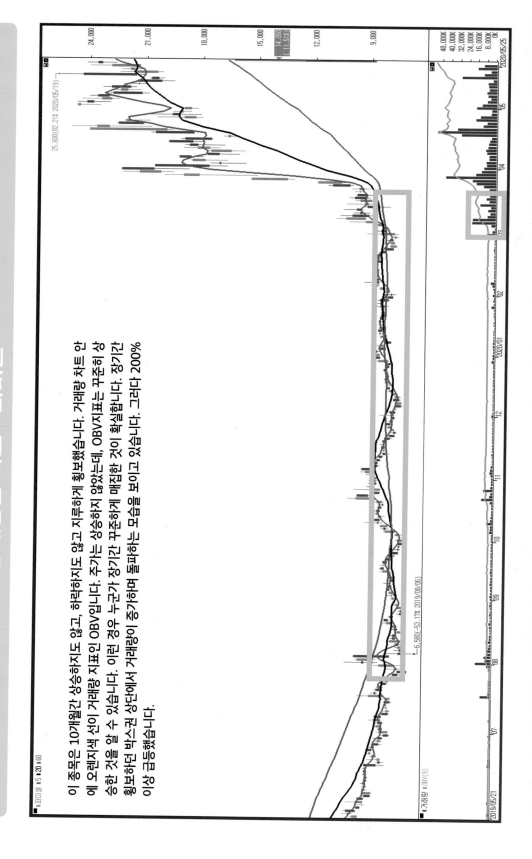

4

이탈가 설정하기 신의 한 수

이탈가 설정하기 | 이탈가 설정하기 - 직전 저점 | 이탈가 설정하기 - 20일 이동평균선
이탈가 설정하기 - 매물대 | 이탈가 설정하기 - 장대양봉 시가

이탈가 설정하기

주식을 매수할 때 상승할 것에 현혹되어 손절을 미처 생각지 못하는 분들이 많습니다.
사실 주식을 매수할 때 손절가만 잘 정해 이탈 시 매도하면 큰 손실을 보는 일은 없을 것입니다.
손실을 제한하기 위해 매도하는 가격을 손절가라고 하고, 수익을 지키기 위해 매도하는 가격을 익절가라고 한다면 손절이든, 익절이든 매도 가격을 정하는 것의 원리는 같습니다.
이 둘을 합쳐 부르는 가격을 이탈가라고 칭하겠습니다.

이탈가를 정하는 기준은 직전 저점, 매물대 하단, 20일 이동평균선 또는 60일 이동평균선, 장대양봉의 시가 등을 정할 수 있습니다.

이탈가를 잘 정하고 이 가격을 이탈할 경우 매도하는 것이 중요합니다. 정하기만 하고 이탈 시 매도하지 못하면 무용지물입니다.

이탈가만 잘 정하고 지켜도 주식 투자에서 성공에 한 걸음 더 나아가는 것입니다.

이탈가 설정하기 - 직전 저점

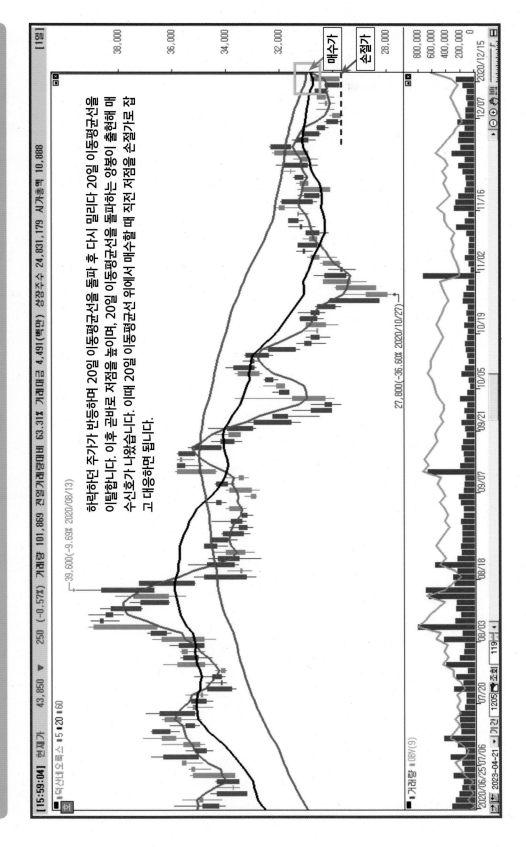

[15:59:04] 현재가 43,850 ▼ 250 (-0.57%) 거래량 101,869 전일거래량대비 63.31% 거래대금 4,491(백만) 상장주수 24,831,179 시가총액 10,888 [1일]
덕산네오룩스 5 20 60
39,600(-9.69% 2020/08/13)
하락하던 주가가 반등하며 20일 이동평균선을 돌파 후 다시 밀리다 20일 이동평균선을 이탈합니다. 이후 곧바로 저점을 높이며, 20일 이동평균선을 돌파하는 양봉이 출현해 매수신호가 나왔습니다. 이때 20일 이동평균선 위에서 매수할 때 직전 저점을 손절가로 잡고 대응하면 됩니다.
38,000
36,000
34,000
32,000
28,000
매수가
손절가
27,800(-36.60% 2020/10/27)
거래량 OBV(9)
800,000
600,000
400,000
200,000
0
2020/06/25 07/06 07/20 08/03 08/18 09/07 09/21 10/05 10/19 11/02 11/16 12/07 2020/12/15
2023-04-21 기간 1205 조회 119

이탈가 설정하기 - 직전 저점

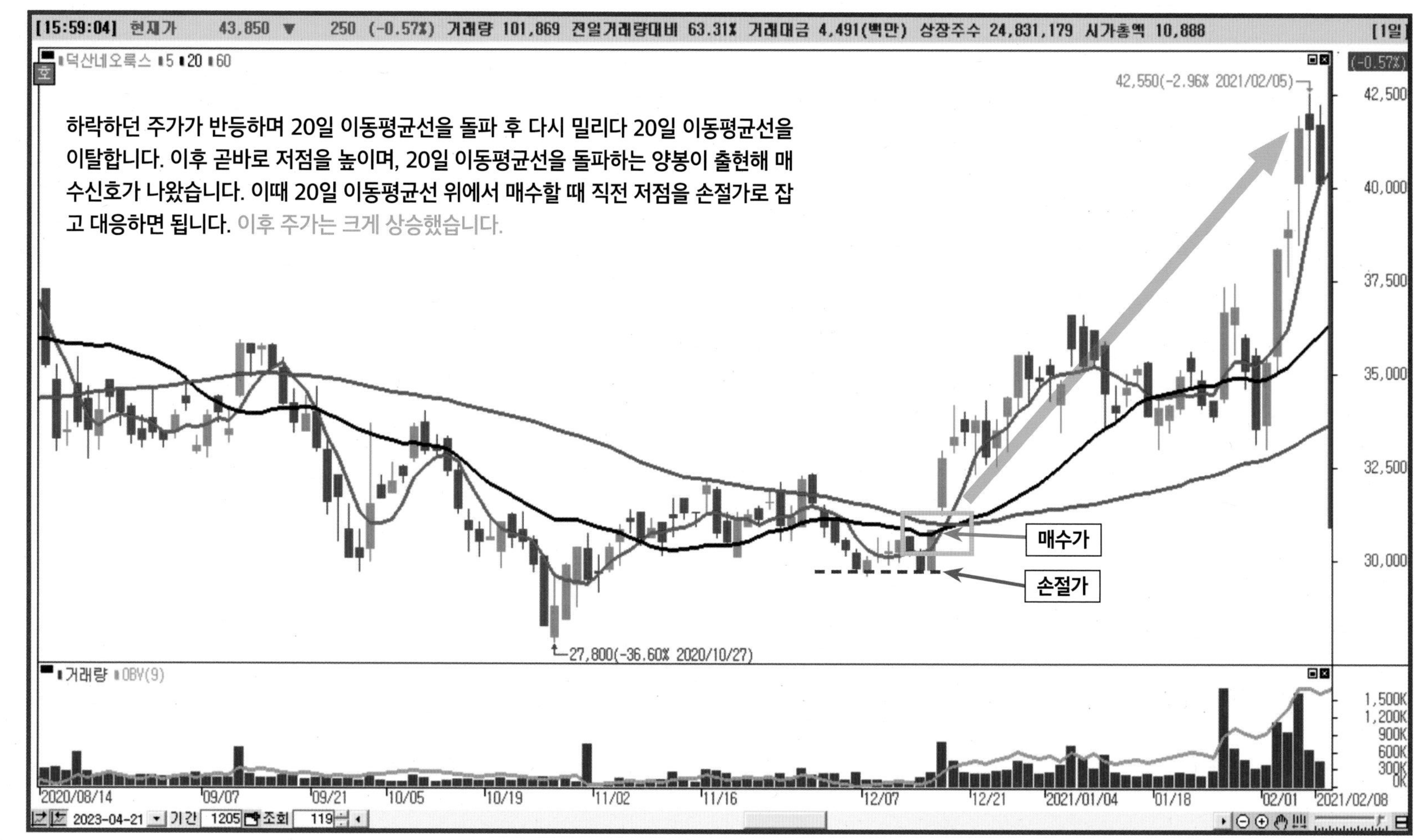
[15:59:04] 현재가 43,850 ▼ 250 (-0.57%) 거래량 101,869 전일거래량대비 63.31% 거래대금 4,491(백만) 상장주수 24,831,179 시가총액 10,888
[1일]
덕산네오룩스 5 20 60
42,550(-2.96% 2021/02/05)
27,800(-36.60% 2020/10/27)
매수가
손절가
하락하던 주가가 반등하며 20일 이동평균선을 돌파 후 다시 밀리다 20일 이동평균선을 이탈합니다. 이후 곧바로 저점을 높이며, 20일 이동평균선을 돌파하는 양봉이 출현해 매수신호가 나왔습니다. 이때 20일 이동평균선 위에서 매수할 때 직전 저점을 손절가로 잡고 대응하면 됩니다. 이후 주가는 크게 상승했습니다.
42,500
40,000
37,500
35,000
32,500
30,000
거래량 OBV(9)
1,500K
1,200K
900K
600K
300K
0K
2020/08/14
09/07
09/21
10/05
10/19
11/02
11/16
12/07
12/21
2021/01/04
01/18
02/01
2021/02/08
2023-04-21 기간 1205 조회 119

이탈가 설정하기 - 직전 저점

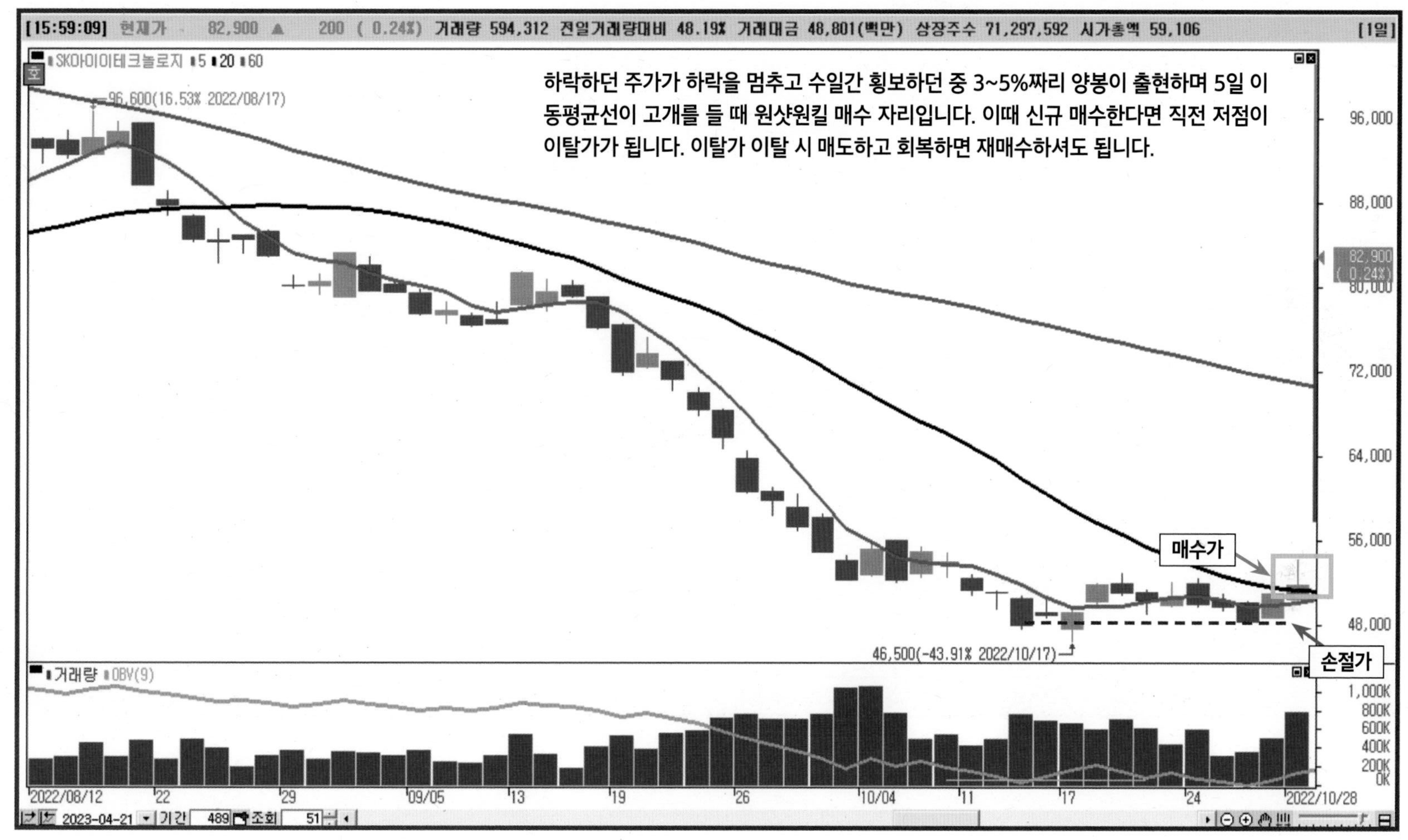
[15:59:09] 현재가 82,900 ▲ 200 (0.24%) 거래량 594,312 전일거래량대비 48.19% 거래대금 48,801(백만) 상장주수 71,297,592 시가총액 59,106 [1일]
SK아이이테크놀로지 5 20 60
96,600(16.53% 2022/08/17)
하락하던 주가가 하락을 멈추고 수일간 횡보하던 중 3~5%짜리 양봉이 출현하며 5일 이동평균선이 고개를 들 때 원샷원킬 매수 자리입니다. 이때 신규 매수한다면 직전 저점이 이탈가가 됩니다. 이탈가 이탈 시 매도하고 회복하면 재매수하셔도 됩니다.
96,000
88,000
82,900
(0.24%)
80,000
72,000
64,000
56,000
48,000
매수가
손절가
46,500(-43.91% 2022/10/17)
거래량 OBV(9)
1,000K
800K
600K
400K
200K
0K
2022/08/12
22
29
09/05
13
19
26
10/04
11
17
24
2022/10/28
2023-04-21
기간
489
조회
51

이탈가 설정하기 - 직전 저점

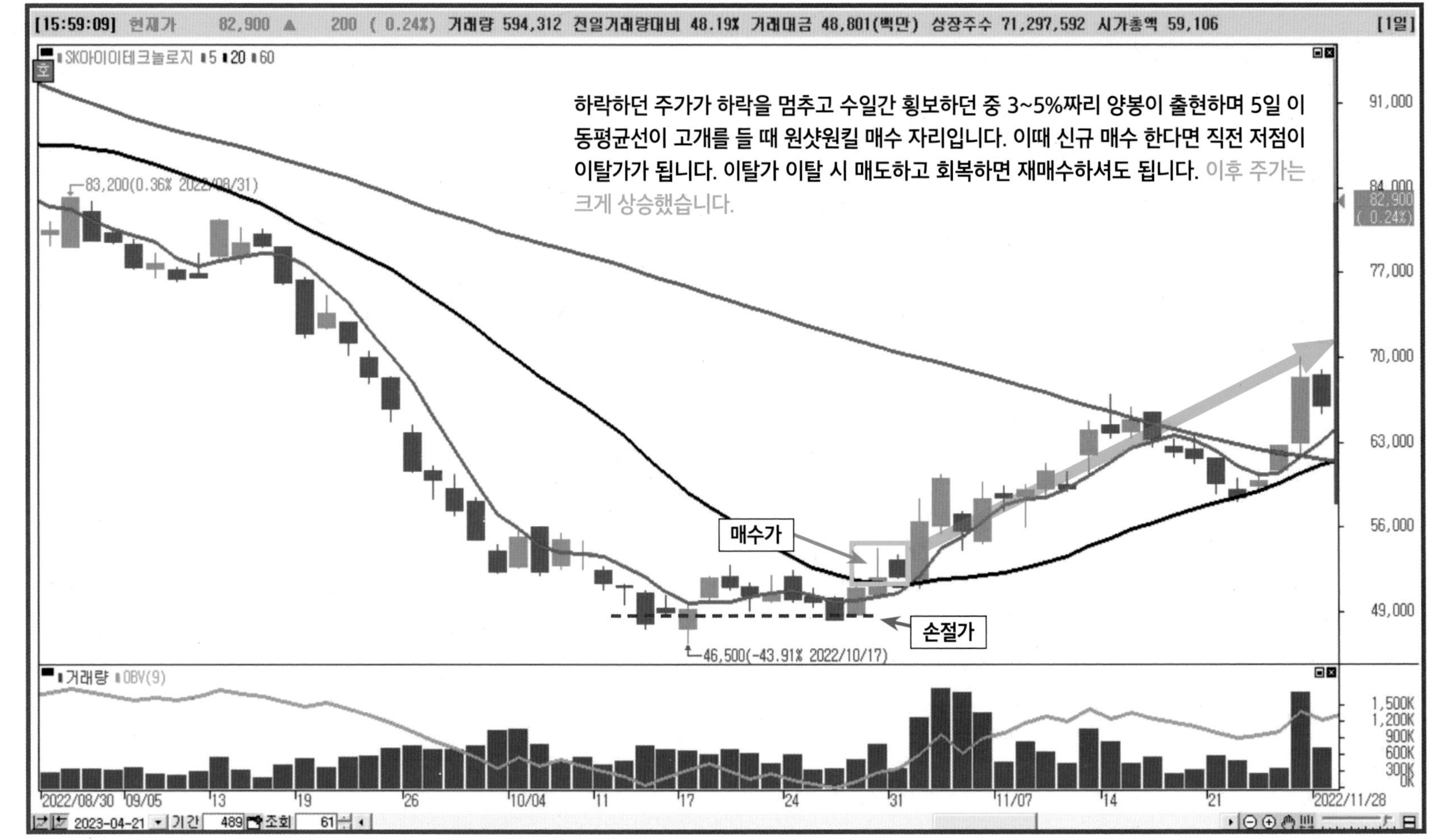
[15:59:09] 현재가 82,900 ▲ 200 (0.24%) 거래량 594,312 전일거래량대비 48.19% 거래대금 48,801(백만) 상장주수 71,297,592 시가총액 59,106 [1일]
SK아이이테크놀로지 5 20 60
하락하던 주가가 하락을 멈추고 수일간 횡보하던 중 3~5%짜리 양봉이 출현하며 5일 이동평균선이 고개를 들 때 원샷원킬 매수 자리입니다. 이때 신규 매수 한다면 직전 저점이 이탈가가 됩니다. 이탈가 이탈 시 매도하고 회복하면 재매수하셔도 됩니다. 이후 주가는 크게 상승했습니다.
83,200(0.36% 2022/08/31)
매수가
손절가
46,500(-43.91% 2022/10/17)
91,000
84,000
82,900
(0.24%)
77,000
70,000
63,000
56,000
49,000
거래량 OBV(9)
1,500K
1,200K
900K
600K
300K
0K
2022/08/30
09/05
13
19
26
10/04
11
17
24
31
11/07
14
21
2022/11/28
2023-04-21 기간 489 조회 61

이탈가 설정하기 - 20일 이동평균선

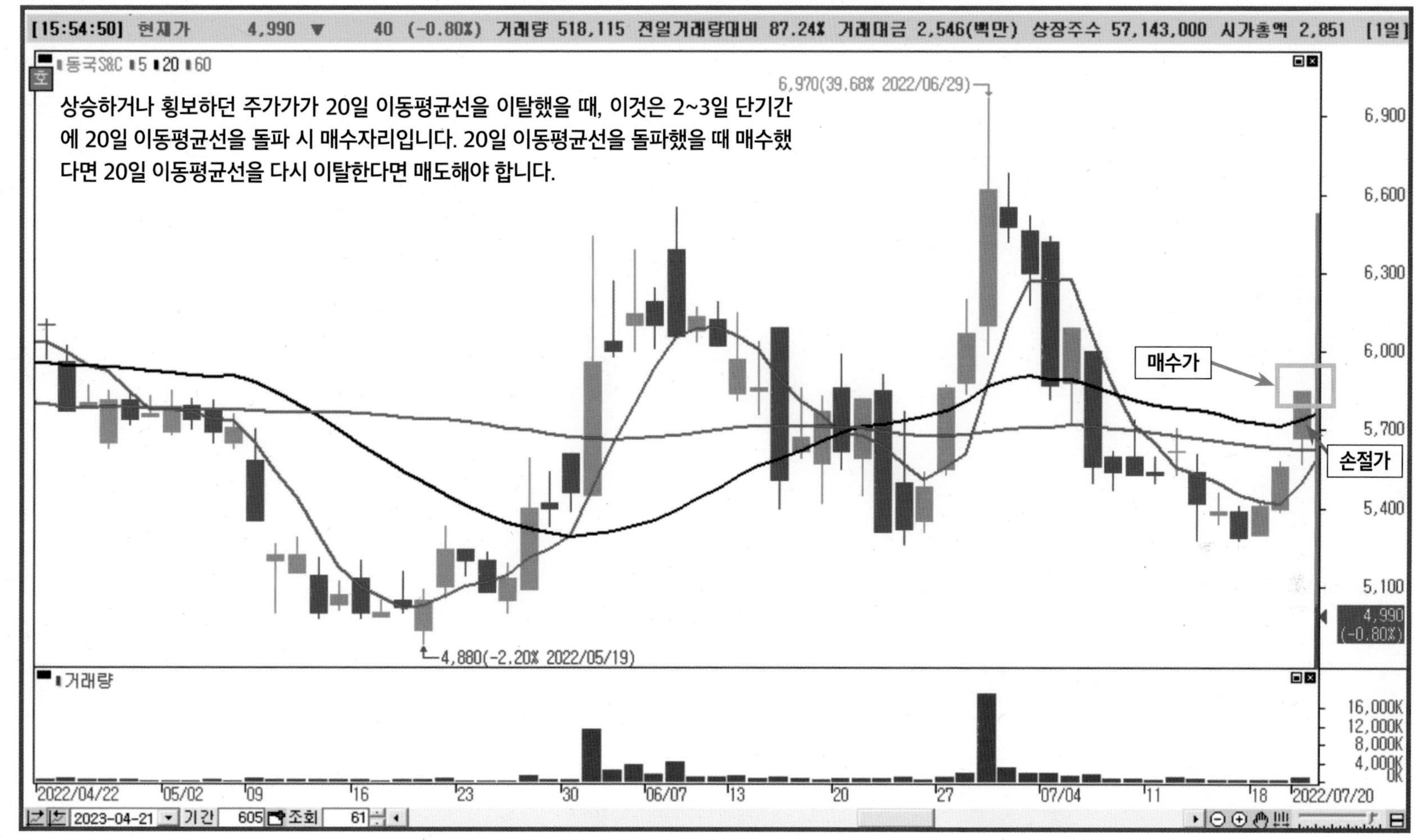

[15:54:50] 현재가 4,990 ▼ 40 (-0.80%) 거래량 518,115 전일거래량대비 87.24% 거래대금 2,546(백만) 상장주수 57,143,000 시가총액 2,851 [1일]
동국S&C 5 20 60
상승하거나 횡보하던 주가가가 20일 이동평균선을 이탈했을 때, 이것은 2~3일 단기간에 20일 이동평균선을 돌파 시 매수자리입니다. 20일 이동평균선을 돌파했을 때 매수했다면 20일 이동평균선을 다시 이탈한다면 매도해야 합니다.
6,970(39.68% 2022/06/29)
4,880(-2.20% 2022/05/19)
매수가
손절가
6,900
6,600
6,300
6,000
5,700
5,400
5,100
4,990 (-0.80%)
거래량
16,000K
12,000K
8,000K
4,000K
0K
2022/04/22
05/02
09
16
23
30
06/07
13
20
27
07/04
11
18
2022/07/20
2023-04-21
기간 605
조회 61

이탈가 설정하기 - 20일 이동평균선

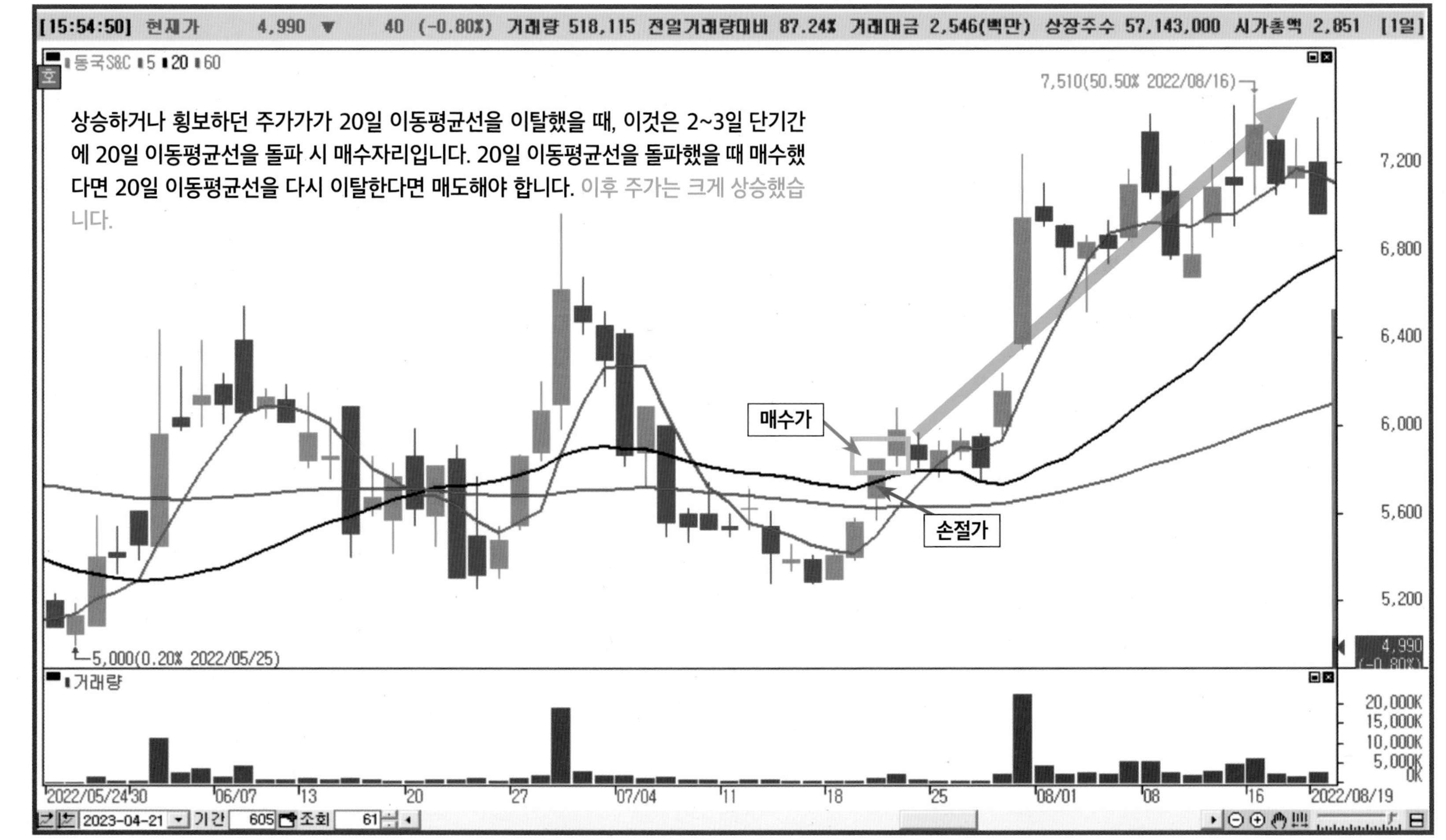
[15:54:50] 현재가 4,990 ▼ 40 (-0.80%) 거래량 518,115 전일거래량대비 87.24% 거래대금 2,546(백만) 상장주수 57,143,000 시가총액 2,851 [1일]
동국S&C 5 20 60
상승하거나 횡보하던 주가가가 20일 이동평균선을 이탈했을 때, 이것은 2~3일 단기간에 20일 이동평균선을 돌파 시 매수자리입니다. 20일 이동평균선을 돌파했을 때 매수했다면 20일 이동평균선을 다시 이탈한다면 매도해야 합니다. 이후 주가는 크게 상승했습니다.
7,510(50.50% 2022/08/16)
매수가
손절가
5,000(0.20% 2022/05/25)
7,200
6,800
6,400
6,000
5,600
5,200
4,990
거래량
20,000K
15,000K
10,000K
5,000K
0K
2022/05/24
30
06/07
13
20
27
07/04
11
18
25
08/01
08
16
2022/08/19
2023-04-21
기간
605
조회
61

이탈가 설정하기 - 20일 이동평균선

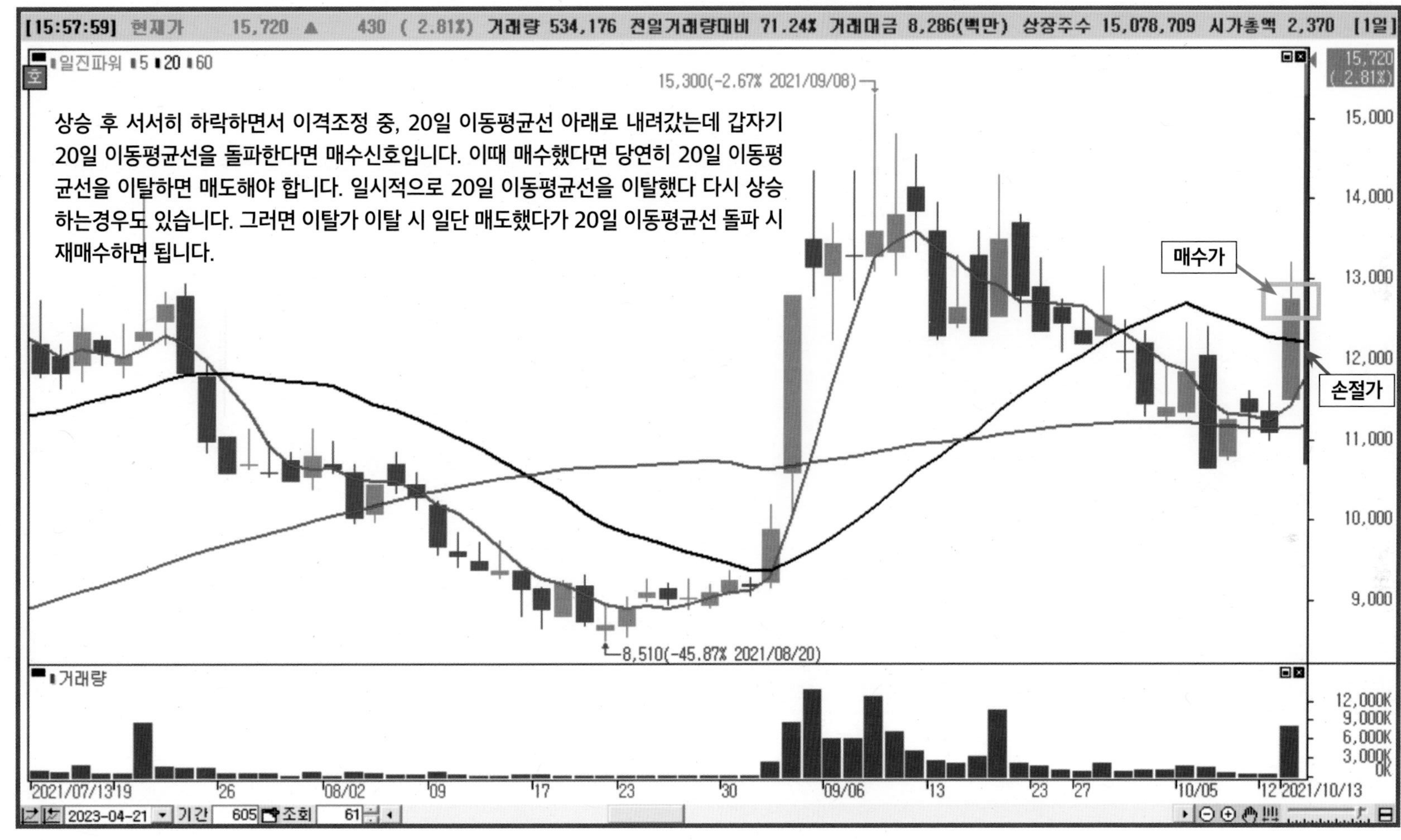
[15:57:59] 현재가 15,720 ▲ 430 (2.81%) 거래량 534,176 전일거래량대비 71.24% 거래대금 8,286(백만) 상장주수 15,078,709 시가총액 2,370 [1일]
일진파워 5 20 60
15,300(-2.67% 2021/09/08)
상승 후 서서히 하락하면서 이격조정 중, 20일 이동평균선 아래로 내려갔는데 갑자기 20일 이동평균선을 돌파한다면 매수신호입니다. 이때 매수했다면 당연히 20일 이동평균선을 이탈하면 매도해야 합니다. 일시적으로 20일 이동평균선을 이탈했다 다시 상승하는경우도 있습니다. 그러면 이탈가 이탈 시 일단 매도했다가 20일 이동평균선 돌파 시 재매수하면 됩니다.
매수가
손절가
15,720 (2.81%)
15,000
14,000
13,000
12,000
11,000
10,000
9,000
8,510(-45.87% 2021/08/20)
거래량
12,000K
9,000K
6,000K
3,000K
0K
2021/07/13
19
26
08/02
09
17
23
30
09/06
13
23
27
10/05
12
2021/10/13
2023-04-21
기간 605
조회 61

이탈가 설정하기 - 20일 이동평균선

[15:57:59] 현재가 15,720 ▲ 430 (2.81%) 거래량 534,176 전일거래량대비 71.24% 거래대금 8,286(백만) 상장주수 15,078,709 시가총액 2,370 [1일]
일진파워 5 20 60
상승 후 서서히 하락하면서 이격조정 중, 20일 이동평균선 아래로 내려갔는데 갑자기 20일 이동평균선을 돌파한다면 매수신호입니다. 이때 매수했다면 당연히 20일 이동평균선을 이탈하면 매도해야 합니다. 일시적으로 20일 이동평균선을 이탈했다 다시 상승하는경우도 있습니다. 그러면 이탈가 이탈 시 일단 매도했다가 20일 이동평균선 돌파 시 재매수하면 됩니다. 이후 주가는 크게 상승했습니다.
22,300(41.86% 2021/11/04)
매수가
손절가
8,510(-45.87% 2021/08/20)
22,000
20,000
18,000
14,000
12,000
10,000
15,720
(2.81%)
거래량
24,000K
18,000K
12,000K
6,000K
0K
2021/08/17
23
30
09/06
13
23
27
10/05
12
18
25
11/01
08
15
2021/11/16

이탈가 설정하기 - 매물대

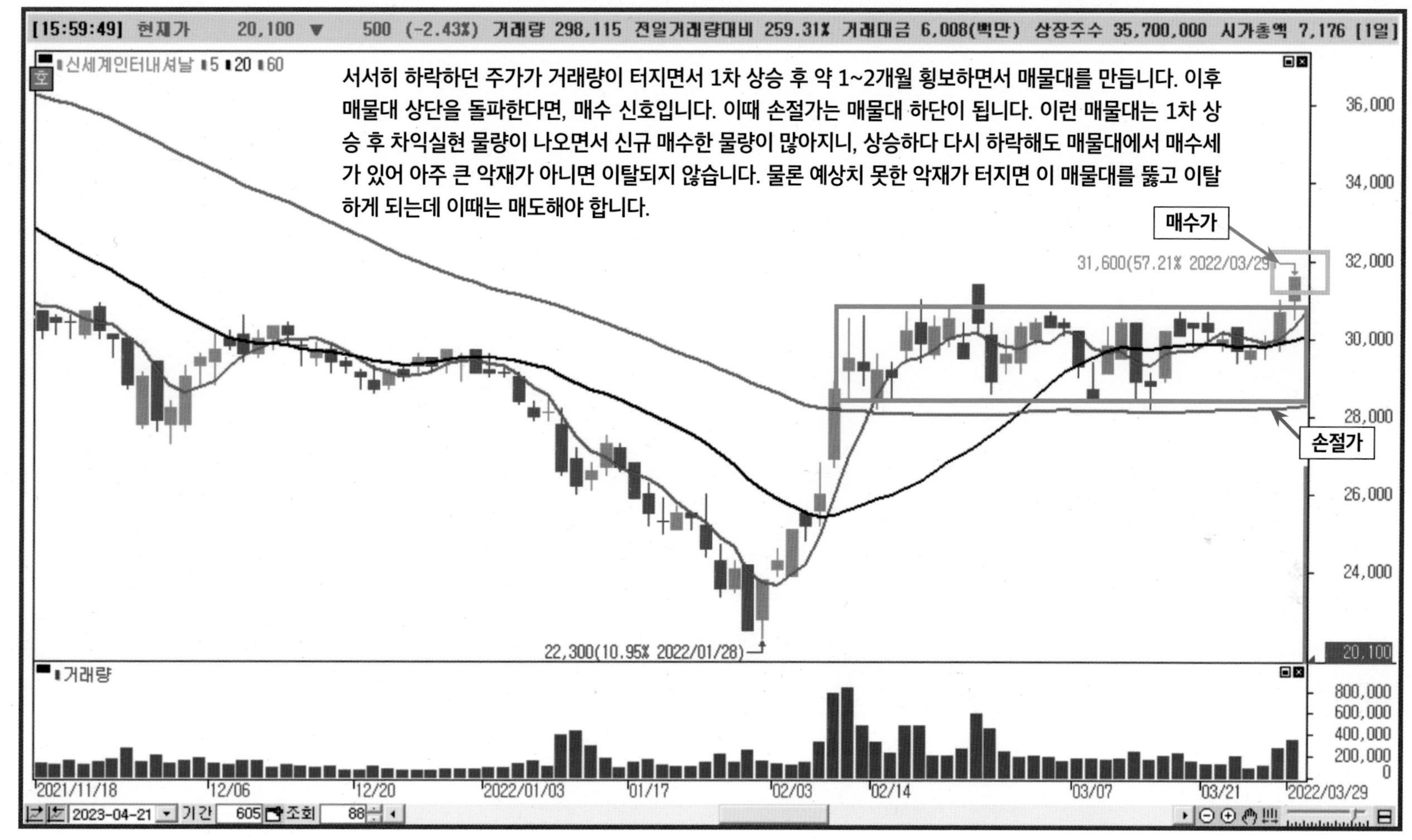

[15:59:49] 현재가 20,100 ▼ 500 (-2.43%) 거래량 298,115 전일거래량대비 259.31% 거래대금 6,008(백만) 상장주수 35,700,000 시가총액 7,176 [1일]
신세계인터내셔날 5 20 60
서서히 하락하던 주가가 거래량이 터지면서 1차 상승 후 약 1~2개월 횡보하면서 매물대를 만듭니다. 이후 매물대 상단을 돌파한다면, 매수 신호입니다. 이때 손절가는 매물대 하단이 됩니다. 이런 매물대는 1차 상승 후 차익실현 물량이 나오면서 신규 매수한 물량이 많아지니, 상승하다 다시 하락해도 매물대에서 매수세가 있어 아주 큰 악재가 아니면 이탈되지 않습니다. 물론 예상치 못한 악재가 터지면 이 매물대를 뚫고 이탈하게 되는데 이때는 매도해야 합니다.
매수가
31,600(57.21% 2022/03/29)
손절가
22,300(10.95% 2022/01/28)
36,000
34,000
32,000
30,000
28,000
26,000
24,000
20,100
거래량
800,000
600,000
400,000
200,000
0
2021/11/18
12/06
12/20
2022/01/03
01/17
02/03
02/14
03/07
03/21
2022/03/29
2023-04-21 기간 605 조회 88

이탈가 설정하기 - 매물대

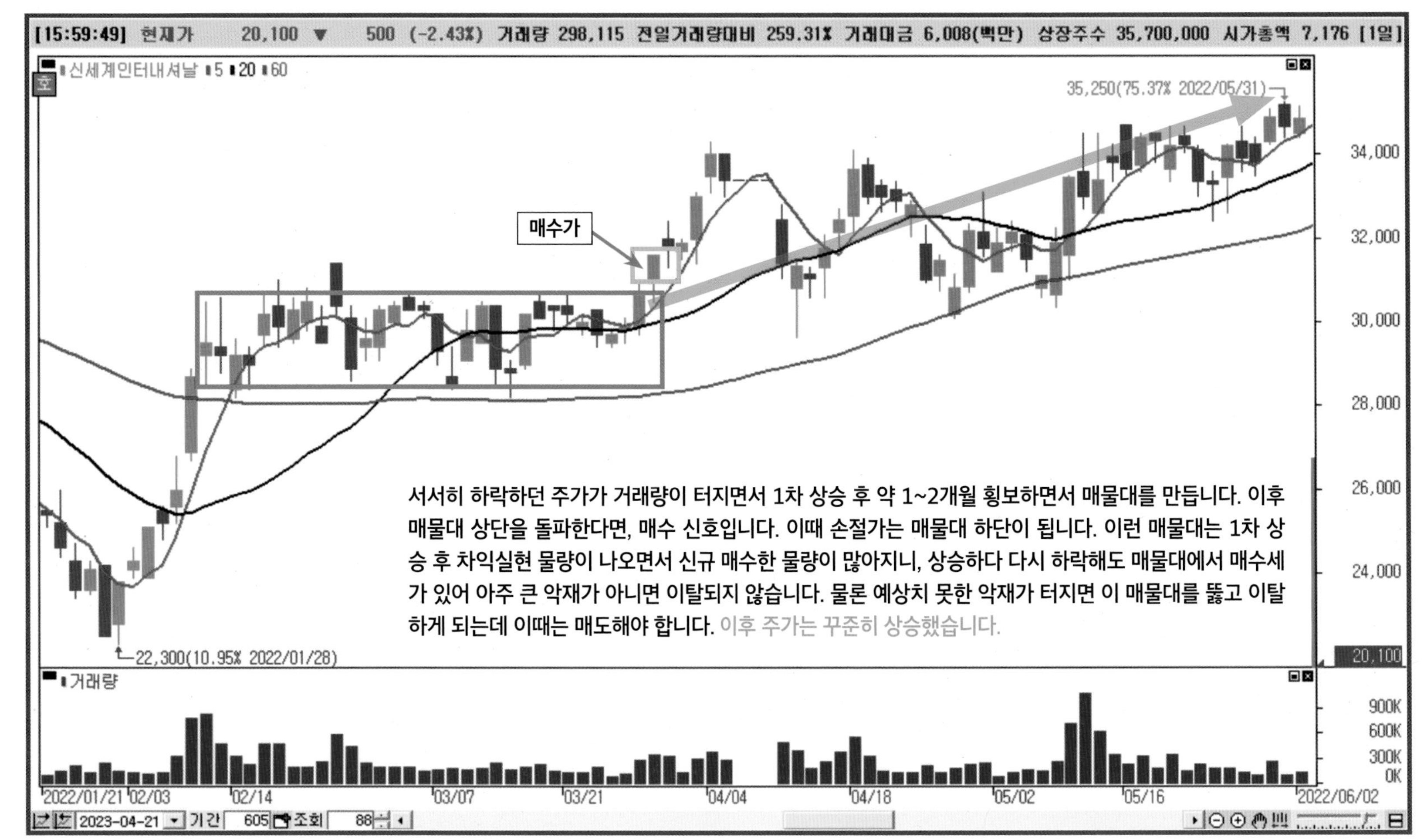
[15:59:49] 현재가 20,100 ▼ 500 (-2.43%) 거래량 298,115 전일거래량대비 259.31% 거래대금 6,008(백만) 상장주수 35,700,000 시가총액 7,176 [1일]
신세계인터내셔날 5 20 60
35,250(75.37% 2022/05/31)
매수가
22,300(10.95% 2022/01/28)
34,000
32,000
30,000
28,000
26,000
24,000
20,100
거래량
900K
600K
300K
0K
2022/01/21 02/03 02/14 03/07 03/21 04/04 04/18 05/02 05/16 2022/06/02
2023-04-21 기간 605 조회 88
서서히 하락하던 주가가 거래량이 터지면서 1차 상승 후 약 1~2개월 횡보하면서 매물대를 만듭니다. 이후 매물대 상단을 돌파한다면, 매수 신호입니다. 이때 손절가는 매물대 하단이 됩니다. 이런 매물대는 1차 상승 후 차익실현 물량이 나오면서 신규 매수한 물량이 많아지니, 상승하다 다시 하락해도 매물대에서 매수세가 있어 아주 큰 악재가 아니면 이탈되지 않습니다. 물론 예상치 못한 악재가 터지면 이 매물대를 뚫고 이탈하게 되는데 이때는 매도해야 합니다. 이후 주가는 꾸준히 상승했습니다.

이탈가 설정하기 - 매물대

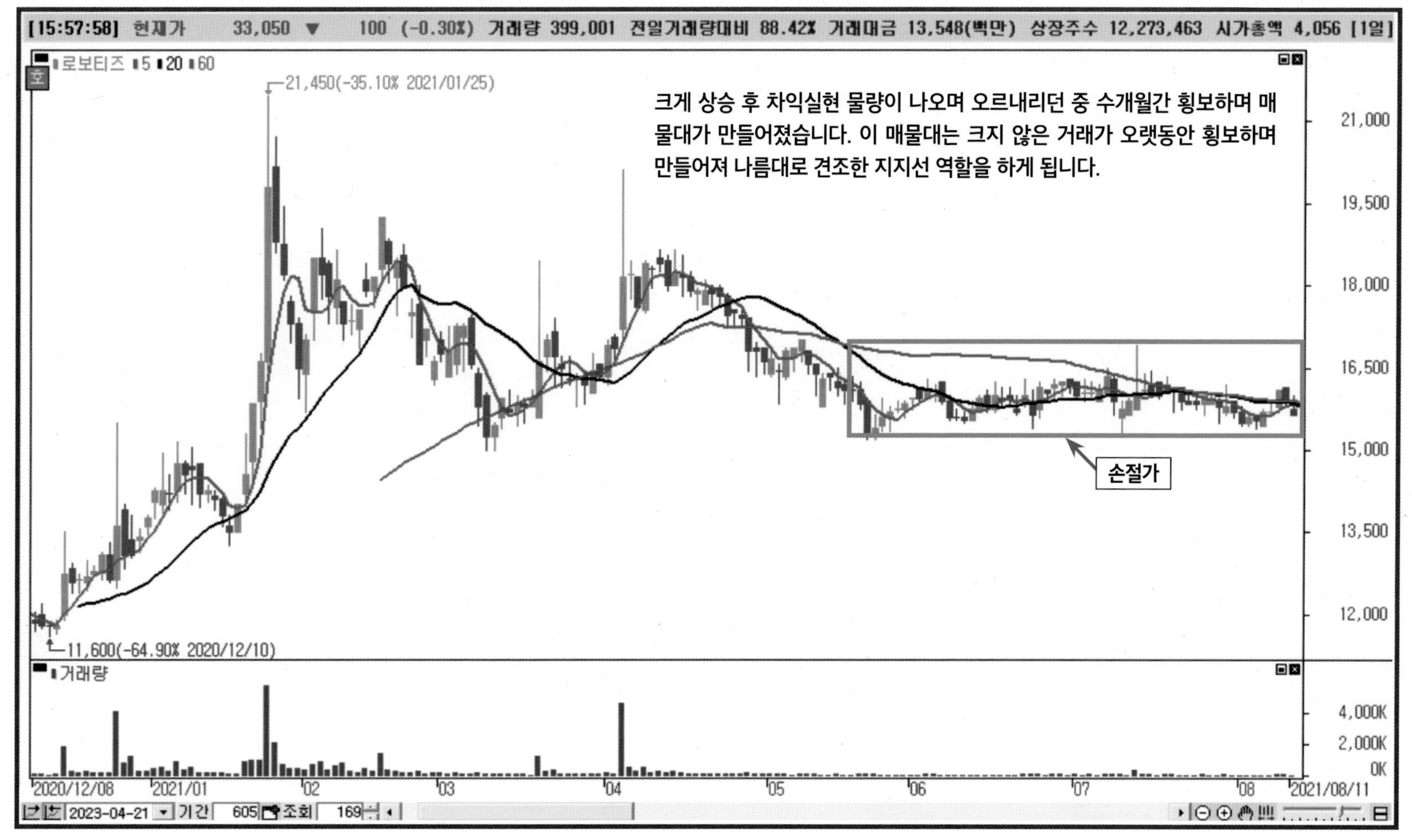
[15:57:58] 현재가 33,050 ▼ 100 (-0.30%) 거래량 399,001 전일거래량대비 88.42% 거래대금 13,548(백만) 상장주수 12,273,463 시가총액 4,056 [1일]
로보티즈 5 20 60
21,450(-35.10% 2021/01/25)
11,600(-64.90% 2020/12/10)
크게 상승 후 차익실현 물량이 나오며 오르내리던 중 수개월간 횡보하며 매물대가 만들어졌습니다. 이 매물대는 크지 않은 거래가 오랫동안 횡보하며 만들어져 나름대로 견조한 지지선 역할을 하게 됩니다.
손절가
21,000
19,500
18,000
16,500
15,000
13,500
12,000
거래량
4,000K
2,000K
0K
2020/12/08
2021/01
02
03
04
05
06
07
08
2021/08/11
2023-04-21
기간
605
조회
169

이탈가 설정하기 - 매물대

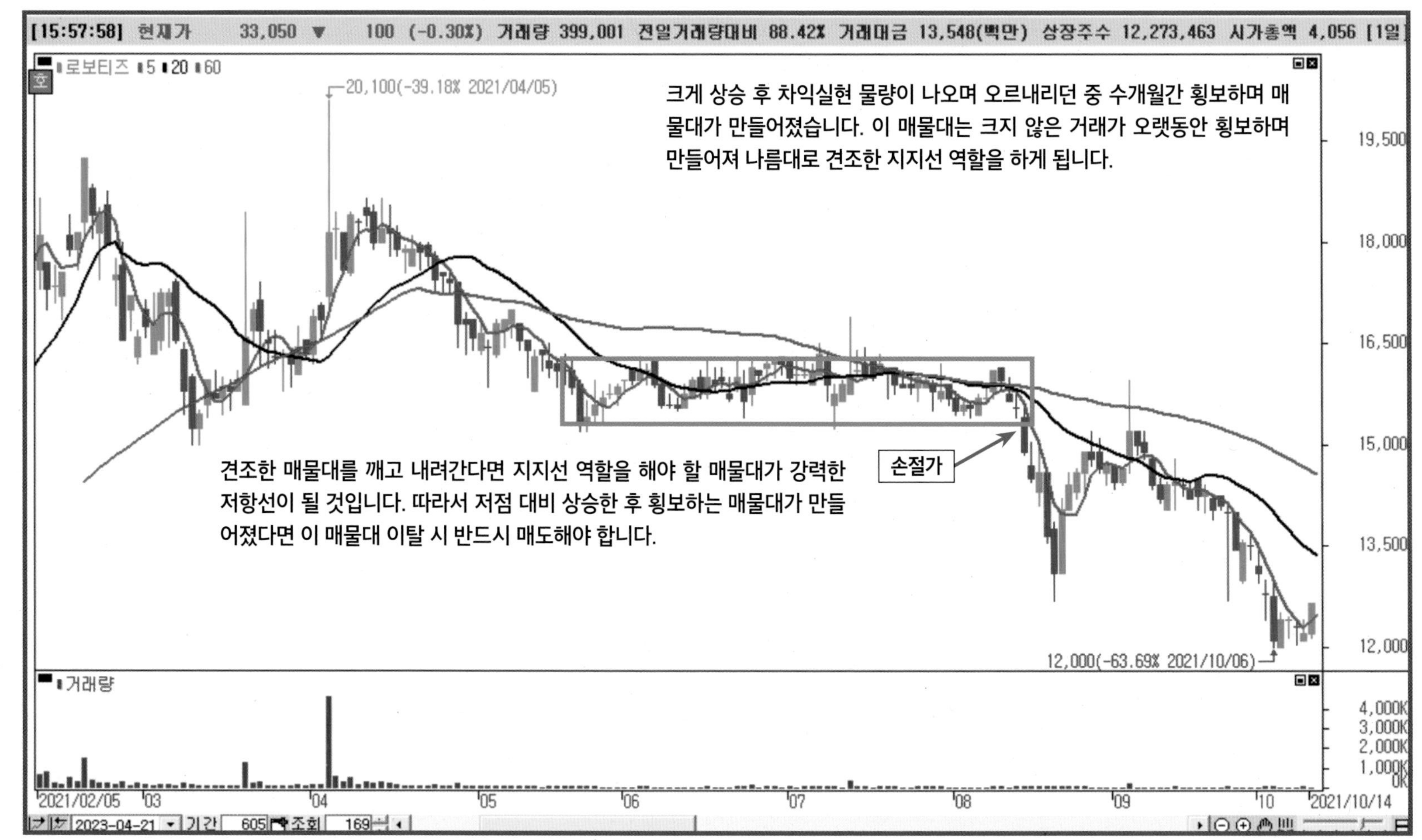
[15:57:58] 현재가 33,050 ▼ 100 (-0.30%) 거래량 399,001 전일거래량대비 88.42% 거래대금 13,548(백만) 상장주수 12,273,463 시가총액 4,056 [1일]
로보티즈 5 20 60
20,100(-39.18% 2021/04/05)
크게 상승 후 차익실현 물량이 나오며 오르내리던 중 수개월간 횡보하며 매물대가 만들어졌습니다. 이 매물대는 크지 않은 거래가 오랫동안 횡보하며 만들어져 나름대로 견조한 지지선 역할을 하게 됩니다.
견조한 매물대를 깨고 내려간다면 지지선 역할을 해야 할 매물대가 강력한 저항선이 될 것입니다. 따라서 저점 대비 상승한 후 횡보하는 매물대가 만들어졌다면 이 매물대 이탈 시 반드시 매도해야 합니다.
손절가
12,000(-63.69% 2021/10/06)
19,500
18,000
16,500
15,000
13,500
12,000
거래량
4,000K
3,000K
2,000K
1,000K
0K
2021/02/05
03
04
05
06
07
08
09
10
2021/10/14
2023-04-21
기간 605
조회 169

이탈가 설정하기 - 장대양봉 시가

[15:59:40] 현재가 55,100 ▲ 2,000 (3.77%) 거래량 3,933,278 전일거래량대비 223.08% 거래대금 213,379(백만) 상장주수 171,892,536 [1일]
한화솔루션 5 20 60
33,981(-38.33% 2017/02/14)
어느 날, 거래량이 터진 장대양봉이 만들어지면 이 양봉의 시가는 강력한 지지선 역할을 합니다. 시작부터 강하게 끌어 올렸으니 이대로 포기할 수 없을 것입니다. 그런데 이 시가를 이탈한다면 다른 악재가 터졌던지, 급등했던 재료가 소멸되었을 가능성이 높습니다.
거래량이 터졌다는 것은 평소의 3~4배 이상이고, 장대양봉은 최소 5% 이상은 되어야겠습니다.
손절가
33,600
32,900
32,200
31,500
30,800
30,100
29,400
29,144(-47.11% 2017/03/15)
거래량
2,400K
1,800K
1,200K
600K
0K
2017/02/08
20
27
03/06
13
20
27
04/03
10
17
24
05/02
2017/05/11
2023-04-21
기간
1805
조회
62

이탈가 설정하기 - 장대양봉 시가

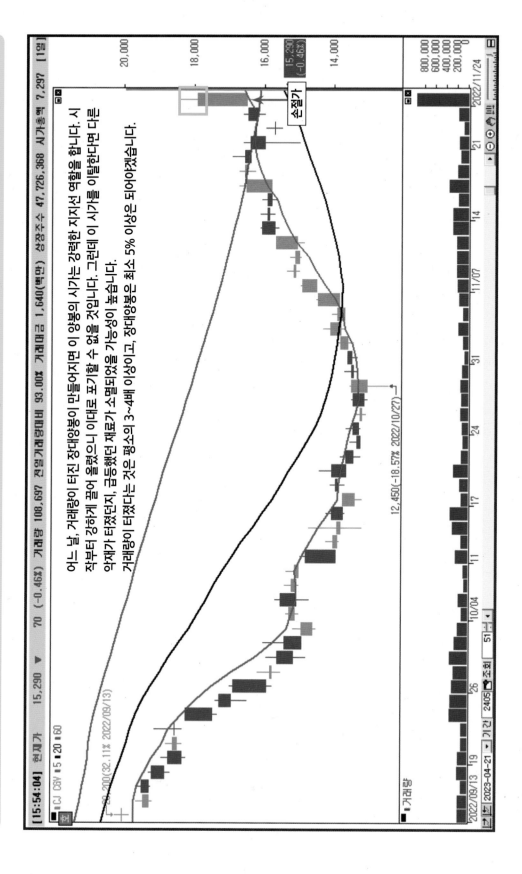

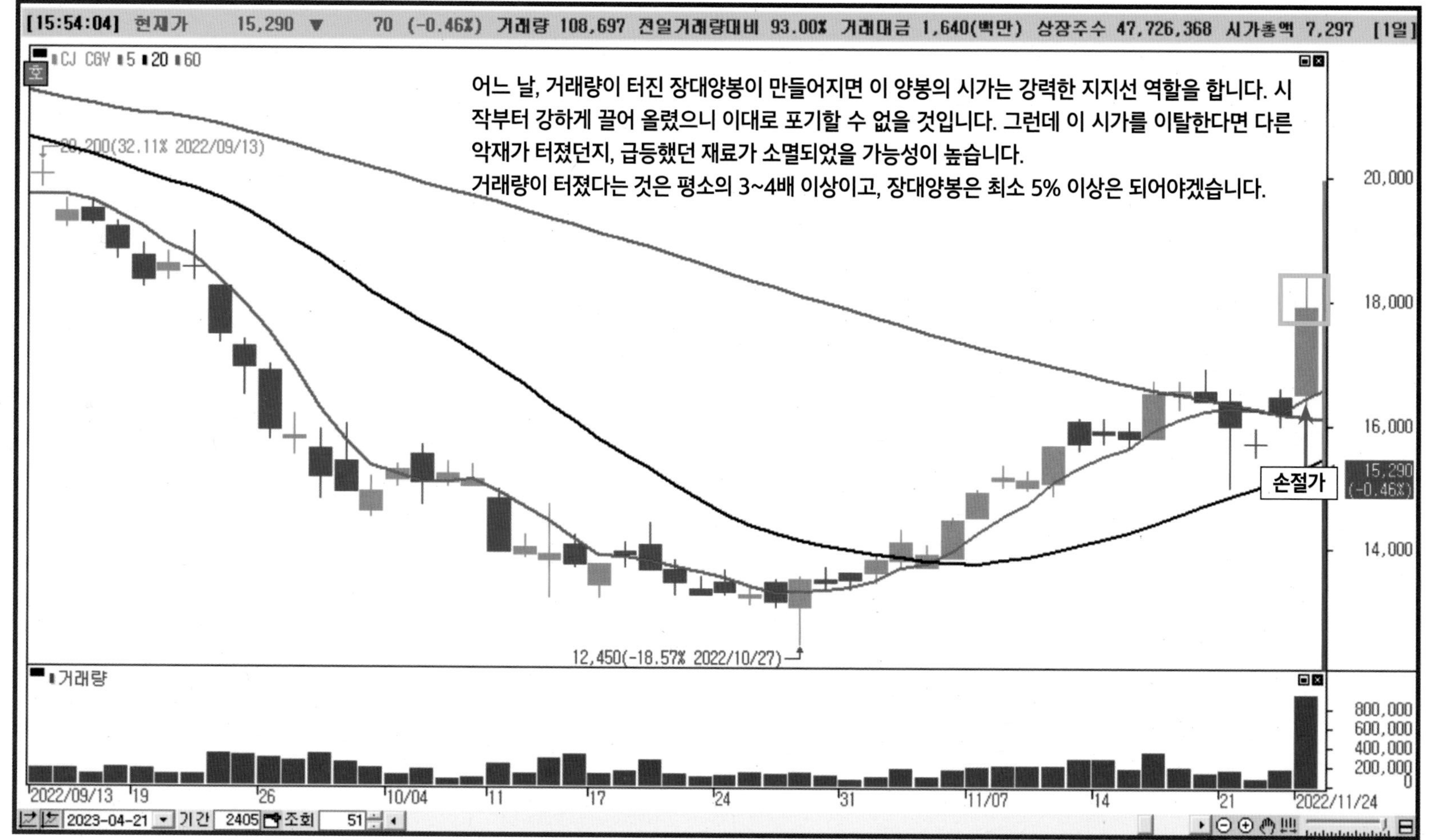
[15:54:04] 현재가 15,290 ▼ 70 (-0.46%) 거래량 108,697 전일거래량대비 93.00% 거래대금 1,640(백만) 상장주수 47,726,368 시가총액 7,297 [1일]
CJ CGV 5 20 60
어느 날, 거래량이 터진 장대양봉이 만들어지면 이 양봉의 시가는 강력한 지지선 역할을 합니다. 시작부터 강하게 끌어 올렸으니 이대로 포기할 수 없을 것입니다. 그런데 이 시가를 이탈한다면 다른 악재가 터졌던지, 급등했던 재료가 소멸되었을 가능성이 높습니다.
거래량이 터졌다는 것은 평소의 3~4배 이상이고, 장대양봉은 최소 5% 이상은 되어야겠습니다.
20,200(32.11% 2022/09/13)
12,450(-18.57% 2022/10/27)
손절가
20,000
18,000
16,000
15,290 (-0.46%)
14,000
거래량
800,000
600,000
400,000
200,000
0
2022/09/13
19
26
10/04
11
17
24
31
11/07
14
21
2022/11/24
2023-04-21 기간 2405 조회 51

5

원샷원킬 추가 매수 신의 한 수

원샷원킬 추가 매수 기법(5일 이동평균선 변곡점 매수)

원샷원킬 추가 매수 기법(5일 이동평균선 변곡점 매수)

주식 투자를 하다 보면 개별 악재이든, 시장 전체가 하락하든 매수한 주식이 예상치 못하게 급락해 미처 손절하지 못하고 쩔쩔매는 경우가 자주 발생합니다.

이럴 경우 하락할 때마다 추가 매수로 물타기를 하면 비중이 커져 점점 더 곤란해지는 경우도 자주 발생합니다.

따라서 주식 투자에서 손실 중일 때 평단가를 낮추기 위한 물타기는 절대 삼가야 합니다.

주식을 매수한 상태에서 급락해서 물리면 추가 매수하지 말고 하락이 완전히 멈출 때까지 충분히 기다립니다.

그러다 더 이상 하락하지 않고 짧은 캔들이 나오면서 옆으로 횡보하게 되는 경우가 많습니다.

며칠 횡보하다 3~5% 양봉이 출현하면서 5일 이동평균선이 고개를 들 때, 이때가 매수 타이밍입니다.

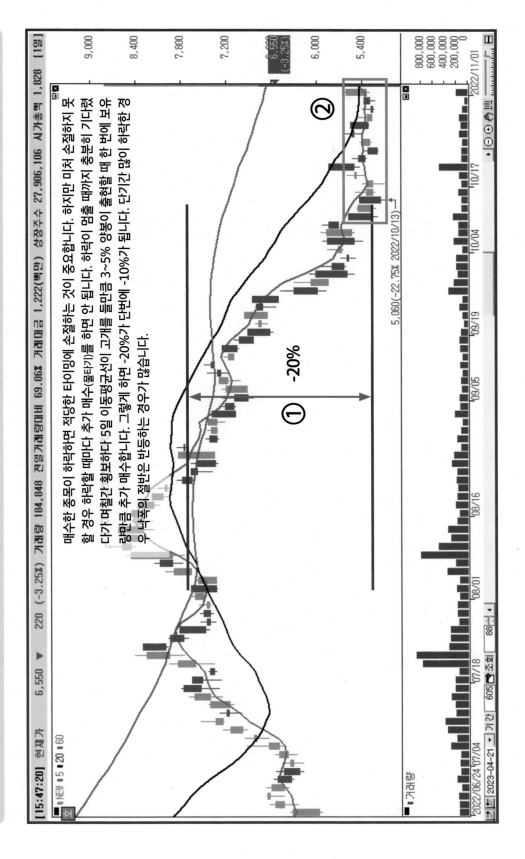

원샷원킬 추가 매수 기법(5일 이동평균선 변곡점 매수)

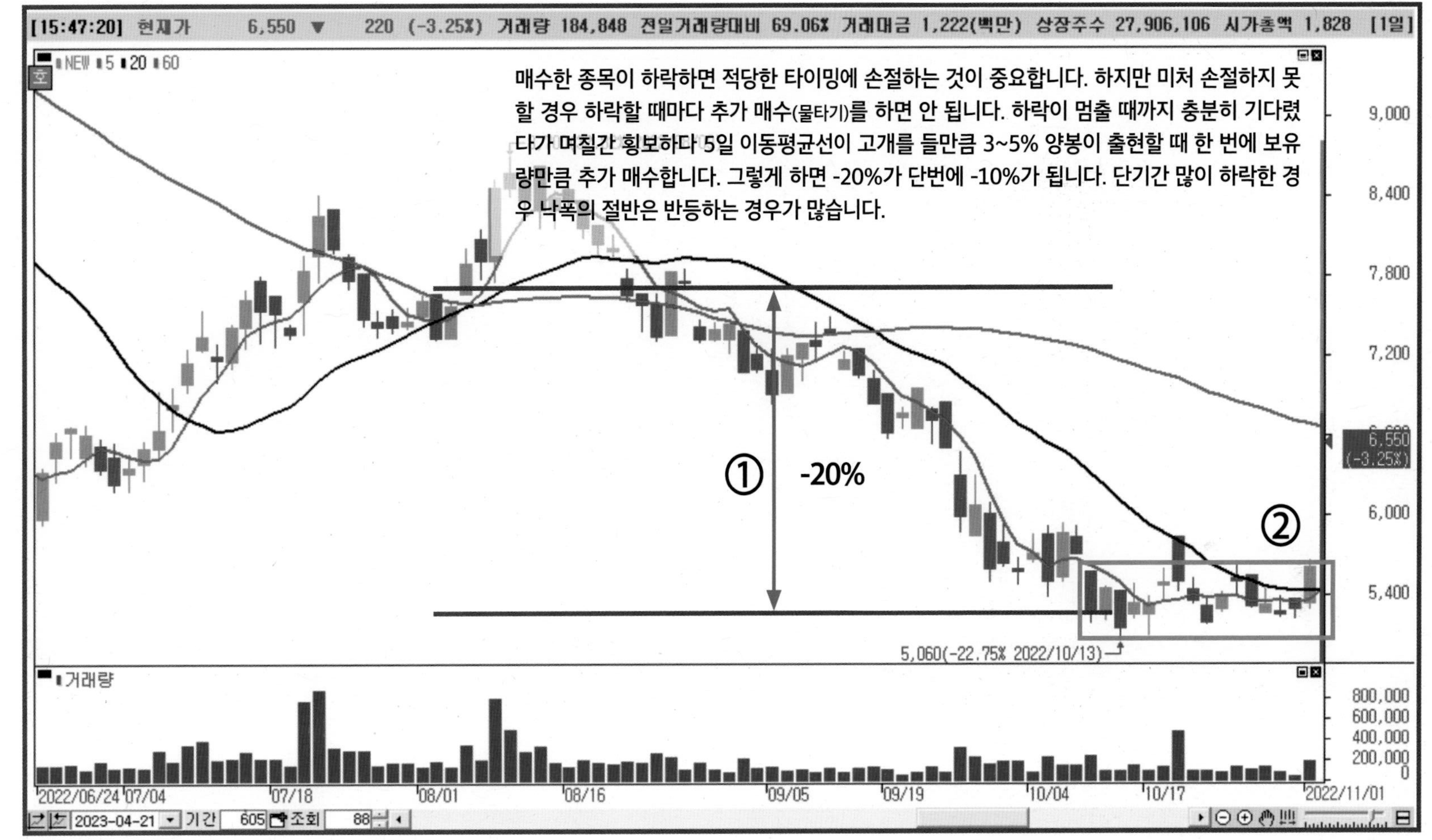
[15:47:20] 현재가 6,550 ▼ 220 (-3.25%) 거래량 184,848 전일거래량대비 69.06% 거래대금 1,222(백만) 상장주수 27,906,106 시가총액 1,828 [1일]
NEW 5 20 60
매수한 종목이 하락하면 적당한 타이밍에 손절하는 것이 중요합니다. 하지만 미처 손절하지 못할 경우 하락할 때마다 추가 매수(물타기)를 하면 안 됩니다. 하락이 멈출 때까지 충분히 기다렸다가 며칠간 횡보하다 5일 이동평균선이 고개를 들만큼 3~5% 양봉이 출현할 때 한 번에 보유량만큼 추가 매수합니다. 그렇게 하면 -20%가 단번에 -10%가 됩니다. 단기간 많이 하락한 경우 낙폭의 절반은 반등하는 경우가 많습니다.
①
-20%
②
5,060(-22.75% 2022/10/13)
9,000
8,400
7,800
7,200
6,550
(-3.25%)
6,000
5,400
거래량
800,000
600,000
400,000
200,000
0
2022/06/24
07/04
07/18
08/01
08/16
09/05
09/19
10/04
10/17
2022/11/01
2023-04-21
기간
605
조회
88

원샷원킬 추가 매수 기법(5일 이동평균선 변곡점 매수)

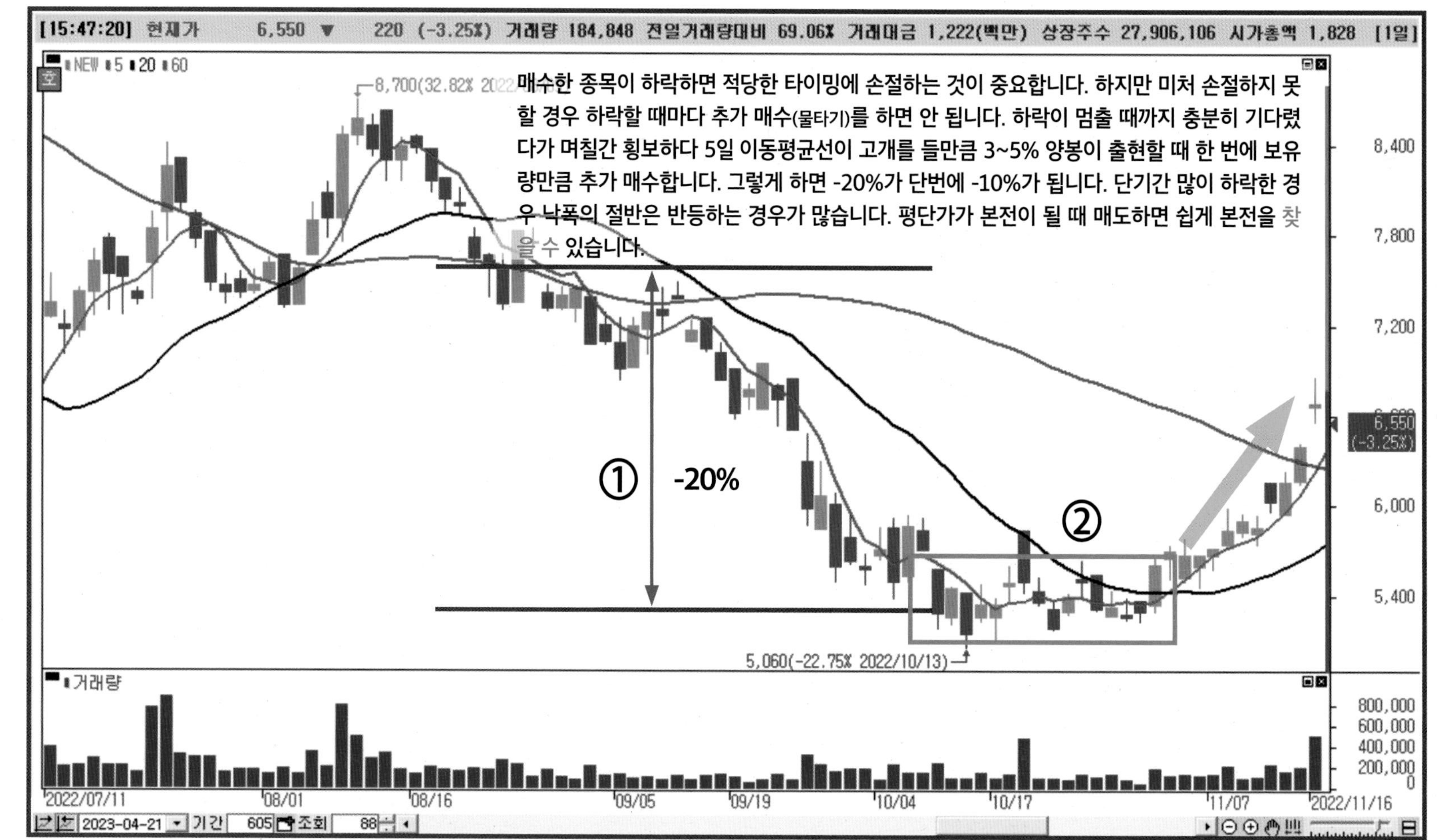
[15:47:20] 현재가 6,550 ▼ 220 (-3.25%) 거래량 184,848 전일거래량대비 69.06% 거래대금 1,222(백만) 상장주수 27,906,106 시가총액 1,828 [1일]
NEW 5 20 60
8,700(32.82% 2022
매수한 종목이 하락하면 적당한 타이밍에 손절하는 것이 중요합니다. 하지만 미처 손절하지 못할 경우 하락할 때마다 추가 매수(물타기)를 하면 안 됩니다. 하락이 멈출 때까지 충분히 기다렸다가 며칠간 횡보하다 5일 이동평균선이 고개를 들만큼 3~5% 양봉이 출현할 때 한 번에 보유량만큼 추가 매수합니다. 그렇게 하면 -20%가 단번에 -10%가 됩니다. 단기간 많이 하락한 경우 낙폭의 절반은 반등하는 경우가 많습니다. 평단가가 본전이 될 때 매도하면 쉽게 본전을 찾을 수 있습니다.
①
-20%
②
5,060(-22.75% 2022/10/13)
8,400
7,800
7,200
6,550 (-3.25%)
6,000
5,400
거래량
800,000
600,000
400,000
200,000
0
2022/07/11
08/01
08/16
09/05
09/19
10/04
10/17
11/07
2022/11/16
2023-04-21
기간
605
조회
88

6

가격조정과 기간조정 신의 한 수

가격조정과 기간조정

가격조정 - LG에너지솔루션 | 가격조정 - 풍산

가격조정과 기간조정

[15:59:58] 현재가 65,700 ▲ 400 (0.61%) 거래량 10,538,622 전일거래량대비 110.92% 거래대금 691,721(백만) 상장주수 5,969,782,550 [1일]
삼성전자 5 20 60
62,800(-4.41% 2020/01/20)
가격조정
기간조정
60,000
55,000
50,000
45,000
40,000
35,000
거래량
60,000K
40,000K
20,000K
0K
2016/11/17
07
2018/01
07
2019/01
07
2020/02/14
2023-04-21 기간 2405 조회 794

많이 상승한 주가에 상승재료가 소진되지 않은 상태에서 충분히 수익을 내었다고 생각하는 투자자가 차익실현 물량을 내놓으면 주가는 하락하는데 이를 가격조정이라고 합니다. 이때 재료가 소멸된 상태에서 매수세 없이 차익실현 물량이 나오는 추세 하락 전환과는 구분해야 합니다. 충분한 가격조정을 마친 후 단기 반등하면 손실 중이던 물량들이 본전 부근에서 매도 물량이 나오면 주가는 더 이상 상승하지 못하고 횡보하게 됩니다. 이때 손실 중에 본전에 팔든, 수익 중에 차익실현을 하든 횡보하면서 손 바뀜이 일어나는데 이를 기간조정이라고 합니다. 기간조정을 거치면서 신규 매수한 사람들이 많아지면서 매도압력이 약해집니다. 이때 작은 매수세에도 주가는 상승할 수 있게 됩니다.

가격조정 - LG에너지솔루션

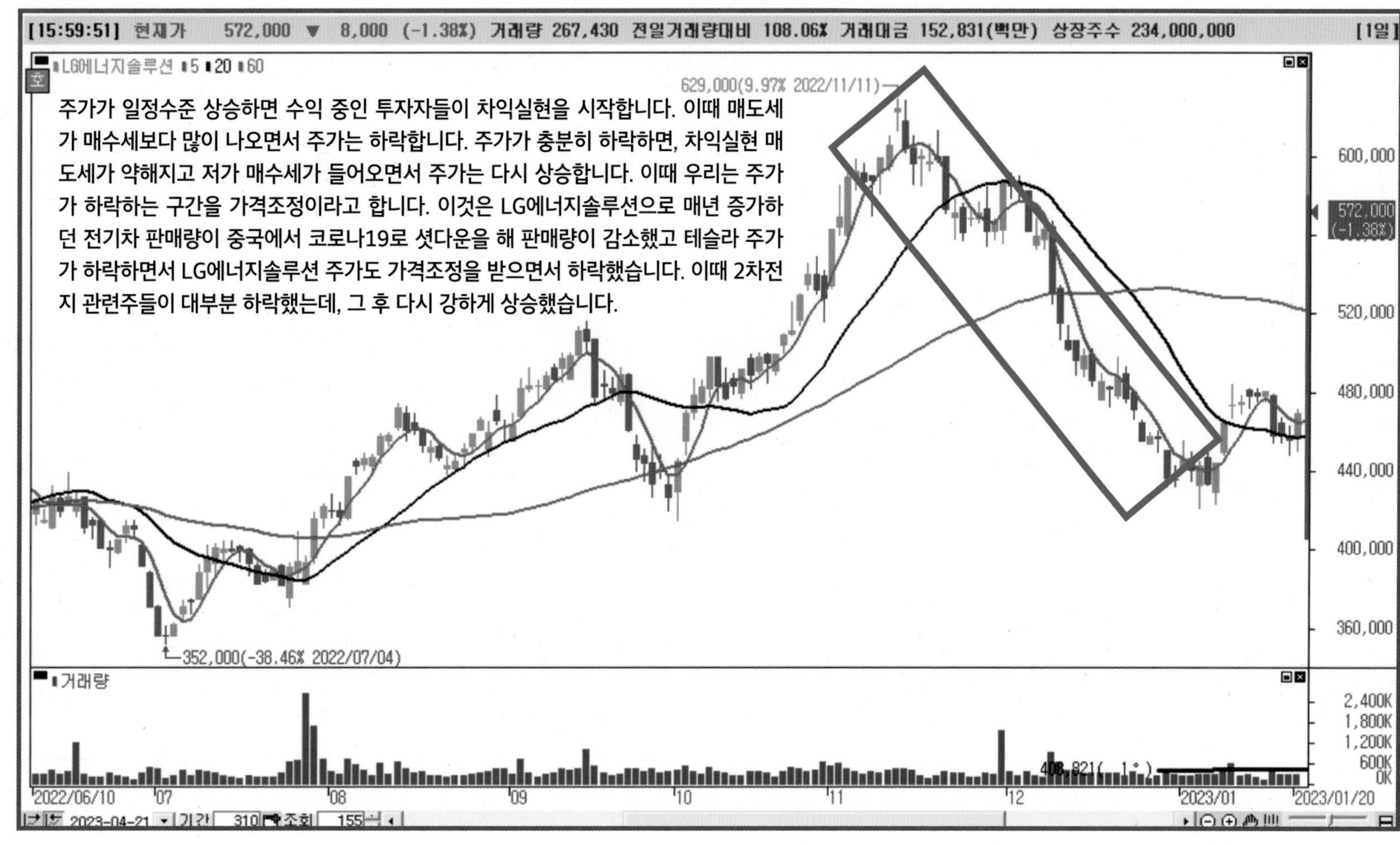
[15:59:51] 현재가 572,000 ▼ 8,000 (-1.38%) 거래량 267,430 전일거래량대비 108.06% 거래대금 152,831(백만) 상장주수 234,000,000 [1일]
LG에너지솔루션 5 20 60
629,000(9.97% 2022/11/11)
주가가 일정수준 상승하면 수익 중인 투자자들이 차익실현을 시작합니다. 이때 매도세가 매수세보다 많이 나오면서 주가는 하락합니다. 주가가 충분히 하락하면, 차익실현 매도세가 약해지고 저가 매수세가 들어오면서 주가는 다시 상승합니다. 이때 우리는 주가가 하락하는 구간을 가격조정이라고 합니다. 이것은 LG에너지솔루션으로 매년 증가하던 전기차 판매량이 중국에서 코로나19로 셧다운을 해 판매량이 감소했고 테슬라 주가가 하락하면서 LG에너지솔루션 주가도 가격조정을 받으면서 하락했습니다. 이때 2차전지 관련주들이 대부분 하락했는데, 그 후 다시 강하게 상승했습니다.
600,000
572,000
(-1.38%)
520,000
480,000
440,000
400,000
360,000
352,000(-38.46% 2022/07/04)
거래량
2,400K
1,800K
1,200K
600K
0K
2022/06/10
07
08
09
10
11
12
2023/01
2023/01/20
2023-04-21
기간 310
조회 155

가격조정 - 풍산

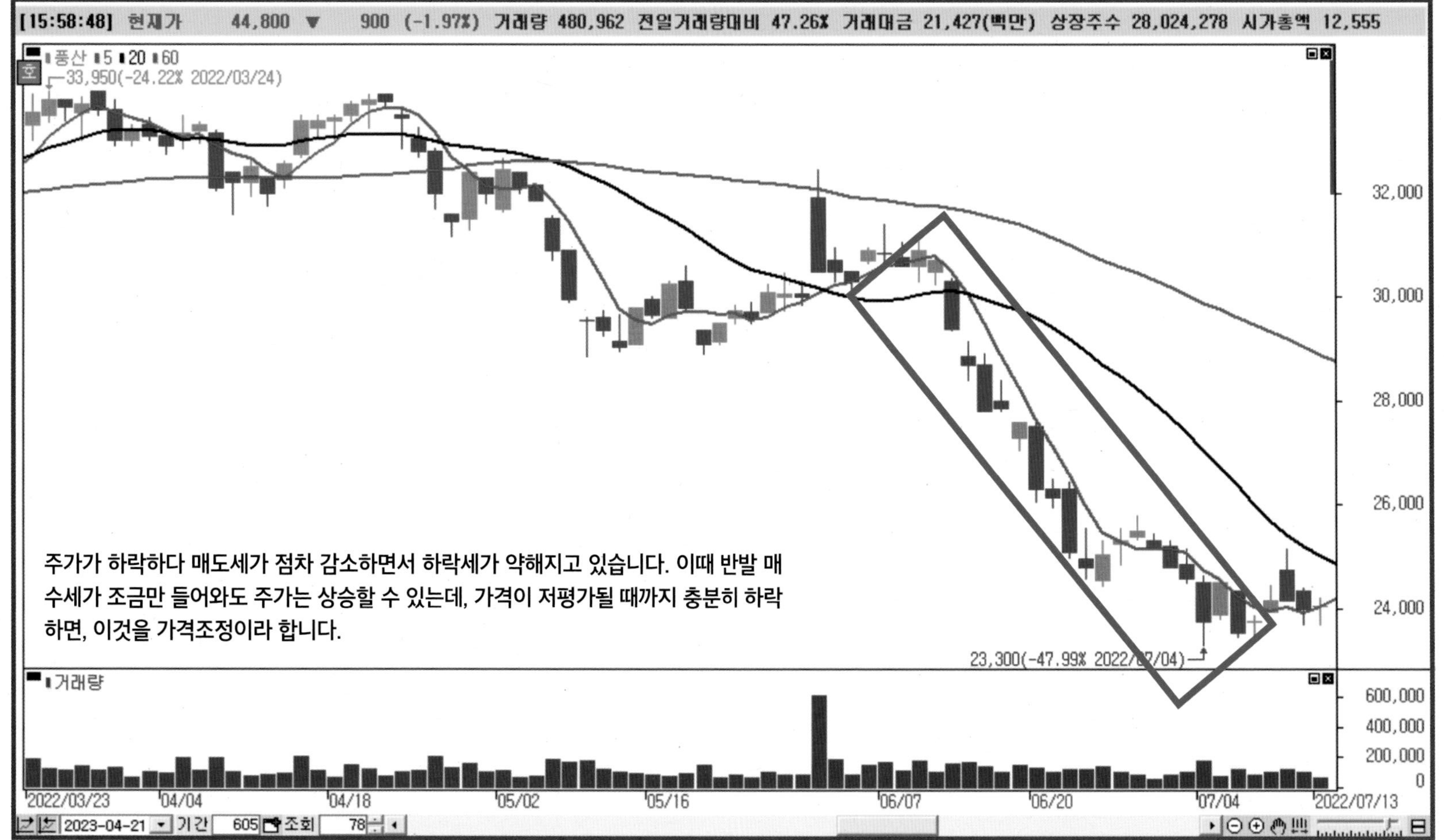
[15:58:48] 현재가 44,800 ▼ 900 (-1.97%) 거래량 480,962 전일거래량대비 47.26% 거래대금 21,427(백만) 상장주수 28,024,278 시가총액 12,555
풍산 5 20 60
33,950(-24.22% 2022/03/24)
32,000
30,000
28,000
26,000
24,000
23,300(-47.99% 2022/07/04)
거래량
600,000
400,000
200,000
0
2022/03/23
04/04
04/18
05/02
05/16
06/07
06/20
07/04
2022/07/13
2023-04-21
기간
605
조회
78

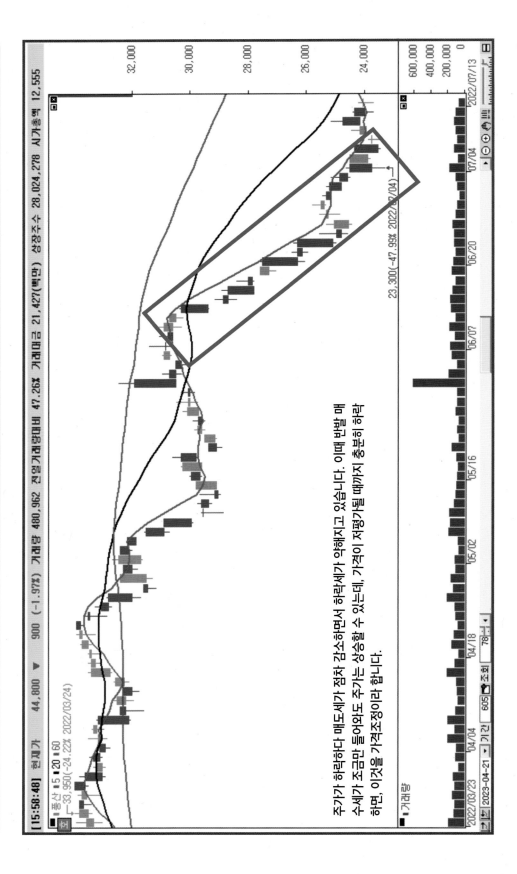

주가가 하락하다 매도세가 점차 감소하면서 하락세가 약해지고 있습니다. 이때 반발 매수세가 조금만 들어와도 주가는 상승할 수 있는데, 가격이 저평가될 때까지 충분히 하락하면, 이것을 가격조정이라 합니다.

가격조정 - 풍산

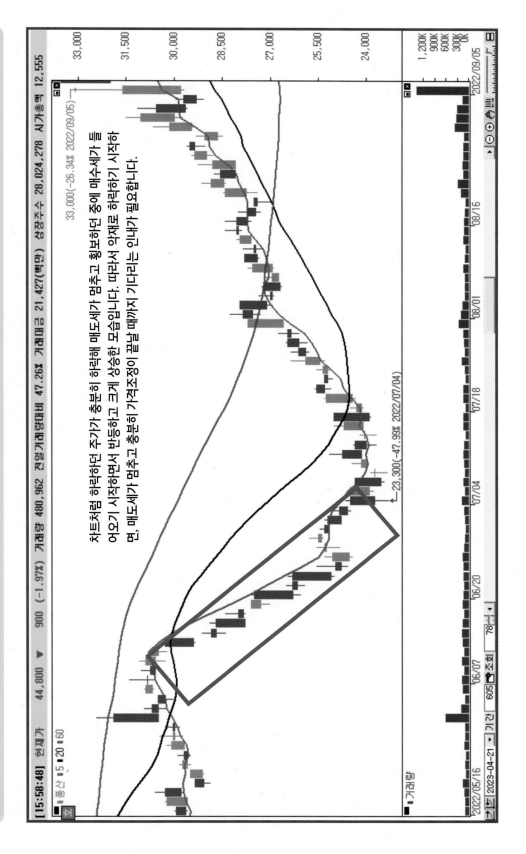

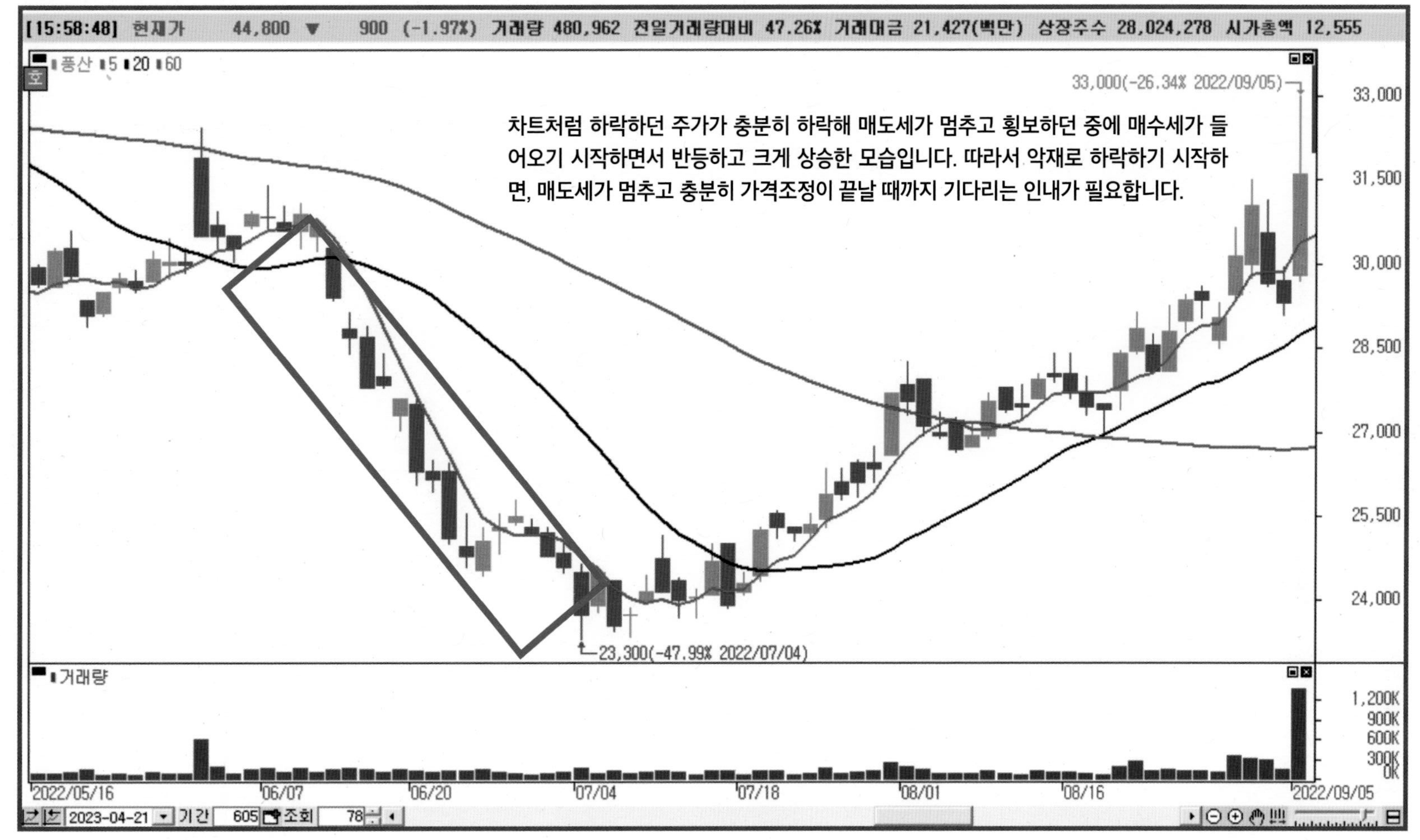
[15:58:48] 현재가 44,800 ▼ 900 (-1.97%) 거래량 480,962 전일거래량대비 47.26% 거래대금 21,427(백만) 상장주수 28,024,278 시가총액 12,555
풍산 5 20 60
33,000(-26.34% 2022/09/05)
차트처럼 하락하던 주가가 충분히 하락해 매도세가 멈추고 횡보하던 중에 매수세가 들어오기 시작하면서 반등하고 크게 상승한 모습입니다. 따라서 악재로 하락하기 시작하면, 매도세가 멈추고 충분히 가격조정이 끝날 때까지 기다리는 인내가 필요합니다.
23,300(-47.99% 2022/07/04)
33,000
31,500
30,000
28,500
27,000
25,500
24,000
거래량
1,200K
900K
600K
300K
0K
2022/05/16
06/07
06/20
07/04
07/18
08/01
08/16
2022/09/05
2023-04-21 기간 605 조회 78

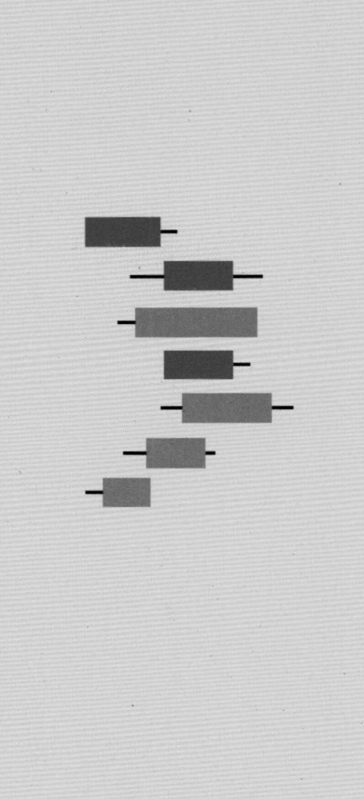

7

하락추세 전환 신의 한 수

하락추세 전환 징후 - 상승각도가 둔화될 때 | 상승 후 거래량이 급증할 때

하락추세 전환 징후 - 상승각도가 둔화될 때

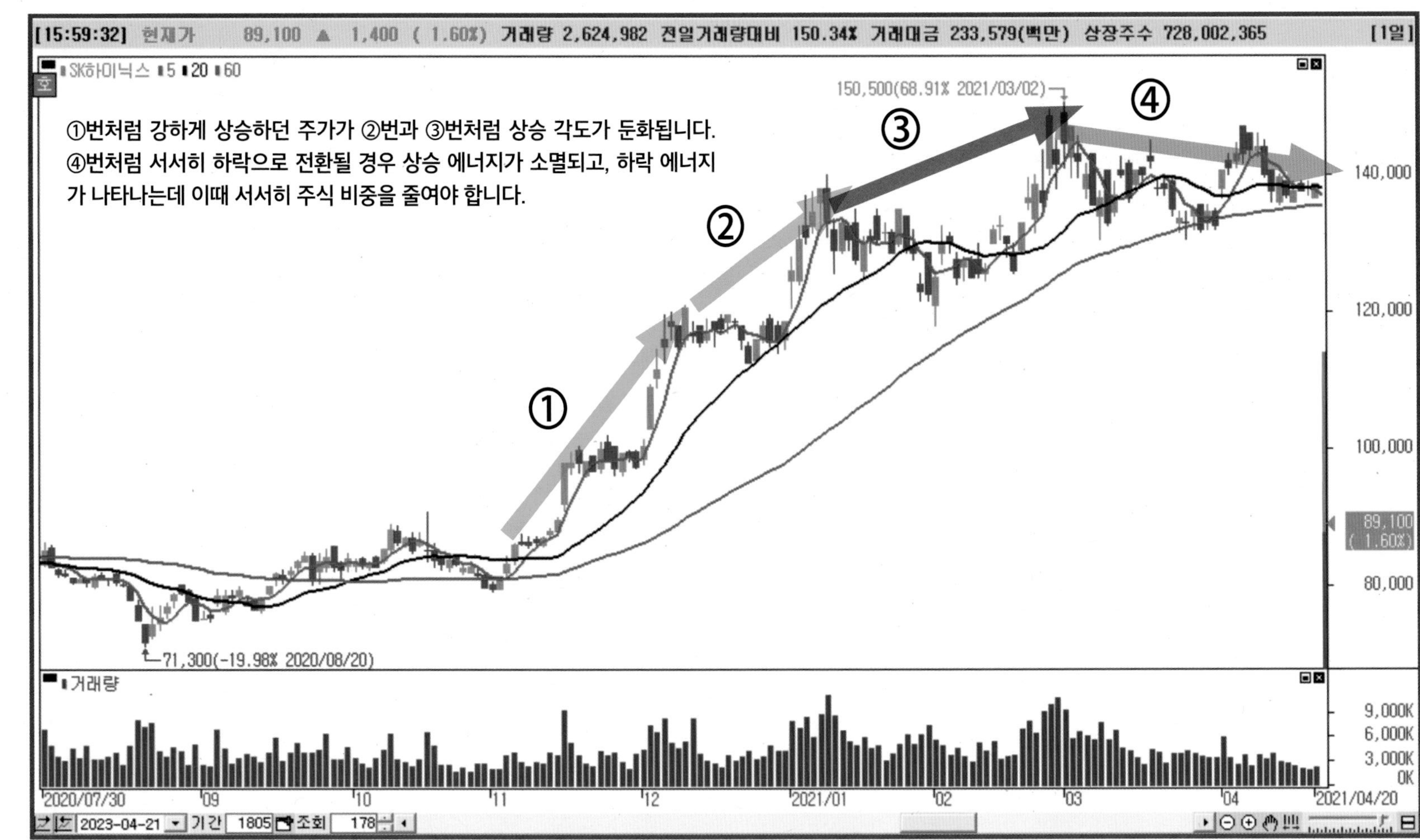
[15:59:32] 현재가 89,100 ▲ 1,400 (1.60%) 거래량 2,624,982 전일거래량대비 150.34% 거래대금 233,579(백만) 상장주수 728,002,365 [1일]
SK하이닉스 5 20 60
①번처럼 강하게 상승하던 주가가 ②번과 ③번처럼 상승 각도가 둔화됩니다.
④번처럼 서서히 하락으로 전환될 경우 상승 에너지가 소멸되고, 하락 에너지가 나타나는데 이때 서서히 주식 비중을 줄여야 합니다.
①
②
③
④
150,500(68.91% 2021/03/02)
71,300(-19.98% 2020/08/20)
140,000
120,000
100,000
89,100
(1.60%)
80,000
거래량
9,000K
6,000K
3,000K
0K
2020/07/30
09
10
11
12
2021/01
02
03
04
2021/04/20
2023-04-21
기간
1805
조회
178

하락추세 전환 징후 - 상승각도가 둔화될 때

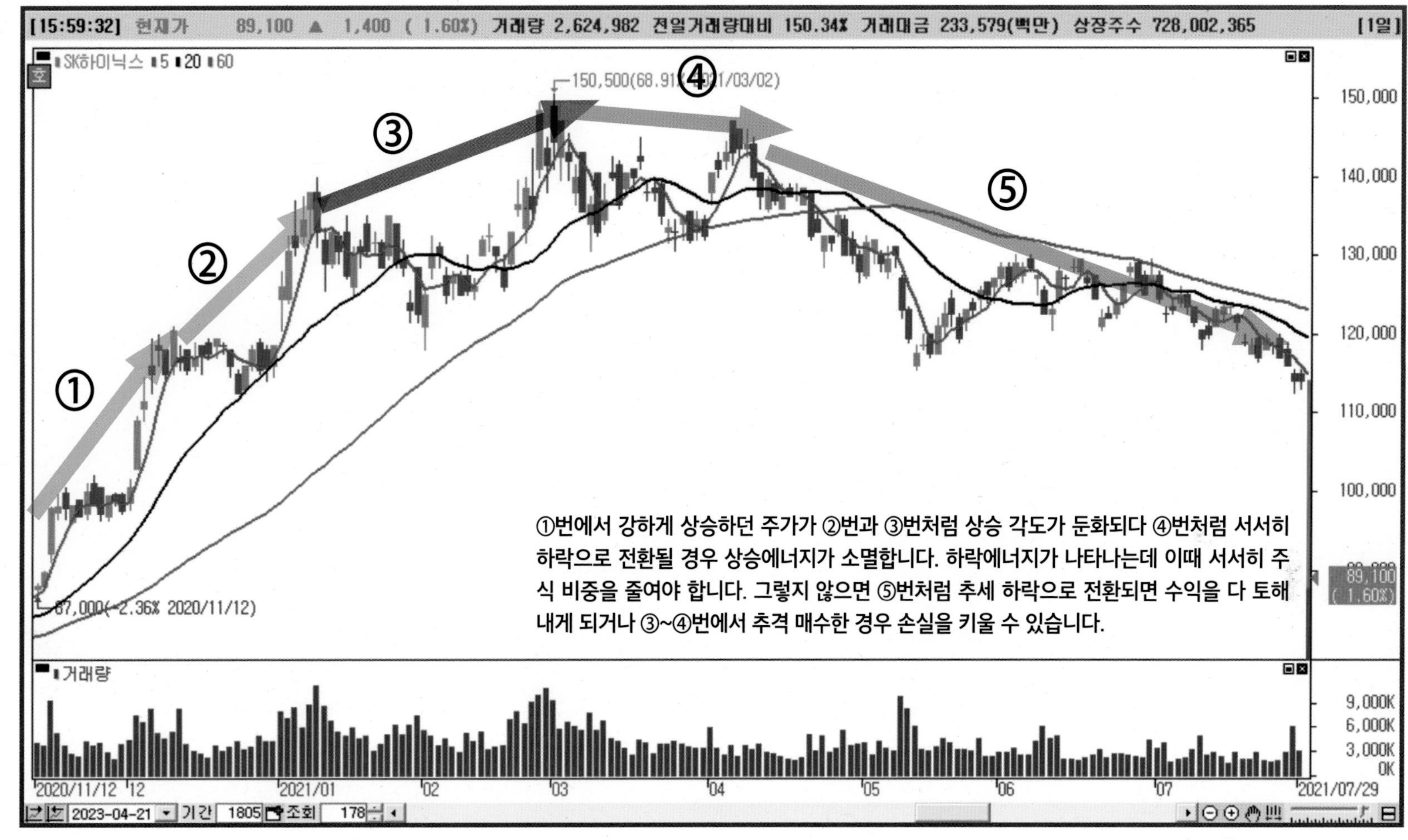
[15:59:32] 현재가 89,100 ▲ 1,400 (1.60%) 거래량 2,624,982 전일거래량대비 150.34% 거래대금 233,579(백만) 상장주수 728,002,365 [1일]
SK하이닉스 5 20 60
150,500(68.91%) 2021/03/02)
67,000(-2.36% 2020/11/12)
①
②
③
④
⑤
①번에서 강하게 상승하던 주가가 ②번과 ③번처럼 상승 각도가 둔화되다 ④번처럼 서서히 하락으로 전환될 경우 상승에너지가 소멸합니다. 하락에너지가 나타나는데 이때 서서히 주식 비중을 줄여야 합니다. 그렇지 않으면 ⑤번처럼 추세 하락으로 전환되면 수익을 다 토해내게 되거나 ③~④번에서 추격 매수한 경우 손실을 키울 수 있습니다.
150,000
140,000
130,000
120,000
110,000
100,000
89,100
(1.60%)
거래량
9,000K
6,000K
3,000K
0K
2020/11/12
12
2021/01
02
03
04
05
06
07
2021/07/29
2023-04-21
기간 1805
조회 178

하락추세 전환 징후 - 상승각도가 둔화될 때

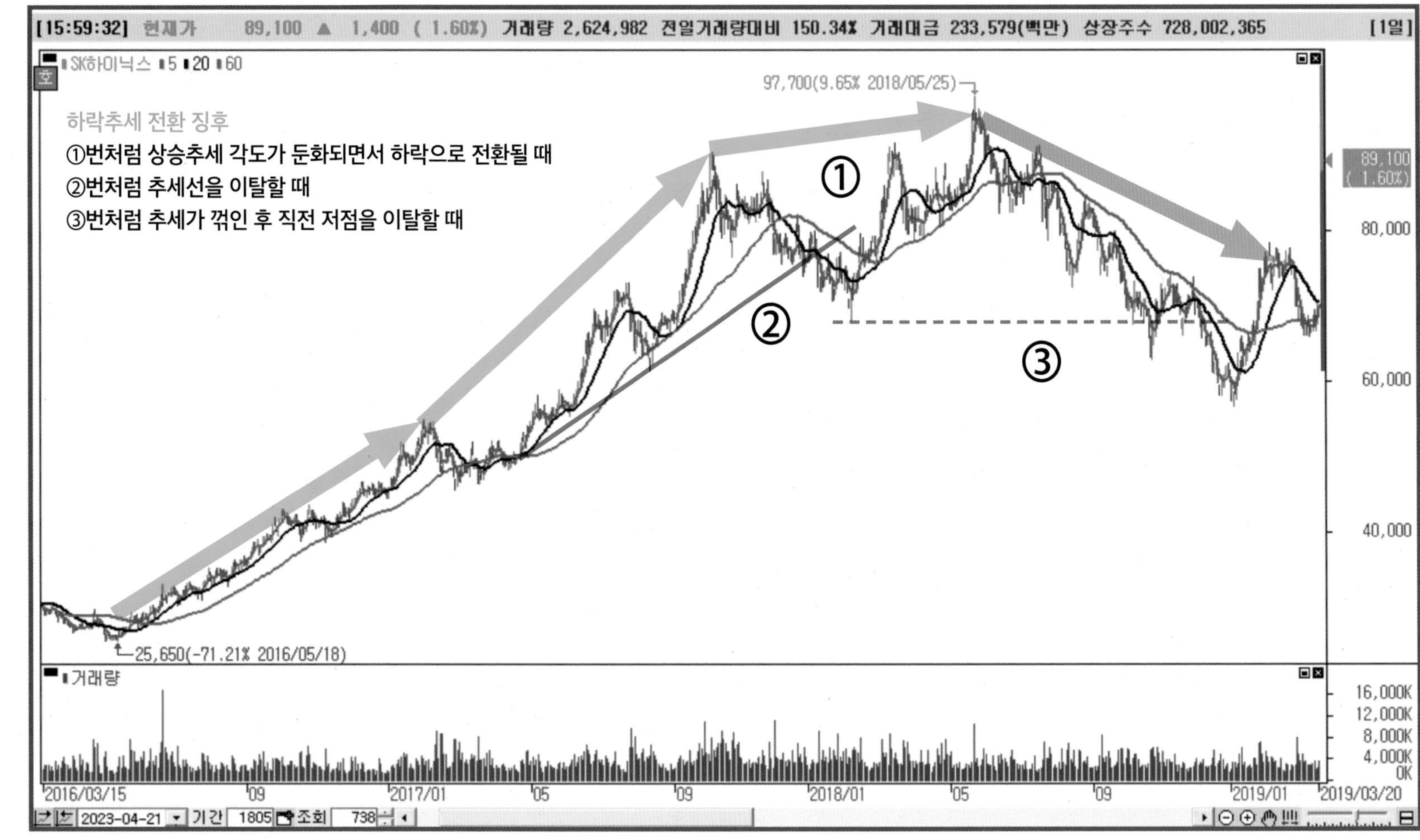
[15:59:32] 현재가 89,100 ▲ 1,400 (1.60%) 거래량 2,624,982 전일거래량대비 150.34% 거래대금 233,579(백만) 상장주수 728,002,365 [1일]
SK하이닉스 5 20 60
하락추세 전환 징후
①번처럼 상승추세 각도가 둔화되면서 하락으로 전환될 때
②번처럼 추세선을 이탈할 때
③번처럼 추세가 꺾인 후 직전 저점을 이탈할 때
97,700(9.65% 2018/05/25)
①
②
③
89,100
(1.60%)
80,000
60,000
40,000
25,650(-71.21% 2016/05/18)
거래량
16,000K
12,000K
8,000K
4,000K
0K
2016/03/15
09
2017/01
05
09
2018/01
05
09
2019/01
2019/03/20
2023-04-21
기간 1805
조회 738

상승 후 거래량이 급증할 때

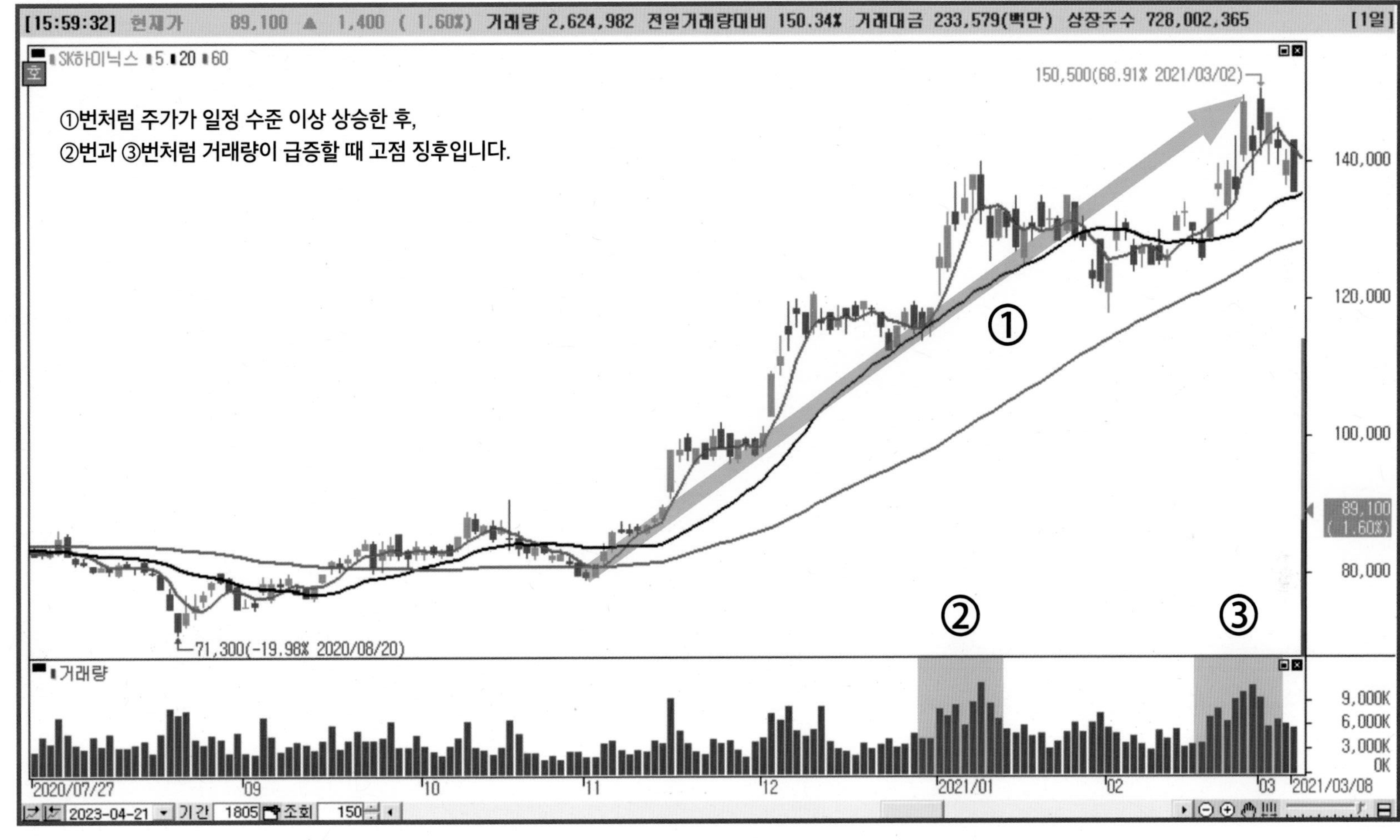

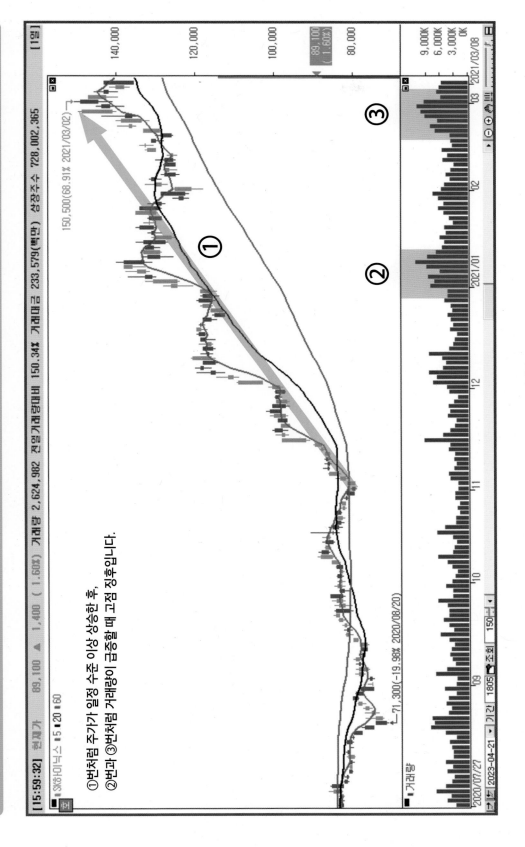

[15:59:32] 현재가 89,100 ▲ 1,400 (1.60%) 거래량 2,624,982 전일거래량대비 150.34% 거래대금 233,579(백만) 상장주수 728,002,365 [1일]
SK하이닉스 5 20 60
①번처럼 주가가 일정 수준 이상 상승한 후,
②번과 ③번처럼 거래량이 급증할 때 고점 징후입니다.
150,500(68.91% 2021/03/02)
71,300(-19.98% 2020/08/20)
①
②
③
140,000
120,000
100,000
89,100
(1.60%)
80,000
거래량
9,000K
6,000K
3,000K
0K
2020/07/27
09
10
11
12
2021/01
02
03
2021/03/08
2023-04-21
기간 1805
조회 150

상승 후 거래량이 급증할 때

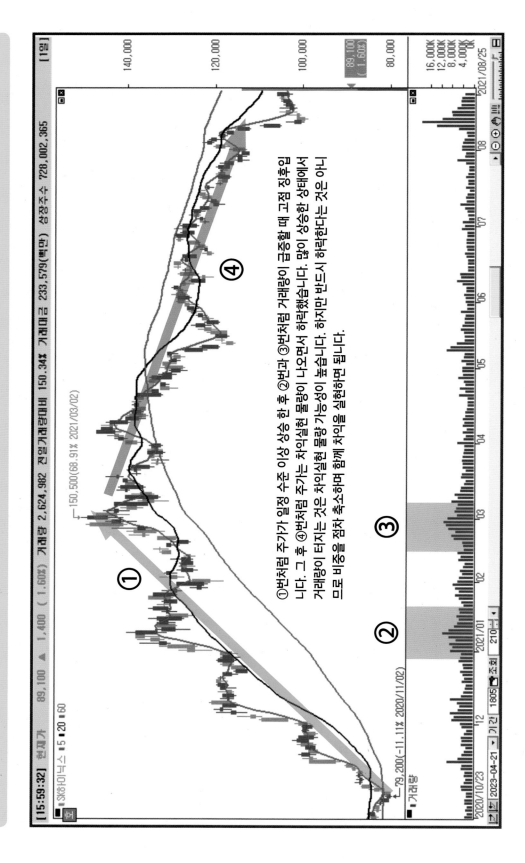

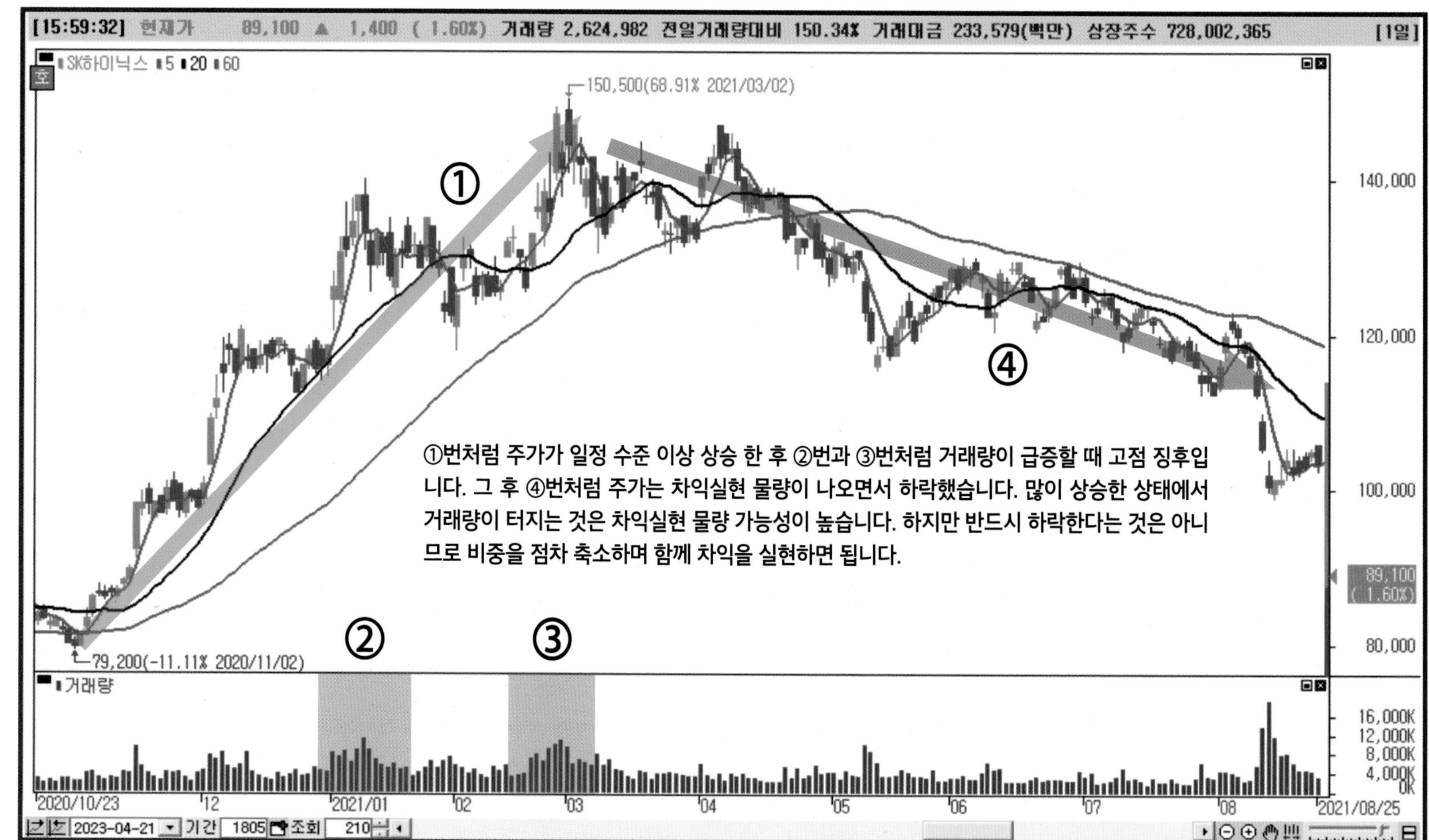
[15:59:32] 현재가 89,100 ▲ 1,400 (1.60%) 거래량 2,624,982 전일거래량대비 150.34% 거래대금 233,579(백만) 상장주수 728,002,365 [1일]
SK하이닉스 5 20 60
150,500(68.91% 2021/03/02)
79,200(-11.11% 2020/11/02)
①
②
③
④
140,000
120,000
100,000
89,100 (1.60%)
80,000
거래량
16,000K
12,000K
8,000K
4,000K
0K
2020/10/23
12
2021/01
02
03
04
05
06
07
08
2021/08/25
2023-04-21 기간 1805 조회 210
①번처럼 주가가 일정 수준 이상 상승 한 후 ②번과 ③번처럼 거래량이 급증할 때 고점 징후입니다. 그 후 ④번처럼 주가는 차익실현 물량이 나오면서 하락했습니다. 많이 상승한 상태에서 거래량이 터지는 것은 차익실현 물량 가능성이 높습니다. 하지만 반드시 하락한다는 것은 아니므로 비중을 점차 축소하며 함께 차익을 실현하면 됩니다.

상승 후 거래량이 급증할 때

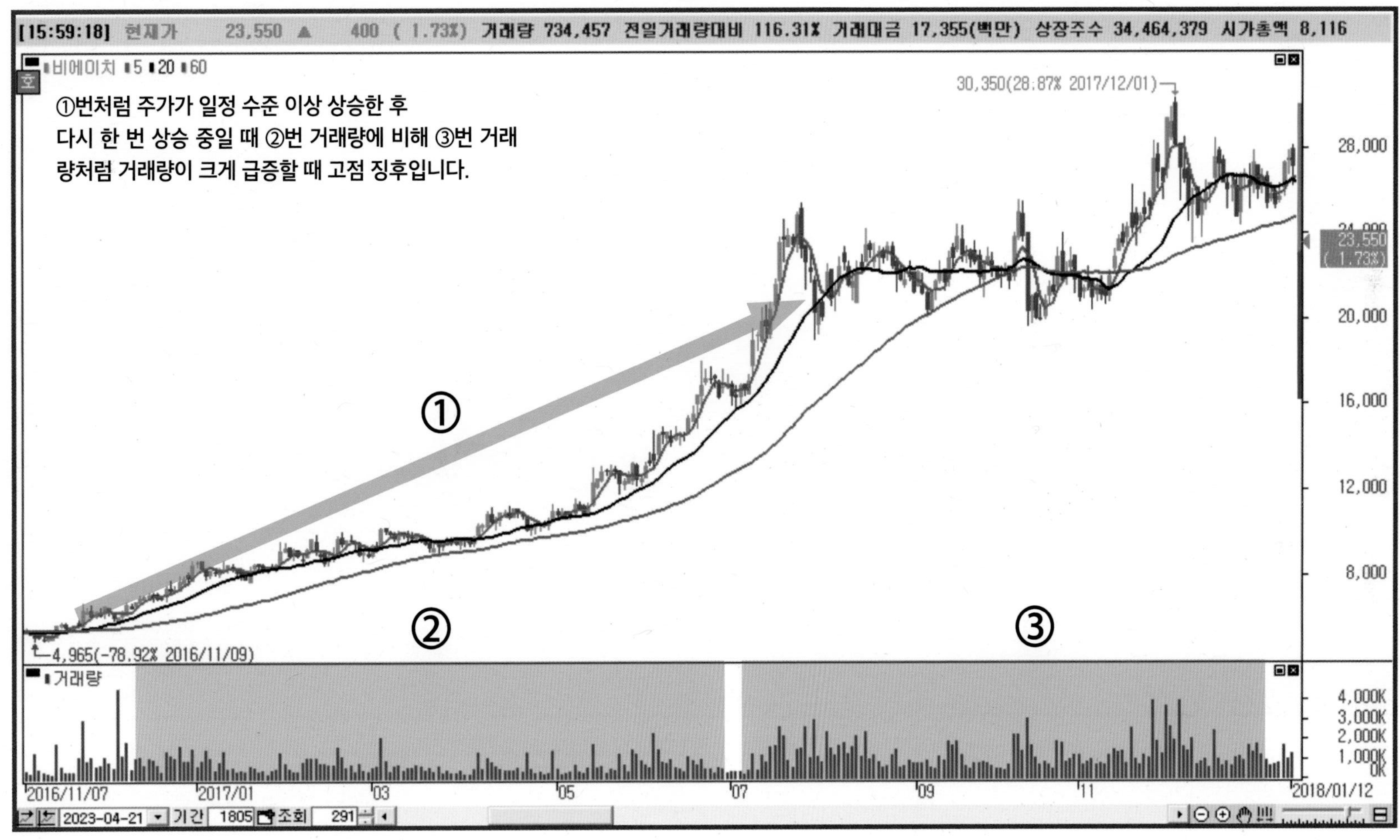

[15:59:18] 현재가 23,550 ▲ 400 (1.73%) 거래량 734,457 전일거래량대비 116.31% 거래대금 17,355(백만) 상장주수 34,464,379 시가총액 8,116
비에이치 5 20 60
①번처럼 주가가 일정 수준 이상 상승한 후
다시 한 번 상승 중일 때 ②번 거래량에 비해 ③번 거래
량처럼 거래량이 크게 급증할 때 고점 징후입니다.
30,350(28.87% 2017/12/01)
4,965(-78.92% 2016/11/09)
①
②
③
28,000
24,000
23,550
(1.73%)
20,000
16,000
12,000
8,000
거래량
4,000K
3,000K
2,000K
1,000K
0K
2016/11/07
2017/01
03
05
07
09
11
2018/01/12
2023-04-21
기간 1805
조회 291

상승 후 거래량이 급증할 때

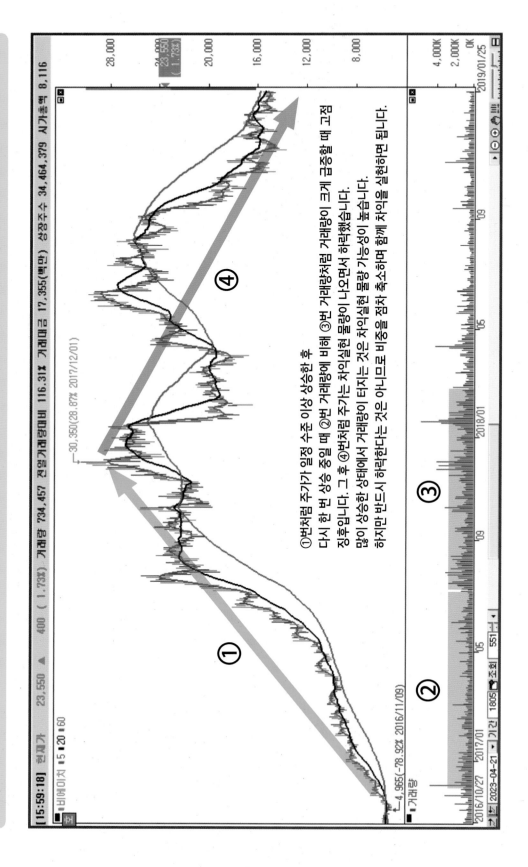

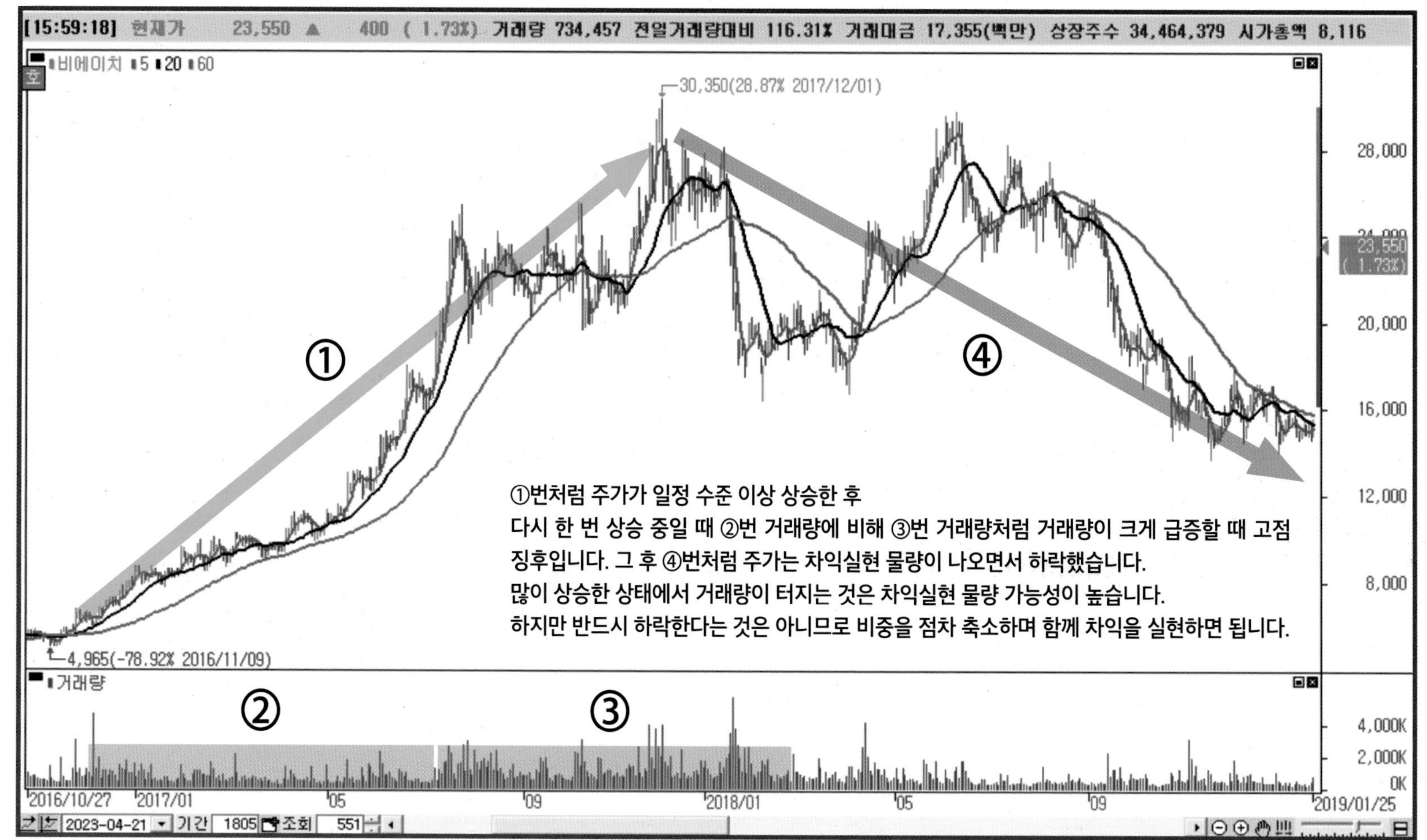
[15:59:18] 현재가 23,550 ▲ 400 (1.73%) 거래량 734,457 전일거래량대비 116.31% 거래대금 17,355(백만) 상장주식수 34,464,379 시가총액 8,116
비에이치 5 20 60
30,350(28.87% 2017/12/01)
4,965(-78.92% 2016/11/09)
①
④
28,000
24,000
23,550
(1.73%)
20,000
16,000
12,000
8,000
①번처럼 주가가 일정 수준 이상 상승한 후
다시 한 번 상승 중일 때 ②번 거래량에 비해 ③번 거래량처럼 거래량이 크게 급증할 때 고점
징후입니다. 그 후 ④번처럼 주가는 차익실현 물량이 나오면서 하락했습니다.
많이 상승한 상태에서 거래량이 터지는 것은 차익실현 물량 가능성이 높습니다.
하지만 반드시 하락한다는 것은 아니므로 비중을 점차 축소하며 함께 차익을 실현하면 됩니다.
거래량
②
③
4,000K
2,000K
0K
2016/10/27
2017/01
05
09
2018/01
05
09
2019/01/25
2023-04-21
기간 1805
조회
551

PART 03
차트 고급

1. 바닥권 탈출 매수 2. 20일 이동평균선 돌파 눌림목 매수(구렁이 패턴) 3. 플랫폼 돌파 매수
4. 상승 후 음봉횡보 매수 5. 대량거래를 통한 매집 6. 호재 후 긴 윗꼬리 매매
7. 악재 후 긴 아래꼬리 매매 8. 고점 대량거래 매도신호 9. 고점 장대음봉 매도신호
10. 저점 대량거래 매수신호 11. 주식 투자 성공 vs 실패

1

바닥권 탈출 매수 신의 한 수

바닥권 탈출 매수 기본

바닥권 탈출 매수 예시 1 | 바닥권 탈출 매수 예시 2 | 바닥권 탈출 매수 예시 3

바닥권 탈출 매수 기본

바닥권 탈출 매수 기준

1. 긴 하락추세에서 위로 돌리는 매수 급소를 찾습니다.
2. 첫 매수가 매우 중요합니다. 매수할지, 말지 수익 포인트를 찾는 것이 중요합니다.
3. 누구나 매매가 가능합니다.
4. 무엇보다 업황 분석과 뉴스 분석이 선행되어야 적중률이 높아집니다.

바닥권 탈출 매수 조건

1. 긴 하락 후 쌍바닥이 확인될 것
2. 직전 고점을 돌파할 것
3. 20일 이동평균선이 우상향하거나 위로 돌리는 중일 것
4. 명확히 기준 안에 드는 것만 매매할 것

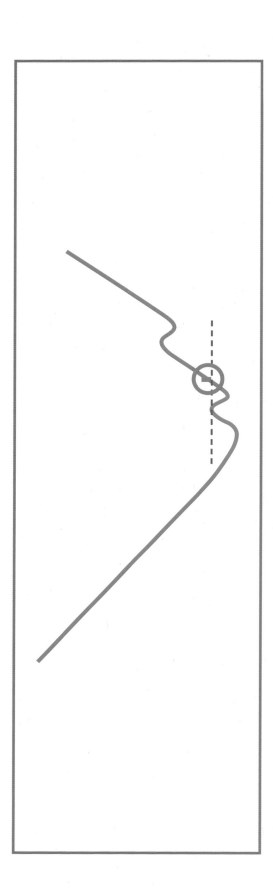

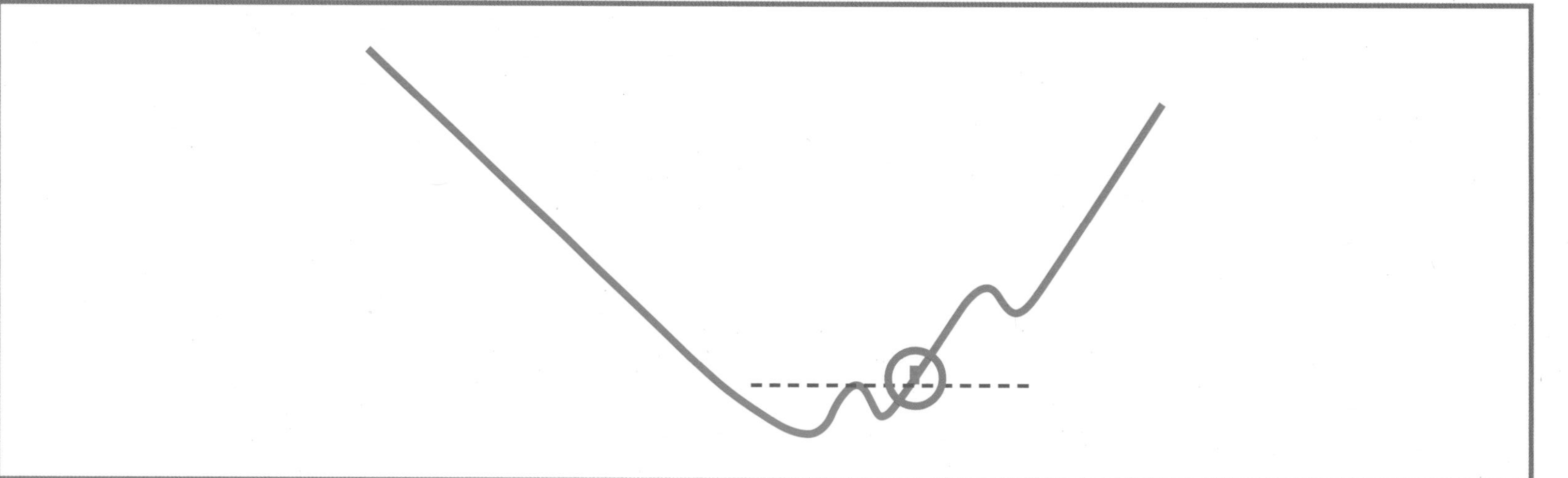

바닥권 탈출 매수 예시 1

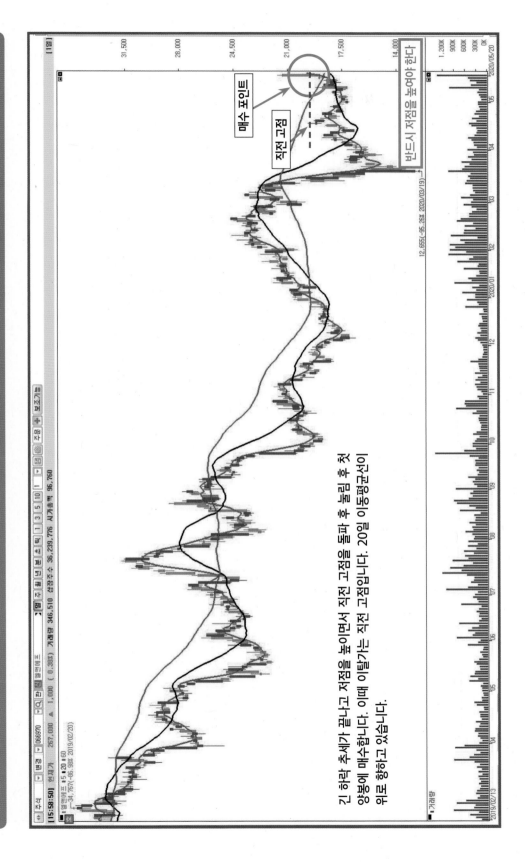

[15:58:50] 현재가 267,000 ▲ 1,000 (0.38%) 거래량 346,510 상장주식수 36,239,776 시가총액 96,760
매수 포인트
직전 고점
반드시 저점을 높여야 한다
긴 하락 추세가 끝나고 저점을 높이면서 직전 고점을 돌파 후 눌림 후 첫 양봉에 매수합니다. 이때 이탈가는 직전 고점입니다. 20일 이동평균선이 위로 향하고 있습니다.

바닥권 탈출 매수 예시 1

[15:58:50] 현재가 267,000 ▲ 1,000 (0.38%) 거래량 346,510 상장주수 36,239,776 시가총액 96,760
[1일]
엘앤에프 5 20 60
긴 하락 추세가 끝나고 전저점을 높이면서 직전 고점을 돌파하는 첫 양봉
에 매수합니다. 이때 이탈가는 직전 고점입니다.
46,501(-82.58% 2020/08/07)
매수 포인트
직전 고점
반드시 저점을 높여야 한다
12,655(-95.26% 2020/03/19)
45,000
40,000
35,000
30,000
25,000
20,000
15,000
거래량
4,800K
4,000K
3,200K
2,400K
1,600K
800K
0K
2019/05/14 06
07
08
09
10
11
12
2020/01
02
03
04
05
06
07
08
2020/08/13

바닥권 탈출 매수 예시 2

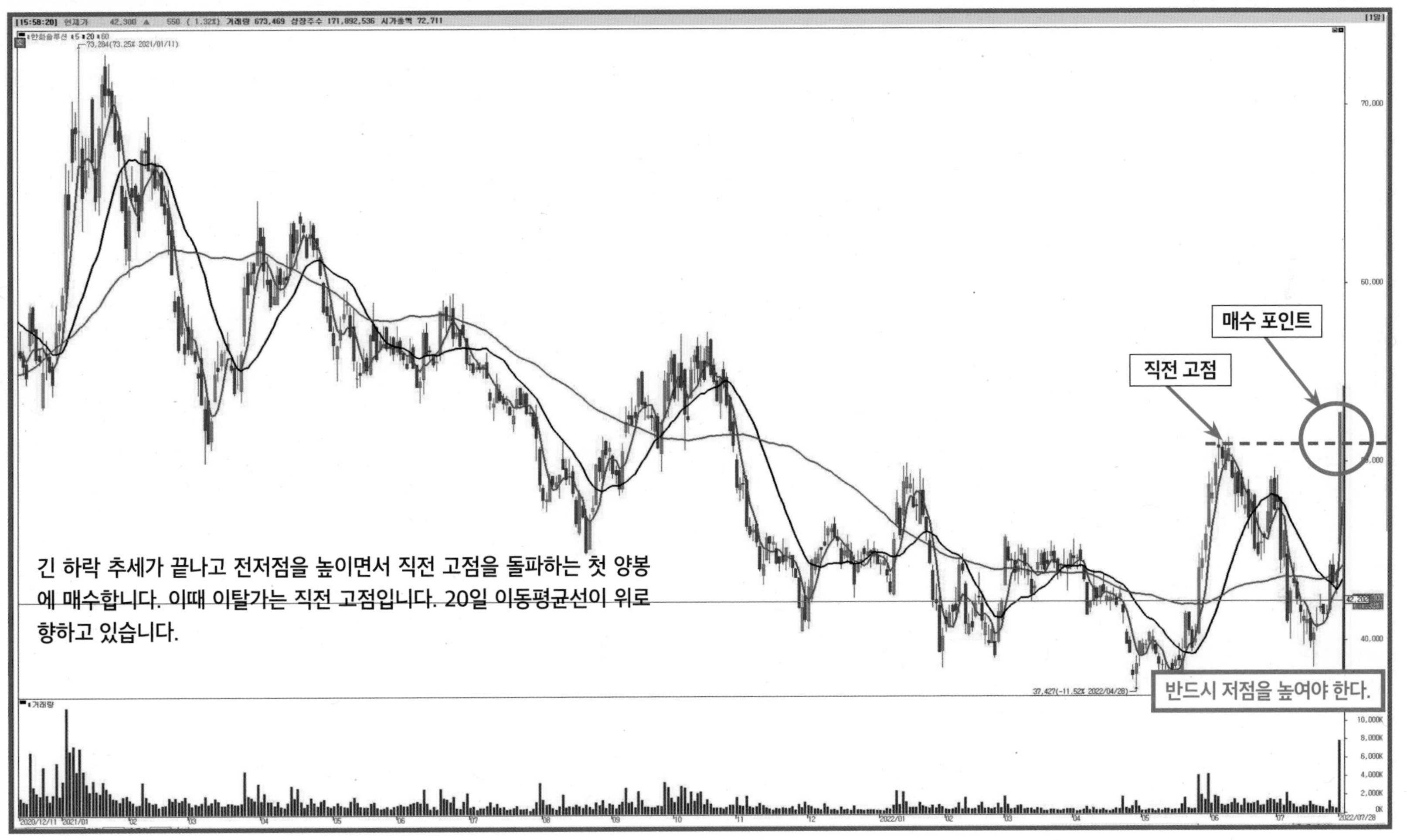

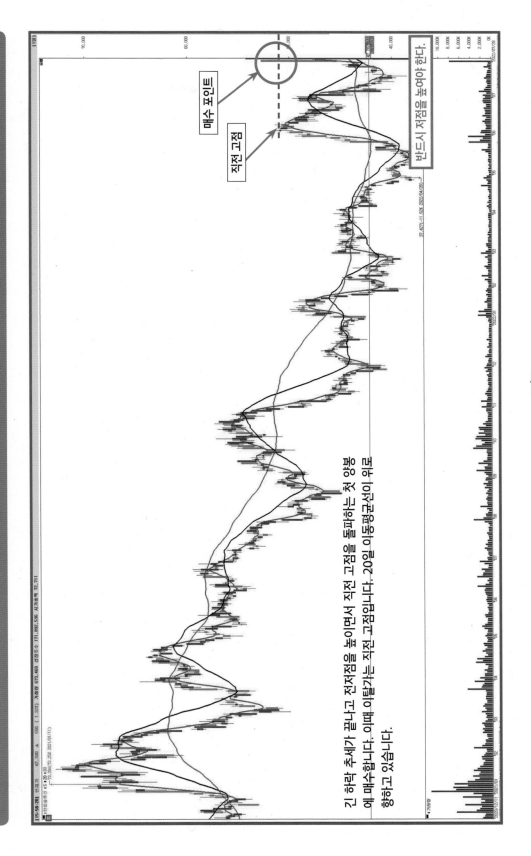

매수 포인트
직전 고점
긴 하락 추세가 끝나고 전저점을 높이면서 직전 고점을 돌파하는 첫 양봉에 매수합니다. 이때 이탈가는 직전 고점입니다. 20일 이동평균선이 위로 향하고 있습니다.
반드시 저점을 높여야 한다.

바닥권 탈출 매수 예시 2

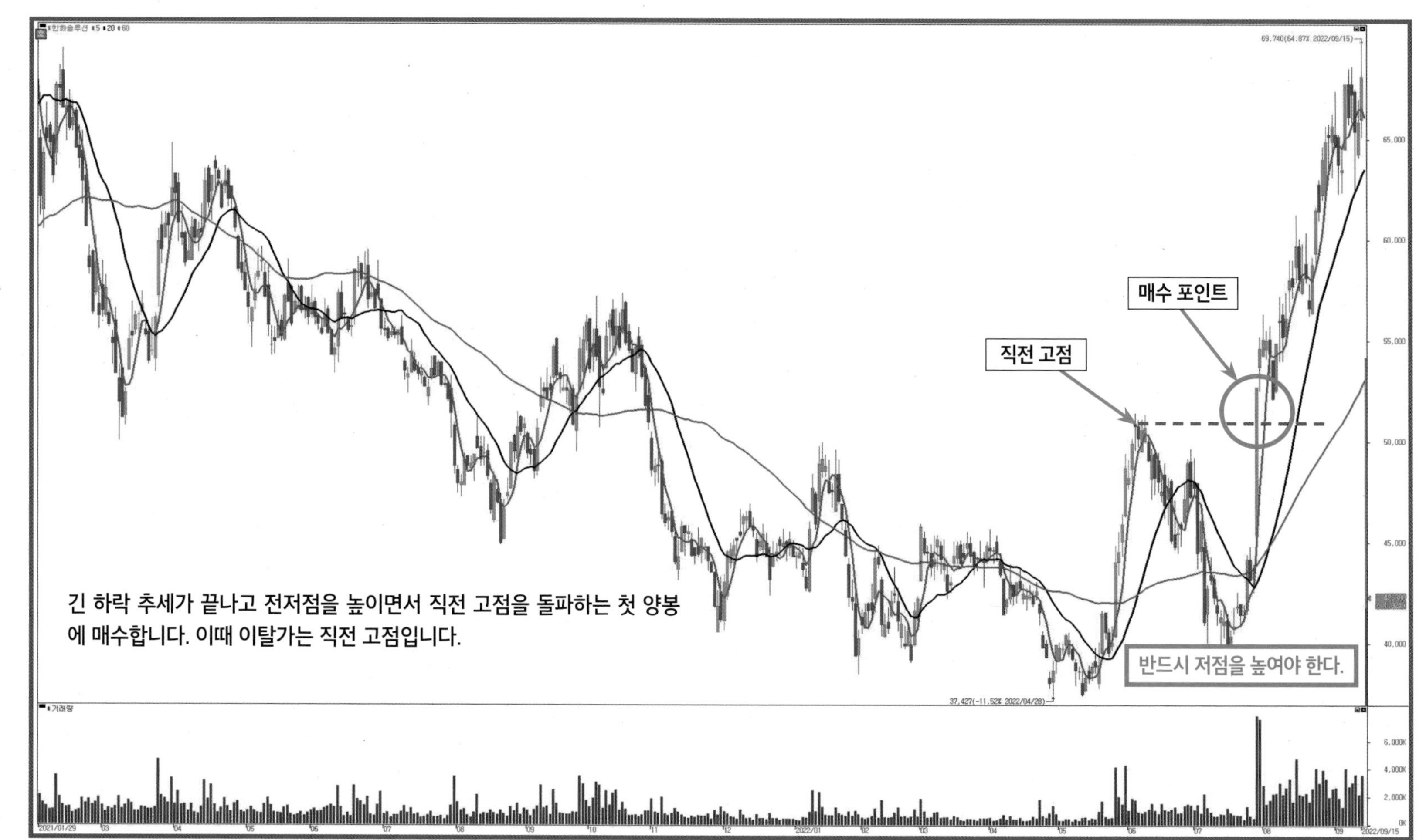
매수 포인트
직전 고점
반드시 저점을 높여야 한다.
긴 하락 추세가 끝나고 전저점을 높이면서 직전 고점을 돌파하는 첫 양봉
에 매수합니다. 이때 이탈가는 직전 고점입니다.

바닥권 탈출 매수 예시 3

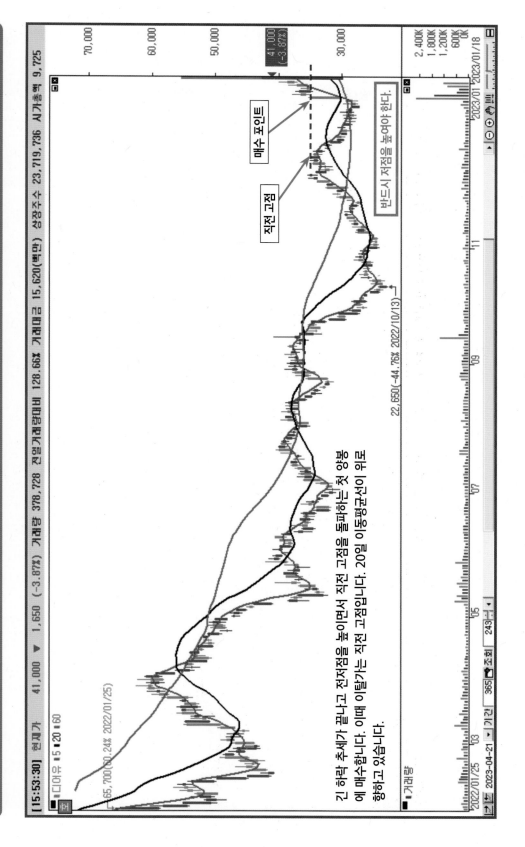

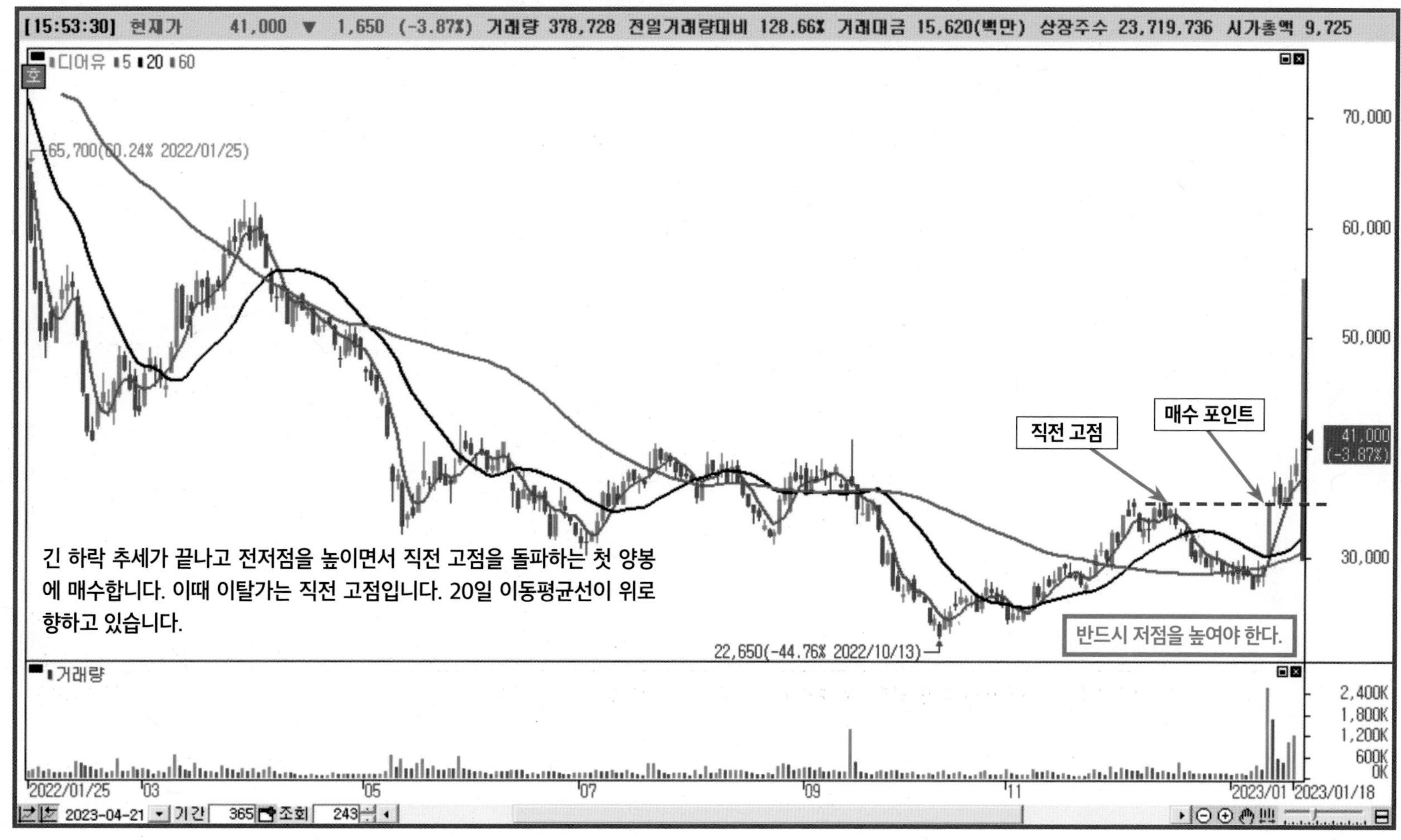
[15:53:30] 현재가 41,000 ▼ 1,650 (-3.87%) 거래량 378,728 전일거래량대비 128.66% 거래대금 15,620(백만) 상장주식수 23,719,736 시가총액 9,725
디어유 5 20 60
65,700(60.24% 2022/01/25)
70,000
60,000
50,000
41,000 (-3.87%)
30,000
직전 고점
매수 포인트
긴 하락 추세가 끝나고 전저점을 높이면서 직전 고점을 돌파하는 첫 양봉에 매수합니다. 이때 이탈가는 직전 고점입니다. 20일 이동평균선이 위로 향하고 있습니다.
22,650(-44.76% 2022/10/13)
반드시 저점을 높여야 한다.
거래량
2,400K
1,800K
1,200K
600K
0K
2022/01/25
03
05
07
09
11
2023/01
2023/01/18
2023-04-21
기간
365
조회
243

바닥권 탈출 매수 예시 3

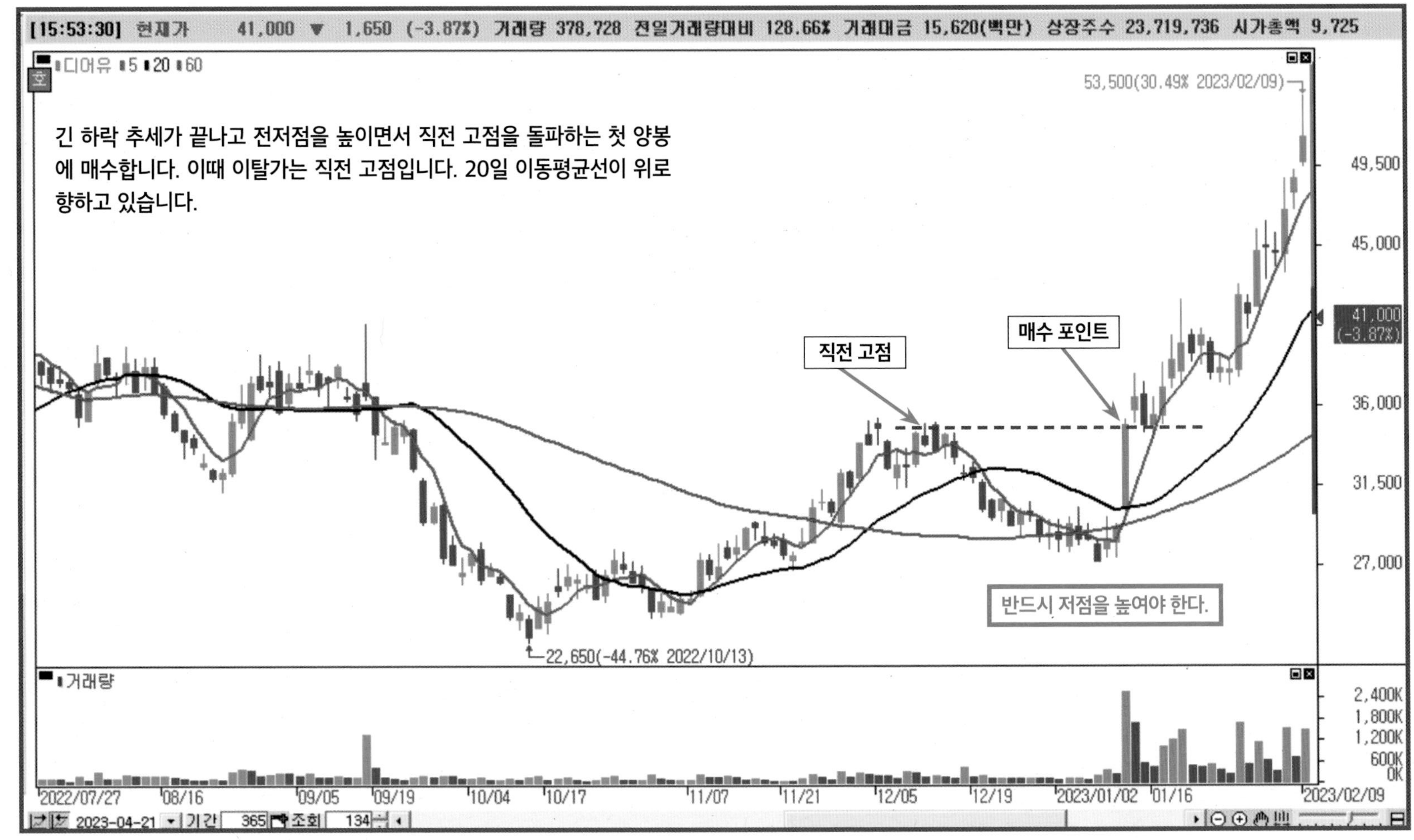
[15:53:30] 현재가 41,000 ▼ 1,650 (-3.87%) 거래량 378,728 전일거래량대비 128.66% 거래대금 15,620(백만) 상장주수 23,719,736 시가총액 9,725
디어유 5 20 60
53,500(30.49% 2023/02/09)
긴 하락 추세가 끝나고 전저점을 높이면서 직전 고점을 돌파하는 첫 양봉에 매수합니다. 이때 이탈가는 직전 고점입니다. 20일 이동평균선이 위로 향하고 있습니다.
직전 고점
매수 포인트
반드시 저점을 높여야 한다.
22,650(-44.76% 2022/10/13)
49,500
45,000
41,000
(-3.87%)
36,000
31,500
27,000
거래량
2,400K
1,800K
1,200K
600K
0K
2022/07/27
08/16
09/05
09/19
10/04
10/17
11/07
11/21
12/05
12/19
2023/01/02
01/16
2023/02/09
2023-04-21
기간
365
조회
134

2

20일 이동평균선 돌파 눌림목 매수(구렁이 패턴) 신의 한 수

20일 이동평균선 돌파 눌림목 매수(구렁이 패턴) 이해 | 20일 이동평균선 돌파 눌림목 매수(구렁이 패턴) 예시 1
20일 이동평균선 돌파 눌림목 매수(구렁이 패턴) 예시 2 | 20일 이동평균선 돌파 눌림목 매수(구렁이 패턴) 예시 3

20일 이동평균선 돌파 눌림목 매수(구렁이 패턴) 이해

20일 이동평균선 돌파 눌림목 매수(구렁이 패턴) 패턴

1. 상승 모멘텀이 있는 업종에서 실적이 좋을 것으로 예상되는 종목 발굴
2. 상승 시 매수
3. 누구나 매매가 가능
4. 무엇보다 업황 분석과 뉴스 분석이 선행되어야 적중률이 높아짐.

20일 이동평균선 돌파 눌림목 매수(구렁이 패턴) 조건

1. 상승 모멘텀이 존재해야 함(실적개선, 업황, 신기술, M&A 등).
2. 20일 이동평균선 돌파 후 상승 후 조정 받다 20일 이동평균선에서 강한 양봉 출현 시
3. 20일 이동평균선이 위로 향하고 있어야 함.
4. 중기 이동평균선이 수평이거나 위로 향하고 있으면 신뢰도가 높음.
5. '2'항에서 강한 양봉 출현 시 매수

장기간 하락하던 주가가 20일 이동평균선을 돌파하며 상승하다가 조정받으면서 하락합니다. 20일 이동평균선의 강한 지지선을 만나 더 이상 하락하지 않고, 20일 이동평균선에서 양봉을 세우며 반등하며 상승하는 포인트에서 매수합니다.

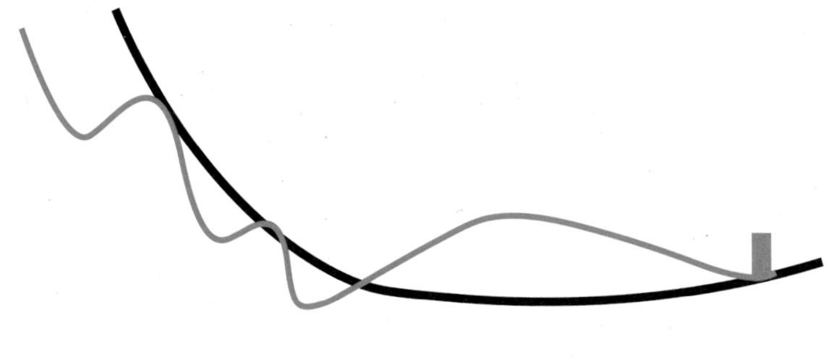

구렁이 패턴 : 구렁이 담 넘어가는 모습을 본따서 작명함.

20일 이동평균선 돌파 눌림목 매수(구렁이 패턴) 예시 1

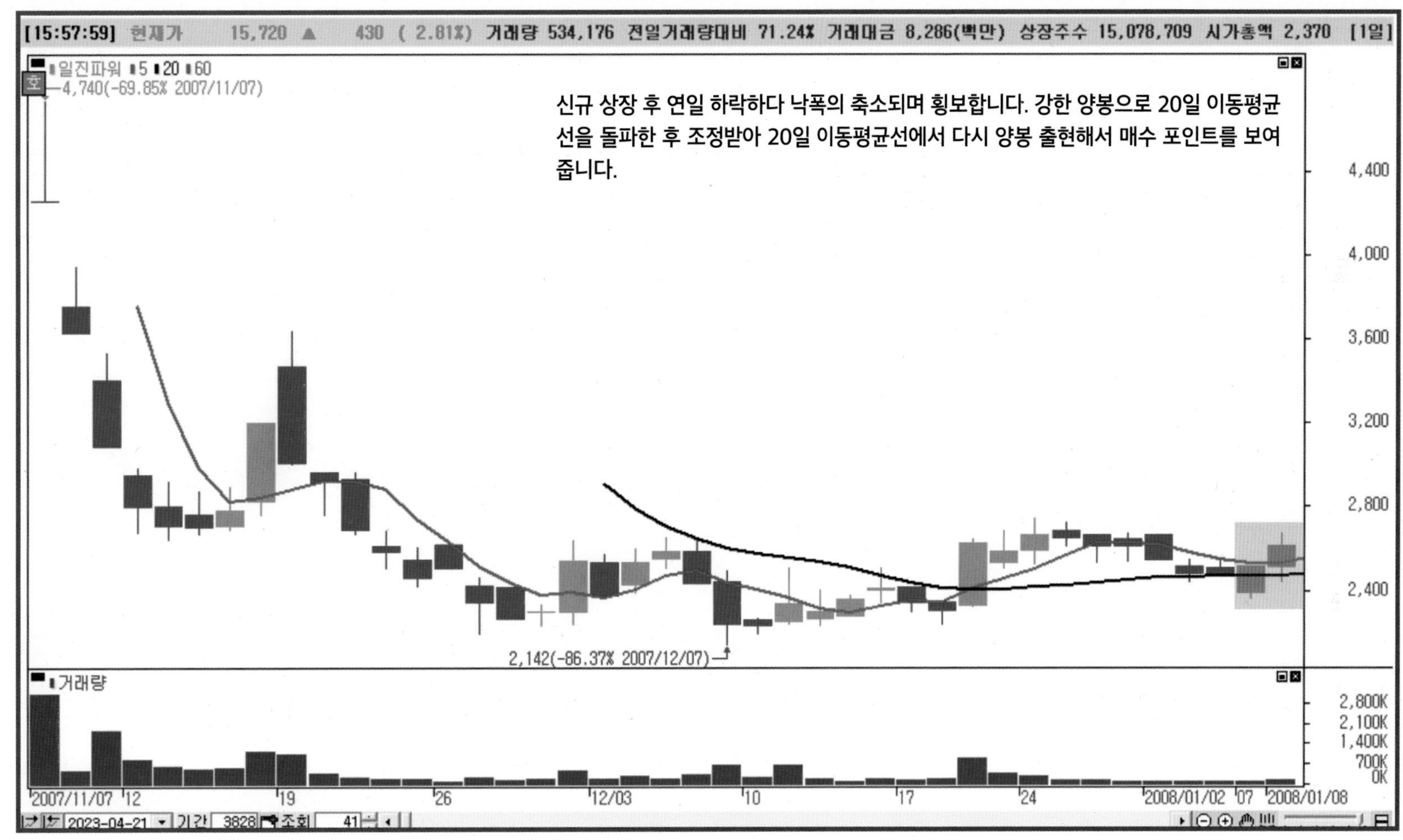

[15:57:59] 현재가 15,720 ▲ 430 (2.81%) 거래량 534,176 전일거래량대비 71.24% 거래대금 8,286(백만) 상장주수 15,078,709 시가총액 2,370 [1일]
일진파워 5 20 60
4,740(-69.85% 2007/11/07)
신규 상장 후 연일 하락하다 낙폭의 축소되며 횡보합니다. 강한 양봉으로 20일 이동평균선을 돌파한 후 조정받아 20일 이동평균선에서 다시 양봉 출현해서 매수 포인트를 보여줍니다.
4,400
4,000
3,600
3,200
2,800
2,400
2,142(-86.37% 2007/12/07)
거래량
2,800K
2,100K
1,400K
700K
0K
2007/11/07
12
19
26
12/03
10
17
24
2008/01/02
07
2008/01/08
2023-04-21
기간
3828
조회
41

20일 이동평균선 돌파 눌림목 매수(구렁이 패턴) 예시 1

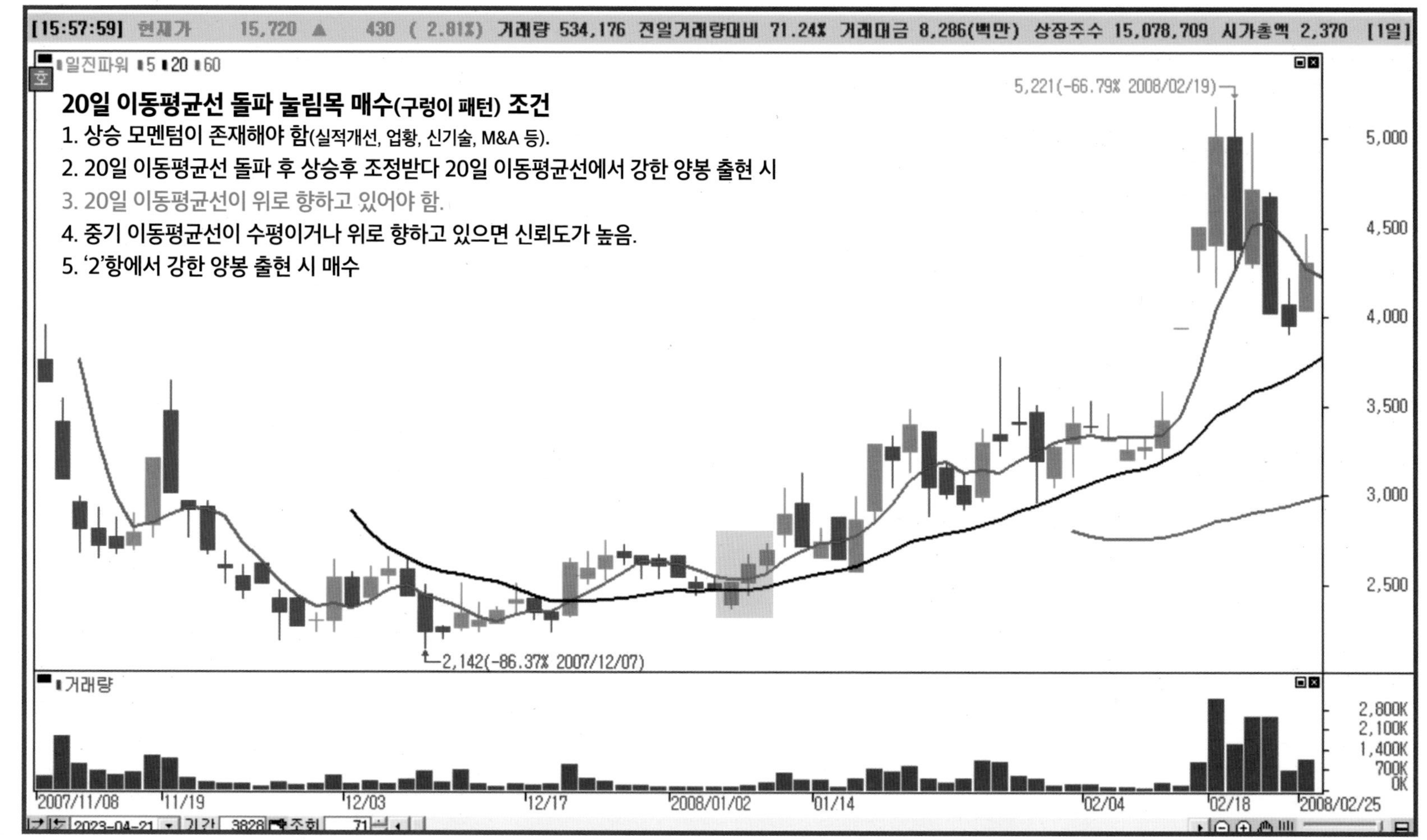

[15:57:59] 현재가 15,720 ▲ 430 (2.81%) 거래량 534,176 전일거래량대비 71.24% 거래대금 8,286(백만) 상장주수 15,078,709 시가총액 2,370 [1일]
일진파워 5 20 60
20일 이동평균선 돌파 눌림목 매수(구렁이 패턴) 조건
1. 상승 모멘텀이 존재해야 함(실적개선, 업황, 신기술, M&A 등).
2. 20일 이동평균선 돌파 후 상승후 조정받다 20일 이동평균선에서 강한 양봉 출현 시
3. 20일 이동평균선이 위로 향하고 있어야 함.
4. 중기 이동평균선이 수평이거나 위로 향하고 있으면 신뢰도가 높음.
5. '2'항에서 강한 양봉 출현 시 매수
5,221(-66.79% 2008/02/19)
2,142(-86.37% 2007/12/07)
5,000
4,500
4,000
3,500
3,000
2,500
거래량
2,800K
2,100K
1,400K
700K
0K
2007/11/08
11/19
12/03
12/17
2008/01/02
01/14
02/04
02/18
2008/02/25

20일 이동평균선 돌파 눌림목 매수(구렁이 패턴) 예시 2

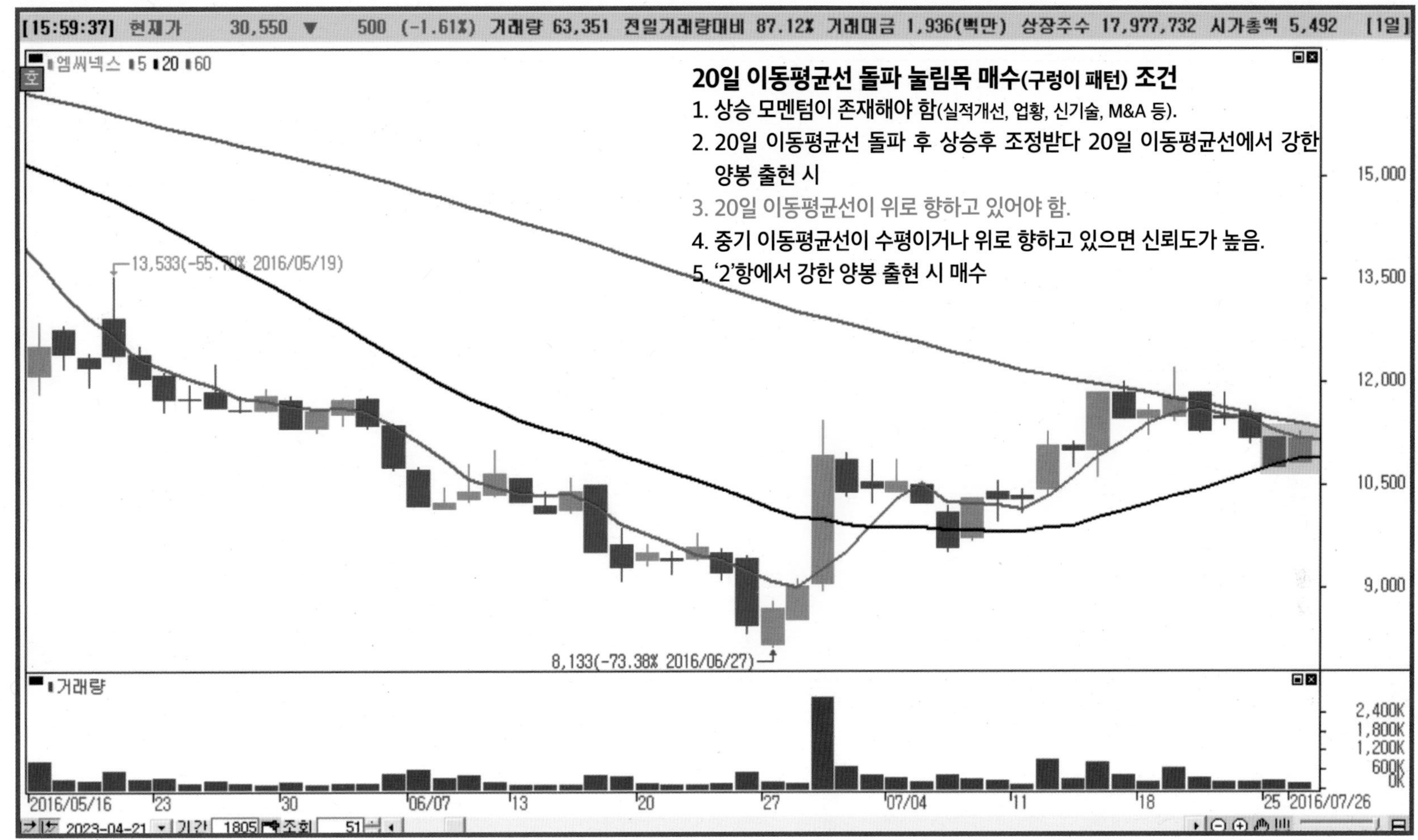
[15:59:37] 현재가 30,550 ▼ 500 (-1.61%) 거래량 63,351 전일거래량대비 87.12% 거래대금 1,936(백만) 상장주수 17,977,732 시가총액 5,492 [1일]
엠씨넥스 5 20 60
20일 이동평균선 돌파 눌림목 매수(구렁이 패턴) 조건
1. 상승 모멘텀이 존재해야 함(실적개선, 업황, 신기술, M&A 등).
2. 20일 이동평균선 돌파 후 상승후 조정받다 20일 이동평균선에서 강한 양봉 출현 시
3. 20일 이동평균선이 위로 향하고 있어야 함.
4. 중기 이동평균선이 수평이거나 위로 향하고 있으면 신뢰도가 높음.
5. '2'항에서 강한 양봉 출현 시 매수
15,000
13,500
12,000
10,500
9,000
8,133(-73.38% 2016/06/27)
거래량
2,400K
1,800K
1,200K
600K
0K
2016/05/16
23
30
06/07
13
20
27
07/04
11
18
25
2016/07/26

20일 이동평균선 돌파 눌림목 매수(구렁이 패턴) 예시 2

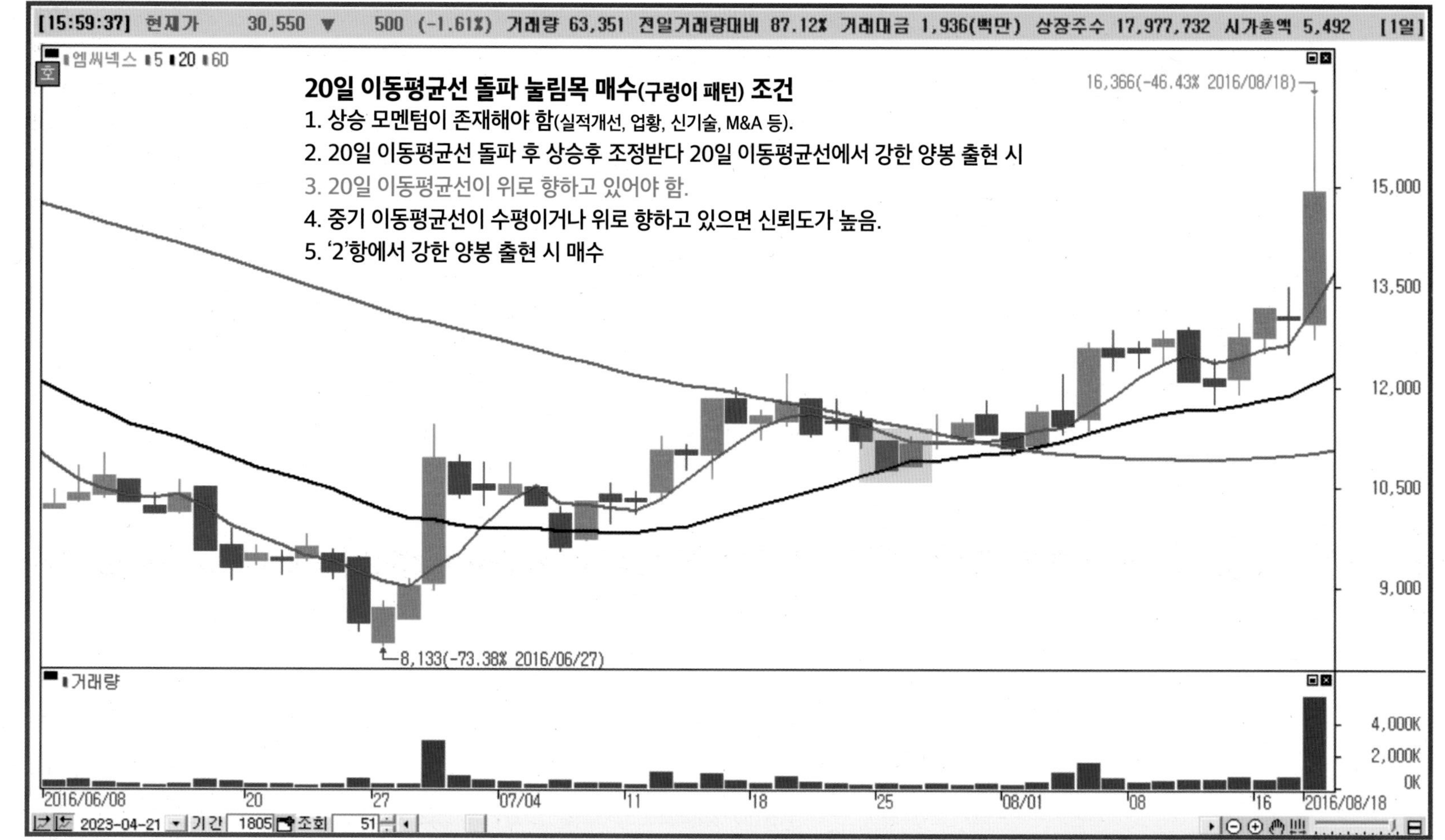
[15:59:37] 현재가 30,550 ▼ 500 (-1.61%) 거래량 63,351 전일거래량대비 87.12% 거래대금 1,936(백만) 상장주수 17,977,732 시가총액 5,492 [1일]
엠씨넥스 5 20 60
20일 이동평균선 돌파 눌림목 매수(구렁이 패턴) 조건
1. 상승 모멘텀이 존재해야 함(실적개선, 업황, 신기술, M&A 등).
2. 20일 이동평균선 돌파 후 상승후 조정받다 20일 이동평균선에서 강한 양봉 출현 시
3. 20일 이동평균선이 위로 향하고 있어야 함.
4. 중기 이동평균선이 수평이거나 위로 향하고 있으면 신뢰도가 높음.
5. '2'항에서 강한 양봉 출현 시 매수
16,366(-46.43% 2016/08/18)
8,133(-73.38% 2016/06/27)
15,000
13,500
12,000
10,500
9,000
거래량
4,000K
2,000K
0K
2016/06/08
20
27
07/04
11
18
25
08/01
08
16
2016/08/18
2023-04-21 기간 1805 조회 51

20일 이동평균선 돌파 눌림목 매수(구렁이 패턴) 예시 3

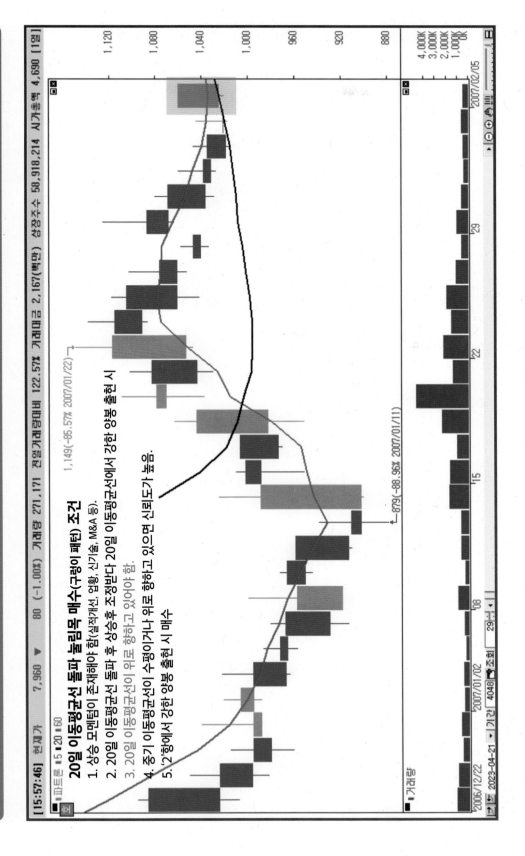

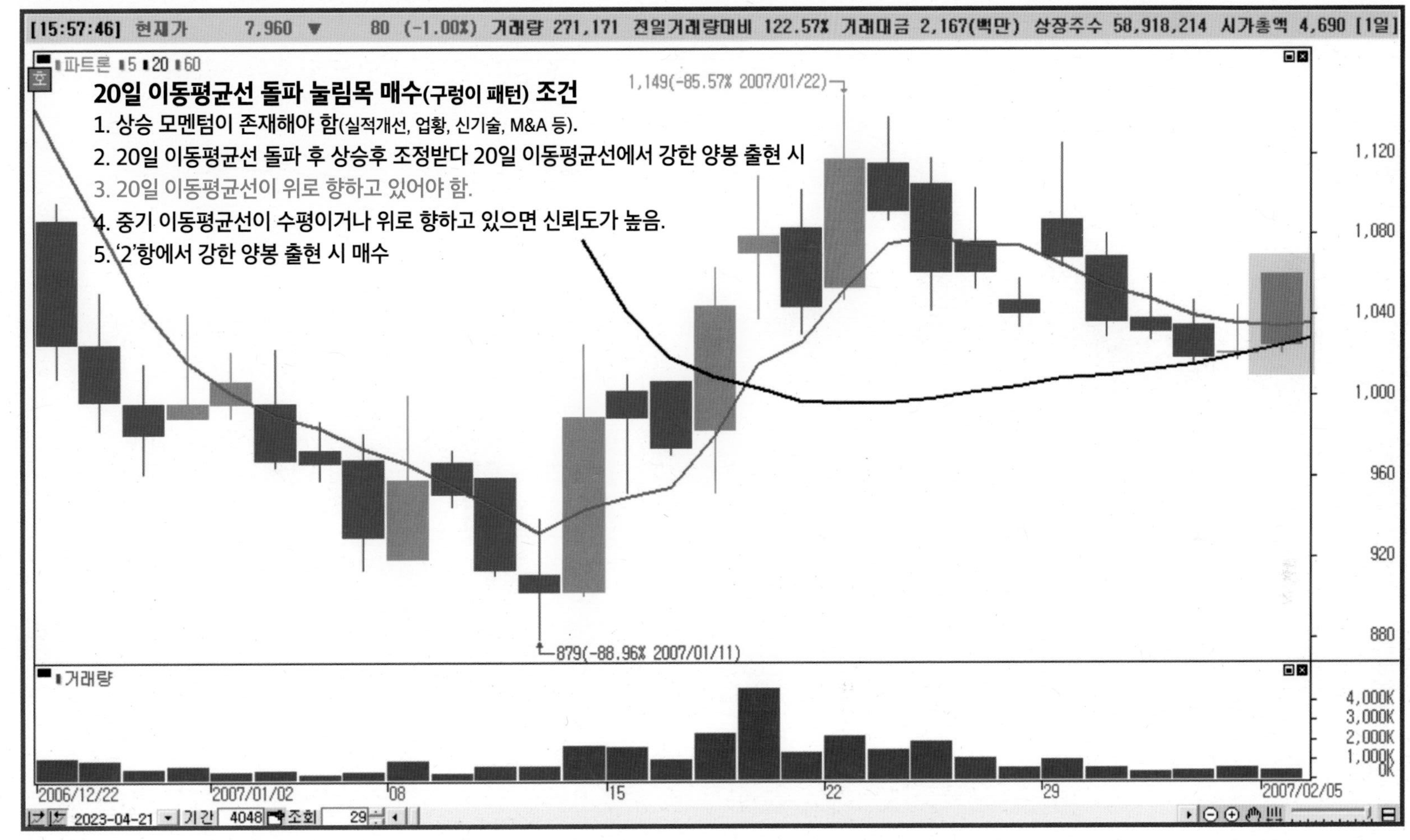
[15:57:46] 현재가 7,960 ▼ 80 (-1.00%) 거래량 271,171 전일거래량대비 122.57% 거래대금 2,167(백만) 상장주수 58,918,214 시가총액 4,690 [1일]
파트론 5 20 60
20일 이동평균선 돌파 눌림목 매수(구렁이 패턴) 조건
1. 상승 모멘텀이 존재해야 함(실적개선, 업황, 신기술, M&A 등).
2. 20일 이동평균선 돌파 후 상승후 조정받다 20일 이동평균선에서 강한 양봉 출현 시
3. 20일 이동평균선이 위로 향하고 있어야 함.
4. 중기 이동평균선이 수평이거나 위로 향하고 있으면 신뢰도가 높음.
5. '2'항에서 강한 양봉 출현 시 매수
1,149(-85.57% 2007/01/22)
879(-88.96% 2007/01/11)
1,120
1,080
1,040
1,000
960
920
880
거래량
4,000K
3,000K
2,000K
1,000K
0K
2006/12/22
2007/01/02
08
15
22
29
2007/02/05
2023-04-21 기간 4048 조회 29

20일 이동평균선 돌파 눌림목 매수(구렁이 패턴) 예시 3

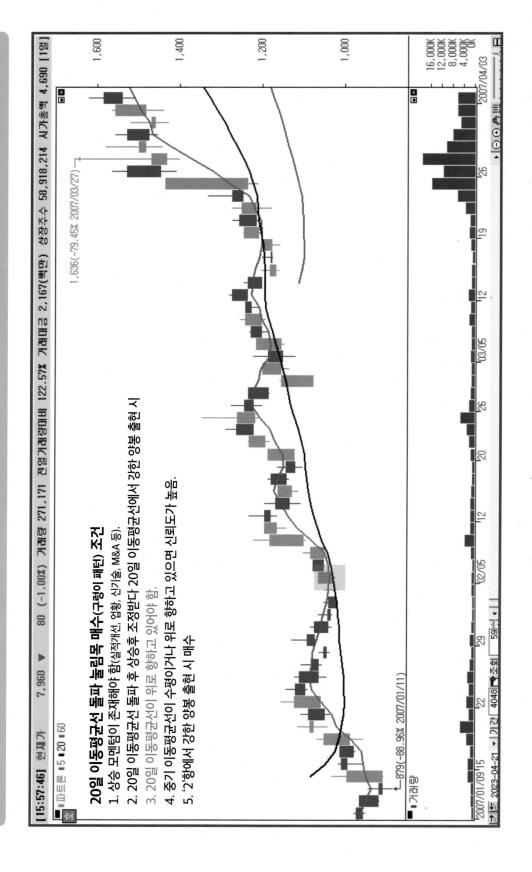

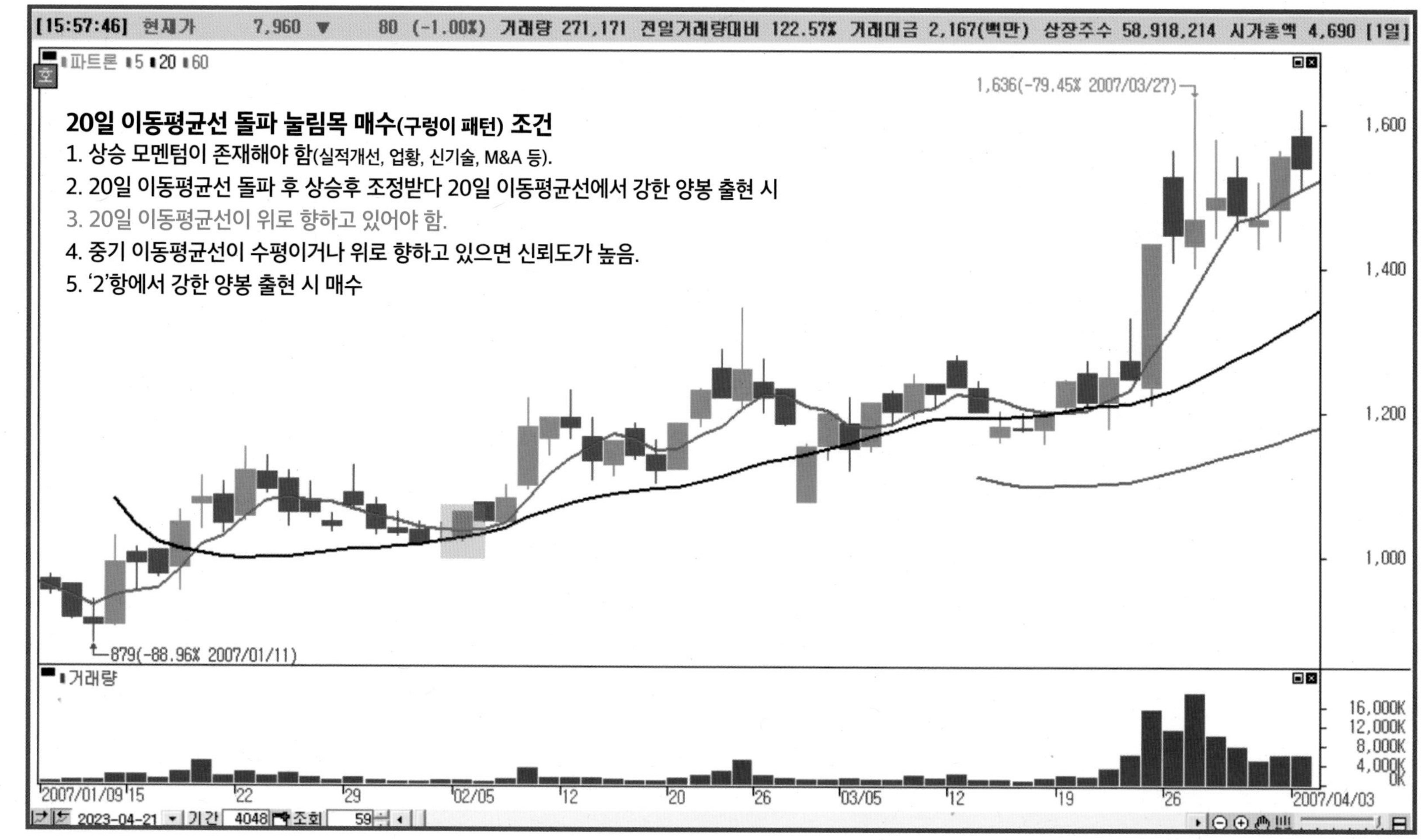
[15:57:46] 현재가 7,960 ▼ 80 (-1.00%) 거래량 271,171 전일거래량대비 122.57% 거래대금 2,167(백만) 상장주수 58,918,214 시가총액 4,690 [1일]
파트론 5 20 60
20일 이동평균선 돌파 눌림목 매수(구렁이 패턴) 조건
1. 상승 모멘텀이 존재해야 함(실적개선, 업황, 신기술, M&A 등).
2. 20일 이동평균선 돌파 후 상승후 조정받다 20일 이동평균선에서 강한 양봉 출현 시
3. 20일 이동평균선이 위로 향하고 있어야 함.
4. 중기 이동평균선이 수평이거나 위로 향하고 있으면 신뢰도가 높음.
5. '2'항에서 강한 양봉 출현 시 매수
1,636(-79.45% 2007/03/27)
879(-88.96% 2007/01/11)
1,600
1,400
1,200
1,000
거래량
16,000K
12,000K
8,000K
4,000K
0K
2007/01/09
15
22
29
02/05
12
20
26
03/05
12
19
26
2007/04/03
2023-04-21
기간
4048
조회
59

3

플랫폼 돌파 매수 신의 한 수

플랫폼을 만들고 돌파하는 차트

플랫폼을 만들고 돌파하는 차트 - 셀트리온헬스케어 | 플랫폼을 만들고 돌파하는 차트 - 에코프로

플랫폼을 만들고 돌파하는 차트 - 아남전자 | 플랫폼을 만들고 돌파하는 차트 - 일진파워

플랫폼을 만들고 돌파하는 차트

상승하던 주가가 갑자기 급락해 20일 이동평균선을 이탈한 후 수일간 횡보하면서 플랫폼을 만듭니다. 그러던 어느 날, 이 플랫폼의 상단을 돌파하는 양봉이 나오면 강력한 매수 포인트입니다. 이때 양봉은 클수록 좋고, 거래량이 많을수록 좋습니다.

여기서 플랫폼이라고 한 것은 기차 타는 승강장인 플랫폼과 유사한 모습이어서 제가 플랫폼이라 작명했습니다.

여기서 중요한 것은 상승 중에 일시적으로 하락해 플랫폼을 만든 경우입니다.
하락 중에 일시적으로 만들어진 플랫폼은 해당되지 않습니다.

플랫폼을 만들고 돌파하는 차트 - 셀트리온헬스케어

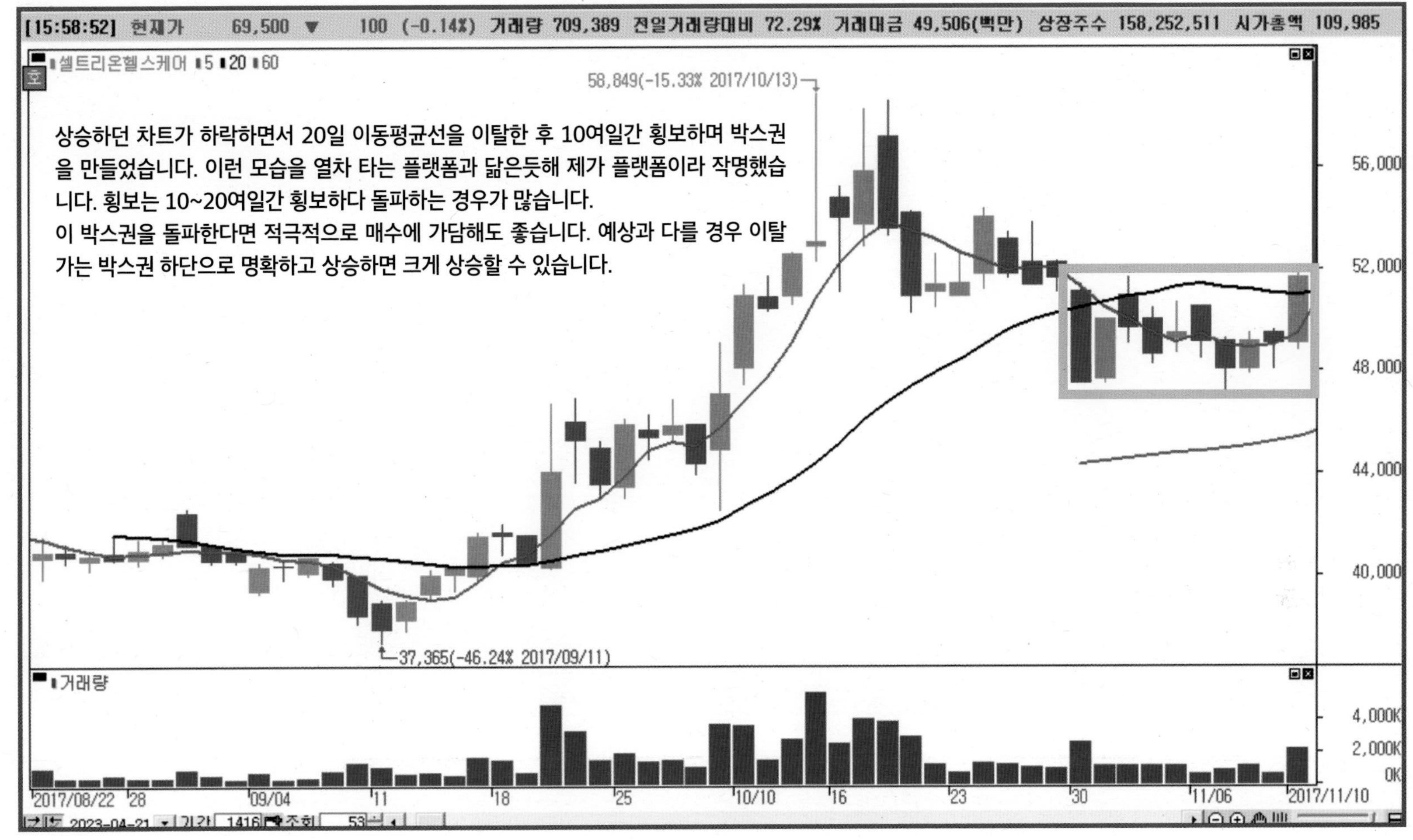

[15:58:52] 현재가 69,500 ▼ 100 (-0.14%) 거래량 709,389 전일거래량대비 72.29% 거래대금 49,506(백만) 상장주수 158,252,511 시가총액 109,985
셀트리온헬스케어 5 20 60
58,849(-15.33% 2017/10/13)
상승하던 차트가 하락하면서 20일 이동평균선을 이탈한 후 10여일간 횡보하며 박스권을 만들었습니다. 이런 모습을 열차 타는 플랫폼과 닮은듯해 제가 플랫폼이라 작명했습니다. 횡보는 10~20여일간 횡보하다 돌파하는 경우가 많습니다.
이 박스권을 돌파한다면 적극적으로 매수에 가담해도 좋습니다. 예상과 다를 경우 이탈가는 박스권 하단으로 명확하고 상승하면 크게 상승할 수 있습니다.
56,000
52,000
48,000
44,000
40,000
37,365(-46.24% 2017/09/11)
거래량
4,000K
2,000K
0K
2017/08/22
28
09/04
11
18
25
10/10
16
23
30
11/06
2017/11/10

플랫폼을 만들고 돌파하는 차트 - 셀트리온헬스케어

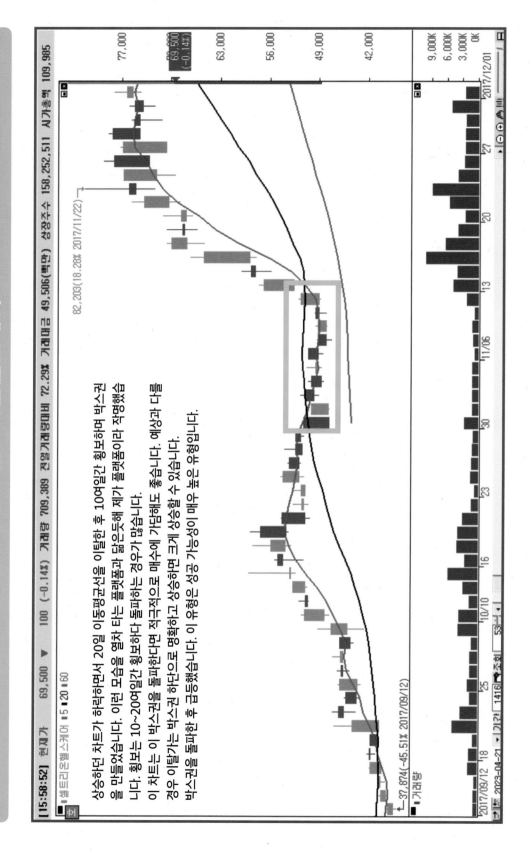

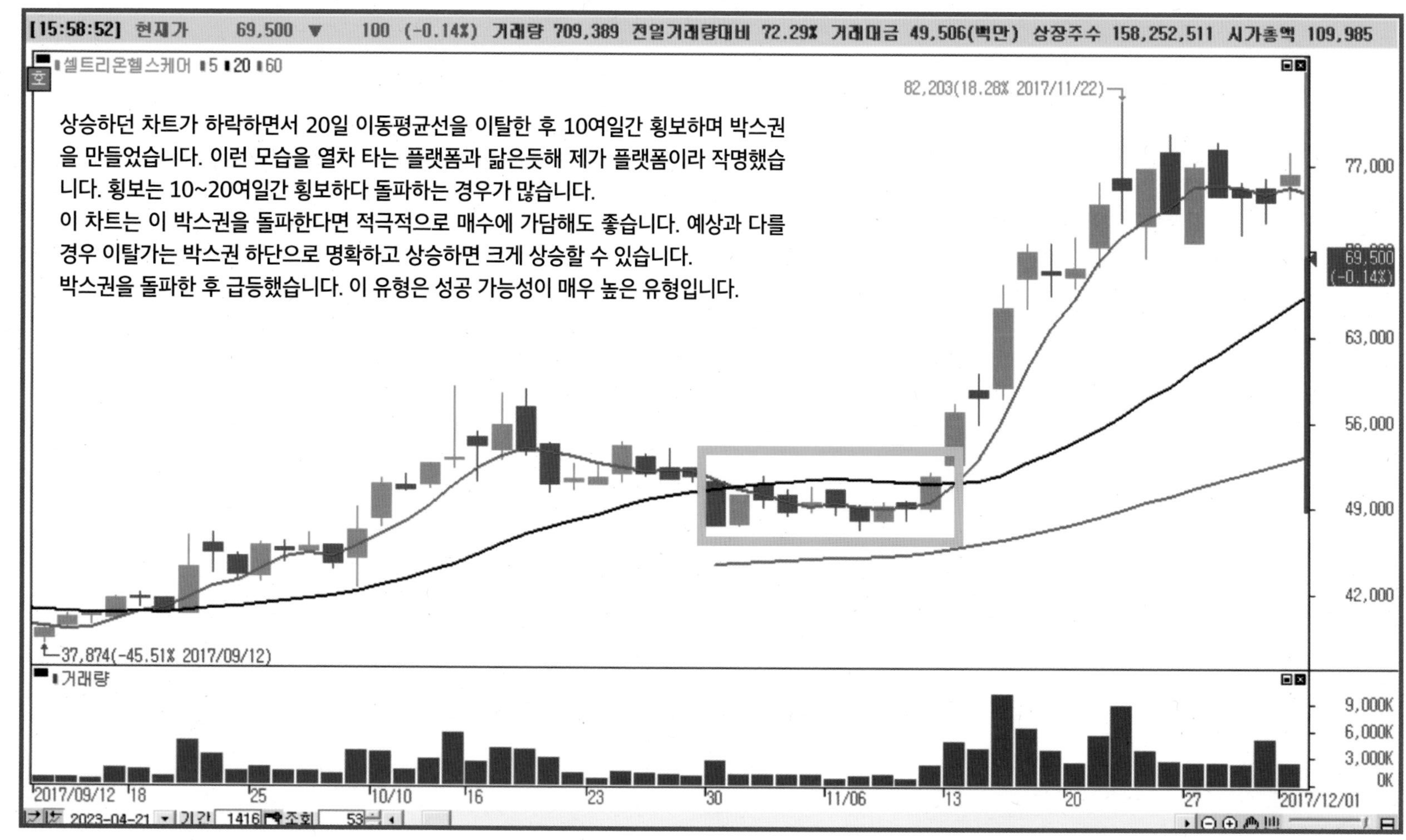
[15:58:52] 현재가 69,500 ▼ 100 (-0.14%) 거래량 709,389 전일거래량대비 72.29% 거래대금 49,506(백만) 상장주수 158,252,511 시가총액 109,985
셀트리온헬스케어 5 20 60
82,203(18.28% 2017/11/22)
상승하던 차트가 하락하면서 20일 이동평균선을 이탈한 후 10여일간 횡보하며 박스권을 만들었습니다. 이런 모습을 열차 타는 플랫폼과 닮은듯해 제가 플랫폼이라 작명했습니다. 횡보는 10~20여일간 횡보하다 돌파하는 경우가 많습니다.
이 차트는 이 박스권을 돌파한다면 적극적으로 매수에 가담해도 좋습니다. 예상과 다를 경우 이탈가는 박스권 하단으로 명확하고 상승하면 크게 상승할 수 있습니다.
박스권을 돌파한 후 급등했습니다. 이 유형은 성공 가능성이 매우 높은 유형입니다.
77,000
69,500
(-0.14%)
63,000
56,000
49,000
42,000
37,874(-45.51% 2017/09/12)
거래량
9,000K
6,000K
3,000K
0K
2017/09/12
18
25
10/10
16
23
30
11/06
13
20
27
2017/12/01
2023-04-21
기간
1416
조회
53

플랫폼을 만들고 돌파하는 차트 - 에코프로

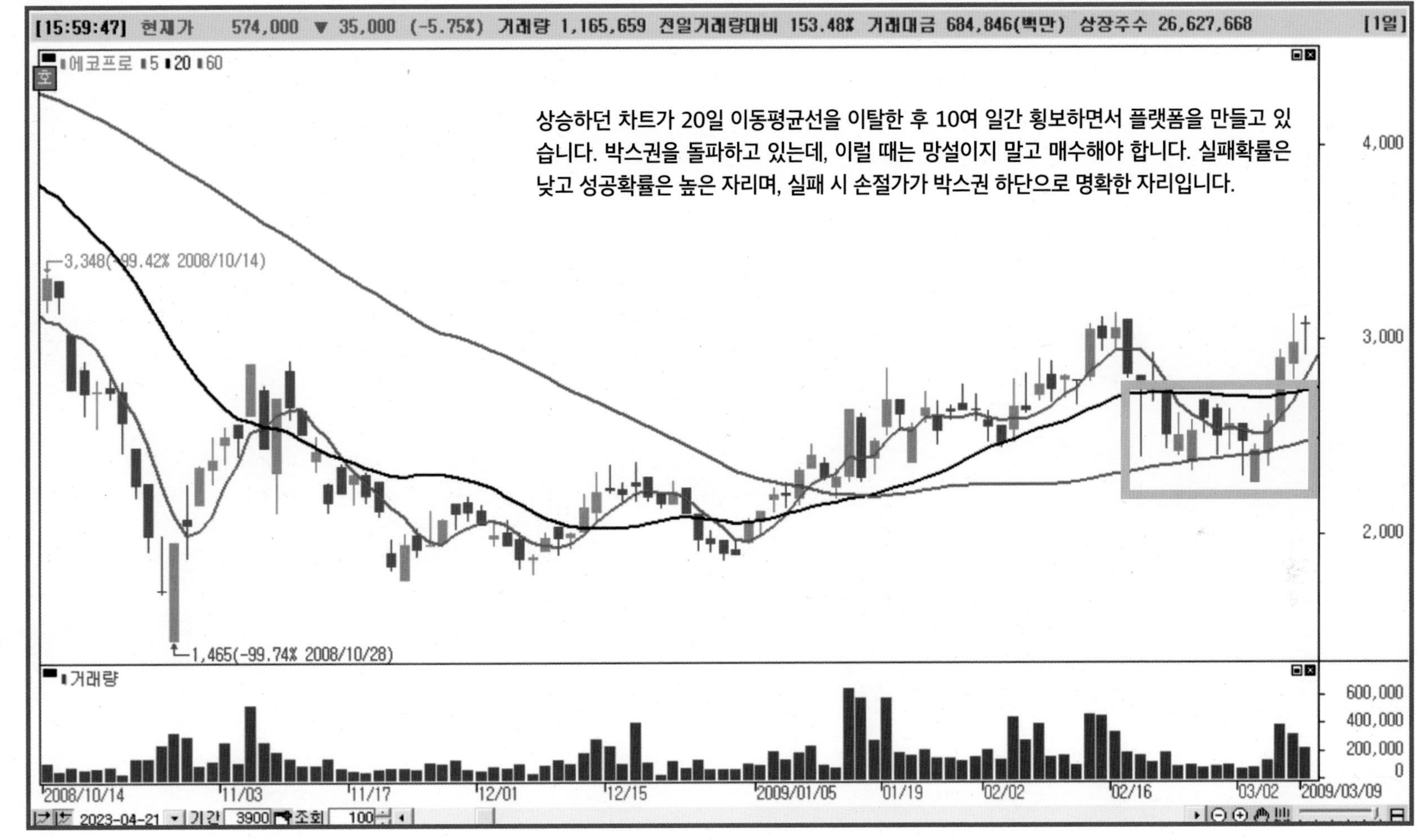
[15:59:47] 현재가 574,000 ▼ 35,000 (-5.75%) 거래량 1,165,659 전일거래량대비 153.48% 거래대금 684,846(백만) 상장주수 26,627,668 [1일]
에코프로 5 20 60
상승하던 차트가 20일 이동평균선을 이탈한 후 10여 일간 횡보하면서 플랫폼을 만들고 있습니다. 박스권을 돌파하고 있는데, 이럴 때는 망설이지 말고 매수해야 합니다. 실패확률은 낮고 성공확률은 높은 자리며, 실패 시 손절가가 박스권 하단으로 명확한 자리입니다.
3,348(-99.42% 2008/10/14)
1,465(-99.74% 2008/10/28)
4,000
3,000
2,000
거래량
600,000
400,000
200,000
0
2008/10/14
11/03
11/17
12/01
12/15
2009/01/05
01/19
02/02
02/16
03/02
2009/03/09
2023-04-21
기간
3900
조회
100

플랫폼을 만들고 돌파하는 차트 - 에코프로

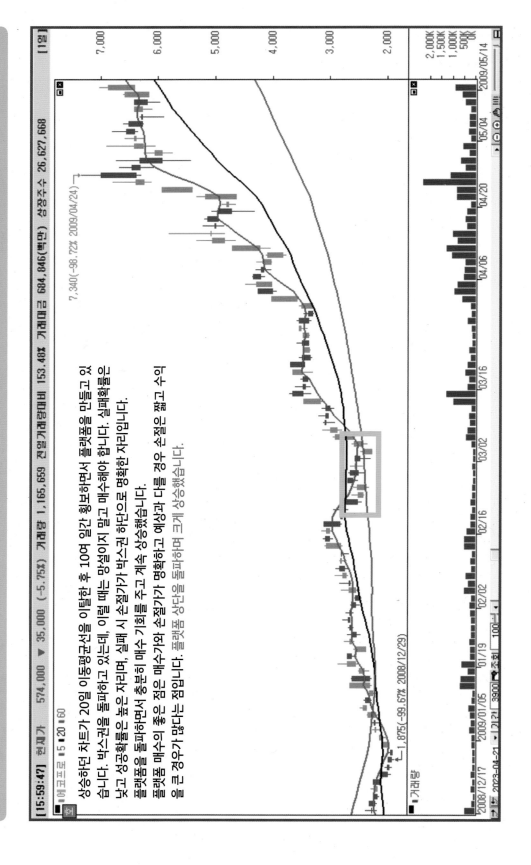

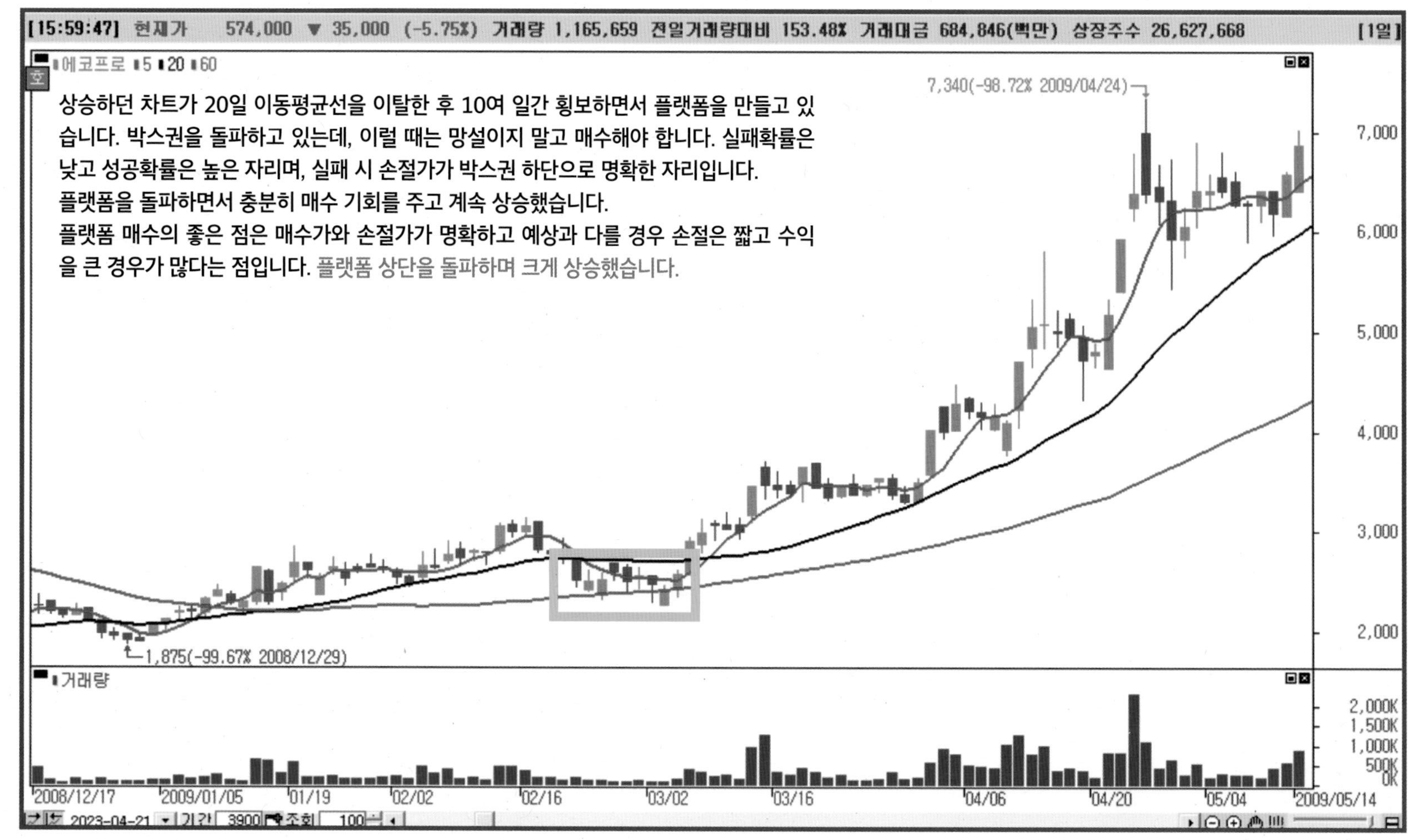
[15:59:47] 현재가 574,000 ▼ 35,000 (-5.75%) 거래량 1,165,659 전일거래량대비 153.48% 거래대금 684,846(백만) 상장주수 26,627,668 [1일]
에코프로 5 20 60
상승하던 차트가 20일 이동평균선을 이탈한 후 10여 일간 횡보하면서 플랫폼을 만들고 있습니다. 박스권을 돌파하고 있는데, 이럴 때는 망설이지 말고 매수해야 합니다. 실패확률은 낮고 성공확률은 높은 자리며, 실패 시 손절가가 박스권 하단으로 명확한 자리입니다.
플랫폼을 돌파하면서 충분히 매수 기회를 주고 계속 상승했습니다.
플랫폼 매수의 좋은 점은 매수가와 손절가가 명확하고 예상과 다를 경우 손절은 짧고 수익을 큰 경우가 많다는 점입니다. 플랫폼 상단을 돌파하며 크게 상승했습니다.
7,340(-98.72% 2009/04/24)
1,875(-99.67% 2008/12/29)
7,000
6,000
5,000
4,000
3,000
2,000
거래량
2,000K
1,500K
1,000K
500K
0K
2008/12/17
2009/01/05
01/19
02/02
02/16
03/02
03/16
04/06
04/20
05/04
2009/05/14

플랫폼을 만들고 돌파하는 차트 - 아남전자

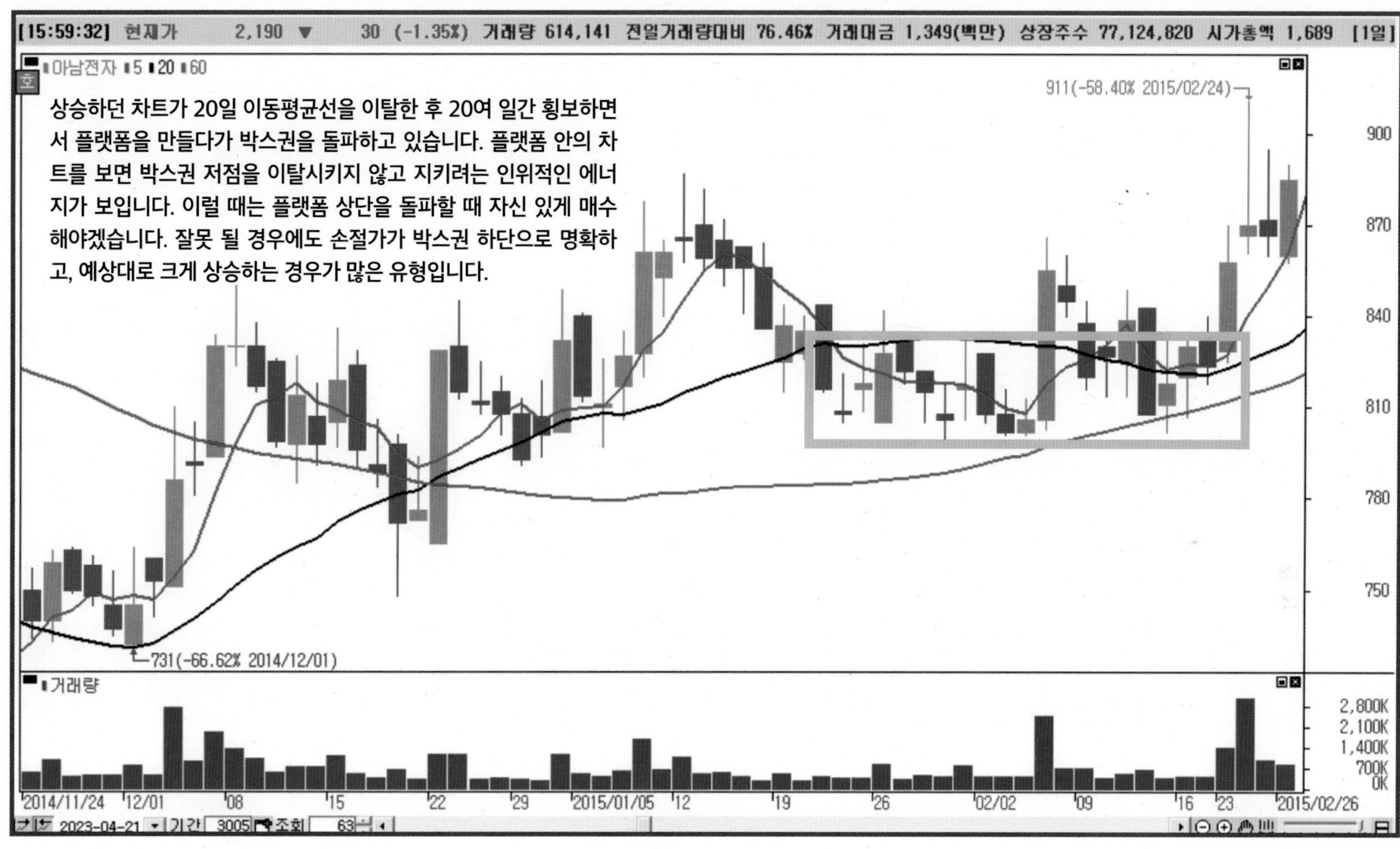
[15:59:32] 현재가 2,190 ▼ 30 (-1.35%) 거래량 614,141 전일거래량대비 76.46% 거래대금 1,349(백만) 상장주수 77,124,820 시가총액 1,689 [1일]
아남전자 5 20 60
상승하던 차트가 20일 이동평균선을 이탈한 후 20여 일간 횡보하면서 플랫폼을 만들다가 박스권을 돌파하고 있습니다. 플랫폼 안의 차트를 보면 박스권 저점을 이탈시키지 않고 지키려는 인위적인 에너지가 보입니다. 이럴 때는 플랫폼 상단을 돌파할 때 자신 있게 매수해야겠습니다. 잘못 될 경우에도 손절가가 박스권 하단으로 명확하고, 예상대로 크게 상승하는 경우가 많은 유형입니다.
911(-58.40% 2015/02/24)
731(-66.62% 2014/12/01)
900
870
840
810
780
750
거래량
2,800K
2,100K
1,400K
700K
0K
2014/11/24
12/01
08
15
22
29
2015/01/05
12
19
26
02/02
09
16
23
2015/02/26

플랫폼을 만들고 돌파하는 차트 - 아남전자

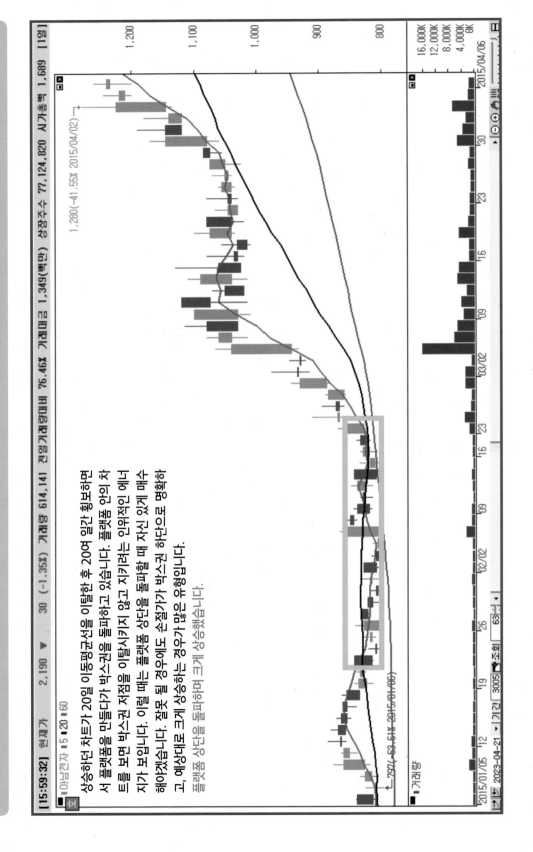

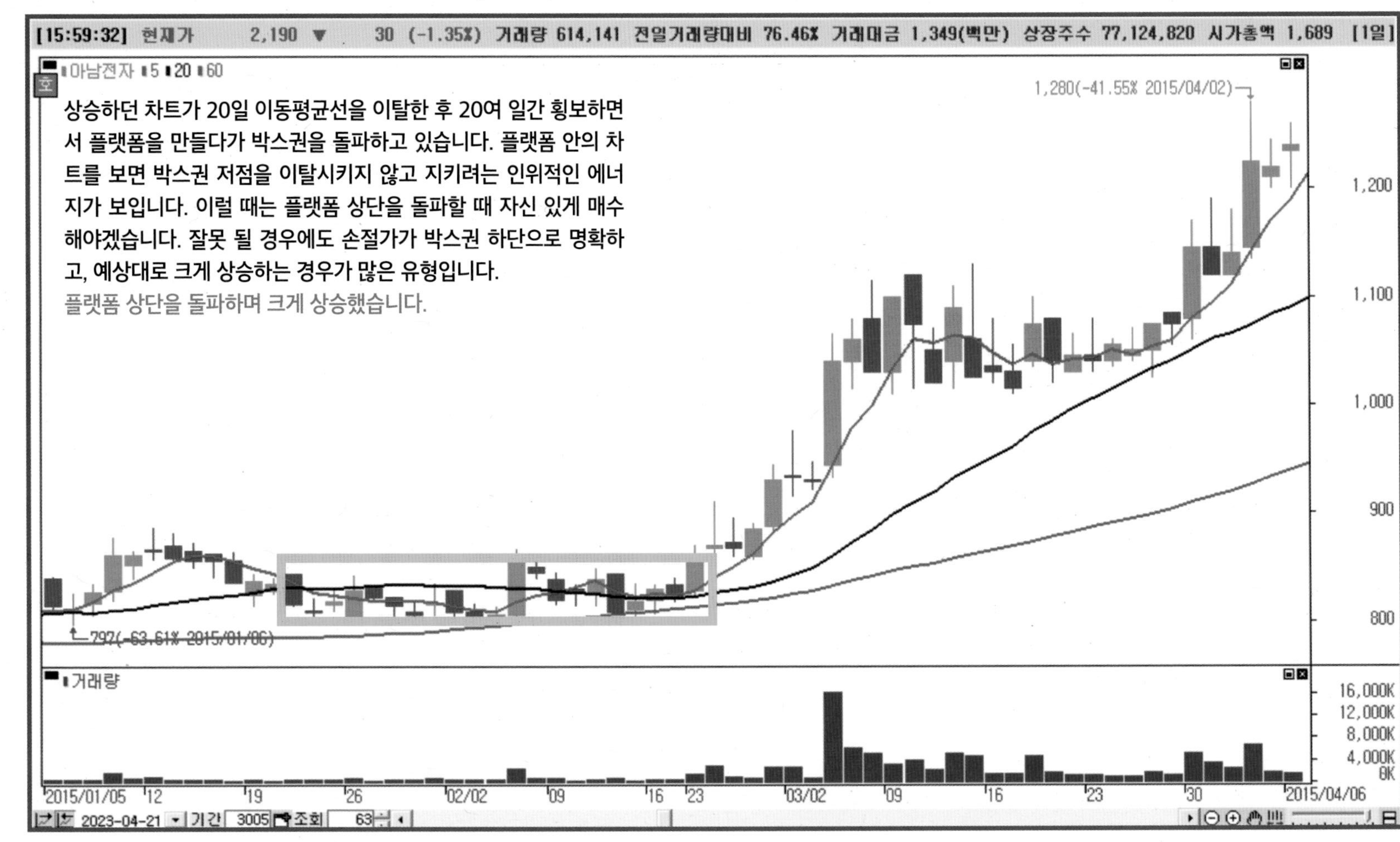
[15:59:32] 현재가 2,190 ▼ 30 (-1.35%) 거래량 614,141 전일거래량대비 76.46% 거래대금 1,349(백만) 상장주수 77,124,820 시가총액 1,689 [1일]
아남전자 5 20 60
상승하던 차트가 20일 이동평균선을 이탈한 후 20여 일간 횡보하면서 플랫폼을 만들다가 박스권을 돌파하고 있습니다. 플랫폼 안의 차트를 보면 박스권 저점을 이탈시키지 않고 지키려는 인위적인 에너지가 보입니다. 이럴 때는 플랫폼 상단을 돌파할 때 자신 있게 매수해야겠습니다. 잘못 될 경우에도 손절가가 박스권 하단으로 명확하고, 예상대로 크게 상승하는 경우가 많은 유형입니다.
플랫폼 상단을 돌파하며 크게 상승했습니다.
1,280(-41.55% 2015/04/02)
797(-63.61% 2015/01/06)
1,200
1,100
1,000
900
800
거래량
16,000K
12,000K
8,000K
4,000K
0K
2015/01/05
12
19
26
02/02
09
16
23
03/02
09
16
23
30
2015/04/06
2023-04-21
기간
3005
조회
63

플랫폼을 만들고 돌파하는 차트 - 일진파워

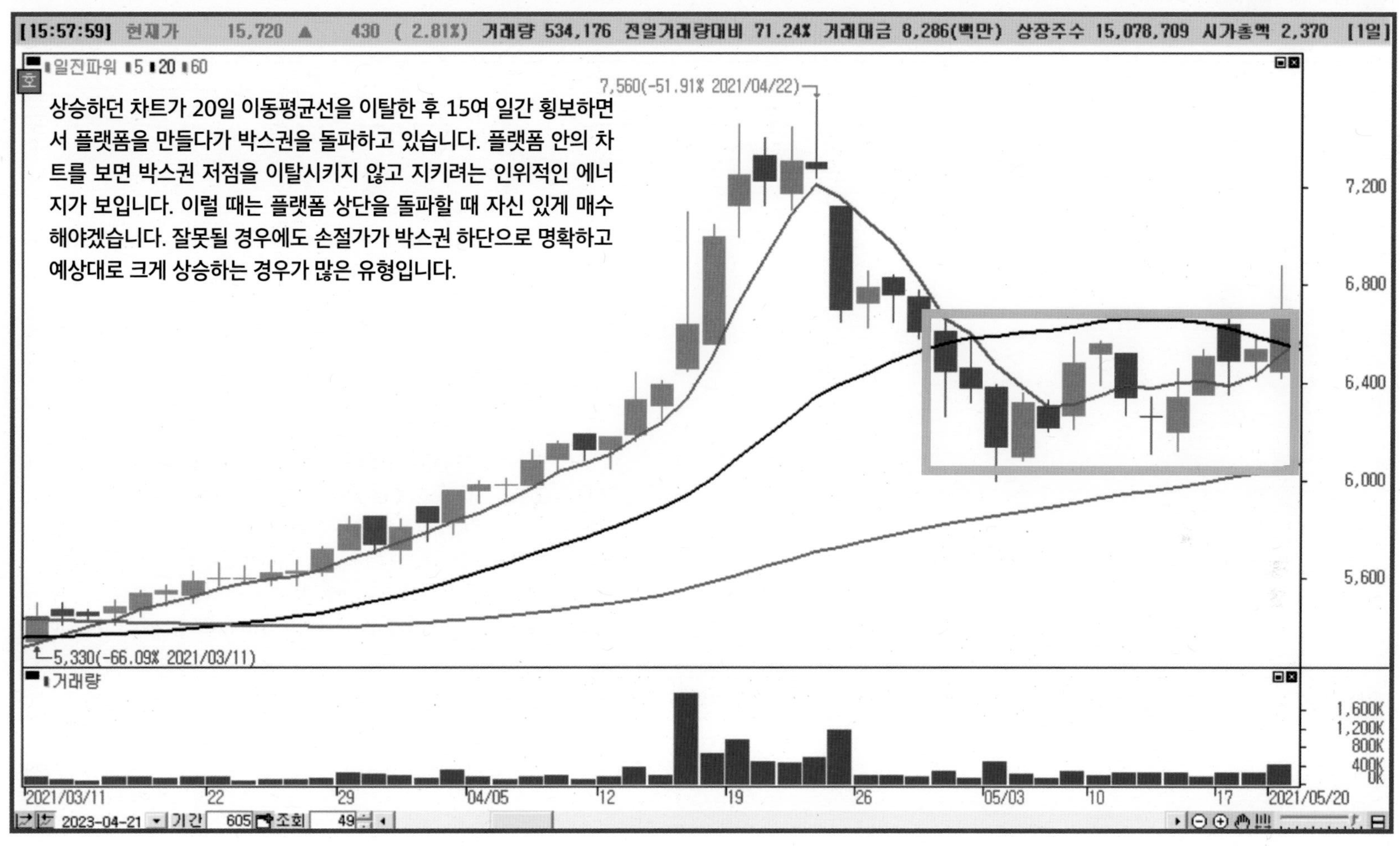

[15:57:59] 현재가 15,720 ▲ 430 (2.81%) 거래량 534,176 전일거래량대비 71.24% 거래대금 8,286(백만) 상장주수 15,078,709 시가총액 2,370 [1일]
일진파워 5 20 60
7,560(-51.91% 2021/04/22)
상승하던 차트가 20일 이동평균선을 이탈한 후 15여 일간 횡보하면서 플랫폼을 만들다가 박스권을 돌파하고 있습니다. 플랫폼 안의 차트를 보면 박스권 저점을 이탈시키지 않고 지키려는 인위적인 에너지가 보입니다. 이럴 때는 플랫폼 상단을 돌파할 때 자신 있게 매수해야겠습니다. 잘못될 경우에도 손절가가 박스권 하단으로 명확하고 예상대로 크게 상승하는 경우가 많은 유형입니다.
7,200
6,800
6,400
6,000
5,600
5,330(-66.09% 2021/03/11)
거래량
1,600K
1,200K
800K
400K
0K
2021/03/11
22
29
04/05
12
19
26
05/03
10
17
2021/05/20
2023-04-21
기간
605
조회
49

플랫폼을 만들고 돌파하는 차트 - 일진파워

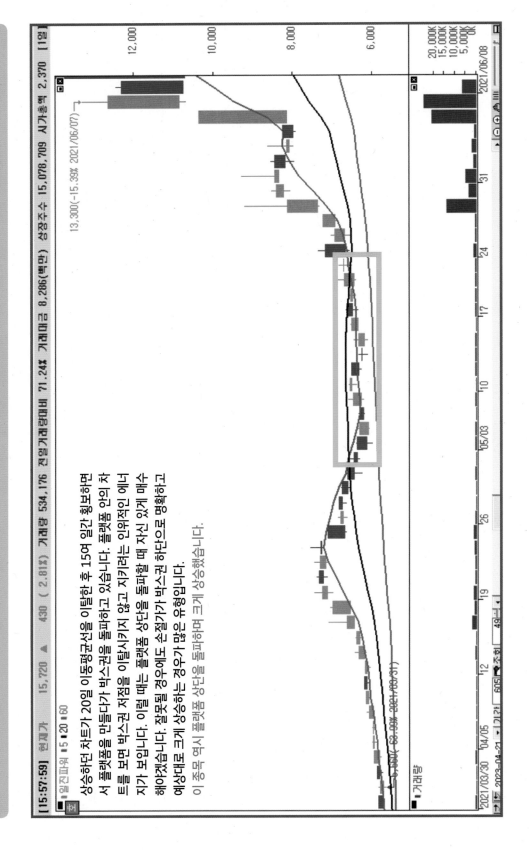

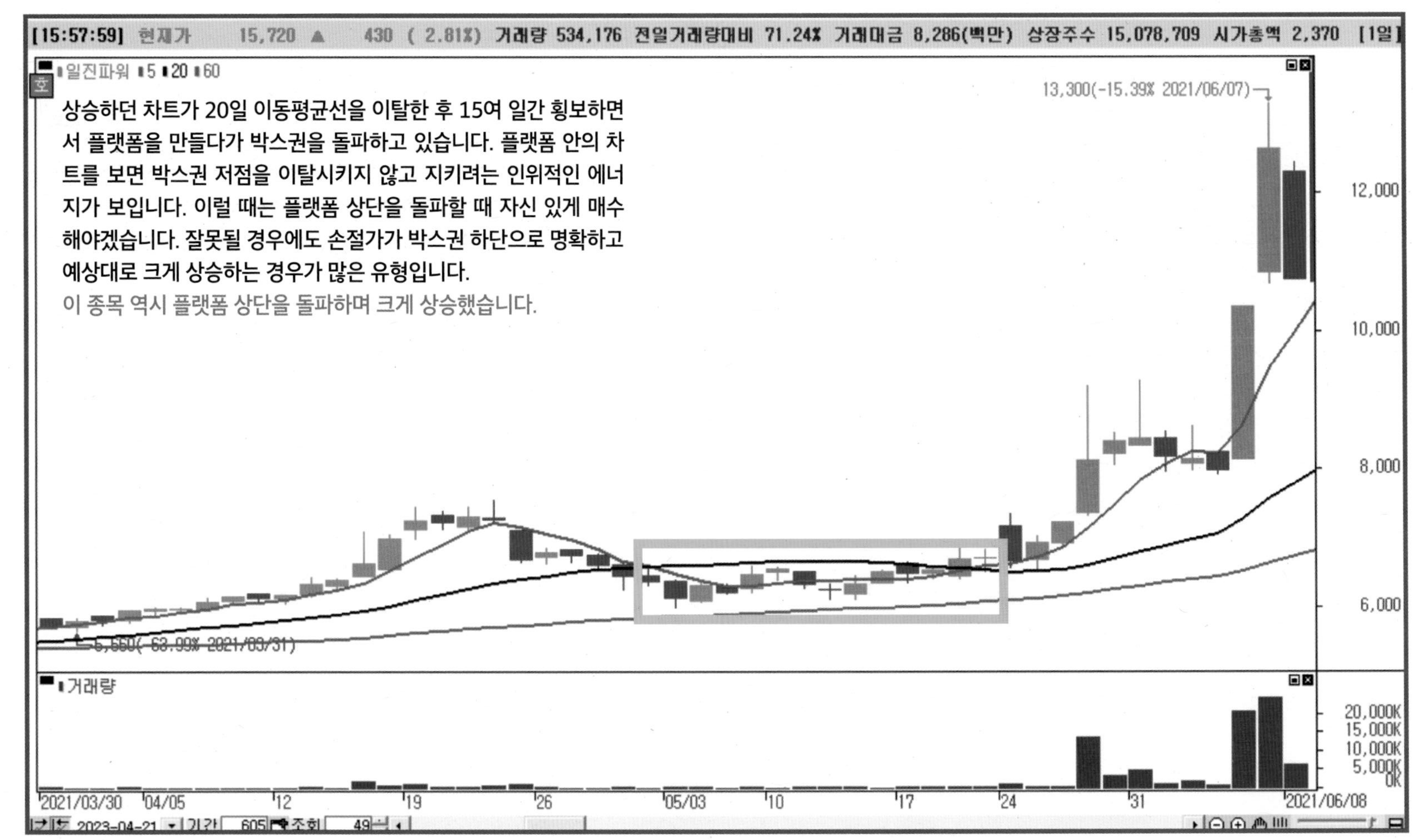
[15:57:59] 현재가 15,720 ▲ 430 (2.81%) 거래량 534,176 전일거래량대비 71.24% 거래대금 8,286(백만) 상장주수 15,078,709 시가총액 2,370 [1일]
일진파워 5 20 60
상승하던 차트가 20일 이동평균선을 이탈한 후 15여 일간 횡보하면서 플랫폼을 만들다가 박스권을 돌파하고 있습니다. 플랫폼 안의 차트를 보면 박스권 저점을 이탈시키지 않고 지키려는 인위적인 에너지가 보입니다. 이럴 때는 플랫폼 상단을 돌파할 때 자신 있게 매수해야겠습니다. 잘못될 경우에도 손절가가 박스권 하단으로 명확하고 예상대로 크게 상승하는 경우가 많은 유형입니다.
이 종목 역시 플랫폼 상단을 돌파하며 크게 상승했습니다.
13,300(-15.39% 2021/06/07)
12,000
10,000
8,000
6,000
거래량
20,000K
15,000K
10,000K
5,000K
0K
2021/03/30
04/05
12
19
26
05/03
10
17
24
31
2021/06/08
2023-04-21
기간
605
조회
49

4

상승 후 음봉횡보 매수 신의 한 수

상승 후 음봉횡보 매수 - 한국조선해양 | 상승 후 음봉횡보 매수 - 대우조선해양

상승 후 음봉횡보 매수 - 한국조선해양

[15:58:09] 현재가 85,600 ▼ 400 (-0.47%) 거래량 229,240 전일거래량대비 103.40% 거래대금 19,522(백만) 상장주수 70,773,116 시가총액 60,582
한국조선해양 5 20 60
116,000(35.51% 2020/12/22)
90,700(5.96% 2020/11/12)
115,000
110,000
105,000
100,000
95,000
90,000
85,600
(-0.47%)
거래량
900K
600K
300K
0K
2020/11/11
16
23
30
12/07
14
21
2020/12/28
2023-04-21
기간
1205
조회
33

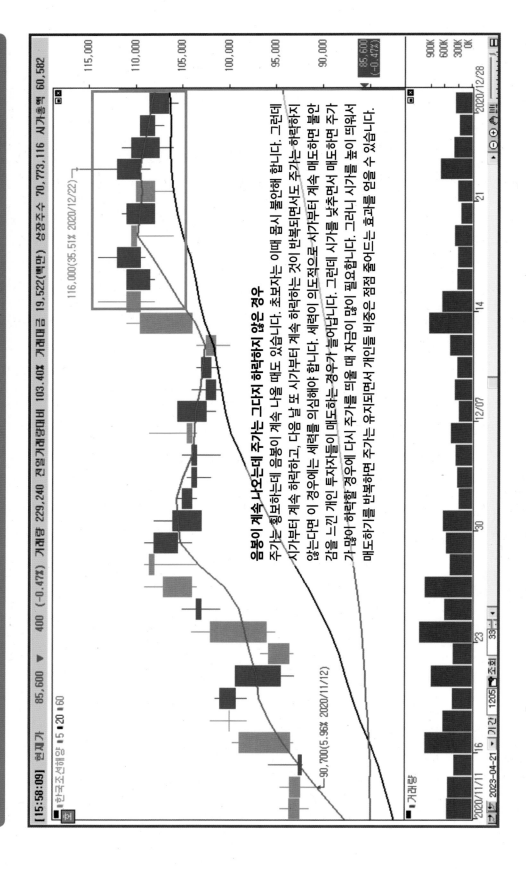

음봉이 계속 나오는데 주가는 그다지 하락하지 않은 경우

주가는 횡보하는데 음봉이 계속 나올 때도 있습니다. 초보자는 이때 몹시 불안해 합니다. 그런데 시가부터 계속 하락하고, 다음 날 또 시가부터 계속 하락하는 것이 반복되면서도 주가는 하락하지 않는다면 이 경우에는 세력를 의심해야 합니다. 세력이 의도적으로 시가부터 계속 매도하면 불안감을 느낀 개인 투자자들이 매도하는 경우가 늘어납니다. 그런데 시가를 낮추면서 매도하면 주가가 많이 하락할 경우에 다시 주가를 띄울 때 자금이 많이 필요합니다. 그러니 시가를 높이 띄워서 매도하기를 반복하면 주가는 유지되면서 개인들 비중은 점점 줄어드는 효과를 얻을 수 있습니다.

상승 후 음봉횡보 매수 - 한국조선해양

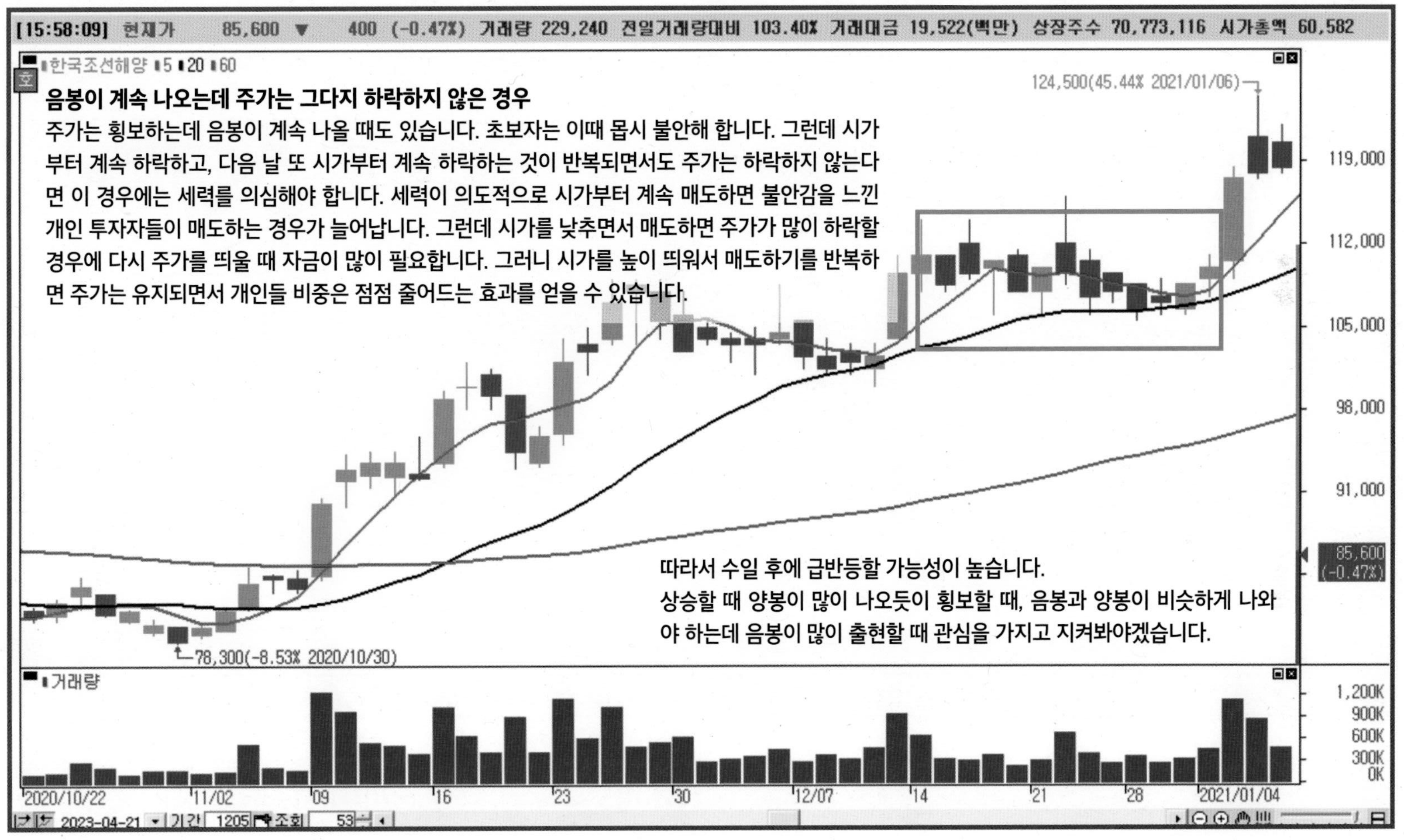

[15:58:09] 현재가 85,600 ▼ 400 (-0.47%) 거래량 229,240 전일거래량대비 103.40% 거래대금 19,522(백만) 상장주수 70,773,116 시가총액 60,582
한국조선해양 5 20 60
음봉이 계속 나오는데 주가는 그다지 하락하지 않은 경우
주가는 횡보하는데 음봉이 계속 나올 때도 있습니다. 초보자는 이때 몹시 불안해 합니다. 그런데 시가부터 계속 하락하고, 다음 날 또 시가부터 계속 하락하는 것이 반복되면서도 주가는 하락하지 않는다면 이 경우에는 세력를 의심해야 합니다. 세력이 의도적으로 시가부터 계속 매도하면 불안감을 느낀 개인 투자자들이 매도하는 경우가 늘어납니다. 그런데 시가를 낮추면서 매도하면 주가가 많이 하락할 경우에 다시 주가를 띄울 때 자금이 많이 필요합니다. 그러니 시가를 높이 띄워서 매도하기를 반복하면 주가는 유지되면서 개인들 비중은 점점 줄어드는 효과를 얻을 수 있습니다.
124,500(45.44% 2021/01/06)
119,000
112,000
105,000
98,000
91,000
85,600 (-0.47%)
따라서 수일 후에 급반등할 가능성이 높습니다.
상승할 때 양봉이 많이 나오듯이 횡보할 때, 음봉과 양봉이 비슷하게 나와야 하는데 음봉이 많이 출현할 때 관심을 가지고 지켜봐야겠습니다.
78,300(-8.53% 2020/10/30)
거래량
1,200K
900K
600K
300K
0K
2020/10/22
11/02
09
16
23
30
12/07
14
21
28
2021/01/04
2023-04-21 기간 1205 조회 53

상승 후 음봉횡보 매수 - 대우조선해양

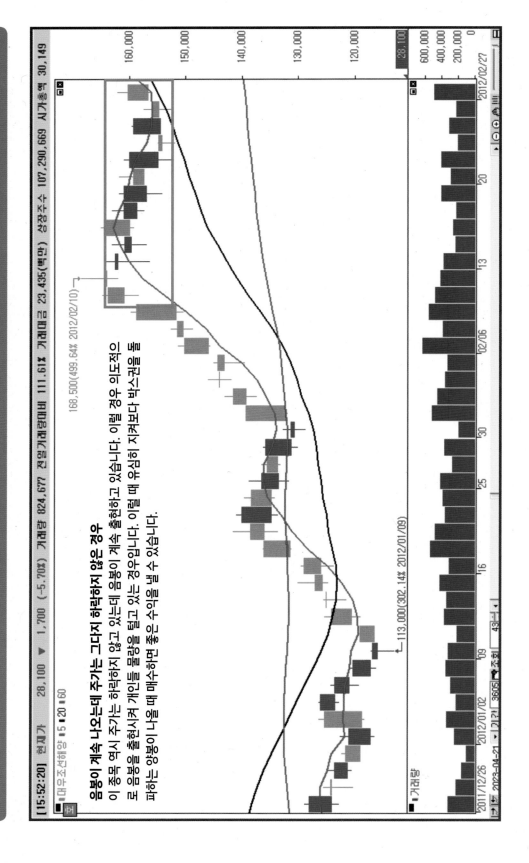

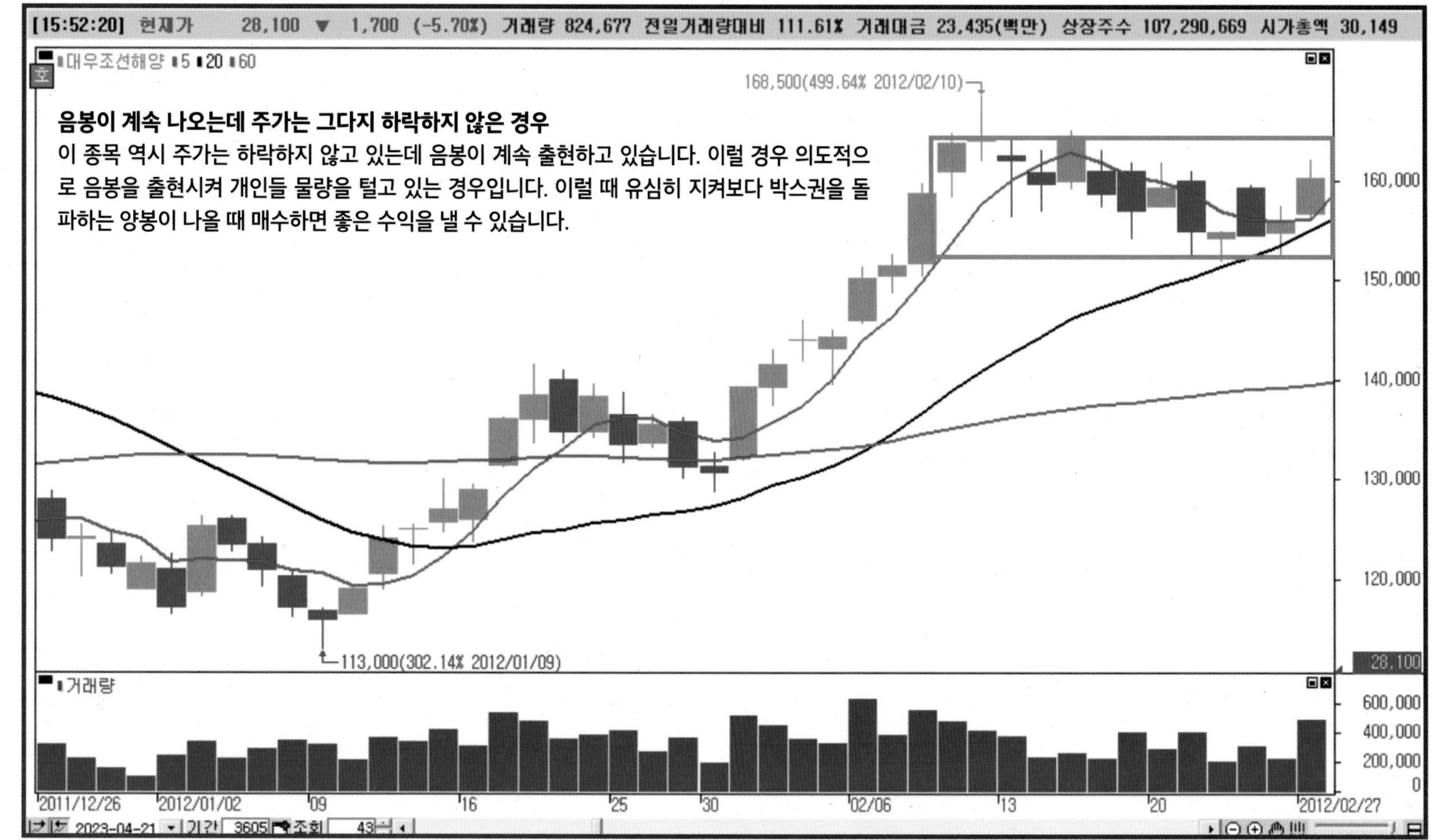
[15:52:20] 현재가 28,100 ▼ 1,700 (-5.70%) 거래량 824,677 전일거래량대비 111.61% 거래대금 23,435(백만) 상장주수 107,290,669 시가총액 30,149
대우조선해양 5 20 60
168,500(499.64% 2012/02/10)
113,000(302.14% 2012/01/09)
160,000
150,000
140,000
130,000
120,000
28,100
거래량
600,000
400,000
200,000
0
2011/12/26
2012/01/02
09
16
25
30
02/06
13
20
2012/02/27
음봉이 계속 나오는데 주가는 그다지 하락하지 않은 경우
이 종목 역시 주가는 하락하지 않고 있는데 음봉이 계속 출현하고 있습니다. 이럴 경우 의도적으로 음봉을 출현시켜 개인들 물량을 털고 있는 경우입니다. 이럴 때 유심히 지켜보다 박스권을 돌파하는 양봉이 나올 때 매수하면 좋은 수익을 낼 수 있습니다.

상승 후 음봉횡보 매수 - 대우조선해양

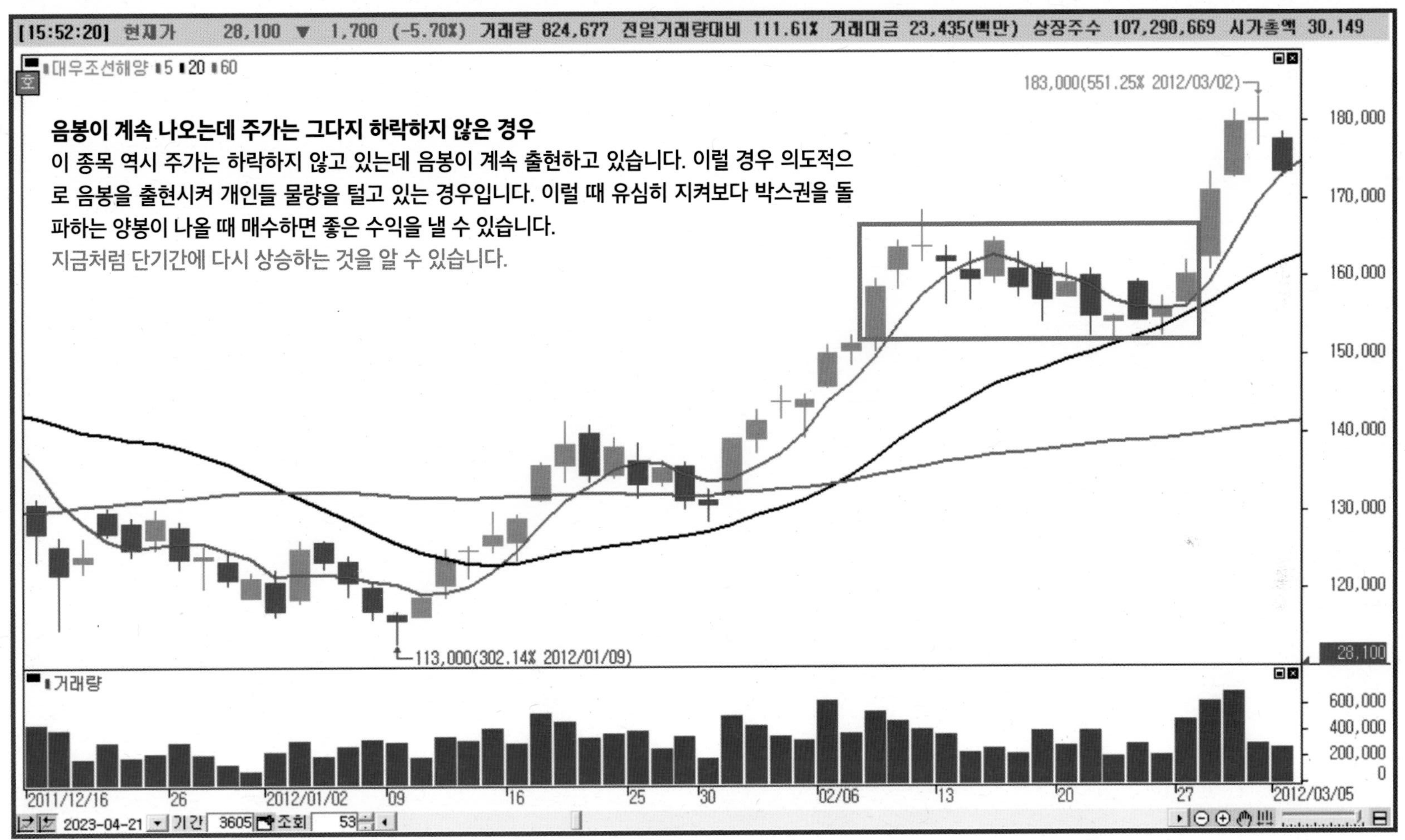

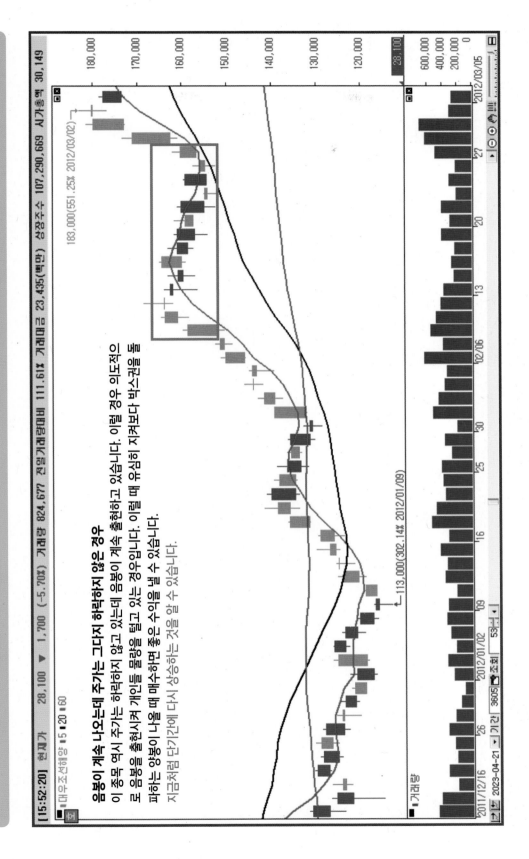

[15:52:20] 현재가 28,100 ▼ 1,700 (-5.70%) 거래량 824,677 전일거래량대비 111.61% 거래대금 23,435(백만) 상장주수 107,290,669 시가총액 30,149
대우조선해양 5 20 60
183,000(551.25% 2012/03/02)
113,000(302.14% 2012/01/09)
180,000
170,000
160,000
150,000
140,000
130,000
120,000
28,100
거래량
600,000
400,000
200,000
0
2011/12/16
26
2012/01/02
09
16
25
30
02/06
13
20
27
2012/03/05
2023-04-21 기간 3605 조회 53

음봉이 계속 나오는데 주가는 그다지 하락하지 않은 경우

이 종목 역시 주가는 하락하지 않고 있는데 음봉이 계속 출현하고 있습니다. 이럴 경우 의도적으로 음봉을 출현시켜 개인들 물량을 털고 있는 경우입니다. 이럴 때 유심히 지켜보다 박스권을 돌파하는 양봉이 나올 때 매수하면 좋은 수익을 낼 수 있습니다.

지금처럼 단기간에 다시 상승하는 것을 알 수 있습니다.

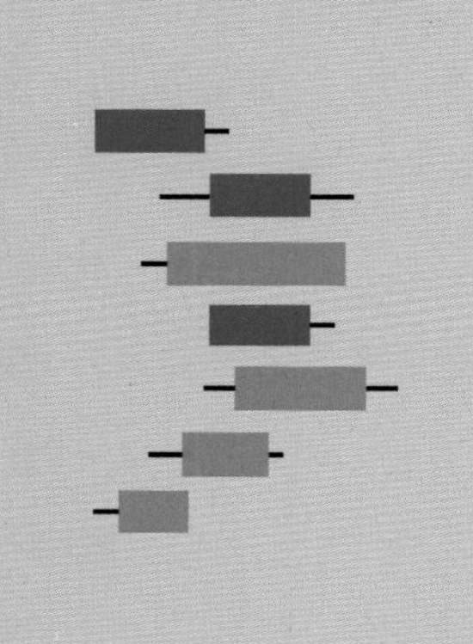

5

대량거래를 통한 매집 신의 한 수

대량거래를 통한 매집 | 장기간 횡보 후 급락시켜 물량 매집 | 눌림목 이용한 물량 매집
눌림목 매수 기법(20일 이동평균선 이탈 후 돌파 매매) | 눌림목 매수 기법(5일 이동평균선 이탈 후 돌파 매매)
매물대 돌파를 위해서는 거래량이 터져야 한다 | 직전 고점 돌파 시 거래량이 증가
"달리는 말에 올라타라"의 허와 실
"달리는 말에 올라타라"의 허와 실 - 현대차 | "달리는 말에 올라타라"의 허와 실 - POSCO

대량거래를 통한 매집

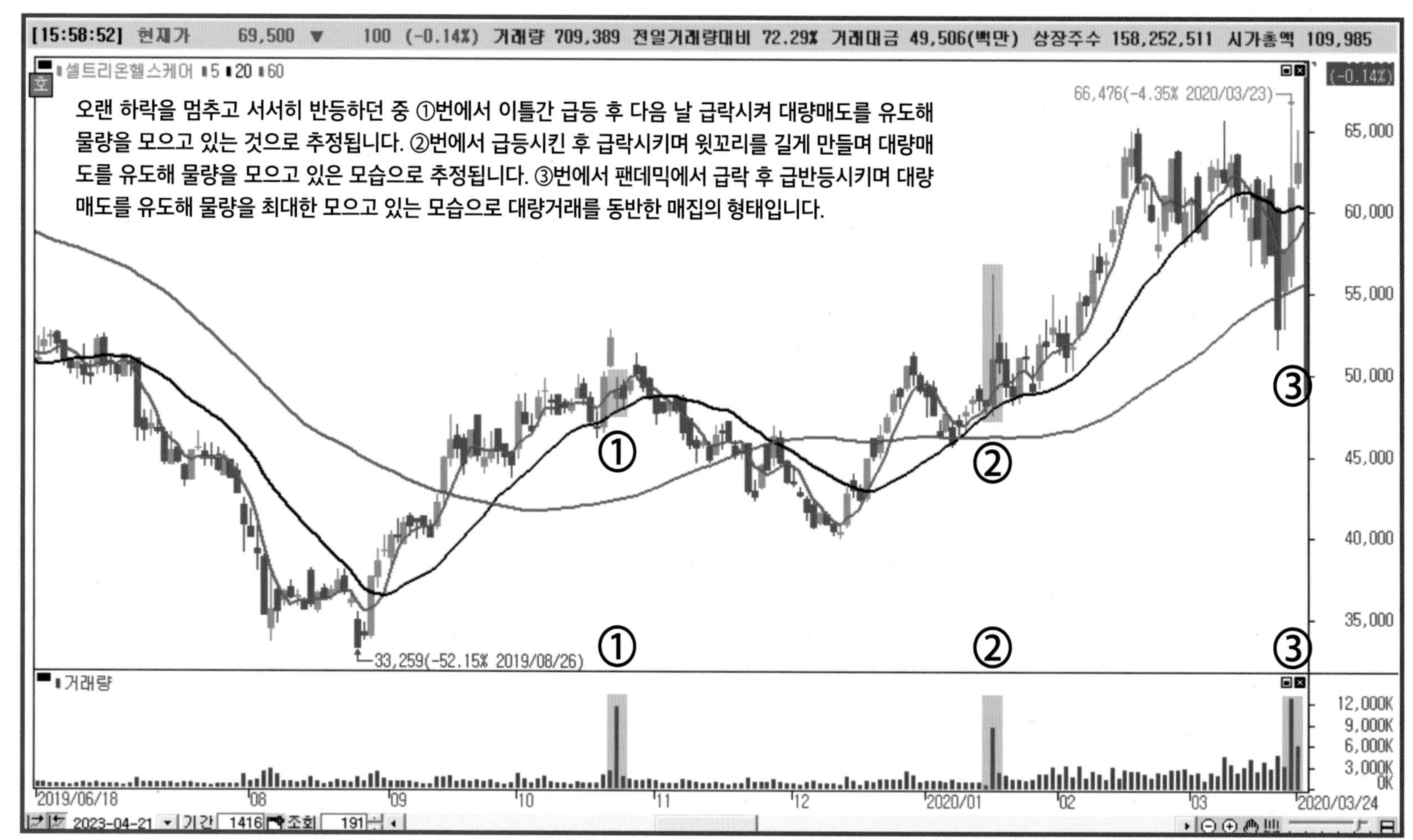
[15:58:52] 현재가 69,500 ▼ 100 (-0.14%) 거래량 709,389 전일거래량대비 72.29% 거래대금 49,506(백만) 상장주수 158,252,511 시가총액 109,985
셀트리온헬스케어 5 20 60
오랜 하락을 멈추고 서서히 반등하던 중 ①번에서 이틀간 급등 후 다음 날 급락시켜 대량매도를 유도해 물량을 모으고 있는 것으로 추정됩니다. ②번에서 급등시킨 후 급락시키며 윗꼬리를 길게 만들며 대량매도를 유도해 물량을 모으고 있은 모습으로 추정됩니다. ③번에서 팬데믹에서 급락 후 급반등시키며 대량매도를 유도해 물량을 최대한 모으고 있는 모습으로 대량거래를 동반한 매집의 형태입니다.
66,476(-4.35% 2020/03/23)
33,259(-52.15% 2019/08/26)
65,000
60,000
55,000
50,000
45,000
40,000
35,000
거래량
12,000K
9,000K
6,000K
3,000K
0K
2019/06/18
08
09
10
11
12
2020/01
02
03
2020/03/24
2023-04-21
기간 1416
조회 191

대량거래를 통한 매집

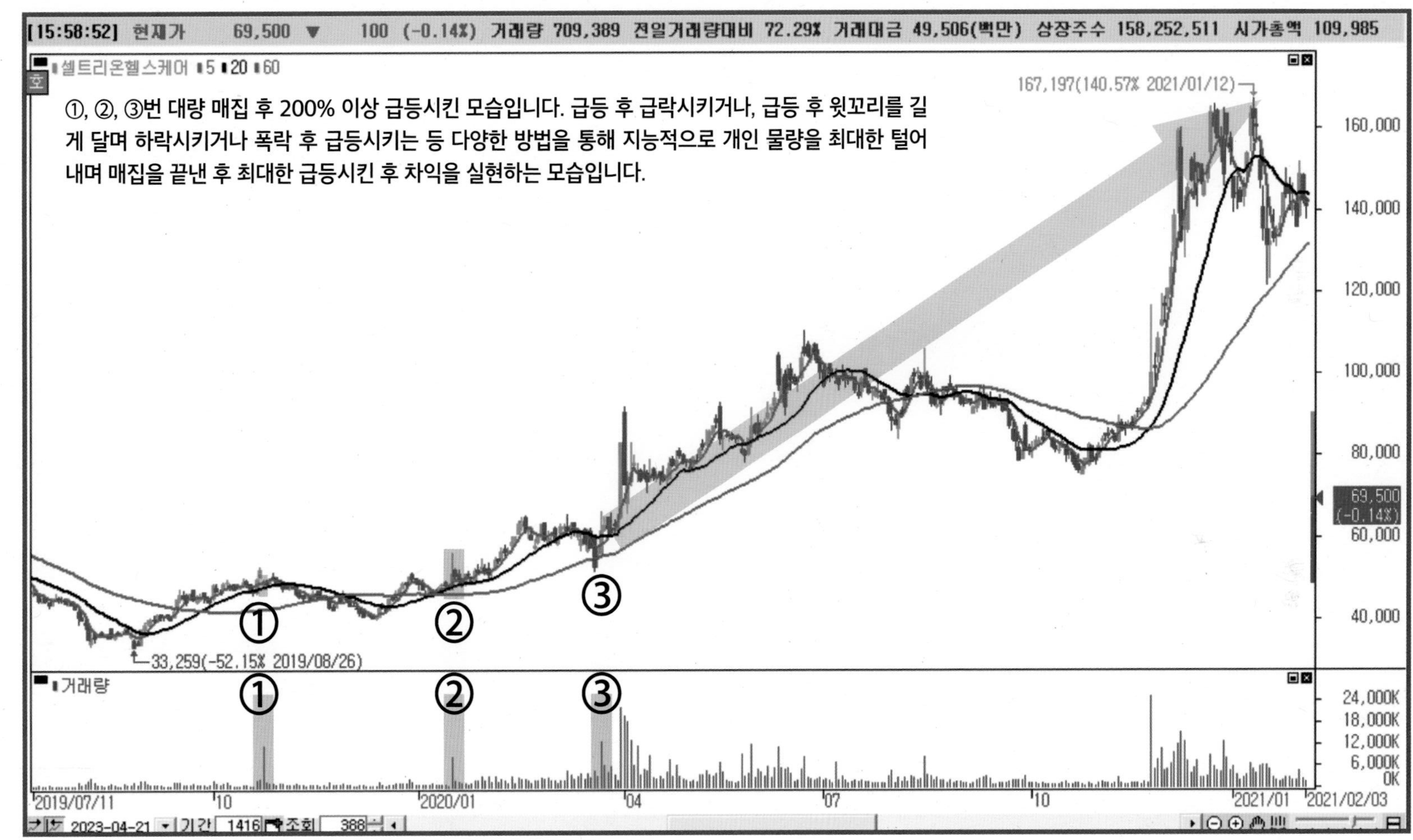
[15:58:52] 현재가 69,500 ▼ 100 (-0.14%) 거래량 709,389 전일거래량대비 72.29% 거래대금 49,506(백만) 상장주식수 158,252,511 시가총액 109,985
셀트리온헬스케어 5 20 60
①, ②, ③번 대량 매집 후 200% 이상 급등시킨 모습입니다. 급등 후 급락시키거나, 급등 후 윗꼬리를 길게 달며 하락시키거나 폭락 후 급등시키는 등 다양한 방법을 통해 지능적으로 개인 물량을 최대한 털어내며 매집을 끝낸 후 최대한 급등시킨 후 차익을 실현하는 모습입니다.
167,197(140.57% 2021/01/12)
33,259(-52.15% 2019/08/26)
①
②
③
160,000
140,000
120,000
100,000
80,000
69,500
(-0.14%)
60,000
40,000
거래량
24,000K
18,000K
12,000K
6,000K
0K
2019/07/11
10
2020/01
04
07
2021/01
2021/02/03
2023-04-21
기간 1416
조회 388

장기간 횡보 후 급락시켜 물량 매집

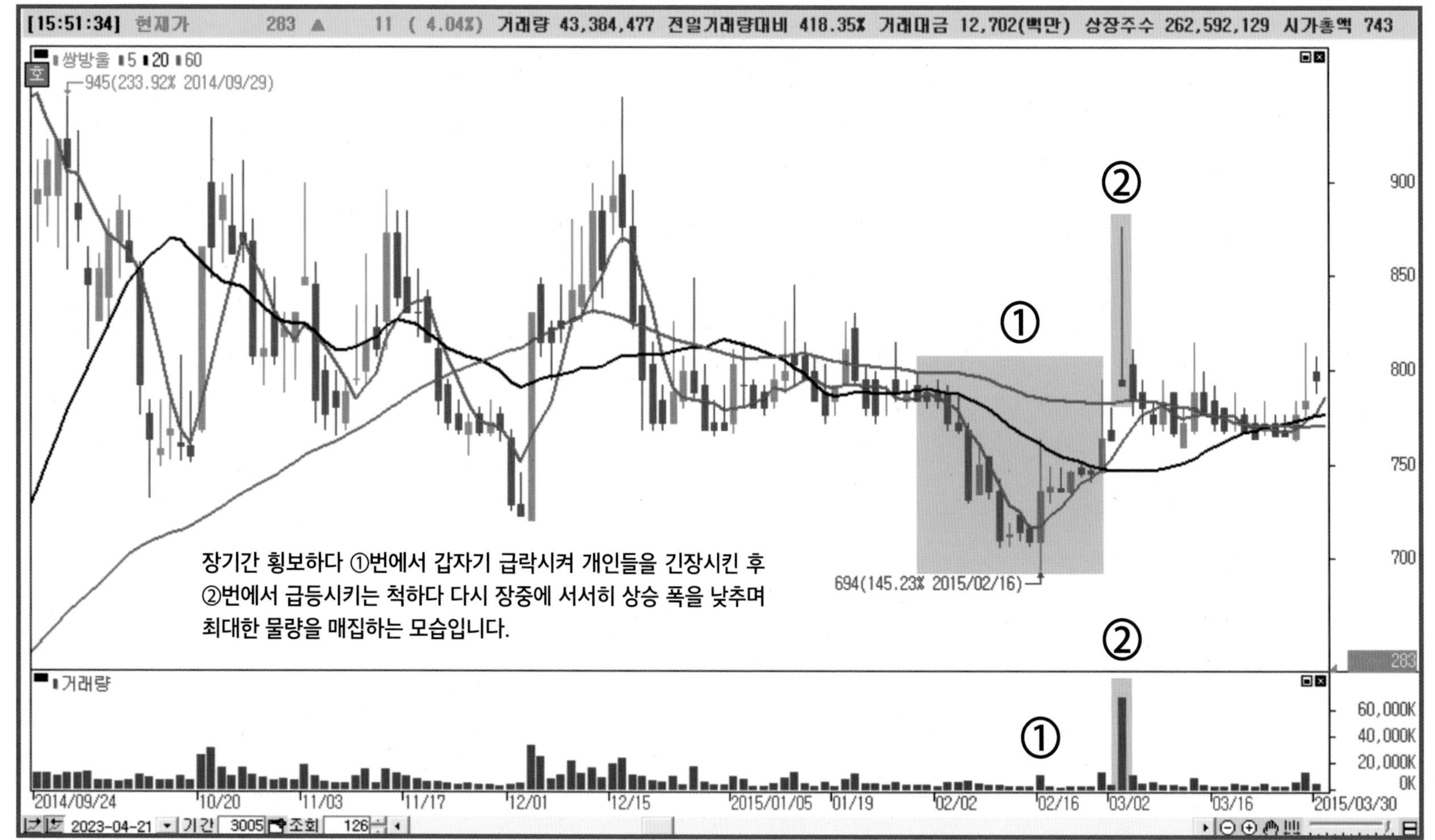

[15:51:34] 현재가 283 ▲ 11 (4.04%) 거래량 43,384,477 전일거래량대비 418.35% 거래대금 12,702(백만) 상장주수 262,592,129 시가총액 743
쌍방울 5 20 60
945(233.92% 2014/09/29)
①
②
694(145.23% 2015/02/16)
장기간 횡보하다 ①번에서 갑자기 급락시켜 개인들을 긴장시킨 후
②번에서 급등시키는 척하다 다시 장중에 서서히 상승 폭을 낮추며
최대한 물량을 매집하는 모습입니다.
900
850
800
750
700
283
거래량
60,000K
40,000K
20,000K
0K
2014/09/24
10/20
11/03
11/17
12/01
12/15
2015/01/05
01/19
02/02
02/16
03/02
03/16
2015/03/30
2023-04-21 기간 3005 조회 126

장기간 횡보 후 급락시켜 물량 매집

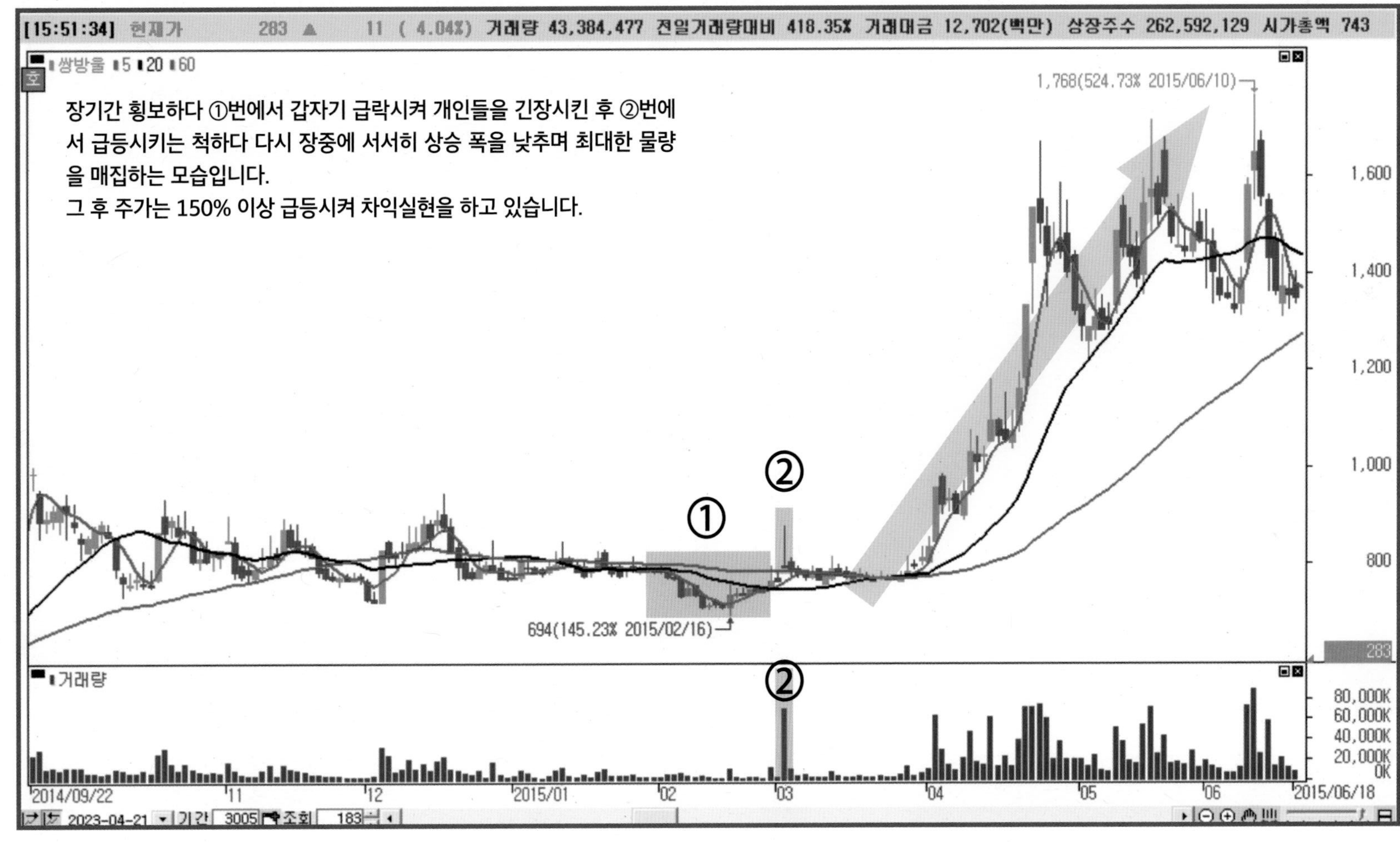
[15:51:34] 현재가 283 ▲ 11 (4.04%) 거래량 43,384,477 전일거래량대비 418.35% 거래대금 12,702(백만) 상장주수 262,592,129 시가총액 743
쌍방울 5 20 60
장기간 횡보하다 ①번에서 갑자기 급락시켜 개인들을 긴장시킨 후 ②번에서 급등시키는 척하다 다시 장중에 서서히 상승 폭을 낮추며 최대한 물량을 매집하는 모습입니다.
그 후 주가는 150% 이상 급등시켜 차익실현을 하고 있습니다.
1,768(524.73% 2015/06/10)
694(145.23% 2015/02/16)
①
②
1,600
1,400
1,200
1,000
800
283
거래량
80,000K
60,000K
40,000K
20,000K
0K
2014/09/22
11
12
2015/01
02
03
04
05
06
2015/06/18
2023-04-21
기간 3005
조회 183

눌림목 이용한 물량 매집

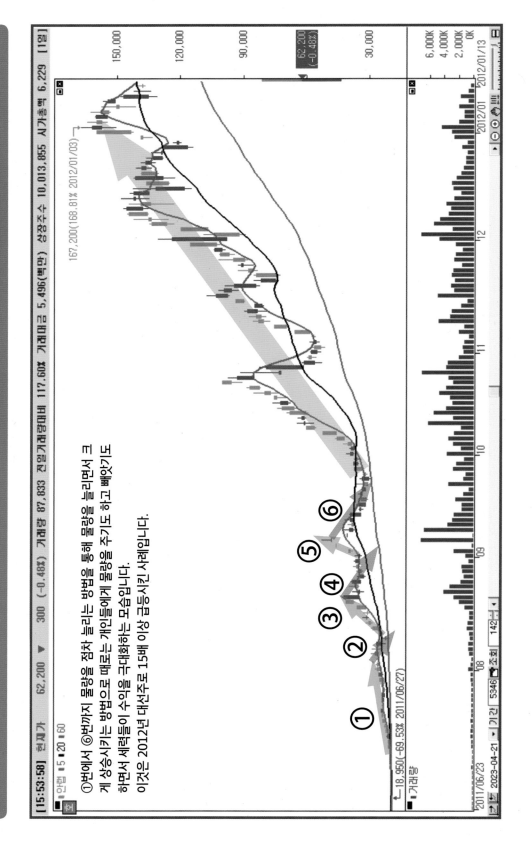

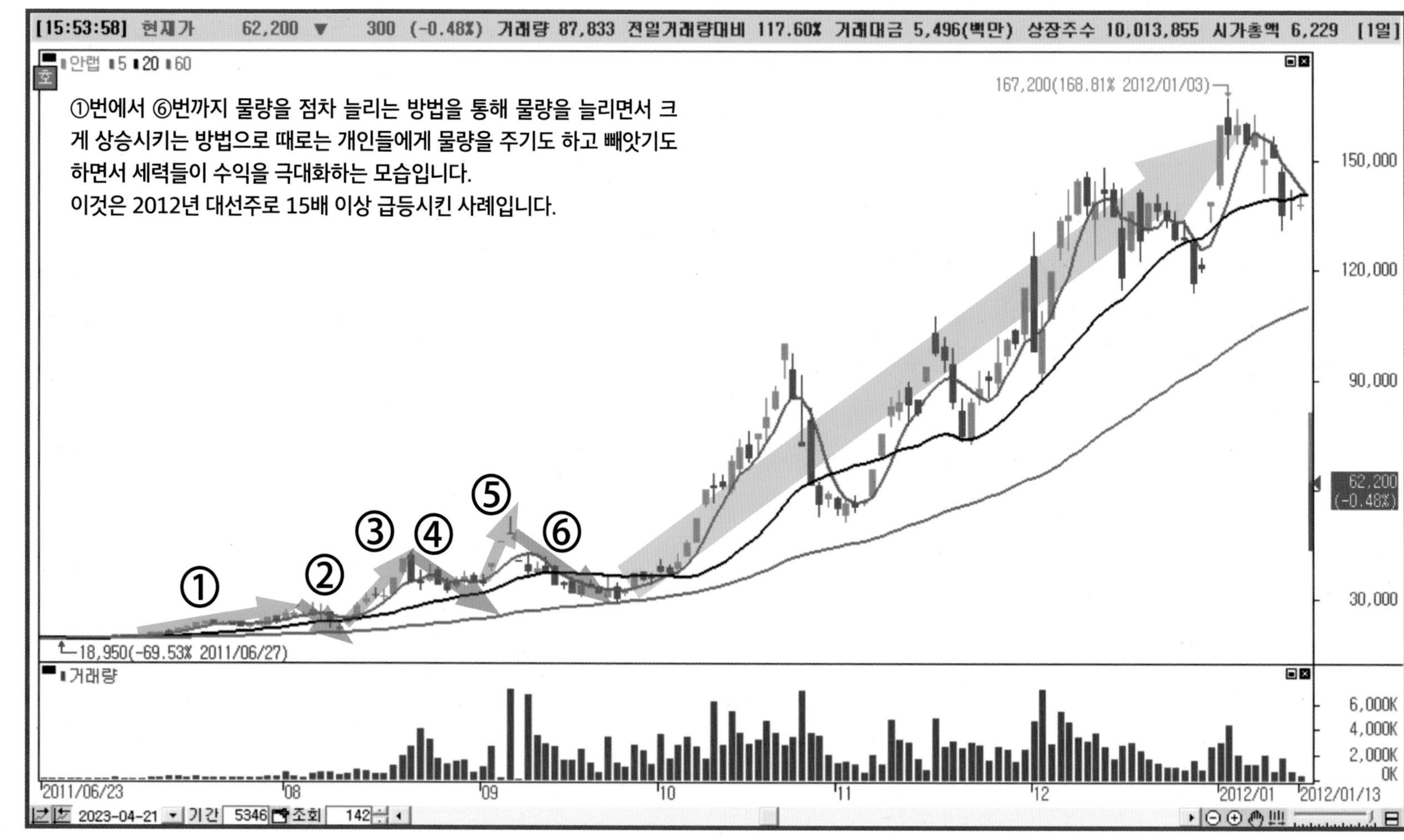
[15:53:58] 현재가 62,200 ▼ 300 (-0.48%) 거래량 87,833 전일거래량대비 117.60% 거래대금 5,496(백만) 상장주수 10,013,855 시가총액 6,229 [1일]
안랩 5 20 60
①번에서 ⑥번까지 물량을 점차 늘리는 방법을 통해 물량을 늘리면서 크게 상승시키는 방법으로 때로는 개인들에게 물량을 주기도 하고 빼앗기도 하면서 세력들이 수익을 극대화하는 모습입니다.
이것은 2012년 대선주로 15배 이상 급등시킨 사례입니다.
167,200(168.81% 2012/01/03)
150,000
120,000
90,000
62,200 (-0.48%)
30,000
①
②
③
④
⑤
⑥
18,950(-69.53% 2011/06/27)
거래량
6,000K
4,000K
2,000K
0K
2011/06/23
08
09
10
11
12
2012/01
2012/01/13
2023-04-21 기간 5346 조회 142

눌림목 이용한 물량 매집

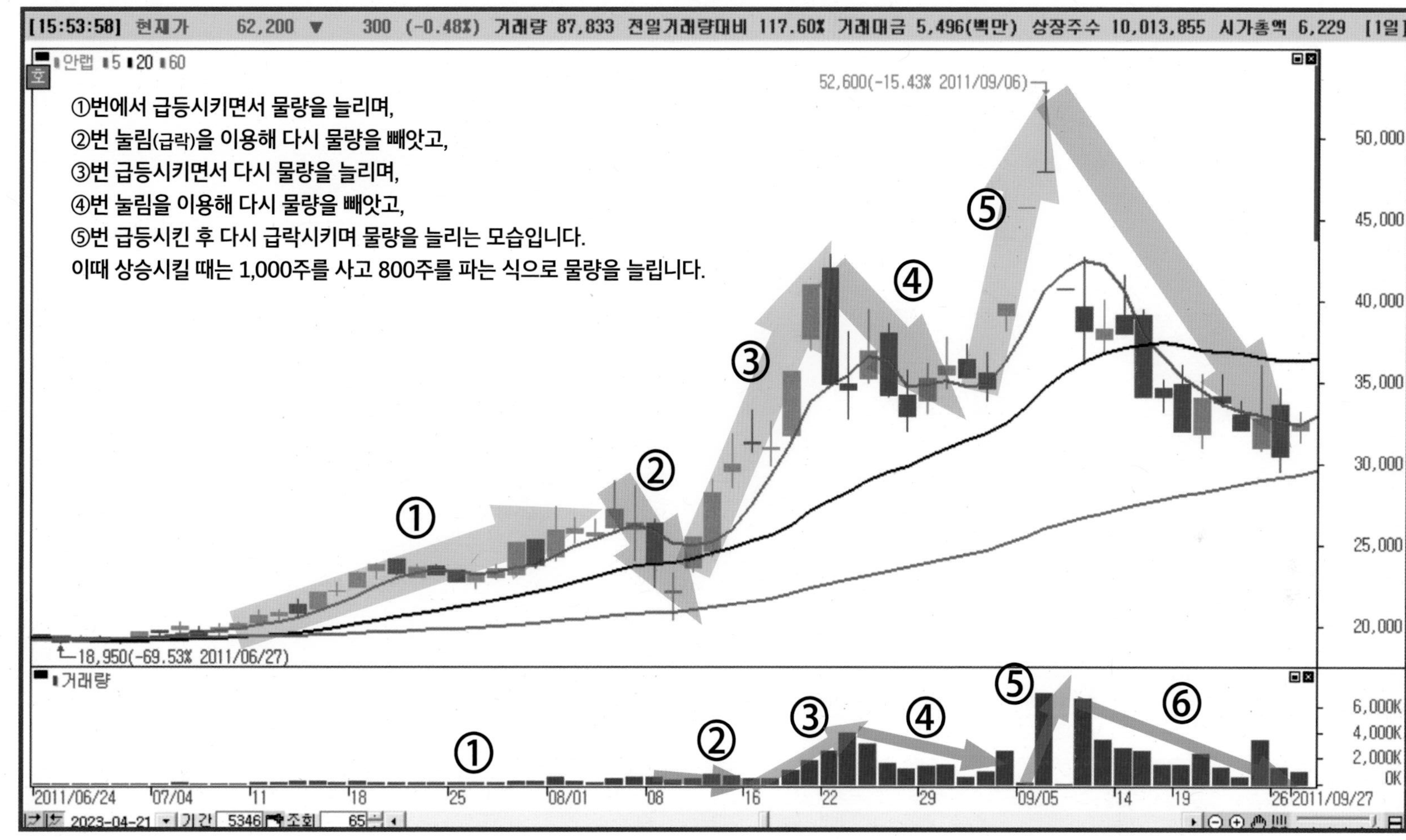
[15:53:58] 현재가 62,200 ▼ 300 (-0.48%) 거래량 87,833 전일거래량대비 117.60% 거래대금 5,496(백만) 상장주수 10,013,855 시가총액 6,229 [1일]
안랩 5 20 60
①번에서 급등시키면서 물량을 늘리며,
②번 눌림(급락)을 이용해 다시 물량을 빼앗고,
③번 급등시키면서 다시 물량을 늘리며,
④번 눌림을 이용해 다시 물량을 빼앗고,
⑤번 급등시킨 후 다시 급락시키며 물량을 늘리는 모습입니다.
이때 상승시킬 때는 1,000주를 사고 800주를 파는 식으로 물량을 늘립니다.
52,600(-15.43% 2011/09/06)
18,950(-69.53% 2011/06/27)
50,000
45,000
40,000
35,000
30,000
25,000
20,000
거래량
6,000K
4,000K
2,000K
0K
2011/06/24
07/04
11
18
25
08/01
08
16
22
29
09/05
14
19
26
2011/09/27
2023-04-21
기간 5346
조회 65

눌림목 매수 기법(20일 이동평균선 이탈 후 돌파 매매)

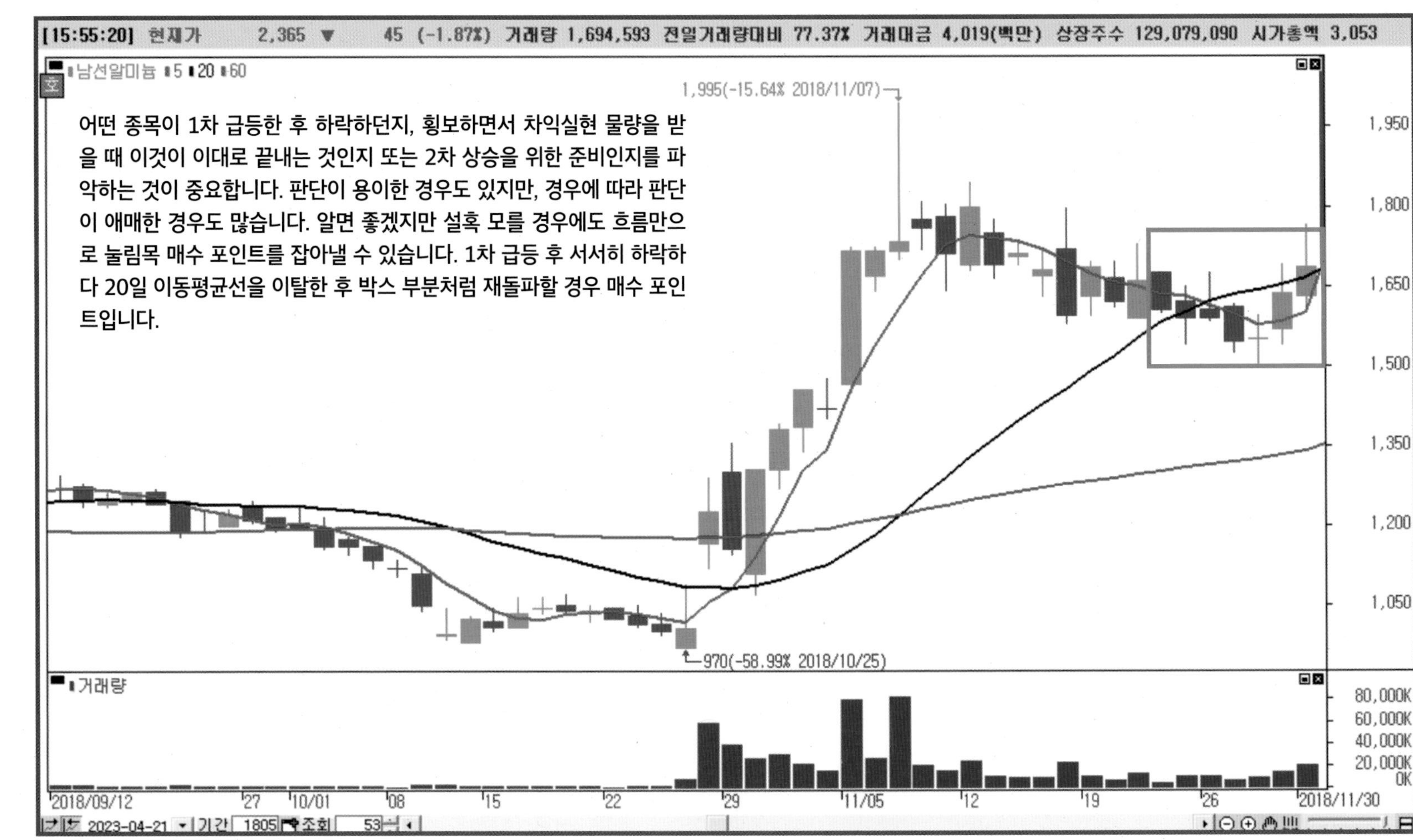
[15:55:20] 현재가 2,365 ▼ 45 (-1.87%) 거래량 1,694,593 전일거래량대비 77.37% 거래대금 4,019(백만) 상장주수 129,079,090 시가총액 3,053
남선알미늄 5 20 60
1,995(-15.64% 2018/11/07)
970(-58.99% 2018/10/25)
1,950
1,800
1,650
1,500
1,350
1,200
1,050
거래량
80,000K
60,000K
40,000K
20,000K
0K
2018/09/12
27
10/01
08
15
22
29
11/05
12
19
26
2018/11/30
2023-04-21
기간 1805
조회 53

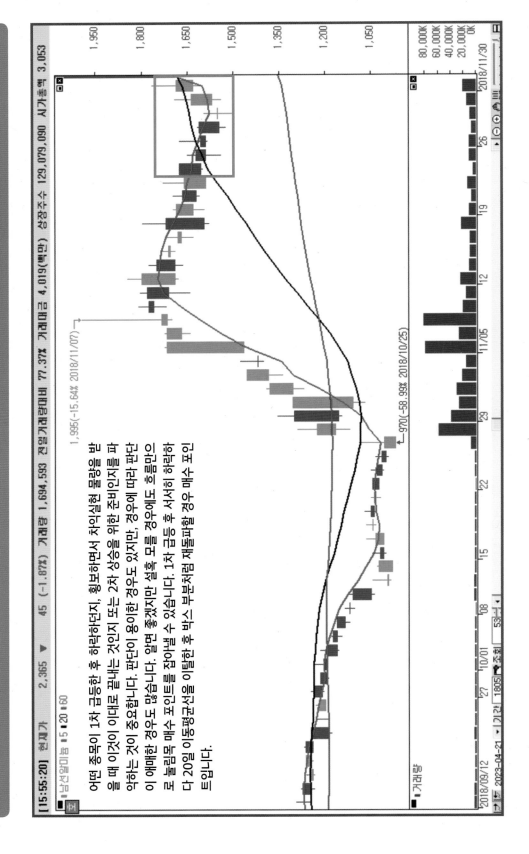

어떤 종목이 1차 급등한 후 하락하던지, 횡보하면서 차익실현 물량을 받을 때 이것이 이대로 끝내는 것인지 또는 2차 상승을 위한 준비인지를 파악하는 것이 중요합니다. 판단이 용이한 경우도 있지만, 경우에 따라 판단이 애매한 경우도 많습니다. 알면 좋겠지만 설혹 모를 경우에도 흐름만으로 눌림목 매수 포인트를 잡아낼 수 있습니다. 1차 급등 후 서서히 하락하다 20일 이동평균선을 이탈한 후 박스 부분처럼 재돌파할 경우 매수 포인트입니다.

눌림목 매수 기법(20일 이동평균선 이탈 후 돌파 매매)

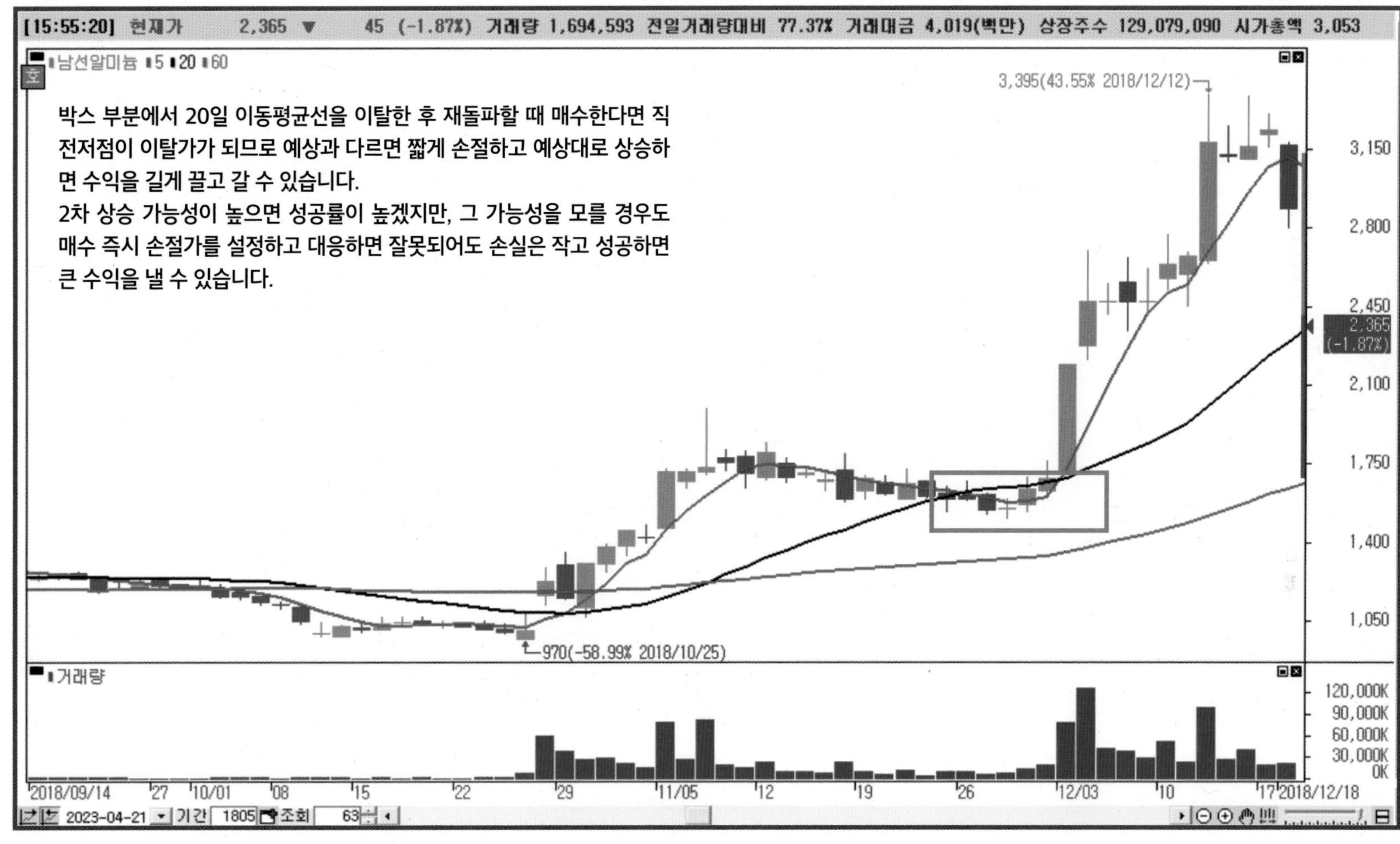
[15:55:20] 현재가 2,365 ▼ 45 (-1.87%) 거래량 1,694,593 전일거래량대비 77.37% 거래대금 4,019(백만) 상장주수 129,079,090 시가총액 3,053
남선알미늄 5 20 60
박스 부분에서 20일 이동평균선을 이탈한 후 재돌파할 때 매수한다면 직전저점이 이탈가가 되므로 예상과 다르면 짧게 손절하고 예상대로 상승하면 수익을 길게 끌고 갈 수 있습니다.
2차 상승 가능성이 높으면 성공률이 높겠지만, 그 가능성을 모를 경우도 매수 즉시 손절가를 설정하고 대응하면 잘못되어도 손실은 작고 성공하면 큰 수익을 낼 수 있습니다.
3,395(43.55% 2018/12/12)
970(-58.99% 2018/10/25)
2,365 (-1.87%)
거래량
2018/09/14
2018/12/18
2023-04-21 기간 1805 조회 63

눌림목 매수 기법(20일 이동평균선 이탈 후 돌파 매매)

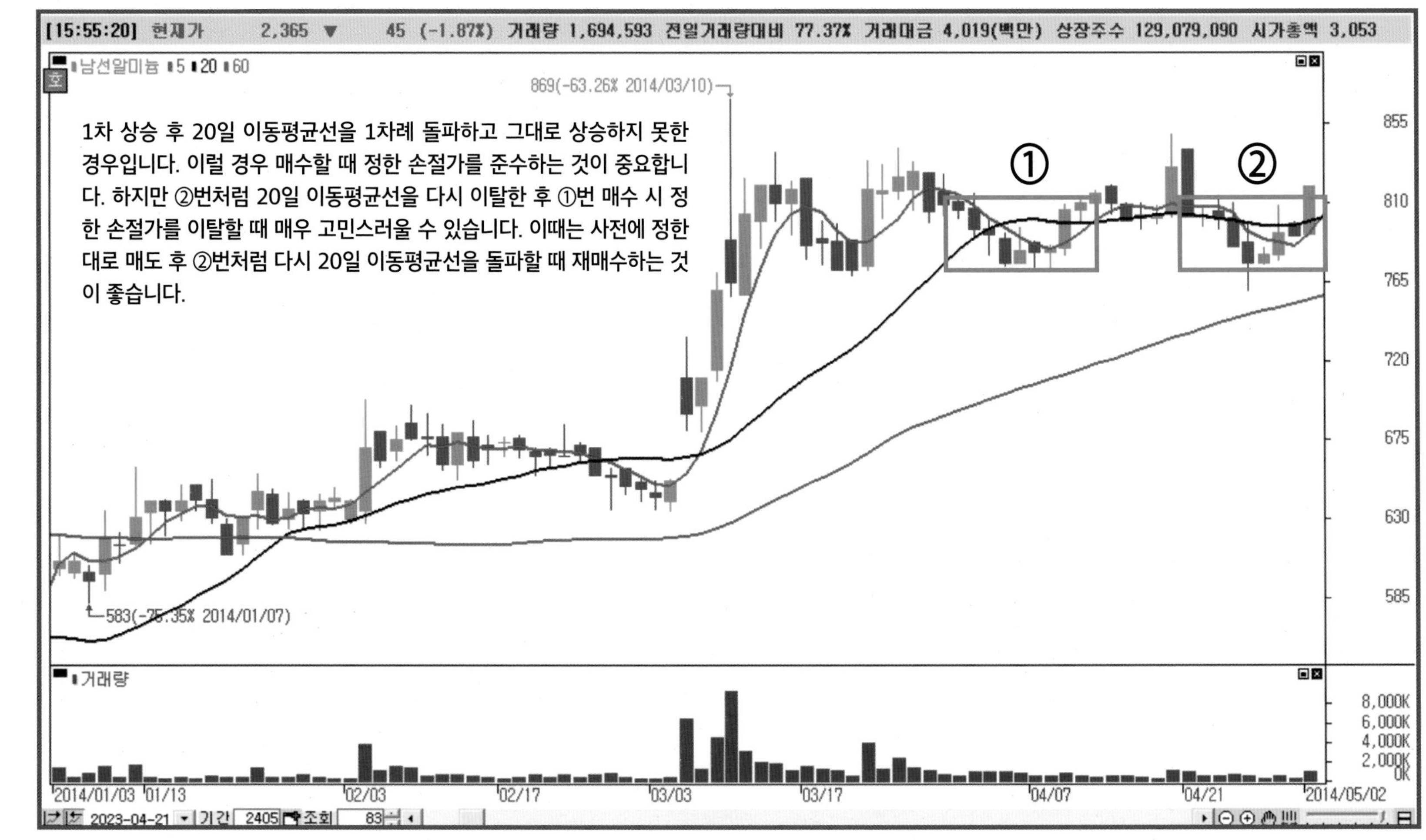
[15:55:20] 현재가 2,365 ▼ 45 (-1.87%) 거래량 1,694,593 전일거래량대비 77.37% 거래대금 4,019(백만) 상장주수 129,079,090 시가총액 3,053
남선알미늄 5 20 60
869(-63.26% 2014/03/10)
1차 상승 후 20일 이동평균선을 1차례 돌파하고 그대로 상승하지 못한 경우입니다. 이럴 경우 매수할 때 정한 손절가를 준수하는 것이 중요합니다. 하지만 ②번처럼 20일 이동평균선을 다시 이탈한 후 ①번 매수 시 정한 손절가를 이탈할 때 매우 고민스러울 수 있습니다. 이때는 사전에 정한 대로 매도 후 ②번처럼 다시 20일 이동평균선을 돌파할 때 재매수하는 것이 좋습니다.
①
②
855
810
765
720
675
630
585
583(-75.35% 2014/01/07)
거래량
8,000K
6,000K
4,000K
2,000K
0K
2014/01/03
01/13
02/03
02/17
03/03
03/17
04/07
04/21
2014/05/02
2023-04-21
기간 2405
조회
83

눌림목 매수 기법(20일 이동평균선 이탈 후 돌파 매매)

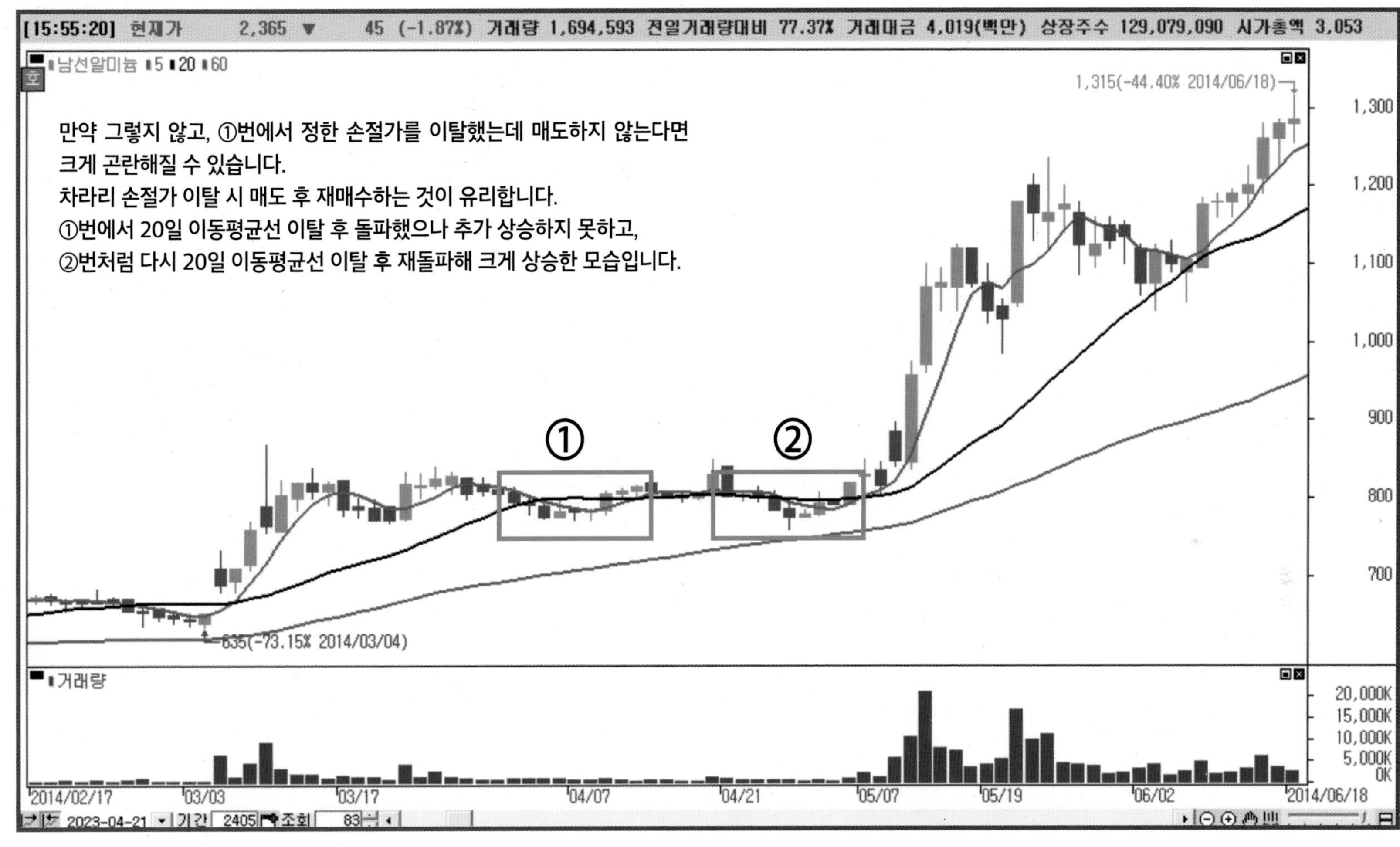
[15:55:20] 현재가 2,365 ▼ 45 (-1.87%) 거래량 1,694,593 전일거래량대비 77.37% 거래대금 4,019(백만) 상장주수 129,079,090 시가총액 3,053
남선알미늄 5 20 60
1,315(-44.40% 2014/06/18)
만약 그렇지 않고, ①번에서 정한 손절가를 이탈했는데 매도하지 않는다면
크게 곤란해질 수 있습니다.
차라리 손절가 이탈 시 매도 후 재매수하는 것이 유리합니다.
①번에서 20일 이동평균선 이탈 후 돌파했으나 추가 상승하지 못하고,
②번처럼 다시 20일 이동평균선 이탈 후 재돌파해 크게 상승한 모습입니다.
①
②
635(-73.15% 2014/03/04)
1,300
1,200
1,100
1,000
900
800
700
거래량
20,000K
15,000K
10,000K
5,000K
0K
2014/02/17
03/03
03/17
04/07
04/21
05/07
05/19
06/02
2014/06/18
2023-04-21
기간 2405 조회 83

눌림목 매수 기법(5일 이동평균선 이탈 후 돌파 매매)

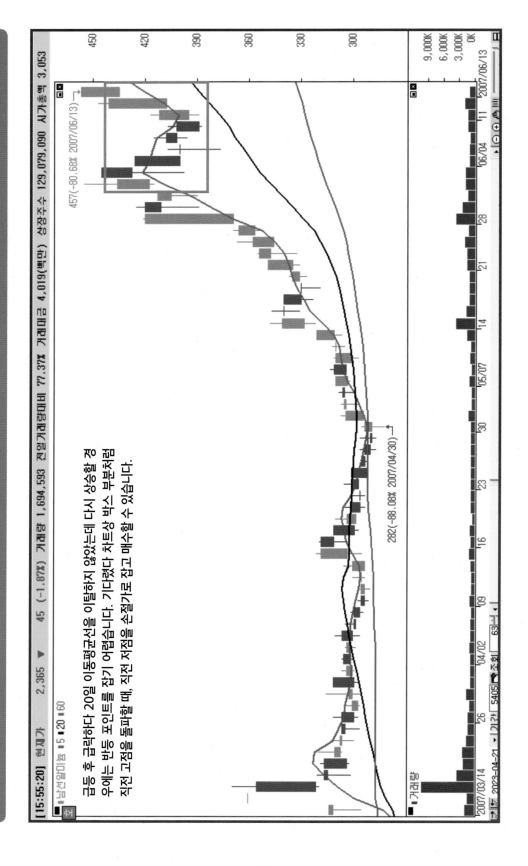

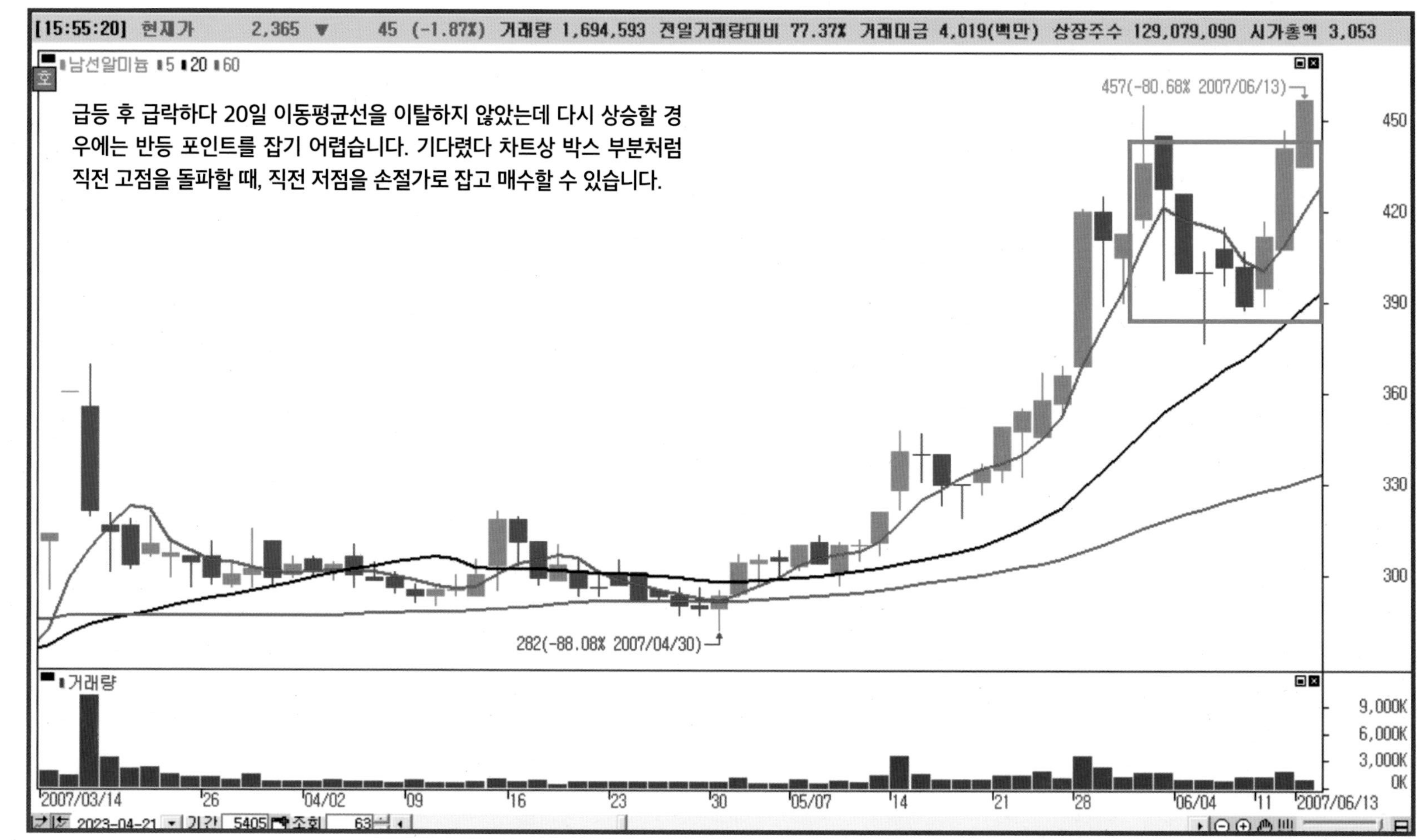
[15:55:20] 현재가 2,365 ▼ 45 (-1.87%) 거래량 1,694,593 전일거래량대비 77.37% 거래대금 4,019(백만) 상장주수 129,079,090 시가총액 3,053
남선알미늄 5 20 60
급등 후 급락하다 20일 이동평균선을 이탈하지 않았는데 다시 상승할 경우에는 반등 포인트를 잡기 어렵습니다. 기다렸다 차트상 박스 부분처럼 직전 고점을 돌파할 때, 직전 저점을 손절가로 잡고 매수할 수 있습니다.
457(-80.68% 2007/06/13)
282(-88.08% 2007/04/30)
450
420
390
360
330
300
거래량
9,000K
6,000K
3,000K
0K
2007/03/14
26
04/02
09
16
23
30
05/07
14
21
28
06/04
11
2007/06/13

눌림목 매수 기법(5일 이동평균선 이탈 후 돌파 매매)

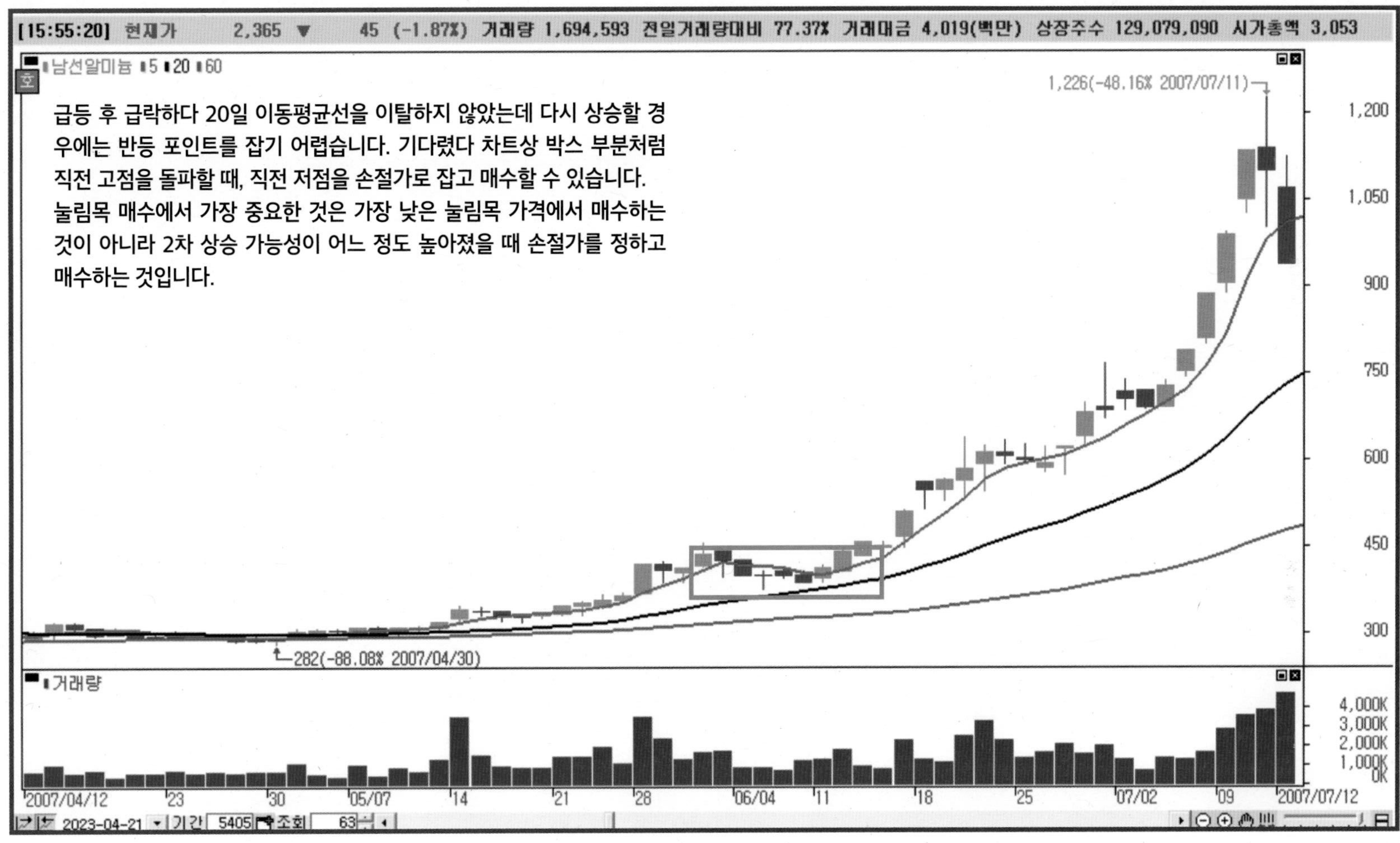
[15:55:20] 현재가 2,365 ▼ 45 (-1.87%) 거래량 1,694,593 전일거래량대비 77.37% 거래대금 4,019(백만) 상장주수 129,079,090 시가총액 3,053
남선알미늄 5 20 60
1,226(-48.16% 2007/07/11)
282(-88.08% 2007/04/30)
거래량
2007/04/12
2007/07/12
2023-04-21 기간 5405 조회 63

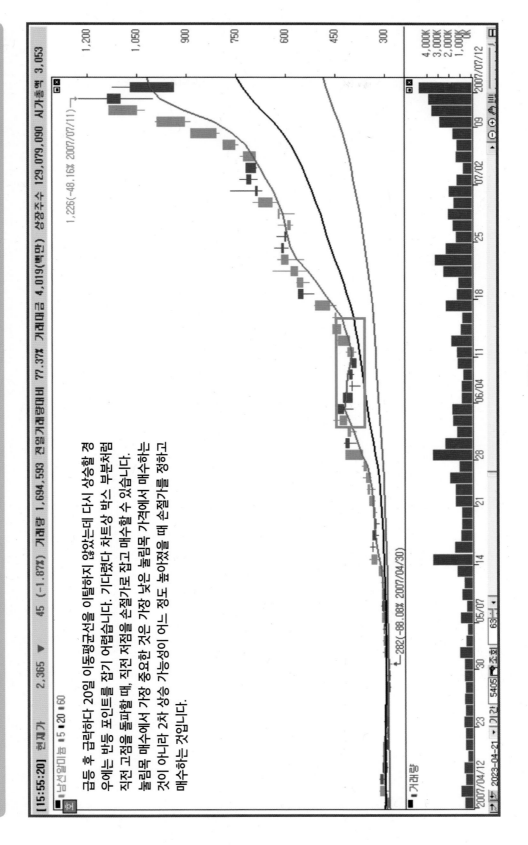

급등 후 급락하다 20일 이동평균선을 이탈하지 않았는데 다시 상승할 경우에는 반등 포인트를 잡기 어렵습니다. 기다렸다 차트상 박스 부분처럼 직전 고점을 돌파할 때, 직전 저점을 손절가로 잡고 매수할 수 있습니다. 눌림목 매수에서 가장 중요한 것은 가장 낮은 눌림목 가격에서 매수하는 것이 아니라 2차 상승 가능성이 어느 정도 높아졌을 때 손절가를 정하고 매수하는 것입니다.

매물대 돌파를 위해서는 거래량이 터져야 한다

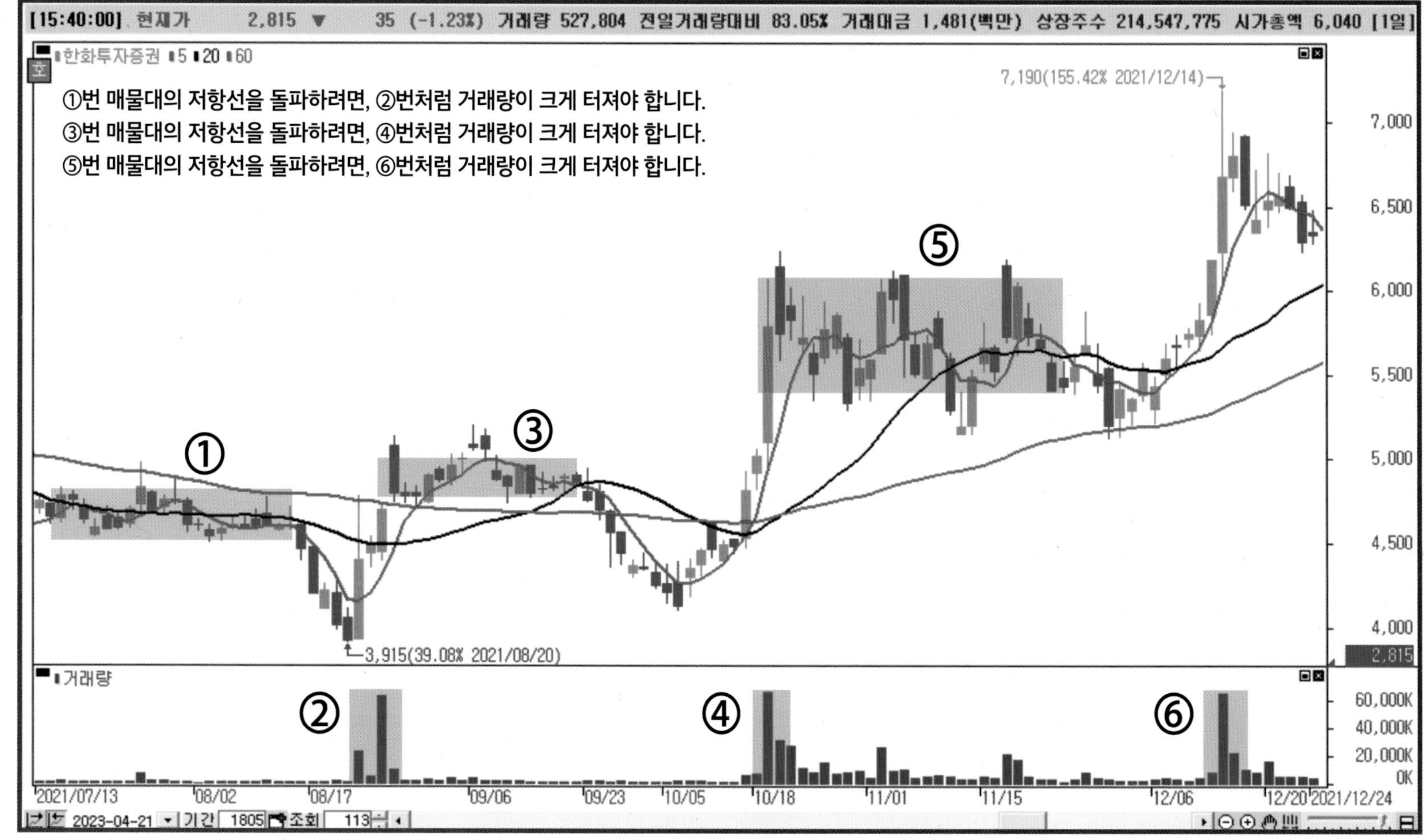
[15:40:00] 현재가 2,815 ▼ 35 (-1.23%) 거래량 527,804 전일거래량대비 83.05% 거래대금 1,481(백만) 상장주수 214,547,775 시가총액 6,040 [1일]
한화투자증권 5 20 60
①번 매물대의 저항선을 돌파하려면, ②번처럼 거래량이 크게 터져야 합니다.
③번 매물대의 저항선을 돌파하려면, ④번처럼 거래량이 크게 터져야 합니다.
⑤번 매물대의 저항선을 돌파하려면, ⑥번처럼 거래량이 크게 터져야 합니다.
7,190(155.42% 2021/12/14)
3,915(39.08% 2021/08/20)
①
②
③
④
⑤
⑥
7,000
6,500
6,000
5,500
5,000
4,500
4,000
2,815
거래량
60,000K
40,000K
20,000K
0K
2021/07/13
08/02
08/17
09/06
09/23
10/05
10/18
11/01
11/15
12/06
12/20
2021/12/24
2023-04-21 기간 1805 조회 113

직전 고점 돌파 시 거래량이 증가

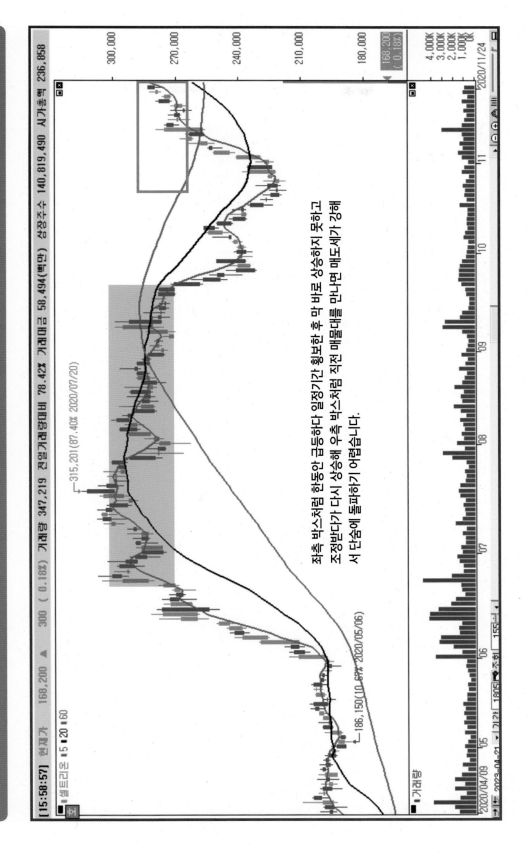

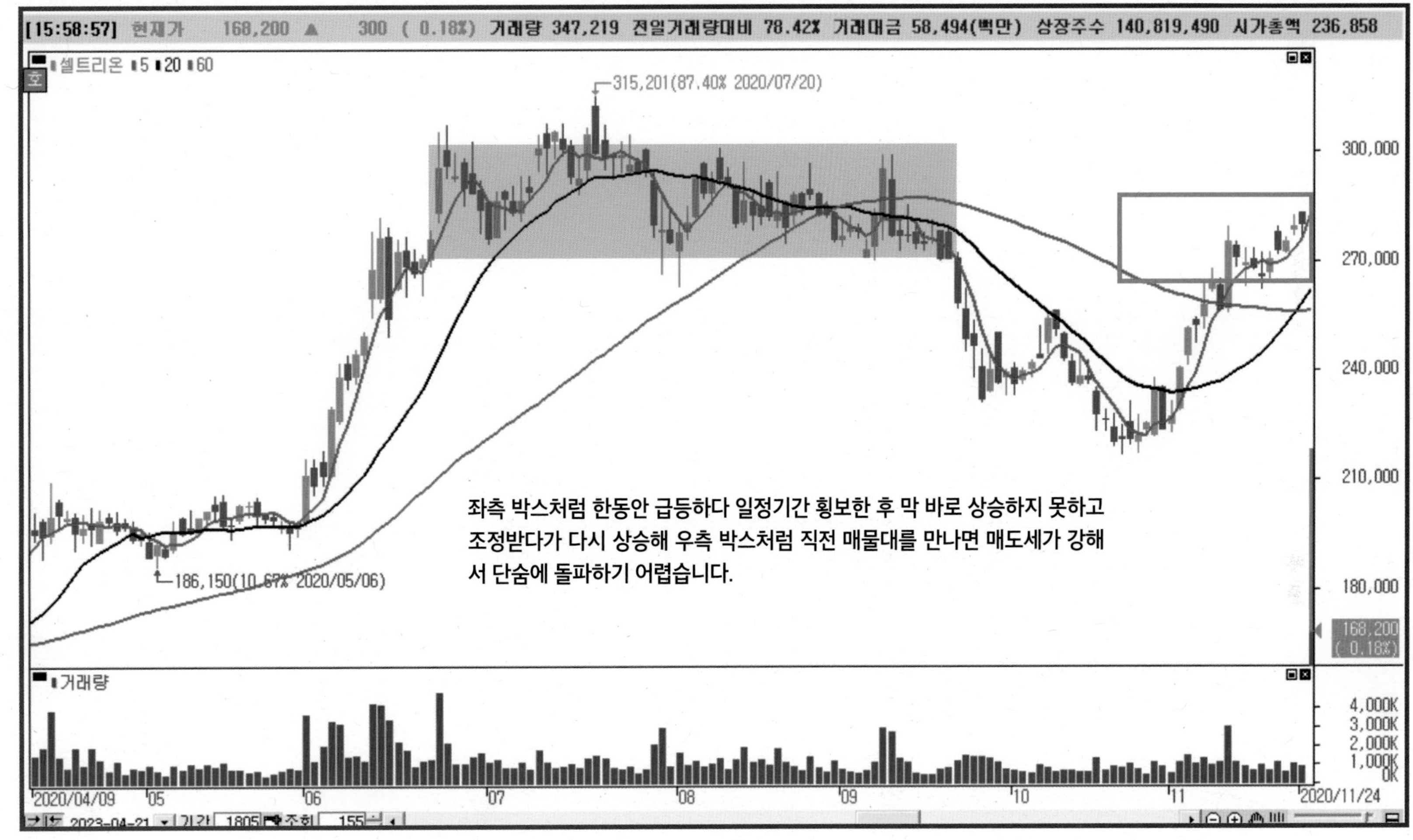
[15:58:57] 현재가 168,200 ▲ 300 (0.18%) 거래량 347,219 전일거래량대비 78.42% 거래대금 58,494(백만) 상장주수 140,819,490 시가총액 236,858
셀트리온 5 20 60
315,201(87.40% 2020/07/20)
186,150(10.67% 2020/05/06)
좌측 박스처럼 한동안 급등하다 일정기간 횡보한 후 막 바로 상승하지 못하고 조정받다가 다시 상승해 우측 박스처럼 직전 매물대를 만나면 매도세가 강해서 단숨에 돌파하기 어렵습니다.
300,000
270,000
240,000
210,000
180,000
168,200
(0.18%)
거래량
4,000K
3,000K
2,000K
1,000K
0K
2020/04/09
05
06
07
08
09
10
11
2020/11/24

직전 고점 돌파 시 거래량이 증가

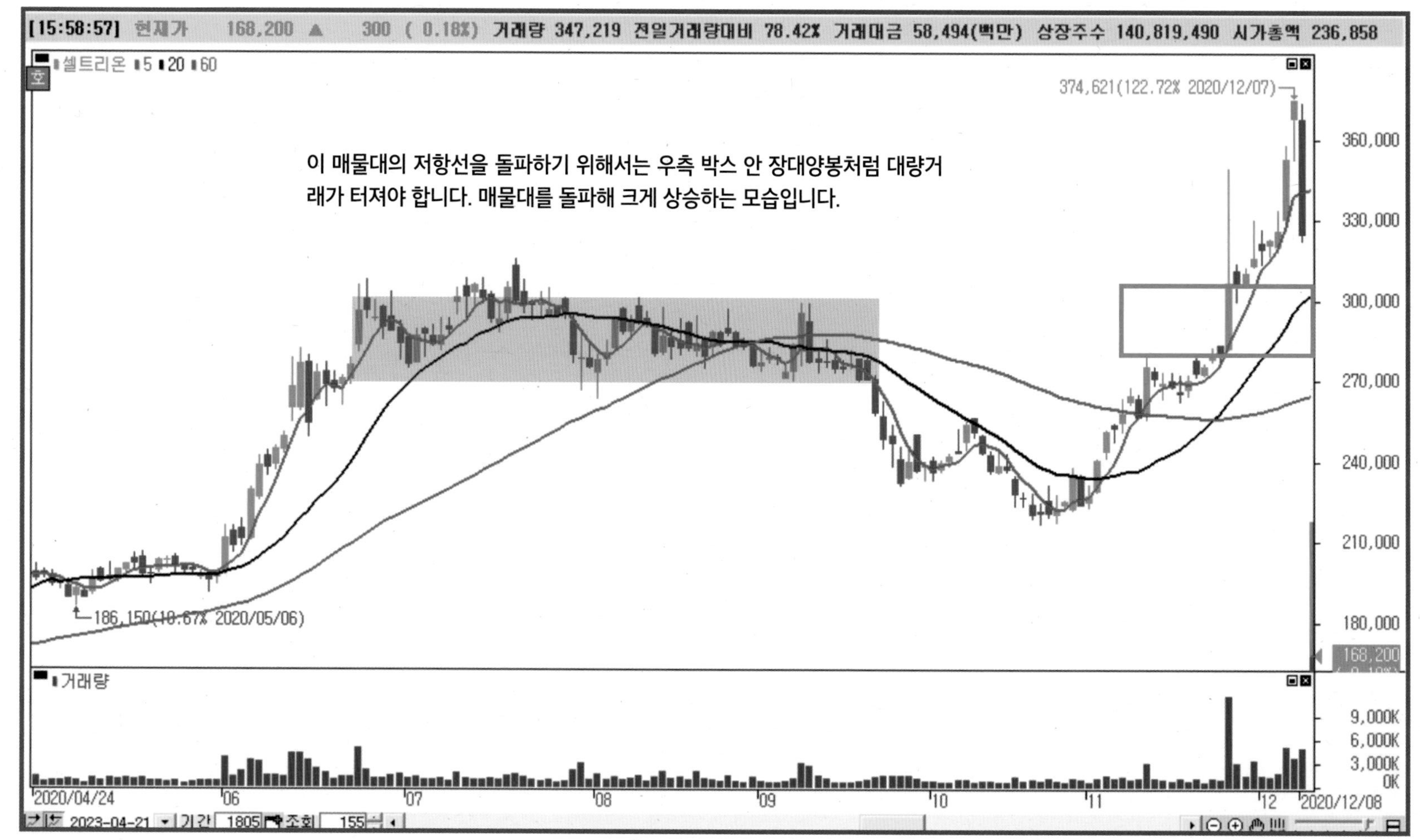
[15:58:57] 현재가 168,200 ▲ 300 (0.18%) 거래량 347,219 전일거래량대비 78.42% 거래대금 58,494(백만) 상장주수 140,819,490 시가총액 236,858
셀트리온 5 20 60
374,621(122.72% 2020/12/07)
이 매물대의 저항선을 돌파하기 위해서는 우측 박스 안 장대양봉처럼 대량거래가 터져야 합니다. 매물대를 돌파해 크게 상승하는 모습입니다.
360,000
330,000
300,000
270,000
240,000
210,000
180,000
168,200
186,150(10.67% 2020/05/06)
거래량
9,000K
6,000K
3,000K
0K
2020/04/24
06
07
08
09
10
11
12
2020/12/08
2023-04-21
기간
1805
조회
155

"달리는 말에 올라타라"의 허와 실

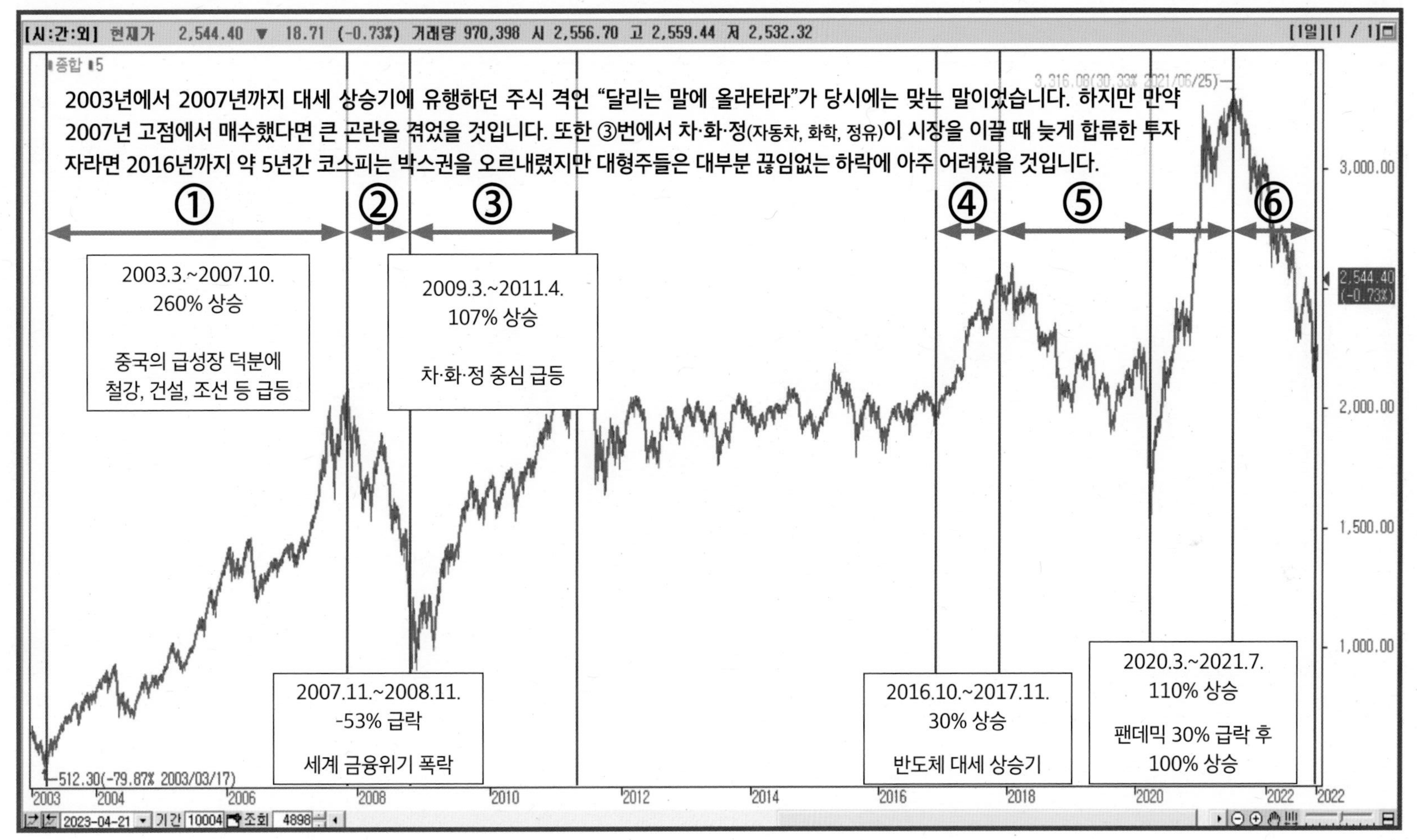
[시:간:외] 현재가 2,544.40 ▼ 18.71 (-0.73%) 거래량 970,398 시 2,556.70 고 2,559.44 저 2,532.32
[1일][1 / 1]
종합 5
2003년에서 2007년까지 대세 상승기에 유행하던 주식 격언 "달리는 말에 올라타라"가 당시에는 맞는 말이었습니다. 하지만 만약 2007년 고점에서 매수했다면 큰 곤란을 겪었을 것입니다. 또한 ③번에서 차·화·정(자동차, 화학, 정유)이 시장을 이끌 때 늦게 합류한 투자자라면 2016년까지 약 5년간 코스피는 박스권을 오르내렸지만 대형주들은 대부분 끊임없는 하락에 아주 어려웠을 것입니다.
①
②
③
④
⑤
⑥
2003.3.~2007.10.
260% 상승
중국의 급성장 덕분에
철강, 건설, 조선 등 급등
2009.3.~2011.4.
107% 상승
차·화·정 중심 급등
2007.11.~2008.11.
-53% 급락
세계 금융위기 폭락
2016.10.~2017.11.
30% 상승
반도체 대세 상승기
2020.3.~2021.7.
110% 상승
팬데믹 30% 급락 후
100% 상승
3,316.08(30.33% 2021/06/25)
512.30(-79.87% 2003/03/17)
3,000.00
2,544.40
(-0.73%)
2,000.00
1,500.00
1,000.00
2003
2004
2006
2008
2010
2012
2014
2016
2018
2020
2022
2022
2023-04-21
기간 10004
조회
4898

"달리는 말에 올라타라"의 허와 실 - 현대차

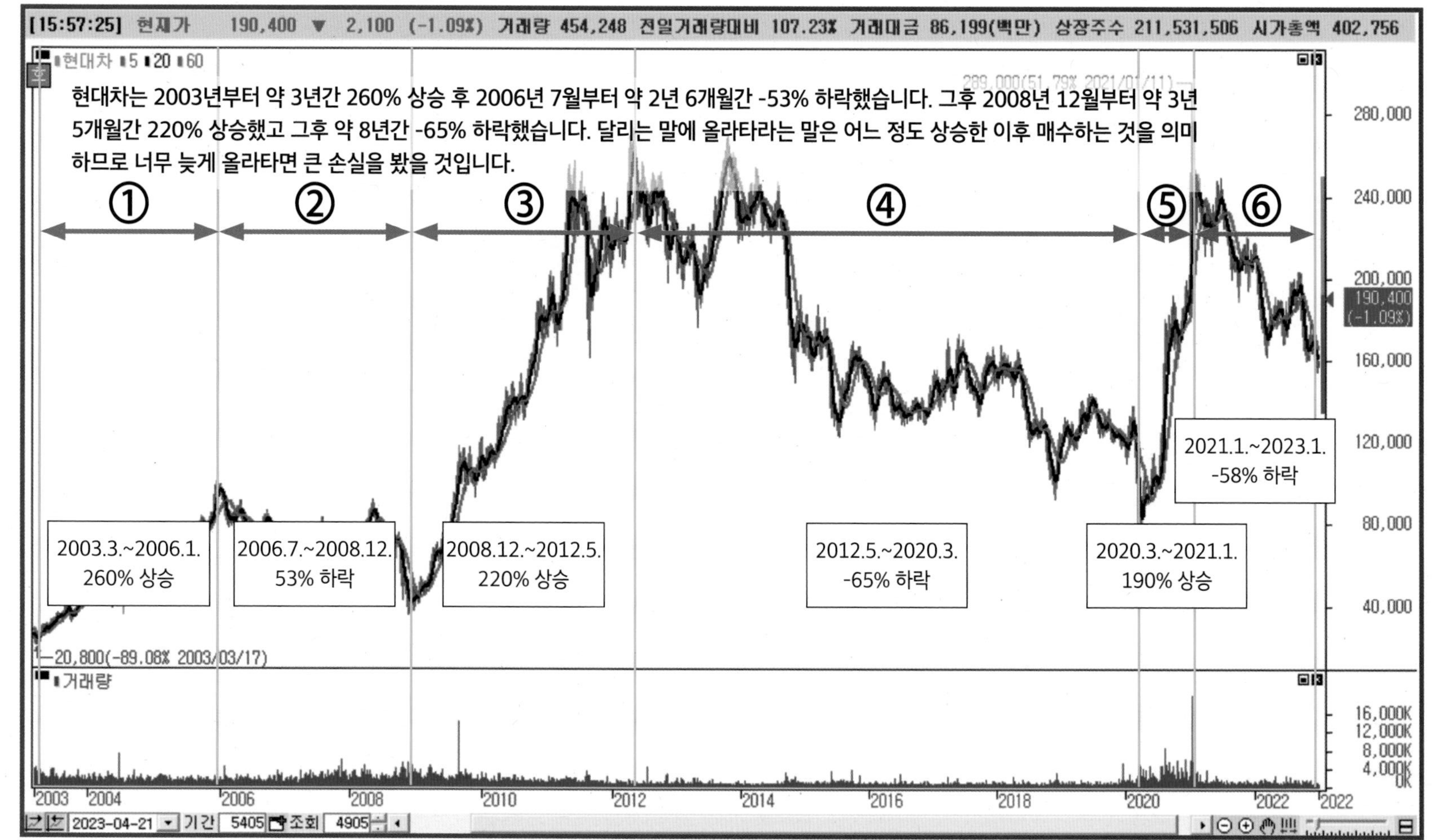
[15:57:25] 현재가 190,400 ▼ 2,100 (-1.09%) 거래량 454,248 전일거래량대비 107.23% 거래대금 86,199(백만) 상장주수 211,531,506 시가총액 402,756
현대차 5 20 60
현대차는 2003년부터 약 3년간 260% 상승 후 2006년 7월부터 약 2년 6개월간 -53% 하락했습니다. 그후 2008년 12월부터 약 3년 5개월간 220% 상승했고 그후 약 8년간 -65% 하락했습니다. 달리는 말에 올라타라는 말은 어느 정도 상승한 이후 매수하는 것을 의미하므로 너무 늦게 올라타면 큰 손실을 봤을 것입니다.
①
②
③
④
⑤
⑥
2003.3.~2006.1.
260% 상승
2006.7.~2008.12.
53% 하락
2008.12.~2012.5.
220% 상승
2012.5.~2020.3.
-65% 하락
2020.3.~2021.1.
190% 상승
2021.1.~2023.1.
-58% 하락
289,000(51.79% 2021/01/11)
20,800(-89.08% 2003/03/17)
280,000
240,000
200,000
190,400
(-1.09%)
160,000
120,000
80,000
40,000
거래량
16,000K
12,000K
8,000K
4,000K
0K
2003
2004
2006
2008
2010
2012
2014
2016
2018
2020
2022
2022
2023-04-21
기간 5405
조회 4905

"달리는 말에 올라타라"의 허와 실 - POSCO

[15:59:38] 현재가 396,000 ▼ 13,500 (-3.30%) 거래량 1,811,713 전일거래량대비 104.40% 거래대금 722,024(백만) 상장주수 84,571,230 [1일]
POSCO홀딩스 5 20 60
POSCO는 '달리는 말에 올라타라'는 말이 유행하던 ①번 시기에 크게 상승했습니다. 그 이후 세계금융위기를 거치고 ④번처럼 코스피가 박스권에서 횡보할 때 무려 73%나 하락했습니다. 역시 '달리는 말에 올라타라'라는 말은 ①번 시기에 한 번만 맞고, 그 외 반등에서는 대부분 맞지 않은 것으로 보입니다.
① ② ③ ④ ⑤ ⑥ ⑦ ⑧
2003.3.~2007.9. 480% 상승
2007.9.~2008.10. -47% 하락
2008.10.~2010.1. 67% 상승
2010.1.~2016.1. -73% 하락
2016.1.~2018.1. 145% 상승
2018.1.~2020.3. -62% 하락
2020.3.~2021.5. 175% 상승
2021.5.~2022.10. -43% 하락
700,000
600,000
500,000
396,000 (-3.30%)
300,000
200,000
100,000
91,000(-77.02% 2003/03/11)
거래량
2,800K
2,100K
1,400K
700K
0K
2003 2004 2006 2008 2010 2012 2014 2016 2018 2020 2022 2022
2023-04-21 기간 5405 조회 4859

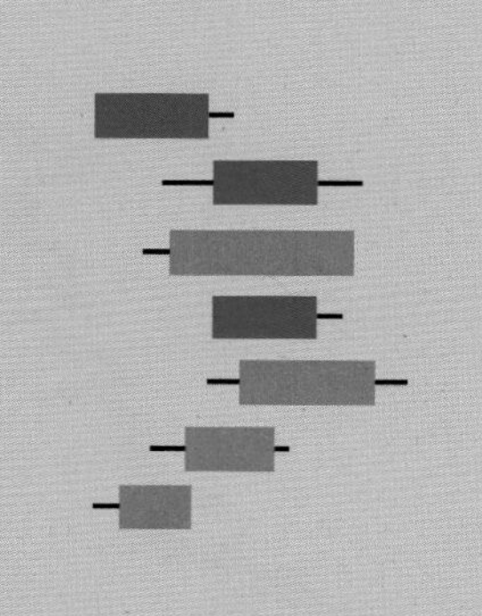

6

호재 후 긴 윗꼬리 매매 신의 한 수

윗꼬리 길게 달린 차트

윗꼬리 길게 달린 차트 - LG이노텍 | 윗꼬리 길게 달린 차트 - 삼성물산

윗꼬리 길게 달린 차트 - 로보스타 | 윗꼬리 길게 달린 차트 - 대동기어

윗꼬리 길게 달린 차트

어떤 기업에 호재 뉴스로 인해 해당일 15~20% 급등했다가 윗꼬리를 길게 달고 +4~8% 정도로 마감했다면, 이것은 기관이나 외국인이 아니라 세력들이 일단 급등시킨 경우입니다. 개인들이 호재 뉴스에 불나방처럼 따라 붙으면 여기에서 차익실현을 하는 것입니다.

이런 경우 하루 이틀 있다가 다시 크게 상승하는 경우가 많습니다.

따라서 호재로 급등하는 종목은 급등하기전에 매수하지 못했다면 추격 매수하지 말고 기다립니다. 그러다 윗꼬리가 길게 달리면서 하락해 +4~8% 정도에서 마감했다면, 하루 이틀 더 지켜보다 반등을 시작할 때 매수하면 성공할 가능성이 매우 높습니다.

윗꼬리 길게 달린 차트 - LG이노텍

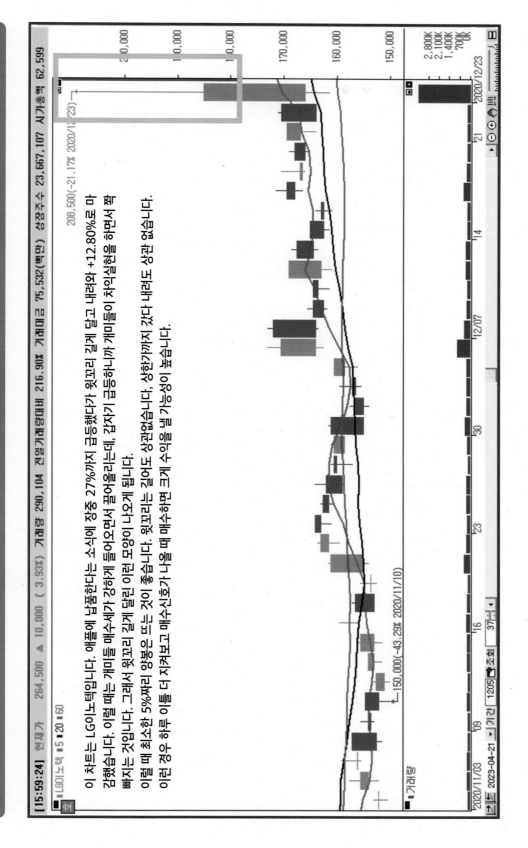

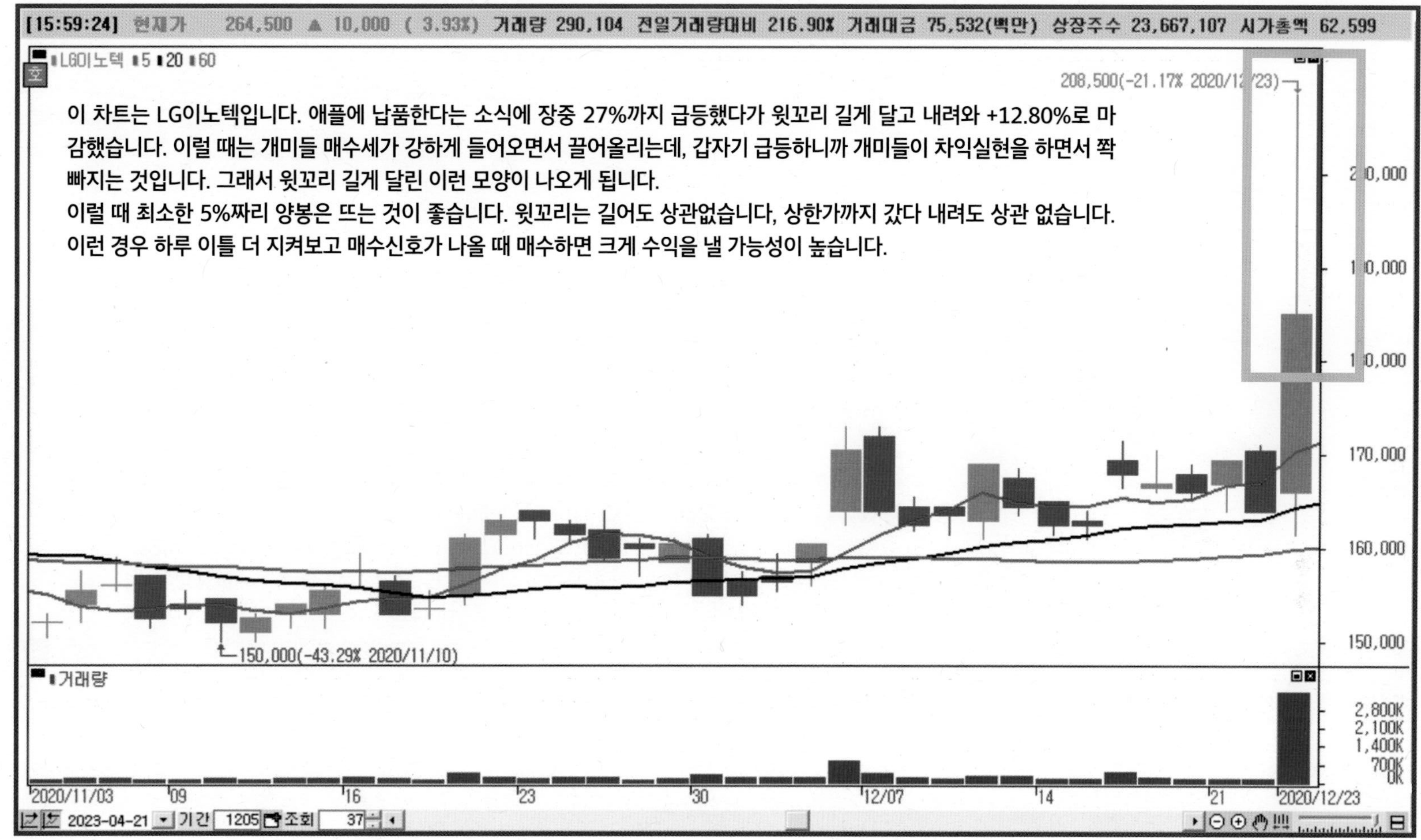
[15:59:24] 현재가 264,500 ▲ 10,000 (3.93%) 거래량 290,104 전일거래량대비 216.90% 거래대금 75,532(백만) 상장주수 23,667,107 시가총액 62,599
LG이노텍 5 20 60
208,500(-21.17% 2020/12/23)
150,000(-43.29% 2020/11/10)
170,000
160,000
150,000
거래량
2,800K
2,100K
1,400K
700K
0K
2020/11/03
09
16
23
30
12/07
14
21
2020/12/23
2023-04-21
기간 1205
조회
37

이 차트는 LG이노텍입니다. 애플에 납품한다는 소식에 장중 27%까지 급등했다가 윗꼬리 길게 달고 내려와 +12.80%로 마감했습니다. 이럴 때는 개미들 매수세가 강하게 들어오면서 끌어올리는데, 갑자기 급등하니까 개미들이 차익실현을 하면서 짝 빠지는 것입니다. 그래서 윗꼬리 길게 달린 이런 모양이 나오게 됩니다.

이럴 때 최소한 5%짜리 양봉은 뜨는 것이 좋습니다. 윗꼬리는 길어도 상관없습니다, 상한가까지 갔다 내려도 상관 없습니다. 이런 경우 하루 이틀 더 지켜보고 매수신호가 나올 때 매수하면 크게 수익을 낼 가능성이 높습니다.

윗꼬리 길게 달린 차트 - LG이노텍

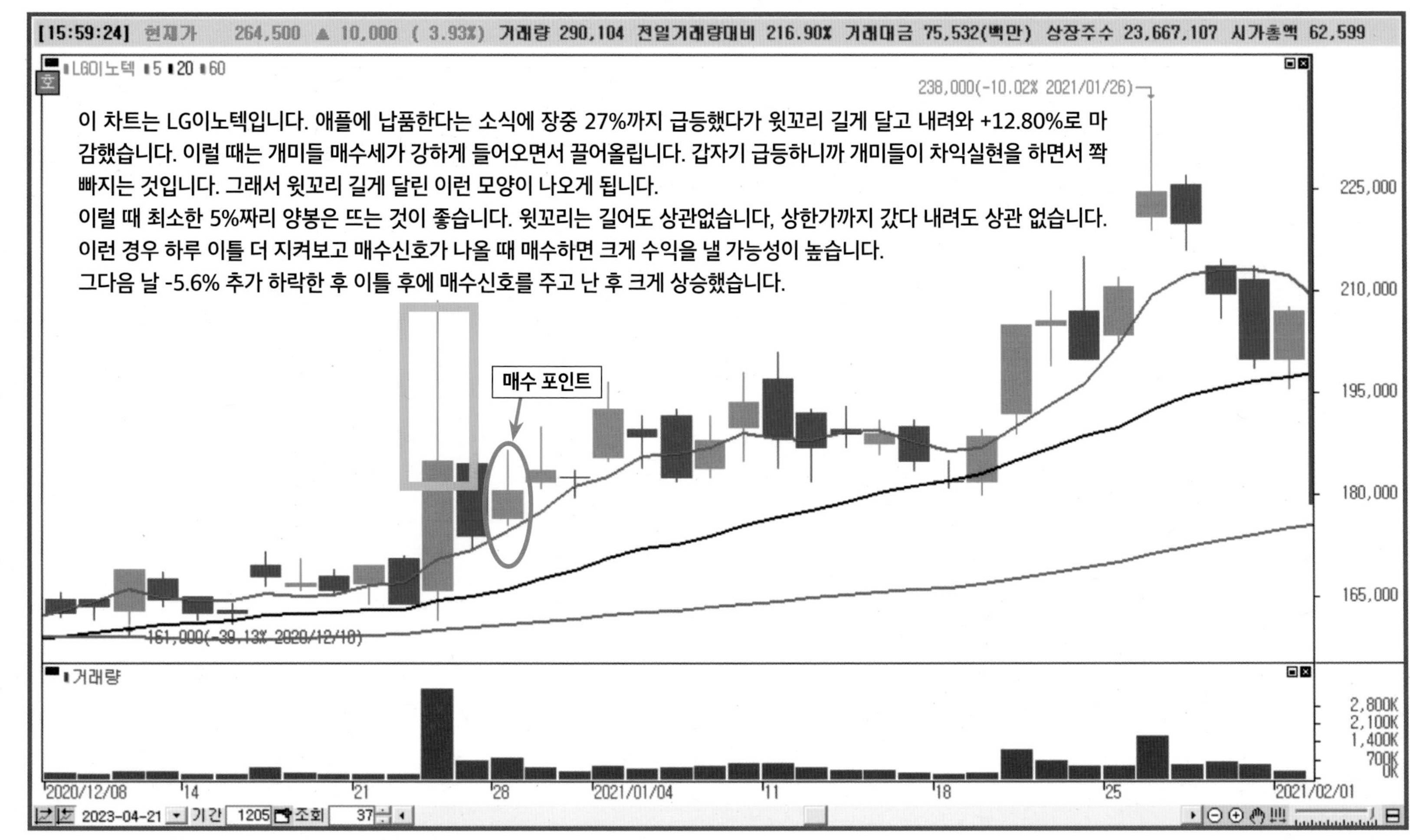
[15:59:24] 현재가 264,500 ▲ 10,000 (3.93%) 거래량 290,104 전일거래량대비 216.90% 거래대금 75,532(백만) 상장주수 23,667,107 시가총액 62,599
LG이노텍 5 20 60
238,000(-10.02% 2021/01/26)
이 차트는 LG이노텍입니다. 애플에 납품한다는 소식에 장중 27%까지 급등했다가 윗꼬리 길게 달고 내려와 +12.80%로 마감했습니다. 이럴 때는 개미들 매수세가 강하게 들어오면서 끌어올립니다. 갑자기 급등하니까 개미들이 차익실현을 하면서 쫙 빠지는 것입니다. 그래서 윗꼬리 길게 달린 이런 모양이 나오게 됩니다.
이럴 때 최소한 5%짜리 양봉은 뜨는 것이 좋습니다. 윗꼬리는 길어도 상관없습니다, 상한가까지 갔다 내려도 상관 없습니다.
이런 경우 하루 이틀 더 지켜보고 매수신호가 나올 때 매수하면 크게 수익을 낼 가능성이 높습니다.
그다음 날 -5.6% 추가 하락한 후 이틀 후에 매수신호를 주고 난 후 크게 상승했습니다.
매수 포인트
225,000
210,000
195,000
180,000
165,000
161,000(-39.13% 2020/12/10)
거래량
2,800K
2,100K
1,400K
700K
0K
2020/12/08
14
21
28
2021/01/04
11
18
25
2021/02/01
2023-04-21 기간 1205 조회 37

윗꼬리 길게 달린 차트 - 삼성물산

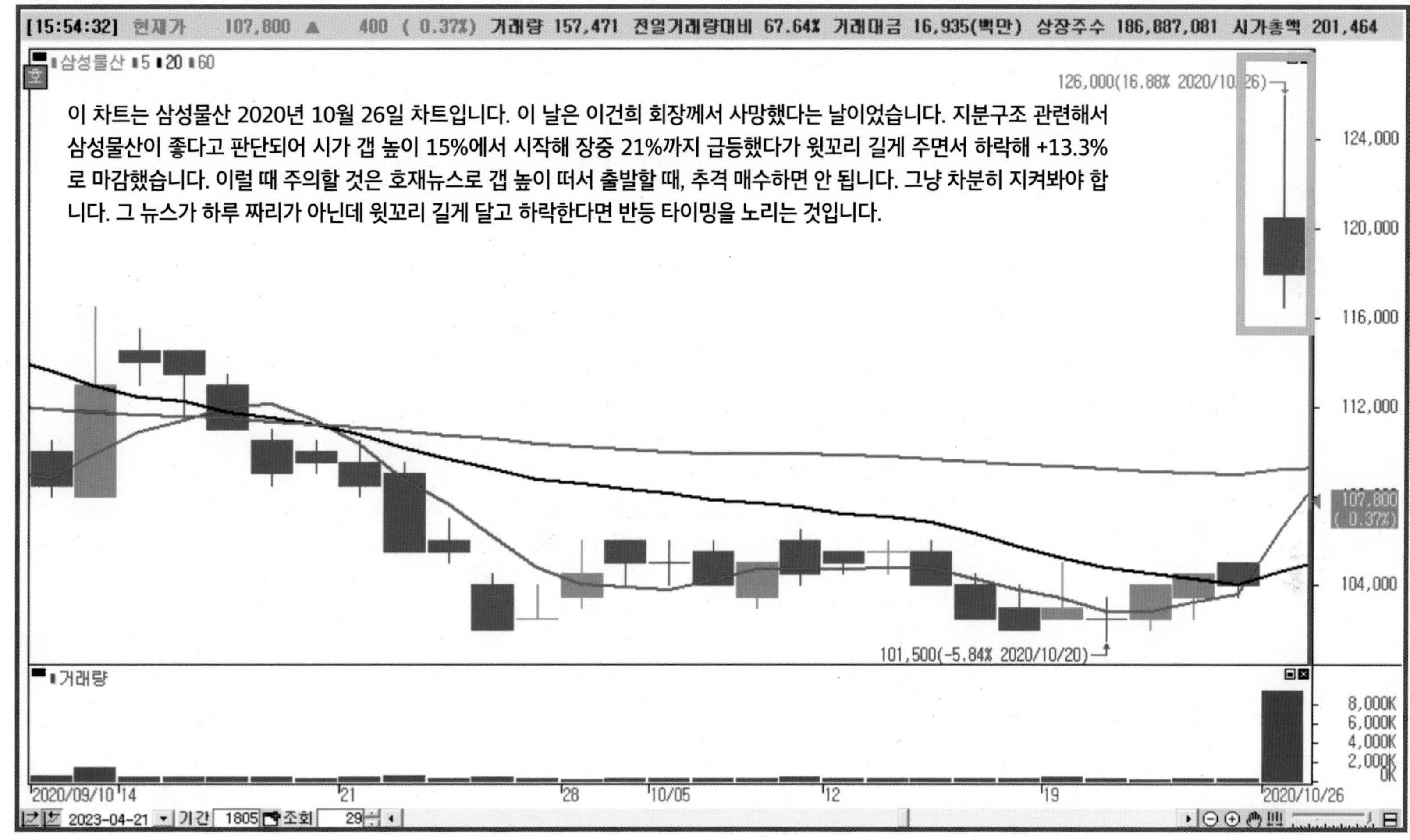

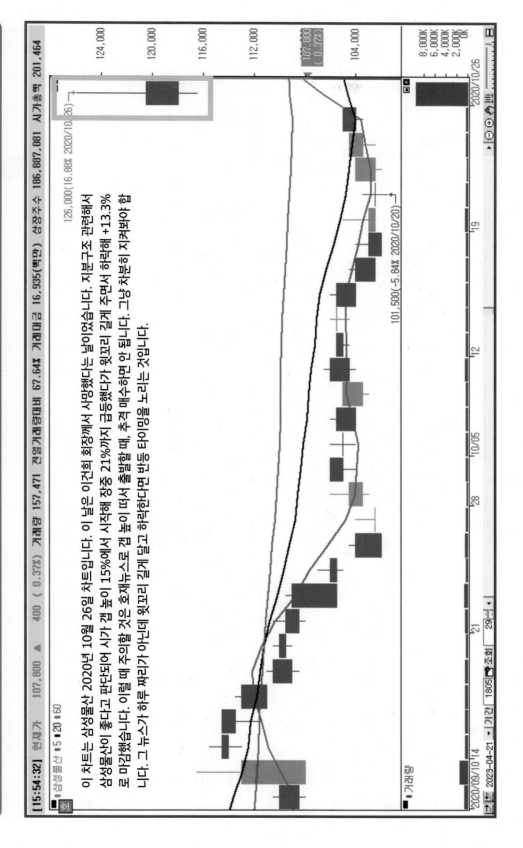

[15:54:32] 현재가 107,800 ▲ 400 (0.37%) 거래량 157,471 전일거래량대비 67.64% 거래대금 16,935(백만) 상장주수 186,887,081 시가총액 201,464
삼성물산 5 20 60
이 차트는 삼성물산 2020년 10월 26일 차트입니다. 이 날은 이건희 회장께서 사망했다는 날이었습니다. 지분구조 관련해서 삼성물산이 좋다고 판단되어 시가 갭 높이 15%에서 시작해 장중 21%까지 급등했다가 윗꼬리 길게 주면서 하락해 +13.3%로 마감했습니다. 이럴 때 주의할 것은 호재뉴스로 갭 높이 떠서 출발할 때, 추격 매수하면 안 됩니다. 그냥 차분히 지켜봐야 합니다. 그 뉴스가 하루 짜리가 아닌데 윗꼬리 길게 달고 하락한다면 반등 타이밍을 노리는 것입니다.
126,000(16.88% 2020/10/26)
101,500(-5.84% 2020/10/20)
124,000
120,000
116,000
112,000
107,800
(0.37%)
104,000
거래량
8,000K
6,000K
4,000K
2,000K
0K
2020/09/10
14
21
28
10/05
12
19
2020/10/26
2023-04-21
기간
1805
조회
29

윗꼬리 길게 달린 차트 - 삼성물산

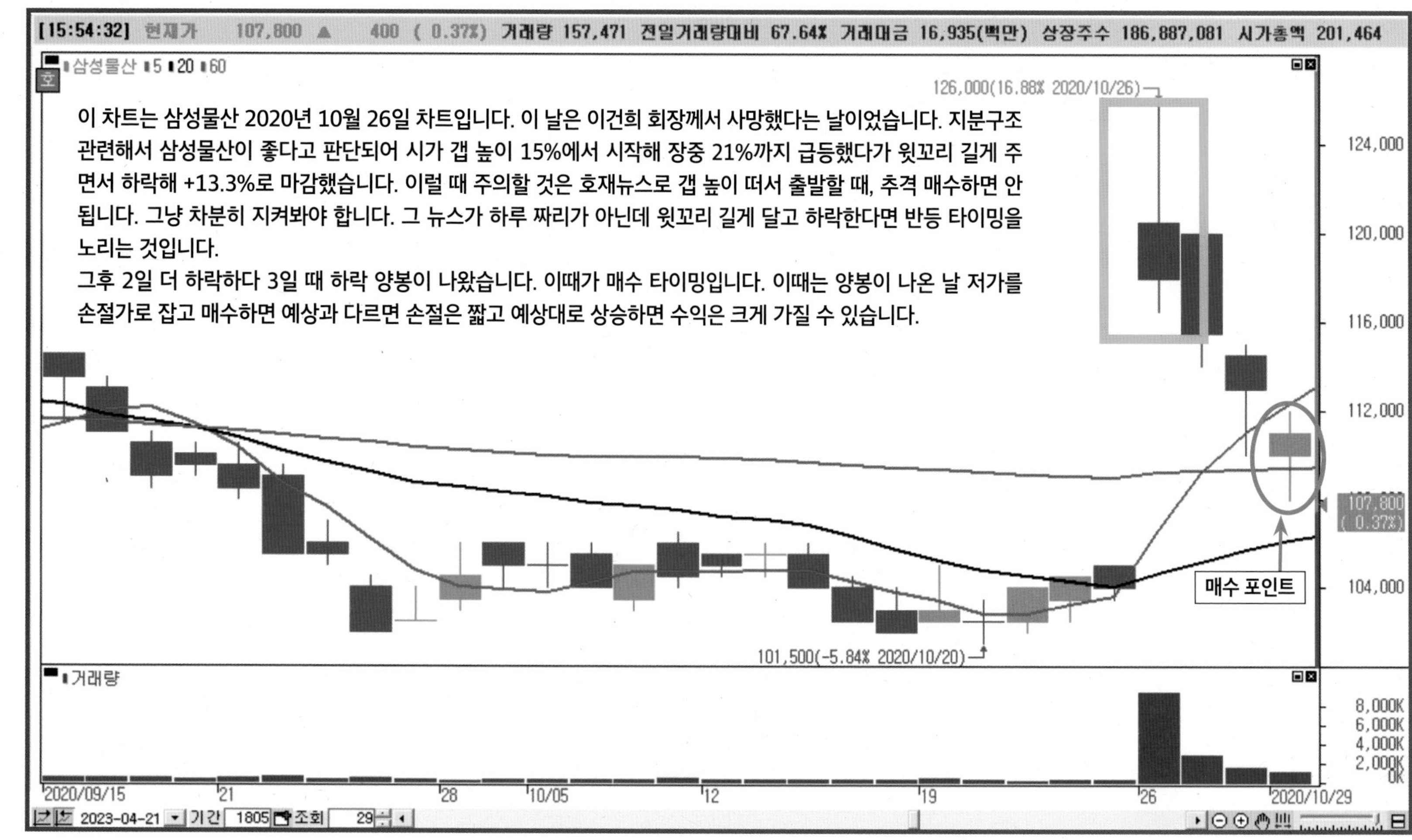
[15:54:32] 현재가 107,800 ▲ 400 (0.37%) 거래량 157,471 전일거래량대비 67.64% 거래대금 16,935(백만) 상장주수 186,887,081 시가총액 201,464
삼성물산 5 20 60
126,000(16.88% 2020/10/26)
124,000
120,000
116,000
112,000
107,800
(0.37%)
104,000
매수 포인트
101,500(-5.84% 2020/10/20)
거래량
8,000K
6,000K
4,000K
2,000K
0K
2020/09/15
21
28
10/05
12
19
26
2020/10/29
2023-04-21
기간
1805
조회
29

이 차트는 삼성물산 2020년 10월 26일 차트입니다. 이 날은 이건희 회장께서 사망했다는 날이었습니다. 지분구조 관련해서 삼성물산이 좋다고 판단되어 시가 갭 높이 15%에서 시작해 장중 21%까지 급등했다가 윗꼬리 길게 주면서 하락해 +13.3%로 마감했습니다. 이럴 때 주의할 것은 호재뉴스로 갭 높이 떠서 출발할 때, 추격 매수하면 안 됩니다. 그냥 차분히 지켜봐야 합니다. 그 뉴스가 하루 짜리가 아닌데 윗꼬리 길게 달고 하락한다면 반등 타이밍을 노리는 것입니다.

그후 2일 더 하락하다 3일 때 하락 양봉이 나왔습니다. 이때가 매수 타이밍입니다. 이때는 양봉이 나온 날 저가를 손절가로 잡고 매수하면 예상과 다르면 손절은 짧고 예상대로 상승하면 수익은 크게 가질 수 있습니다.

윗꼬리 길게 달린 차트 - 삼성물산

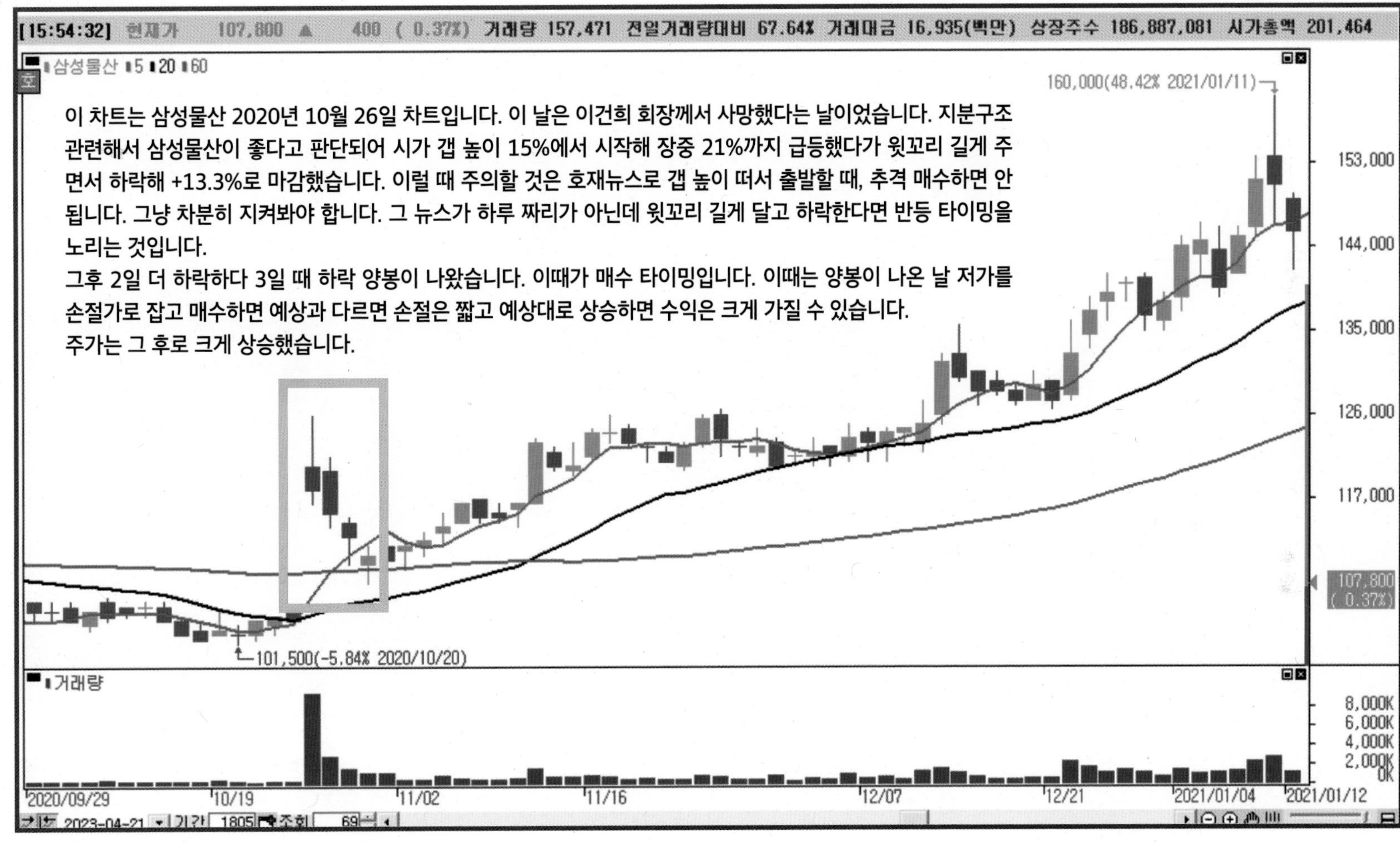

[15:54:32] 현재가 107,800 ▲ 400 (0.37%) 거래량 157,471 전일거래량대비 67.64% 거래대금 16,935(백만) 상장주수 186,887,081 시가총액 201,464
삼성물산 5 20 60
160,000(48.42% 2021/01/11)
153,000
144,000
135,000
126,000
117,000
107,800 (0.37%)
101,500(-5.84% 2020/10/20)
거래량
8,000K
6,000K
4,000K
2,000K
0K
2020/09/29
10/19
11/02
11/16
12/07
12/21
2021/01/04
2021/01/12
이 차트는 삼성물산 2020년 10월 26일 차트입니다. 이 날은 이건희 회장께서 사망했다는 날이었습니다. 지분구조 관련해서 삼성물산이 좋다고 판단되어 시가 갭 높이 15%에서 시작해 장중 21%까지 급등했다가 윗꼬리 길게 주면서 하락해 +13.3%로 마감했습니다. 이럴 때 주의할 것은 호재뉴스로 갭 높이 떠서 출발할 때, 추격 매수하면 안 됩니다. 그냥 차분히 지켜봐야 합니다. 그 뉴스가 하루 짜리가 아닌데 윗꼬리 길게 달고 하락한다면 반등 타이밍을 노리는 것입니다.
그후 2일 더 하락하다 3일 때 하락 양봉이 나왔습니다. 이때가 매수 타이밍입니다. 이때는 양봉이 나온 날 저가를 손절가로 잡고 매수하면 예상과 다르면 손절은 짧고 예상대로 상승하면 수익은 크게 가질 수 있습니다.
주가는 그 후로 크게 상승했습니다.

윗꼬리 길게 달린 차트 - 로보스타

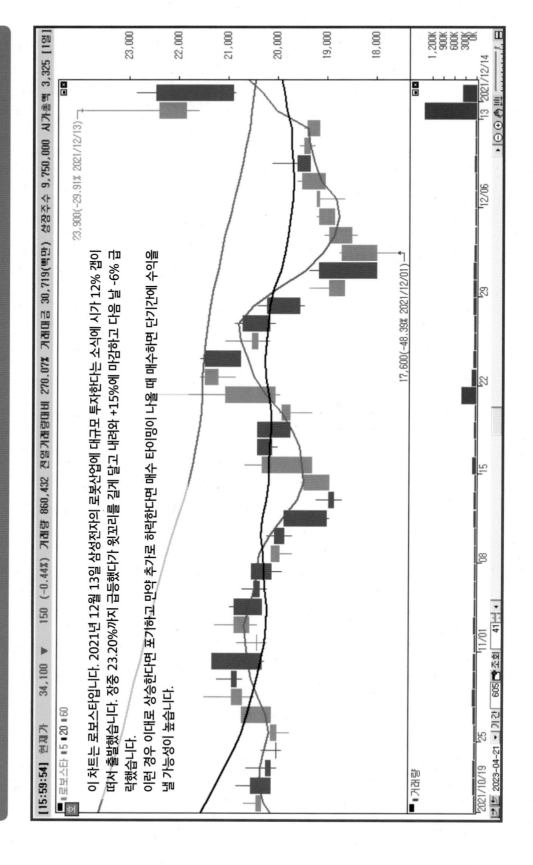

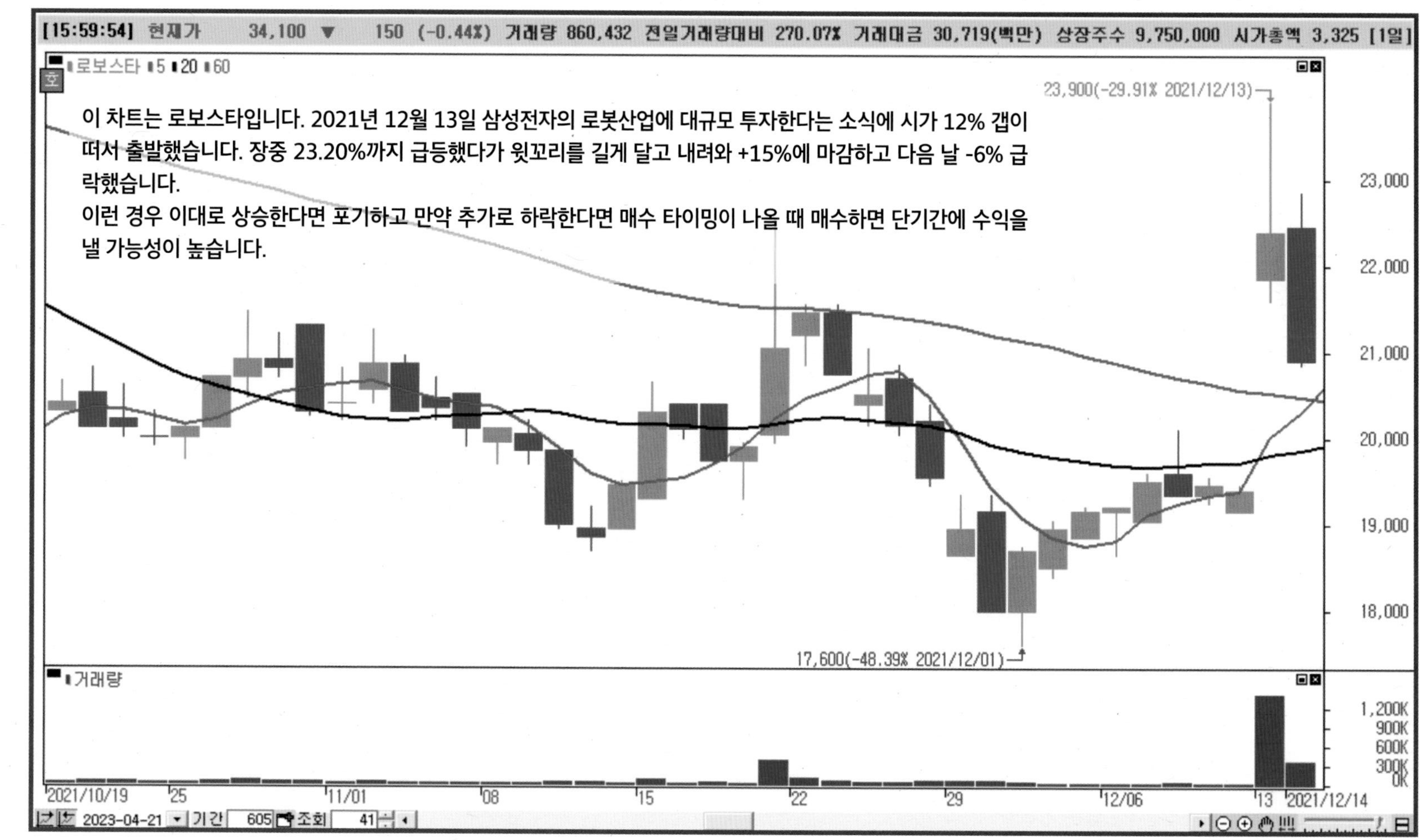
[15:59:54] 현재가 34,100 ▼ 150 (-0.44%) 거래량 860,432 전일거래량대비 270.07% 거래대금 30,719(백만) 상장주수 9,750,000 시가총액 3,325 [1일]
로보스타 5 20 60
이 차트는 로보스타입니다. 2021년 12월 13일 삼성전자의 로봇산업에 대규모 투자한다는 소식에 시가 12% 갭이 떠서 출발했습니다. 장중 23.20%까지 급등했다가 윗꼬리를 길게 달고 내려와 +15%에 마감하고 다음 날 -6% 급락했습니다.
이런 경우 이대로 상승한다면 포기하고 만약 추가로 하락한다면 매수 타이밍이 나올 때 매수하면 단기간에 수익을 낼 가능성이 높습니다.
23,900(-29.91% 2021/12/13)
17,600(-48.39% 2021/12/01)
23,000
22,000
21,000
20,000
19,000
18,000
거래량
1,200K
900K
600K
300K
0K
2021/10/19
25
11/01
08
15
22
29
12/06
13
2021/12/14
2023-04-21
기간
605
조회
41

윗꼬리 길게 달린 차트 - 로보스타

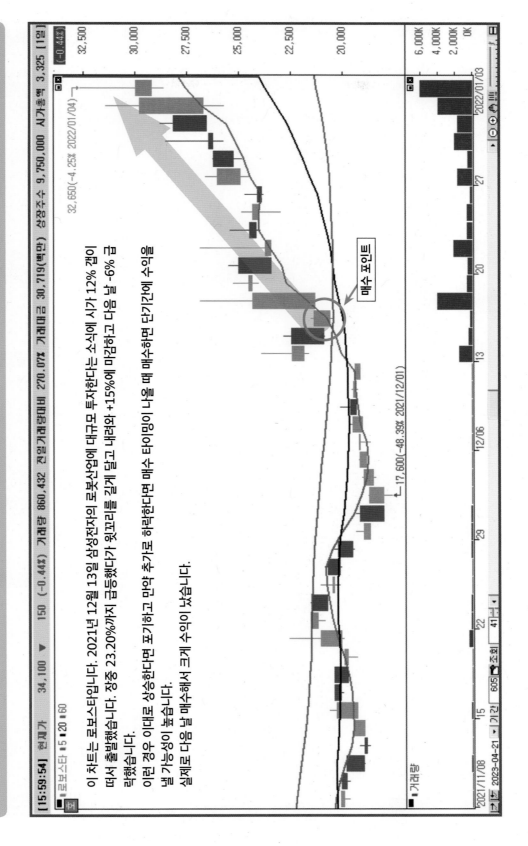

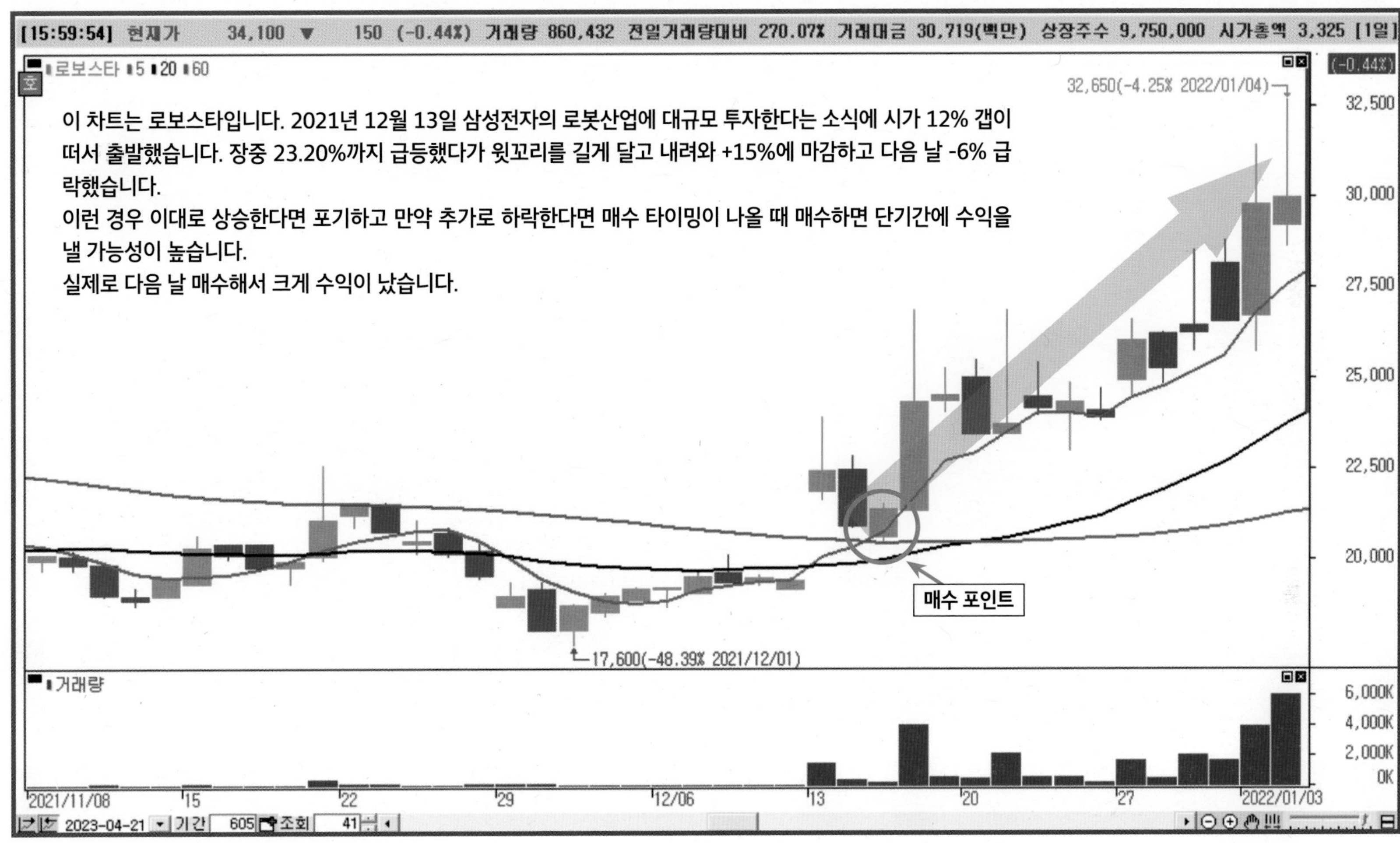
[15:59:54] 현재가 34,100 ▼ 150 (-0.44%) 거래량 860,432 전일거래량대비 270.07% 거래대금 30,719(백만) 상장주수 9,750,000 시가총액 3,325 [1일]
로보스타 5 20 60
(-0.44%)
32,650(-4.25% 2022/01/04)
32,500
30,000
27,500
25,000
22,500
20,000
이 차트는 로보스타입니다. 2021년 12월 13일 삼성전자의 로봇산업에 대규모 투자한다는 소식에 시가 12% 갭이 떠서 출발했습니다. 장중 23.20%까지 급등했다가 윗꼬리를 길게 달고 내려와 +15%에 마감하고 다음 날 -6% 급락했습니다.
이런 경우 이대로 상승한다면 포기하고 만약 추가로 하락한다면 매수 타이밍이 나올 때 매수하면 단기간에 수익을 낼 가능성이 높습니다.
실제로 다음 날 매수해서 크게 수익이 났습니다.
매수 포인트
17,600(-48.39% 2021/12/01)
거래량
6,000K
4,000K
2,000K
0K
2021/11/08
15
22
29
12/06
13
20
27
2022/01/03
2023-04-21
기간
605
조회
41

윗꼬리 길게 달린 차트 - 대동기어

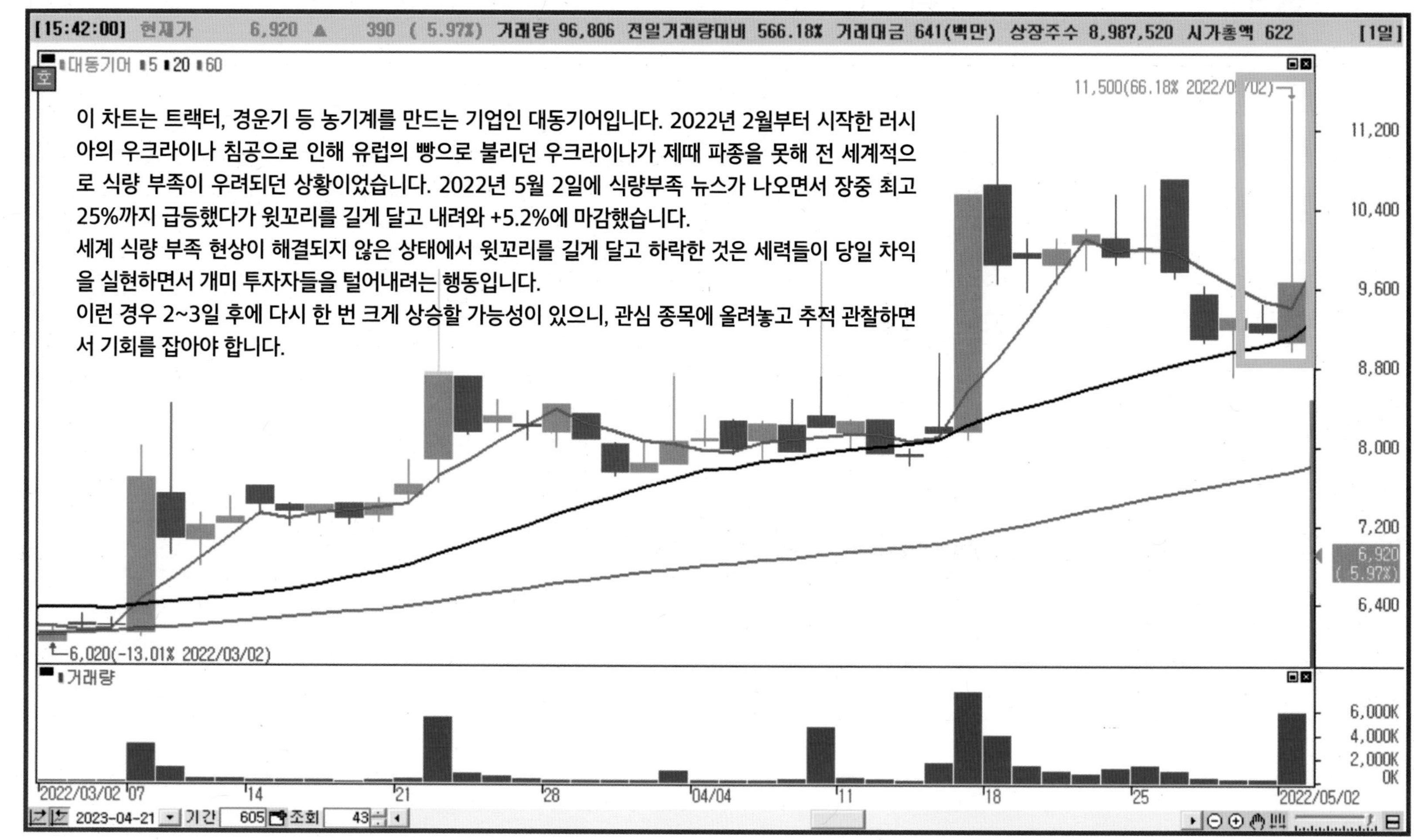
[15:42:00] 현재가 6,920 ▲ 390 (5.97%) 거래량 96,806 전일거래량대비 566.18% 거래대금 641(백만) 상장주수 8,987,520 시가총액 622 [1일]
대동기어 5 20 60
11,500(66.18% 2022/05/02)
6,020(-13.01% 2022/03/02)
11,200
10,400
9,600
8,800
8,000
7,200
6,920 (5.97%)
6,400
거래량
6,000K
4,000K
2,000K
0K
2022/03/02
07
14
21
28
04/04
11
18
25
2022/05/02
2023-04-21 기간 605 조회 43

이 차트는 트랙터, 경운기 등 농기계를 만드는 기업인 대동기어입니다. 2022년 2월부터 시작한 러시아의 우크라이나 침공으로 인해 유럽의 빵으로 불리던 우크라이나가 제때 파종을 못해 전 세계적으로 식량 부족이 우려되던 상황이었습니다. 2022년 5월 2일에 식량부족 뉴스가 나오면서 장중 최고 25%까지 급등했다가 윗꼬리를 길게 달고 내려와 +5.2%에 마감했습니다.

세계 식량 부족 현상이 해결되지 않은 상태에서 윗꼬리를 길게 달고 하락한 것은 세력들이 당일 차익을 실현하면서 개미 투자자들을 털어내려는 행동입니다.

이런 경우 2~3일 후에 다시 한 번 크게 상승할 가능성이 있으니, 관심 종목에 올려놓고 추적 관찰하면서 기회를 잡아야 합니다.

윗꼬리 길게 달린 차트 - 대동기어

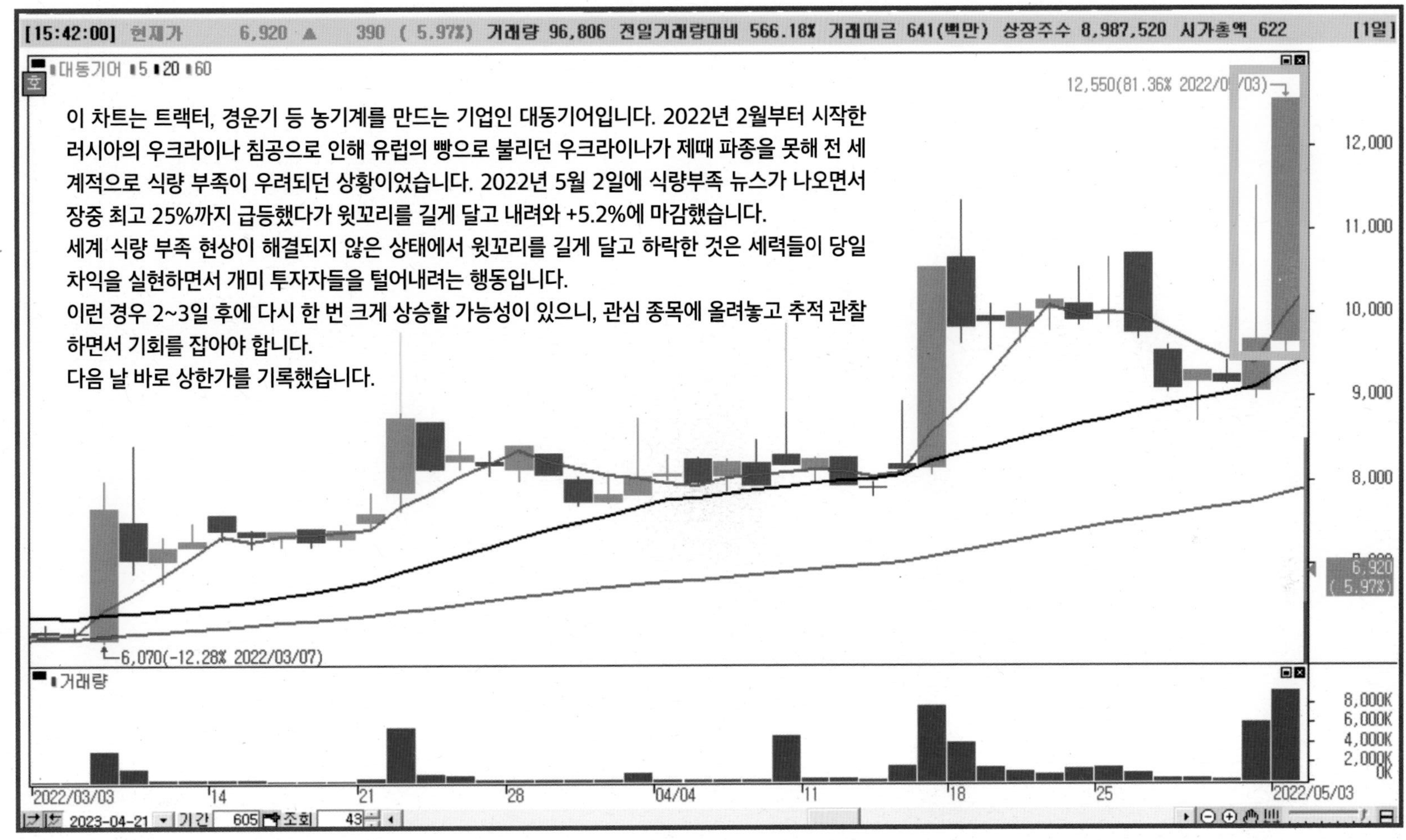
[15:42:00] 현재가 6,920 ▲ 390 (5.97%) 거래량 96,806 전일거래량대비 566.18% 거래대금 641(백만) 상장주수 8,987,520 시가총액 622 [1일]
대동기어 5 20 60
12,550(81.36% 2022/05/03)
6,070(-12.28% 2022/03/07)
12,000
11,000
10,000
9,000
8,000
6,920 (5.97%)
거래량
8,000K
6,000K
4,000K
2,000K
0K
2022/03/03
14
21
28
04/04
11
18
25
2022/05/03
2023-04-21
기간 605
조회 43

이 차트는 트랙터, 경운기 등 농기계를 만드는 기업인 대동기어입니다. 2022년 2월부터 시작한 러시아의 우크라이나 침공으로 인해 유럽의 빵으로 불리던 우크라이나가 제때 파종을 못해 전 세계적으로 식량 부족이 우려되던 상황이었습니다. 2022년 5월 2일에 식량부족 뉴스가 나오면서 장중 최고 25%까지 급등했다가 윗꼬리를 길게 달고 내려와 +5.2%에 마감했습니다.

세계 식량 부족 현상이 해결되지 않은 상태에서 윗꼬리를 길게 달고 하락한 것은 세력들이 당일 차익을 실현하면서 개미 투자자들을 털어내려는 행동입니다.

이런 경우 2~3일 후에 다시 한 번 크게 상승할 가능성이 있으니, 관심 종목에 올려놓고 추적 관찰하면서 기회를 잡아야 합니다.

다음 날 바로 상한가를 기록했습니다.

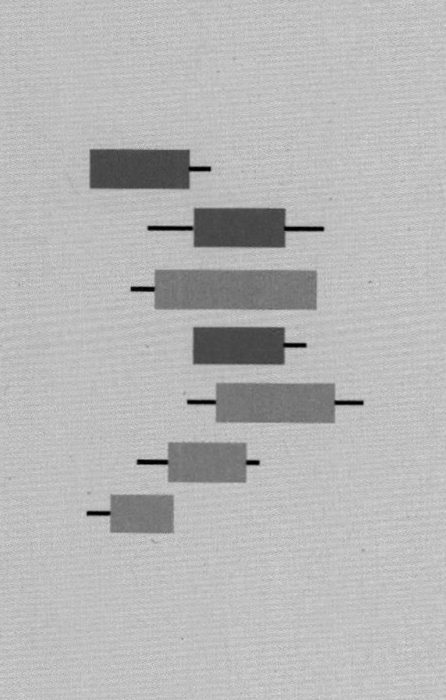

7

악재 후 긴 아래꼬리 매매 신의 한 수

아래꼬리 길게 달린 차트

아래꼬리 길게 달린 차트 - 대주전자재료 | 아래꼬리 길게 달린 차트 - 에코프로

아래꼬리 길게 달린 차트

주가가 하락하던 중 아래꼬리가 길게 달리면 어떻게 해야 할까요?

이런 경우 음봉에 아래꼬리 길게 달린 경우와 양봉에 아래꼬리 길게 달린 경우를 구분해서 대응해야 합니다 .

먼저 주가가 하락하던 중에 아래꼬리 길게 달린 **음봉**이라면, 하락의 기운에 역행하는 반등으로 아래꼬리가 길게 달린 경우입니다. 결과적으로 아직은 하락의 기운을 이기지 못해 힘이 부족한 것이니 하루 이틀 더 두고 보면서 양봉이 나올 때까지 지켜봐야 합니다.

다음은 주가가 하락하던 중에 아래꼬리 길게 달린 **양봉**의 경우입니다. 그때는 조심스럽게 매수를 준비하거나 소량으로 분할매수를 시도하는 것도 가능합니다

차트를 보면서 설명드리겠습니다.

아래꼬리 길게 달린 차트 - 대주전자재료

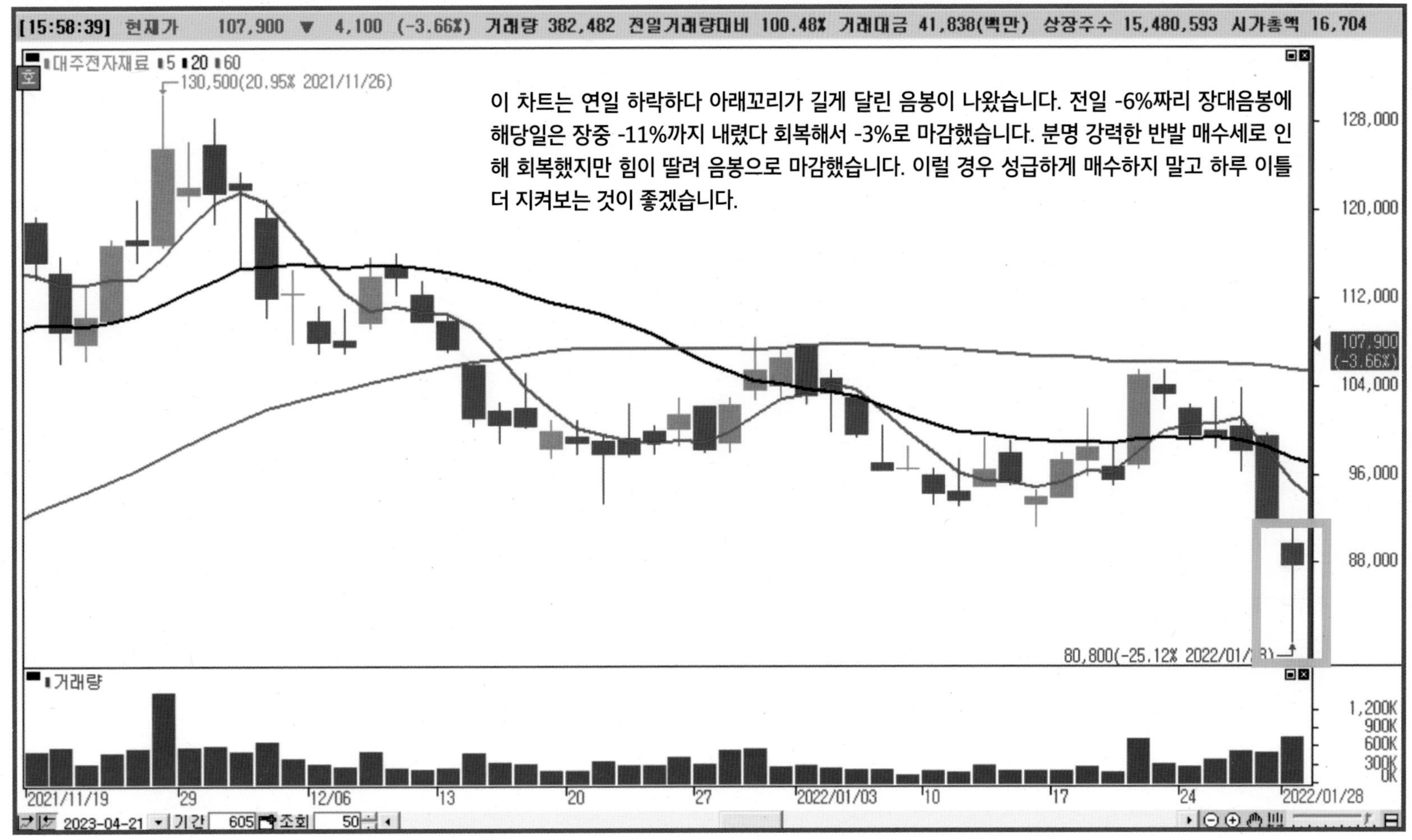
[15:58:39] 현재가 107,900 ▼ 4,100 (-3.66%) 거래량 382,482 전일거래량대비 100.48% 거래대금 41,838(백만) 상장주수 15,480,593 시가총액 16,704
대주전자재료 5 20 60
130,500(20.95% 2021/11/26)
이 차트는 연일 하락하다 아래꼬리가 길게 달린 음봉이 나왔습니다. 전일 -6%짜리 장대음봉에 해당일은 장중 -11%까지 내렸다 회복해서 -3%로 마감했습니다. 분명 강력한 반발 매수세로 인해 회복했지만 힘이 딸려 음봉으로 마감했습니다. 이럴 경우 성급하게 매수하지 말고 하루 이틀 더 지켜보는 것이 좋겠습니다.
128,000
120,000
112,000
107,900
(-3.66%)
104,000
96,000
88,000
거래량
1,200K
900K
600K
300K
0K
2021/11/19
29
12/06
13
20
27
2022/01/03
10
17
24
2022/01/28
2023-04-21
기간
605
조회
50

아래꼬리 길게 달린 차트 - 대주전자재료

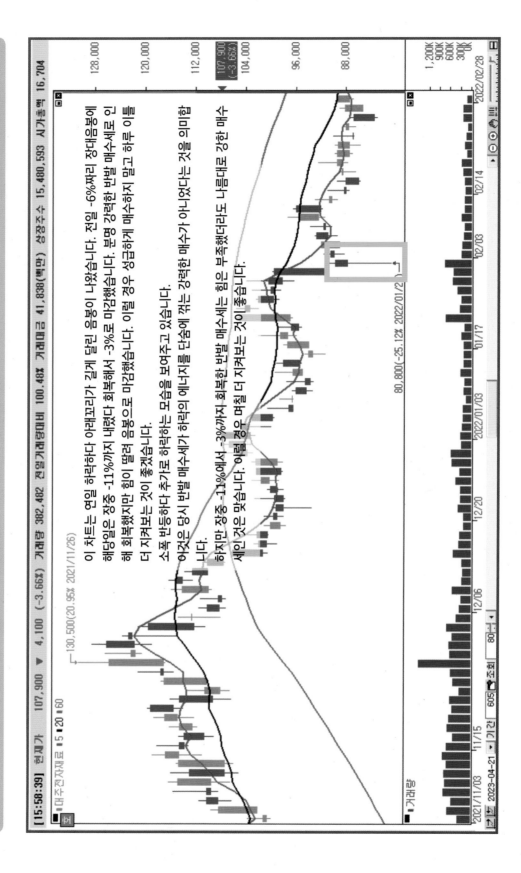

[15:58:39] 현재가 107,900 ▼ 4,100 (-3.66%) 거래량 382,482 전일거래량대비 100.48% 거래대금 41,838(백만) 상장주수 15,480,593 시가총액 16,704
대주전자재료 5 20 60
130,500(20.95% 2021/11/26)
이 차트는 연일 하락하다 아래꼬리가 길게 달린 음봉이 나왔습니다. 전일 -6%짜리 장대음봉에 해당일은 장중 -11%까지 내렸다 회복해서 -3%로 마감했습니다. 분명 강력한 반발 매수세로 인해 회복했지만 힘이 딸려 음봉으로 마감했습니다. 이럴 경우 성급하게 매수하지 말고 하루 이틀 더 지켜보는 것이 좋겠습니다.
소폭 반등하다 추가로 하락하는 모습을 보여주고 있습니다.
이것은 당시 반발 매수세가 하락의 에너지를 단숨에 꺾는 강력한 매수가 아니었다는 것을 의미합니다.
하지만 장중 -11%에서 -3%까지 회복한 반발 매수세는 힘은 부족했더라도 나름대로 강한 매수세인 것은 맞습니다. 이럴 경우 며칠 더 지켜보는 것이 좋습니다.
80,800(-25.12% 2022/01/2
128,000
120,000
112,000
107,900
(-3.66%)
104,000
96,000
88,000
거래량
1,200K
900K
600K
300K
0K
2021/11/03
11/15
12/06
12/20
2022/01/03
01/17
02/03
02/14
2022/02/28
2023-04-21
기간
605
조회
80

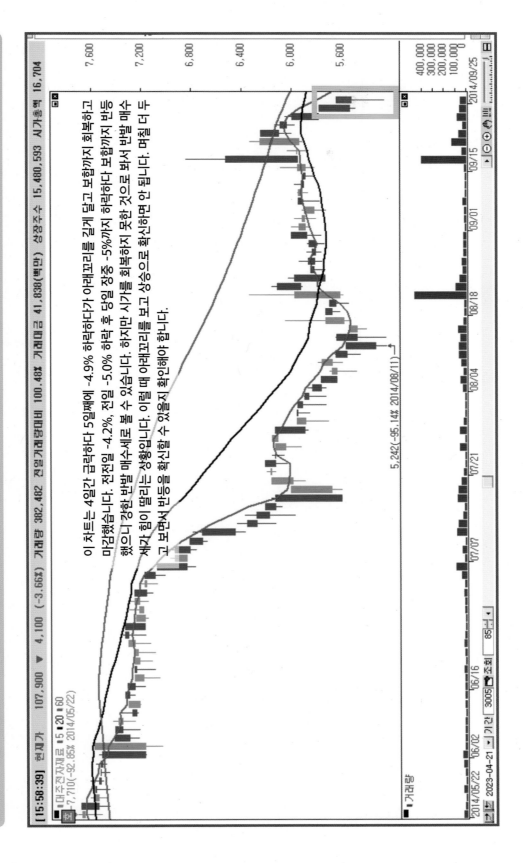

아래꼬리 길게 달린 차트 - 대주전자재료

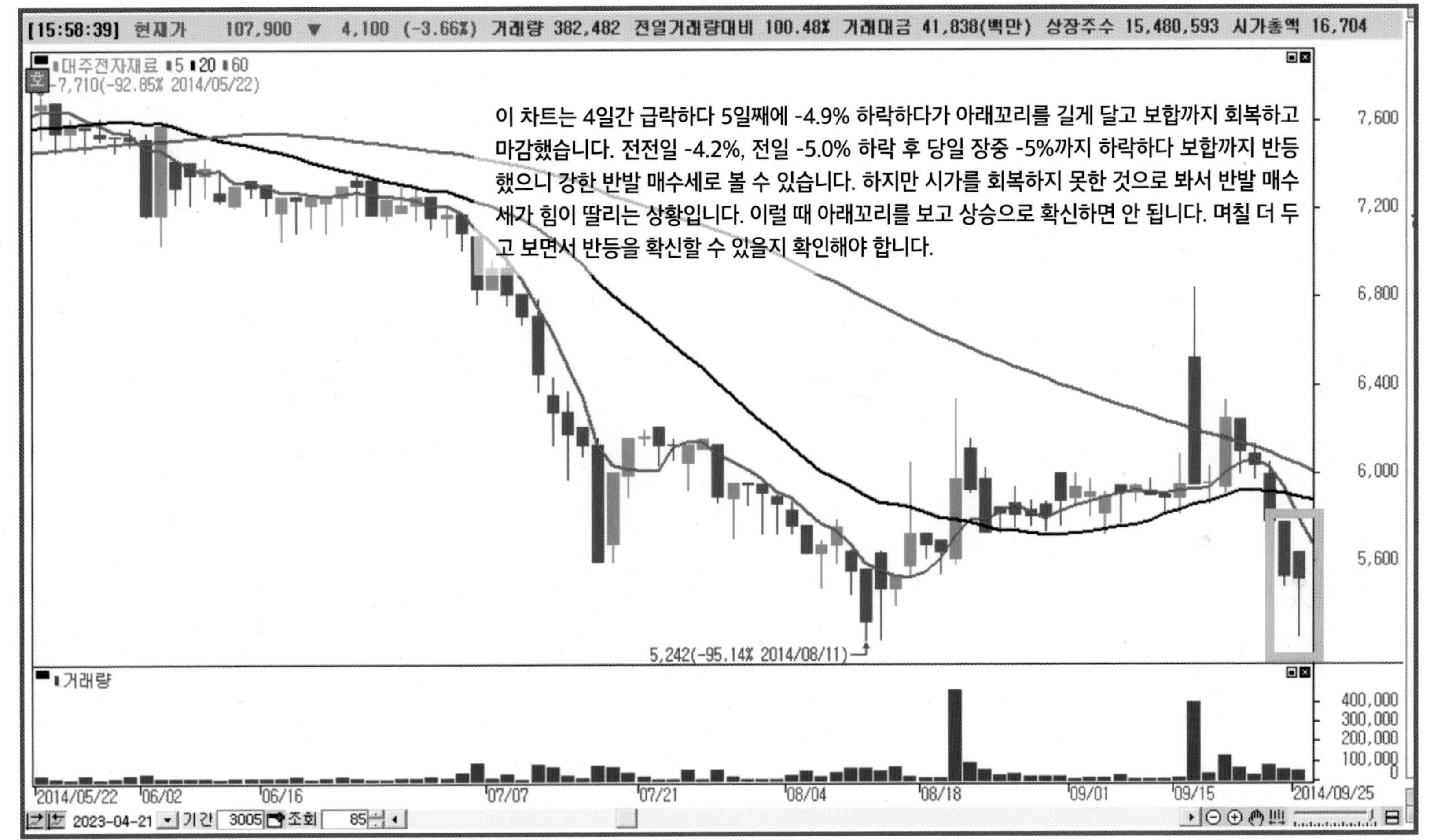
[15:58:39] 현재가 107,900 ▼ 4,100 (-3.66%) 거래량 382,482 전일거래량대비 100.48% 거래대금 41,838(백만) 상장주수 15,480,593 시가총액 16,704
대주전자재료 5 20 60
-7,710(-92.85% 2014/05/22)
이 차트는 4일간 급락하다 5일째에 -4.9% 하락하다가 아래꼬리를 길게 달고 보합까지 회복하고 마감했습니다. 전전일 -4.2%, 전일 -5.0% 하락 후 당일 장중 -5%까지 하락하다 보합까지 반등했으니 강한 반발 매수세로 볼 수 있습니다. 하지만 시가를 회복하지 못한 것으로 봐서 반발 매수세가 힘이 딸리는 상황입니다. 이럴 때 아래꼬리를 보고 상승으로 확신하면 안 됩니다. 며칠 더 두고 보면서 반등을 확신할 수 있을지 확인해야 합니다.
7,600
7,200
6,800
6,400
6,000
5,600
5,242(-95.14% 2014/08/11)
거래량
400,000
300,000
200,000
100,000
0
2014/05/22
06/02
06/16
07/07
07/21
08/04
08/18
09/01
09/15
2014/09/25
2023-04-21 기간 3005 조회 85

아래꼬리 길게 달린 차트 - 대주전자재료

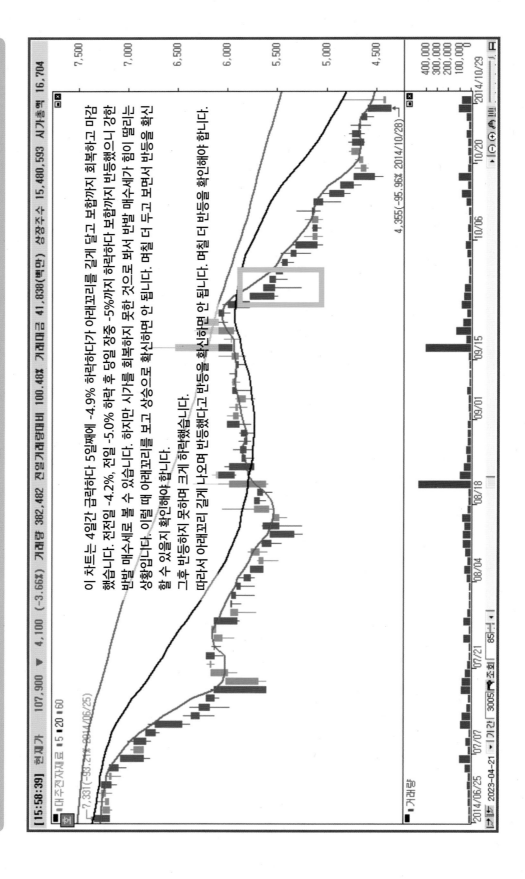

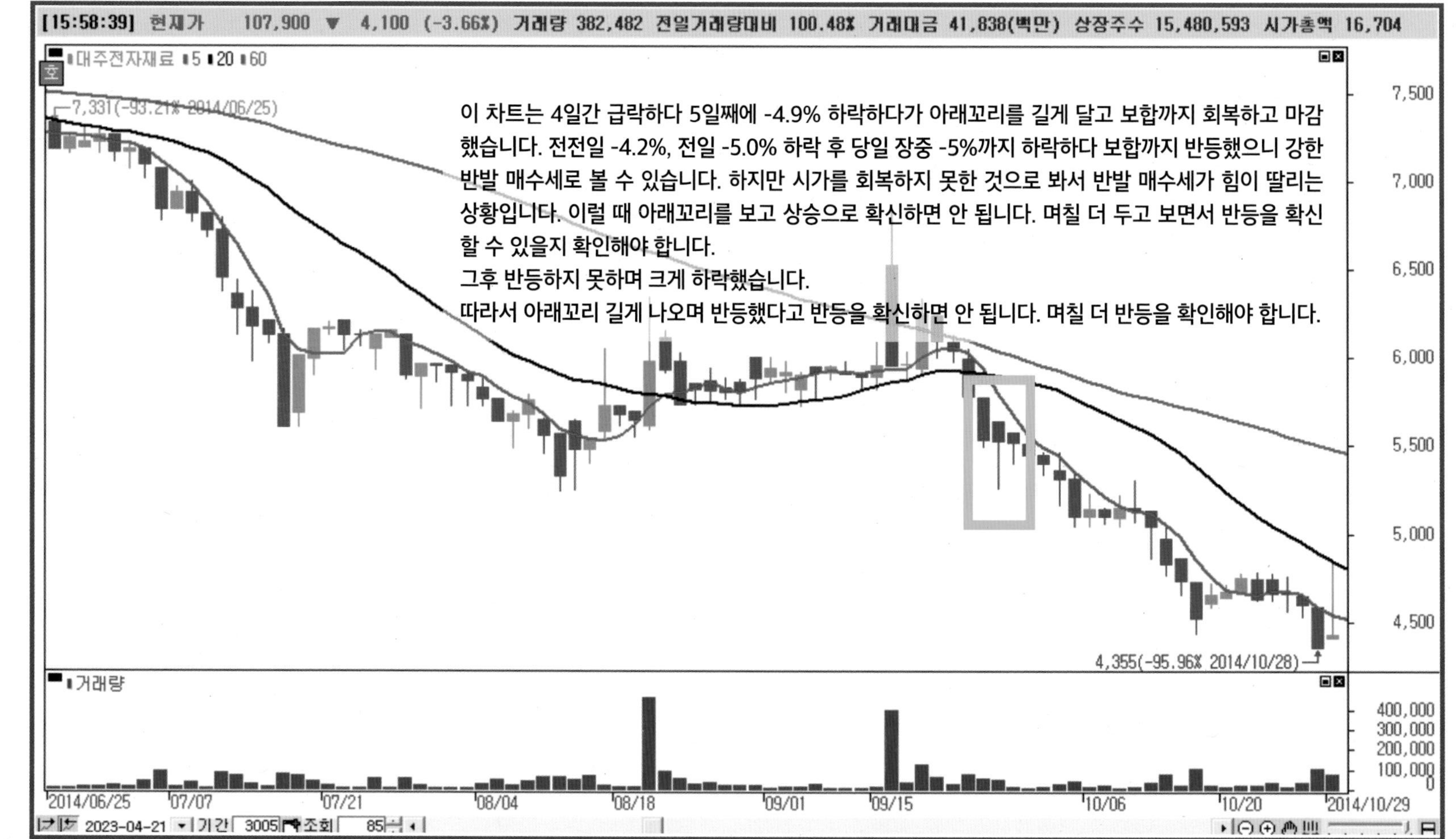
[15:58:39] 현재가 107,900 ▼ 4,100 (-3.66%) 거래량 382,482 전일거래량대비 100.48% 거래대금 41,838(백만) 상장주수 15,480,593 시가총액 16,704
대주전자재료 5 20 60
7,331(-93.21% 2014/06/25)
이 차트는 4일간 급락하다 5일째에 -4.9% 하락하다가 아래꼬리를 길게 달고 보합까지 회복하고 마감했습니다. 전전일 -4.2%, 전일 -5.0% 하락 후 당일 장중 -5%까지 하락하다 보합까지 반등했으니 강한 반발 매수세로 볼 수 있습니다. 하지만 시가를 회복하지 못한 것으로 봐서 반발 매수세가 힘이 딸리는 상황입니다. 이럴 때 아래꼬리를 보고 상승으로 확신하면 안 됩니다. 며칠 더 두고 보면서 반등을 확신할 수 있을지 확인해야 합니다.
그후 반등하지 못하며 크게 하락했습니다.
따라서 아래꼬리 길게 나오며 반등했다고 반등을 확신하면 안 됩니다. 며칠 더 반등을 확인해야 합니다.
7,500
7,000
6,500
6,000
5,500
5,000
4,500
4,355(-95.96% 2014/10/28)
거래량
400,000
300,000
200,000
100,000
0
2014/06/25
07/07
07/21
08/04
08/18
09/01
09/15
10/06
10/20
2014/10/29
2023-04-21
기간
3005
조회
85

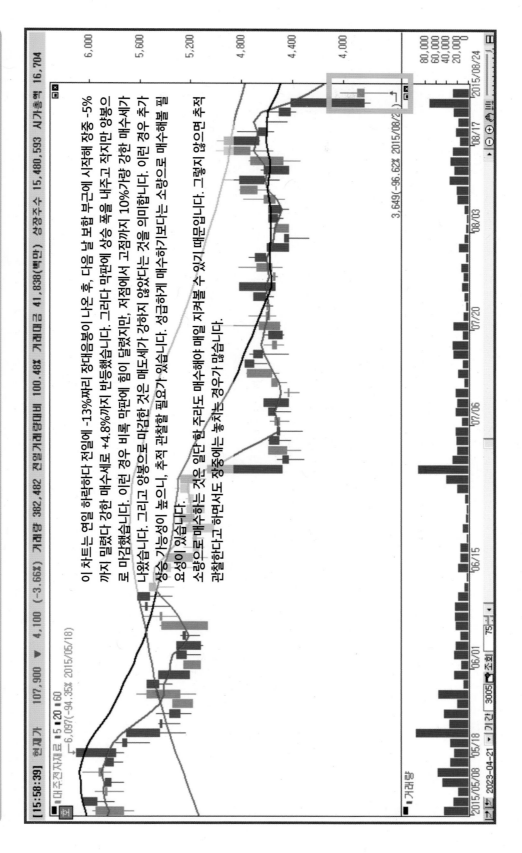

아래꼬리 길게 달린 차트 - 대주전자재료

[15:58:39] 현재가 107,900 ▼ 4,100 (-3.66%) 거래량 382,482 전일거래량대비 100.48% 거래대금 41,838(백만) 상장주수 15,480,593 시가총액 16,704
대주전자재료 5 20 60
6,097(-94.35% 2015/05/18)
이 차트는 연일 하락하다 전일에 -13%짜리 장대음봉이 나온 후, 다음 날 보합 부근에 시작해 장중 -5%까지 밀렸다 강한 매수세로 +4.8%까지 반등했습니다. 그러다 막판에 상승 폭을 내주고 작지만 양봉으로 마감했습니다. 이런 경우 비록 막판에 힘이 달렸지만, 저점에서 고점까지 10%가량 강한 매수세가 나왔습니다. 그리고 양봉으로 마감한 것은 매도세가 강하지 않았다는 것을 의미합니다. 이런 경우 추가 상승 가능성이 높으니, 추적 관찰할 필요가 있습니다. 성급하게 매수하기보다는 소량으로 매수해볼 필요성이 있습니다.
소량으로 매수하는 것은 일단 한 주라도 매수해야 매일 지켜볼 수 있기 때문입니다. 그렇지 않으면 추적 관찰한다고 하면서도 장중에는 놓치는 경우가 많습니다.
6,000
5,600
5,200
4,800
4,400
4,000
3,649(-96.62% 2015/08/2
거래량
80,000
60,000
40,000
20,000
0
2015/05/08
05/18
06/01
06/15
07/06
07/20
08/03
08/17
2015/08/24
2023-04-21
기간
3005
조회
75

아래꼬리 길게 달린 차트 - 대주전자재료

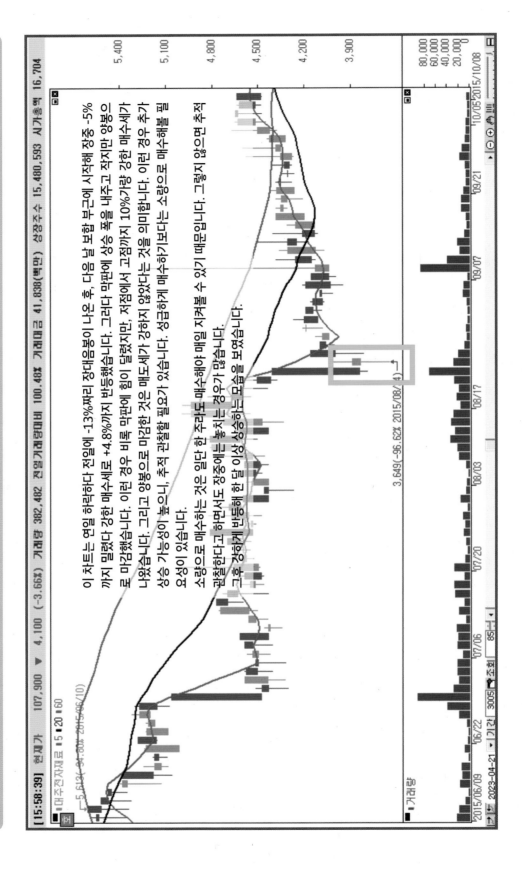

[15:58:39] 현재가 107,900 ▼ 4,100 (-3.66%) 거래량 382,482 전일거래량대비 100.48% 거래대금 41,838(백만) 상장주수 15,480,593 시가총액 16,704
대주전자재료 5 20 60
5,613(-94.80% 2015/06/10)
이 차트는 연일 하락하다 전일에 -13%짜리 장대음봉이 나온 후, 다음 날 보합 부근에 시작해 장중 -5%까지 밀렸다 강한 매수세로 +4.8%까지 반등했습니다. 그러다 막판에 상승 폭을 내주고 작지만 양봉으로 마감했습니다. 이런 경우 비록 막판에 힘이 달렸지만, 저점에서 고점까지 10%가량 강한 매수세가 나왔습니다. 그리고 양봉으로 마감한 것은 매도세가 강하지 않았다는 것을 의미합니다. 이런 경우 추가 상승 가능성이 높으니, 추적 관찰할 필요가 있습니다. 성급하게 매수하기보다는 소량으로 매수해볼 필요성이 있습니다.
소량으로 매수하는 것은 일단 한 주라도 매수해야 매일 지켜볼 수 있기 때문입니다. 그렇지 않으면 추적 관찰한다고 하면서도 장중에는 놓치는 경우가 많습니다.
그후 강하게 반등해 한 달 이상 상승하는 모습을 보였습니다.
5,400
5,100
4,800
4,500
4,200
3,900
3,649(-96.62% 2015/08/24)
거래량
80,000
60,000
40,000
20,000
0
2015/06/09
06/22
07/06
07/20
08/03
08/17
09/07
09/21
10/05
2015/10/08
2023-04-21
기간 3005
조회 85

아래꼬리 길게 달린 차트 - 에코프로

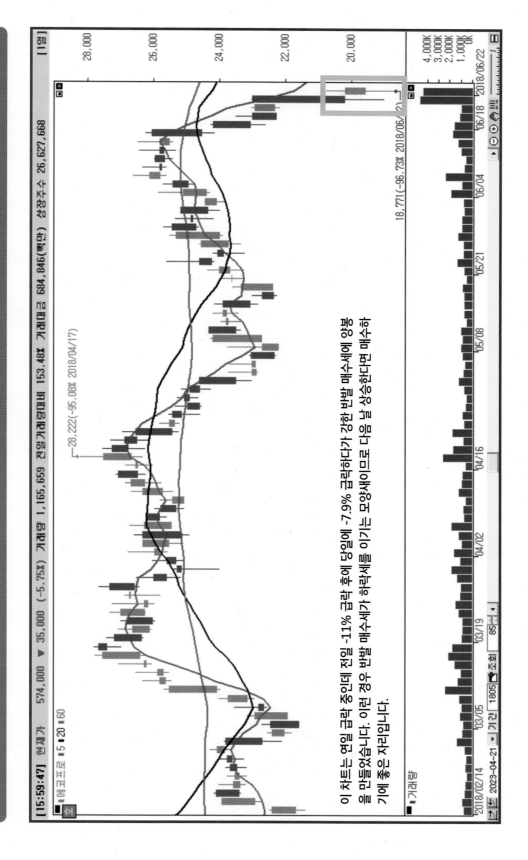

[15:59:47] 현재가 574,000 ▼ 35,000 (-5.75%) 거래량 1,165,659 전일거래량대비 153.48% 거래대금 684,846(백만) 상장주수 26,627,668 [1일]
에코프로 5 20 60
28,222(-95.08% 2018/04/17)
28,000
26,000
24,000
22,000
20,000
이 차트는 연일 급락 중인데 전일 -11% 급락 후에 당일에 -7.9% 급락하다가 강한 반발 매수세에 양봉을 만들었습니다. 이런 경우 반발 매수세가 하락세를 이기는 모양새이므로 다음 날 상승한다면 매수하기에 좋은 자리입니다.
거래량
4,000K
3,000K
2,000K
1,000K
0K
2018/02/14
03/05
03/19
04/02
04/16
05/08
05/21
06/04
06/18
2018/06/22
2023-04-21 기간 1805 조회 85

아래꼬리 길게 달린 차트 - 에코프로

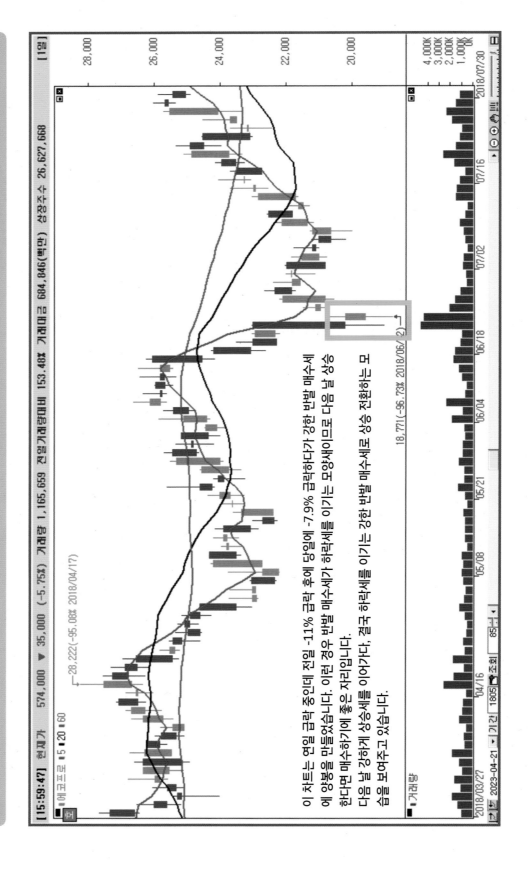

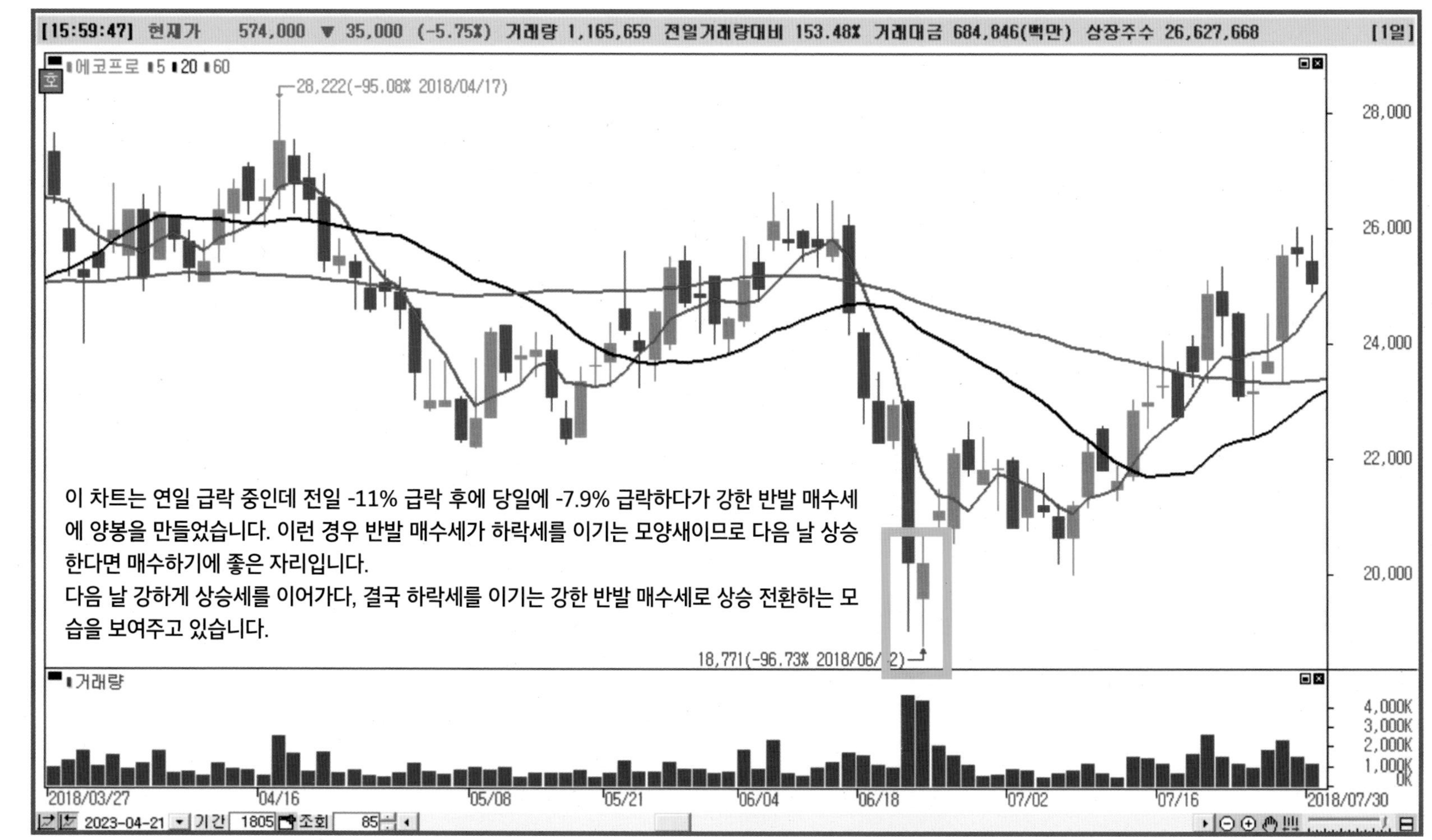
[15:59:47] 현재가 574,000 ▼ 35,000 (-5.75%) 거래량 1,165,659 전일거래량대비 153.48% 거래대금 684,846(백만) 상장주수 26,627,668 [1일]
에코프로 5 20 60
28,222(-95.08% 2018/04/17)
28,000
26,000
24,000
22,000
20,000
18,771(-96.73% 2018/06/22)
거래량
4,000K
3,000K
2,000K
1,000K
0K
2018/03/27
04/16
05/08
05/21
06/04
06/18
07/02
07/16
2018/07/30
2023-04-21
기간
1805
조회
85
이 차트는 연일 급락 중인데 전일 -11% 급락 후에 당일에 -7.9% 급락하다가 강한 반발 매수세에 양봉을 만들었습니다. 이런 경우 반발 매수세가 하락세를 이기는 모양새이므로 다음 날 상승한다면 매수하기에 좋은 자리입니다.
다음 날 강하게 상승세를 이어가다, 결국 하락세를 이기는 강한 반발 매수세로 상승 전환하는 모습을 보여주고 있습니다.

8

고점 대량거래 매도신호 신의 한 수

많이 오른 상태에서 대량거래는 매도신호 - 에이스토리 | 많이 오른 상태에서 대량거래는 매도신호 - 아남전자
많이 오른 상태에서 대량거래는 매도신호 - 롯데케미칼 | 많이 오른 상태에서 대량거래는 매도신호 - 신풍제약

많이 오른 상태에서 대량거래는 매도신호 - 에이스토리

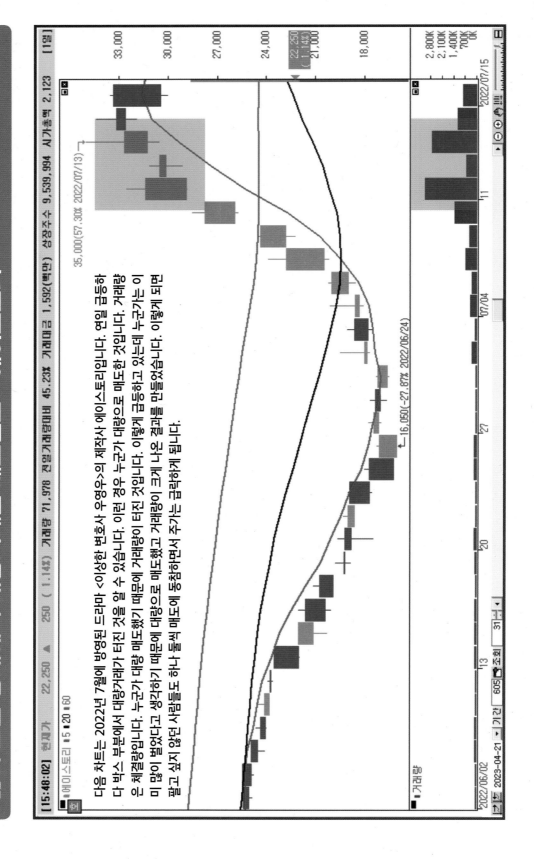

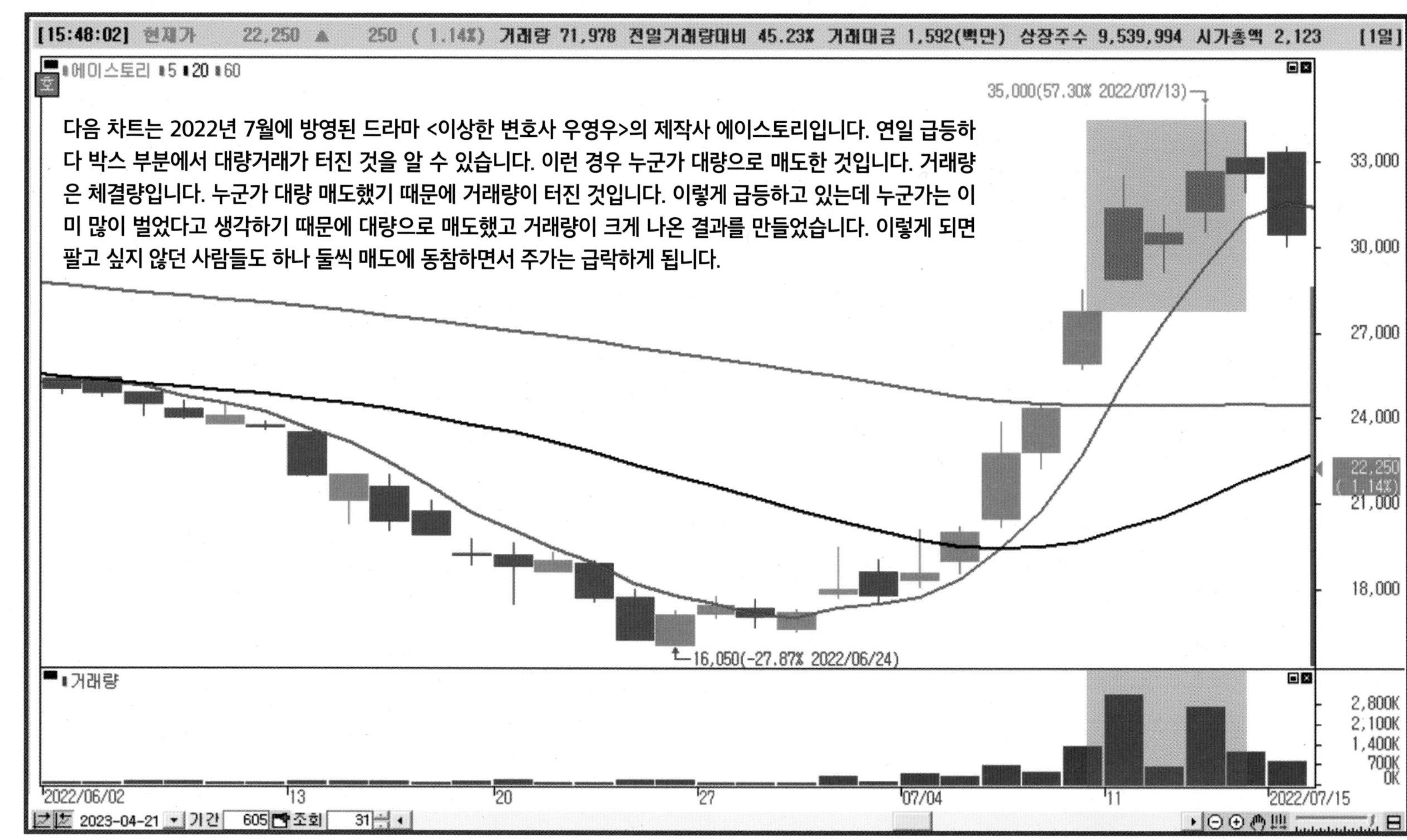
[15:48:02] 현재가 22,250 ▲ 250 (1.14%) 거래량 71,978 전일거래량대비 45.23% 거래대금 1,592(백만) 상장주수 9,539,994 시가총액 2,123 [1일]
에이스토리 5 20 60
다음 차트는 2022년 7월에 방영된 드라마 <이상한 변호사 우영우>의 제작사 에이스토리입니다. 연일 급등하다 박스 부분에서 대량거래가 터진 것을 알 수 있습니다. 이런 경우 누군가 대량으로 매도한 것입니다. 거래량은 체결량입니다. 누군가 대량 매도했기 때문에 거래량이 터진 것입니다. 이렇게 급등하고 있는데 누군가는 이미 많이 벌었다고 생각하기 때문에 대량으로 매도했고 거래량이 크게 나온 결과를 만들었습니다. 이렇게 되면 팔고 싶지 않던 사람들도 하나 둘씩 매도에 동참하면서 주가는 급락하게 됩니다.
35,000(57.30% 2022/07/13)
16,050(-27.87% 2022/06/24)
33,000
30,000
27,000
24,000
22,250
(1.14%)
21,000
18,000
거래량
2,800K
2,100K
1,400K
700K
0K
2022/06/02
13
20
27
07/04
11
2022/07/15
2023-04-21
기간
605
조회
31

많이 오른 상태에서 대량거래는 매도신호 - 에이스토리

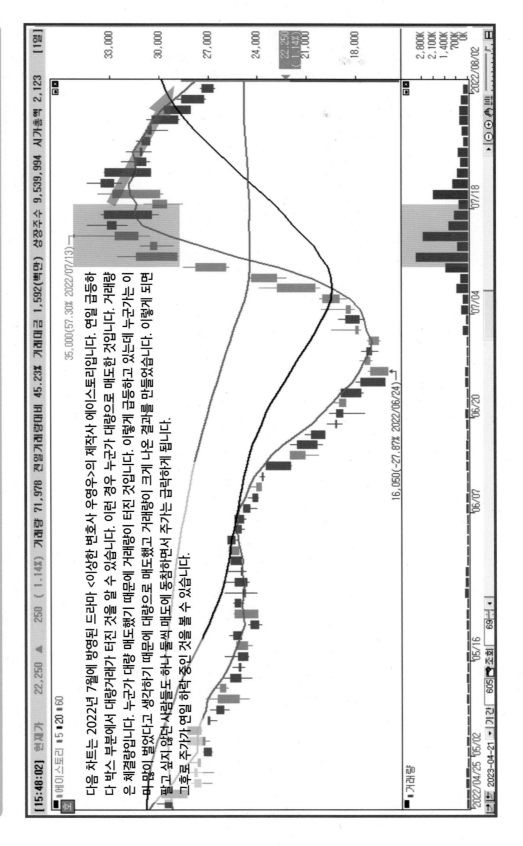

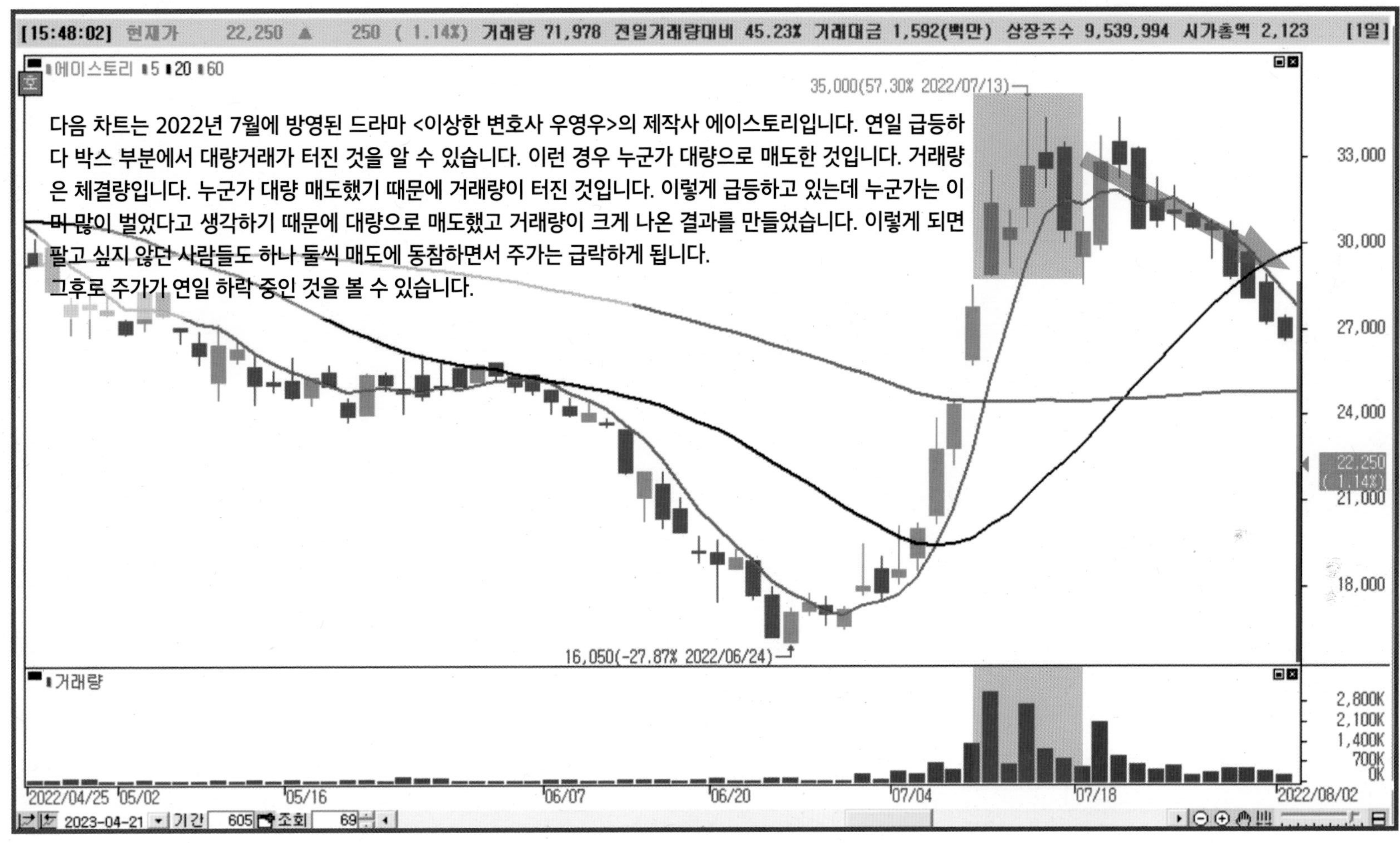
[15:48:02] 현재가 22,250 ▲ 250 (1.14%) 거래량 71,978 전일거래량대비 45.23% 거래대금 1,592(백만) 상장주수 9,539,994 시가총액 2,123 [1일]
에이스토리 5 20 60
35,000(57.30% 2022/07/13)
다음 차트는 2022년 7월에 방영된 드라마 <이상한 변호사 우영우>의 제작사 에이스토리입니다. 연일 급등하다 박스 부분에서 대량거래가 터진 것을 알 수 있습니다. 이런 경우 누군가 대량으로 매도한 것입니다. 거래량은 체결량입니다. 누군가 대량 매도했기 때문에 거래량이 터진 것입니다. 이렇게 급등하고 있는데 누군가는 이미 많이 벌었다고 생각하기 때문에 대량으로 매도했고 거래량이 크게 나온 결과를 만들었습니다. 이렇게 되면 팔고 싶지 않던 사람들도 하나 둘씩 매도에 동참하면서 주가는 급락하게 됩니다.
그후로 주가가 연일 하락 중인 것을 볼 수 있습니다.
33,000
30,000
27,000
24,000
22,250
(1.14%)
21,000
18,000
16,050(-27.87% 2022/06/24)
거래량
2,800K
2,100K
1,400K
700K
0K
2022/04/25
05/02
05/16
06/07
06/20
07/04
07/18
2022/08/02
2023-04-21
기간 605
조회 69

많이 오른 상태에서 대량거래는 매도신호 - 아남전자

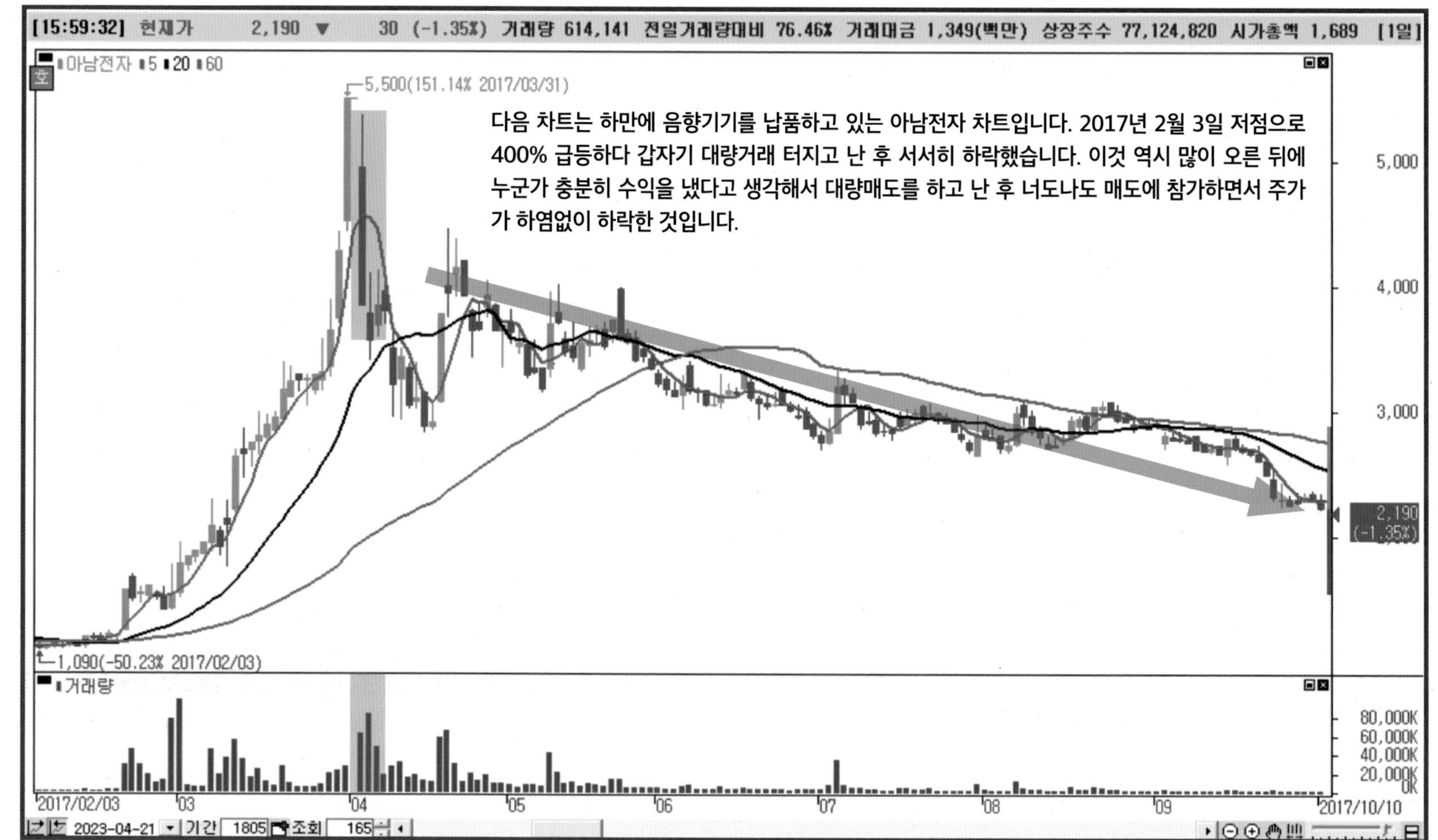
[15:59:32] 현재가 2,190 ▼ 30 (-1.35%) 거래량 614,141 전일거래량대비 76.46% 거래대금 1,349(백만) 상장주수 77,124,820 시가총액 1,689 [1일]
아남전자 5 20 60
5,500(151.14% 2017/03/31)
1,090(-50.23% 2017/02/03)
5,000
4,000
3,000
2,190
(-1.35%)
거래량
80,000K
60,000K
40,000K
20,000K
0K
2017/02/03
03
04
05
06
07
08
09
2017/10/10
2023-04-21
기간 1805
조회 165

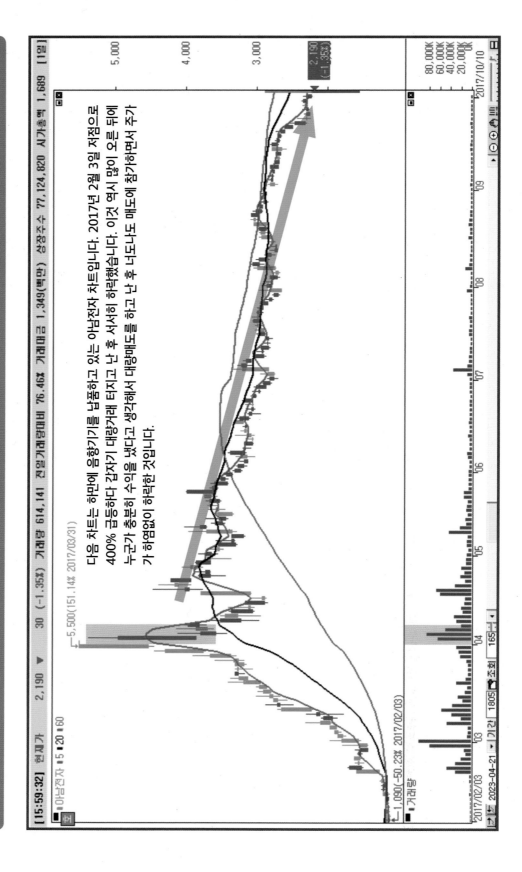

다음 차트는 하만에 음향기기를 납품하고 있는 아남전자 차트입니다. 2017년 2월 3일 저점으로 400% 급등하다 갑자기 대량거래 터지고 난 후 서서히 하락했습니다. 이것 역시 많이 오른 뒤에 누군가 충분히 수익을 냈다고 생각해서 대량매도를 하고 난 후 너도나도 매도에 참가하면서 주가가 하염없이 하락한 것입니다.

많이 오른 상태에서 대량거래는 매도신호 - 롯데케미칼

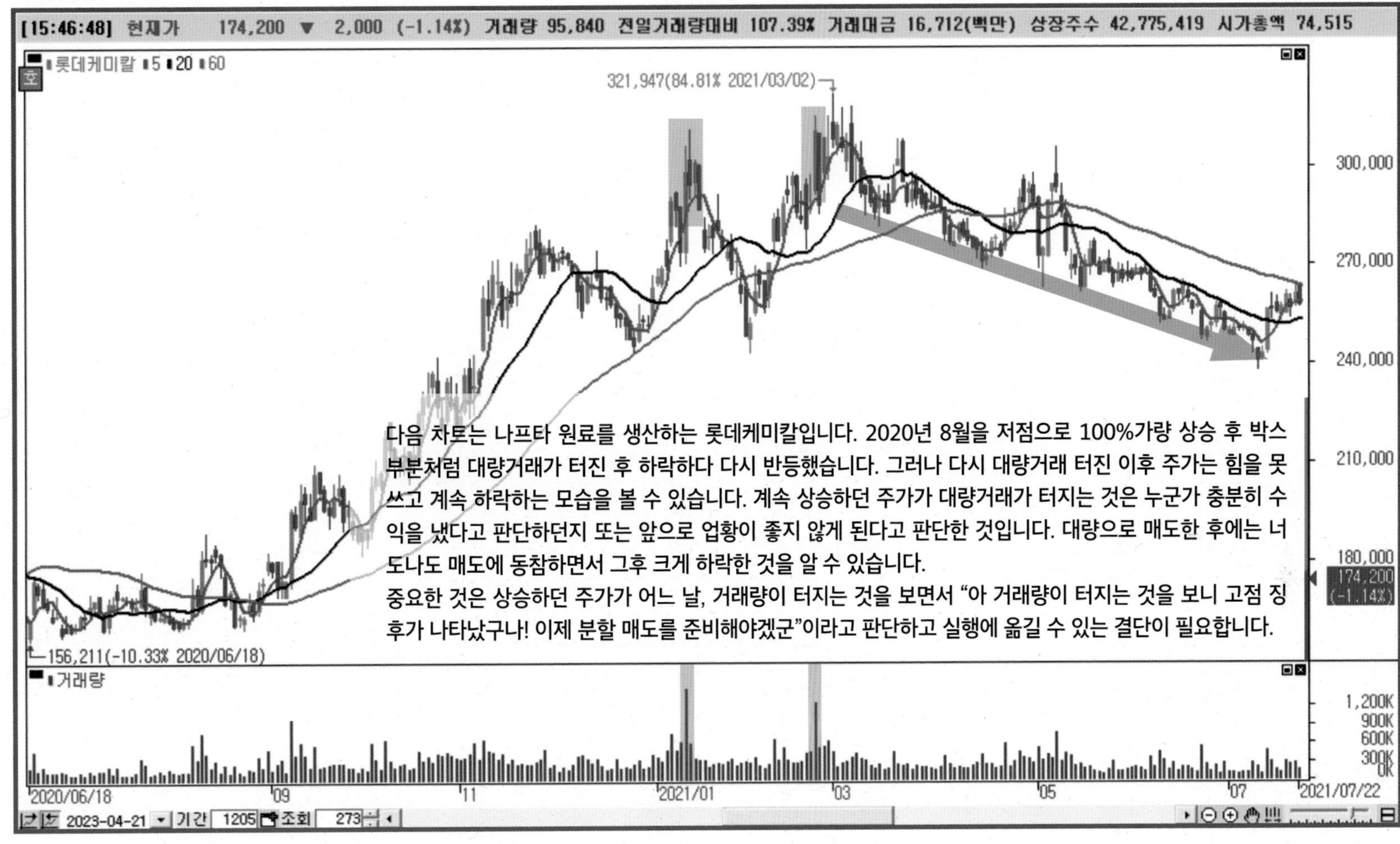
[15:46:48] 현재가 174,200 ▼ 2,000 (-1.14%) 거래량 95,840 전일거래량대비 107.39% 거래대금 16,712(백만) 상장주수 42,775,419 시가총액 74,515
롯데케미칼 5 20 60
321,947(84.81% 2021/03/02)
156,211(-10.33% 2020/06/18)
300,000
270,000
240,000
210,000
180,000
174,200
(-1.14%)
거래량
1,200K
900K
600K
300K
0K
2020/06/18
09
11
2021/01
03
05
07
2021/07/22
2023-04-21 기간 1205 조회 273

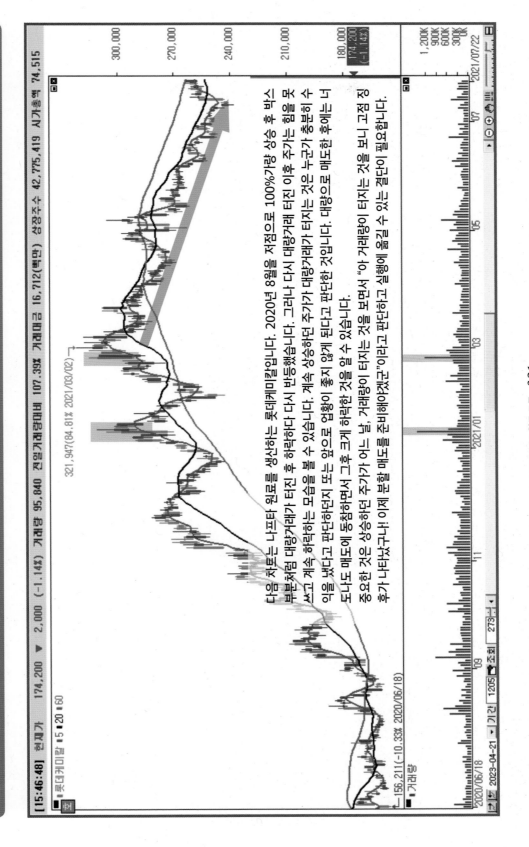

다음 차트는 나프타 원료를 생산하는 롯데케미칼입니다. 2020년 8월을 저점으로 100%가량 상승 후 박스 부분처럼 대량거래가 터진 후 하락하다 다시 반등했습니다. 그러나 다시 대량거래 터진 이후 주가는 힘을 못 쓰고 계속 하락하는 모습을 볼 수 있습니다. 계속 상승하던 주가가 대량거래가 터지는 것은 누군가 충분히 수익을 냈다고 판단하던지 또는 앞으로 업황이 좋지 않게 된다고 판단한 것입니다. 대량으로 매도한 후에는 너도나도 매도에 동참하면서 그후 크게 하락한 것을 알 수 있습니다.

중요한 것은 상승하던 주가가 어느 날, 거래량이 터지는 것을 보면서 "아 거래량이 터지는 것을 보니 고점 징후가 나타났구나! 이제 분할 매도를 준비해야겠군"이라고 판단하고 실행에 옮길 수 있는 결단이 필요합니다.

많이 오른 상태에서 대량거래는 매도신호 - 신풍제약

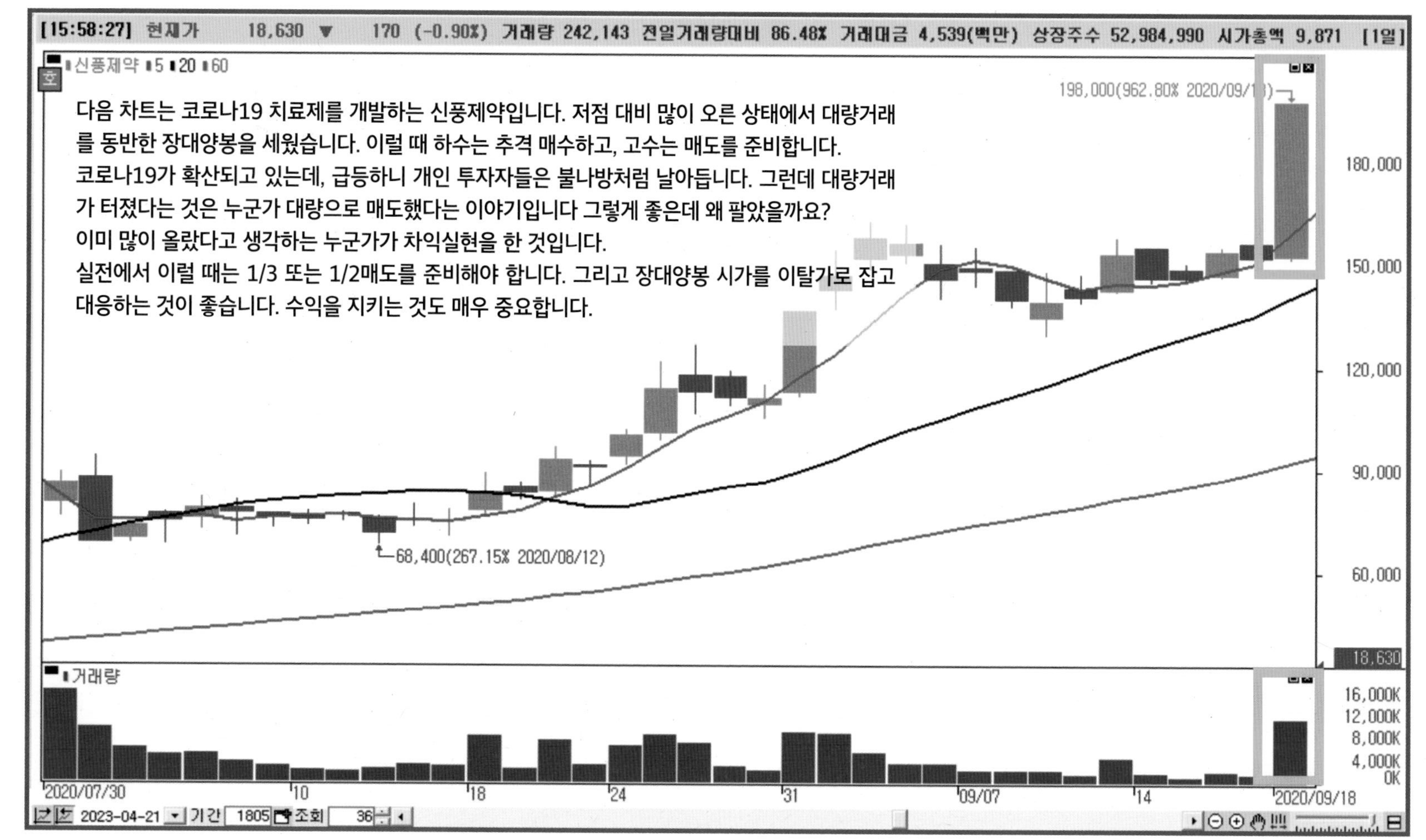
[15:58:27] 현재가 18,630 ▼ 170 (-0.90%) 거래량 242,143 전일거래량대비 86.48% 거래대금 4,539(백만) 상장주수 52,984,990 시가총액 9,871 [1일]
신풍제약 5 20 60
다음 차트는 코로나19 치료제를 개발하는 신풍제약입니다. 저점 대비 많이 오른 상태에서 대량거래를 동반한 장대양봉을 세웠습니다. 이럴 때 하수는 추격 매수하고, 고수는 매도를 준비합니다.
코로나19가 확산되고 있는데, 급등하니 개인 투자자들은 불나방처럼 날아듭니다. 그런데 대량거래가 터졌다는 것은 누군가 대량으로 매도했다는 이야기입니다 그렇게 좋은데 왜 팔았을까요?
이미 많이 올랐다고 생각하는 누군가가 차익실현을 한 것입니다.
실전에서 이럴 때는 1/3 또는 1/2매도를 준비해야 합니다. 그리고 장대양봉 시가를 이탈가로 잡고 대응하는 것이 좋습니다. 수익을 지키는 것도 매우 중요합니다.
198,000(962.80% 2020/09/18)
68,400(267.15% 2020/08/12)
180,000
150,000
120,000
90,000
60,000
18,630
거래량
16,000K
12,000K
8,000K
4,000K
0K
2020/07/30
10
18
24
31
09/07
14
2020/09/18
2023-04-21 기간 1805 조회 36

많이 오른 상태에서 대량거래는 매도신호 - 신풍제약

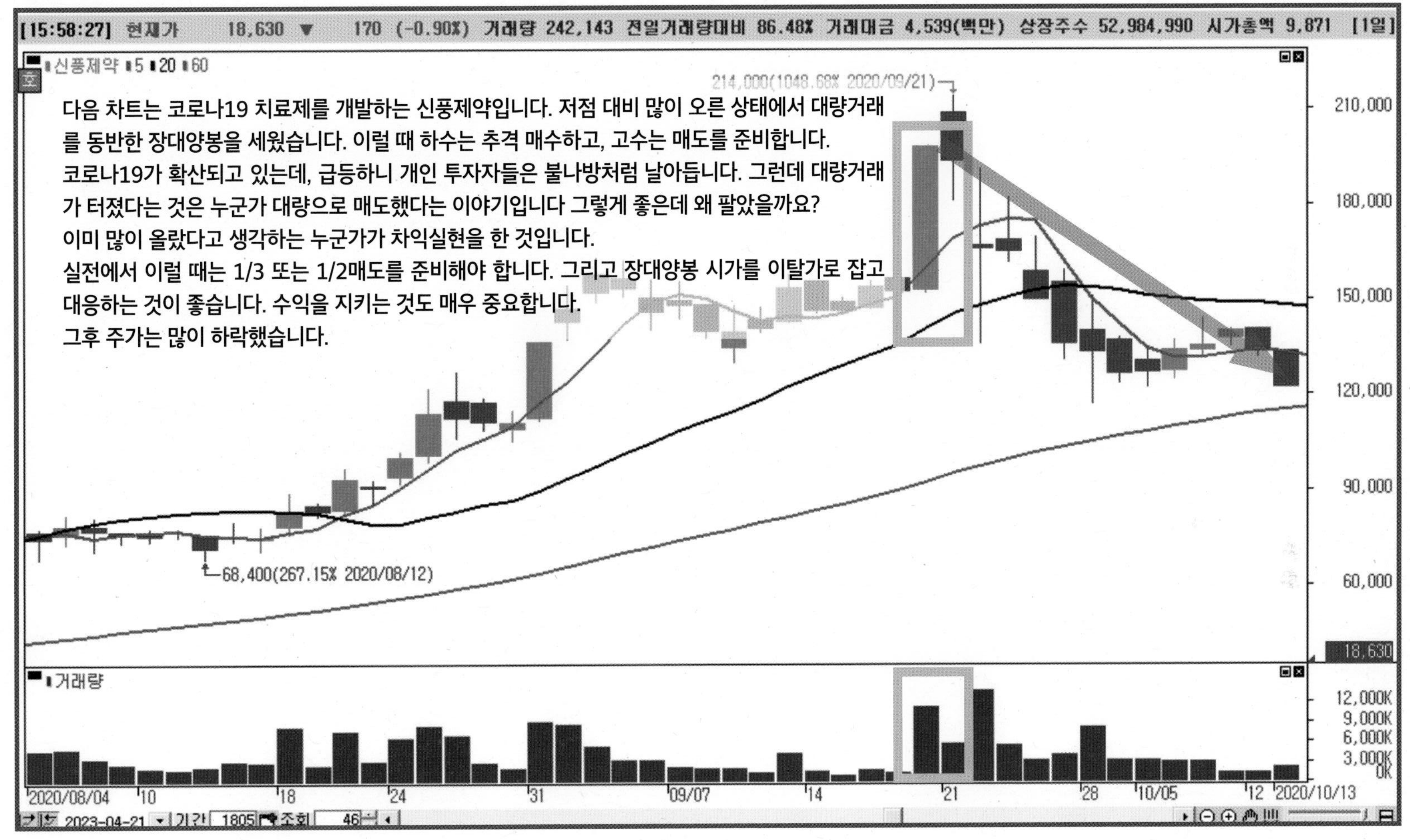

[15:58:27] 현재가 18,630 ▼ 170 (-0.90%) 거래량 242,143 전일거래량대비 86.48% 거래대금 4,539(백만) 상장주수 52,984,990 시가총액 9,871 [1일]
신풍제약 5 20 60
214,000(1048.68% 2020/09/21)
다음 차트는 코로나19 치료제를 개발하는 신풍제약입니다. 저점 대비 많이 오른 상태에서 대량거래를 동반한 장대양봉을 세웠습니다. 이럴 때 하수는 추격 매수하고, 고수는 매도를 준비합니다.
코로나19가 확산되고 있는데, 급등하니 개인 투자자들은 불나방처럼 날아듭니다. 그런데 대량거래가 터졌다는 것은 누군가 대량으로 매도했다는 이야기입니다 그렇게 좋은데 왜 팔았을까요?
이미 많이 올랐다고 생각하는 누군가가 차익실현을 한 것입니다.
실전에서 이럴 때는 1/3 또는 1/2매도를 준비해야 합니다. 그리고 장대양봉 시가를 이탈가로 잡고 대응하는 것이 좋습니다. 수익을 지키는 것도 매우 중요합니다.
그후 주가는 많이 하락했습니다.
68,400(267.15% 2020/08/12)
210,000
180,000
150,000
120,000
90,000
60,000
18,630
거래량
12,000K
9,000K
6,000K
3,000K
0K
2020/08/04
10
18
24
31
09/07
14
21
28
10/05
12
2020/10/13
2023-04-21
기간 1805
조회 46

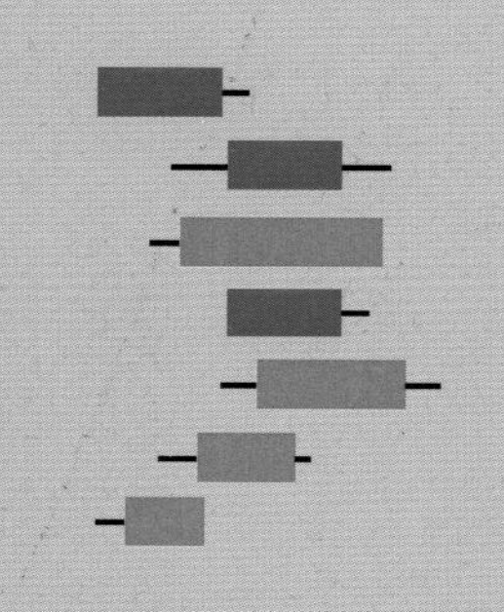

9

고점 장대음봉 매도신호 신의 한 수

많이 오른 상태에서 대량거래 동반한 장대음봉은 매도신호 - HLB바이오스텝

많이 오른 상태에서 대량거래 동반한 장대음봉은 매도신호 - 아남전자

많이 오른 상태에서 대량거래 동반한 장대음봉은 매도신호 - 신풍제약

많이 오른 상태에서 대량거래 동반한 장대음봉은 매도신호 - HLB바이오스텝

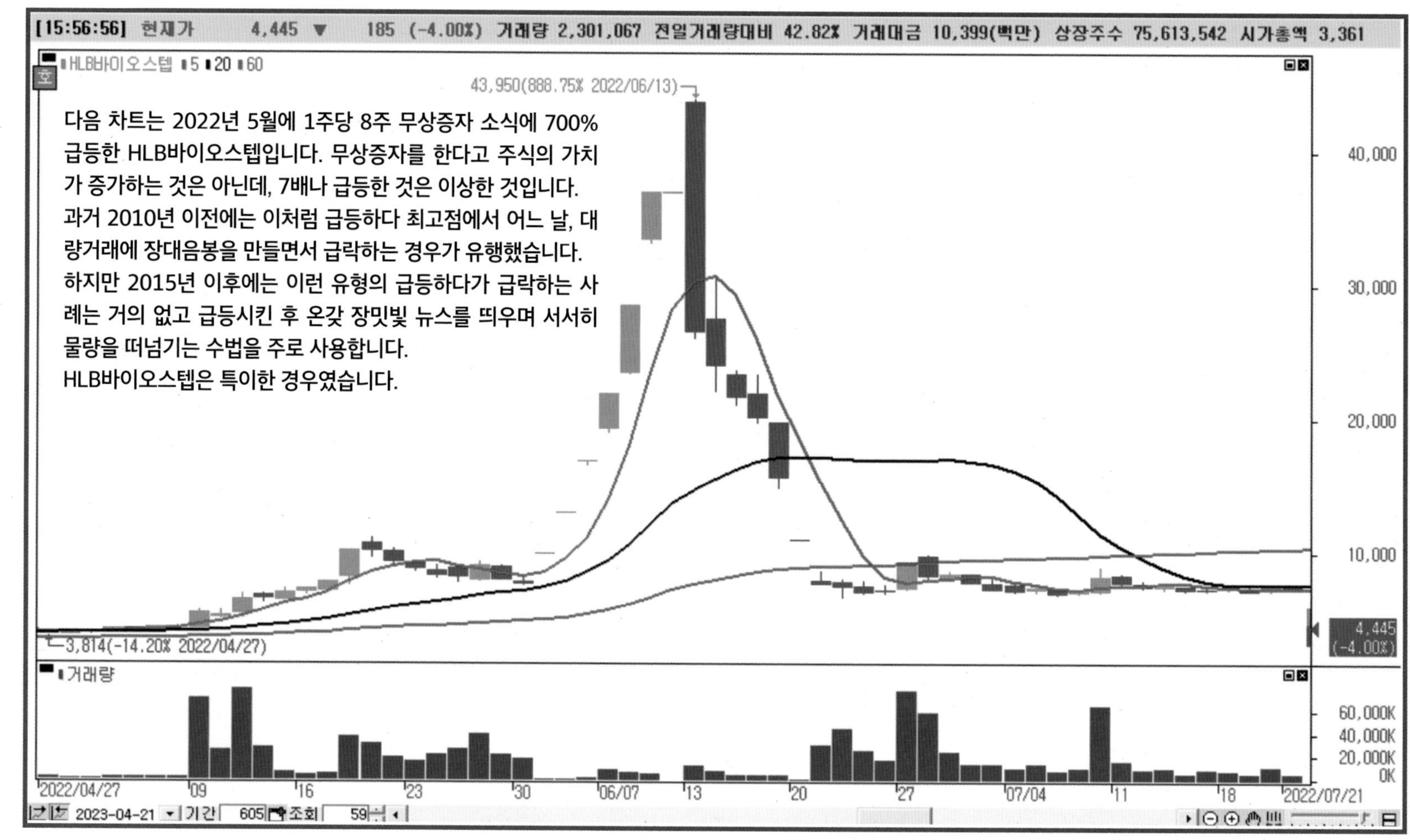
[15:56:56] 현재가 4,445 ▼ 185 (-4.00%) 거래량 2,301,067 전일거래량대비 42.82% 거래대금 10,399(백만) 상장주수 75,613,542 시가총액 3,361
HLB바이오스텝 5 20 60
43,950(888.75% 2022/06/13)
3,814(-14.20% 2022/04/27)
40,000
30,000
20,000
10,000
4,445
(-4.00%)
거래량
60,000K
40,000K
20,000K
0K
2022/04/27
09
16
23
30
06/07
13
20
27
07/04
11
18
2022/07/21
2023-04-21
기간
605
조회
59

다음 차트는 2022년 5월에 1주당 8주 무상증자 소식에 700% 급등한 HLB바이오스텝입니다. 무상증자를 한다고 주식의 가치가 증가하는 것은 아닌데, 7배나 급등한 것은 이상한 것입니다. 과거 2010년 이전에는 이처럼 급등하다 최고점에서 어느 날, 대량거래에 장대음봉을 만들면서 급락하는 경우가 유행했습니다. 하지만 2015년 이후에는 이런 유형의 급등하다가 급락하는 사례는 거의 없고 급등시킨 후 온갖 장밋빛 뉴스를 띄우며 서서히 물량을 떠넘기는 수법을 주로 사용합니다.
HLB바이오스텝은 특이한 경우였습니다.

많이 오른 상태에서 대량거래 동반한 장대음봉은 매도신호 - 아남전자

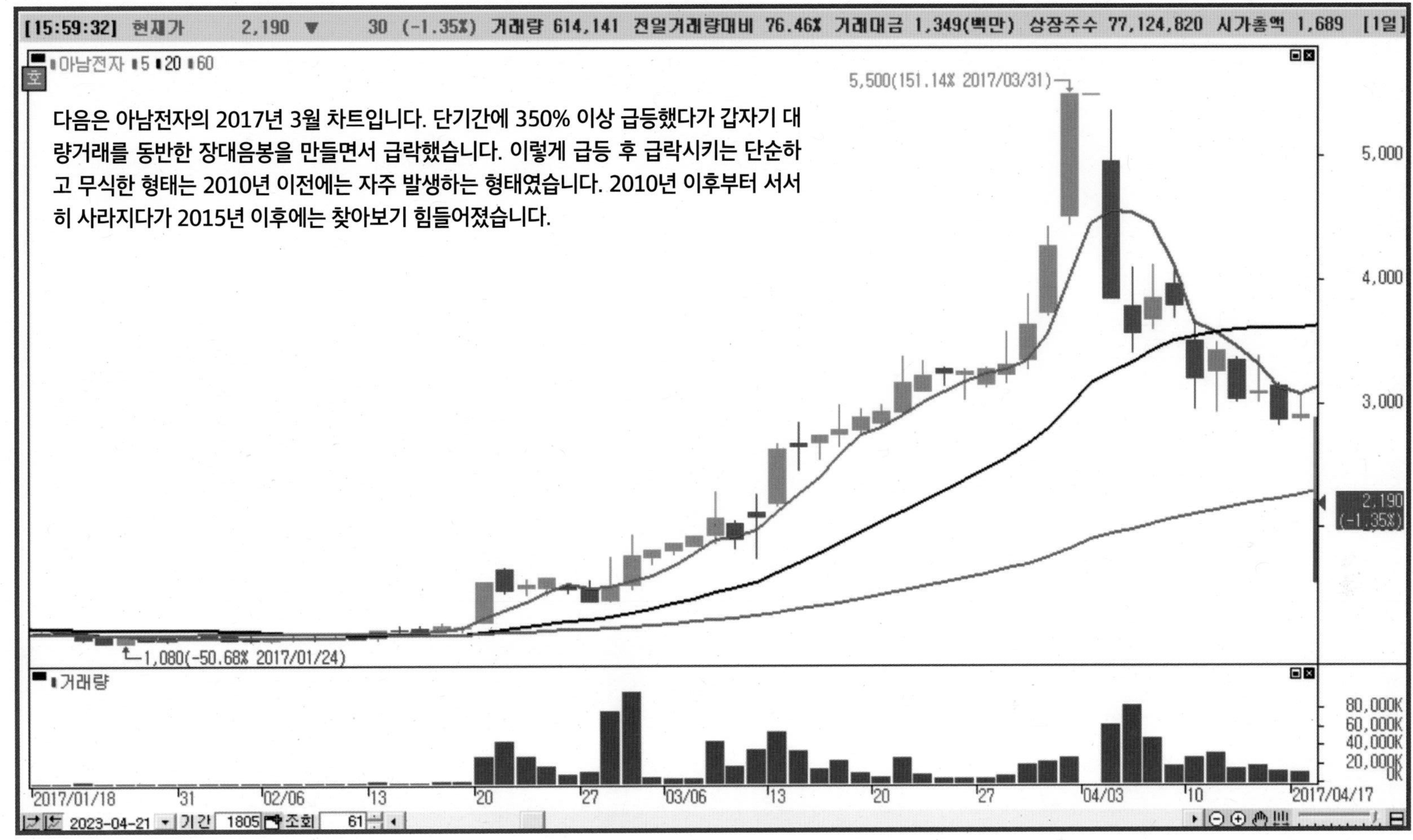

[15:59:32] 현재가 2,190 ▼ 30 (-1.35%) 거래량 614,141 전일거래량대비 76.46% 거래대금 1,349(백만) 상장주수 77,124,820 시가총액 1,689 [1일]
아남전자 5 20 60
5,500(151.14% 2017/03/31)
5,000
4,000
3,000
2,190
(-1.35%)
1,080(-50.68% 2017/01/24)
거래량
80,000K
60,000K
40,000K
20,000K
0K
2017/01/18
31
02/06
13
20
27
03/06
13
20
27
04/03
10
2017/04/17
2023-04-21
기간
1805
조회
61

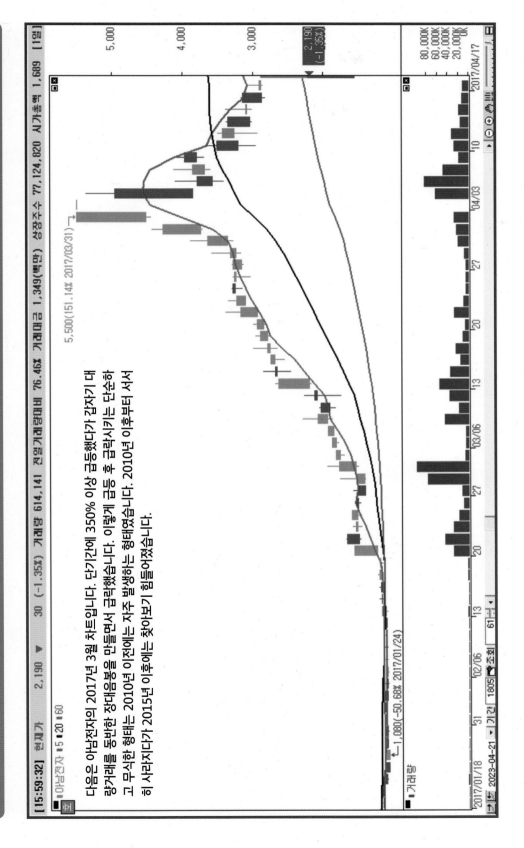

다음은 아남전자의 2017년 3월 차트입니다. 단기간에 350% 이상 급등했다가 갑자기 대량거래를 동반한 장대음봉을 만들면서 급락했습니다. 이렇게 급등 후 급락시키는 단순하고 무식한 형태는 2010년 이전에는 자주 발생하는 형태였습니다. 2010년 이후부터 서서히 사라지다가 2015년 이후에는 찾아보기 힘들어졌습니다.

많이 오른 상태에서 대량거래 동반한 장대음봉은 매도신호 - 신풍제약

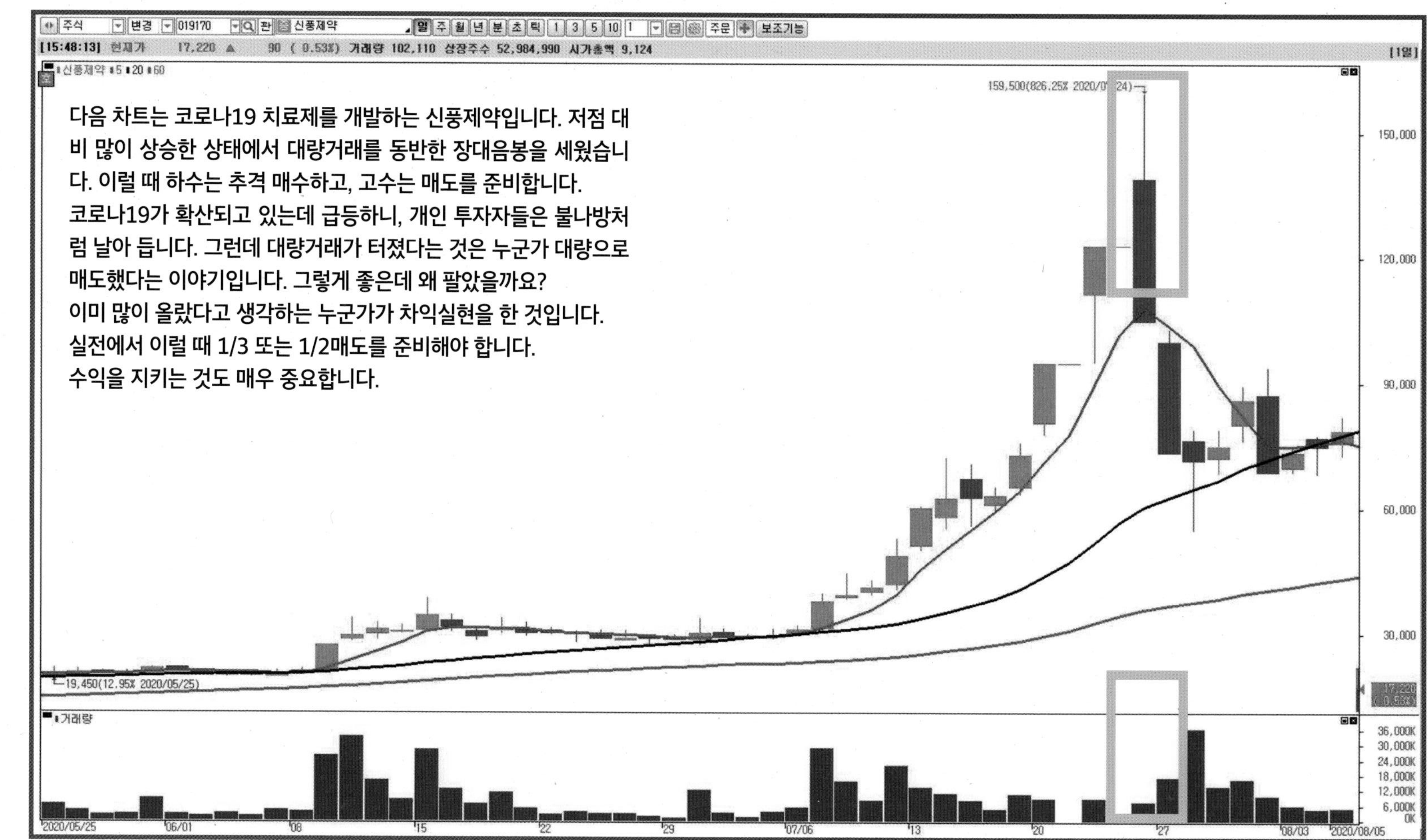

주식 변경 019170 신풍제약
[15:48:13] 현재가 17,220 ▲ 90 (0.53%) 거래량 102,110 상장주식 52,984,990 시가총액 9,124
[1일]
신풍제약 5 20 60
159,500(826.25% 2020/07/24)
150,000
120,000
90,000
60,000
30,000
19,450(12.95% 2020/05/25)
17,220
(0.53%)
거래량
36,000K
30,000K
24,000K
18,000K
12,000K
6,000K
0K
2020/05/25
06/01
08
15
22
29
07/06
13
20
27
08/03
2020/08/05

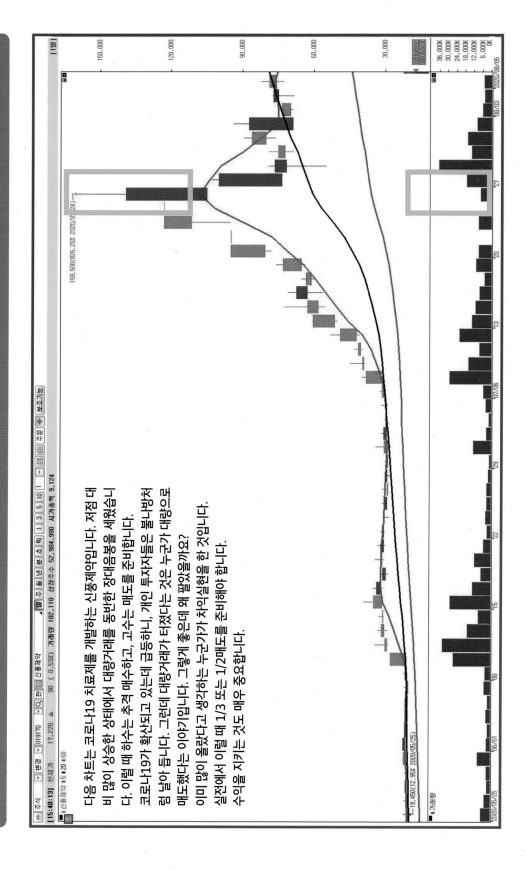

다음 차트는 코로나19 치료제를 개발하는 신풍제약입니다. 저점 대비 많이 상승한 상태에서 대량거래를 동반한 장대음봉을 세웠습니다. 이럴 때 하수는 추격 매수하고, 고수는 매도를 준비합니다.

코로나19가 확산되고 있는데 급등하니, 개인 투자자들은 불나방처럼 날아 듭니다. 그런데 대량거래가 터졌다는 것은 누군가 대량으로 매도했다는 이야기입니다. 그렇게 좋은데 왜 팔았을까요?

이미 많이 올랐다고 생각하는 누군가가 차익실현을 한 것입니다.

실전에서 이럴 때 1/3 또는 1/2매도를 준비해야 합니다.

수익을 지키는 것도 매우 중요합니다.

10

저점 대량거래 매수신호 신의 한 수

많이 내린 상태에서 대량거래는 매수신호 - 메디톡스

많이 내린 상태에서 대량거래는 매수신호 - 헬릭스미스 | 많이 내린 상태에서 대량거래는 매수신호 - 삼성중공업

많이 내린 상태에서 대량거래는 매수신호 - 메디톡스

[15:57:33] 현재가 247,500 ▲ 1,500 (0.61%) 거래량 128,805 전일거래량대비 55.84% 거래대금 31,698(백만) 상장주식수 6,892,550 시가총액 17,059 [1일]
메디톡스 5 20 60
292,420(18.15% 2020/02/11)
270,000
247,500 (0.61%)
210,000
180,000
150,000
120,000
100,091(-59.56% 2020/04/21)
거래량
1,200K
800K
400K
0K
2020/02/10
17
24
03/02
09
16
23
30
04/06
13
20
2020/04/21
2023-04-21
기간 1205
조회
51

다음 차트는 보톡스 관련주인 메디톡스입니다. 박스 부분을 보면 전일 하한가인데 거래량이 매우 적은 것을 알 수 있습니다. 하지만 다음 날 갭 하락 후 양봉을 세우면서 대량거래가 터졌습니다. 하한가로 급락한 종목을 다음 날 대량매수한 세력은 누구일까요?

대량거래는 누군가 많이 매수했다는 의미입니다. 전일 하한가에 거래량이 적은 것은 하한가에 매도잔량이 많이 쌓여 있어도 매수세가 없으니 거래량이 매우 적었습니다. 하지만 다음 날 대량거래는 누군가 이 종목에 대해 긍정적으로 생각하고 매우 많이 매수했다는 것을 의미합니다. 누군가는 이 종목이 단기간에 긍정적인 뉴스가 나올 것을 알고 있기 때문에 대량매수한 것입니다.

많이 내린 상태에서 대량거래는 매수신호 - 메디톡스

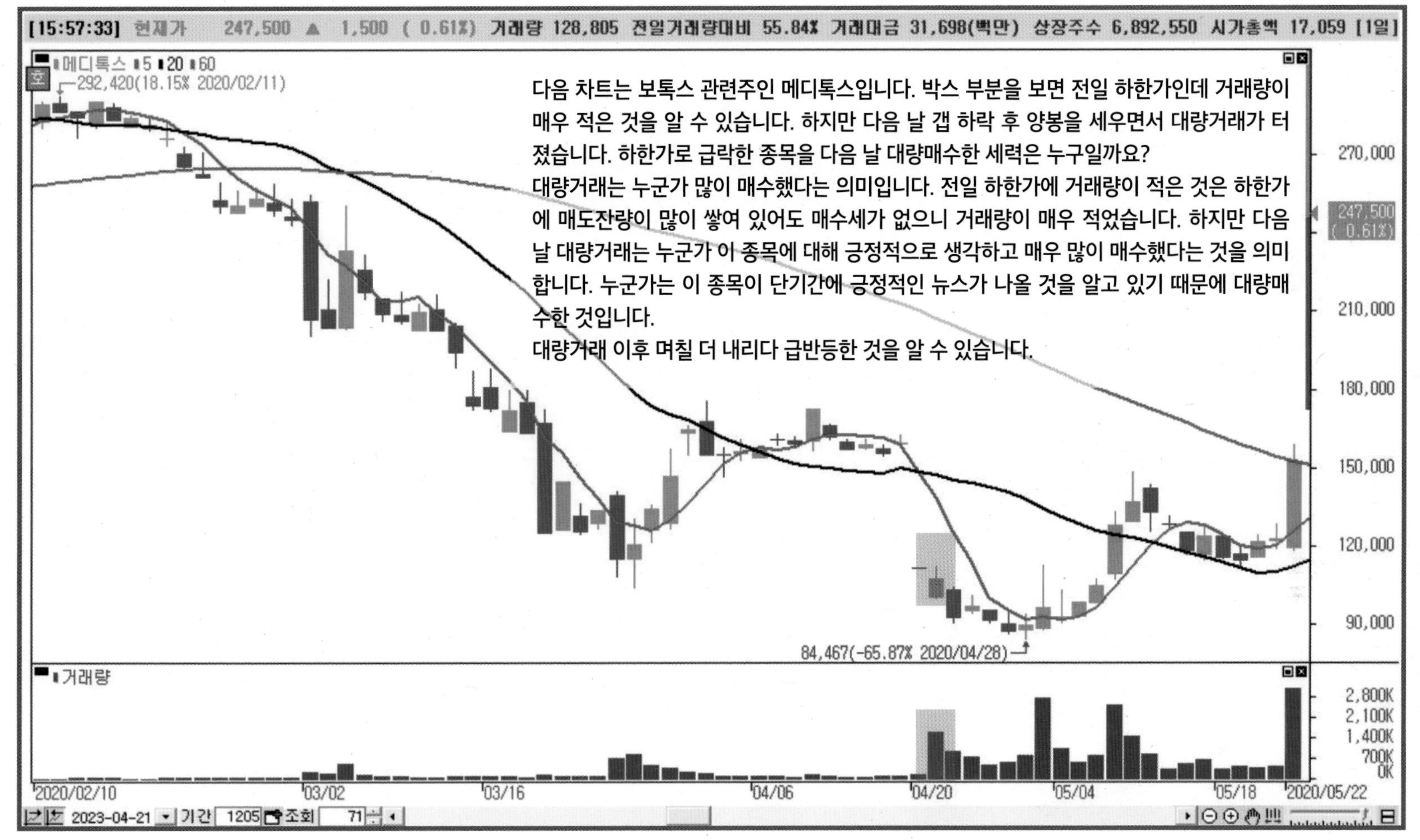

[15:57:33] 현재가 247,500 ▲ 1,500 (0.61%) 거래량 128,805 전일거래량대비 55.84% 거래대금 31,698(백만) 상장주수 6,892,550 시가총액 17,059 [1일]
메디톡스 5 20 60
292,420(18.15% 2020/02/11)
270,000
247,500 (0.61%)
210,000
180,000
150,000
120,000
90,000
84,467(-65.87% 2020/04/28)
거래량
2,800K
2,100K
1,400K
700K
0K
2020/02/10
03/02
03/16
04/06
04/20
05/04
05/18
2020/05/22
2023-04-21 기간 1205 조회 71

다음 차트는 보톡스 관련주인 메디톡스입니다. 박스 부분을 보면 전일 하한가인데 거래량이 매우 적은 것을 알 수 있습니다. 하지만 다음 날 갭 하락 후 양봉을 세우면서 대량거래가 터졌습니다. 하한가로 급락한 종목을 다음 날 대량매수한 세력은 누구일까요?

대량거래는 누군가 많이 매수했다는 의미입니다. 전일 하한가에 거래량이 적은 것은 하한가에 매도잔량이 많이 쌓여 있어도 매수세가 없으니 거래량이 매우 적었습니다. 하지만 다음 날 대량거래는 누군가 이 종목에 대해 긍정적으로 생각하고 매우 많이 매수했다는 것을 의미합니다. 누군가는 이 종목이 단기간에 긍정적인 뉴스가 나올 것을 알고 있기 때문에 대량매수한 것입니다.

대량거래 이후 며칠 더 내리다 급반등한 것을 알 수 있습니다.

많이 내린 상태에서 대량거래는 매수신호 - 헬릭스미스

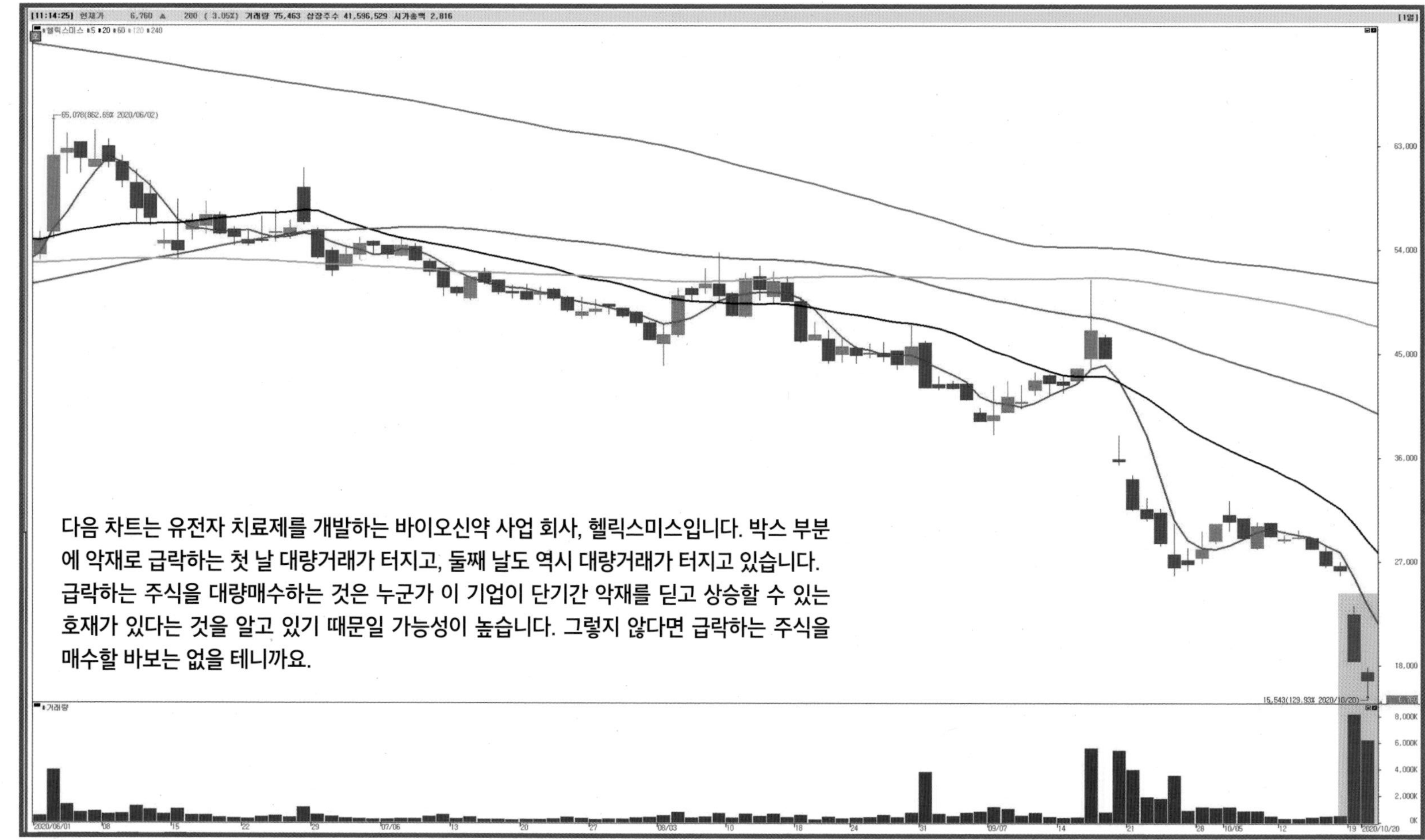
63,000
54,000
45,000
36,000
27,000
18,000
8,000K
6,000K
4,000K
2,000K
0K
2020/06/01
2020/10/20

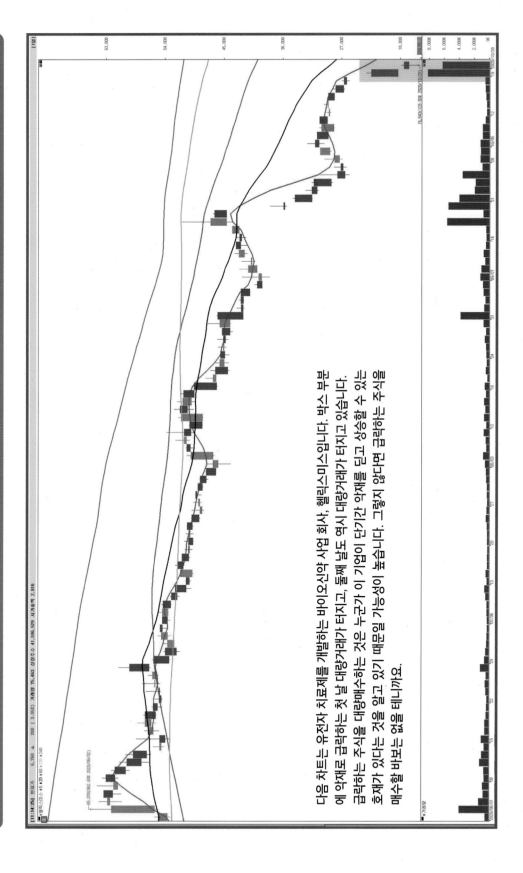

다음 차트는 유전자 치료제를 개발하는 바이오신약 사업 회사, 헬릭스미스입니다. 박스 부분에 악재로 급락하는 첫 날 대량거래가 터지고, 둘째 날도 역시 대량거래가 터지고 있습니다. 급락하는 주식을 대량매수하는 것은 누군가 이 기업이 단기간 악재를 딛고 상승할 수 있는 호재가 있다는 것을 알고 있기 때문일 가능성이 높습니다. 그렇지 않다면 급락하는 주식을 매수할 바보는 없을 테니까요.

많이 내린 상태에서 대량거래는 매수신호 - 헬릭스미스

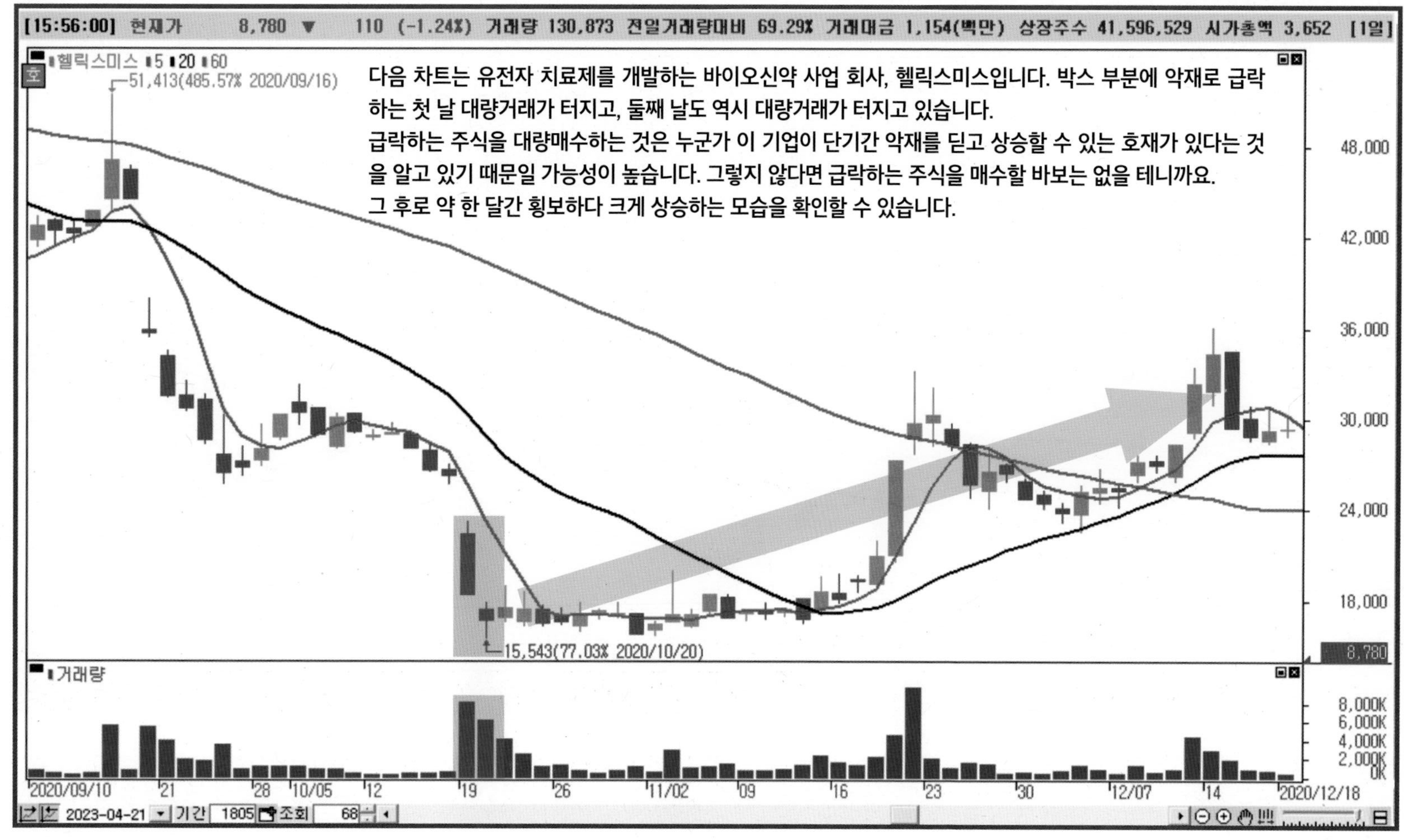
[15:56:00] 현재가 8,780 ▼ 110 (-1.24%) 거래량 130,873 전일거래량대비 69.29% 거래대금 1,154(백만) 상장주수 41,596,529 시가총액 3,652 [1일]
헬릭스미스 5 20 60
51,413(485.57% 2020/09/16)
다음 차트는 유전자 치료제를 개발하는 바이오신약 사업 회사, 헬릭스미스입니다. 박스 부분에 악재로 급락하는 첫 날 대량거래가 터지고, 둘째 날도 역시 대량거래가 터지고 있습니다.
급락하는 주식을 대량매수하는 것은 누군가 이 기업이 단기간 악재를 딛고 상승할 수 있는 호재가 있다는 것을 알고 있기 때문일 가능성이 높습니다. 그렇지 않다면 급락하는 주식을 매수할 바보는 없을 테니까요.
그 후로 약 한 달간 횡보하다 크게 상승하는 모습을 확인할 수 있습니다.
48,000
42,000
36,000
30,000
24,000
18,000
8,780
15,543(77.03% 2020/10/20)
거래량
8,000K
6,000K
4,000K
2,000K
0K
2020/09/10
21
28
10/05
12
19
26
11/02
09
16
23
30
12/07
14
2020/12/18
2023-04-21
기간
1805
조회
68

많이 내린 상태에서 대량거래는 매수신호 - 삼성중공업

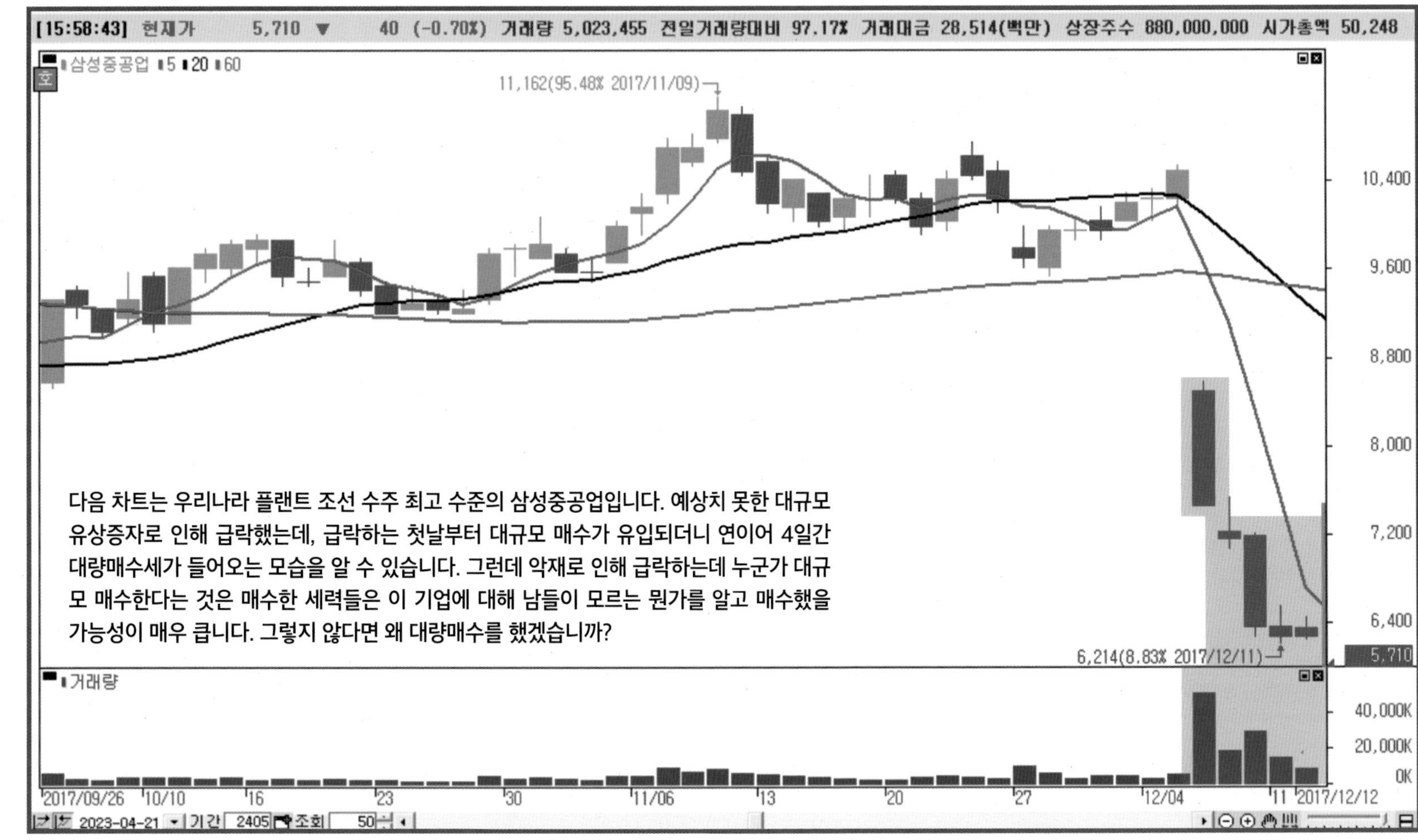
[15:58:43] 현재가 5,710 ▼ 40 (-0.70%) 거래량 5,023,455 전일거래량대비 97.17% 거래대금 28,514(백만) 상장주수 880,000,000 시가총액 50,248
삼성중공업 5 20 60
11,162(95.48% 2017/11/09)
6,214(8.83% 2017/12/11)
10,400
9,600
8,800
8,000
7,200
6,400
5,710
거래량
40,000K
20,000K
0K
2017/09/26
10/10
16
23
30
11/06
13
20
27
12/04
11
2017/12/12
2023-04-21
기간
2405
조회
50

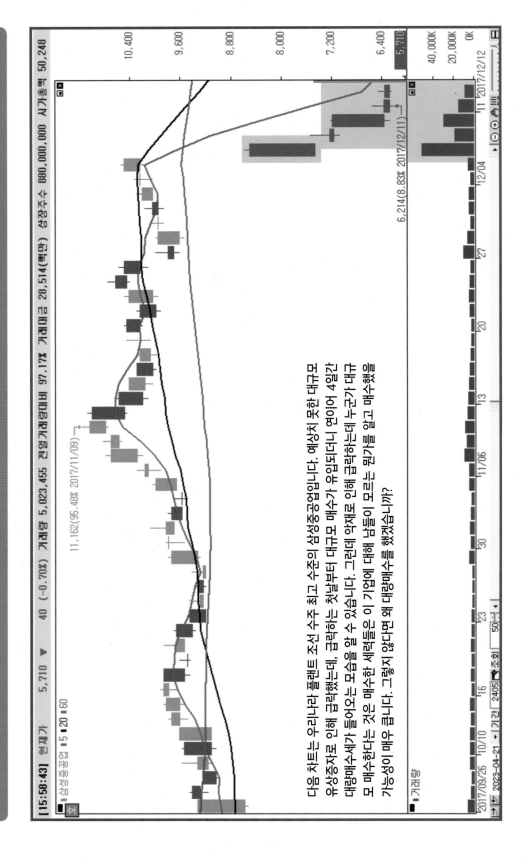

다음 차트는 우리나라 플랜트 조선 수주 최고 수준의 삼성중공업입니다. 예상치 못한 대규모 유상증자로 인해 급락했는데, 급락하는 첫날부터 대규모 매수가 유입되더니 연이어 4일간 대량매수세가 들어오는 모습을 알 수 있습니다. 그런데 악재로 인해 급락하는데 누군가 대규모 매수한다는 것은 매수한 세력들은 이 기업에 대해 남들이 모르는 뭔가를 알고 매수했을 가능성이 매우 큽니다. 그렇지 않다면 왜 대량매수를 했겠습니까?

많이 내린 상태에서 대량거래는 매수신호 - 삼성중공업

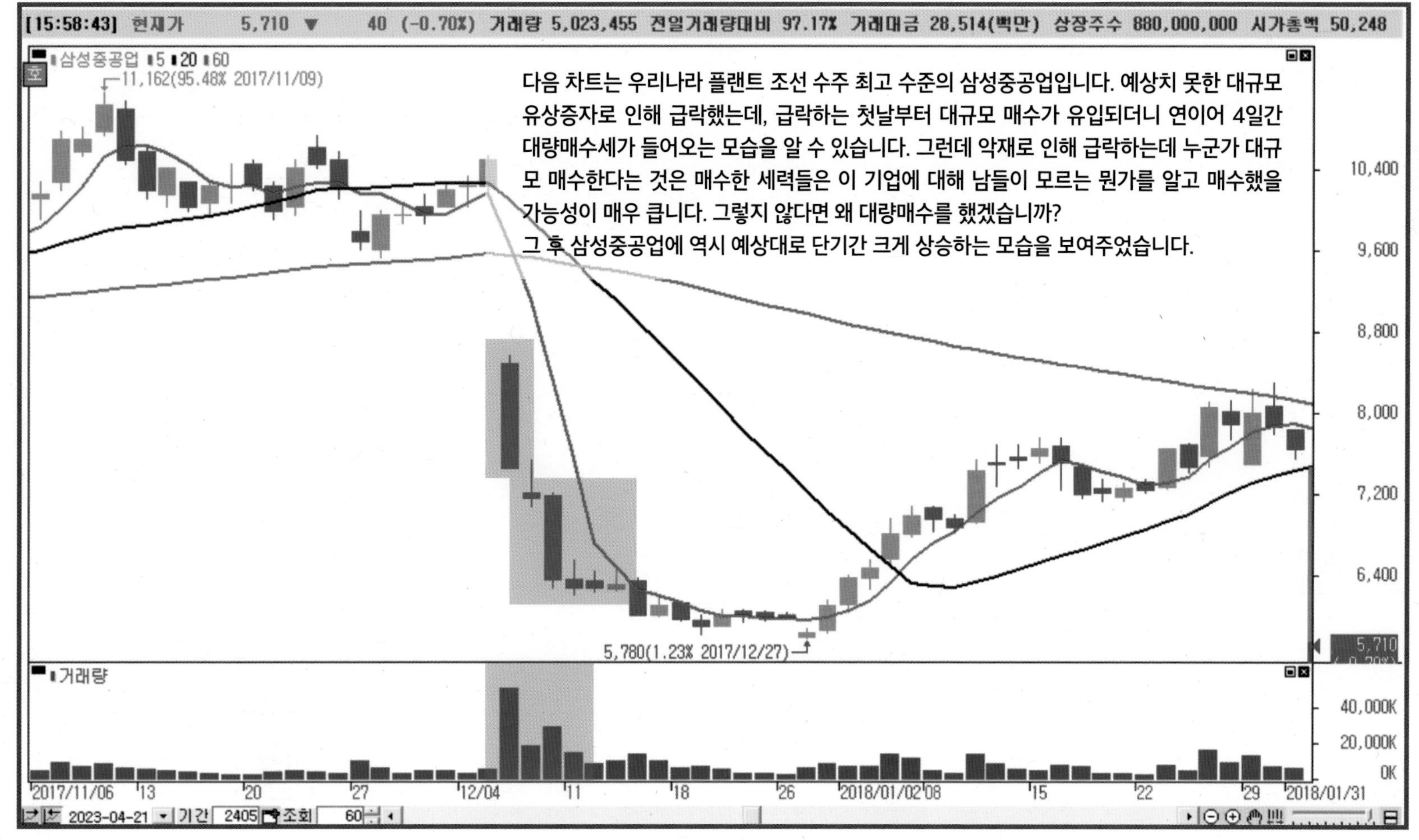

[15:58:43] 현재가 5,710 ▼ 40 (-0.70%) 거래량 5,023,455 전일거래량대비 97.17% 거래대금 28,514(백만) 상장주수 880,000,000 시가총액 50,248
삼성중공업 5 20 60
11,162(95.48% 2017/11/09)
5,780(1.23% 2017/12/27)
10,400
9,600
8,800
8,000
7,200
6,400
5,710
거래량
40,000K
20,000K
0K
2017/11/06
13
20
27
12/04
11
18
26
2018/01/02
08
15
22
29
2018/01/31
2023-04-21
기간
2405
조회
60

다음 차트는 우리나라 플랜트 조선 수주 최고 수준의 삼성중공업입니다. 예상치 못한 대규모 유상증자로 인해 급락했는데, 급락하는 첫날부터 대규모 매수가 유입되더니 연이어 4일간 대량매수세가 들어오는 모습을 알 수 있습니다. 그런데 악재로 인해 급락하는데 누군가 대규모 매수한다는 것은 매수한 세력들은 이 기업에 대해 남들이 모르는 뭔가를 알고 매수했을 가능성이 매우 큽니다. 그렇지 않다면 왜 대량매수를 했겠습니까?

그 후 삼성중공업에 역시 예상대로 단기간 크게 상승하는 모습을 보여주었습니다.

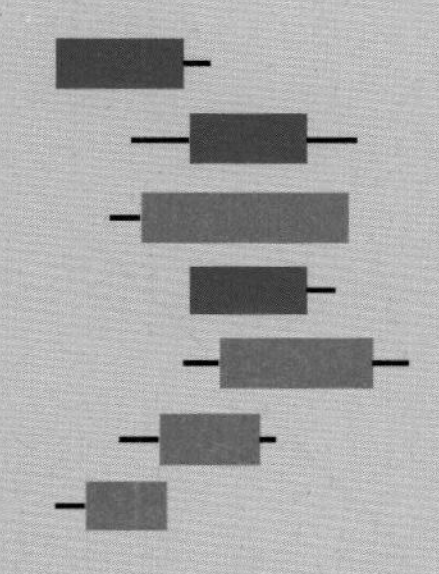

11

주식 투자 성공 VS 실패 신의 한 수

주식 투자에 실패하는 이유 | 주식 투자에 성공하는 사람 vs 실패하는 사람

주식 투자에 실패하는 이유

주식 투자에서 성공하지 못하는 것은 다수를 따라 하기 때문입니다.

성공이라는 말 자체가 남들과 다르다는 의미를 포함하고 있습니다. '성공'이라는 남들과 다른 결과를 얻으려면 남들과 다른 생각과 이에 따른 다른 행동을 해야 합니다.

저는 기업인, 운동선수, 연예인 등의 성공스토리 듣기를 좋아하는데 그들의 공통점은 남들보다 훨씬 열심히 노력했다는 것입니다.

주식으로 돈을 벌고 싶은데 너무 바빠서 공부할 시간을 낼 수 없다고 말하는 사람들이 있습니다. 이건 뭐 말로는 돈을 벌고 싶은데 행동은 다르게 하는 것입니다. 그러니 성공할 리 없습니다.

주식 투자에서 성공하기 위해서는 남들과 다르게 해야 하는데, 이것을 하수와 고수로 구분해서 정리해보겠습니다.

주식 투자에 성공하는 사람 VS 실패하는 사람

주식 투자에 실패하는 사람(하수)	구분	주식 투자에 성공하는 사람(고수)
하루 1회 이상	**매매 횟수**	주 1회 미만
시장에 알려진 종목 추격 매수	**매수 포인트**	시장에 알려질 종목 사전 발굴
단번에 매수	**매수 / 매도**	3회 이상 분할 매수
물타기 / 물렸을 때 수시로 추가 매수	**추가 매수**	물타기 절대 안 함, 불타기 / 수익 났을 때 추가 매수
손절 못함. 기다리는 건 잘해서 자식에게 물려주겠다고 함.	**손절**	매수 후 예상과 다르게 움직이면 칼 같이 손절
주로 저가주, 동전주, 소형주 매매	**종목 선정**	주로 중대형주, 주도주 매매
기술적 분석에 의존 / 각종 패턴	**종목 분석**	시황 + 기본적 분석 + 기술적 분석
자신의 주관적 판단에 의존, 감에 의존	**원칙**	냉철한 객관적 근거에 의존, 매매 원칙 준수
증권방송, 뉴스에 자주 등장하는 종목 투자	**매체**	증권방송, 뉴스 등에 거의 등장하지 않는 종목 투자
단타, 스캘핑 등 급등주 단타	**스타일**	스윙, 중기 및 장기 투자
한 종목에 비중 실어 크게 먹으려고 함.	**비중**	적절히 분할 매수

차트 신의 한 수

제1판 1쇄 2023년 8월 8일

지은이 김영웅, 김범
펴낸이 최경선　　**펴낸곳** 매경출판㈜
기획제작 ㈜두드림미디어
책임편집 이향선　　**디자인** 김진나(nah1052@naver.com)
마케팅 김성현, 한동우, 구민지

매경출판㈜
등록 2003년 4월 24일(No. 2-3759)
주소 (04557) 서울시 중구 충무로 2(필동 1가) 매일경제 별관 2층 매경출판㈜
홈페이지 www.mkbook.co.kr
전화 02)333-3577
이메일 dodreamedia@naver.com(원고 투고 및 출판 관련 문의)
인쇄·제본 ㈜M-print 031)8071-0961

ISBN 979-11-6484-586-6 (03320)

책 내용에 관한 궁금증은 표지 앞날개에 있는 저자의 이메일이나 저자의 각종 SNS 연락처로 문의해주시길 바랍니다.